學術論文集叢書

陳新雄教授
八秩誕辰紀念論文集

陳新雄教授八秩誕辰紀念論文集編輯委員會

主編

目次

論學・述微・申說

紀念論文

全家福

含飴弄孫

一九五七年，初從林尹教授習聲韻，景伊先生手贈《宋本廣韻》一冊

四十六年後，伯元先生出版專著《廣韻研究》一書。（2003）

景伊先生以章黃學術傾囊相授

莫論升沈榮辱休談往古來今自榮自辱自升沈貧
富窮通算甚一世上無窮風月身邊有限先陰三杯
濁酒等閒斟斟一覺從權安寢宸
昔黃師李剛以西江月一闋見贈巳四十八年
矣今偶憶全篇因書以示
新雄仁弟
乙卯三月景伊林尹

景伊先生偶憶季剛師所贈
西江月一闋，書贈伯元
（1975）

與潘重規先生合影。伯元先生高中時因仰慕潘先生，以第一志願考入師大國文系

戊辰五月潘石禪先生將歸贛州，季剛先生書扇贈行

伯元先生與臺師大國文系同仁共賞季剛先生書贈潘石禪先生詩。
左起汪中教授、沈秋雄教授、李鍌教授、吳璵教授、傅武光教授

第六屆聲韻學會與丁邦新院士攝於高雄師範大學（1988）

一九九〇年初訪大陸，與李新魁、黃家教、曾憲通、黃坤堯等攝於中山大學

一九九一年與中國音韻學研究會前後任會長邵榮芬（右）、
唐作藩攝於武昌黃興紀念碑前

偕夫人遊黃州東坡赤壁

琴臺知音

與郭錫良教授及孔仲溫、李添富並門下諸生攝於北大

與弟子合影：右起柯淑齡、司仲敖、江惜美、宋新民

一九九七年偕夫人返江西贛州探親，與親友合照。
最左為陳金伯先生。同行黃坤堯、姚榮松兩家人

出席中國語言學會第九屆年會於南昌大學，與許嘉璐教授、
侯精一會長，並姚榮松、黃坤堯、瀨戶口律子等教授合影

與許錟輝、蔡信發、沈謙等教授及門下仲溫、添富攝於雲南石林

與竺家寧、黃坤堯、孔仲溫、李添富諸教授及其門下弟子攝於松花江畔

《伯元倚聲·和蘇樂府》一書出版,一九九九年七月二日於
臺北市立圖書館舉行新書發表會暨「伯元夫子伉儷書畫聯展」,貴賓雲集

二〇〇〇年八月榮退，學生舉辦紀念榮退學術研討會，
出版論文集歡送。退休後赴美小住，路過舊金山

二〇〇〇年九月出席海寧《章太炎黃侃先生紀念會暨國際學術研討會》合影
（伯元先生與主辦人王寧教授並坐前排右起第七、八位）

出席浙江瑞安市「孫詒讓研究國際研討會」與許嘉璐教授同臺

二〇〇二年一月在聲韻學會北區全日型演講會，質問主講人潘悟云教授

二〇〇六年中國訓詁學研究會會長李建國教授出席臺北漢字文化節，
世華會董鵬程祕書長設宴，伯元先生與兩岸文字訓詁學者共聚一堂

與新生代門下諸生合影（2006）

在高雄中山大學第二十四屆全國聲韻學研討會上演講，主持人為何大安院士

退休後，在美國的休閒照

伯元先生伉儷的綠野遊踪

與長子昌華合影

與次子昌蘄一家合影

二〇〇八年三月十日弟子設宴祝嘏，座中右起為韋金滿夫婦，時任教明道大學

伯元先生在臺灣師大開辦「聲韻講座」，免費授課連續四年，
二〇〇八年四月二十七日最後一講，由曾榮汾教授主持

二〇一〇年三月伯元先生歡渡七十五歲誕辰，
李鍌教授受邀出席晚宴，並與諸弟子合影

二〇一〇年十月二十二日南陽師範學院主辦
「陳伯元先生文字音韻訓詁學國際學術研討會」，與會者合影留念

在陳新雄伯元先生詩詞展會場與喬全生會長、張渭毅教授合影

由音樂系學生演出伯元先生樂府的精彩晚會結束前，伯元先生上臺接受禮敬

兩岸學者與聶振弢教授合影。右起馮蒸、康世統、姚榮松、
林慶勳、文幸福。左起趙麗明、張渭毅、汪中文

會後參觀南陽畫家村，伯元先生伉儷與同行者合影

新雄教授 安息

馬英九 徽貽學績

二〇一二年九月二十八日在臺北第一殯儀館的追思禮堂，正中懸掛馬英九總統的輓詞

七十七生日感懷

陳新雄

近時真覺不如前。只有精神勝往年。

心喜南陽尊幼學，春臨人世煥新天。

商量培養規今昔，沉淪高明看後先。

七七生辰餘一事，中華經藝要相傳。

陳新雄教授事略

先生諱新雄，字伯元，民國二十四年生，祖籍江西省贛縣。先生七歲，啟蒙讀書，因聰穎過人，未及一年，已識字兩千餘。民國三十八年，從尊翁 定湛公隨軍遷臺，其後定居於板橋。先生就讀臺北建國高中時，因閱及潘重規教授駁論簡體字之說，對潘教授心生仰慕。畢業之後，以第一志願考上師大國文系，潘教授時為系主任，已識先生美璞待琢，良材可塑，大一下學期，林尹教授講授國文課程，對先生更是賞識有加，此為先生蒙林教授著意栽培之始也。

先生生前所念念不忘者，即受惠於恩師林尹教授者最多，諸如小學、詩文之基礎，皆蒙恩師親自垂教。大學結業後，分發至師大附中任實習教師，並承推薦，受聘為東吳大學中文系兼任講師，主講「聲韻學」，時方二十四歲，為當時各大學講師最年輕者。先生二十九歲，與夫人葉詠琍女士結婚，林教授賀詩有云：「七年壇坫誨諄諄，為汝知津可出塵。」對先生殷切之期望，溢於言表。民國五十八年二月，待先生以《古音學發微》論文，榮獲國家文學博士時，高明教授稱為「元元本本，殫見洽聞」，許世瑛教授評為「成一家之言」，林教授更讚許為「青出於藍」。從此先生於學界，日益嶄露頭角。

先生治學嚴謹，博涉經子史集，其碩士論文《春秋異文考》，為程發軔教授所指導，誠為先生經學之奠基。先生平日勤讀古書，舉凡文獻要籍，無不圈點精讀，於聲韻、訓詁、文字領域，用功尤深，故抒發見解最多，所倡古韻三十二部、群母古讀等說，向為學界所推崇。先生亦喜為詩詞，古詩人中，特鍾於蘇東坡，蓋器識風骨最為相契也。先生授業，廣設講席，除於師大國文系所外，並曾於東吳、文化、輔大、政大、高師、文藻等校，講授經學、小學及東坡詩詞等課。先生談經則明究訓詁，論小學則條理明暢，吟詩詞則聲情動人，諸生得聞珠玉，無不企盼仰慕，期聆嘉音，受聘為文化中文系主任時，更是聲聞學界，傳為美談。先生春風化雨，海內外均霑，四十二歲即應聘為美國喬治城大學中日文系客座教授，四十八及五十四歲，兩次赴香港浸會學院中文系，擔任高等及首席講師，亦嘗應邀至日本，於「大東文化大學中國語文科學術交流會」擔任講座，晚年居美期間，則時時應邀為華人社團講授詩詞作法及欣賞，誠因先生

善誘能教，故無論遐邇，聞風嚮慕。

先生為聚集國內人才，促進研究風氣，奔走呼籲成立各種學會，故今之聲韻、文字、訓詁、經學研究等學會，先生或為創辦者，或為理事長，振臂一呼，風起雲興，帶動學術之發展，先生之功實不可沒。先生更趁第二次赴港講學之便，與浸會學院中文系主任共同舉辦「中國聲韻學國際學術研討會」，邀請海峽兩岸學人共聚一堂，開創學術交流新局。先生從此展開大陸學術之旅，足跡幾遍大江南北，且與大陸學人相交頗契，嘗應邀至北京清華大學中文系，擔任客座教授兩個月。

方先生五十七歲時，初學電腦，才半年，已然熟悉使用，並發表〈倉頡檢字法與文字構造的關聯〉一文。先生輸入時，單以左右食指快速敲鍵，自詡為「一指神功」。爾後先生之著作，皆親自打字，上課之際，亦融入簡報系統，自謂「教室應像電影院」。先生對於多媒體科技，頗能知新與應用，六十歲出版《詩詞吟唱與賞析》一書，即附有先生親自吟唱之錄影帶，且因有此認知，方識文字數位化之重要。

先生為人，孝友溫恭，誠樸堅毅，既承章、黃之風，實而不夸，亦秉師門之訓，知行合一。於講學之餘，多次參與字書之編輯，諸如教育部標準字體之研訂、《中文大辭典》、《大學字典》、《國民字典》、《字形匯典》、《大辭典》、《新辭典》等，先生或為主編，或為編輯。民國八十三年，先生因赴韓國參加「第二屆漢字文化圈內生活漢字問題國際研討會」，深感運用電腦，保護傳統漢字正體之切要，遂於返國之後，建議教育部編輯《異體字字典》，藉以整合亞洲漢字，宣揚標準字體。歷經六年，書方殺青，先生奉派前往日本東京，以代表團顧問身分，參加「漢字標準化資訊會議」，於會中展示成果。此書蒐羅古今漢字字形十萬餘，當是自古以來，文字整理規模最巨大者，且以數位方式編輯，艱辛複雜自不待言，然先生身為副主任委員，全程參與，親力督導與協助，既具真知卓見，復能躬行實踐，絕非夸夸言談而已。

先生任教四十年，屆齡榮退時，自撰〈感賦詩〉云：「親恩師德心常記，俯仰無慚日麗天。」退休之後，先生漸能挪出較多時間赴美與家人相聚，然仍時時惦記國內學術之發展。先生曾言：「石禪夫子當年於師大開講《論語》，歡迎各界人士前來聽講，座無虛席。」言下之意，頗多感佩。此當即先生晚年，健康雖漸不佳，仍欣然接受「聲韻學學會」請託，設置「聲韻講座」之故。講座設於師大，由入門講至古音，先生藉每年由美返臺授課之際，每逢週六開講，每次三小時，聽眾來自各校學生及民間詩人，輒亦無虛席。先生連講四年，從不缺課，縱於堂上突感不適，臨時就醫之後，亦立即返回續講。先生曰：「座中有自中部一早趕來聽課者，不宜辜負。」

自七十歲之後，先生體力明顯不如往昔，然仍勤於治學、授課、演講，除主講「聲韻講座」之外，先生之《訓詁學》下冊、《廣韻研究》、《聲韻學》、《文字學》等大作陸續出版。仰慕先生之名，欲入門牆者，無論博碩士生，先生皆欣然接受。先生云：「治小學頗難，今日願學者已少，彼既有心，吾又何忍拒之？」若此收朋勤誨，絕學賴續之

精神，先生榮獲教育部教學特優教師獎勵，師大並授予先生「名譽教授」稱號，允為實至名歸也。

先生一生勤於著作，學術藝文，大小篇章，積三百餘種，專著鴻論即有二十餘本。專著之中，《古音研究》，既集古今研究之大成，並見新說之發明；《廣韻研究》，則申發研治之基礎，精研韻書之成就；《聲韻學》，則明示學術之體系，引領入門之方法；《訓詁學》，則梳理釋義之方式，說明工具之運用；《文字學》，則承繼章、黃之學說，析述條例，闡明正解。《鍥不舍齋論學集》、《文字聲韻論叢》等，則見解精闢，確論宏發；另有《東坡詩選析》、《東坡詞選析》、《伯元倚聲‧和蘇樂府》、《伯元吟草》等書，酬唱吟誦，琳瑯滿目；其於報端所寫專欄，關心世局國是，風聲雨聲，不失書生本色。先生嘗云：「高郵王念孫因長壽，故能多著作，庶幾得以天年，當亦如斯。」今觀先生成就，未及石臞先生之齡，珠璣之語，已斐然可觀，學子詳參，望重儒林。

民國九十八年年底，先生赴醫院體檢，並忙於舉辦「林尹教授百歲冥誕紀念學術研討會」，邀約海內外學人共襄盛舉。奔波之餘，遵醫囑返院複檢，赫然發現肝臟已見腫瘤。經過治療，先生尚可勉強參與學術活動。前年十月，先生偕夫人帶領門下弟子，赴大陸河南南陽師範學院，參與該校特為先生舉辦之「陳伯元先生文字音韻訓詁學國際學術研討會」，備感顯榮，並於會中發表〈求學問道七十年〉演講。會後返臺，旋即赴美就醫療養。今年五月，先生於美，為詩挽黃天成教授，詩中有曰：「不見先生已有年，病肝病肺莫陪筵」、「相期百歲都將去，望影猶縈薪火傳」。縱然已覺身心漸竭，薪傳之責，仍不敢稍忘，此即先生堅毅之本質也。

先生曾發表〈文化傳承與小學語文教材〉一文，闡述小學生宜讀寫分途，多識字、多讀詩文；先描紅，再練帖之教育理念。去年年底，曾函囑門下弟子曰：「聞南陽擬設一小學，將試行吾之教育理念，若身體尚可，吾當親往，作幾次演講，以資鼓勵。」故先生本規畫於近期內返臺定居，暫作休息後，轉赴大陸，卻因宿疾轉劇，終至藥石罔效，於美國當地時間七月三十一日晚上八時四十五分，溘然長逝，享壽七十有八。消息傳來，親友弟子，無不失聲哀慟，悲悽莫名。先生之驟逝，有如星之墜，月之隱，然相信先生之學，正如日之昇，風之行，先生之人品與學術，皆將影響深遠矣。

先生德配葉詠琍女士，為國內知名兒童文學專家，與先生結褵數十年，鶼鰈情深，育有二子二女。長子曰昌華，美國馬里蘭大學國際財務管理學碩士，現任聯邦訊委會規費組高等分析師，娶妻陳氏；次子曰昌蘄，馬里蘭大學通訊管理學碩士，現任美國思科公司資深系統工程師，娶妻王氏；長女曰逸菲，馬里蘭大學商學系畢業，適美籍麥銳志先生；次女曰逸蘭，馬里蘭大學管理學碩士，適美籍日裔宮本泰先生。子女出眾，賢媳秀慧，佳婿乘龍，可謂滿門皆俊傑，桐枝必衍慶。先生闔府信奉基督，相信此刻先生已安息主懷，與主同在樂園，願主耶穌親自安慰先生家人，賜予心靈平安。

夫淑德天成，英氣自豪，直道而行，方能鍥而不舍。先生一生，傳揚師說，著作等

身，研訂字體，編輯字書，創設學會，交流兩岸，桃李天下，入門牆者逾百，實為肩承章、黃之學，勇於開創新局第一人。蘇東坡譽韓文公曰：「匹夫而為百世師，一言而為天下法，是皆有以參天地之化，關盛衰之運。其生也有自來，其逝也有所為。」先生詩詞，向與東坡居士心照神交，今藉此語讚頌先生，信以先生才德與風骨，足可稱之。祈願先生無論幽明，浩然之氣長存，器識學問永傳人間。

編輯委員會

（曾榮汾教授撰稿）

——本文原刊於一〇一年九月二十八日《陳新雄教授哀思錄》

李序

　　陳新雄教授，字伯元，國立台灣師範大學國文研究所文學博士，由於學術之成就，以及教學之認真，其啟迪學生更不遺餘力，享譽海內外，影響極為深遠。故退休之時，師大乃贈以「名譽教授」之榮銜，可謂實至名歸。我與伯元兄師出同門，皆瑞安林景伊先生之弟子，而我年稍長，學則不及。景伊先生桃李遍栽，弟子盈庭，然而能獲其親炙而得以窺其堂奧者，亦惟伯元一人而已矣！

　　「尊師重道」乃世人所共知，蓋道之所存，師之所存也。是以「重道」則必先「尊師」，「尊師」乃所以「重道」也。是以古人有所謂「天地君親師」。將「師」之　地位提昇至與「天地君親」等齊，自韓公文〈師說〉一文中慨歎「師道之不傳也久矣」，以迄於今，師道之尊嚴皆未見提昇，反而更加低落。今惟於伯元兄師生之行誼中，得以窺見「尊師重道」之實例。蓋當景伊師病篤之際，伯元兄正在香港講學，獲訊之後，便立即請假返台，於醫院中親侍湯藥，直至景伊師大去，未嘗或離，並為之料理後事，待一切料理完善，方赴港繼續講學。在此之前，伯元兄早已蒐羅景伊師之詩作二百餘首。以毛筆正楷，一筆不苟書寫成冊，號之曰《景伊詩鈔》以傳世。至於台師大國研所為景伊師百歲冥誕所舉辦之學術研討會，伯元兄乃撰五言長詩以誌景伊師之生平事功。凡此視師若父之舉，令人感佩。其身體力行之真誠，亦為其門弟子樹立良好之典範。是以當伯元兄遽歸道山之資訊一出，其門下弟子，亦無不熱淚盈眶，如喪考妣，自動自發，欲為其師伯元先生治喪。由此顯見伯元兄師生之間，感情之篤厚，相信伯元兄地下有知，亦必欣慰無已也。

　　「好學不倦」乃伯元兄之學識能與時共進之主因。當伯元兄仍是大學部學生時，景伊師即嚴加督課，開列書單，責其圈點熟讀；考取國文研究所碩士、乃至博士班，仍復如此，因而紮下極堅實之國學基礎，即使執教上庠，亦始終不變。為期自勉，遂命名其書房為「鍥不舍齋」，數十年如一日，讀書寫字從不間斷。即使退休後居美時間較多，「鍥不舍齋」之精神不變，仍是讀書寫字並參加當地之詩社與詩友唱和、演說等活動；並齗隙圈點史籍，蓋以史為鑑，可以知興替之所由，增廣其見識，提高其眼界。〈讀兩當軒集因懷爽秋〉詩中有「天公倘假多時日，廿史圈完學更新」之句，以為其堅毅不拔，好學不倦之明證。

　　伯元兄對於大陸文字改革，頗有意見，在其「贈許嘉璐」一詩：「偶從螢幕見光

儀。慷慨伸論漢字奇。已是登高好招臂，還期奮筆寫凝思。師門絕業誰當續，許學嗣音孰敢辭。遠在天涯無限意，願君重振舊宏規。」由於許嘉璐是大陸文字改革召集人，《說文解字》乃東漢許慎所作，亦是文字改革重要之對象，按理應積極維護，然大陸文改卻以民間之俗字作為正字，以原正體字作為文字改革之指標，所以伯元兄乃有此詩之作規範以諷許嘉璐，以期望以許嘉璐之身分，登高一呼，恢復漢字應有之地位。可見伯元兄之重視漢字之改革，且看伯元兄以毛筆正楷，將《景伊詩鈔》一絲不苟予以鈔寫出版，是乃可以理解伯元作此詩的用意。

伯元兄最精進之學術，莫過聲韻、訓詁，與文字之學，皆由景伊師所親炙，著作也多，《古音學發微》乃其博士口試論文，極獲口試委員之讚賞，高師仲華歎為「元元本本，殫見洽聞。」許世瑛師評為「成一家之言」，而其論文指導教授景伊師，更評之曰「青出於藍」。自是之後，聲譽日隆，不僅台灣各大學爭相禮聘，即大陸各名校亦時有邀約，或短期講學、或專題演講，均座無虛席。為期宏揚章（太炎）、黃（季剛）之學，於是成立聲韻學會、訓詁學會，而文字學會在景伊師手中即已成立。以此三學會每年會員大會，同時舉辦國際學術研討會，招引不少國際學者前來參加，乃至申請入學為研究生。因而許多大陸學者也與之結交。放眼而觀，當今台灣各大學中文系任此三門課者，莫非伯元兄之高足，是其影響之重大，亦可知矣！

重「然諾」乃伯元兄最執著之美德之一，與朋友交或與門弟子約，無不徹底實行孔老夫子所稱「與朋友交而無信乎」之反省。聲韻之學頗為困難，是以應聲韻學會之請。每年返臺授課之便，在臺師大每週六下午設置「聲韻學講座」義務講授三小時，對外開放，舉凡對聲韻學有興趣者，皆可報名參加聽講。真乃所謂「有教無類」。前後四年，從不間斷，即使當天有事請假一二小時，事後便覷隙補足，其敬業之精神有類如此。

民國九十八年十二月十九、二十兩日，為紀念景伊師百歲冥誕所舉辦之國際學術研討會、由台師大國文系主辦，伯元兄與我共同策劃。伯元兄邀請兩位大陸清華及南開大學教授前來參加並發表論文。大會還安排我為大會開幕時專題演講之主持人。不料，因急性膽囊發炎，必須立即切除而住院，竟無法出席參加，惟有依賴伯元兄坐鎮。其實伯元兄亦早已獲知肝臟有病，必須住院治療。但伯元兄堅持必待大會結束，陪同二人前往花蓮旅遊兩天，送走貴賓後才肯住院，由此可見伯元兄對「誠信」之重視。

伯元兄學術興趣甚廣，除「小學」三門課程外，兼及蘇東坡詩文之探究與創作，並著有《詩詞吟唱與賞析》、《伯元倚聲・和蘇樂府》等書，繼則轉而研究黃山谷之詩詞。惜天不假年，無法完成其意願，頗感遺憾。

伯元兄之治學，極為嚴謹，至於門弟子，要求更嚴，除正課之作業外，並規定相關之作業，亦須如期完成。即使已在上庠執教，亦要時時研究並纂寫論文，至六十歲即應出論文集，以見其在學術研究之成就。其所以訂為六十歲者，因六十歲乃人生之一甲子，若在學術上仍無成就，其他亦不足道矣！

　　綜伯元兄一生尊師重道，弘揚儒學、著作等身，音韻尤精，凡所立言立德，皆足為後世英髦者式。至其為人俯仰之間，上無愧於天地，下無忝於所生。觀其〈中華民國一百年元旦〉詩云：「應使中華民國號，長天永在不容刊。」見其愛國之情懷。〈恭輓天成師〉詩則有「五十載乘時未促，一人身覺道難宣。相期百歲都將去，望影猶縈薪火傳。」見其時時不忘中華文化之承傳。〈七七生辰感懷〉云：「七七生辰餘一事，中華經藝要相傳。」道出自己責任猶未了，寄語門下諸弟子應紹志述事，完成其心中未了之事。最令人感動無已者，即其〈肝癌栓塞反應賦感〉所言：「自度此生無所憾。縱然撒手氣猶清。」此伯元兄之自道也，可見其闊達之胸襟與灑脫之風貌。觀其一生之成就，誠可以無憾矣。今其門弟子欲為其出版紀念八秩冥誕論文集，丐序於余，余與伯元兄誼屬同門，年又稍長，責無旁貸，故略述其生平成就之梗概，用以為序。

國立臺灣師範大學國文系教授　李鍌謹識

一〇四年三月一日

丁序

　　陳新雄先生字伯元，他是一位傑出的學者、一位受學生愛戴的教授、一位愛國的詩人、也是一位古道熱腸的朋友。我認識伯元三十多年，對他扮演的這四個角色都有深切的認識。現在就從這幾方面落筆。

一　傑出的學者

　　學者很多，如何才能算傑出？做學問要能深廣兼顧，對他專注的學門要能提倡推廣。

　　先談伯元的學問：他是研究傳統所謂「小學」的，包括聲韻學、文字學、訓詁學。他從最難的上古音入手，一九六九年發表他的博士論文《古音學發微》，仔細介紹並檢討清代各家上古音的研究。直到三十年後，一九九九年又發表大書《古音研究》，說明各種研究古音資料中聲母、韻母、聲調的線索。把宋鄭庠《古音辨》以下，顧炎武、江永、段玉裁以迄今人黃侃、王力等十三家的古韻研究一一檢討；再把錢大昕、章炳麟等五家以及伯元自己對於上古聲母的看法詳加論說。最後論述陳第至王國維等十一家對上古聲調的看法。這是對上古音資料及高本漢以前各家學說的最詳盡的討論。

　　除上古音以外，伯元在聲韻學方面發表過四本專書《廣韻研究》、《等韻述要》、《新編中原音韻概要》、《音略證補》，涉及中古音、近代音，寫過三十幾篇單篇論文，一九八四年就集成八百多頁的《鍥不舍齋論學集》。晚年出版一千餘頁的大學教科書《聲韻學》，把他幾十年教學的經驗融匯於此書之中。

　　上文提到「小學」包括聲韻學、文字學、訓詁學，伯元專注於聲韻學的研究，但在二〇〇五年出版《訓詁學》，二〇一〇年出版《文字學》，都是大學的教科書。到這個階段，伯元在「小學」的三方面都有總論性的專著。「小學」之外，更涉詞章。不僅寫詩填詞，中年以後，還專研東坡詩詞。發表《東坡詩選析》、《東坡詞選析》等書。同輩的音韻學者沒有比他更博雅的。

　　再談伯元對學門發展的努力，這是我親身的經歷。一九八二年，伯元為了聲韻學的教學需要有交換意見的機會，召開了第一屆的聲韻學教學研討會。從第三屆開始，承伯元的好意邀請我參加，我總是給予支持，盡量跟他配合。眼看他篳路藍縷，一切從頭開

始。第一屆他自己講演；第二屆有三個主講人；第三屆開始增設講評人；第六屆時已有三場討論會，八位主講人，並且請我作專題講演。連續辦了六屆以後，一九八八年七月就成立了中華民國聲韻學學會。從此研究聲韻學的學者們就有了一個固定交換意見的平台，到今年已經要舉辦第十四屆國際暨第三十三屆全國聲韻學研討會了。各次會議的論文都彙集成書，伯元在一九九四年的發刊詞中說：

> 本會創設之目標，一為推動聲韻學之研究，一為增進兩岸聲韻學之交流，一為刊行聲韻學術之論文。

聲韻學會的刊物是《聲韻論叢》，到現在已經出版到第二十輯了。這是伯元為聲韻學這個學門交出的成績單，而這個成績是令人驚嘆的。

二　受學生愛戴的教授

教育界好的老師比比皆是，這種老師當然會受到學生的愛戴。伯元一生指導了許多學生，博士就有二十餘位，是臺灣指導博士最多的聲韻學家。從學生的論文題目可以看到他學問的廣博，例如：

> 史記稱代詞與虛詞研究、廣韻音切探源、段玉裁之生平及其學術研究、古漢語複聲母研究、上古漢語同源詞研究、干祿字書研究、十韻彙編研究、古今韻會舉要研究、日本吳音研究、蘇軾詩學理論及其實踐、韓國三國時代韻文研究等等。

詞彙、音韻、文字、文學、域外借音，幾乎是無所不包。

伯元在指導熱心、學問廣博之外，卻又有一點顯著的不同，就是這一點不同使他成為少見的名師。那就是他做學問的胸襟！伯元是臺灣當代章黃學派的領導人，而他絕無門戶之見，並且特別提出來加以呼籲。在〈中華民國聲韻學學會緣起〉裡，他說：

> 我們的學術界，從我們這一代開始，應該沒有門戶，只有是非，不論你是跟那一位老師學，希望都能一起坐下來談。我們成立這個學會，不是為造就某一個人，也不是要樹立某個門派，而是為我們整個學術界貢獻力量。

有這樣的胸襟才能指導出眼光寬廣的弟子。

伯元跟我同行，我在中央研究院服務，也在臺大教書，而他大部分時間則在師大。他說：從我們這一代開始應該沒有門戶，意味著上一代或許難免還有一點歧見。我有時候細想，何以他能夠突破藩籬，有這樣的見識，真是難能可貴！

三 古道熱腸的詩人與朋友

伯元對古詩詞的愛好，幾乎成癖。他是詩人，又是許多學者的好友。他的詩詞唱和者眾，這裡只說他跟我的來往。

大概是一九八八年左右，伯元在香港時曾經贈我一首菩薩蠻：

〈香港贈邦新用東坡風迴仙馭雲開扇韻〉

君懷開闊如風扇　涼天夜月隨星轉　執手各相驚　貞松霜雪零

相逢非草草　情共天難老　今夕酒樽間　歡言莫問年

我奉和一首：

功勳百戰成秋扇　榮枯萬事如蓬轉　何日不堪驚　舊交霜葉零

江煙迷勁草　水拂青山老　談笑酒杯間　相期年復年

我很少填詞，只能勉為其難。好像延宕了許久，也沒有寄給他。到現在相期年復年已經成了虛願。我比較喜歡寫詩，二十年間，偶有唱和。到他晚年時，他送給我一首七律，附加一篇長序：

〈贈丁邦新有序〉

余與邦新兄以音學訂交於中央研究院史語所主辦第一屆國際漢學籌備會議，時民國六十九年也。其後共同推動中華民國聲韻學會會務發展。民國七十九年邦新自港投詩，以文字唱和，亦已廿年，始終莫逆於心。民國九十八年，邦新投書相邀於臺北一敘，惜余以肝癌入院治療，未克如願。去歲余出版拙稿《伯元新樂府》、《陳新雄語言學論學集》、《文字學》三書，欲投稿請正。得邦新復函，並讀其〈死神的腳步〉，方知歷經鋸開胸骨，重大手術，聞悉不勝感歎，如兄與余，雖有意為固有語言文化，盡其綿薄，然疾病纏身，瞬成衰晚，因賦詩相贈，以誌此段因緣也。

與君名字兩同新　　轉眼俱成歲暮人

平仄尚能隨你我　　縱橫不復費精神

論音昔日為知己　　述學如今怎激塵

但願門前諸俊彥　　此生相繼莫沉淪

感謝知己的心意，我的和詩如下：

〈和陳新雄贈丁邦新並序〉　　丁邦新

辛卯之夏，余入院治療心臟阻塞，作繞道手術，瀕死不遠。伯元聞訊，承遠道贈詩，情致殷切，故人厚意躍然紙上。乃搜索枯腸，敬步原玉，勉為唱和以答之。伯元與余相交三十年，同以研究聲韻為己任；而伯元復致意於詞章，除精研蘇詩外，尚有和山谷詞之作，故詩中兼及之。

英雄鐵劍色猶新	慷慨長歌落拓人
錦繡詞章抒積鬱	艱難音韻費精神
東坡雅詠成知己	山谷高風拜後塵
蕩蕩神州才俊美	江河浩渺不沉淪

當天他就回信：

昔讀王國維評蘇軾〈次韻章質夫楊花詞〉，謂原唱如和韻，和韻同原唱，今讀君詩，亦有同感也。

我非常感念老友的鼓勵。

伯元出版過《香江煙雨集》、《伯元倚聲・和蘇樂府》、《伯元吟草》等書，愛國愛家之情洋溢在字裡行間。在伯元仙逝之後，我寫了兩首詩紀念他：

〈故人　悼伯元〉二首
伯元愛家、愛國，愛學生、尤愛學術。其為學也，聲韻、文字、訓詁，無所不通；其為人也，古道熱腸，待人誠摯；其為詩也，音韻鏗鏘，情懷婉轉。因寫小詩以祭詩人，不卜故人亦有知否？

故人棄我西歸去	滿面秋霜隱淚痕	苦雨淒風憐瘦影	青天白日弔詩魂
方死方生齊物論	亦儒亦俠故人心	他年若有瑤池會	對舉花枝說夢深

現在，在這位傑出的學者、難得的名師、愛國的詩人、我們的好友八十冥誕的時候，出版一本紀念論文集，包括學術論文及紀念文字，總共六十篇，其中論文四十篇，全書達五十萬字。體現同行的懷念、學生的愛戴，稿件來自兩岸三地及日、韓等地的音韻學者。編輯先生們要我為論文集寫一序文，以為長久紀念。我愧未撰寫論文，能有這個機會藉此序文紀念故友，總算盡了一點心意。

丁邦新

林序

不種硯田無樂事

不撐鐵骨莫支貧

大約是我研究所畢業初任教職不久，有一日晚上到和平東路二段伯元老師府上拜訪，閒談許久，老師忽進書房拿出《說文解字注》，翻到第十五卷段玉裁詳述家世來龍去脈那段，隨即對我從容講解。說實在該段注釋內容我在撰寫博士論文時，已經點讀得滾瓜爛熟，不過經老師再一次串講，點出多處警句，讓我恍然大悟，原來段氏的苦學成果，是在家境困窘的情況下脫穎而出。

那次講解老師特別喜歡「不種硯田無樂事，不撐鐵骨莫支貧」兩句話，這是段氏祖父段文的詩句，拿來訓勉子孫的遺訓，不久我也接到老師致贈題字的該詩句。後來我才逐漸明白，其實那兩句詩也是伯元老師家世與治學有成的自況。

伯元老師治學嚴謹，從章、黃小學入手，其後優游於文學，對蘇東波的詩文，用功最勤，心得亦深。伯元老師於一九六九年完成博士論文《古音學發微》，將清代各家古音學的分合做比較，最後歸總於章太炎與黃季剛兩氏的古音學主張，當時高仲華教授稱「元元本本、殆見洽聞」，即是形容伯元老師於古音學研究的輝煌成果，相當貼切。其後因興趣所趨，將各種唐、宋詩的選本詩作，分韻謄鈔一過，這個踏實功夫，奠定後來隨手拈來皆詩趣的深厚基礎。以此深研蘇軾的詩文，處處終於能成一家之言，想來絕非靠天分即能有成。以上兩事，可以說明伯元老師治學一絲不苟的一面。

在揣摩學問過程中，得到治學所獲的樂趣，非身臨其境的人能體會。猶記得伯元老師與我們早期學生輩見面閒談時，常會把他研經、讀史的見解告訴我們，其中有做事、做學問方法的提示，也有做人警惕的建議。獲得博士學位後，老師囑咐一鼓作氣勤寫論文，才能不荒廢學問，甚至於告誡「不要讓博士論文成為最後一篇論文」。一九七五年得到老師安排，第一次在文化學院中文系講授聲韻學，學生看我年紀輕經驗有限，在深不以為然的氛圍，稍微影響我的授課情緒，老師安慰我「初教專門課程，隨時警惕自己，但求無過，不求有功即可。」遵照老師的叮嚀，果然相安無事，往後經驗累積，教

學相長，得心應手。舉此二例，可知伯元老師對學生的呵護與教導，無微不至。

二〇一二年八月一日，我在長崎客居聽到老師的噩耗，悲戚莫名，因為當時正值研究專題執行尾聲，無法即刻返臺共襄老師後事，偏勞師門諸兄弟。去歲榮松等人倡議伯元先師八秩冥誕學術論文發表會事宜，我因應聘日本講學無緣參與。所幸榮松等師兄弟孜孜矻矻共同籌劃，其中本論文集已編輯完竣，囑我撰序說幾句話。仔細閱讀收輯內容，洋洋灑灑十分豐富，絕大多數屬於伯元老師生前關心的課題，總計分「題詞壽詩壽詞懷念文、論學述微申說、紀念論文」三大類，撰文作者來自臺灣、香港、中國大陸以及日本等地學者，都是伯元老師生前的至交好友或朋輩，以及四十餘年來授業弟子。匯聚眾人之力，多面向描述伯元老師一生的志業、論學與薪傳，藉此論文集的出版，相信老師在天之靈，必能感知眾人對他的愛戴與不捨。

清代樸學大師段若膺生於一七三五年（雍正十三年），二百年之後一九三五年，伯元老師誕生於贛縣；一八一五年段氏以八十一高壽仙逝，也是整整二百年之後的今天，我們在此紀念伯元老師的八十一冥壽。天下事的巧合，似乎冥冥中早已注定。

林慶勳

題辭・詩詞・懷念文

伯元兄八秩冥誕

教績孔彰

乙未三月李鎏

李鎏教授題辭

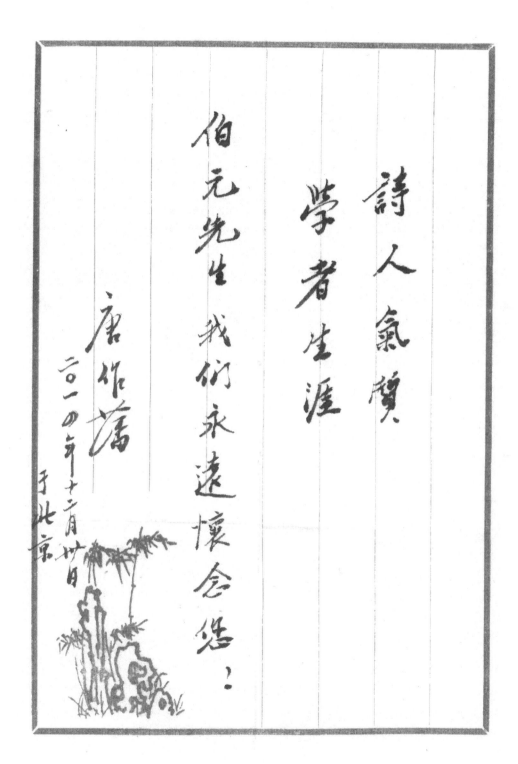

詩人氣質

學者生涯

伯元先生 我們永遠懷念您！

唐作藩
二○一○年十二月廿日
于北京

唐作藩教授題辭

伯元師八十冥誕感懷師嘗裝為傅雲

詩社監察人執法甚嚴故平聯及之

量守傳薪火三臺樹色辦詩簡見素挺音學抗

前賢淵海蛟龍聚宗門壁壘堅傳雲暘冷滄社

課憶當年　及門　沈秋雄敬撰拜書

沈秋雄教授題〈伯元師八十冥誕感懷〉詩

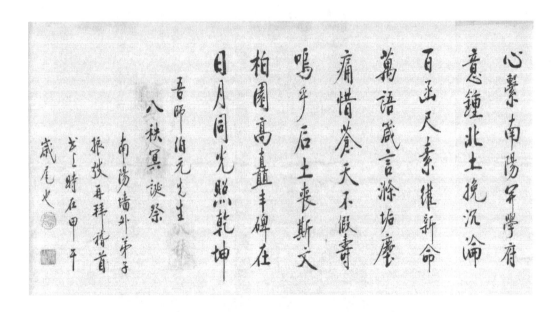

聶振弢教授題〈吾師伯元先生八秩冥誕祭〉

今日方覓國魂
先生夙自有根
大師巨擘唯夫子
清風小穆臺海春
詞賦藝苑林斗魏楚
經書學術仰通人
聖賢意氣凌天地
宗匠文章薄鬼神
家國情懷致堯舜
放眼世界憐生民

轟振發教授題〈吾師伯元先生八秩冥誕祭〉

伯元先生八十誕辰紀念

文幸福
玄奘大學退休教授

令聞令譽德為鄰，師大大師儒士真。

白社從游被浩澤，青衿問學覆深仁。

已開桃李三千豔，刊述文章百萬新。

此日生徒感風義，追思無限憶精神。

古詩一首介伯元夫子八秩冥壽

林正三

台灣瀛社詩學會前理事長

章貢出賢豪，徽名永不朽。童丱逾倫儕，時輩誰抗手。

為學如積山，壘土卒成阜。弱冠坐鱣堂，菁莪化育久。

小學素精詣，審音渾不苟。皇皇卅二部，古韻作樞紐。

獨擅一家言，賢聲溢眾口。門派承章黃，勳績盛紫綬。

踵武眉山翁，詩書文並偶。著作早充棟，輝光爛北斗。

愛國心最堅，傳薪恥人後。社團屢筆創，輒輒任導首。

風氣長拓開，孰能出其右。學術暢交流，兩岸力奔走。

嗟余早失學，庸碌近耆耇。幸得瞻黌門，銅鐘得親扣。

有教信無類，宮牆窺側牖。循循常規礪，良鍼輒勸誘。

獲益誠已多，恩深愈師友。牆外村野人，戴德高並厚。

值茲陟八豔，良辰際冥壽，拙我慚無文，蕪詞強獻醜。

公今在天國，哂然且進酒。陰陽雖異路，感格詎曰否。

題伯元夫子和蘇詞彩箋墨寶一卷

黃坤堯

香港中文大學聯合書院

紅藍黃綠鑄華章，墨瀋淋漓手澤香。

一卷清光星月老，十年雅詠路途長。

東坡有約憐知己，贛市重回閱海桑。

故國多情人世換，沙鷗何處不翱翔。

戊辰冬日，伯元夫子重返香江講學，約和東坡詞，每成一闋，即以各色彩箋寫贈，今將原稿輯為一卷，墨瀋淋漓，亦不勝滄桑之慨矣。

黃坤堯呈稿　二〇一四年九月十四日

卜算子

沈寶春

成功大學中國文學系教授

夫教育之妙，在化不可能為可能。伯元師以聲韻名家，
然喜愛詩詞，尤愛東坡之作，常誦其彷彿，亦填新詞。
今追想緬懷，徒賦此以寄慨！

層樹綠窗櫺，絳帳經傳遞，頃聽詩興寂寞出，迢遠雲霄翳。
廣廈矗巍峨，斯道殘風裡，忍對空廊影獨清，暮色淪天際。

伯元師仙逝三週年忌辰謹借其贈清華靜安社之〈江城子〉次韻追思

陳慶煌

淡江大學中國文學系教授

歲次甲午（2014）年秋闈，姚教授榮松兄於試院閱卷大樓持《陳伯元教授八秩冥誕紀念論文集》撰稿邀請函暨大作《厲揭齋學思集》相贈，吾以出生雲林，而斗南吳魯於清末嘗籍占晉江而及第狀元。爰當面報之以二聯曰：「榮登系狀元榜；松有陶徵士風。」「榮登系狀元金榜；松有陶徵士古風。」

衡文拔士之役完成後，七月三十一夜，吾在家上網點閱二〇〇二年，伯元師在北京清華大學授先秦音韻學等課程期間，曾應該校靜安詩詞社懇邀，於階梯教室公開演講，數百聽眾為之爆滿，當場伯元師曾親書所填題為〈清華講學贈靜安詩詞社〉的〈江城子〉詞相贈，其詞云：「五千年史豈拋空，步芳蹤，氣如虹。禹甸茫茫，應振舊雄風。不信英聲從此杳，誰繼絕，爾曹躬。唐詩漢賦宋詞工，鬱蔥蘢，響黃鐘。秋實春華，百態煥新容。欲覓知音何處是，窮四海，喜人同。」

翌晨寅時即起，沐手立即次韻此詞曰：「大師遺愛未全空，覓聯蹤，筆成虹。學貫金壇，許鄭溯宗風。微發古音因果在，伯元厞，竺描躬。坡詞借玉調能工，氣蔥蘢，響霜鐘。故國神遊，吟卷盡涵容。冥壽明春逢八秩，嗟諱日，韻誰同？！」賦成驚覺恰逢夫子之忌辰，奇哉異哉！天地間竟巧合如斯。

不禁憶起前年八月四日驚聞噩耗立即作輓聯云：「音學貴為一代師，念風雨華岡，閱四年親承教誨；吟壇幸接重洋軌，看詩詞書法，凡次韻素擁聲華！」以念師之情不克獲已，八月七日復撰輓詩曰：「曩歲華岡立雪，今朝詩社懷風。音學蘄春加密，吟刊華府轉豐。魚素重觀銳志，悼聯乍寫悲衷。豈是萬緣前定，長留後世追崇。」又填〈西江月〉詞云：「回首師門驚夢，文章時命難齊。美邦歸葬痛追思，空有詩篇帶淚。萬樹梅花長伴，春風化雨無私。鍥齋不捨志昭垂，音學高庠稱最。」

案：二〇一一年，當余自大學畢業滿四十周年時，與同學合出《水雲深處》紀念文集，所撰〈華岡恩師羣相〉嘗提及伯元云：「大二〈文字學〉課：陳新雄老師認真踏

實，奠定了字形之學的根基。——大三陳新雄老師的〈聲韻學〉是份量最重的課，以前上〈文字學〉時要懂小篆、辨六書，今則要繫聯反切上下字，益覺專門而艱深了。幸虧我分別在大一和大二暑假都預先準備，粗具字音之學的根基。總算順利過關，還能在考前為同學義務作總複習，並代為猜題。師母葉詠琍系出名門，她曾在我們大二時接續李（殿魁）師母的課，教授我們《詩經》，於十五國風，低迴反復，尋繹再三。」

二〇〇七年，伯元師嘗為江蘇省金壇縣段玉裁紀念館「仰玉亭」書匾額，並題楹聯曰：「文字工夫追許鄭；音聲成就邁隋唐。」推崇茂堂，恰如其人，兼亦自佔身分，屬對工整，字體端秀，遂令高聳之亭園，煥發無限光采。

匜原係古人盥手注水之器，以遍體飾蟠虺紋，板作龍形，四足獸形，槽身流線，極為美觀，人莫不珍愛之。一九八二年，竺兄家寧見國立故宮博物院所珍藏春秋時期之陳伯元匜，腹內鑄有：「敶（陳）白（伯）殹之子白（伯）元乍（作）西孟嬀婤母（媵）匜，永壽用之。」四行共十九字銘文，欣喜若狂，歸不能寐，次晨即奔外雙溪摹繪以呈伯元師賞翫。

於小學（文字、聲韻、訓詁）之外，伯元師又專研坡詩，並遍和坡詞。一九九九年五月，臺北文史哲出版社首印《伯元倚聲‧和蘇樂府》一鉅冊，完全藉東坡元玉，以澆一己之塊壘。

從東坡琴曲〈醉翁操〉憶及伯元師追思
景伊師借韻之風範

陳慶煌

　　古有「琴棋書畫」四藝，琴乃居其首。琴美稱瑤琴或玉琴，傳伏羲所作，一弦，長七尺二寸。至五帝時，改為八尺六寸，虞舜改成五弦，象徵金、木、水、火、土；長三尺六寸五分，代表一年有三百六十五日；琴面以弧形代表天，琴底為平象徵地，亦合天圓地方之意涵；十三徽，以指按而彈之，即十三音也，代表一年有十二月及閏月。周文王悼其亡子伯邑考，乃增一弦；武王伐紂，為振士氣，又添一弦，遂成七弦琴，因而古琴又稱「文武七弦琴」。古人體高肢長，愈進化反而愈短，況古之尺寸亦較今略縮，因而琴之長度日減，今之古琴遂成三尺六寸三分長矣。

　　遠在春秋戰國時代，孔子之世即已盛行此種樂器，而師曠、伯牙及雍門周，世尊為大師。西漢之司馬相如有綠綺、東漢之蔡邕有焦尾等名琴。而桓譚、蔡琰亦稱專家。魏晉之嵇康、阮籍、阮咸、劉琨，尤為此中翹楚。隋之賀若弼，唐之趙耶利、董庭蘭、薛易簡，兩宋之義海、郭楚望、徐天民、毛敏仲，明之嚴徵、徐上瀛，清之莊臻鳳、徐常遇、徐祺、吳虹、祝鳳喈、張孔山等，均屬高手。而今所傳唐迄清之琴曲約三千餘首，其內容之多彩與文獻之豐碩，堪稱古樂遺產之冠也。

　　在宋代文人士大夫中，亦頗多雅好鼓琴者，蓋以琴聲可怡情養性，有益人之身心也。歐陽脩於〈送楊寘序〉自稱：「予嘗有幽憂之疾，退而閒居，不能治也。既而學琴於友人孫道滋，受宮聲數引，久而樂之，不知其疾之在體也。夫琴之為技小矣。及其至也，大者為宮，細者為羽，操弦驟作，忽然變之，急者淒然以促，緩者舒然以和，如崩崖裂石，高山出泉，而風雨夜至也。如怨夫寡婦之嘆息，雌雄雍雍之和鳴也。其憂深思遠，則舜與文王、孔子之遺音也；悲愁感憤，則伯奇孤子、屈原忠臣之所嘆也。喜怒哀樂，動人必深。而純古淡泊，與夫堯、舜、三代之言語，孔子之文章、《易》之憂患，《詩》之怨刺無以異。其能聽之以耳，應之以手，取其和者，道其湮鬱，寫其幽思，則感人之際，亦有至者焉。」即藉彈琴來排遣胸中之鬱悶與悲憤也。當貶守滁州時，嘗就

〈醉翁亭記〉中，寄其無奈於琅邪山釀泉之流水聲，太常博士沈遵讀後，遂感而譜出琴曲〈醉翁吟〉。歐公在〈贈無為軍李道士二首〉其一論琴有句云：「彈雖在指聲在意，聽不以耳而以心。」即道出琴聲乃文人本身修養之反射也。

蘇軾之琴藝，遺傳自椿庭，祖上所藏古琴名曰「老泉」，其父蘇洵即以之為號。東坡幼年有〈琴詩〉云：「若言琴上有琴聲，放在匣中何不鳴？若言聲在指頭上，何不於君指上聽？」此與唐・韋應物〈聽嘉陵江水聲寄深上人〉：「鑿岩泄奔湍，稱古神禹跡。夜喧山門店，獨宿不安席。水性自云靜，石中本無聲。如何兩相激，雷轉空山驚？貽之道門舊，了此物我情。」其對水石間關係之疑惑與了悟，亦等同東坡之於琴指。此實為高深之哲學課題，就佛教以觀之，悉乃因緣和合而成，事物與事物間只因發生聯繫，纔得以存在。即如所謂「四大」，《金光明最勝王經》卷五曰：「譬如機關由業轉，地火水風共成身。隨彼因緣招異果，一在一處相違害，如四毒蛇具一篋。」《圓覺經》曰：「恆在此念，我今此身，四大和合。」《楞嚴經》曰：「譬如清水，清潔本然，即彼塵土灰沙之倫，本質留礙，二體法爾，性不相循。有世間人取彼土塵，投于淨水，土失留礙，水亡清潔，容貌汩然，名之為濁。」即謂「濁」乃塵土與清水起作用而形成者。又曰：「譬如琴瑟、箜篌、琵琶，雖有妙音，若無妙指，終不能發。」坡公琴詩即據此段佛經而更加生動之形象化者也。

東坡深知琴理，〈減字木蘭花〉寫出對古琴之感受與心情，其詞云：

> 神閑意定，萬籟收聲天地靜。玉指冰弦，未動宮商意已傳。
>
> 悲風流水，寫處寥寥千古意。歸去無眠，一夜餘音在耳邊。

樂音帶來之境界，最適合聆聽者放鬆心情，修身養性。昔人以「清、和、微、虛、遠」等字標古琴之美，確實所言不虛。

坡公多次為琴歌填詞，為琴曲〈陽關曲〉所填歌詞即有三種，諸如：「暮雲收盡溢清寒，銀漢無聲轉玉盤。此生此夜不長好，明月明年何處看」一曲。從「不長好」與「何處看。」之平仄，即可知其深諳聲情悽絕之三昧。

醉翁操，琴曲，屬正宮，宋・沈遵創作，蘇軾始創為填詞。在其《東坡樂府》卷二該詞牌下有序云：「琅邪幽谷，山川奇麗，泉鳴空澗，若中音會。醉翁喜之，把酒臨聽，輒欣然忘歸。既去十餘年，而好奇之士沈遵聞之往遊，以琴寫其聲，曰〈醉翁操〉，節奏疏宕而音指華暢，知琴者以為絕倫；然有其聲而無其辭。翁雖為作歌，而與琴聲不合。又依《楚辭》作〈醉翁引〉，好事者亦倚其辭以製曲，雖粗合韻度，而琴聲為詞所繩約，非天成也。後三十餘年，翁既捐館舍，遵亦沒久矣。有廬山玉澗道人崔閑，特妙於琴，恨此曲之無詞，乃譜其聲，而請東坡居士以補之。」東坡在崔閑悠揚之琴聲中，須臾作成：

琅然。清圓。誰彈。響空山。無言。惟翁醉中知其天。月明風露娟娟。人未眠。荷蕢過山前。曰有心也哉此賢。醉翁嘯詠，聲和流泉。醉翁去後，空有朝吟夜怨。山有時而童巔。水有時而回川。思翁無歲年。翁今為飛仙。此意在人間。試聽徽外三兩絃。

在〈雜書琴事〉十三則中，東坡嘗有：琴自天寶中，因與胡部合，非復中華雅聲之嘆語。當公五十七歲，於揚州所撰〈書寫醉翁操後〉云：「二水同器，有不相入；二琴同手，有不相應。今沈君信手彈琴，而與泉合；居士縱筆作詩，而與琴會。此必有真同者矣。本覺法真禪師，沈君之子也，故書以寄之。願師宴坐靜室，自以為琴，而以學者為琴工，有能不謀而同三令無際者，願師取之。元祐七年四月二十四日。」其所謂「真同者」，乃詞、曲作者共同之藝術境界，於詞、曲共同創作上達到所謂「和」之層次，更可增進文人與琴師間之友誼。由上，可知宋朝文人注重內在之精神意涵，能將個人品行修養匯入藝事中，〈醉翁操〉之所以形成亦即此理也。

清乾隆六年（1741）所審音定譜之《九宮大成南北詞宮譜》，其樂譜註云：「醉翁操，東坡所作琴曲，今雖譜入九宮，其聲調猶彷彿琴之音韻，第未識與古人意合否？案：沈遵以琴寫泉聲，而寄之於琴也。東坡倚聲以為歌辭，是直接為琴調，而間接為泉聲也，今雖譜入九宮，然以笛協之，頗不適聽，蓋仍當以琴協為宜。錄此，以見絲與竹音色異，其成調亦因之而異也。」可謂正評。

緣林景伊師逝世十週年，國立臺灣師範大學辦學術研討會時，伯元師用東坡〈醉翁操·琅然清圓韻〉填詞追悼，連和者羅尚、王冬珍、沈秋雄、陳慶煌、文幸福、陳文華、許琇禎、劉昭明、杜忠誥、吳玉如、王立霞、張素貞、陳嘉琦、翁淑媛、王吟芳、劉美智、彭素枝等，凡十八人。詞附論文集後，且亦收入《伯元倚聲·和蘇樂府》中。歲在甲午中秋前二日，余因昨夜接讀姚兄榮松自網路傳來有關明春紀念伯元師之活動近況，不意次晨忽夢竺兄家寧教授於政大校舍敬侍其尊翁之孝行，瞬間竟憶及甲戌年（1994）春元，臺師大籌畫為伯元師作六十大壽前，李兄添富博士致電要我親製一聯，遂撰成：「新揅多方，學中稱伯；雄觀百代，貞下起元」以賀，其後伯元師都講香江，偶讀余之詩作，特致書勗勉，而有「青勝」之溢美。當師因講授東坡詩詞，特往遊黃州，探勘現地，印證名蹟，抒發思古之幽情，結識當局，嘗函示命寫坡仙〈念奴嬌·赤壁懷古〉詞行書，擬鐫刻於黃岡「東坡赤壁碑林」；經年泐就，師又將搨本惠我珍存，能不令人感念久久也。良以華仲老嘗言及景伊師生前每以喜得衣缽傳人自豪，而伯元師感念景伊師呵護厚恩，鍥而不捨，終身毋怠，能將所學，發揚光大，薪火永續，乃十足一代經師與人師風誼之最高典範。今吾亦偶仿師連用東坡韻之往事，遂在睡夢初醒之際，亦借坡仙元玉，循伯元師生前之遊蹤，吟成此闋以紀念之云：

鏗然。腔圓。琴彈。仰高山。師言。尋詩鬱孤鄱陽天。月澄章貢嬋娟。巖上眠。

發軔五羊前。更北京太原訪賢。影留虎峽，身後奔泉。奈良古刹，奄有唐風弗
怨。長白霜飛峰顛。鴨綠舟漂冰川。清遊難計年。詞今追坡仙。樂府詠其間。宛
聆山谷淮海絃。

二〇一四年九月六日初稿
九月七日完稿

緬懷伯元師有感

陳貴麟

中國科技大學教授

鍥而不捨八旬翁，駕鶴東坡建百功。

磬耳圓音傳嶰谷，章黃座下沐春風。

民國七十四年至七十八年期間，余就讀師大國文研究所碩士班，從陳師新雄（伯元）修習「廣韻研究、東坡詩」等課。伯元師以江西調吟誦詩文，課堂上教習諸生平仄規則。當時口耳相傳，僅能習得皮毛。後於網路上見聞伯元師吟詠風采，方有進階之體悟。猶憶東坡詩課上「人生到處知何似，恰似飛鴻踏雪泥」、「不飲胡為醉兀兀，我心已逐歸鞍發」等句，配上吟詠之後，全詩意象浮現，令人盪氣迴腸！余多年覓訪詩歌吟詠佳作，多數吟者曲調雖美，然平仄舛誤，倒字時見，皆因「磬耳圓音」之未解耳。故小學之用大矣，非限於考據也。

其後余考入臺大中文所博士班，畢業後即於外地教書。偶於聲韻學研討會上與師相見，雖部分意見相左，然先生風範，令人景仰；先生於民國一○一年遽歸道山，令人不捨！爰作七絕一首，以表哀思之意，並紀念伯元師八秩冥誕也。

緬懷先師陳新雄教授

蔡宗陽

臺灣師範大學國文系兼任教授

今（2015）年三月二十一日適逢先師陳新雄（字伯元）教授八秩誕辰，籌備會於臺灣師範大學文薈廳、文學院會議室舉辦「紀念陳新雄教授八秩誕辰學術論文發表暨著作展示會」。

陳教授桃李滿天下，教學卓著，享譽國際。其弟子聞名海內外，曾任系所主任、文學院院長暨教務長、副校長纍多，不遑枚舉。陳教授，諱新雄，係中華民國第七位文學博士，國立臺灣師範大學名譽教授，曾任中國文化大學中文系系主任、中國文研究所所長、中華民國聲韻學會理事長、中國訓詁學會理事長、中國文字學會理事長、中國經學研究會理事長、中國修辭學會榮譽理事。一九七二年鄙人於臺灣師大國文系大四修習「訓詁學」，老師鼓勵我們：「要想當一位好老師，先準備三個『為什麼』。爾後問一個問題，先問自己一個『為什麼』，再問自己兩個『為什麼』。上課學生不論問第一個『為什麼』，或第二個『為什麼』，第三個『為什麼』，都能對答如流，既是好老師，又是一流老師，我們何樂而不為？」鄙人恪遵老師殷殷教誨，循循善誘，不止當中學教師、大學講師、副教授、教授，甚至於舉一反三，觸類旁通，運用到行政方面，於是，先後於國中當訓導主任（即今學務主任）、輔導主任、臺灣師大課外活動組主任（後來改為組長）、臺灣師大國文系所主任、文學院院長、副校長。創立中國修辭學學會，首任會長，並擔任第一、二任理事長，現為中國修辭學會榮譽理事長，曾任中國經學研究會第三、四任理事長，先問自己三個「為什麼」，再三思而後行，斂能順遂如意。尤其是待人、處事、治學、寫作、考試，皆問自己三個「為什麼」，因此榮獲教育部青年著作獎、木鐸獎、中興文學獎第二十五屆獎章，這歸功於誨我纍多的結晶。

民國六十七年鄙人返母校（臺灣師大）擔任助教，老師鼓勵我考國文研究所，但任務極為忙碌，無法潛心準備。老師以毛筆楷書，賦詩一首，以茲眶勉，其詩云：

諄諄誨汝蔡宗陽，天將木鐸傳夫子，

壇坫殷勤十載長；手寫斯文付俊良；

學道不回憑意志，一事莫嫌余瑣屑，

寒松終必傲風霜；劬勞方可任翱翔。

「寒松終必傲風霜」、「劬勞方可任翱翔」，永銘心版上，奉為圭臬。老師一再惕勵，鄙人爾後不懼挫折、不畏艱辛，要披荊斬棘，乘風破浪，全力以赴，劍及履及，並不忘問三個「為什麼」。應考博士班考試，筆試準備充分，口試準備一百多題「為什麼」，口試委員無論問任何問題，皆能對答如流，終於榮登榜首。這歸功於老師諄諄教誨，循循善誘所致。對老師惕勵有加，獻上十二萬分謝意與敬意。

民國九十五年六月五日，臺灣師大六十周年校慶，鄙人與愛妻吳明足舉辦書畫聯展，主題「陽書明畫樂逍遙」（愛妻提供），老師以毛筆楷書，特撰對聯一副，以資勉勵。其內容是：

書欲宗陽剛之美

畫應明足願稱心

上款題「宗陽明足書畫儷展」，下款題「丙戌古虔陳新雄撰書」。鄙人與愛妻當天夜晚攜帶禮物，登府道謝。當時書法是展覽金文，又稱為鐘鼎文，臺師大美術系教書法教授稱讚我：全部以金文展覽深具特色，至盼將來出版一本金文字帖，歷代書法家罕見「金文字帖」。殊不知金文並非《金文編》每字皆有，仍需造字。造字請益現任中原大學應用華語文學系季旭昇系主任，他教我造字，再請他審查是否錯誤，這時才發現書法家必備金文造字方法，有人指導才能撰寫「金文字帖」。繪畫是展覽油畫，每幅油畫以四個字為主題，鄙人撰藏頭詩（又稱為隱題詩），以七言絕句為之。臺師大郭義雄校長主持揭幕，當時圖書館館長、現任臺師大校長張國恩暨現任臺師大副校長鄭志富、各單位主管、教職員工生皆參與，共襄盛舉。

陳老師的品德、學識、風範，真是山高水長。其一生的成就，如宋朝張橫渠所謂「為天地立心，為生民立命，為往聖絕學，為萬世太平」。（陳立夫老師贈我此二十字墨寶）著作宏富，桃李滿天下（多位弟子擔任中文系所主任、文學院長），其學術享譽國際，馳名全球。既是經師，又是人師，誠屬教育典範。其名譽教授的殊榮，是實至名歸。其教育精神，永遠活在我們的心目中。（作者為現任國立臺灣師範大學國文系所兼任教授、中國修辭學會榮譽理事長、國際儒學聯合會理事，曾任臺灣師大副校長、文學院長、國文系所主任、教育部國中小九年一貫語文領域召集人兼任國語文組組長）

望之儼然，即之也溫

——感懷伯元師

杜忠誥

明道大學講座教授

　　我曾兩度做過陳伯元師的學生：第一回是就讀臺師大大學部三年級時的「聲韻學」必修課，第二回是國文研究所博士班二年級的「東坡詩詞研究」選修課。先前在夜間部就學時，雖無緣受教於陳師，卻已久聞且顓慕伯元師種種精勤為學的學者風範。嗣因辦理休學之故，直到民國六十五年保送進入師大後，才有機會親炙伯元師之教誨。

　　大學部時，在聲韻學課上，對於詩經韻語之分部及通假文字之探索，多所啟益，尤其伯元師嚴格要求大家必須完成《廣韻》切語上下字的聲紐與韻部歸類作業，更是所有修學過陳師課者的共同深刻記憶。到了學期末，伯元師都個個逐頁檢查，甚至心血來潮時，還會在作業後頭的附記欄內賦詩相贈，以為激勵。據說並非通統有獎，筆者算是幸運者，所獲贈詩如下：「力學殷勤志獨鍾，喜君奮舉欲追蹤。願將萬古凌雲筆，付汝他年一試鋒。」原跡至今仍珍藏在手。

　　筆者是臺中師專畢業後，當了兩年兵又服務滿五年，才經由保送入學臺師大的，年紀比班上從高中考進來的同學要「老大」約八、九歲，平時上課又常會發問，故陳師對我還算印象深刻。即便畢了業，師生間也時有互動。尤其在負笈日本筑波大學修學碩士期間，個人對於新出土戰國晚期睡虎地秦簡的隸變現象產生濃厚興趣，為了探討形體的演化與訛變問題，須有聲韻學學理上的證成，方才發現所學遠遠不足，深悔當年未能在陳師的碁導下多加用功，因而常給伯元師寫信請益。

　　民國八十一年，我輾轉考入母校國研所博士班，為了重溫伯元師春風時雨之化，選修了陳師講授的「東坡詩詞研究」。在伯元師的詮釋與點撥之下，通過對王文誥《蘇文忠公詩編注集成總案》之點讀與《蘇軾詩集》的潛心研習，不僅對坡翁之詩詞有較為深入的理解，對於東坡一生因堅持忠於自我的耿直個性，無可避免所導致的坎壈仕途與命運，也有了較為整全且釋然的認識。深覺伯元師骨鯁質直的氣格，實與東坡有不少神似處，因而在陳師的課堂上，乃時有洞中窾竅，豁然開朗的讀書至樂。期末報告，我就著自身書法美學的專業角度考量，選擇蘇東坡「和子由論書詩」試行析解，伯元師閱後，還蒙公開表揚，評為「分筋擘理，深得其要」。得此激勵，此文後經潤飾，曾被收在黃

昆輝先生主編，三民書局出版的《美育與文化》一書中。

　　民國八十六年九月下旬，我的博士課程應修學分早已修畢，當時應邀為「中華民國唐氏症基金會」成立基金之籌募，舉辦書法義賣展，因獲得十方善心人士的大力支持而告圓滿。當時，伯元師獲悉展出消息後，還帶著全班博碩士生到金山街口何創時書藝館展覽現場為我助陣，並堅持義購義賣專集以為贊助。凡此種種，均足以看出伯元師善於鼓勵學生，真誠熱情的一面。

　　民國九十年七月，在許師錟輝先生的指導下，我的博士論文《說文篆文訛形研究》撰寫完成，正式通過口試而獲得博士學位。此書是筆者利用動態發展之漢字形體演變學理，而以經典字樣學《說文解字》的篆文訛形，作為討源尋流及析述論證的形體學檢證之演示，屬於榛莽初闢性質。嗣後，接受口試委員蔡師信發先生建議，改名《說文篆文訛形釋例》而由文史哲出社出版。書前除有請許師賜序外，還懇求周師一田（何）先生暨伯元師賜序，均蒙俯允，令拙著為之增彩。伯元師在序文末段，且說：「余既非指導教授，復非考試委員，忠誥所以尚欲求余一言者，蓋未忘舊日勉勵之初衷也。生未忘舊，余何敢不略貢獻替。瑣屑之訓，已承耳受。今言其佳善，發前人未發者，舉其犖犖大端，蓋有數事焉：妒所從戶、庶之上端，皆石之訛，形固潛移，音尤精確，石訛作戶，卓識堪欽。跡之從朿，而訛為亦，鐸部錫部，音實不同，遞變之跡，犁然可識。稷之與稷，原屬形似。折之與制，連合難辨。升斗之差，點滴之異。度庶從石，聲從定母，韻歸鐸部，清析無似，席雖隸邪，邪古歸定，一言而決。說此數端，可得其概。昔我先師瑞安林景伊（尹）先生每提示於我，文字之學，形音互因，音義相酬，三者不離，乃得其全。今觀忠誥此篇，真得我先師之精髓者也。故樂為之序而歸之，並為讀斯篇者告也。」文既簡直，情尤肫愊，堪稱對拙著的高度正面肯定，令我既感且慚，永難忘懷。

　　筆者出身鄉野，兼又過度信從經傳，平日為人處事，多有不合時宜處，雖常自惡，可狗改不了吃屎，終難自療。不意竟蒙伯元師不棄，時加策勉。在伯元師身上，總不難發現一種「望之儼然，即之也溫」的長者情懷。《易》〈坤卦〉〈文言傳〉說：「君子敬以直內，義以方外」，伯元師實足以當之。茲值伯元師追思集再度徵稿之際，將一路走來受教於伯元師處略作回顧，聊申孺慕感念之忱於萬一。

學術長城，師恩常在我心

潘麗珠

臺灣師範大學國文系教授

　　多年以來，始終認為：能夠就讀臺灣師範大學國文學系與國文研究所，跟隨多位國學大師問道、讀書，親近師長們的熠熠風采、接受他們的曖曖薰陶，是生命歷程中非常非常幸福的事！雖然恩師們都退休了，有幾位甚至駕返道山，但師長們的精神與教誨卻牢牢的銘刻在心版上。

　　其中，與陳師伯元的因緣，主要來自於研究所上老師所開設的東坡詩。

　　伯元師上課時，經常針砭時事、諫諷政策，娓娓道來近日寫了什麼文章有什麼想法。老師星目如劍、聲如洪鐘、意興風發、神采飛揚，言談之間顯現讀書人的風骨、儒者的本色。講到東坡因「烏臺詩案」被打入天牢，畢竟無愧於心依舊呼呼大睡；還有東坡與母親程氏述及東漢范滂的事蹟時，表現了「有為者亦若是」的志節；那幾番如同醍醐灌頂的慷慨陳詞，歷史場景鮮明如繪，課堂中的學子無不動容，深深著迷！老師有如寒冬麗日、秋夜朗月，在麗珠往後的生命道路、學思歷程中提供了源源不絕的溫暖，清晰、堅定且親切的指引，也成為麗珠日後擔任教育工作時的良師典範！常常，面對教育困局時，忍不住想起老師的音聲面容，思索老師的態度與做法，彷彿老師依舊在身旁鼓勵著、督促著，於是猶豫困惑消解了，前進的步伐堅定了，於是了解何謂「巨人的肩膀」！

　　臺灣師大國文系給予學生的訓練與要求是：學詩要能做詩吟詩，學詞要能填詞唱詞，學曲要能作曲唱曲，此一傳統至今仍舊維繫不墜！因此課程名稱一直維持著「詩選及習作」、「詞選及習作」、「曲選及習作」。這也是現任系主任鍾宗憲教授支持、推動成立「臺師大國文系詩歌吟誦系隊」的要因。培訓系隊的任務落在麗珠身上，跟麗珠長年不遺餘力在此一領域的理論耕耘和實踐操作有關。

　　麗珠取得博士學位之後的詩歌吟誦實踐與研究，深受伯元師的影響，亦得力於國文系眾位恩師如汪師雨盦（教專家詩）、邱師燮友（教樂府詩）、王師更生（教文章學）、賴師橋本（教曲選及習作）、尤師信雄（教詩選及習作）的長期薰陶與引導，師長們對麗珠的影響甚深，其中「江西讀書調」的學習和思考正是源之於伯元老師。東坡詩研究

的期末考試，除了申論題紙筆測驗之外，尚有一口試，即吟誦東坡詩作，隨機抽題老師課堂所教的篇章。當時幾乎所有學友，被點到名的，一個個站到老師講台前的座位身側，張口結舌、面紅耳赤，即使平日訓練有素的學長也十分緊張，期期艾艾的結果自然表現失常！唯有麗珠僥倖抽到非常喜愛的〈贈子由澠池懷舊〉，又對老師的吟誦銘記在心，兼以參加國劇社的舞台訓練使然，毫無畏懼，在一陣詩聲琅琅之後，老師面露喜色，當著全班誇獎稱賞一番，自此，這首東坡詩作的吟誦方式便在麗珠腦海中紮了根、定了型。老師七十歲壽慶當晚，有幸被系上師長點名上台，就以此詩之吟誦向伯元師致意感恩，事後，李師爽秋（李鍌師，字爽秋）高興地對麗珠說：「真的頗有伯元的味道，很好！」

伯元師的書法也是令人難忘的一種「姿態」！老師寫的是小楷，一絲不苟，非常工整，充分流露出對書法藝術的認真與尊重，也彰顯了老師堅毅的耐心與嚴正的品格。這樣的耐心與品格同時反映在老師的治學上：嚴謹、細密、精進！書齋名為「鍥不捨齋」，正是取「鍥而不捨」之意，精進的意義內含其中！

記憶中尚有兩件事，印象深刻：一是老師曾經提及中山大學中文系創系，教育部高層屬意伯元師出任系主任一職，然只是電話連絡，口頭徵詢。老師卻以為：此乃國家教育要事，主事者宜禮賢下士，親自登門拜訪、邀請，方能表示慎重與禮貌，因此婉拒，後來便成為臺大龍宇純教授出任，師大系統錯失良機，隨之而在該系任教者初期幾為臺大研究所畢業。老師自承：高師仲華曾經私下表示扼腕、遺憾，覺得錯失了為臺師大國文系開疆拓土的機會。但伯元師依舊堅持如果得不到應有的尊重，寧可莊敬自強，豈可為「嗟來食」、「五斗米」折腰？據此可以窺見吾師「堅持有守」的情性。

二是當電腦慢慢流行之後，某天上課，老師告訴我們，他用一指神功進行中文字輸入，速度可以一分鐘輸入九十一個字。老師的措詞雖然平淡，口氣卻聽得出得意，面容更有一種「怎麼樣？不輸給你們年輕人吧！」的興味。「哇，好厲害！」這是當時聽聞老師說法，內心止不住的激動。直到今天，這樣的激動轉化成一股細水長流的激勵，每每在學習新課題或新事物時，腦海裡經常浮現伯元老師輸入中文字的可能圖像與情景，老師的話語也自然而然地在耳邊繚繞不去，這種情形幾乎變成了生活工作中的慣性。

回想民國八十二年，受《中央日報》長河版主編之約，為「學術長城」寫一篇伯元師的文章，題目是〈聲韻功夫，詩詞情懷〉，刊登在當年的十二月二十九號。那篇文章有四個小標題：「臺灣師大國文系榜首的治學工夫」、「大四結業生教聲韻學，學生想考倒也難」、「把聲韻學作業設計成電腦遊戲」、「學生票選第一的優良教師」。現今讀來，心猶戚戚焉。今逢恩師冥誕，賦七律一首以表孺慕追思之意，題為〈憶伯元師臺灣師大東坡研究課堂〉：

互古長新授業情，東坡研究會群英。
指稱時弊飛揚樂，月旦風雲喜怒生。
萬水千山胸豁顯，紅樓烏瓦廣居清。
恆為儒者濟天下，鍥不捨齋正義聲！

又，跟隨恩師的腳步有感於時事，作曲子一首〈沉醉東風·嘆世〉：

如何杜悠悠之口？竟然成款款奢求！黑心食品多，破屋偏雨漏。嘆高層誰識民
憂？惡煞奸商鬼見愁。下地獄黎民怒吼！

師恩常在我心。老師，謝謝您！

新知舊學詩文伯，雄史通經道德元
——伯元師陳新雄教授八秩冥誕詩文書函輯存紀念

賴貴三

臺灣師範大學國文系教授

一 章黃衍派，學術薪傳

筆者自民國七十一年（1982）九月杪，以第一志願入學臺灣師大國文系後，原編屬甲班（鼎甲），後因師大附中保送生增額，改分發至丙班123（騷丙），大一上下學期導師，分別為師承湖南寧鄉魯實先（1913-1977）太師《尚書》、文字之學的業師許錟輝（1934-）與張師建葆（許老師下學期講學韓國，代理導師）教授，習業「讀書指導」，逐漸知曉理解師大國文系師承章（炳麟，太炎，1869-1936）黃（侃，季剛，1886-1935）學脈之淵源傳統，自此蘄嚮於小學與經學之道業。

大二「文字學」，再從學於許師錟輝，因大一成績優秀，兼以曾為導生，師生關係融洽親和；其後，知悉老師同為屏東及粵東客家鄉親，復喜好桌球運動，情誼彌篤。大三、大四時，又分別選修師承浙江瑞安林尹（景伊，1909-1983）與江蘇高郵高明（仲華，1909-1992）兩太師之一田師周何（1932-2003）教授，從學於《禮記》與「訓詁學」二門課程，深獲啟蒙教益。許師與一田師春風化雨，親炙教範，霑溉道澤，至碩、博士班深造，以迄系所服務，三十餘年來，猶然未息；唯獨遺憾於小學之聲韻學，緣慳未能受業於伯元師（1935-2012）門下，無法圓成文字、聲韻與訓詁三學，皆習業於章黃衍派、林高薪傳之學術心願。

民國七十五年（1986）八月，結業實習於臺北市立五常國民中學，適租屋於師大學生宿舍後泰順街巷內，因地利之便，每週夜晚固定上課時段，即於文學院樓 103 教室（今教學發展中心），旁聽伯元師開設於夜間部之「專家（東坡）詩」課程，老師紙扇頻揮，汗水涔岑而下，以贛州鄉音賣力講授吟誦東坡〈和子由澠池懷舊〉之身影，抑揚頓挫，韻致縈迴，時空交錯，憬然赴目，宛在如今：

> 人生到處知何似，恰似飛鴻踏雪泥；泥上偶然留指爪，鴻飛那復計東西。
>
> 老僧已死成新塔，壞壁無由見舊題；往日崎嶇還記否，路長人困蹇驢嘶。

「風簷展書讀，古道照顏色」，哲人日遠，典型夙昔，回想追憶，無限懷念。以下謹擇錄與伯元師詩文書函交流互動之吉光片羽，略表感恩衷心微忱於萬一。

二　勤恆謙誠，獎掖後進

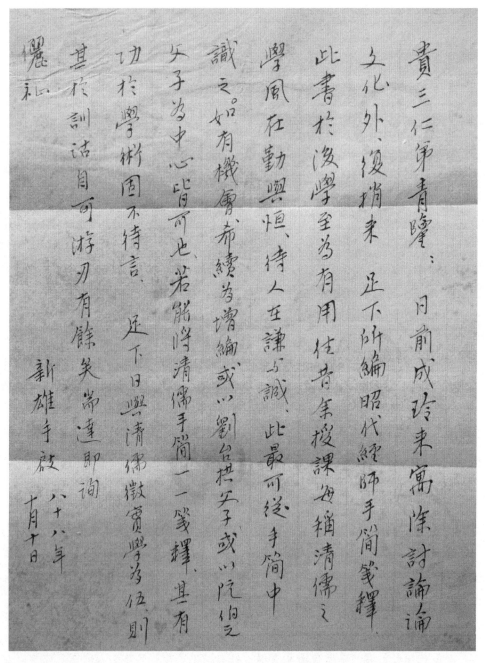

照片一　民國八十八年（1999）十月十日，伯元師勉勵《昭代經師手簡箋釋》函。

貴三仁弟青鑒：日前成玲來寓，除討論論文外，復捎來　足下所編《昭代經師手簡箋釋》，此書於後學至為有用。往昔余授課，每稱清儒之學風在勤與恆，待人在謙與誠，此最可從手簡中識之。如有機會，希續為增編，或以劉台拱父子，或以阮伯元父子為中心皆可也。若能將清儒手簡一一箋釋，其有功於學術，固不待言。　足下日與清儒徵實學為伍，則其為訓詁，自可游刃有餘矣。耑達即詢——

儷祉！

新雄手啟　八十八年十月十日

筆者博士深造期間，因致力於清儒焦循（里堂，1763-1820）《雕菰樓易學三書》研究，旁涉及於揚州學派碩學鴻儒，覽閱原為清儒致高郵王念孫（懷祖，1744-1832）、王引之（伯申，1766-1834）父子討論經義，問學取資的書信原跡，後經民初學者羅振玉（雪堂，1866-1940）薈聚影印傳世之《昭代經師手簡》，以資料難得，而墨瀋爛然多姿，辨讀不易，向來無專人、專書為之考釋箋注，遂與教授「治學方法」課程的中學教師暑研班87丙全體學員，於民國八十八年（1999）八月十五日共同編撰，藝事出版《昭代經師手簡箋釋——清儒致高郵二王論學書》。內人成玲博士因為伯元師門生，趨府請益拜謁之時，特呈賜教雅政。

伯元師縱覽全書之餘，不僅耑函慰勉有加，更曾當面獎勵：「此書可以體察乾、嘉、道三朝清儒學林的生活寫照，可以窺覷乾嘉樸學的實際內涵，是一部清代學術史的縮影，具有文獻學與經學史的雙重價值。」伯元師賜函中，以「清儒之學風在勤與恆，待人在謙與誠」總結驗證，又孜孜續勉以「如有機會，希續為增編，或以劉台拱父子，或以阮伯元父子為中心皆可也」，人師經師之風範，追慕仰止，遺憾公私倥傯，至今未能增編竟志於清儒劉台拱（端臨，1751-1805）與阮元（伯元，1764-1849）父子論學書函，辜負伯元師期待與寄望，耿耿於懷。學海無涯，道心惟微，有生之年猶待戮力聖經儒業，以慰報伯元師在天之靈。

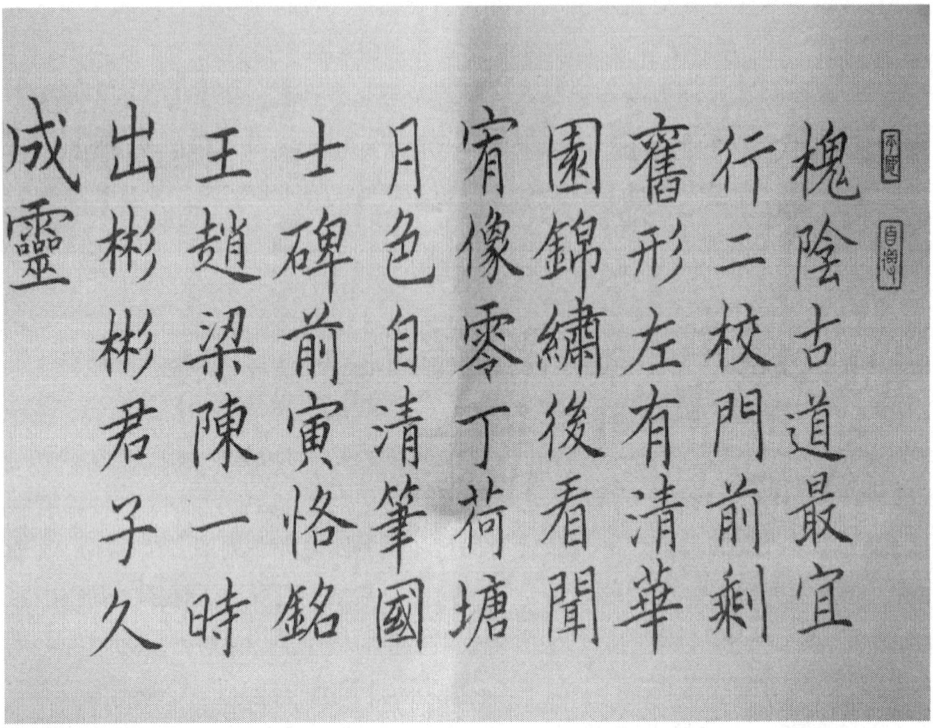

槐陰古道最宜
行二校門前剩
舊形左有清華
園錦繡後看聞
宥像零丁荷塘
月色自清筆國
士碑前寅恪銘
王趙梁陳一時
出彬彬君子久
戍靈

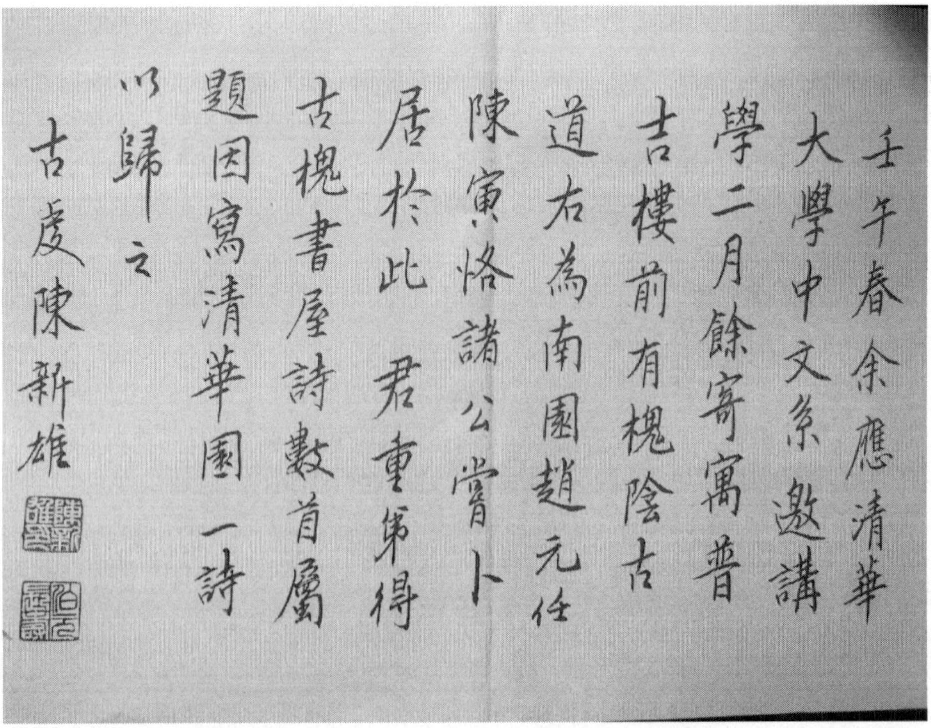

壬午春余應清華
大學中文系邀講
學二月餘寄寓普
吉樓前有槐陰古
道右為南園趙元任
陳寅恪諸公嘗卜
居於此　君重筆得
古槐書屋詩數首屬
題因寫清華園一詩
以歸之
古虔陳新雄

照片二　民國九十一年（2002），伯元師書俞平伯（1900-1990）詩卷題跋。

（引首章鈐有「平安」、「自得」二長方陽文篆印）

槐陰古道最宜行，二校門前剩舊形；左有清華園錦繡，後看聞宥像零丁。

荷塘月色自清筆，國士碑前寅恪銘；王趙梁陳一時出，彬彬君子久成靈。

壬午春，余應清華大學中文系邀，講學二月餘，寄寓普吉樓。前有槐陰古道，右為南園；趙元任、陳寅恪諸公，嘗卜居於此。　君重弟得古槐書屋詩數首，屬題，因寫〈清華園〉一詩，以歸之。

古虔陳新雄（下鈐「陳新雄印」陰文篆印、「伯元長壽」陽陰篆文合珠印）

伯元師〈清華園〉七律詩，係民國九十一年（2002）春，應聘北京清華大學中文系講學感時觸景之作，並以回應師大國文系畢業香港僑生系友葉國威（君重）學棣敦請題跋俞平伯（1900-1990）詩卷，伯元師對於後輩晚生關照之誠心摯意，於此可窺一斑。關於國威學棣所獲俞平伯詩卷，除伯元師此詩題跋外，尚有雨盦師汪中（履安，1926-2010）、王師關仕（1938-2014）教授、李鍌（爽秋，1927-）教授、馬森（1932-）教授與杜忠誥（1948-）教授等題跋，可以相觀而善，斯文不泯，信然！當時，國威學棣亦曾致函筆者，曰：

貴三學長：平伯先生詩卷已得當代鴻儒碩學之事（士）賜題，國威視此為廿一世紀文壇盛事，故亦乞望　學兄賜題。又順呈其餘跋文，謹此拜乞，祝——平安！

　　　　　　　　　　弟　國威敬上　　二○○二年十二月十三日

唯顧慮才疏學淺，書藝未精，不敢與諸位師長先進同列，故未應其所請，曾專函致歉無法復命；今冬十一月，以隸書作一嵌名聯相貽——「國士無雙三不朽，威仁慎獨大丈夫」，表識衷忱謝意。其餘師長題跋影本，蒙國威學棣印贈，臨文之際再檢出瀏覽觀賞，健筆鴻思，書如其仁，益增孺慕游藝之情與重道崇文之樂。

三　賦詩明志，嚶鳴友聲

伯元師翰墨生香，振筆勤書，常以詩文、書函與師友同仁、故舊門生相交流，游目騁懷，極盡才華能事，夙為杏壇藝林佳話。筆者忝列詩學門牆，時為伯元師文風詩雨所化，偶亦步韻唱和，以進學殖，以親雅教。以下擇錄數篇，略觀一二：

〈膺選國立臺灣師範大學名譽教感賦〉　　　陳新雄稿

近從開府（開府謂師大國文系系主任，嘗從余受業）聞渠說，名譽頭銜（王主任語我師大校務會議已通過我為國文學系名譽教授）許我身。學不厭人猶有待，教無倦事尚堪倫。撞鐘叩響余心喜，宣鐸搜才眾士親。泉下陰靈如得見，想必恩師

（恩師謂先師林景伊教授也）亦笑頷。

〈誦伯元師膺選本校名譽教授感賦詩，敬步原韻以賀以祝〉

喜聞夫子傳嘉譽，實至名歸濟道身。鼎泰包蒙儒學正，豐頤顯比聖功倫。

從心所欲神思旺，隨遇而安體性親。四代薪傳尊德業，中孚大有士林頷。

> 後生　貴三　2007.1.30週二謹和於師大「屯仁學易咫進齋」，
>
> 時寒流強襲，而冬陽溫煦，彷彿　老師春風照拂，良可樂也。

民國九十九年（2010）冬至一元復始之後，耶誕歡樂平安祝福已臨，三才萬象更新，緬懷傳統，紹承先賢；而民國開國百年（2011）之際，新春喜迎伯元師〈中華民國一百年元旦〉詩：

平明遙指五雲看，一百年來寸寸丹。合見少康光夏甸，莫隨趙構避臨安。

驅貪欲淬新硎劍，布政當求北斗冠。應使中華民國號，長天永在不容刊。

元旦後一日週日晨，筆者亦不揣淺陋，謹步韻和詩一首，敬祈欣欣向榮，國泰民安，人人幸福圓滿：

乾坤大運始終看，氣節從來世代丹。成敗盛衰青史斷，是非功過赤誠安。

協和百姓彰今古，主義三民耀冕冠。國慶期頤欣賀壽，千秋道業鑄傳刊。

當其時，學長同仁林安梧（1957-）教授亦步和原玉，並專函致意，曰：

貴三兄您好：讀了您的和詩，欣喜中有溫潤。新雄師亦賜函命囑和之，今日在台中舊居讀書，有了靈感，遵其所囑，步韻隨之，敬請指教。

乾坤指點莫閒看，浩氣原來此心丹。青史斷腸灰長鬢，紅顏醉夢問天安。

孫毛馬列傳后履，儒道龍行正王冠。遠渡揮鞭洋平太，千秋王道刊不刊。

（「刊不刊」亦可做「好河山」）

專此敬祝——

安康！元亨　林安梧敬呈辛卯元正前二日

再者，伯元師寓美靜養，頗注意於美國職籃 NBA 華裔勇將林書豪戰績，有詞作二闋，可資歷史鑒證：

〈好事近‧林來瘋用山谷一弄醒心絃韻〉　　　陳新雄呈稿 2012.2.23

一出動心絃，七勝情懷縈疊。眼看君家身手，我淚珠盈睫。

天時地利與人和，相配光升頰。舉世華人同慶，歡飲持金葉。

〈好事近‧林來瘋用山谷不見片時霎韻〉

縱是一時霎，七勝光榮彰著。尼克屢聞連敗，要怎生規約。

出師一舉竟成名，方識善和惡。終讓世人相見，豈可再奚落。

筆者家長兄出身空軍，亦熱衷籃球運動，並相互研詩習《易》，閱覽欣賞伯元師以上詞作，嘗先後發來二封電子信函，謂：

成玲指導教授所撰〈好事近〉詞二首，道出台裔林書豪竄起的感人集結點滴，兄對優美的詞仍是門外漢摸不著門路，俟律詩進階習成後再請賜教之。今日剛完成有關林書豪詩一首如后，請惠予雅正：

〈籃壇新星〉

哈佛小子林書豪，紐隊中樞控衛牢。一戰卓群家戶曉，七勝美技宇寰褒。

虔誠信仰功歸主，篤實容輝曜賽袍。竄起英名傳萬里，來瘋好事冀恆高。

兄　貴川　2012.02.28 於永康寓所

賢弟文席：今年二月記得伯元師曾寫有關林書豪一首〈好事近〉絕詞，很恰巧當月我也寫〈籃壇新星〉林書豪的一首七言律詩，可見他對籃球也有興趣，沒想到事隔數月，陳師竟已仙逝，人生無常，真無奈呀！願他在天之靈，永得安息。
伯元師可能擅詞賦，我由〈好事近〉中所猜想，再加上您又代擬以詞輓聯來恭弔，以合其所愛。弟擅詩詞為斯域高人，故常代擬辭采。是篇恭弔陳師輓聯，體周詞美，追思悼念，千載可頌。耑此順頌——
教祺！

兄　貴川　2012.09.17 於永康宅

透過以上筆者、林安梧教授以及家長兄詩文函信內容，可知伯元師真是一位才華洋溢、腹滿詩書的性情中人，允為當代國學詩壇之上庠教授與翹楚英傑也。

四　尊師重道，愛友憐生

伯元師曾於民國九十四年（2005）八月十五日，賦撰自注《師大國學名師》二十三位名師組詩：1.〈潘先生石禪〉；2.〈唐先生士毅〉；3.〈程先生旨雲〉；4.〈許先生詩英〉；5.〈林先生景伊〉；6.〈高先生笏之〉；7.〈王先生偉俠〉；8.〈高先生仲華〉；9.〈宗先生孝忱〉；10.〈王先生壽康〉；11.〈李先生辰冬〉；12.〈龔先生沐嵐〉；13.〈汪先生薇史〉；14.〈嚴先生賓杜〉；15.〈章先生銳初〉；16.〈牟先生宗三〉；17.〈閔先生守恒〉；18.〈張先生起鈞〉；19.〈熊先生翰叔〉；20.〈魯先生實先〉；21.〈華先生仲麐〉；22.〈李先生漁叔〉；23.〈黃先生天成〉。對於受業恩師的學問人格，中肯入微敘寫鋪陳，藹吉溫良，可覘伯元師之儒雅風範。

　　以下選錄伯元師以電子郵件寄發之詩稿數篇，畢現其「尊師重道，愛友憐生」之德音仁懷：

〈華先生仲麐〉
四十年來分外親，吾師書信誨頻頻。深仁獎掖無餘力，敘舊難忘千里臻。
翻閱遺文意黯然，深恩長繞永無邊。洛城臺北頻傳信，未料今生竟斷緣。
倚聲吟草兩蒙恩（余之《伯元倚聲·和蘇樂府》及《伯元吟草》均蒙先生賜序，獎勉有加），賜序相憐有慧根。誨我諄諄情不盡，詩歌期我躍天門。
佳城一閉鬱重陰。從此難親謦欬音。往事存胸猶歷歷，詩情酒伴怎重尋？
仲麐師百歲冥誕，填詞一闋，以寄哀思，敬請正句。　　陳新雄呈稿98/3/23

〈南鄉子·仲翁師百歲冥誕無限哀思用山谷未報賈船回韻〉
又是一春回。九載幽明久隔開。想及當年遺愛在，沾衣。不為麐翁更為誰。
常憶傲霜枝。送雨東風細細吹。百歲今來心動我，振頰。師道相傳那許衰。
民國九十八年三月二日歲次己丑仲春二月初六日受業古虔陳新雄恭撰

伯元師一詩歌詠、一詞哀思貴州茅臺少東華仲麐太師，意真情切，可資懷想。此外，伯元師對於「最年輕」的業師黃錦鋐（天成，1922-2012）也有詩文以表達師生濃厚的情誼，如〈師大國學名師·黃先生天成〉詩，頌云：

壇坫群儒果僅存，每聞笑語即春溫。年年拜謁宮牆日，步履常煩送到門。
參觀教學到屏東，狂士居然欲號風（先生第一次領導大四國文教學環參觀，才三十許耳。至省立屏東中學，有一教員倚老賣老，大放厥辭，攻擊師大，先生嚴辭相駁，該教師即訕訕而退）。但見先生開口語，其人囁囁已辭窮。
學到老言終有理，先生五十渡東瀛，案頭伏首勤難已，博士頭銜自有成。
六十吟詩七秩詞。八旬作曲祝期頤（先生六十大壽，我賦詩相祝，七十填詞稱賀，八十作曲獻壽，皆恭筆書呈，先生張之廳壁，嘉勉至深）。先生一一令塵壁，栽育生徒費苦思。

伯元師復於民國九十九年（2010）十二月十八日，撰〈莆田黃天成教授九十壽序〉一篇，覼縷詳述，文雅事實，堪為壽序典範。天成師高壽仙逝前數月，伯元師於民國一百〇一年（2012）一月三十日，賦七律一首〈辛卯除夕有懷天成師〉曰：

不見先生已有年，病肝病肺莫陪筵。曆窮還可書相續，面改非如鏡可研。
五十載來時未促，一人身覺道難宣。遙知函丈尊前意，望影猶紫薪火傳。

嗣天成師不幸於該年五月五日壽終於臺北萬芳醫院，伯元師遠在美國聽聞此惡耗，即於五月七日再以此詩以弔〈天成夫子千古〉，不料未三月，亦病隕神隨。以下再選錄幾首

伯元師對詩友、門生至情厚意的詩篇、祭聯，略觀其仁風義教：

〈賀麗桂女弟膺選國立臺灣師範大學文學院長〉　　　陳新雄稿2008.5.23

萬里他鄉訊息臻，欣聞祭酒出雲塵。梅香竹節人同仰，漢賦唐詩世所親。

兒女所傳惟骨肉，生徒相繼乃精神。卅年壇坫殷勤會，老境終能耳大鈞。

（三國魏有《武始》、《咸熙》、《章斌》三舞，總名為《大鈞之樂》。《宋書・樂志一》：「臣等思維，三舞宜有總名，可名《大鈞之樂》。鈞，平也，言大魏三世同功，以至隆平也。」）

〈壽幸福弟六十雙慶〉　　　　　　　　　　　陳新雄稿97年7月8日

幸福如今六十春，豪情相伴卅年輪。府中佳蕙時盈馥，壇上天桃亦出塵。

兒女所傳惟骨肉，生徒相繼乃精神。喜君夫婦皆門下，攬筆題詩意更親。

〈次韻幸福弟讀陳師伯元步舊韻感賦二首〉　　　陳新雄稿2010年2月

以利追隨墮劫塵，誠心相待見情真。琴音絕響今重見，謝爾華辭點綴新。

是非窮達自吾裁，師說方能漸漸開。生命短長容有限，故當危坐學心齋。

附：文幸福〈讀陳師伯元步舊韻四首感賦二絕〉

萬卷胸羅絕世塵，一杯在手氣尤真。朱絃嫋嫋遺音在，不舍分陰又日新。

許慎全憑段玉裁，馬融還待鄭玄開。宏揚師學新風貌，功在鍥而不舍齋。

〈次韻夢機山城戲占〉　　　　　　　　　　陳新雄稿2009年12月

詩學今嗟青出藍，佳山勝水碧深潭。蒙君昔日多提挈，令我長年得泳涵。

才捷人皆稱水部，友賢自許得戎庵。藥樓窗外風光好，拜伏群相仰翠嵐。

李（添富）媽賴太夫人靈幃（2007.9.15，筆者奉命代擬書聯）

子五孝，女五賢，十全十美，母儀典範，恪勤紹祖澤。

彰四德，篤四端，八道八方，鄉梓揚聲，敦厚傳家風。

　　　　　　　　國立臺灣師範大學國文學系名譽教授　陳新雄　敬輓

伯元師晚歲居美養病，遠隔重洋，猶不忘以現代科技之電子郵件，與在臺學林故舊門生等，以詩詞聯文相唱和交流，若能結集匯編出版以資紀念，漪歟盛哉！

五　伯仁元道，新幹雄材

各位：生日詩有所修改，仍請吟教。陳新雄呈稿02/28/12

〈七十七生日感懷〉　　　陳新雄呈稿

　　近時真覺不如前，只有精神勝往年。心喜南陽尊幼學，春臨人世煥新天。

　　商量培養規今昔，沉淪高明看後先。七七生辰餘一事，中華經藝要相傳。

以上信文及詩作，係筆者收到伯元師最後的電子郵件；不意數月後，暑熱之時，伯元師竟道隕神歸，無復再聆謦欬，霑潤教澤。當年九月初迎靈返臺，以及九月二十八日教師節，假臺北市第一殯儀館之告別式，因公私事務在身，無法親弔致哀，引為遺憾，但伯元師之生命精神，將長存於心，永識弗諼。民國一百有一年（2012）九月十六日週日晨，筆者於新店宅靜心虔誠祝禱，奉命代擬本系系主任高秋鳳教授暨全體師生〈恭弔名譽教授伯元師千古〉長聯，曰：

　　身逝洋東，魂返洋西，關山疊疊，雲海悠悠；恨未了愛別情牽，道不盡胸懷磊落。蕭兮鶴羽，咽兮琴操，天涯海角歸根好；哀什麼，友生默會此時，揃赤忱裕後光前，學聖賢樂亦聖賢，欣喜詩書霑溉過。
　　小學路來，經學路去，生平僕僕，歲月迢迢；積累出著作等身，薪傳得世尊德齒。仁若嶽崇，智若純素，高風亮節效孔孟；憾怎的，親故悲喪斯文，導青衿遊洙詠泗，習惠尹志即惠尹，笑迎肝膽絡繹來。

「昔人雖已沒，千載有餘情」，伯元師立德、立功、立言，三不朽足以論定其一生行誼，兼之以桃李滿天下，裁成作育，垂範薪傳，道業長青，斯文在茲矣！最後，仍以伯元師於民國一百有一年（2012）元月三十日，電寄所賦〈謝洪章夫贈瓶梅〉詩（按：洪章夫先生，美國北達科他大學昆蟲學博士，屏東枋寮人，與筆者故鄉屏東佳冬毗鄰，因緣為忘年交。為紀念其妻「臺師大國文學系五七級畢業生、專任助教」洪陳慧美女士，特設立「洪陳慧美紀念獎學金」，資助本校編制內講師與助理教授赴其美國母校進修博士學位；去歲，並為其妻自費影印出版早年受業於本系名師魯實先教授之《文字學筆記》，惠貺本校、本系師生與學界同道，鶼鰈情深，公心正義，令人感佩之至。），權充本紀念短文之結束：

　　幾樹寒梅尚有形，橫斜折取入花瓶。清宵燈影春仍在，佳卉暗香香滿庭。

　　誦讀伯元師辭世前數月之〈瓶梅〉詩，「寒梅」與「暗香」之情致景象，正足以表彰並體現出伯元師生命之丰采，以及教誨之貴化──「教育會其通，世界進大同；教育會其通，世界進大同」（臺灣師大校歌結句），祈禱隨時圓滿成就。

永念師恩日月長

——我欠陳老師的，已還不了

姚榮松

臺灣師範大學國文系兼任教授

一　師生是一世緣

　　伯元老師是我不可一日忘懷的恩師，去年蘇拉颱風詭譎地窺伺臺灣的那個八月一日清晨，伴隨我紅樓四十年的夢傾塌了，我知道永遠不能再單獨陪老師到安和路的小小熱炒店吃一次教師節前夕的小小飯局，今年的教師節，上百位門弟子將在一殯景行廳，進行師生最後一次的送行，這次老師不再是赴美和師母兒女相聚，而是真的去雲遊四海，我知道這一生欠老師太多，正如三十年前老師初次去香港講學，寫給他的也是我的恩師林景伊先生的詩句「心香一瓣無窮意，永念師恩日月長」，我將最後一句放在九月份《國文天地》月刊「陳新雄教授紀念特輯」刊頭，說明紀念先生有承先啟後的永續意義。

　　一個人欠老師的，其實從來沒有還過，從小學到高中，我們「心香一瓣」的充其量只是開同學會時，找到某幾位老師代表，共聚一堂，聊起前塵往事，年少輕狂，無限感恩，就這麼淡忘了那些成長工程師，而後進入大學，必修課是被迫的，選修課則自投羅網，也很容易在事後想不起某一門課的教師姓名，此時評頭論足，從上課的某些特效片斷，終於指認出那人是誰，卻已燈火闌珊。至於終身倚之的老師或許是論文的指導教授，那是名符其實帶你上了學術殿堂的導師，從學問的基礎到論文寫作的規格，他是專業的冶煉師，有時讓你刻骨銘心，業師之外還是經師、人師，就看你投契的程度，在大學的殿堂裡，先生從教數十年，裁成桃李無數，而你是幸運的佼佼者，幸而進入不同學府卡位，由於系出同門，頂著先生的光環，弟子對老師越加敬佩，年節或壽辰都是學生想要集體回饋的時刻，伯元師由於天資，成名較早，又受名師提拔，學術文章卓爾有立，並能組織學術團體，帶動語文學術發展，因此，指導博碩士學位超過百餘位，逐漸形成宗師型人物，他的循循善教，讓弟子們同感今日之成就，皆應歸功於先生的訓誨，「尋今能得逍遙樂，緣昔曾叨雨露光」，這兩句詩也是伯元師「赴港講學上景伊師三首」中的名句，似乎先生道盡了我們感恩的心情，讓我們辭窮，走過無數乘蔭的歲月，學生們還能為老師做什麼？除了發揚師道；就在今夜，我們數十位同門弟兄姊妹，到中正國際機場去迎靈，滿心喜樂，我們望著剛沖洗好的大張彩色半身照及哲嗣昌蘄師弟捧著的骨灰罈，對著師母，卻心裡輕輕說：老師，您這一路辛苦了。

　　四十四年前，我開始旁聽伯元師的兩門必修課，只因為老師的開課沒有機緣排到我班，次年（民國五十八年）我也從師大結業，竟然有幸與恩師站在一個禮堂出席同一年師大畢業典禮，老師領取國家文學博士證書，校長親自撥穗時，引起我們這些學生多少欽羨的目光。我們不是也戴上方帽子，卻還羨慕老師不同的帽子，原來這是矗立在你前景的標竿，俗話說「人外有人，天外有天」，有人說那頂帽子好重，算算先生當年三十四歲，已達到人生的峰頂，民國五十八年，國內「自製的」「土博士」還是稀有「物種」，每當出現一位文學、法學博士，報章均有專訪，伯元師當年是師大國文所第七位新科博士，我依稀記得之前兩位是胡自逢博士與周何（字一田）博士，民國六十二年，周一田師接任國文系所主管，臺灣師大國文系所才初步「系所合一」，員額編制暫時維持兩個單位，就記憶所及，國文所在景伊師長達十三年的經營，延攬各科名家及跨校名師，比方政大的熊公哲、高明、盧元駿，臺大的孔德成、屈萬里，中國文化學院的潘重規，考試院的華仲麐、成惕軒，總統府的李漁叔等，一時名家輩出，確實令人心嚮往之，但弱水三千，我取一瓢飲。我因六十二年碩士畢業，指導教授是伯元師，受恩師推薦，留所當助理研究員，這使我在往後三、四年有較多機會向所內大老請益，比方高明老師、華仲麐老師、屈萬里老師，有一度我每周皆聆聽他們講課，自然對於將來要研究的方向，有許多啟發，而讓我進入研究所服務的恩師即是前任所長景伊師，同時也奠定我續攻博士班的基礎。

二　報名無故缺席，使我歉疚深深

　　我自碩士畢業在所服務兩年，才考上博士班，有人會奇怪既然能留所服務，怎麼需慢一年進博士班，這是一件別人不會關心的事，伯元師可能對此隱藏對我的不滿，我已不記得他當時是否疾言厲色責備過我，但我似乎把當年人人看好的一個錄取名額空下來，使身為入學考試委員的景伊師十分不悅，或許伯元師受景伊師責備也說不定，因我選擇留所服務，是在六十二年八月以前的決定，因此國文系主任李曰剛先生也透過應屆受聘的學長，向我表示系裡也有助教缺，我因為已接受所內徵召，也婉謝李主任的善意，我對於系主任、所長的任期並無所悉，沒想到校長換了張宗良先生，後來才知道他出身國安系統，但從張校長一口氣換下國文系所主任、所長，並提拔本所第六位博士周何先生兼系所主任，從此系所合一，似有改革師大的意味，我們當時對他的雷厲風行，有幾分贊佩。由於個人考入師大國文系也是一廂情願以狀元及第，從學士、實習、服兵役、碩士到入所擔任助教級的「助理研究員」，共走過八年。「助理研究員」這個原屬研究機構才有的職缺，當年在國文研究所就等同助教職，系所合一後，這個職缺保留一段時間，以師大國文所的規模，甚至聘一名講師兼辦所教務，之前有張文彬，我入所時是沈秋雄。我剛入所，則負責圖書整理採購及一些庶務，如學生活動等。最大的心願仍是充分準備次年五、六月的博士班入學考試。哪些人有機會考上，碩士班期間的表現應是

所內考試委員的考量之一，我因留所服務，就成為某些積極爭取博士入學的非同門師友的排擠對象。有一天我去看所長一田師，我在大四修他的訓詁學和莊子，表現傑出讓先生側目，連「莊子」都能獲得高分，令我十分訝異。可惜我的指導教授是職缺在所內的陳伯元師，我因受許世瑛師的聲韻啟蒙，走上聲韻學之路。其實對一田師專長的古文字，我的功力較不足，只是爭取到作為魯師實先「古文字學特別班」的一員，班上有吳仲寶、周一田、張建葆、許錟輝等幾位老師，我當時幾乎什麼小學的課都有興趣，因此頗受先生們的激賞、注意，因而信心滿滿，我仍有幾分擔心周師當系所主任後，研究所報考的生態丕變，是否有把握順利通過入學的窄門（當時每年只招收五位博士生），沒想到周老師只是鼓勵我報考，並未給我定心丸，這可證明當時欲報考的人數甚多，老師的公正確實使我有些退縮，心想多充實自己，兩年後再報考也不算遲，也因此我的研究計畫遲遲未能修訂完成，一直到報名前一週才認真定稿，等到報名前夕，仍想精益求精，一再修訂補充，但求無憾可擊，就這樣我決定最後一位去報名，以窺報名的對手有哪些，等我在報名時間截止的前二十分鐘才匆匆把準備好的資料由分部拎往本部報名，哪知道在五點截止的前幾分鐘，試務人員猜想大概無人會趕來，我到達時，他們已經收了報名台，就這樣我撲了空，又一時找不到人可以讓我補上報名表及相關手續，我也不知後來如何向伯元師說明我的報考缺席，是一種懦弱或退讓心理的反射，總之，我想這是我不守「承諾」，恐怕影響伯元師對我的觀感很大，別人一定在背後指點，笑我因小失大，把機會拱手讓人，至今我並未向伯元師表白我當年的心理狀態，只是每次提起此事，伯元師偶爾會揶揄我兩句。有些聚會，我也會遲到，這多半是因為有研究壓力，又喜歡當夜貓子所致。而我的一生，欠老師最大的是就是上課未提前或準時，我也就這付不急不徐的書生本色，一直到今年二月退休。如果我向伯元師懺悔，我從今以後在任何場合全都不遲到，那將是先生對我最大之寬恕，這是我在先生逝世後的公私祭儀式中，心裡不斷向先生承諾的言語，老師，您聽到了嗎？即使是「一句話」，我也無法在老師生前兌現；我欠老師的，也已永遠還不了。

三　五十歲的生日禮物──拖欠的見證

　　　榮松仁弟五十之慶
　　積學三冬喜子善宣三寸舌
　　行年五十期君還寫五車書
　　　　丙子陳新雄伯元

這是伯元先師在我五十歲時送給我的賀禮，由伯元師親自題款的賀壽之聯，頒贈的儀式是在同門學長為我召集的祝壽晚宴上，在出席

的同門學侶及我指導過或正在指導中的研究生和內人麗月以及陳師母葉老師的見證下，老師當面頒贈給我，再講一段勉勵的話，學生恭聆先生訓勉之後，還得講幾句感謝詞，儀式才算完成。先生還參加了這個餐會。幾天後，我將裱好的賀聯掛在書房客廳的電視座兩旁，十分醒目，而且幾乎一天看幾回，因每天少不得坐在電視機正對面，打室內電話，或休息時用電視看新聞。正是舉頭三尺有神明，此時便得正面對著先生的口提面命，心想五車書有多少呀？

先生認為我有能力寫「五車書」，所以對我有這麼殷切的期待。天底下只有晚輩對長輩祝壽，伯元師卻在多數的弟子接近五十歲時，立下這樣的規矩，希望年齡稍大的前一位學長當召集人，幫下一位年屆五十的學弟開一筵席，座中要有三代師生，除召集人外，其他伯元師的弟子，則可自由參加，但前一位初過五十及下一位即將五十的接棒者，不能缺席，以觀傳承之效。有的同門出道早，五十歲前已指導過不少學生，就可邀一些門生參加自己的壽筵，以顯示自己的教學成果，這當然會形成一種壓力，後繼者也許不願承受這種高規格的生日禮物。

這次的筵席由林慶勳學長發邀請函，時間是民國八十五年十一月十六日（星期六），地點在台北市復興南路的金罇酒樓，約有二三桌，我當時提供林學長的學生名單只有國內八人，另外兩位在韓國的吳世畯與任靜海就不便通知。換言之，我到五十歲指導過或指導中的碩博生已有十位，這算不算善宣三寸舌的小成果，伯元師期待我的不是只會講課，指導一群學子，更要開始著書立說，我平常雖然勤於編寫講義，發表單篇論文，但尚無通盤寫作計畫，除了博、碩士論文外，民國八十年才出版《古代漢語詞源研究論衡》專著（學生書局，《中國語文叢刊12》），比起林慶勳、竺家寧兩位學長，我的出版差了一截，我認為伯元師是看到我的缺點，不急於著書（我自認單篇論文並不偷懶），將來如何引導學術界，或說服自己的學生，老師送我這幅對聯，其實充滿期待，並把賀聯掛了起來，令我們夫婦與老師師母合拍留念，這件往事，陳師母葉詠琍老師作了最好的見證。二〇一二年十月初，我們趁師母與子女辦完老師的追思會空檔，在吉林路的紫都餐廳請師母與師弟妹一家人享用台式料理，師母當場拿出一九九六年十一月十六日這場為我辦的筵席上，我們夫婦與老師師母的五張合照，有老師為我們夾菜的畫面，及師母與麗月在對聯兩側的合照，似乎暗示著即使在師母的見證和內子的督導下，我仍然是那樣的慢工細活，相對於老師的著作等身，迄今十幾部專書，其中《古音研究》是博論《古音學發微》的修訂改寫本，老師曾希望我寫個書評或導讀，我迄未兌現，這又是欠老師的一件事。

還有一件事，祇有老師知道我的博士論文《上古漢語同源詞研究》（1982），原先體例完整，既有詞源研究的回顧及方法論並擬依伯元師古韻三十二部格局，分十二類舉出各類（陰陽入）中典型的同源詞，有如《文始》分成十卷，但因民國六十五年，我考取公費留考研究生類，次年到康乃爾語言學系進修一年，跟隨包擬古（N. C. Bodman）教授

修習漢藏語研究及閩方言的調查，一九七八年秋返師大已是博四，開始撰寫博士論文，又兼師大講師，三年內無法充分完成十二類典型詞源的例證之羅列及書寫，我的論文仍以研究方法及文獻類型為主軸，並舉了歌、月、元一組同源詞進行全面討論，另外十一類，已來不及逐例疏證，而論文篇幅已達二十萬言，就商請伯元師讓我以後再完成這十一類的舉證，因為有關同源詞的詞音關係及詞義關係，我均有了舉證，並參考王了一的〈同源字論〉，用本書之例作了討論。伯元師同意我的請求，並希望我能具體完成新的同源字譜，我就開始進行結論，並提出考試，於七十一年十一月二十五日通過教育部口試。這是我第一次向老師承諾完成論文的後續增補工作，到民國八十五年，十四年過去了，我只在國文學報第十三期發表了《上古漢語支部同源詞證例》（包括支、錫、耕三部），完成十二類中的第二類，迄未有新的增補，我相信老師在寫下聯的時候並不抱太大期待，所以具有反諷的意味。這又令我愧對吾師，因為即使有生之年，完成十二類同源詞譜，老師也看不到，這，不成為永遠還不了的一件憾事嗎？

四　接到我的第一份 e-mail，半信半疑

民國九十三年二月二十一日，伯元師七秩誕辰，門下弟子籌備先生七秩華誕的晚宴，地點在臺北市福華飯店，並由曾榮汾擔任主編《慶祝陳伯元教授七秩華誕論文集》精裝一百冊，籌備會也準備精美茶具組作為紀念品，論文集正編五五六頁，附錄二〇七頁。成玲撰〈陳新雄教授七秩華誕紀事年表〉頗有價值，附錄則為先生在前一年（九十二年）十二月發起的「漢語歷史音韻學學術研討會」論文。伯元師五月份已回美定居，但他仍關心聲韻學會的會務，民國九十三年五月二十三日先生來信說：

> 榮松弟：聲韻學會改組情況若何？聽說你發表一篇很充實的論文，不知論文主旨如何？希望下次改組，不要聲韻學會變成方言學會就好了。因為聲韻需要方言，但方言並不代表聲韻，這一概念是很重要的。來美以後重讀《新方言》與《文始》，發現這兩書中講到「一聲之轉」的地方還真不少，所以我先前寫好批評梅祖麟的文章，中間幾段要加以改寫，等寫好了再寄給你看。
> 專達　順詢
> 近祉

同年六月六日致曾榮汾的信也提到相關問題。因為林慶勳學長上半年在日本，而我擔任的聲韻學會理事長已兩任屆滿，故需改選，因此需等候林理事六月底返國，才能改選，我在七月上旬給老師一封 e-mail，簡單報告學會狀況，及個人將在八月起由國文系轉臺文所專任教職並兼所長及未來國文系開課狀況。伯元師於七月十四日回信說：

很高興接到你的第一份 e-mail，不知是你自己打的還是別人代打的，這是第一件
值得高興的事。接下臺文所總比那些滿腦子只知有臺不知有中的臺獨份子好，你
總不會像那些人一樣數典而忘祖，這是第二件值得高興的事，希望以後你們仍要
多幫他的忙。聲韻學會並不排斥方言，但應有一定之比例，不可喧賓奪主，太阿
倒持，那何不成立方言學會去研究方言，又何必擠身到聲韻學會中來。聲韻學會
要鼓勵後學，讓後繼有人，所以對青年人審稿不必太嚴，多加鼓勵。我那篇批梅
的文章，已經寄給何大安去了，看他怎麼處理。如果他們語言所不偏袒，就應該
把我的文章照登。你說是不是呢？專復順詢

儷祉

新雄手復93年7月14日

解讀此信，最有趣的是老師對我瞭解夠深刻，他知道我雖然七〇年代出國，在康乃
爾學過電腦打卡，回國後也學了「慧星」編輯軟體，但始終沒學好輸入法（不肯學一本
萬利的倉頡輸入法），因此懶得打字，有時會請助理回信，以節省時間，因打字慢的關
係，有時常錯過回信時間，這與慢半拍的個性已成為我最鮮明的標籤，老師也可能發現
有幾次我的 e-mail 回信只有短短兩三行，覺得我不肯力爭上游。當年他學輸入法，完
全接受吳聖雄的建議，衹學倉頡輸入法，雖然學起來較費事，老師卻在五十歲已能用
「一指神功」快速打字，因為，後來老師撰寫出版均大量而及時，一個人要「著作等
身」，在電腦的時代，工具日新月異，善用電子媒介，並不困難，如果我上封較長的信
是自己打的，那就是突破自己的困境，老師為此而高興，但畢竟不放心是我自己打的，
因此有心提醒我要為「還寫五車書」放棄紙筆寫作，改以電腦寫作。雖然我那封信是用
注音輸入一鍵一鍵敲出來的，我仍感謝先生的提醒，一點都不覺得冤屈，我至今慚愧的
是打字速度仍無改善，但已習慣立即回信，以免不合時宜，但整篇文章寫作仍難得直接
在電腦上寫，依賴助手打字的機會多，一旦沒了助手，不就成了廢人？這一點我仍是欠
老師信中的期待，現在打字稍快了，要回長信給老師，也來不及了，這難不成又是積欠
老師的另一筆呆賬了？

五　六十五歲退休開始寫詩，晚了一步

在〈求學問道七十年——二〇一〇年十月二十一日於南陽師範學院發表講辭〉一文
中，伯元師提及開始寫詩已過了四十歲，記憶力開始衰退，不能用小時候的背誦法，景
伊師授以「要把詩寫好，應該多讀東坡詩」，伯元師就以「蘇詩分韻類鈔」的方式，一邊
圈點王文誥撰《蘇文忠公詩編註集成》，一邊用毛筆恭楷鈔寫，將蘇詩按《詩韻集成》
一東二冬三江四支的次序分韻，逐韻抄詩，一抄完下平一先韻後，寫起詩來有如神助，

「就這樣我學會了寫詩」。到後來積稿二千多首已出了兩本詩集。有時我覺得伯元師的「寓抄於讀」的方法，頗值得借鏡，心想伯元師小時候背很多詩文及幼學啟蒙，基礎紮實，四十歲以後寫詩猶且歎老，要用鈔詩的笨方法學詩，我已屆退休之齡，對寫詩應該是個絕緣體，偶爾須與友人唱和，搜索枯腸，勉強成句，通篇讀來不見詩味，乞貸行家換幾個字，便大異其趣，我就是須有名師指點，才能脫此窘境。若再用老師四十歲開始鈔詩的方法，未必能竟其功。

　　在這種心情下，終於有了寫詩的動機，趁著詩興正濃，一有作品寄來，就試著唱和，看能否成詩，只要硬著頭皮，寄回習作，伯元師必然會加以修改。就在二○一一年七月下旬，從 e-mail 接到文幸福〈仲秋拜讀伯元師丁教授唱和詩有感學步〉，讀後心有所感，正有磨刀機會，於是我就草擬一首〈拜讀伯元邦新二師唱和詩，幸福兄亦步玉有作，因亦麕步〉。心想可先經幸福兄過目，才能將初稿呈先生，於是塗鴉了大半天，又猶豫了一兩日，終於把不知怎樣定稿的效顰之作寄出，依序我的步韻就排在聶先生之後，大約已在八月初，據聶先生為伯元師所編《萬里飛鴻尺素書》（伯元師最後八八三天與聶先生的通信集），聶先生在二○一一年七月二十七日收到伯元師為南海風波填兩首詞，附寄〈贈丁邦新有序〉一詩，聶先生即於八月八日寄了第一版的和詩〈奉和陳先生贈丁先生詩〉。到了八月二十二日的通信，已將第二句改為「仰止人」的定稿。我因猶豫不敢寄出，因此排在和詩的第三棒，其後，何昆益、黃坤堯、何大安、錢拓、陳樹衡均有賡作，連同兩師的唱和共十首，最後全文刊於《國文系訊》第一七五期。拙詩如下：

〈拜讀伯元邦新二師唱和詩幸福兄亦步玉有作因亦麕步〉
情志豈關名字新。國洋兼擅自賢人。
今聲古調心儀晉，步韻原音筆有神。
華府磯山猶異域，心栓肝塞竟同塵。
春風桃李一杯酒，聊和新詩未敢淪。

其中有數字經幸福點染，而「春風桃李一杯酒」句實出伯元師之點化，完全符合當時隔洋無法餐聚的心情。拙作淺易就二師因開刀住院蒙塵一事鋪陳，前四句由伯元師首句「與君名字兩同新」一句引出。伯元師為國家文學博士，邦新師為美國華盛頓大學語言學博士，有國洋不同學術鍛鍊而各擅其長，音韻學各有專精，皆治魏晉以上古音，銜接一氣，而皆以詩人自鳴，故曰筆有神，拙作亦因步韻兩師原韻才能下筆如有神，不計工拙。

　　此作確實給自己增添幾分信心，以為從此可以在伯元師的期待下亦步亦趨，開始寫詩。但是有夢雖好，天威難測，也許是天意要我「自力更生」，不要仰賴先生字斟句酌。臺諺有云：「大叢樹跤好蔭影」，我比同門師友幸福，有四十年在國文系承蔭接涼，與伯元師共事，每週皆可見面，卻似乎少了闖蕩江湖、獨當一面的機緣，甚至到退休之齡，還想仰賴先生改詩，未免愧對老師教誨。在伯元師晚年，我雖然常接到先生詩作，

卻遲至最後這一年才興起學詩之志，這首和詩像是對老師交了一張期末考卷，而我想跟老師學詩的念頭也始終來不及表達，這又呼應本文「我欠吾師，即使一句話，已永遠還不了。」

《十韻彙編研究》研撰記事

葉鍵得

臺北市立大學中國語文學系教授兼人文藝術學院院長

一　就讀博士班是陰錯陽差或老天厚愛

　　一九八一年八月，也就是我服兵役退伍的那年，因緣際會就讀中國文化大學中國文學研究所博士班，但這不是我原本的規劃，反倒可說是陰錯陽差，或者說是老天厚愛。怎麼說呢？衡量家境狀況，當年有機會念到碩士班畢業，已謝天謝地，那敢奢想念博士班。後來在退伍前夕，由於姐夫陳峻昇先生及服役時長官董濟民隊長不斷的鼓勵下報考博士班，報名後更在董隊長「拎著腦袋准假」的情況之下，才有應試機會，後來僥倖錄取，這叫做「陰錯陽差」。再者，我自念初中以來，喜歡國文，表現也不錯，常蒙國文老師嘉許，徜徉在浩瀚文學世界裡，備感幸福，有機會進入博士班研讀，這不是「老天厚愛」嗎！

二　博士論文指導教授陳新雄先生由高明所長指定

　　記得念碩士班，我兩年就畢業，除了撰寫碩士論文後端的忙碌及壓力外，我自己形容是「如魚得水」，論其原因有二：一、這是自己立下的志願：二、這是自己濃厚的興趣，就是這兩個原因讓我十分投入，也十分用功。然而到了進入博士班，卻覺得壓力很大，完全不同於碩士班的輕鬆，就舉撰寫期末報告為例，想到博士班層次較高，報告應更具水準，所以往往研撰起來，備感壓力。

　　升上博二，我一方面繼續修習學分，另一方面在碩士班主任潘重規先生的安排下在文化大學中文系兼課；又在陳光憲校長的幫忙下在德明商專兼課。日子就在忙碌中渡過，一晃間，博士班學分已修畢，資格考也順利通過。

　　才升博三，有一天，所長高明先生要當時擔任所助理的王三慶老師（現任成大中文系教授）轉告我找一天去拜訪他。我與高所長約好日期，依約準時到木柵政大教授宿舍拜訪。才進門坐了下來，老師便開口問道：「你論文題目訂了沒？」

「我還在思考，老師這兒是不是有題目？」因為高老師個性開朗，親和力強，同時我與他也較熟，便直接請教高所長。

「學生書局出版的《十韻彙編》，裡頭有許多錯字，光校一校，份量就夠了！你去找陳新雄指導。」高老師很明確的指定題目及論文指導教授。與老師寒暄之後，我就告辭了。

離開高所長家，我直趨伯元師府上。我向伯元師轉達高老師的指示，他聽了，停頓了一下，說：「光校一校，不夠，還要每一本都做研究。」聽到這話，我的心著實涼了半截，心想：十種韻書，高老師說光校一校份量就夠了，伯元師說不夠，還要每一本都做研究。

就在這一年，我很慶幸，應徵到位於士林的銘傳商專擔任專任教職，生活可以穩定下來。

三　尋訪論文資料記事

教書之餘，我的博士論文也得展開。現在題目定好了，接下來，就是資料的尋訪，然而難題隨之而來。《十韻彙編》，顧名思義，就是由十種韻書組成，尤其大部分是敦煌韻書殘卷，我論文的重點有校勘及研究兩項：先要做校勘，再做研究。校勘需要以原卷做為依據，原卷去哪裡找呢？原卷早已被英國、法國買回去，英國典藏在大英博物館，法國則典藏在巴黎國家圖書館，我不可能看到原卷。我在尋訪《切韻》殘卷時，英國已製成微卷，並且有販售；法國則還沒有。所謂「微卷」就是用攝影機將殘卷拍攝起來，也就是類似攝影機的底片。看微卷時，必須利用微卷閱讀機，從螢幕上閱讀。當時位在南海學園的中央圖書館漢學資料室有購置英國所售微卷，並且設有數部微卷閱讀機。閱讀微卷時，按住按鈕，卷子可向前，也可倒退，如果要影印，只要按鈕一按即可，每張新台幣捌元，以當時物價而言，算是相當貴的。微卷有一個缺點，毛筆書寫的筆畫，因為是攝影而成，加上時間久遠，常有污損模糊情形，造成「判字」的困難。原卷既然不可得，也只好以微卷代替了。

底下列舉幾則筆者尋訪資料的經過：

（一）周祖謨《唐五代韻書集存》

當我知道周祖謨有出版《唐五代韻書集存》一書的訊息，它是我夢寐以求的材料，據說出版時印了一千本。早先我委託朋友幫我訪購，包括到大陸、美國，結果音訊全無。後來聽說林慶勳老師有一本，我立刻前往高雄拜訪，由博士班同學盧瑩通兄（目前已自高雄師範大學國文系教職退休）陪同，記得當天到林老師公館已夜晚凌晨時分。原

來林老師的書是影印本，管它是不是影本，先到影印店影印再說，等影印好再回到盧兄的住處，已經是翌日兩點了。回到臺北家裡，仔細檢視，才發現有些字跡模糊不清，不堪使用，原因在於影印再影印後，效果頓減。隔了一陣子，姚榮松老師說清華大學張光宇教授有一本，他借到之後，交我影印，我影印了三本，一本送給陳新雄老師，一本送給姚榮松老師，一本自用，這次影印的效果好多了。

博士班畢業後，一九九四年中華民國聲韻學學會在清華大學舉辦聲韻學學術研討會，會場外面設有圖書販售攤位，我赫然發現在架子上擺放《唐五代韻書集存》這一書，讓我感慨萬千，所謂「踏破鐵鞋無覓處，得來全不費工夫」，趕緊買了一本。

二○一四年十月承曾榮汾學長贈送我一套影本，雖是影本，卻較印出版清晰許多，感恩之至！

（二）新文豐出版社《敦煌寶藏》

這本書由黃永武教授主編，裡頭收有 P 2011 殘卷，也就是王一。我這麼想：既然新文豐有收錄，那應該有微卷才對。而且書內所錄這個卷子非常模糊，難於判讀，所以我想借微卷使用。於是打電話給新文豐出版社，表明用意，對方回答說微卷在黃教授處。於是又打電話給黃教授，黃教授回答說微卷在新文豐出版社，我心想應該是借不到了。後來黃教授轉來臺北師範學院語文教育學系任教，筆者有機會與他共事。

（三）《唐韻》殘卷

蔣一安教授是收藏《唐韻》殘卷蔣斧的姪兒，出版了一本《蔣本唐韻刊謬補闕》，我猜想他一定有原卷，由於想一睹《唐韻》殘卷的原本面貌，我應該去拜訪蔣先生。當時蔣先生擔任國大代表，並在文化大學講授〈國父思想〉課程，我查好他的課表，前往文大大仁館「國父思想教室」，在教室門外候著，中午十二點下課鐘響了，蔣教授走出來，我趨前向他自我介紹，並說明來意，沒想到，他說：「這個原卷在我弟弟那兒，我們一起去吃飯。」我心想：這恐怕又是推託之詞，肯定借不到了。既然借不到，吃飯也沒什麼意思，所以我就告辭下山了。《唐韻》殘卷是冊子裝，《唐韻刊謬補闕》所登錄的，十分清晰，所以，後來我就依據此處資料做為校勘的原卷。

（四）《故宮本王仁煦刊謬補缺切韻》殘卷

《故宮本王仁煦刊謬補缺切韻》殘卷，即王二，周祖謨《唐五代韻書集存》有收錄。有一天，我前往中央研究院傅斯年圖書館（當時要進傅斯年圖書館，必須有就讀研

究所所長的推薦函才能進入）查尋資料，無意間發現另一個版本的故宮本王仁煦刊謬補缺切韻殘卷，喜出望外，令我非常興奮。乍看之下，這兩種版本似乎無別，然而仔細檢視，發現字體不同。立刻向櫃檯提借影印，承辦小姐說按規定只能影印三分之一，我向她表示我是研撰博士論文的需要，承蒙她的同意，讓我全本影印。大恩大德，感激不盡。

（五）國立政治大學國關中心

除了上文所提圖書館外，我也前往中國文化學院圖書館、國立政治大學社會科學資料中心、國關中心、故宮博物院圖書館……等查訪，其中最讓筆者刻骨銘心的經驗是政大國關中心。當時，大陸圖書不准進來臺灣，寄進來的圖書，通常沒收後，會被送進國關中心圖書室，我心想也許可以去看看裡面有沒有可以參考的資料。

一天，搭公車前往，大門駐警不讓我進去，我只好與他閒聊，套套交情，表明寫論文找尋資料的需要。第二天再去，駐警同意讓我進去，但問題來了，要進去圖書室，需要閱覽證。我需先辦理閱覽證，承辦人是一位中年女士，好像是工友的樣子，百般阻擾，不讓我辦理，儘管我苦苦哀求，好說歹說，她就是無動於衷，耗了好久，好不容易才讓我辦理。求人之難，只差沒下跪而已，讓平時熱心腸，樂於助人的我，感慨萬千！

才走進去，有一位年輕的職員小姐，也許目睹整個過程，一再跟我說「抱歉！」我心想這位職員或許想幫忙我，卻又幫不上吧！不過我也感謝她！

四 刻骨銘心的「泛白」

在做校勘的時候，由於微卷文字判讀的需要，我買了一支大型的放大鏡，每個字總是來回幾次閱讀，判斷字體，斟酌筆畫。有一天上午，一個人在書房做校勘，印象中好像是那最難校的 P 2011 卷子，正聚精會神的校勘，校著校著，突然間眼前的白紙黑字一片空白，我嚇了一大跳，心想是不是要變瞎子了。趕快把眼睛閉起來，再眨眨眼，然後睜開眼，哦！還好，看的到，真是謝天謝地啊！我曾經向摯友古國順教授說起此事，他說這叫做「泛白」。真是刻骨銘心的經驗！

五 感恩的心

一九八七年初我將撰寫的論文初稿送到伯元師府上，每單元用一個卷夾裝置，厚厚一大疊擺在桌上，伯元師說：「這麼多的稿件，我一下子看不完，你辦休學！」於是，我回學校辦理休學手續。

　　過了一個學期之後，老師來電：「鍵得，你可以復學了！」老師批閱過後，便開始進行謄寫工作，我找了幾位好友——吳炳煌、邱世明、尹景清，學生李文豪，加上自己，分配謄寫。本來我只想自印五十套，沒想到伯元師說：「多印一點，你的論文有人要。」後來自印了一百五十套，除了繳交、送親人師長、自留之外，其餘委由臺灣學生書局販售，結果很快的就售完了。我也向國科會申請補助，獲得通過，有了這筆補助，再加上學生書局寄售所得，支付全部印刷費用剛好打平。

　　其實要感謝的人除了上文提到的之外，還有幫我翻譯日文的堂兄葉伯勳教授，以及所有關懷我的師長、親友、同學，都要致上十二萬分的謝忱！

記陳新雄先生二三事

喬全生

山西大學中文系教授兼中國音韻學研究會會長

陳新雄伯元先生，一九三五年生於江西省贛縣陽埠鄉，一九四九年隨父遷臺灣，一九五五年考入臺灣師範大學，一九六九年以《古音學發微》獲文學博士學位，旋受聘為中國文化學院中國文學系教授兼系主任，後耕耘於臺灣師範大學國文系，二○一二年八月一日，先生駕鶴西游。陳新雄先生為臺灣聲韻學的旗幟，著述等身，桃李滿天下。陳新雄先生不僅聲韻學聞名遐邇，而且詩詞歌賦書法樣樣精通，為學界之楷模。余雖與陳先生只有一面之緣，然先生之學問被澤海內外，余亦受益匪淺，在此只記二三事，以緬懷先生。

一 論音絕句——高本漢

二○一○年八月中國音韻學研究會第十六屆學術研討會暨漢語音韻學第十一屆國際學術研討會在山西大學召開，會議的主題是中國音韻學研究會成立三十週年暨高本漢在山西大學執教並調查方言一百週年。為了緬懷高本漢對中國音韻學研究的貢獻，會議召開前山西大學成立了「高本漢研究中心」。余向聞陳新雄先生不僅於音韻學造詣深厚，且詩律與書法亦精湛絕倫，此前已悉先生在南京大學魯國堯先生主編的《南大語言學》上刊有《論音絕句》組詩，第二十首即為〈高本漢〉，在對宋以來共三十位音韻學家的論音絕句中，唯有論高氏用了三首，其餘僅一至二首。可見先生對高氏的評價之高。當時余心想，若陳新雄先生能將此精美詩句再惠賜墨寶豈不為天下之美事？然已聞先生有恙在身，在美國治痾，心中頗為忐忑。魯國堯師早知學生有此意，立即給陳先生致函，然先生慷慨應允於病榻，余甚為感動。不久，「高本漢研究中心」收到了陳先生從大洋彼岸寄來的墨寶〈論音絕句——高本漢〉：

東風無力惜花殘，西學初興百尺瀾。瑞典高人名本漢，研尋方語立標竿。

南北是非語不同，古今誰識可相通。高君擬測千年語，從此黌宮染此風。

高風趙李繼前蹤，從此中華學所宗。不以音符標漢語，幾如不識古音同。

題款：論音絕句高本漢三首戊寅盛夏余甫出院全身乏力書不能工錄呈高本漢資料陳列館惠存（照片附后）

如今，〈論音絕句——高本漢〉陳列於山西大學「高本漢研究中心」，接受學人瞻仰。每次舉辦學術會議，〈論音絕句——高本漢〉必成為大家討論的話題。先生之韻學，學人共知；先生之絕句，學人共賞；先生之書法，學人共瞻。

二　陳伯元先生文字音韻訓詁學國際學術研討會

二〇一〇年十月二十一日至二十五日「陳伯元先生文字音韻訓詁學國際學術研討會」在南陽師範學院召開，余受邀參加，會間切身領會了陳先生的學問與才情，會上陳先生作了〈求學問道七十年〉的主題報告，回顧了自己七十年求學經歷和林尹等諸位恩師對自己的諄諄教導。為追憶恩師，陳先生為二十三位恩師每人賦七絕四首，共九十二首。陳先生之深情感動了與會的所有師生。十月二十三日晚，「陳伯元先生詩詞吟誦晚會」在南陽師範學院舉行。陳先生以江西贛方言吟誦杜甫的〈春望〉等詩篇，聲情並茂，沁人心脾，生動地再現了中國傳統文人吟詠的傳統。無獨有偶，陳新雄先生的學術情操與我的恩師魯國堯先生頗為相似。二〇一四年十月十七日至十九日，「中國音韻學研究會第十八屆學術討論會暨漢語音韻學第十三屆國際學術研討會」在廣西南寧召開，會議結束的當晚，中國音韻學研究會舉辦了「詩詞吟詠晚會」，魯國堯教授為與會的會員講解了吟詠的要領：抑揚頓挫、搖曳、拖腔，並當場用其家鄉泰州溱潼鎮方言吟詠了王昌齡的〈出塞〉、白居易的〈琵琶行〉等，引起了會員的共鳴。

會議期間，李添富教授邀陳新雄先生來擔當鄭張尚芳教授論文的評閱人。陳新雄先生就此發表了令人深思的談話：「我有一個強烈的感受，什麼感受呢？我們說這個複輔音，是不是有，你沒有從中國的材料本身去了解。而是自己去想，有一個 sng 這樣的複輔音，於是就盡量去找，所以就找到《楚辭》『蘇世獨立』，這個『蘇世獨立』，他認為是『御世獨立』，其實這跟『蘇醒』是一個意思，人家陶醉了，你跟人家清醒，清醒獨立吧，這跟那個『御』有什麼相關呢？而他還舉了一些例子，在我看來都不相關。也就是說，這一點我就要很不客氣地講，鄭張這個人對古書的理解，好像還差一點，對少數民族語言是非常熟悉的，對民族非常熟悉，對我們傳統的文獻還差一點。我特別提到他『宵』『月』分三部，如果是分兩部，還可以用一等和四等來說，那麼分三部是怎麼來的，這個東西是不能馬虎的，我曾經問過，你（李添富）有一次請潘悟云到師大來，我曾經問他，這個是怎麼回事呀，潘悟云是老實人呀，『先生，我老實講，我也不知道。為什麼分三部，是因為那個結構需要。』我說，你這個有時候是不可以這樣的，這個結

構當然很重要，常常講結構學派，可是你如果沒有實際上的證據，那你不是很勉強，湊起來的。」

這又使我想起了龔煌城先生（2011：341）的幾句話：「像 Baxter、鄭張尚芳、潘悟云他們主張六個元音，他們可能是想藏文有5個元音，漢語和藏語比較，藏語有 e 和 o，漢語也應該有 e 和 o。就給漢語擬測 e 跟 o，並且使五個元音 a、i、u、e、o 都能搭配韻尾，跟藏文很像。但一跟藏文比較的話，就會顯得凌亂，顯示這樣的擬音有問題。」

鄭張尚芳（2013：160）指出：「一般語言的元音系統以 a、i、u、e、o 五元音系統最為常見，漢語的兄弟語中壯語、侗水語、獨龍語、僜語、畬語固有元音都為六元音，比五元音多出一個 ɯ 或 ə。我們認為上古漢語也是六元音系統，其中先有一個 ɯ，這個 ɯ 比較偏央，故後來部分發展為 ə，高低元音各三。」同時鄭張尚芳（2013：63）還提出「元音與韻尾配合成韻母，其分佈從漢藏各語看一般比較對稱整齊，組合上並無限制，所以上古漢語的擬音系統如在分佈上出現空檔，就需要解釋其發生的原因。」由此可以看出，在鄭張尚芳看來，構擬不必依據漢語內部的材料，構擬的上古漢語越像民族語越好。難怪陳新雄先生和龔煌城先生不約而同對鄭張尚芳的做法提出了批評和質疑。

以材料為基礎，以事實為準繩，是我們做研究的基礎，如果放棄了這個「基礎」，我們的學術研究將走向一個什麼方向，難以預料。

三　兩岸音韻學界交往的使者

一九八二年，陳新雄先生號召組建臺灣聲韻學研究會，並被推舉為理事長。一九八八年，陳新雄先生赴香港浸會學院講學，與中國音韻學研究會會長邵榮芬先生取得聯繫，約定在香港浸會學院舉辦兩岸音韻學研討會。一九九〇年六月十一日至十二日，兩岸音韻學界共聚香港浸會學院共商韻學。出席會議的大陸學者有邵榮芬、唐作藩、李新魁、趙誠、徐寶華、梁德曼、尉遲治平、魯國堯、羅偉豪、李如龍、王壽明、賴江基、潘悟云、楊劍橋、李思敬、陳震寰、蔣希文、寧繼福、曹正義、龍莊偉、高福生，臺灣學者有陳新雄、梅廣、李鍌、張光宇、林炯陽、竺家寧、林慶勳、孔仲溫、董忠司、耿志堅、李添富、金周生、王忠林、張文彬、姚榮松，香港學者有左松超、單周堯、黃坤堯、黃耀堃，新加坡學者有雲惟利，美國學者有楊福綿，日本學者有瀨戶口律子，韓國學者有朴萬圭。

這次學術研討會是大陸音韻學者與臺灣音韻學者的首次接觸。此前兩岸音訊阻隔，互不了解。這次國際學術研討會打開了兩岸音韻學交往的大門。此後，臺灣聲韻學會每兩年舉辦一次國際學術研討會，每次都邀請大陸學者參加。大陸也每兩年召開一次音韻學研討會，每次也邀請臺灣學者參加。

　　二〇一二年五月十九日至二十日，我應邀赴臺灣花蓮參加「第十三屆國際暨三十屆全國聲韻學學術研討會」，此前我雖然也去過臺灣，但這次與以往感受不同。當我走進東華大學的會場，我想起了陳新雄先生，陳新雄先生是兩岸音韻學界交流的使者。不想就在兩個多月後，陳新雄先生竟離我們遠去了，從此世間又少了一位令人敬仰的大師。

　　余常常想，概上帝想聆聽世間絕響，故將音韻學大師招至身邊，吟詠東坡樂府：「大江東去，浪淘盡，千古風流人物」。

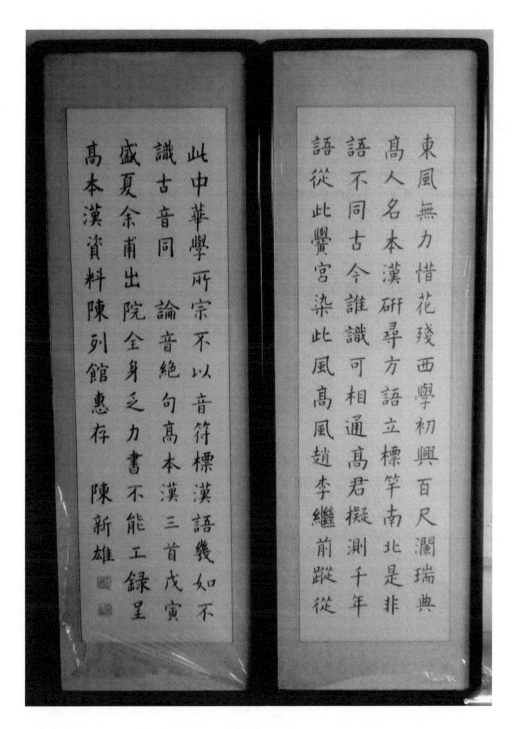

陳新雄先生〈論音絕句——高本漢〉墨寶

（編按：伯元先生〈論音絕句——高本漢〉墨寶，寫於二〇一〇年盛夏，先生在美手術
甫出院，故落款有「戊寅盛夏，余甫出院，全身乏力，書不能工」之歎，今考夏曆
「戊寅」實「庚寅」之訛，特此補正，以免傳訛。）

參考文獻

龔煌城　《龔煌城漢藏語比較研究論文集》　臺北市　中央研究院語言學研究所　2011年
鄭張尚芳　《上古音系》　上海市　上海教育出版社　2013年
中國音韻學研究會　《音韻學研究通訊》　總第22、23期　2002年

伯元師在清華

謝　玄

　　二〇〇二年四月，我的研究生導師趙麗明教授邀請陳新雄先生來到清華園，擔任為期兩個月的客座教授。我有幸與伯元師結緣，時間雖然很短，卻給我留下許多美好的回憶。

　　老師在清華給中文系的學生開設了兩門課，一門是「東坡詩詞研究」，另一門是「古音研究」。我當時有耳目一新之感，因為在此以前，我還沒有遇到過能同時開設文學和語言學專業課的老師。正式上課的時候，我發現老師對所講內容都有精湛的研究。老師講起課來深入淺出，侃侃而談，卻又能放能收，左右逢源。而且，還能夠根據學生的需求和實際情況，隨時調整教學內容。比如，在「東坡詩詞研究」課上，老師發現我們對詩詞吟唱和創作感興趣，就立刻給我們增加了相關內容。老師金針度人，我們很快就入門了，然後運用這些技法去理解和記憶古典詩詞，如虎添翼，效果很好。另一門「古音研究」課，本來是要求學生有一定的音韻學基礎，但還是有很多大一本科生慕名選修了這門課，老師知道情況後，沒有放棄他們，勸他們退選，而是幫助他們啟蒙。老師做了一張試算表，讓我們填空練習，結果就掌握了《廣韻》反切上下字的歸類。老師的這種訓練方法，不但幫助本科生打下了音韻學基礎，而且對於我這種有些基礎的研究生來說，也加深了對《廣韻》的理解。

　　老師在清華還被不同的社團邀請，開設過幾次全校範圍的講座。這種講座與上課不同，聽眾較為複雜，有各個院系的學生和老師，還有看不出身份的，年齡分佈也很大，甚至還有白髮蒼蒼的老人。老師在這種場合的講演與上課也有所不同，所講內容較為集中，緊緊圍繞講題展開。老師每次講完，總會給聽眾留些時間提問，但時間也總是不夠，所以每次散場時，老師身邊總是聚集很多人。有時會有人不好意思地問老師能否拷貝課件，這時，老師就會說：「可以！可以！『學術乃天下之公器』。」進行安慰和鼓勵。此外，老師在清華還接待過北京學界很多學者的拜訪。據我所知，就有北大、人大、北師大、首師大、北外、社科院的學者。這些學者跟老師見面時，往往會邀請老師去給他們的學生開一個講座，老師也很喜歡這種形式，把它看成弘揚學術、傳播文化的

好機會，因而總是欣然答應。

老師憑藉高深的學問、高標的人格，在清華贏得同學們的愛戴。我們也都樂於簇擁在老師身邊，陪老師逛清華，遊北京，聆聽老師的教誨。每遊覽一處，老師總會身體力行，寫詩填詞，與我們分享。我們在老師的感召下，也總會躍躍欲試，用蹩腳的作品應景與老師唱和。老師不但不會嫌棄我們，還會高興地幫我們修改，對我們進行鼓勵。記得老師講學快要結束時，我陪老師再次遊覽清華園，老師寫了一首七律送給我，其辭曰：

> 麗明誠約到清華。培育英才事可嘉。王趙宗師人共仰，梁陳碩學亦堪誇。今來我喜隨芳跡，他日君當復舊涯。臨別贈言煩記取，功夫深處願非奢。

老師表彰前人，期許弟子的情懷，表現在詩歌裡，感動在我心中。我當晚心潮澎湃，附驥尾恭和一首：

> 臺灣大陸一中華。共祖同宗血脈嘉。歷史千年新友贊，江山萬里故人誇。三通喜訊利家國，兩岸朝陽照水涯。待到來年夢圓日，神州宴飲不為奢。

當我把這首和詩拿給老師過目時，沒想到得到了老師的誇獎。是的，兩個月前，我從未寫過格律詩，跟隨老師學習兩個月，竟然可以給老師和詩，連我自己都不敢相信這是真的。其實我知道，這是老師給我的恩賜。可惜，伯元師很快就要離開清華，我只能悲歎自己緣淺福薄了。

憶陳新雄先生

趙璞嵩

香港中文大學（深圳）人文社科學院

伯元先生已離開我們兩年了，至今我仍不願相信先生的離世。仿佛先生還在，仿佛飛到臺北，就能再見到可親的先生。我永遠都不會忘記先生對我的關懷和鼓勵。

二〇〇七年九月底，我通過清華大學交流計畫赴臺灣成功大學，成為該校中文系的一名交換學生。因此前我曾在導師趙麗明教授的指導下，以章太炎先生《文始》為主要研究對象寫作本科畢業論文，而趙老師與陳先生又是多年的老朋友，所以她就寫信推薦，希望我能有機會到臺北拜訪先生，當面請教古音學方面的問題。先生回信欣然應允並表示非常歡迎，於是，十一月初我得以有機會北上臺師大聽先生講授古音學課程。與先生見面的那天，記得先生穿淺紅色夾克，氣色很好，聲音略有些沙啞。恰巧那堂課的內容正是「章炳麟的古音學研究」。課後同先生一同午餐，他笑著對我說：「璞嵩，今天的課是特意為你來而講的。」當我告訴先生我的碩士論文仍準備繼續研究《文始》，探討章太炎先生的古音學成就，先生表示出極大的欣慰和支持。

十二月底，我同成功大學的陳梅香教授北上，再次聆聽先生的教誨。課後，先生竟以我的名字入詞，即填〈減字木蘭花詞〉相贈，鼓勵我學習音韻學當志存高遠（後又親筆手書寄往北京）：

〈減字木蘭花·贈璞嵩學友用山谷蒼崖萬仞韻〉
為山九仞。學海雲雷聲陣陣。仰望高哉。還要青年共進來。
經玄天杪。肆力殷勤心自曉。世上羣生。能擁書城意總平。

他在回信中這樣教導我：

璞嵩學友：
今日相談甚為愉快，返家後賦詞一首相贈，茲以附檔相寄，敬請查收。望能更上層樓，莫為目前之生活而放棄大好前程也。語不云乎：生於憂患，死於安樂。要使生命更有價值，則一時之苟安，實足以摧毀壯志也。專達順詢
研祉

陳新雄手啟96年12月29日

　　在我結束臺灣的學習返回北京之後，先生始終對我十分關心，鼓勵我堅持音韻學的學習，希望我學有所成。二〇一〇年一月，我從清華中文系畢業，申請到香港中文大學中文系繼續深造。先生聽到這個消息，還叮囑我常來臺灣看他，並準備贈書給我。那時已聽說先生健康狀況欠佳，不料想二〇一二年噩耗傳來，我為自己沒能再去看望先生而後悔不已。

　　今年，我順利通過答辯獲得了博士學位。而論文的核心內容正是本於太炎先生對古漢語「語勢輕重有異」的觀察，從語音輕重的角度研究古漢語的語音現象。因學習章黃學說的緣故，使我有幸聆聽先生的教誨。我常常覺得，自己的求學之路也許受到了一種冥冥之中力量的牽引，正是這種力量將我帶向音韻學的殿堂。而在這條道路上，如果沒有先生「切勿貪一時苟安，當有遠大志向」的激勵，我也不會有勇氣嘗試發明章黃學說中的精髓。先生已經離開我們兩年了，我將先生所贈詩詞貼在書桌的醒目位置，希望更加努力，不辜負先生對我的厚愛與期望。

論學・述微・申説

謹謝伯元先生質詢

鄭張尚芳

中國社會科學院語言研究所

摘要

　　此文謹覆陳伯元先生《鄭張尚芳〈《詩經》的古音學價值〉述評》的質詢，分別回覆「一韻部多元音、幽覺再分部根據、入聲收濁塞尾、聲母複輔音不成音節、雎鳩對鳩鴿詞義不合、『我乃』連讀合音為『言』罕見」等六點質疑。

關鍵詞：韻部非韻母、一四等不同部、濁聲濁尾並存、複聲母不成言、後字取聲型合音

二○○七年十一月輔仁大學中文系召開詩經研究專題的第六屆先秦兩漢國際學術研討會，我應邀赴會發表《《詩經》的古音學價值》，會議特邀陳新雄伯元先生為拙文講評，提出若干重要質詢，當場我曾作初步口頭答覆。會後拙文發刊於二○○八《先秦兩漢學術》九期，伯元先生的質詢〈鄭張尚芳〈《詩經》的古音學價值〉述評〉也發刊於二○○八《中國語言學》第一輯（山東教育出版社）。我則困於冗擾，一直未將答覆形成文字。不想伯元先生倏爾謝世，始悔未能抓緊時間，及時與先生答疑討論，痛失同先生往復論難之樂的寶貴機會。

伯元先生是我所敬仰的學者，我們觀點有同有異，這是學界最正常不過的事。從大的方面說，我在《上古音系》第二章1.4「國人創立的兩派擬音體系」中是把伯元先生引為同派的，因為我們都堅持陰陽入三分、陰聲韻不帶塞音尾說，破除了高本漢以來擬上古陰聲韻帶塞音韻尾的痼見，那可是連李方桂、董同龢、陸志韋等名家都遵從的呢。而由於伯元先生在其質詢中，對我的擬音系統作了詳細介紹，使它引起臺灣學界關注，又由於先生傳統音韻學功底深邃，他的質詢能夠反映很多傳統音韻學者對我們新說的疑惑，所以我很感謝伯元先生的質詢，認為答疑之作乃是必要的，亦是對伯元先生最好的懷念。

一　韻部與韻母韻類

質詢列出了鄭張「六元音系統與古韻58韻部配當表」全表，問：「58部當中，歌月元有三套，宵藥有三套，盍談也有三套，而且主要元音有 o、a、e 三種的不同，因此同屬元部的『輾轉反側』一句，前面三個字都是元部字，鄭張卻擬成 ten、ton、pan 三種不同的元音，我們要問，既然元音不同，為何還要叫成同樣的韻部名稱？」

因為漢語古音研究導源於前儒對詩經韻讀所體現的韻部研究，所以很早就形成一種韻部即相當韻母的思潮，加上近期李方桂先生也是這樣主張。王力先生《上古韻母系統研究》原曾正確地提出「上古韻部與上古韻母系統不能混為一談。凡韻母相近者就能押韻；然而我們不能說，凡是押韻的字其韻母必完全相同，或其主元音相同。」但他後來也採用了李先生的主張。因此伯元先生據此也把鄭張的上古58韻母誤看做58韻部了。鄭張此表見於《上古音系》第五章2.7節韻母組合結構表，明確說的是「6元音與韻尾可組成58個基本韻母」，而並非58韻部表。鄭張認為上古音系應以描述聲母韻母系統為主，而非韻部系統，特別強調兩者有重大差別，絕對不可混淆。曾指出韻部只是詩經的韻轍系統，相當現代歌曲的「十三轍」或《蒙古韻》的「十五韻」，不能用它頂替語言的韻母系統。今天歌曲裏的中東轍既可兼收不同元音韻的「eng、ing、ong、iong」，《蒙韻》的寒韻可相容「an、on、uan、ien」，都是鐵的事實，則在與韻轍相當的韻部系統中，主張一個韻部只能有一個元音，就是違背事實的。因此鄭張系統強調韻母為58（再加上聲-'尾、去聲-s 尾則為151韻母），而韻部仍沿用王力30韻部部名（但改冬部為終部，後

期因-s 變-h 時部分留存-s 而分出「祭隊至」部則為33部），所以在押韻上 an、on（=oan）、en 同列為歌部而相叶韻，韻母元音則分三套等，都是不足為奇的，韻部概略粗疏，自然難比韻母之精詳。今漢語 en、in、un、yun 同押人辰轍，但並沒要求 in 要改讀 ien，為什麼上古押韻就得改成同元音，這是說不過去的。我在論述韻部與韻母關係時，也將各類韻母稱為「分部」或「韻類」。

同部韻讀有不同元音並不影響押韻，但在語言構詞法系統上則可以顯示不同的規律。

以「輾轉」這類雙聲連綿詞為例，鄭張認為它們是依循逆向重疊前後元音律 i—u（蚍蜉 bi bu）、e—o（蜘蛛 te to），高低元音律 i—a（頻繁 bin ban）、u—a（猶豫 lu la）來構詞的。「輾轉」ten ton 屬於第二種前後律 e—o 方式，同類構詞式有「間關 kreen kroon、綿蠻 men mroon、燕婉 qeen qon、繾綣 khen' khon'、黽勉 mlen' mron'、契闊 kheed khood、孑孓 kred krod、蔽芾 peds pods、邂逅 grees goos，踟躕 de do、躑躅 deg dog、歷鹿 reeg roog、鄭重 deŋ doŋ」等一大批詞。其中在-n 尾條件下的，前後 e、o 元音音節都混變成元部，那只是特殊條件所造成的一種現象，不能據以否定多量的連綿詞構詞規則所反映的前後元音變化格式。

二 幽覺的韻尾及在分韻

上古幽覺部也分三套 w 尾韻母（其中 uw=u，若分寫竟有四套了），這 w 尾也見於宵藥部，質詢問：各分三部根據何在。

我們的根據是黃侃以一等、四等皆為「本韻」，不得同部。所以凡是一四等韻同部者，都是不同韻母雜糅造成的，應該再行分韻。一般是低元音系列分列一開（一等開口）為 a、四開為 e，一合為 o，或者高元音系列一開為 ɯ、四開為 i（含舌齒 ɯ）、一合為 u。

由於叔聲有一開（督）又有四開（寂），有入又有平（椒），我們需要有-w 和-wɢ 的設計，如果只有 u 沒有 uw（一合），來與 ɯw、iw（四開）相配，就解釋不了四等字的產生條件。李方桂、王力對四等韻上古設 i 介音是不可信的，音韻學界已證明中古切韻音四等自身屬於前元音，原無 i 介音，四等韻增生 i 介音是一個唐中期以後才出現的中古後期現象。

三 入聲收濁塞尾

質詢：入聲向來認為收清塞音尾，漢語閩粵方言就是，鄭張根據藏語等同族語改收濁塞音尾，問：不知為何鄭張先生要捨漢語的近，而取藏語等的遠？

閩粵等方言現在收清塞尾是其整個音系濁塞音都已清化的結果，今漢語今藏語同樣都已走上清化之路，但古藏文還保留濁塞聲母，這樣其塞尾採用濁尾不用清尾恰好表現了更早的原貌，可供擬音參考。所以在漢語方言中也需要找到音系仍有濁塞音的方言來

觀察其入聲清濁抉擇情況，雖然保留濁母的吳語入聲都已改收喉塞尾，幸好我們還找到了廣東連山粵語和江西湖口流芳贛語，它們的全濁聲母仍讀濁音，而其入聲即收濁尾（詳拙作《上古入聲韻尾的清濁問題》）。例如連山：白 bag、席 zɛg、截 zid，流芳鎮：直 dzig、拔 bal。

我們的擬音首先根據是漢語，不過參考了記錄更古形式的兄弟語。只是方言中僅留的古老子遺現象尋覓不易，比如上聲收喉塞的漢語方言仍很多，但上聲收喉塞與去聲收 -h 並存的方言現在只找到山西孝義一個點。

四　複輔音聲母

質詢：鄭張認為音節內不管有多少複輔音，要是只有一個音節鋒（響度鋒），只能算一個音節，引民族語為證。但如英語 Scandinavia 譯為「斯堪的納維亞」，s-就譯成斯 si 音節的。

又鄭張論前冠音 s-，認為〈女曰雞鳴〉「在禦」阜陽漢簡作「在蘇」應為 s-ngaa 表現。但蘇也可能是「叙」的訛字，那是蓹（禁苑）字的異體。

按不管民族語的複輔音，或英語的 scan、stick（司的克）音節，它們原語都只有一個音節鋒，前附的 s-是不帶元音的。只是現在漢語已經沒有複輔音聲母，所以只能拿讀 si 的音節來譯；這不能代表原語複輔音原無元音的狀態。我原文引藏文到來 slebs 明代《西番譯語》譯音為「思列卜思」，明明是一個含複輔音的單獨音節，卻被明代的譯員譯成四個音節了。此字與漢語[茲 ruibs]對當，是以「立 ruib」為聲符的，但明代官話已不辨入聲塞尾，所以 leb 也譯為「列卜」，我們不能據譯音認為「立」中的-b 塞尾也得讀一個音節吧。

也確有些兄弟語某些複輔音成分可以帶輕微的含糊元音，或被認為半個音節，但從來不被認成完整音節。帶複輔音的音節在《詩經》的四言結構詩中仍只被認為一言，這在與漢語歌謠類似的壯歌瑤歌中也可以看得很清楚，它們的複輔音音節在詩歌裏都只算一個音節，即一言的。

《鄭風》〈女曰雞鳴〉「琴瑟在御」的御與「蓹」詞義有間，退一步說即使蘇是「叙」＝「蓹」，仍不妨礙把以魚為聲符的「蘇穌」擬為 s-ngaa，我在《上古漢語的 s-頭》裡為「蘇」的 sng-聲母形式列了十一項證據，這裡過錄通 ng-者四例：

1　蘇通禦：《商君書》〈賞刑〉「萬乘之國不敢蘇其兵中原。」
2　蘇通寤：《楚辭》〈橘頌〉「蘇世獨立」注「蘇，寤也。」
3　蘇通迕（逆）：《荀子》〈議兵〉「順刃者生，蘇刃者死。」
4　蘇通菩：《方言》三「蘇亦荏也」郭璞注「今江東人呼荏為菩，音魚」，對泰文 ngaa（原稱蘇麻，今稱芝麻），德昂語 l'nga 蘇子。
　　這說明「蘇」的詞根應該是 nga 而不會是 sa。

五 　雎鳩對鳩鴿詞義不合

質詢云：把「雎鳩」的鳩說成鴿子，鷲鳥說成和平鴿，恐怕不太合《詩經》本文的解釋。

按原文並不說雎鳩指鳩鴿，只是說古漢語以鳩命名的鳥種類不一。上古的鳩是多種鳥類的共名，《說文》段注說五鳩的總名，《爾雅》〈釋鳥〉開首就列了四種，都包括雎鳩。而鳲鳩所指的杜鵑藏文即作 khu-bjug，其 khu 明顯對鳩，白語斑鳩稱 tɕɯˡ-kɯˡ 則音近乎雎鳩。但就「鳩」音的本義或核心義說，則原本當指鳩鴿來的（取其鳴聲命名）。這一音義廣布于漢藏侗台諸語（漢 ku，緬 khjouh 鳩、khou 鴿，泰 khau 鴿），這是應該重視的。在兄弟語言詞源比較上，並不強調追求簡單的同義對比，更要重視有理據的語義變化。

六 　「我乃」連讀合音為「言」

《詩經》句首「言」字《毛傳》常訓「我也」，同《爾雅》〈釋詁〉「卬、吾、台、予、朕、身、甫、餘、言，我也。」但因《詩經》以外罕見代詞用例，後世學者常疑而不從，王引之、楊樹達、裴學海多解為無具體義的語詞、助語詞，較多的解為「乃」「而」「於是」等，並引起熱議，胡適等學界名流也參與其中。俞敏先生較早提出合音說，其〈詩「薄言」解平議〉和另一篇並舉「于焉為爰」的文章，都曾解「言」為「我焉」ŋal-jan 合音。但古文中「我焉」也罕用，仍引人懷疑。鄭張認為此「言」字是「我乃」（《尚書》即連用七例）的連讀音變─合音來的，「言」的-n 尾來自「乃」聲母的縮減。

質詢：此議雖引閩南「我儂、你儂、伊儂」合音為 guan、lin、in 為例，但「我乃」分為兩詞，而不像「我儂」等為一詞，則合音說實屬牽強。又質疑：合音的下一字，只取聲母輔音，尤屬史無前例。不論鄭張所舉的「之乎」或「之於」合為「諸」，或俞敏的「我焉」合為「言」，都是取合音下字的韻母，沒有只取下字的前綴輔音作為合音的。

按合音取下字韻例子較多見，但這不能抹殺另一種較少見的，取下字聲母為韻尾的形式即「何不為盍」式。除閩南語的代詞複數明顯取下字聲母為韻尾外，丁聲樹也早就有涉及這方面現象的論文。丁先生的成名作是一九三四年在《中研院史語所集刊》《慶祝蔡元培先生六十五歲文集》刊發的〈釋否定詞「弗」「不」〉。這篇長文詳列先秦典籍中「弗、不」二字的逾百用例，深入研究和分析異同，指出「不」是單純的否定詞，而「弗」是一個含有「代名詞賓語」的否定詞，正相當於「不之」，大都可以換成「不之」二字。像文句中連用「弗、不」的，比如《墨子》〈非儒下〉「君子若鐘，擊之則鳴，弗擊不鳴。」《禮》〈學記〉「雖有嘉肴，弗食，不知其旨也；雖有至道，弗學，不

知其善也。」「鼓無當於五聲，五聲弗得，不和；水無當於五色，五色弗得，不章。」都對比顯明。該文論證嚴密，見解新穎，結論顛撲不破。從而破除了《公羊傳》何休注「弗者，不之深也」，《說文》「弗」段注「凡經傳言『不』者其文直，言『弗』者其文曲」等光從語氣著眼而不易捉摸的，各種模糊不清之舊說。

一九四二年丁先生又在《中研院史語所集刊》第十本發表〈論《詩經》中的「何」「曷」「胡」〉，考論這三個疑問詞在詩經中用法的區別。在對大量用例進行分析後，考定「曷」絕大多數表示「何時」，而不同於「何」表何物、何事、何地，「胡」表何故，等。其中「曷」相當「何＋時」，如《邶風》〈雄雉〉「道之云遠，曷云能來」，〈綠衣〉「心之憂矣，曷維其已」，《唐風》〈有杕之杜〉「中心好之，曷飲食之」，等都是。丁先生指出，這跟《尚書》〈湯誓〉「時日曷喪，予及女皆亡」也一樣，而此句《史記》〈殷本紀〉正是對譯為「是日**何時**喪，予及女皆亡！」的。

這跟「弗」相當「不＋之」的情況非常相似，正可類比，「之、時」都是上古「之部」舌齒音字，字音也很相近。

在後一篇文章裡，丁先生曾直接指出，「胡」表何故，**或者根本就是「何故」二字的縮短**（並指出，詩經因有音節限制，所以多用縮短式）：

何 g'（a - 故 k）o——→胡 g'o

由上式音標所示可見，縮短式實即現在的合音。為什麼不同時講明「何＋時＝曷」「不＋之＝弗」也都是合音呢？

此因當時通行的上古擬音尚只有高本漢和李方桂的，丁先生一九三四年文所引「不」pjuəg「弗」pjuət 就說明從李所擬。高李兩位都把陰聲韻擬為濁塞尾，所以「不」有-g 尾，而「之、時」的擬音是 tjəg、djəg，「曷」則是 g'ɑt。如果說是合音縮減，既要說明–g 怎麼失落，又要說明 tjəg、djəg 怎麼縮成-t，就有太多曲折。

其次當時的合音，一般還是多指的是前字取聲，**後字取韻**「不可為叵，之乎為諸，之焉為旃，而已為耳，如是為爾，若何為那」（包括語源分析如「蒺藜為茨」，王念孫《廣雅疏證》〈釋詁四〉「『俻』即『不肯』之合聲」）一類，類似反切。罕指「何不為盍」這樣的前字取聲韻，而後字取聲的類型。沈括《夢溪筆談》〈藝文二〉所舉「二聲合為一字」的例子裡也多為後字取韻型，只有「盍」字一例是後字取聲型。依此，「何故為胡」頗合常例，易於取信，而「不之為弗」、「何時為曷」就屬另型了。因不常見，以丁先生的嚴謹，不會輕易輒稱之為合音。

但是依古音新說，漢語上古陰聲韻並不帶塞音尾，高、李給陰聲所設置的-g、-d、-b都該取消。而「之、時」的聲母都應改作一般的舌尖音，只是帶墊介音 j 而已，如鄭張的「之 tjɯ、時 djɯ」（李方桂新說也改為 tjəg、djəg，聲母就跟「弗、曷」的韻尾部位正相同了）。

其次，後字取聲型的另型合音，方言中也成批發現了。除廈門閩南話三身代詞「我」gua³「汝」li³，「伊」i¹，其複數說「阮」gun³，「恁」lin³，「因」in¹即原從「我

儂」、「汝儂」、「伊儂」後字早期聲母縮減而來外，還有北方很多方言我們說「俺」、你們說「恁／您」、咱們說「偺」的情形也一樣。此等代詞承自金代諸宮調、元曲，它們是由「我們、你們、咱們」合音而來（見呂叔湘《近代漢語指代詞》，頁85），「俺恁偺」原都是-m 尾字，m 乃由「們／憐／每」聲母縮減而來。元代周德清的《中原音韻》「俺偺」列在監鹹，「您」在侵尋，都還讀-m 尾，北方話口語-m 尾併入-n 後，它們才讀做–n 尾了。這和「怎」來自「作摩／麼」，「甚」來自「是物／什摩／拾沒」同，「怎、甚」也是列在侵尋的。類似的合音在親屬辭彙上也有「『叔母』為『嬸』、『舅母』為『妗』」（《集韻》寢韻式荏切「俗謂叔母曰嬸」，沁韻巨禁切「俗謂舅母曰妗」。宋張耒《明道雜誌》：「經傳中無嬸與妗字，……妗字乃舅母二字合呼也」）。「嬸」字同樣是在《中原音韻》侵尋列出的。

此類辭彙史的研究說明，後字取聲型並非史無前例的例外，而是可集群式地出現的，而且歷史不短了。

大家知道，只有經常連用的詞語才會合音。而《詩經》以四字句為主的音節限制，也容易促進合音詞的使用。像《周南》〈葛覃〉「言告師氏，言告言歸」，〈漢廣〉「翹翹錯薪，言刈其楚；之子于歸，言秣其馬」等密集使用此等詞語的詩句，如非使用合音，詩句就不易合律了。其中「言」字，用「我乃」置換，便皆可字通句順。

俞敏先生在《經傳釋詞札記》「云」字條贊同丁聲樹先生「曷／害＝何＝時」，而說「云」有的就是「爰」（于焉、于是）。「爰」字條則說「『曰』是『于是』壓縮成的」，引王引之說〈斯干〉「爰」即〈公劉〉的「于時」，也即于是，則指出「于是＝越／曰」，不等於「爰」（越條〈夏小正〉「曰有小旱」，曰條引詩「我東曰歸」、「曰歸曰歸」）。又指出《尚書》〈洪範〉「水曰潤下，火曰炎上，木曰曲直，金曰從革」的「曰」，說「在這段經文裏等于『謂之』。跟『爰』不相干」。

這又提出兩條合音縮減字例（為便理解，後面鄭張代加上上古擬音）：

「于是＝曰／越」（ɦiwa＋dje＝ɦiwad）「謂之＝曰」（ɦiwɯds＋tjɯ＝ɦiwad）

因此可見，後字取聲的另型合音，在上古漢語、近代漢語、現代方言中皆非罕例，則丁先生所揭示的「不之為弗」、「何時為曷」完全可以歸為後字取聲型合音之例，依新的上古漢語擬音系統，其合音過程應如下（注意鄭張、俞敏都主張上古入聲同藏文一樣收濁塞尾，在韻尾位置上 t、d 及 p、b 不對立），注意此等皆看連用是否頻繁，而不計是否是一詞：

不 pɯ 之 tjɯ → 弗 pɯd

何 gaal 時 djɯ →曷 gaad

這跟「何不為盍」的過程正好相同，可以類比：

何 gaal 不 pɯ →盍 gaab

丁先生所揭示的語言事實，給上古漢語後字取聲型合音現象，增添了無可辯駁的力證。

參考文獻

陳新雄　〈鄭張尚芳〈《詩經》的古音學價值〉述評〉　《中國語言學》　濟南市　山東教育出版社　2008年　第1輯

丁聲樹　〈釋否定詞「弗」「不」〉　《慶祝蔡元培先生六十五歲文集》　收入《中央研究院歷史語言研究所集刊》外編第一種　中央研究院歷史語言研究所　1934年

丁聲樹　〈論《詩經》中的「何」「曷」「胡」〉　《中央研究院歷史語言研究所集刊》第十本　中央研究院歷史語言研究所　1942年

胡　適　〈《詩經》言字解〉　《藏暉室劄記》卷12　上海市　亞東圖書館　1939年

呂叔湘　《近代漢語指代詞》（江藍生增補）　上海市　學林出版社　1985年

俞　敏　〈《詩》「薄言」解平議〉　《中國語言學報》　1982年1期

俞　敏　〈《尚書》〈洪範〉「土爰稼穡」解〉　《中國語文》1985年1期

俞　敏　《經傳釋詞札記》　長沙市　湖南教育出版社　1987年

鄭張尚芳　〈上古入聲韻尾的清濁問題〉　《語言研究》　1990年1期（總18期）

鄭張尚芳　〈上古漢語的 s-頭〉　《溫州師院學報》　1990年4期　又載趙秉璇、竺家寧編　《古漢語複聲母論文集》　北京市　北京語言文化大學出版社　1998年

鄭張尚芳　《上古音系》　上海教育出版社　2003（2013第二版）

鄭張尚芳　〈《詩經》的古音學價值〉　《第六屆先秦兩漢學術國際研討會論文集》　新北市　輔仁大學中國文學系　2007年

陳新雄教授與古音學研究

臼田真佐子

日本愛知大學文學部教授

摘要

　　九〇年代陳新雄教授在大陸和臺灣出席許多音韻學的學術討論會，我多次聆聽他的大會發言和學術報告，給我留下了深刻的印象。他是古音學的專家，雖然我不是他的學生，他的著作卻是我的學習目標。本文簡略談談他的大作《古音學發微》和《古音研究》有關古韻分部。通過這篇文章的撰寫，藉以追念陳教授的學術成就。

關鍵詞：陳新雄教授、古音學研究、《古音學發微》、《古音研究》

　　受到《陳伯元教授八秩冥誕紀念論文集》編纂委員會邀約，請我寫文章紀念陳新雄教授，我覺得很榮幸。陳教授的弟子很多，桃李滿天下，我雖然不是陳教授的學生，卻在學術討論會上聽他的發言，每次都讓我留下了深刻的印象。我對清代古音學很感興趣，所以平日就經常拜讀他的著述，做為我對古音學研究的典範。二〇一二年八月下旬，在廈門大學舉行第十七屆中國音韻學研究會學術討論會的時候，傳來陳教授去世的噩耗，我感到十分悲傷。在此，藉著撰寫這篇小文，追念陳教授的學術成就。

　　我是在日本學習清代古音學，一九八一年至一九八二年我在御茶之水女子大學當研究生，賴惟勤先生（1922－1999）給我們講授江永《古韻標準》一書，一直到現在我仍然以賴先生的學術著作（如賴1958）做為學習的材料。一九八九年九月初旬至一九九〇年十一月下旬一年多的時間，我在復旦大學以高級進修生名義留學學習，以研究清代古音學做為我的研究目標（臼田1999：182），此時才有機會認識幾位大陸的音韻學者。

　　九〇年代我參加學術討論會，不但認識了一些臺灣的音韻學學者，更有機會聆聽陳教授在許多會議上的發言。一九九二年八月下旬，由張玉來、張樹錚兩位教授籌備中國音韻學研究會第七屆學術討論會，在風景優美的山東大學威海分校舉行。威海校區瀕臨海邊，景色宜人，蒞會的音韻學嘉賓不少，特別是臺灣學者出席者很多，陳新雄教授、董忠司教授、耿志堅教授、李添富教授、林炯陽教授、汪中文教授、吳疊彬教授、姚榮松教授、張光宇教授、竺家寧教授等著名學者，以及青年學者都前來參加這項盛會。那時也是我第一次認識了臺灣的學者。

　　一九九四年五月下旬，中華民國聲韻學學會在新竹清華大學舉行第十二屆年會，承蒙張光宇教授的盛情邀請，我有幸參加了討論會，當時陳新雄教授雖已卸任學會的理事長，不過仍然意氣風發，討論相當熱烈。這是我第一次去臺灣參加研討會，體會到臺灣學者治學態度很嚴謹。會上，我認識了林慶勳教授，我對他的博士論文（林1979）相當感興趣，直到現在仍然是我學習的典範。

　　一九九八年七月底至八月初，中國音韻學研究會第十屆學術討論會在長春吉林省社會科學院舉行。我在分組討論宣讀〈論江沅《說文解字音均表》和諧聲符——以第9部（東・冬）的最後部分為主〉（臼田2001）。偶然也聽到陳教授的發言，他特意對史存直先生的東、冬分部提出意見。我能親自聆聽陳教授的高見發表，當時相當感動，因為他是著名的古音學頂尖專家，真有「聽君一席言，勝讀十年書」的感覺。

　　以下我想談談陳教授的古音學方面的著作。《古音學發微》（陳1972、1975）是陳教授的博士論文（國立臺灣師範大學國文研究所。一九六九年，林尹、高明、許世瑛教授指導），一九七二年出版，共有一三一八頁之多（不包括英文提要）。一九九九年《古音研究》（陳1999）出版，共七九七頁。這兩部書內容很豐富，相當於陳教授對古音學研究的總結集。以下我準備對這兩部書有關古韻分部進行比較，因為清代古音學的主要課題是古韻分部，所以明瞭古韻分部的來龍去脈相對重要：

《古音學發微》第二章　古韻部說	《古音研究》第二章　古韻研究
第一節　顧炎武之古韻說（包括方日升等）	第一節　鄭庠之古韻研究
第二節　江永之古韻說	第二節　顧炎武之古韻研究
第三節　段玉裁之古韻說（包括江沅）	第三節　江永之古韻研究
第四節　戴震之古韻說（包括錢大昕等）	第四節　段玉裁之古韻研究
第五節　孔廣森之古韻說	第五節　孔廣森之古韻研究
第六節　王念孫之古韻說（包括丁履恒等）	第六節　王念孫之古韻研究
第七節　江有誥之古韻說（包括夏燮）	第七節　江有誥之古韻研究
第八節　嚴可均之古韻說（包括姚文田等）	第八節　章炳麟之古韻研究
第九節　張惠言之古韻說（包括朱駿聲等）	第九節　王力之古韻研究
第十節　劉逢祿之古韻說	第十節　戴震之古韻研究
第十一節　章炳麟之古韻說	第十一節　姚文田之古韻研究
第十二節　黃侃的古韻說（包括錢玄同等）（最後部分為〈十一、前賢古韻分部之結束〉）	第十二節　劉逢祿之古韻研究
	第十三節　黃侃之古韻研究
	第十四節　古韻分部之結束
	第十五節　古韻總論

《古音學發微》所討論的的古韻部說，主要是針對十二位前人的主張做敘述，即顧炎武、江永、段玉裁、戴震、孔廣森、王念孫、江有誥、嚴可均、張惠言、劉逢祿、章炳麟和黃侃。其實還談到別的學者，就是在上表中的「包括某某」。比如，第九節〈張惠言之古韻說〉還談到幾名學者的古韻學說，第九節〈五、張氏學說同調者〉列舉莊述祖、龍啟瑞、陳立和黃以周的學說（陳1975：423-433）;〈六、附論朱駿聲及諸據說文以求古韻學家〉（陳1975：433-444）列舉朱駿聲、戚孝標、傅壽彤、安吉、安念祖・華湛恩、苗夔和張行孚的學說，並做結論說：「上述七家，其於古韻真有所得者，惟朱氏一人而已。」（陳1975：443）

一九七二年《古音學發微》出版之後，經過二十多年的歲月，一九九九年《古音研究》刊行了。《古音研究》所討論的古韻說，主要是對十三位學者的介紹，即鄭庠、顧炎武、江永、段玉裁、孔廣森、王念孫、江有誥、章炳麟、王力、戴震、姚文田、劉逢祿和黃侃。其中〈第十四節　古韻分部之結束〉還闡明黃永鎮、錢玄同、王力（二十九部）、曾運乾和羅常培、周祖謨的古韻分部。〈第十五節　古韻總論〉討論古韻三十二部，這就是陳新雄教授要主張的學說。

《古音學發微》第二章所討論的學者和《古音研究》第二章有所不同。就姚文田的古音學說來說、陳教授在《古音學發微》中把姚氏的學說合併於〈第八節　嚴可均之古韻說〉，而在《古音研究》中把〈第十一節　姚文田之古韻研究〉獨立了。陳教授

（1999：190）闡明姚文田的古韻分部為二十六部。劉逢祿《詩聲衍》沒出版，陳教授根據《詩聲衍》〈序〉及〈條例〉二十一則，《表》一卷，研究並重視他的古韻二十六部說（陳1999：195）。他對劉逢祿古韻分部的看法，《古音學發微》和《古音研究》一致。陳教授研究並重視姚文田和劉逢祿的古韻學說，因為他要追求越來越細致而且合理的古韻分部吧。最後他的古韻分部就訂定為三十二部。

　　大陸的王顯先生（1984）在他的古音學著作中，除了介紹顧炎武、江永、段玉裁、戴震、王念孫、孔廣森六人之外，還討論牟應震、莊述祖、姚文田、張惠言、嚴可均、丁履恒、江有誥、劉逢祿、龐大堃、朱駿聲、張成孫、黃式三、夏炘、夏燮、鄒漢勳、陳立、龍啟瑞、成蓉鏡、傅壽彤、胡錫燕、黃以周、時庸勱、胡元玉等二十三人，共二十九人的學說。就古韻分部的學說發展來說，王教授的看法也是妥當的。

　　一九九四年王顯教授去世了，我是私淑的。二〇一二年陳新雄教授也去世了，我認識他的時間雖然不長，直接請教的機會也很少，從此也沒有機會再請益了。我現在能做的是虔誠恭敬拜讀他的書，每逢打開他的書，就想起他的音容笑貌，久久不能忘懷。

參考文獻

陳新雄　《古音學發微》　臺北市　嘉新水泥公司文化基金會　1972年　研究論文第187種

陳新雄　《古音學發微》　臺北市　文史哲出版社　1975年　再版

陳新雄　《古音研究》　臺北市　五南圖書出版公司　1999年

臼田真佐子　〈周斌武《清代古韻學》編印說明〉　《中國語研究・開篇》　第19卷　1999年　頁181-183

臼田真佐子　〈論江沅《說文解字音均表》和諧聲符——以第9部（東・冬）的最後部分為主——〉　《御茶之水女子大學中國文學會報》　第20號　2001年　頁419-425

賴惟勤　1958　〈上古音分部圖說〉　《中國音韻論集　賴惟勤著作集Ⅰ》　東京都　汲古書院　1989年　頁86-99

林慶勳　《段玉裁之生平及其學術成就》　臺北市　中國文化學院中國文學研究所博士論文　1979年

王　顯　〈清代學者在古韻分部研究上的貢獻〉　《古漢語研究論文集》二　北京市　北京出版社　1984年　頁1-33

陳伯元先生古聲調說闡述

錢　拓

景文科技大學通識教育中心兼任助理教授

摘要

　　古聲調研究至今已確立上古具備四聲形式。陳伯元先生從《詩經》韻例的同一聲調相互押韻，不雜他調，以及平上互押、去入通韻的現象裡，綜合林尹先生、王力先生的研究，區分四種聲調，並且採用「元音長短與韻尾共同決定說」來還原上古四聲和中古四聲的分野界線，給予合理的演變過程解釋，修正歷來古聲調研究的錯誤，填補了空缺，為上古聲調研究提供了一條清楚的軌跡。此外，陳先生辨正了孔廣森、王國維等舊說的錯誤，兼納各家說法的長處，採用新的研究結果，進而修正王力「舒促說」陽去聲來源的空檔，受到普遍的學理支持。陳先生不斷熔煉新知，廣納學理的治學方法，於博大的學術胸襟中凝聚成溫厚的氛圍，不但樹立起鍥而不捨的風範，更給予吾人許多啟示。

關鍵詞：古聲調、陳伯元先生、元音長短與韻尾共同決定說

一　前言

「古聲調」有廣義與狹義的區別。陳伯元先生於《古音研究》中說：「夫古今者，不定之名也。三代為古，則漢為今；漢、魏、晉為古，則唐宋以下為今。若擴大言之，凡今日以前之音皆可謂之古音。」[1]這裡說的「擴大言之」，就是廣義的古音定義。凡是現代國語以前的語音系統，都屬於古音的範疇。至於聲韻學研究中狹義的古音研究，則多半是指上古音研究而言。

古聲調研究自從吳棫、陳第開始，歷經顧炎武、江永、段玉裁、孔廣森、江有誥、劉逢祿、夏燮、章炳麟、黃侃、王國維等學者的討論與輾轉發明，上古即有四聲的說法，逐漸趨於明朗化。陳伯元先生從《詩經》韻例的同一聲調相互押韻，不雜他調，以及平上互押、去入通韻的現象裡，綜合林尹先生、王力先生的研究，確立古人的實際語音裡已經具備實際的四種聲調區別，並且採用「元音長短與韻尾共同決定說」來還原上古四聲和中古四聲的分野界線，給予合理的演變過程解釋，修正歷來古聲調研究的錯誤，填補了空缺，為上古聲調研究提供了一條清楚的軌跡。

二　古聲調研究之回顧

古聲調研究可以上溯自宋代吳棫。吳棫雖無古聲調研究之名，卻有「四聲互用」之實。江永《古韻標準》說：

> 毗陵邵長蘅子湘曰：「吳才老作《韻補》，古韻始有成書，朱子釋《詩》註《騷》，盡從其說。」又引沙隨程可久之言，曰：「吳說雖多，其例不過四聲互用，切響同用二條，如通其說，則古書雖不盡見，可以例推。」[2]

《韻補》按照今音概念，四聲分卷。金師周生說：「至於聲調方面，《韻補》按四聲分卷，與《廣韻》同，調類仍為四個。……我認為《韻補》中的『今音』系統仍是沿襲《廣韻》與《集韻》而未加改變的。」[3]四聲分卷，即是以四種調類概念區別古聲調；而各部所收例字，包含時音、方音，呈現四聲混雜之貌。伍明清先生說：「吳棫不以中古韻母強合古韻，亦不以求四聲相配整齊為目的，當是其觀察古韻所得之結果。」[4]吳

1　見陳師新雄：《古音研究》（臺北市：五南圖書出版公司，1999年），頁3。

2　見李學勤編：《中華漢語工具書書庫》（合肥市：安徽教育出版社，2002年），第64冊，頁377。

3　見金師周生：〈《韻補》中的「古音」「今音」與「俗讀」「今讀」〉，《聲韻論叢》（臺北市：臺灣學生書局，2001年），第10輯，頁262。

4　見伍明清：《宋代之古音學》（臺北市：臺灣大學中國文學系碩士論文，1989年），頁38。

椷雖然已經開啟端緒，然對於古聲調之概念，尚未建立明確而清楚的系統。

陳第的《讀詩拙言》、《毛詩古音考》等都認為上古無四聲之辨。他認為：「四聲之辨，古人未有……舊音必以平叶平、仄叶仄也，無亦以今而泥古乎？」[5]又：「然四聲之說，起於後世。古人之詩取其可歌、可詠，豈屑屑毫釐，若經生為耶？」[6]陳季立以為古聲調並不如今音有清楚的四聲辨別，然而陳氏已留意到同諧聲者音相近的關係，如《毛詩古音考》卷四曰：「匐音必……畐古讀必，故福、偪、幅、輻、偪、蔔之類悉從此音。」[7]因此，在古韻分部以及聲調的分界，開啟了一條後世研究的脈絡。

顧炎武主張「四聲一貫」，《音論》說「四聲之論，起於江左，然古人之詩已自有遲疾輕重之分。故平多韻平，仄多韻仄。」古人的確有四聲的區別，但若是為了歌唱吟詠之音，則能有所權宜，其云：「亦有不盡然者，而上或轉為平，去或轉為平上，入或轉為平上去，則在歌者之抑揚高下而已。故四聲可以並用。」[8]正是為了配合「遲疾輕重」而已，這仍是一種模糊的圓轉說法。

江永認為古聲是「雜用四聲」的。《古韻標準》〈例言〉說：

> 四聲雖起江左，按之實有其聲，不容增減。此後人補前人未備之一端。平自韻平，上去入自韻上去入者，恆也；亦有一章兩聲或三四聲者，隨其聲諷誦咏歌，亦自諧適，不必皆出一聲，如後人詩餘歌曲，正以雜用四聲為節奏，詩韻何獨不然。[9]

江氏所謂古韻的「雜用四聲」，是一種類似詩餘歌曲的相諧，並不否定古有四聲，只是通用的認定較為寬廣。

段玉裁主張古無去聲，只有平上入三聲；又說「古平上為一類，去入為一類」，實際上也已經是平入二聲說了。段玉裁《六書音韻表》曰：

> 古四聲不同今韻，猶古本音不同今韻也。攷周秦漢初之文，有平上入而無去，洎乎魏晉，上入聲多轉而為去聲，平聲多轉而為仄聲，於是乎四聲大備而與古不侔。……古平上為一類，去入為一類，上與平一也，去與入一也，上聲備於三百篇，去聲備於魏晉。[10]

5　見〔清〕陳第：《毛詩古音考》（北京市：中華書局，1988年），頁204。

6　見〔清〕陳第：《毛詩古音考》（北京市：中華書局，1988年），頁30。

7　見〔清〕陳第：《毛詩古音考》（北京市：中華書局，1988年），頁171。

8　見〔明〕顧炎武：《音論》，頁7。

9　見李學勤編：《中華漢語工具書書庫》（合肥市：安徽教育出版社，2002年），第64冊，《古韻標準》，頁377。

10　見〔漢〕許慎撰、〔清〕段玉裁注：《新添古音說文解字注・六書音韻表》（臺北市：洪業文化事業有限公司，2000年），頁824。

段玉裁的看法具有開創性，古聲調研究至此產生了進一步的轉變，不再混淆模糊。

江有誥在前後期的研究呈現出不同觀點。從早期的古無四聲說，到後來承認上古具有四聲，表現出古聲調研究態勢的過渡。他的〈再寄王石臞先生書〉說：「有誥初見亦謂古無四聲……至今反復紬繹，始知古人實有四聲，特古人所讀之聲與後人不同。」[11]此外，他發現很多字在上古的調類跟後代是不同的，在《唐韻四聲正》中，全面辨析了上古與中古調類不一的字。然而江有誥對於不同調類的相諧狀況，認為是上古一字數調，標準太寬。[12]

黃季剛先生倡導古音只有平、入二聲，實承章太炎先生而來。《音略》〈略例〉曰：「四聲，古無去聲，段君所說；今更知古無上聲，惟有平入而已。」[13]〈聲韻略說〉曰：

> 陰、陽聲多少，古今有異也。古聲但有陰聲、陽聲、入聲三類，陰、陽聲，皆平也；其後入聲少變而為去，平聲少變而為上，故成四聲。四聲成就甚遲，晉、宋間人詩，尚去入通押。近世段君始明古無去聲。然儒者尚多執古有四聲之說。其證明古止二聲者，亦近日事也。[14]

這樣的說法，其實與王力先生舒聲、促聲兩大類，各分長短的說法，並無不同。

黃季剛為後來王了一的「舒促」兩類說開啟先河，其實這裡的「古音惟有平入」，已經包含了元音的鬆緊長短概念在裡面，不只是單純談論韻尾而已。潘重規先生闡述「平入二聲」，以王力《漢語史稿》中所舉的例證，發明上聲字古音有多屬平聲者，同樣可以證明黃季剛的詩音上作平聲，實屬真確。潘先生說：

> 王了一……以為古音僅分舒促二類，舒聲相當于平聲，促聲相當于入聲，上去二聲則由舒促二聲所分化而來，故其大體，實亦同於黃先生之說。……黃先生首從詩經得上聲作平聲之例凡百餘，以證古音平上為一類。至於去入為一類，已既出于段玉裁，因有所承，故未有加以解釋。[15]

林景伊先生也在《中國聲韻學通論》中，分辨中古四聲，概由古平、入二聲之留音長短，演變而來。林先生說：

11 見〔清〕江有誥：《音學十書》（北京市：中華書局，1993年），頁277。
12 陳師新雄說：「按江有誥氏《唐韻四聲正》以為古實有四聲，特古四聲與後世之四聲不同而已。後代屬平者，古代則未必屬平，後世屬上去入者，古代未必屬上去入，其說實有見地，然一字之讀二聲三聲，又無一定標準，頗嫌汜濫，甚且去宋人之任意改叶者亦相差無幾……雖然如此，然古聲調之研究，由段氏而江氏，所獲之成就，固已駕越前賢者矣。」見《古音研究》，頁704。
13 見黃侃：《黃侃國學文集》（北京市：中華書局，2006年），頁54。
14 見黃侃：《黃侃國學文集》（北京市：中華書局，2006年），頁102。
15 見潘重規、陳紹棠：《中國聲韻學》（臺北市：東大圖書有限公司，1979年），頁166-170。

四聲者，蓋因收音時之留聲長短而別也。古惟有「平」、「入」二聲，以為留音長短之大限。迨後讀「平聲」少短而為「上」，讀「入聲」稍緩而為「去」。於是「平」「上」「去」「入」四者，因音調之不同，遂為聲韻學上之重要名稱矣。[16]

此說誠為至論。

過去學者們對於黃季剛的「二聲說」曾經有過誤解。如唐作藩先生說[17]與林燾、耿振生說[18]等，涉及的並非黃侃古聲調說的全貌；而經過上述諸多論證加以補充之後，學者們的質疑應已得到合理的解釋。

三　陳伯元先生對古聲調研究之辨正與分析

（一）辨正

陳先生辨正了孔廣森說法的謬誤。孔廣森主張的「古無入聲」論，是出於孔氏個人方音的一種誤解。《詩聲類》第二卷說：「按周京之初，陳風制雅，吳越方言未入中國，其音皆江北人脣吻，略與《中原音韻》相似，故《詩》有三聲而無入聲。今之入聲於古皆去聲也。」[19]第八卷說：「夫六朝審音者於古去聲之中別出入聲，亦猶元北曲韻於平聲之中又分陰平陽平耳。」[20]孔氏將古去聲分作長、短兩類；把去聲短言這一類，視作中古入聲的來源，只是與段玉裁的說法恰好相反。陳先生於孔廣森古無入聲說，辨之甚詳。陳先生說：

> 孔氏所據以證古無入聲之資料，亦為《詩》、《騷》與秦漢有韻之文，所據材料，大致與段氏玉裁相同，而所得結論，則正相反。然段孔二氏皆謂上古去入二聲合用無別，則意見相同。蓋孔氏主陰陽對轉之說，只承認韻有陰陽二類可以對轉，其入聲於古雖讀去聲，然去有長言短言二讀，其長言者，後仍為去聲，短言者則

16 見林尹：《中國聲韻學通論》（臺北市：黎明文化事業公司，1982年），頁113。

17 唐先生說：「像黃侃的主張事實上等於否定了上古漢語有聲調。因為入聲字的收尾都是[-p]、[-t]、[-k]，平聲字不收[-p]、[-t]、[-k]，這實際上不是什麼聲調的區別。而且，如果入聲韻尾一消失，就都變成了平聲字。那麼，現代普通話的四聲是怎樣來的呢？」見唐作藩：《漢語音韻學常識》（上海市：上海教育出版社，1959年），頁86-87。

18 林、耿二位先生說：「（黃氏說）這等於否認了上古有真正的聲調。因為入聲韻和平聲韻的對立本不是音高的對立，而是韻尾的對立，如果除了入聲之外只有一個聲調，聲調之說就失去意義。」

19 見〔清〕阮元、王先謙編：《皇清經解續編》（臺北市：藝文印書館，1965年），詩聲類，卷8，頁2。

20 見〔清〕阮元、王先謙編：《皇清經解續編》（臺北市：藝文印書館，1965年），詩聲類，卷12，頁2。

變而為入聲，此其差別也。……按孔氏主張古無入聲之說，持之甚堅，而舉證亦詳，其言古去入同用則是，而謂古無入聲，後世多未能接受。竊疑孔氏之所以主張古無入聲之說，或受其本身語言之影響。蓋孔氏曲阜人，其語音系統上已無入聲存在，因謂古無入聲。夫入聲者皆收閉而不爆之塞聲-p、-t、-k 韻尾者也，設如孔氏所言古無入聲，則中古之入聲由何而來？就語音演變之趨勢觀之，入聲韻尾-p、-t、-k 消失後而成為陰聲者有之，尚未有陰聲韻之去聲字加上-p、-t、-k 而成為入聲者。……以是言之，孔氏古無入聲之說，恐非事實，難以信從。[21]

孔廣森受到家鄉方音系統先入為主的觀念影響，於他口語中缺乏-p、-t、-k 一類之塞音韻尾，故提倡「古無入聲」之說，這已是帶著主觀認定的色彩。

陳先生辨正了王國維說法的可疑。王國維的「五聲說」，是將陽聲獨立成特別的一類。他把古音陰、陽分開：陰聲韻平、上、去、入，為四個調類，陽聲韻總為一個調類，於是總共五聲。《觀堂集林》說：「古音有五聲，陽聲一與陰聲之平上去入四是也。」[22]王國維在陰陽兩分的基礎上，解釋為何陽聲僅有一聲，而沒有上、去、入聲的原因，是因為平聲陽韻像是「敲鐘之聲」一般，有「清揚」的金屬共振特色，這才是自然；倘若陽聲有平、上、去，譬如用手按住，則不自然。此說實為特別。王國維說：

> 蓋金聲噌吰清揚而常不易盡，故其類只有平聲，若改讀上去，則如擊鐘者以一手援桴擊之而即以他手案之，其所得之聲絕非鐘聲之自然也。陽聲之上去，亦絕非陽聲之自然。故既云陽聲，即不容有上去入三聲也。……此一切陽聲之收聲，其性質當悠揚不盡，故其為平聲，與陰聲之平聲絕不相同，更不容有上去。[23]

王氏認為「五聲說」是得之於戴、孔、段、王、江五家，並加以會通。今揆度之，仍得以再商榷。陳先生曰：

> 陽聲古惟有平聲一讀，後世陽聲上去二聲由何而來，如何分化，條件如何？王氏皆未置片言隻字，是容質疑者一也。韻分陰陽者指音之素質言，調別四聲者指音之長短高低言，兩者原不相謀，無容牽合，是容質疑者二也。[24]

---

21 見陳師新雄：《古音研究》（臺北市：五南圖書出版公司，1999年），頁697-699。王力先生也說：「孔廣森是曲阜人，為方音所圍，以致斥入聲為吳音，此說顯然是不合理的。」見《漢語語音史》，頁70。何九盈先生說：「孔廣森的論斷也是以今律古。他是曲阜人，在他的方言中沒有入聲，就由此推斷《詩經》時代也無入聲。」見《上古音》，頁78。江美儀〈孔廣森之生平及其古音學研究〉一文，以「囿於自身方音，以今律古」、「主張陰陽對轉，不存入聲」兩點檢討孔氏上古聲調，亦主此理。

22 見王國維：《觀堂集林》（北京市：中華書局，1961年），頁341。

23 見王國維：《觀堂集林》（北京市：中華書局，1961年），頁345-346。

24 見陳師新雄：《古音研究》（臺北市：五南圖書出版公司，1999年），頁749-750。

王國維忽略了陽聲與陰聲同樣具有上去調類的發展事實。把陽聲視為獨立的一種平聲類型，論述過程中也缺乏更有力的科學依據，因此難以為學者所接納。

（二）分析

陳先生的古聲調說建立在王力說的基礎上，並加以分析增補，使其脈絡清晰。王力將古聲調分為舒聲、促聲兩大類，其中又各分為長調、短調，一共四聲。上古漢語聲調雖然與中古聲調不盡相同，但事實上已經具備了「四聲」的形式。此一觀點，今日已為學界所普遍採信。王力《漢語音韻》說：

> 我們應該怎樣看待上古聲調問題呢？首先是入聲問題需要討論。……我們認為上古有兩種入聲，一種是長入，到中古變為去聲；一種是短入，到中古仍是入聲。當然長入也可以稱為去聲，只不過應該把上古的去聲字了解為以-p，-t，-k 收音罷了。……我們的結論是：上古陰陽入各有兩個聲調，一長一短，陰陽的長調到後代成為平聲，短調到後代成為上聲；入聲的長調調後代成為去聲（由於元音較長，韻尾的塞音逐漸失落了），短調到後代仍為入聲。[25]

按照語音發展，塞音韻尾-p、-t、-k 在演進過程中，逐漸弱化而失落。因此語言中必須先存在-p、-t、-k 一類，即入聲一類，才能符合後世塞音韻尾消失的規則（如中古音至國語的發展情形）。按照這條發展的路線，則上古必須存在既有的入聲，至中古音時，才能保有塞音韻尾的事實。即便上古去聲與入聲相近，但不可沒有入聲。這也是修正孔廣森「古無入聲」的論證過程，此已辨明清楚，不再贅述。

王力《漢語史稿》論古聲調概念時，說：

> 清代學者對這個問題的意見並不一致。顧炎武以為古人「四聲一貫」，意思是說上古的聲調是無定的。段玉裁以為古人沒有去聲，黃侃以為古人只有平入兩聲。王念孫和江有誥都以為古人實有四聲，不過上古的四聲和後代的四聲不一致罷了。我們以為王江的意見基本上是正確的。先秦的聲調除了以特定的音高為其特徵外，分為舒促兩大類，但又細分為長短。舒而長的聲調就是平聲，舒而短的聲調就是上聲。促聲不論長短，我們一律稱為入聲。促而長的聲調就是長入，促而短的聲調就是短入。……關於聲調區分的理論根據是這樣：（1）依照段玉裁的說法，古音平上為一類，去入為一類。從詩韻和諧聲看，平上常相通，去入常相通。這就是聲調本分舒促兩大類的緣故。（2）中古詩人把聲調分為平仄兩類，在

---

25 見王力：《漢語音韻》（北京市：中華書局，2007年），頁156-157。

詩句裏平仄交替，實際上像西洋的「長短律」和「短長律」。由此可知古代聲調
有音長的音素在內。[26]

以中古四聲觀察上古四聲的理論架構，可發現《詩經》的押韻，多半是同一聲調相諧。
偶然有相混的情況，例如平聲與上聲常相通、去聲與入聲常相通。

陳伯元先生舉出兩點加以說明：第一、「《詩》之用韻，以同一聲調相互押韻，不雜
他調者至多。」第二、「《詩》之用韻，雖四聲分開押韻者多，然而平上互押，去入通韻
之例，亦復不少。」是以王力的理論正是此兩點的調和。陳先生說：

> 就《詩》中四聲分用之現象觀之，可能古人實際語音中確有四種不同之區別存
> 在，而就《詩》中平上合用，去入合用之現象看，古人觀念上尚無後世四聲之差
> 異。此即陳第所謂「四聲之辨，古人未有」者也。陳氏所謂四聲之辨，即指觀念
> 上之辨析也。古人於觀念上雖無四聲之辨，而於聲之舒促，則固已辨之矣。……
> 因古人實際語音上已有四聲區別之存在，故詩中四聲分用畫然，又因其觀念上惟
> 辨舒促，故平每與上韻，去每與入韻。……王氏所謂舒促，即段氏所謂平入也。
> 王氏所謂舒而短即段氏所謂平稍揚，王氏所謂促而長即段氏所謂入稍重，雖措詞
> 不同，而旨意無殊。不過王氏為顧及後世聲調不同之演變，而為上古聲調先作舒
> 促長短之推測，在理論上、觀念上，自較段氏為進步。其實王氏所謂舒長、舒
> 短、促長、促短之區別，即先師所謂古人實際語音上已有之區別也。因王氏之說
> 實際上與段氏旨意相同。[27]

王力的意見與段玉裁、江有誥、黃季剛等相合；又得林尹先生、潘重規先生、陳伯元先
生加以證成。因此學者多採用此說，是為怡然理順。

四 「長短元音與韻尾共同決定」說

王力分舒促二類，再各自區分長短調的說法，條理分明，唯有一處瑕疵，即是上古
陽聲韻去聲調的來源，缺乏合理的解釋。陳伯元先生說：

> 王氏既以去入同為促聲，而證促聲之長調後失輔音韻尾而變去聲；平上既同為舒
> 聲，且以偏旁言之，聲母聲子同在上聲者少，與平聲諧者多，故吾人亦可謂舒聲
> 之短調後世變上，因上聲只是由於短讀，而非失去韻尾，故上聲之成，遠早於
> 去。或者又謂長入因元音長讀而失輔音韻尾，則其所變者當為陰聲之去，然則陽

---

26 見王力：《王力文集》（濟南市：山東教育出版社，1988年），第9卷，《漢語史稿》，頁86。

27 見陳師新雄：《古音研究》（臺北市：五南圖書出版公司，1999年），頁760-761。

聲之去又自何來？王力云：「根據段玉裁、王國維的考證，上古陽聲韻沒有去
聲，也就是沒有長入。」陽聲之去既非來自長入，則自然來自舒聲之平上，王力
說去聲字有大部分是由平上聲之濁聲變來的，特別是上聲的全濁聲變來。王力聲
調說理論，惟此為其一大敗筆，因為若由平上聲之全濁變來，則全濁之平上聲既
變去聲矣，則今《廣韻》平上聲當中，仍有為數極多之全濁聲母，可見此說頗值
商榷。[28]

從段玉裁「古平上為一類，去入為一類，上與平一也，去與入一也」提供的啟示可知其
大致上即是「舒促聲說」的原型。舒聲長調、舒聲短調只是元音長度不同，音理分析較
為簡單；促聲長調、促聲短調的分化，則牽涉到韻尾的失落與改變。尤其是陽聲韻去聲
一類，調類屬於促聲長調，而本身又已有陽聲韻尾，與入聲塞音韻尾之間的關係為何？
則需要進一步釐清。

陳伯元先生以「長短元音與韻尾共同決定說」，彌補了王力解釋上古陽聲韻去聲來
源的不足；並以可綴於輔音韻尾後的*-s，說明陽聲韻去聲這一類的演變條件。輔音韻
尾與元音長度兩種要素，可以共同影響上古聲調的發展。郭錦桴先生《漢語聲調語調闡
要與探索》〈聲調的起源〉提出「鬆緊元音說」、「聲母決定說」、「韻尾決定說」、「長短
元音與韻尾共同決定說」等四種看法。第四種「長短元音與韻尾共同決定說」，就提到
了漢語與侗台語的上聲和去聲的產生，由長短元音與輔音韻尾共同作用所造成，可能由
-h 或-s 尾變來。或如藏語有些地方-s 尾變成-ʔ尾；傣語多數土語在塞音韻尾失落之後，
長元音併入去聲[29]。鑑於如此的語言現象，雅洪托夫和奧德里古提出去聲字最初曾存在
具有構詞作用的輔音韻尾*-s，能與-p、-t、-k 或-m、-n、-ŋ 綴合，當*-s 失落，帶*-s 的
字，不分陰陽，變成了去聲。伯元師說：

> 若此，則不但*-p、*-t、*-k 後可綴以*-s，即*-m、*-n、*-ŋ 後亦可以綴以*-s，凡
> 有*-s 韻尾者，則後世多變為去聲。則王力舒促長短說之最大缺點，已可彌補
> 矣……我所以將吾人之聲調起源說，定為「長短元音與韻尾共同決定說」，即概
> 採用雅洪托夫-s 韻尾說，亦並未放棄王力舒長、舒短、促長、促短之元音長短
> 說，但是有些條件有其一即已足夠說明其演變之條件，則無需多加一條件，例如
> 吾人將去聲字加上-s 韻尾之後綴，則促聲就無須將元音再分長短。[30]

陰聲、陽聲之舒聲調，長言即為平聲，短言即為上聲，即元音長短有別，韻尾形式不
變。促聲調中，短言即為入聲收塞音韻尾-p、-t、-k 者，長言去聲陽為鼻音韻尾帶有後

---

28 見陳師新雄：《古音研究》（臺北市：五南圖書出版公司，1999年），頁764。
29 見郭錦桴：《漢語聲調語調闡要與探索》（北京市：北京語言學院出版社，1993年），頁15-27。
30 見陳師新雄：《古音研究》（臺北市：五南圖書出版公司，1999年），頁766。

綴-s 者，即-ms、-ns、-ŋs 類；長言去聲陰為塞音韻尾帶有後綴-s 者，即-ps、-ts、-ks 類。蓋原有之塞音韻尾失落者也。王力理論可修正處為去聲陽，去聲陰則以同樣體系之說法予以統一，不相衝突。

上古去聲源於*-s 音綴之理論，獲得大部分學者的支持。如李方桂先生《上古音研究》說：「我們也不反對在詩經以前四聲的分別可能仍是由於輔音韻尾的不同而發生的，尤其是韻尾有複輔音的可能，如*-ms，*-gs，*-ks 等。」[31] 鄭張尚芳先生《上古音系》除了將上聲擬為喉塞音尾之外，去聲的來源也採用了-s 尾的說法。鄭張先生說：

> 新說都認為上古漢語沒有聲調，一致採用奧德里古、蒲立本上聲來自-ʔ、去聲來自-s(-h)的仄聲起源於韻尾的說法，所以又增-ʔ、-s 兩尾。……鄭張尚芳先生還指出更早時候-ʔ 來自-q，而-s 稍後變-h；鄭張以為-s、-gs 變-h 時，-bs 併入-ds>s，故-h 與-s 曾經同時存在，這也可作為高氏暮、裕兩部與祭、隊、至三部並列的新解釋。他並且指出-s 向去聲轉化時，同侗語、南島語一樣，先要變成-ih，因此祭、隊諸部才都增生了-i 尾。鄭張更指出，《詩經》押韻常見同聲調相押，其實首先與同韻尾有關，其次才與伴隨聲調有關，當時因-ʔ、-s 尚存，伴隨聲調還無音位意義。丁邦新（1994）曾引鄭張（1987）下表說明聲調與韻尾的關係，並指出這與白氏（1992）很接近。……李新魁《從方言讀音看上古漢語入聲韻的複韻尾》（1991，《中山大學學報》4）也接受了-s 尾說。而認為-ps、-ts、-ks >-ʔs>-ʔ，從而把它原先設想的次入韻韻尾-ʔ列為-s 的後階段。藏文-s >-ʔ音變倒可以與這一說法相佐證。[32]

論述中一併列出配合-s 尾後綴的聲調圖如下：

	平聲	上聲	去聲	入聲
後置尾	-0	-ʔ	-s→h	
鼻尾	-m –n -ŋ	-mʔ –nʔ -ŋʔ	-ms –ns -ŋs	
塞尾			-bs –ds -gs	-b –d –g
伴隨調	33	35	31	3

鄭張先生的論證也與陳伯元先生的「長短元音與韻尾共同決定說」相合，並互相發明。

另外，亦有否定去聲*-s 尾來源說的理論。一種是將《詩經》時代與遠古時代做切割，認為光靠《詩經》時代的語料，不能確定這種特徵。但這類否定的說法，也無法確切的排除《詩經》時代之前曾經存有過*-s 的假設。如丁邦新先生說：

31 見李方桂：《上古音研究》（北京市：商務印書館，1980年），頁33-34。

32 見鄭張尚芳：《上古音系》（上海市：上海教育出版社，2003年），頁62-63。

在《詩經》時代漢語和中古一樣是有四個聲調的，聲調是音高，不是輔音韻尾。聲調源於韻尾可能有更早的來源可能在漢藏語的母語中有這種現象，但是在《詩經》時代沒有痕跡。[33]

另一種是以「內部構擬」法作為「比較構擬」法的對立面，進而否定*-s 尾。如何九盈先生說：「上古音的構擬並不代表漢語的原始形式，它與親屬語言的距離還相當遙遠，故不可能也不應該『與親屬語言的形式密合』。」[34]親屬語的比較研究至今已經得到許多成果。若上古音與遠古音能夠再劃分為二，或者以周秦作為界線，那麼否定*-s 尾的假設，也只能針對《詩經》時代。複輔音韻尾影響聲調的概念，應溯源至《詩經》時代以前的原始漢語，甚至共同來源的古漢藏語。這方面的構擬，同源親屬語正好提供了我們豐富的研究材料。

五　結語

　　自從學者意識到古聲調問題之後，歷經吳棫、陳第以至於黃侃的觀察與研究，各家的說法並不一致。古聲調的四種類別，在《詩經》韻例中已經存在著基本的界限。是以王力先生在段玉裁的平、入二聲說之上，提出了舒、促兩大類的看法，並且確立了古聲調的基本結構。

　　陳伯元先生的古聲調研究辨正了孔廣森、王國維等舊說的錯誤，兼納各家說法的長處，採用新的研究結果，進而修正王力「舒促說」陽去聲來源的空檔，受到普遍的學理支持。古聲調研究至此，已逐步形成了一條明顯的脈絡，並獲得共識。陳先生不斷熔煉新知，廣納學理的治學方法，於博大的學術胸襟中凝聚成溫厚的氛圍，不但樹立起鍥而不捨的風範，更給予吾人許多啟示。

33　見丁邦新：《丁邦新語言學論文集》（北京市：商務印書館，1997年），頁103。
34　見何九盈：《語言叢稿》（北京市：商務印書館，2006年），頁24。

參考文獻

傳統文獻

許慎撰　段玉裁注　〈六書音韻表〉　《新添古音說文解字注》　臺北市　洪業文化事業公司　2000年

江有誥　《音學十書》　北京市　中華書局　1993年

阮元、王先謙編　《皇清經解續編》　臺北市　藝文印書館　1965年

陳　第　《毛詩古音考》　北京市　中華書局　1988年

戴震撰　張岱年編　《戴震全書》　合肥市　黃山書社　1994年

今人論著

丁邦新　《丁邦新語言學論文集》　北京市　商務印書館　1997年

王　力　《王力文集》　濟南市　山東教育出版社　1988年

王　力　《漢語音韻》　北京市　中華書局　2007年

王國維　《觀堂集林》　北京市　中華書局　1961年

何九盈　《語言叢稿》　北京市　商務印書館　2006年

何大安　《聲韻學中的觀念與方法》　臺北市　大安出版社　2004年

李方桂　《上古音研究》　北京市　商務印書館　1980年

李添富　〈詩經例外押韻現象之分析〉　《輔仁學誌》（文學院之部）　第13期　1984年　頁727-768

林　尹　《中國聲韻學通論》　臺北市　黎明文化事業公司　1982年

金周生　〈《韻補》中的「古音」「今音」與「俗讀」「今讀」〉　《聲韻論叢》　第10期　2001年5月　頁243-268

胡適著　歐陽哲生編　《胡適文集》　北京市　北京大學出版社　1998年

唐作藩　《漢語音韻學常識》　上海市　上海教育出版社　1959年

郭錦桴　《漢語聲調語調闡要與探索》　北京市　北京語言學院出版社　1993年

陳新雄　《古音研究》　臺北市　五南圖書出版公司　1999年

陳新雄　〈上古聲調析論〉　《聲韻論叢》　第13期　2004年　頁79-90

黃　侃　《黃侃國學文集》　北京市　中華書局　2006年

董同龢　《漢語音韻學》　臺北市　文史哲出版社　1991年

潘重規、陳紹棠　《中國聲韻學》　臺北市　東大圖書公司　1978年

鄭張尚芳　《上古音系》　上海市　上海教育出版社　2003年

錢玄同　《錢玄同文集》　北京市　中國人民大學出版社　1999年

伯元師〈陳澧切韻考系聯廣韻切語上下字補充條例補例〉申說

潘柏年

亞東技術學院兼任助理教授

摘要

　　本文旨在證成伯元師〈陳澧切韻考系聯廣韻切語上下字補充條例補例〉一文，該文旨在補充陳澧補充條例之不足，故命之曰「補例」，其核心概念乃據四聲相承之音，系聯《廣韻》因兩兩互用而不能系聯之切語上下字。然此說常為人所質疑，如切語上字，因《廣韻》一書並未標注四聲相承之音為何，其編排亦未依照聲類次第，何以知某字與某字為相承之音？又如切語下字，四聲相承之韻如各分兩類，則何以知某類為某類之相承韻類？此些疑點不能善加解釋，則伯元師〈補例〉之說，難以為人所信。故本文旨在申說其理，證成其說，以補伯元師文章所未盡者也。

　　伯元師〈陳澧切韻考系聯廣韻切語上下字補充條例補例〉判定四聲相承之音，蓋據結構音學，同一音不分兩切語，故依其衝突，即可排除無關之聲類與韻類，再就音韻結構言之，以其互補，則能論定四聲相承關係，此其說之要也。此說有其所長，蓋《切韻》系韻書之又音，雖能滿足系聯切語上字之需求，然若所整理之音韻材料，並非《切韻》系韻書，又無適當之互注切語能證明彼此可系聯，則其法窮；再如兩兩互用之韻類，又如何知其系聯與否，凡此二者，藉助四聲相承之音，則可據以定之也。然則此法亦有其短者，於聲類將混淆輕重唇音，於韻類將無法析分重紐三四等，且傳鈔之訛誤，或切語之偶疏，亦無能單就系聯法加以處理，故伯元師主張系聯只是研究韻書之基本工夫，此外尚須徵引諸版本，參以並時韻書、韻圖，釐正字音，糾其偶疏，並斟酌諸家，擇善而從，此乃伯元師所傳研究韻書之法，於今依然為學者所宗也。

關鍵詞：陳澧、切語系聯、廣韻、補例、四聲相承

一 前言

本文旨在證成伯元師〈陳澧切韻考系聯廣韻切語上下字補充條例補例〉一文,該文首見於民國七十六年六月《國文學報》第十六期,後中華民國聲韻學會初成立時,伯元師於首屆聲韻學會公開發表之,並刊於民國八十三年五月之《聲韻論叢》第一期。

伯元師〈陳澧切韻考系聯廣韻切語上下字補充條例補例〉一文旨在補充陳澧補充條例之不足,故命之曰「補例」,其〈切語上字補充條例補例〉云:「今考《廣韻》平上去入四聲相承之韻,不但韻相承,韻中字音亦多相承,相承之音,其切語上字聲必同類。如平聲十一模:『都,當孤切』、上聲十姥:『覩,當古切』、去聲十一暮:『妒,當故切』,『都』、『覩』、『妒』為相承之音,其切語上字聲皆同類,故於切語上字因兩兩互用而不能系聯者,可據此定之也。如平聲一東:『東,德紅切』、上聲一董:『董,多動切』、去聲一送:『涷,多貢切』、入聲一屋:『縠,丁木切』,東、董、涷、縠為相承之音,則切語上字『德』、『多』、『丁』聲必同類也。『丁,當經切』,『當,都郎切』,是則德多與都當四字聲亦同類也[1]。然此說常為人所質疑,蓋《廣韻》一書並未標注四聲相承之音為何,其編排亦未依照聲類次第,何以知「東、董、涷、縠為相承之音」?〈切語下字補充條例補例〉亦然,其云:「今考《廣韻》四聲相承之韻,其每韻分類亦多相承,不但分類相承,每類字音亦必相承。今切語下字因兩兩互用而不系聯,若其相承之韻類相承之音切語下字韻同類,則此互用之切語下字韻亦必同類。如上平十虞韻朱俱無夫四字,『朱,章句切』、『俱,舉朱切』、『無,武夫切』、『夫,甫無切』,朱與俱、無與夫兩兩互用,遂不能四字系聯矣。今考朱、俱、無、夫相承之上聲為九麌韻『主,之庾切』、『矩,俱雨切』、『武,文甫切』、『甫,方矩切』。矩與甫武切語下字韻同類,則平聲朱與無夫切語下字韻亦同類。今於切語下字音兩兩互用而不系聯者,據此定之也[2]」。《廣韻》一書並未標注四聲相承之音,何以知朱主、俱矩、無武、夫甫平上相承?假若四聲相承之韻各分二、三類,如何確定某類必某類之相承韻類?此些疑點不能善加解釋,則伯元師〈補例〉之說,難以為人所信。故本文旨在申說其理,證成其說,以補伯元師文章所未盡者也。

本文申說伯元師〈陳澧切韻考系聯廣韻切語上下字補充條例補例〉者,非筆者之創獲,乃十數年前筆者課堂提問,就伯元師所答者,推衍其意,撰成完整文章,僅以此文,紀念先師。

---

1 陳新雄:〈陳澧切韻考系聯廣韻切語上下字補充條例補例〉,《國文學報》第16期(1987年6月),頁4。

2 陳新雄:〈陳澧切韻考系聯廣韻切語上下字補充條例補例〉,《國文學報》第16期(1987年6月),頁13。

二 切語上字補例申說

伯元師主張系聯《廣韻》聲類，其喉、牙、舌、齒、唇五音之別，乃先驗基本常識，無須待系聯《廣韻》方始知其區判也。故本節先區分喉、牙、舌、齒、唇五音，再加申說伯元師判斷四聲相承之依據。

（一）喉音

喉音聲類有於央憶伊依衣憂一乙握謁紆挹十三字依據基本條例系聯為一類；烏哀安煙鷖愛六字依據基本條例系聯為一類；呼荒虎馨火海呵七字依據基本條例系聯為一類；香朽羲休況許興喜虛九字依據基本條例系聯為一類；胡乎侯戶下黃何七字依據基本條例系聯為一類；余餘予夷以羊弋翼與營移悅十二字依據基本條例系聯為一類；于羽雨云雲王韋永有遠榮為洧筠十四字系聯依據基本條例系聯為一類。

伯元師〈陳澧切韻考系聯廣韻切語上下字補充條例補例〉云：「今考《廣韻》上平聲四江：『胦，握江切』，上聲三講：『傾，烏項切』，入聲四覺：『渥，於角切』。胦、傾、渥為四聲相承之音，則其切語上字握、烏、於聲同一類也[3]」。就江、講、絳、覺四聲相承之韻言，四韻切語下字均依基本條例系聯為一類，其平聲江韻有「胦，握江切」、「肛，許江切」、「栙，下江切」三字，則「握」、「許」、「下」三者必不同類，故知於、香、胡必不可系聯矣！其上聲講韻有「傾，烏項切」、「傋，虛講切」、「項，胡講切」三字，則「烏」、「虛」、「胡」三者必不同類，故知烏、香、胡必不可系聯矣！其入聲覺韻有「渥，於角切」、「㲋，許角切」、「學，胡覺切」三字，則「於」、「許」、「胡」三者必不同類，故知於、香、胡必不可系聯矣！綜觀江、講、絳、覺四韻，均無余、于兩類切語上字，而於類平、入聲有字，烏類上聲有字，兩者恰互補，故依結構音學言，「胦」、「傾」、「渥」三字當四聲相承之音也。限於篇幅，於類其餘十四例證，可倣此例證之也。

伯元師〈陳澧切韻考系聯廣韻切語上下字補充條例補例〉云：「下平聲二十六咸：『𪒠，許咸切』，上聲五十三豏：『㘙，火斬切』，入聲三十一洽：『㰱，呼洽切』。𪒠、㘙、㰱為相承之音，則其切語上字許、火、呼聲必同類也[4]」。就咸、豏、陷、洽四聲相承之韻言，四韻切語下字均依基本條例系聯為一類，其平聲咸韻有「掐，乙咸切」、

3　陳新雄：〈陳澧切韻考系聯廣韻切語上下字補充條例補例〉，《國文學報》第16期（1987年6月），頁6。

4　陳新雄：〈陳澧切韻考系聯廣韻切語上下字補充條例補例〉，《國文學報》第16期（1987年6月），頁9。

「歔，許咸切」、「咸，胡讒切」三字，則「乙」、「許」、「胡」三者必不同類，故知於、香、胡必不可系聯矣！其上聲嗛韻有「黯，乙減切」、「𪙊，火斬切」、「嗛，下斬切」三字，則「乙」、「火」、「下」三者必不同類，故知於、呼、胡必不可系聯矣！其入聲洽韻有「凹，烏洽切」、「欱，呼洽切」、「洽，侯夾切」三字，則「烏」、「呼」、「侯」三者必不同類，故知烏、呼、胡必不可系聯矣！綜觀咸、嗛、陷、洽四韻，均無余、于兩類切語上字，而胡類四聲皆有字，於類平、上、去聲有字，烏類入聲有字前文已證於、烏為同類，故亦四聲有字，復有許類平聲有字，呼類上、入聲有字，兩者恰互補，故依結構音學言，「歔」、「𪙊」、「欱」三字當四聲相承之音也。限於篇幅，呼類其餘十四例證，可倣此例證之也。

（二）牙音

牙音聲類有居九俱舉規吉紀几八字依據基本條例系聯為一類；古公過各格兼姑佳詭九字依據基本條例系聯為一類；康枯牽空謙口楷客恪苦十字依據基本條例系聯為一類；去丘墟袪詰窺羌欽傾起綺豈區驅十四字依據基本條例系聯為一類；渠強求巨具臼衢其奇暨十字依據基本條例系聯為一類；魚疑牛語宜擬危玉五俄吾研遇虞愚十五字依據基本條例系聯為一類。

伯元師〈陳澧切韻考系聯廣韻切語上下字補充條例補例〉云：「下平聲二十五添：『兼，古甜切』，上聲五十一忝：『孄，兼玷切』，去聲五十六㮇：『趝，紀念切』，入聲三十怗：『頰，古協切』。兼、孄、趝、頰為相承之音，則其切語上字古、兼、紀聲同類也。按：去聲五十六㮇韻《廣韻》有『兼，古念切』，《全王》亦然。《韻鏡·外轉三十九開》只收紀念切之字，兼字未見，故今以字為與兼、趝、頰四聲相承之音[5]」。就添、忝、㮇、怗四聲相承之韻言，四韻切語下字均依基本條例系聯為一類，其平聲添韻有「兼，古甜切」、「謙，苦兼切」二字，則「古」、「苦」二者必不同類，故知古、康必不可系聯矣！其上、入聲亦然，上聲忝韻有「孄，兼玷切」、「嗛，苦簟切」二字，其入聲怗韻有「頰，古協切」、「愜，苦協切」二字，兼、古據基本條例系聯為一類，故由添、忝、㮇、怗四聲相承之韻觀之，其平、上、入聲均可證古、苦必不可系聯矣！而去聲㮇韻有「趝，紀念切」、「傔，苦念切」字，則「紀」、「苦」二者必不同類，居、康必不可系聯矣！綜觀添、忝、㮇、怗四韻，均無渠、魚兩類切語上字，加以上平聲四江有「江，古雙切」、「腔，苦江切」、「𡶬，五江切」三字，則「古」、「苦」、「五」三者必不同類；上平聲九魚有「居，九魚切」、「虛，去魚切」、「渠，強魚切」、「魚，語居切」四

5　陳新雄：〈陳澧切韻考系聯廣韻切語上下字補充條例補例〉，《國文學報》第16期（1987年6月），頁5。

字，則「九」、「去」、「渠」、「語」四者必不同類；入聲二十一麥有「蟈，古獲切」、「趬，求獲切」二字，則「古」、「求」二者必不同類；由上述衝突可知於添、忝、㮇、怗四韻，無須考慮渠、魚兩類字之空缺，只需檢討康、古、居三類字，則康類四聲皆有字，古類平、上、入聲有字，居類去聲有字，兩者恰互補，故依結構音學言，「兼」、「孂」、「趝」、「頰」四字當四聲相承之音也。至若其按語：「去聲五十六㮇韻《廣韻》有『兼，古念切』一音，此音與「趝，紀念切」衝突，然自陳澧《切韻考》始，即懷疑此字乃增加字，陳澧《切韻考》云：「此韻末有兼鮎二字古念切，與趝字紀念切音同，《集韻》兼趝音同，可證也。兼又已見二十五添，此增加字，今不錄。《玉篇》趝他念切，則不與兼同音，然此韻棯字他念切，若趝字亦他念切，則與棯同音，亦增加字耳。」考諸《唐五代韻書集存》，《王一》、《王二》、《全王》、〈伯三六九四〉、《唐韻》俱有「兼，古念反」一音，顯然早期《切韻》系韻書已有此音，然陳澧判定「兼，古念切」為增加字者，乃因其位於韻末，字有重出，符合其增加字之標準，又與「趝，紀念切」衝突，且《集韻》兼趝音同，故判為增加字刪之也。據現存資料以觀，「兼，古念反」應是早期《切韻》系韻書同音誤分兩切語之處，故音重出也。

伯元師〈陳澧切韻考系聯廣韻切語上下字補充條例補例〉系聯居、古二類，復有一例云：「今考《廣韻》上平聲五支『嬀，居為切』，上聲四紙：『詭，過委切』，去聲五寘：『賜，詭偽切』。嬀、詭、賜為四聲相承之音，是其切語上字居、過、詭聲同類也[6]」。此例至為複雜，蓋支、紙、寘乃重紐韻也。《廣韻》上平聲五支純粹依據基本條例系聯其下字，則僅得移支知離為規垂隨隋危吹、羈宜奇兩類，蓋因「為，薳支切」此紐以開切合，乃使開口之「移支知離」與合口之「為規垂隨隋危吹」相系聯，然依據分析條例，則可將二者分開，陳澧《切韻考》云：「此韻陲字是為切，提字是支切，則為與支韻不同類，為字切語用支字，此其偶疏也」，已將「移支知離」、「為規垂隨隋危吹」二類區分開來，伯元師更於〈今本廣韻切語下字系聯〉一文考據云：「按本韻『離，呂支切』、『羸，力為切』，則支、為韻不同類，今『為』字切語用『支』字，蓋其疏誤也。考本韻『為，薳支切又王偽切』，去聲五寘『為，于偽切又允危切』，《王二》『為，榮偽反又榮危反』，《廣韻》『危，魚危切』，根據《王二》又音則危、為二字正互用為類，不與支移同類也[7]」。紙、寘兩韻亦有開合口字混為一類之問題，蓋上聲四紙「彼，甫委切」，則純粹依據基本條例系聯其下字，僅得氏紙帋此是豸侈爾、綺倚彼靡委詭累捶毀髓、弭婢俾三類，陳澧《切韻考》〈表〉云：「此韻技字渠綺切，跪字渠委切，則綺與委韻不同類。彼字甫委切，綺既與委韻不同類，則亦與彼韻不同類，綺字切語用彼字，亦

6 陳新雄：〈陳澧切韻考系聯廣韻切語上下字補充條例補例〉，《國文學報》第16期（1987年6月），頁5。

7 陳新雄：〈今本廣韻切語下字系聯〉，《教學與研究》第14期（1992年6月），頁85。

其疏也」，伯元師亦云：「上聲四紙韻『跪，去委切』、『綺，墟彼切』，去、墟聲同類，則彼、委韻不同類，彼字甫委切，切語用委字，乃其疏也。今考《全王》『彼，補靡反』，當據正。『狔，女氏切』，集韻『狔，乃倚切』，則倚、氏韻同類。又本韻『俾，並弭（洐）切、洐，綿婢切、婢，便婢切。』三字互用，然《王二》『婢，避爾切』，則爾、俾韻同類也[8]，以是將四紙韻氏紙舓此是歹侈爾、弭婢俾、綺倚彼靡等系聯為一類，委詭累捶毀髓系聯為另一類。去聲五寘亦然，蓋本韻「恚，於避切」，則純粹依據基本條例系聯其下字，僅得避義智寄賜跂企恚、睡偽瑞累兩類，因陳澧不明重紐之理，故《切韻考》

〈表〉云：「此韻恚字於避切，縊字於賜切，則避與賜韻不同類，賜字斯義切，避既與賜韻不同類，則亦與義韻不同類。避字切語用義字，亦其疏也」，以為乃「避，毗義切」之疏；伯元師則曰：「去聲五寘『恚，於避切、餧，於偽切』上字聲同類，則下字避、偽韻不同類。『偽，危睡切』，避既與偽不同類，則亦與睡不同類。考本韻『諉，女恚切』，《王二》『女睡反』，則恚、睡同類，是與避韻不同類也，恚之切語用避字，蓋其疏也。周祖謨〈陳澧切韻考辨誤〉云：『反切之法，上字主聲，下自主韻，而韻之開合皆從下字定之，惟自梁陳以迄隋唐，制音撰韻諸家，每以脣音之開口字切喉牙之合口字，似為慣例，如《經典釋文》軌，媿美反、宏，戶萌反、虢，寡白反；《敦煌本王仁昫切韻》卦，古賣反、呱，古罵反、化，霍霸反，《切三》、《唐韻》蠖，乙白反、嚄，胡伯反是也。』恚於避切，亦以脣音開口字切喉牙音之合口字也[9]，如此，則能將支、紙、寘韻之開合兩類下字分開，並據《韻鏡》、《七音略》等韻圖，將「為規垂隨隋危吹」、「委詭累捶毀髓」、「恚睡偽瑞累」判為四聲相承之韻類。就支、紙、寘之合口相承韻類言，前文已證明苦、去、渠、魚等類與居、古兩類必不系聯，且因重紐之故，同一聲韻可有兩格，平聲有「溈，居為切」、「規，居隋切」二者，上聲只有「詭，過委切」一音，則「詭」必與「溈」、「規」其一四聲相承，復因平聲「溈」、「規」俱以「居」為切語上字，則「詭」無論與「溈」或「規」相承，皆能證明「過」與「居」同類也；去聲亦然，雖寘韻有「賄，詭偽切」、「瞡，規恚切」二音，然「賄」字必與「溈」、「規」其一四聲相承，復因「溈」、「規」均以「居」為上字，則「賄」無論與「溈」或「規」相承，皆能證明「詭」與「居」同類也。至若於重紐韻中，伯元師何以明確知悉「溈、詭、賄為四聲相承之音」，筆者意以為當據《韻鏡》而定之也。如前段引文：「按：去聲五十六㮇韻《廣韻》有『兼，古念切』，《全王》亦然。《韻鏡·外轉三十九開》只收紀念切之字，兼字未見，故今以字為與兼、趁、㹸四聲相承之音」，顯然伯元師考慮四聲相承關係，有參照《韻鏡》之處，此與陳澧《切韻考》不同，蓋陳澧以為《切韻》為隋

8　陳新雄：〈今本廣韻切語下字系聯〉，《教學與研究》第14期（1992年6月），頁89。

9　陳新雄：〈今本廣韻切語下字系聯〉，《教學與研究》第14期（1992年6月），頁89。

唐之音，《廣韻》雖是宋代韻書，然仍可據以考陸法言《切韻》，而宋元韻圖為後世之音，語音隨時而變，故不可據晚出之宋元韻圖而論《切韻》音系也[10]。

伯元師〈陳澧切韻考系聯廣韻切語上下字補充條例補例〉云：「下平聲十一唐：『觥，苦光切』，上聲三十七蕩：『𢤱，丘晃切』，去聲四十二宕：『曠，苦謗切』，入聲十九鐸：『廓，苦郭切』。觥、𢤱、曠、廓為相承之音，則其切語上字苦、丘聲同類也[11]」。就唐、蕩、宕、鐸四聲相承之韻言，除鐸韻外，其餘三韻切語下字均依基本條例系聯為兩類；至若鐸韻，其切語下字依據基本條例可系聯為一類，然陳澧《切韻考》〈表〉指出：「博，補各切。此韻各字古落切，郭字古博切，則博與落韻不同類，即與各韻不同類，博字切語用各字，亦其疏也」，伯元師則曰：「按博字切語用各字不誤，郭字切語用博字者，乃以唇音開口字切牙喉音之合口字也[12]」，則鐸韻亦可分為兩類也。伯元師更指出：「下平聲十一唐『傍，步光切』，此以喉牙音合口字（切唇音開口字）也。『幫，博旁切』亦當列開口一等。幫、傍雖不與郎、當系聯，但與幫相承之上聲音為『榜，北朗切』，則榜、朗韻同類，則相承之平聲音幫、郎韻亦同類也[13]」，又指出：「去聲四十二宕『曠，苦謗切』，此以唇音開口字切牙喉音合口字也，『螃，補曠切』，則以牙喉音合口字切唇音開口字也。與螃相承之上聲榜，入聲博皆在開口一等可證[14]」，如此則能將唐、蕩、宕、鐸韻之開合兩類切語下字分開，並據《韻鏡》、《七音略》等韻圖，將「光黃」、「晃廣」、「曠」、「郭穫」判為四聲相承之韻類。前文已證明「古」、「苦」、「五」三者必不同類，「九」、「去」、「渠」、「語」四者亦不同類，加以上聲十二蟹有「𦰩，苦蟹切」、「𦳊，求蟹切」二字，則「苦」、「求」二者必不同類，故知牙音康類與去類切語上字，不與居、古、渠、魚之類上字相系聯，而就唐、蕩、宕、鐸之四聲相承之韻言，康類上字之韻紐共「康，苦郎切」、「觥，苦光切」、「慷，苦朗切」、「抗，苦浪切」、「曠，苦謗切」、「恪，苦各切」、「廓，苦郭切」等七紐，去類上字之韻紐僅「𢤱，丘晃切」，兩者恰互補，各聲調開合各一紐，四聲相承并然，故依結構音學言，「觥」、「𢤱」、「曠」、「廓」四字當四聲相承之音也。限於篇幅，康類其餘四例證，可倣此例證之也。

---

10 相關探討參見筆者博士論文《陳澧《切韻考》研究·反切系聯研究·反切系聯前提·證據方法》此一小節之申論，潘柏年：《陳澧《切韻考》研究》（臺北市：臺灣師範大學國文研究所博士論文，2011年1月），頁34-36。

11 陳新雄：〈陳澧切韻考系聯廣韻切語上下字補充條例補例〉，《國文學報》第16期（1987年6月），頁6。

12 陳新雄：〈今本廣韻切語下字系聯〉，《教學與研究》第14期（1992年6月），頁105。

13 陳新雄：〈今本廣韻切語下字系聯〉，《教學與研究》第14期（1992年6月），頁105。按：括號內乃脫文，今據伯元師《廣韻研究》正之，見陳新雄：《廣韻研究》（臺北市：臺灣學生書局，2004年），頁357。

14 陳新雄：〈今本廣韻切語下字系聯〉，《教學與研究》，第14期（1992年6月），頁105。

（三）舌音

舌音聲類有多得德三字依據基本條例系聯為一類；丁都當冬四字依據基本條例系聯為一類；他託土吐通天台湯八字依據基本條例系聯為一類；徒同特度杜唐堂田陀地十字依據基本條例系聯為一類；奴乃諾內妳那六字依據基本條例系聯為一類；張知豬徵中追陟卓竹九字依據基本條例系聯為一類；抽癡楮褚丑恥敕七字依據基本條例系聯為一類；除場池治持遲佇柱丈直宅十一字依據基本條例系聯為一類；尼拏女三字依據基本條例系聯為一類；盧來賴落洛勒六字依據基本條例系聯為一類；力林呂良離里六字依據基本條例系聯為一類；郎魯練三字依據基本條例系聯為一類。

伯元師〈陳澧切韻考系聯廣韻切語上下字補充條例補例〉云：「下平聲三蕭：『貂，都聊切』，上聲二十九篠：『鳥，都了切』，去聲三十四嘯：『弔，多嘯切』。貂、鳥、弔為相承之音，則其上字都、多聲同類也[15]」。就蕭、篠、嘯四聲相承之韻言，三韻切語下字均依基本條例系聯為一類，其平聲蕭韻有「貂，都聊切」、「祧，吐彫切」、「迢，徒聊切」、「聊，落蕭切」等四字，則「都」、「吐」、「徒」、「落」四者必不同類，故知丁、他、徒、盧必不可系聯矣！其上聲篠韻有「鳥，都了切」、「朓，土了切」、「窕，徒了切」、「嬲，奴鳥切」、「了，盧了切」等五字，則「都」、「土」、「徒」、「奴」、「盧」五者必不同類，故知丁、他、徒、奴、盧必不可系聯矣！其去聲嘯韻有「弔，多嘯切」、「糶，他弔切」、「藋，徒弔切」、「尿，奴弔切」、「嫽，力弔切」等五字，則「多」、「他」、「徒」、「奴」、「力」五者必不同類，故知多、他、徒、泥、力必不可系聯矣！綜觀蕭、篠、嘯三韻，均無張、抽、除、尼四類切語上字，而都類平、上聲有字，多類去聲有字，兩者恰互補，雖則盧類亦平、上聲有字，力類去聲有字，然則平聲二冬有「冬，都宗切」、「彤，力冬切」二字，則「都」與「力」必不同類，故「嫽，力弔切」必不可與「貂，都聊切」、「鳥，都了切」相承，故依結構音學言，與「貂」、「鳥」相承者，必「弔，多嘯切」也。限於篇幅，多類其餘七例證，可倣此例證之也。

上開蕭、篠、嘯四聲相承之韻，其韻紐分布亦可證盧類與力類之關係，蓋蕭、篠、嘯三韻，均無張、抽、除、尼四類切語上字，而多、他、徒、泥四類除泥類無平聲字外，其餘四聲相承韻紐井然有序，而盧類平、上聲有字，力類去聲有字，兩者恰互補，故依結構音學言，「聊」、「了」、「嫽」三字當四聲相承之音也。唯此例伯元師〈陳澧切韻考系聯廣韻切語上下字補充條例補例〉一文未曾提及，或其遺漏，今可補此例也。

伯元師〈陳澧切韻考系聯廣韻切語上下字補充條例補例〉云：「今考《廣韻》上平

---

15 陳新雄：〈陳澧切韻考系聯廣韻切語上下字補充條例補例〉，《國文學報》第16期（1987年6月），頁4-5。

聲十一模：『盧，落胡切』，上聲十姥：『魯，郎古切』，去聲十一暮：『路，洛故切』。盧、魯、路為平上去相承之音，則其切語上字落、郎、洛聲必同類也。是郎魯練三字與盧落洛等字聲本同類也[16]」。就模、姥、暮四聲相承之韻言，三韻切語下字均依基本條例系聯為一類，其平聲模韻有「都，當孤切」、「稌，他胡切」、「徒，同都切」、「奴，乃都切」、「盧，落胡切」等五字，則「當」、「他」、「同」、「乃」、「落」五者必不同類，故知丁、他、徒、奴、盧必不可系聯矣！其上聲姥韻有「覩，當古切」、「土，他魯切」、「杜，徒古切」、「怒，奴古切」、「魯，郎古切」等五字，則「當」、「他」、「徒」、「奴」、「郎」五者必不同類，故知丁、他、徒、奴、郎必不可系聯矣！其去聲暮韻有「妒，當故切」、「莵，湯故切」、「渡，徒故切」、「笯，乃故切」、「路，洛故切」等五字，則「當」、「湯」、「徒」、「乃」、「洛」五者必不同類，故知丁、他、徒、奴、盧必不可系聯矣！綜觀模、姥、暮三韻，均無張、抽、除、尼四類切語上字，且前文已證多、丁聲同類，而盧類平、去聲有字，郎類上聲有字，兩者恰互補，故依結構音學言，「盧」、「魯」、「路」三字當四聲相承之音也。

　　伯元師〈陳澧切韻考系聯廣韻切語上下字補充條例補例〉又云：「下平聲十五青：『靈，郎丁切』，上聲四十一迥：『笭，力鼎切』，去聲四十六徑：『零，郎定切』，入聲二十三錫：『靂，郎擊切』。靈、笭、零、靂為平上去入四聲相承之音，則其切語上字郎、力聲必同類也[17]」。《廣韻》下平聲十五青純粹依據基本條例系聯下字，可得經靈丁刑、扃螢開合兩類；《廣韻》入聲二十三錫純粹依據基本條例系聯下字，亦可得擊歷狄激、鶪闃臭開合兩類；然《廣韻》去聲四十六徑純粹依據基本條例系聯下字，僅得定佞徑一類，蓋因徑韻無合口之字。《廣韻》上聲四十一迥最是麻煩，蓋若純粹依據基本條例系聯澤存堂本《廣韻》（即張本），僅得頂挺鼎醒涬到迥一類，蓋因張本《廣韻》「迥」字誤為「戶頂切」，故使頂挺鼎醒涬到、迥開合兩類相系聯矣！陳澧《切韻考》〈表〉校之云：「迥，戶潁切，張本戶頂切，與婞胡頂切音同。明本、顧本、曹本戶頃切，頃字在四十靜。徐鉉戶潁切，潁字亦在四十靜，蓋頃字之誤也，今從而訂正之。徐鍇《篆韻譜》呼炯反，《篆韻譜》呼字皆胡字之誤，炯字則與潁同音。《集韻》戶茗切，茗與潁韻同類，皆可證潁字是也」，如此則將迥潁系聯為一類，不與頂挺鼎醒涬到混淆也。伯元師然其言，並加補充云：「陳說是也，今據正。又本韻唇音聲母字，除幫母字在開口四等外，其餘『頩，匹迥切』，『並，蒲迥切』，『茗，莫迥切』皆用合口四等迥為切語下字，此皆以喉牙音合口字切唇音開口字也。今據其相承之平聲、去聲、入聲韻唇

16　陳新雄：〈陳澧切韻考系聯廣韻切語上下字補充條例補例〉，《國文學報》第16期（1987年6月），頁10。

17　陳新雄：〈陳澧切韻考系聯廣韻切語上下字補充條例補例〉，《國文學報》第16期（1987年6月），頁12。

音聲母字皆在開口四等而訂正之¹⁸」。如此,則能將青、迴、徑、錫韻之開合兩類下字分開,並據《韻鏡》、《七音略》等韻圖,將「經靈丁刑」、「頂挺鼎醒渣到」、「定佞徑」、「擊歷狄激」判為四聲相承之韻類。就青、迴、徑、錫之開口相承韻類言,均無張、抽、除、尼四類切語上字,且「丁,當經切」、「頂,都挺切」、「矴,丁定切」、「的,都歷切」四聲相承,「汀,他丁切」、「珽,他頂切」、「聽,他定切」、「逖,他歷切」四聲相承,「庭,特丁切」、「挺,徒頂切」、「定,徒徑切」、「荻,徒歷切」四聲相承,「寧,奴丁切」、「顎,乃挺切」、「甯,乃定切」、「怒,奴歷切」四聲相承,舌音字井然有序,而郎類平、去、入聲有字,力類上聲有字,兩者恰互補,故依結構音學言,「靈,郎丁切」、「笭,力鼎切」、「零,郎定切」、「靂,郎擊切」四紐當四聲相承之音也。限於篇幅,盧類其餘十四例證,可做此例證之也。

（四）齒音

　　齒音聲類有將子資即則借茲醉姊遵祖臧作十三字依據基本條例系聯為一類;倉蒼親遷取七青采醋麤麁千十二字依據基本條例系聯為一類;此雌二字依據基本條例系聯為一類;才徂在前藏昨酢七字依據基本條例系聯為一類;疾秦匠慈自情漸七字依據基本條例系聯為一類;蘇素速桑相悉思司斯私雖辛息須胥先寫十七字依據基本條例系聯為一類;徐祥詳辭似旬寺夕隨十字依據基本條例系聯為一類;之止章征諸煑支職正旨占脂十二字依據基本條例系聯為一類;昌尺赤充處叱春七字依據基本條例系聯為一類;神乘食實四字依據基本條例系聯為一類;書舒傷商施失矢試式識賞詩釋始十四字依據基本條例系聯為一類;時殊常嘗蜀市植殖寔署臣承是氏視成十六字依據基本條例系聯為一類;莊爭阻鄒簪側仄七字依據基本條例系聯為一類;初楚創瘡測叉廁芻八字依據基本條例系聯為一類;鋤鉏淋豺劓士仕崇查雛俟助十二字依據基本條例系聯為一類;山疏疎沙砂生色數所史十字依據基本條例系聯為一類;如汝儒人而仍兒耳八字依據基本條例系聯為一類。

　　齒音聲類雖多,然就上聲八語韻觀之,語韻下字依據基本條例系聯為一類,其韻紐有「苴,子與切」、「跛,七與切」、「咀,慈呂切」、「諝,私呂切」、「敘,徐呂切」、「鬻,章與切」、「杵,昌與切」、「紓,神與切」、「暑,舒呂切」、「野,承與切」、「阻,側呂切」、「楚,創舉切」、「齟,床呂切」、「所,疏舉切」、「汝,人渚切」等十五字,同一音不分兩切語,則「子」、「七」、「慈」、「私」、「徐」、「章」、「昌」、「神」、「舒」、「承」、「側」、「創」、「床」、「疏」、「人」必不同類,故知將、倉、疾、蘇、徐、之、昌、神、書、時、莊、初、鋤、山、如等十五類,必不可系聯矣!再就下平聲十陽韻觀之,其韻紐有「將,即良切」、「鏘,七羊切」、「牆,在良切」、「襄,息良切」、「詳,似

羊切」、「章，諸良切」、「昌，尺良切」、「商，式羊切」、「常，市羊切」、「莊，側羊切」、「創，初良切」、「床，士莊切」、「霜，色莊切」、「穰，汝陽切」等十四字，同一音不分兩切語，則「即」、「七」、「在」、「息」、「似」、「諸」、「尺」、「式」、「市」、「側」、「初」、「士」、「色」、「汝」必不同類，故知將、倉、才、蘇、徐、之、昌、書、時、莊、初、鋤、山、如等十四類，必不可系聯矣！如此，則齒音聲類僅需考量此類與其他十四類之關係，及才類與神類、此類、疾類之關係即可。

伯元師〈陳澧切韻考系聯廣韻切語上下字補充條例補例〉云：「上平聲二十三魂：『村，此尊切』，上聲二十一混：『忖，倉本切』，去聲二十六慁：『寸，倉困切』，入聲十一沒：『猝，倉沒切』。村、忖、寸、猝為相承之音，則其切語上字此、倉聲同類也[19]」。就魂、混、慁、沒四聲相承之韻言，四韻切語下字均依基本條例系聯為一類，其平聲魂韻有「尊，祖昆切」、「村，此尊切」、「存，徂尊切」、「孫，思魂切」四字，則「祖」、「此」、「才」、「思」四者必不同類，故知將、此、才、蘇必不可系聯矣！綜觀魂、混、慁、沒四韻，均無徐、之、昌、神、書、時、莊、初、鋤、山等十類切語上字，且前文已證將、倉、疾、蘇、徐、之、昌、神、書、時、莊、初、鋤、山等十四類必不可系聯，而此類平聲有字，且與將、此、蘇三類衝突，獨倉類上、去、入聲有字，與此類平聲恰互補，故依結構音學言，「村」、「忖」、「寸」、「猝」四字當四聲相承之音也。限於篇幅，倉類其餘二例證，可倣此例證之也。

伯元師〈陳澧切韻考系聯廣韻切語上下字補充條例補例〉云：「下平聲十八尤：『酋，自秋切』，上聲四十四有：『湫，在九切』，去聲四十九宥：『就，疾僦切』。酋、湫、就為相承之音，其切語上字自、在、疾聲必同類也[20]」。就尤、有、宥四聲相承之韻言，上聲有韻切語下字可依據基本條例系聯為一類，而平聲因「鳩，居求切」、「裘（求），巨鳩切」；「謀，莫浮切」、「浮，縛謀切」兩兩互用，故不能系聯；去聲亦然，因「宥（祐），于救切」、「救，居祐切」；「僦，即就切」、「就，疾僦切」兩兩互用，故不能系聯，然則平聲尤韻僅唇音「謀，莫浮切」、「浮，縛謀切」兩紐因互用與其他韻紐不系聯，故與本節所探討之齒音系聯無關；去聲宥韻雖僅「僦，即就切」、「就，疾僦切」兩紐因互用與其他韻紐不系聯，然恰為齒音，故有詳加申論之必要。觀諸尤、有、宥四聲相承之韻齒音諸紐，平聲尤韻有「柔，耳由切」、「周，職流切」、「犨，赤周切」、「收，式州切」、「讎，市流切」、「遒，即由切」、「秋，七由切」、「酋，自秋切」、「脩，息流切」、「囚，似由切」、「鄒，側鳩切」、「搊，楚鳩切」、「愁，士尤切」、「搜，所鳩切」；上聲有韻有「蹂，人九切」、「帚，之九切」、「醜，昌九切」、「首，書九切」、

19 陳新雄：〈陳澧切韻考系聯廣韻切語上下字補充條例補例〉，《國文學報》第16期（1987年6月），頁8。

20 陳新雄：〈陳澧切韻考系聯廣韻切語上下字補充條例補例〉，《國文學報》第16期（1987年6月），頁12。

「受，殖酉切」、「酒，子酉切」、「湫，在九切」、「滫，息有切」、「捒，側九切」、「鞧，初九切」、「穋，士九切」、「溲，疎有切」；去聲宥韻有「輮，人又切」、「呪，職救切」、「臭，尺救切」、「狩，舒救切」、「授，承呪切」、「就，疾僦切」、「趍，七溜切」、「就，疾僦切」、「秀，息救切」、「岫，似祐切」、「皺，側救切」、「簉，初救切」、「驟，鋤祐切」、「瘦，所祐切」，除上聲有韻之倉類與徐類空缺無字，以及本段正討論之才類與疾類外，其餘音韻結構井然，相承關係明顯，且以僦就為切語下字者，恰與以救祐又呪溜為切語下字者互補，故依結構音學言，切語下字救祐又呪溜和僦就當屬同類也。既然韻屬同類，則綜觀尤、有、宥三韻，均無神類切語上字，而前段已證倉、此為同類，且才類與倉類不可系聯，僅剩疾類平、去聲有字，恰與才類上聲互補，故依結構音學言，「酋」、「湫」、「就」三字當四聲相承之音也。限於篇幅，才類其餘八例證，可倣此例證之也。

（五）唇音

唇音聲類因類隔之故，最為複雜，其中邊布補伯百北博巴八字依據基本條例系聯為一類；方卑并封分府甫鄙必彼兵筆陂界十四字依據基本條例系聯為一類；滂普二字依據基本條例系聯為一類；匹譬二字依據基本條例系聯為一類；敷孚妃撫芳披峯丕拂九字依據基本條例系聯為一類；蒲步裴薄白傍部七字依據基本條例系聯為一類；房防縛平皮附符苻扶便馮毗弼浮父婢十六字依據基本條例系聯為一類；文美望無巫明彌丷眉綿武麋十二字依據基本條例系聯為一類；莫慕模謨摸母六字依據基本條例系聯為一類。

伯元師〈陳澧切韻考系聯廣韻切語上下字補充條例補例〉所處理者，乃滂、匹兩類之關係，其云：「今考《廣韻》下平聲十一唐：『滂，普郎切』，上聲三十七蕩：『髈，匹朗切』，入聲十九鐸：『頗，匹各切』。滂、髈、頗為相承之音，則其切語上字普、匹聲同類也」[21]。本節第二小節已論證唐、蕩、宕、鐸四聲相承之韻，其切語下字可系聯為兩類，並據《韻鏡》、《七音略》等韻圖，將開合兩類切語下字相承關係確定，加以《韻鏡》四韻唇音均僅開口一類，故探討唇音相承關係，僅需就切語上字論。就唐、蕩、宕、鐸四聲相承之韻言，其平聲唐韻有「幫，博旁切」、「滂，普郎切」、「傍，步光切」、「茫，莫郎切」四字，則「博」、「普」、「步」、「莫」四者必不同類，故知邊、滂、蒲、莫必不可系聯矣！其上聲蕩韻有「榜，北朗切」、「髈，匹朗切」、「莽，模朗切」三字，則「北」、「匹」、「模」三者必不同類，故知邊、匹、莫必不可系聯矣！其入聲鐸韻有「博，補各切」、「頗，匹各切」、「泊，傍各切」、「莫，慕各切」四字，則「博」、

---

21 陳新雄：〈陳澧切韻考系聯廣韻切語上下字補充條例補例〉，《國文學報》第16期（1987年6月），頁 9-10。

「匹」、「傍」、「慕」四者必不同類，故知邊、匹、蒲、莫必不可系聯矣！綜觀唐、蕩、宕、鐸四韻，均無方、敷、房、文四類切語上字，而滂類平聲有字，匹類上、入聲有字，兩者恰互補，故依結構音學言，「滂」、「髈」、「穎」三字當四聲相承之音也。限於篇幅，滂類其餘三例證，可倣此例證之也。

然則若墨守伯元師〈切語上字補充條例補例〉，將四聲相承之字一一系聯，則類隔問題必不可解，尤以唇音字為然。依據竺家寧〈廣韻類隔研究〉，唇音類隔九十四次，舌音類隔二十六次，齒音類隔四次，因齒音類隔甚少，且均為隱僻字，復從其衝突可證將、倉、疾、蘇與莊、初、鋤、山必不同類，故齒音類隔易解決；舌音類隔雖較多，然因其分散二百零六韻，就單一韻部言，如上平聲十四皆：「𪐗，杜懷切」，只是個別字歸屬問題，且因去聲六至韻存在「地，徒四切」、「緻，直利切」這組對立，故亦不至於混同多、他、徒、奴與張、抽、除、尼。然則唇音類隔最複雜，蓋依基本系聯條例，本已混同平、皮、便、毗、弼、婢與房、防、縛、附、符、苻、扶、馮、浮、父，假若貫徹伯元師〈切語上字補充條例補例〉，並、奉二聲類必不可分矣！如肴、巧、效此組四聲相承之韻，三韻切語下字均依基本條例系聯為一類，下平聲五肴有「包，布交切」、「胞，匹交切」、「庖，薄交切」、「茅，莫交切」四紐，上聲三十一巧有「飽，博巧切」、「鮑，薄巧切」、「卯，莫飽切」三紐，去聲三十六效有「豹，北教切」、「奅，匹皃切」、「鮑，防教切」、「皃，莫教切」四紐，除上聲巧韻之匹類空缺無字，其餘音韻結構井然，相承關係明顯，而就平聲言，「薄」與「布」、「匹」、「莫」必不同類，就去聲言，「防」與「北」、「匹」、「莫」亦不同類，前文已證滂、匹同類，且三韻均不見方、敷、文三類上字，而蒲類平、上聲有字，房類去聲有字，兩者恰互補，故依結構音學可證「庖，薄交切」、「鮑，薄巧切」、「鮑，防教切」三紐必四聲相承之音也。如此，則將蒲、房系聯為一類，混同並、奉二聲類矣！

今分判《廣韻》輕重唇音，蓋依韻類，凡東三等、鍾、微、虞、廢、文、元、陽、尤、凡等十韻（舉平以賅上去入）之唇音，無論切語上字為何，均視為輕唇音；反之，均視為重唇音，此一分際，從《廣韻》切語上字無從析辨也。筆者曾就唇音字系聯問題，求教於伯元師，伯元師云：「就《切韻》音系言，輕重唇應不分，《廣韻》沿襲《切韻》舊切，故單純就系聯言之，輕重唇切語上字亦無法區分，然呂介孺《同文鐸》既已謂：『大唐舍利剏字母三十，後溫首座益以娘、牀、幫、滂、微、奉六母，是為三十六母』，則《廣韻》時代，輕重唇音當已分化，特《廣韻》切語未一一改正耳！今『從分不從合』，故論《廣韻》聲紐，析分幫、滂、並、明與非、敷、奉、微也」。可知伯元師之音學，系聯只是基本，系聯後當依據音理、韻圖、與其他資料等，詳加考正，方能校定《廣韻》之疏，建立中古標準音系。職是之故，伯元師乃指導業師康世統先生撰作《廣韻韻類考正》一書，為其碩士論文，康世統先生自〈序〉云：「今考訂《廣韻》韻類，徵引《廣韻》諸版本，參以《切韻》殘卷及並時韻書、韻圖，釐正字音，糾其偶

疏，並掛酌諸家，擇善而從，力求考古審音，務必有據[22]」，此即伯元師所傳考正中古標準音系之法也！

綜上所言，伯元師〈切語上字補充條例補例〉之發明，乃為補充陳澧《切韻考》上字補充條例之不足，雖《切韻》系韻書之又音，已能滿足系聯切語上字之需求，然而，假若所整理之音韻材料，並非《切韻》系韻書，又無適當之互注切語可證明彼此可系聯，則其法窮矣！但此法亦有其侷限，蓋只能處理上字系聯問題，系聯以外之問題，如傳鈔訛誤，或類隔切語，此法均無能為力，反而若墨守系聯，必淆亂其音系矣！如唇音一類，假若墨守系聯，輕重唇音必因類隔切而混同為一，是故類隔問題，不可依〈切語上字補充條例補例〉處理，而當以等韻學理判之也。以是知〈切語上字補充條例補例〉有其所長，亦有其所短也。

三　切語下字補例申說

伯元師〈陳澧切韻考系聯廣韻切語上下字補充條例補例〉一文，於系聯《廣韻》切語下字，依四聲相承次第，其有兩兩互用而不能系聯者，每韻僅各舉一例，且未曾詳加申論也。實則伯元師判定四聲相承之依據，蓋依音韻結構，論其互補與衝突，以定其相承之音，特未明言之耳！業師吳聖雄先生於〈補例〉一文發表後，曾問伯元師此文構想是否來自〈聲經韻緯求古音表〉[23]，不僅獲得肯定，且伯元師於課堂上講授〈補例〉時，必表揚其眼光卓越，可見伯元師四聲相承之字，乃據音韻結構言之也。今限於篇幅與時間，姑取三例，申說其理，以證成師說也。

（一）去聲九御

伯元師〈陳澧切韻考系聯廣韻切語上下字補充條例補例〉云：「去聲九御：『據（倨），居御切』、『御，牛倨切』；「恕，商署切』、『署，常恕切』。據與御、恕與署互用不系聯。考據、恕相承之平聲音為九魚『居，九魚切』、『書，傷魚切』。居書韻同類，則據恕亦韻同類也[24]」。就魚、語、御四聲相承之韻言，魚韻切語下字居魚諸余菹依據基本條例可系聯為一類，語韻切語下字巨舉呂與渚許依據基本條例可系聯為一類，御韻

---

22 康世統：〈廣韻韻類考正〉，《國立臺灣師範大學國文研究所集刊》第20期（1976年6月），頁137-138。

23 又名〈廣韻聲韻類歸類習作表〉，見陳新雄：《廣韻研究》（臺北市：臺灣學生書局，2004年），頁393-568。

24 陳新雄：〈陳澧切韻考系聯廣韻切語上下字補充條例補例〉，《國文學報》第16期（1987年6月），頁14。

切語下字倨御慮去據助依據基本條例可系聯為一類，恕署預洳依據基本條例可系聯為一類，平聲魚韻、上聲語韻均只一類，獨去聲御韻為兩類，今所考量者，乃御韻二類可否歸併也。觀諸魚、語、御四聲相承之韻齒音諸紐，平聲魚韻有「如，人諸切」、「諸，章魚切」、「書，傷魚切」、「蜍，署魚切」、「且，子余切」、「疽，七余切」、「胥，相居切」、「徐，似魚切」、「菹，側魚切」、「初，楚居切」、「鉏，士魚切」、「疏，所菹切」；上聲語韻有「汝，人渚切」、「鱮，章與切」、「杵，昌與切」、「紓，神與切」、「暑，舒呂切」、「野，承與切」、「苴，子與切」、「跛，七與切」、「咀，慈呂切」、「諝，私呂切」、「敘，徐呂切」、「阻，側呂切」、「楚，創舉切」、「齟，床呂切」、「所，疏舉切」；去聲御韻有「洳，人恕切」、「翥，章恕切」、「處，昌據切」、「恕，商署切」、「署，常恕切」、「怚，將預切」、「覰，七慮切」、「絮，息據切」、「垿，徐預切」、「詛，莊助切」、「楚，瘡據切」、「助，床據切」、「疏，所去切」，除平聲魚韻之昌、神、才三類空缺無字，去聲御韻之神、才兩類空缺無字，其餘音韻結構井然，相承關係明顯，且御韻以倨御慮去據助為切語下字者，恰與以恕署預洳為切語下字者互補，故依結構音學言，切語下字倨御慮去據助和恕署預洳當屬同類，並依據其聲類、韻類之結構，判定「據」字相承平聲為「居」字、「恕」字相承平聲為「書」字也。

（二）下平聲一先

伯元師〈陳澧切韻考系聯廣韻切語上下字補充條例補例〉云：「下平聲一先：『顛，都年切』、『年，奴顛切』；『前，昨先切』、『先，蘇前切』。顛與年、前與先互用不系聯。今考顛、先相承之上聲音為二十七銑『典，多殄切』、『銑，蘇典切』。典銑韻同類，故顛先韻亦同類也[25]」。就先、銑、霰、屑四聲相承之韻言，先韻切語下字前先煙依據基本條例可系聯為一類，賢年堅田顛依據基本條例可系聯為一類，玄涓依據基本條例可系聯為一類，銑韻切語下字典殄繭峴依據基本條例可系聯為一類，泫汱依據基本條例可系聯為一類，霰韻切語下字佃甸練電麵依據基本條例可系聯為一類，縣絢依據基本條例可系聯為一類，屑韻切語下字結屑蔑依據基本條例可系聯為一類，決穴依據基本條例可系聯為一類，上聲銑韻、去聲霰韻、入聲屑韻均只兩類，獨平聲先韻為三類，今所考量者，乃先韻三類可否歸併為二類也。先韻有「煙，烏前切」和「淵，烏玄切」二切，同一音不分兩切語，故知玄涓與前先煙必不可系聯；先韻又有「賢，胡田切」和「玄，胡涓切」二切，故知玄涓與賢年堅田顛必不可系聯，故考量先韻三類可否歸併為二類，僅需探討前先煙和賢年堅田顛兩類之關係。觀諸先、銑、霰、屑四聲相承之韻舌

25 陳新雄：〈陳澧切韻考系聯廣韻切語上下字補充條例補例〉，《國文學報》第16期（1987年6月），頁14。

音諸紐，平聲先韻有「顛，都年切」、「天，他前切」、「田，徒年切」、「年，奴顛切」、「蓮，落賢切」；上聲銑韻有「典，多殄切」、「腆，他典切」、「殄，徒典切」、「撚，乃殄切」；去聲霰韻有「殿，都甸切」、「瑱，他甸切」、「電，堂練切」、「晛，奴甸切」、「練，郎甸切」；入聲屑韻有「窒，丁結切」、「鐵，他結切」、「姪，徒結切」、「涅，奴結切」、「戾，練結切」，除上聲銑韻之盧類空缺無字，其餘音韻結構井然，相承關係明顯，且先韻以前先煙為切語下字者，恰與以賢年堅田顛為切語下字者互補，故依結構音學言，切語下字前先煙和賢年堅田顛當屬同類，並依據其聲類、韻類之結構，判定「顛」字相承上聲為「典」字、「先」字相承平聲為「銑」字也。

（三）入聲一屋

伯元師〈陳澧切韻考系聯廣韻切語上下字補充條例補例〉云：「入聲一屋：『穀（谷），古祿切』、『祿，盧谷切』；『卜，博木切』、『木，莫卜切』。穀與祿、卜與木兩兩互用而不系聯。今考穀、木相承之平聲音為一東『公，古紅切』、『蒙，莫紅切』。公蒙韻同類，則穀木韻亦同類也[26]」。就東、董、送、屋四聲相承之韻言，東韻切語下字紅公東依據基本條例可系聯為一類，弓宮戎融中終隆依據基本條例可系聯為一類，董韻切語下字動孔董蠓依據基本條例可系聯為一類，送韻切語下字弄貢送凍依據基本條例可系聯為一類，眾鳳仲依據基本條例可系聯為一類，屋韻切語下字谷祿依據基本條例可系聯為一類，木卜依據基本條例可系聯為一類，六竹匊宿逐菊依據基本條例可系聯為一類，上聲董韻僅一類，平聲東韻、去聲送韻均只兩類，而入聲屋韻為三類，今所考量者，乃東、送、屋三韻，其韻類可否歸併也。然因東韻有「空，苦紅切」和「穹，去宮切」二切，送韻有「空，苦紅切」和「穹，去宮切」二切，同一音不分兩切語，故知東、送各兩韻類，不可歸併，復依《韻鏡》等第關係，可將東、送洪細兩韻類析分，董韻僅一類者，蓋三等細音恰無字耳！故於東、董、送、屋四聲相承之韻，僅需考量屋韻三類可否歸併為二類也。屋韻有「哭，空谷切」和「麴，驅匊切」二切，同一音不分兩切語，故知六竹匊宿逐菊與谷祿必不可系聯；屋韻又有「鏃，作木切」和「蹙，子六切」二切，故知六竹匊宿逐菊與木卜必不可系聯，故考量屋韻三類可否歸併為二類，僅需探討谷祿和木卜兩類之關係。觀諸東、董、送、屋四聲相承之韻舌音諸紐，扣除弓宮戎融中終隆、眾鳳仲、六竹匊宿逐菊等細音字，平聲東韻有「東，德紅切」、「通，他紅切」、「同，徒紅切」、「籠，盧紅切」；上聲董韻有「董，多動切」、「侗，他孔切」、「動，徒總切」、「繷，奴動切」、「曨，力董切」；去聲送韻有「涷，多貢切」、「痛，他貢切」、

---

26 陳新雄：〈陳澧切韻考系聯廣韻切語上下字補充條例補例〉，《國文學報》第16期（1987年6月），頁13。

「洞，徒弄切」、「䰞，奴涷切」、「弄，盧貢切」；入聲屋韻有「縠，丁木切」、「秃，他谷切」、「獨，徒谷切」、「祿，盧谷切」，除奴類於平聲東韻、入聲屋韻空缺無字，其餘音韻結構井然，相承關係明顯，且屋韻以谷祿為切語下字者，恰與以木卜為切語下字者互補，故依結構音學言，切語下字谷祿和木卜當屬同類，並依據其聲類、韻類之結構，判定「縠」字相承平聲為「公」字、「木」字相承平聲為「蒙」字也。

上述三例，去聲九御系聯後僅一類，下平聲一先系聯後共開合兩類，入聲一屋系聯後共洪細兩類，舉此三者為代表，加上前一節探討齒音系聯時，已申說去聲四十九宥之切語下字系聯為一類，故本文於切語下字總共論證四韻。據伯元師〈陳澧切韻考系聯廣韻切語上下字補充條例補例〉一文，切語下字因兩兩互用而不系聯者，共有二十八韻，今已處理四韻，餘二十四韻，可倣此四韻證之也。限於篇幅與時間，今從略。

然則伯元師〈切語下字補充條例補例〉，亦有其侷限，如重紐者，兩紐上下字均同類，則如何析分重紐三、四等，又如何判定其四聲相承之音，筆者意以為當據《韻鏡》而定之也。第二節曾提及一段引文：「按：去聲五十六㮇韻《廣韻》有『兼，古念切』，《全王》亦然。《韻鏡·外轉三十九開》只收紀念切之字，兼字未見，故今以字為與兼、趝、頰四聲相承之音[27]」，顯然伯元師考慮四聲相承關係，有參照《韻鏡》之處也。重紐乃等韻學一大難題，單純研究《廣韻》系聯，而不參考韻圖，必無法析分重紐三、四等韻，陳澧《切韻考》於重紐之處，或斷以《廣韻》之疏，將下字分為兩韻類，或判為增加字而刪之，而未能確實析分重紐三、四等，蓋因陳澧以為《切韻》為隋唐之音，《韻鏡》、《七音略》為後世之音，語言隨時而變，故不可據晚出之《韻鏡》而論《切韻》音系也。陳澧此一堅持，使其終究無能解決重紐問題，正足以證明單純以系聯之法，必不能解決重紐問題，就算輔以伯元師〈切語下字補充條例補例〉，研究重紐仍須導入等韻學理，此即業師康世統先生《廣韻韻類考正》〈序〉所云：「參以《切韻》殘卷及並時韻書、韻圖，釐正字音，糾其偶疏，並斟酌諸家，擇善而從[28]」者也。

綜上所言，伯元師〈切語下字補充條例補例〉之發明，乃為解決陳澧《切韻考》下字補充條例之問題，伯元師曰：「下字補充條例『實同類而不能系聯』一語，在邏輯上有問題。蓋反切之造，本積累增改而成，非一時一地一人所造，其始原未注意系聯，則實同類因兩兩互用而不得系聯者，固勢所不免，又孰能定其凡不能系聯者皆不同類乎[29]」。故研究《廣韻》，於韻類兩兩互用者，必詳加探究彼此關係，究其衝突、互補、抑或據其四聲相承之音，將兩兩互用而不能系聯者，系聯為一類，此乃伯元師〈切語下字補充

---

27 陳新雄：〈陳澧切韻考系聯廣韻切語上下字補充條例補例〉，《國文學報》第16期（1987年6月），頁5。

28 康世統：〈廣韻韻類考正〉，《國立臺灣師範大學國文研究所集刊》第20期（1976年6月），頁137。

29 陳新雄：〈陳澧切韻考系聯廣韻切語上下字補充條例補例〉，《國文學報》第16期（1987年6月），頁3。

條例補例〉之所長也。然此法亦有其侷限，蓋因分析條例言：「《廣韻》同音之字不分兩切語」，如此則無法解釋重紐對立，故僅以《廣韻》切語為材料，依據陳澧系聯條例，無論如何補充、修改系聯法，終將無法析分重紐三、四等也。是故重紐問題，不可依〈切語下字補充條例補例〉處理，而當以等韻學理判之也。以是知〈切語下字補充條例補例〉有其所長，亦有其所短也。

四　結語

　　總之，伯元師〈陳澧切韻考系聯廣韻切語上下字補充條例補例〉判定四聲相承之音，蓋據結構音學，同一音不分兩切語，故依其衝突，即可排除無關之聲類與韻類，再就音韻結構言之，以其互補，則能論定四聲相承關係，此其說之要也。是文之撰作，蓋為補充陳澧《切韻考》上下字補充條例之不足，故名之曰：〈補例〉。雖《切韻》系韻書之又音，已能滿足系聯切語上字之需求，然若所處理之材料，並非《切韻》系韻書，又未能尋得互注之切語，則其法窮；又或該韻書與《韻鏡》時代相隔甚遠，且非《切韻》系韻書，無法以韻圖輔助下字系聯，則系聯下字，亦必陷入困境。伯元師曾提及撰作本文之動機，乃孔仲溫先生撰寫博士論文《類篇研究》時，遇兩兩互用之處，無法以陳澧《切韻考》之補充條例證明其同類，故伯元師發明〈陳澧切韻考系聯廣韻切語上下字補充條例補例〉，則上下字兩兩互用不能系聯者，均可依據此法系聯矣！然則，此法亦有其侷限，蓋只能處理系聯問題，系聯以外問題，如校讎傳鈔之訛誤，或考正韻書切語之偶疏，此法均無能為力，反而若墨守系聯，必淆亂其音系矣！如輕重唇之分際，假如墨守系聯，必因類隔切而混同為一，實則《廣韻》時代輕重唇已分化，特《廣韻》不能反映此一音韻現象耳！又如重紐問題，蓋因分析條例言：「《廣韻》同音之字不分兩切語」，此一前提即無法解釋重紐對立，則由此前提衍生之系聯法，無論如何補充、修改，僅依據《廣韻》切語上下字，終將無能析分重紐三、四等也。故伯元師主張系聯切語上下字只是研究《廣韻》之基本工夫，其後當「參以《切韻》殘卷及並時韻書、韻圖，釐正字音，糾其偶疏，並斟酌諸家，擇善而從」，主張以音韻學理考正《廣韻》，而非墨守《廣韻》文字，這與陳澧《切韻考》〈序錄〉云：「澧謂：切語舊法，當求之陸氏《切韻》。《切韻》雖亡，而存於《廣韻》。乃取《廣韻》切語上字系聯之為雙聲四十類；又取切語下字系聯之，每韻或一類或二類或三類四類。是為陸氏舊法。隋以前之音異於唐季以後，又錢戴二君所未及詳也。於是分列聲韻，編推為表，循其軌迹，順其條理，惟以考據為準，不以口耳為憑，必使信而有徵，故甯拙而勿巧[30]」之立場迥異，陳澧刻

---

30 陳澧撰，羅偉豪點校：《切韻考（附音學論著三種）》（廣州市：廣東高等教育出版社，2004年），頁2。

意排除音學理論，以免成見私意干擾客觀考據，又於《切韻考外篇》〈後論〉云：「字母四等者，宋元之音，不可以論唐以前音韻之學也[31]」，刻意排除韻圖資料，專就《廣韻》切語論《廣韻》音系，故兩人系聯結果頗有不同，如伯元師析分平、皮、便、毗、弼、婢與房、防、縛、附、符、苻、扶、馮、浮、父為二，並將平、皮、便、毗、弼、婢與蒲、步、裴、薄、白、傍、部歸併，此與陳澧《切韻考》墨守系聯，迥然不侔也。

　　伯元師主張系聯只是研究韻書之基本工夫，所揭示之〈補充條例補例〉，僅能濟系聯法之窮，系聯法之外，尚須徵引諸版本，參以並時韻書、韻圖，釐正字音，糾其偶疏，並斟酌諸家，擇善而從，此乃伯元師所傳研究韻書之標準作業程序，如此方能建立該韻書之標準音系，而不至淆亂其音韻結構。雖先師謝世，典範猶存，其法於今依然為學者所宗也。

---

31 陳澧撰，羅偉豪點校：《切韻考（附音學論著三種）》（廣州市：廣東高等教育出版社，2004年），頁328。

參考文獻

專書

竺家寧　《聲韻學》　臺北市　五南圖書出版公司　1999年

陳新雄　《廣韻研究》　臺北市　臺灣學生書局　2004年

陳新雄　《聲韻學》　臺北市　文史哲出版社　2005年

陳澧撰　羅偉豪點校　《切韻考（附音學論著三種）》　廣州市　廣東高等教育出版社
　　　　2004年

單篇論文

竺家寧　〈廣韻類隔研究〉　《德明學報》　第2期　1974年11月　頁100-107

康世統　〈廣韻韻類考正〉　《國立臺灣師範大學國文研究所集刊》　第20期　1976年
　　　　6月　頁137-365

陳新雄　〈陳澧切韻考系聯廣韻切語上下字補充條例補例〉　《國文學報》　第16期
　　　　1987年6月　頁1-18

陳新雄　〈今本廣韻切語下字系聯〉　《教學與研究》　第14期　1992年6月　頁79-
　　　　113

學位論文

孔仲溫　《類篇研究》　臺北市　政治大學中國文學研究所博士論文　1984年。

潘柏年　《陳澧《切韻考》研究》　臺北市　臺灣師範大學國文研究所博士論文　2011年

《等韻述要》闡微兩則

何昆益

慈濟大學東方語文學系助理教授

摘要

　　《守溫韻學殘卷》所記載的「音和」與「類隔」兩則門法，為等韻歸字列等之始，而後《韻鏡》之「調韻指微」、「歸字例」、「橫呼韻」、「上聲去音字」、「五音清濁」、「四聲定位」、「列圖」等成為等韻門法學的濫觴，後《四聲等子》、《切韻指掌圖》、《經史正音切韻指南》復衍細密，至釋真空《直指玉鑰匙門法》增七門，總二十門法，「門法」演變至此詳盡。

　　本文闡述先師陳伯元先生《等韻述要》「類隔門」者，復就論內外轉之說討論諸家看法並進行說明。

關鍵字：等韻述要、等韻、類隔、內外轉

一 前言

　　等韻之學，開展於宋，而門法演變，至元明而愈密，初《守溫韻學殘卷》有「音和」與「類隔」兩則門法；於《韻鏡》卷首有「歸字例」，其中「調韻指微」、「歸字例」、「橫呼韻」、「上聲去音字」、「五音清濁」、「四聲定位」、「列圍」等已然涉及門法。《四聲等子》與《切韻指掌圖》之〈序〉則提及「音和」、「類隔」、「雙聲」、「疊韻」、「憑切」、「憑韻」、「寄聲」、「寄韻」八法，此乃門法之進一步發展。而《四聲等子》「辨正音憑切寄韻門法例」可再細分為五則門法，綜之《四聲等子》共有門法十三。此後《經史正音切韻指南》刪去雙聲、疊韻等，復細分各門法，亦提出十三門法。至釋真空《直指玉鑰匙門法》更增七門，總二十門法，「門法」演變至此詳盡。

　　門法越演越密，然則所究端在歸字，非屬音和者，動輒設一門法專為例外歸字進行說解，致使吾人在聲韻學學習上，甚難理解。聲韻學既非易懂，等韻之學更有門法二十條，輒使後人滯足不前，先師陳伯元先生見此而撰《等韻述要》，其〈自序〉嘗云：「顧向來言聲韻學者，於等韻部分，或語焉不詳，或根本刪除，欲窺全豹，殊不易得」，[1] 因此「擇諸家之菁華」以及先生研究所得，撰成《等韻述要》一書。筆者晚列門牆，於等韻之學，稍有略知，謹述一二所得，撰成本文，乃為先師陳伯元先生《等韻述要》「類隔門」的解說提出補充與闡發，最後則是對於伯元師的內外轉說法進行一些說明。

二 類隔門

（一）類隔門與辨類隔切字例

　　《切韻指南》「類隔門」云：

> 類隔者謂端等一四為切，韻逢二三便切知等字，知等二三為切，韻逢一四却切端等字，為種類阻隔而音不同也。故曰類隔。如都江切樁，徒減切湛字之類是也。唯有陟邪切爹字是麻韻不定切。[2]

先師陳伯元先生按：

> 端系字依例不出現於二三等韻，但韻書中保留若干較早期以端系切二三　等韻之例外切語，韻圖既從實際音系歸字，若據此類切語求音，則必須變端系音為二三

1　詳見先師陳伯元先生：《等韻述要》（臺北市：藝文印書館，1995年），頁1。

2　有關「麻韻不定切」請詳見「窠切門」後的闡釋。

等韻實有之知系字音。

茲考《四聲等子》「辨類隔切字例」下云：

> 凡類隔切，字取脣重脣輕、舌頭舌上、齒頭正齒，三音中清濁者，謂之類隔。如
> 端、知八母下，一、四歸端，二、三歸知。一、四為切，二、三為韻，切二、三
> 字；或二、三為切，一、四為韻，切一、四字是也。假若丁呂切柱字，丁字歸端
> 字母，是舌頭字（在後曾攝內八啟口呼圖內端下第四等），呂字亦舌頭字。柱字
> 雖屬知，緣知與端俱是舌頭純清之音，亦可通用。故以「符」代「蒲」，其類
> 奉、並（如玉篇皮字作符羈切之類是也）；以「無」代「模」，其類微、明；以
> 「丁」代「中」，其類知、端；以「敕」代「他」，其類徹、透。餘倣此。

以下請看《指掌圖》〈檢例・下〉「類隔切」之記載：

> （凡切字）以上為者切，下者為韻，取同音、同母、同韻、同等，四者皆同，謂
> 之音和。取脣重、脣輕、舌頭、舌上、齒頭、正齒，三音中清濁皆同者，謂之類
> 隔。
>
> 類隔切　丁呂切貯字
>
> 緣用丁字為切，丁字歸端字母，是舌頭字用呂字為韻，呂字亦舌頭字。所以切貯
> 字，貯字雖歸知字母，緣知字與端字俱是舌頭中純清之字，詩云：「類隔傍求
> 韻」者，此也。

類隔者，本即同類而隔，得是清濁相同，部位相近者，於實際語音已有隔閡，而韻書中
偶見通用，是所謂類隔之定義。《等子》〈序〉云：「傍求則名類隔」，《指掌圖》此處的
解說更之以「類隔傍求韻」，使之與「音和遞用聲」相應；然《等子》此云「呂字亦為
舌頭字」，實可商榷，呂字本是來母半舌音字，不當為舌頭字音，《指掌圖》也跟著誤
植，不但將呂字作舌頭字，更將《等子》之「知與端俱是舌頭純清之音」一併抄錄，殊
不知「知系」四母乃舌上音耶？

　　言類隔者，首見於「守溫韻學殘卷」，載脣音之「脣輕脣重」、舌音之「舌頭舌上」
二者，更云：

> 恐人只以端知、透徹、定澄等字為類隔，迷於此理，故舉例於上，更須子細了了。

由此可推知，溫首座之前云類隔者，大抵為舌音之「舌頭舌上」，因「恐人只以端知、
透徹、定澄等字為類隔」，故又增添了脣音之「脣輕脣重」；到了《四聲等子》，更增添
了齒音之「齒頭、正齒」。

本例係以韻母說明，實與聲母無涉；所舉「呂」為來母字，於門法之前所列舉之「七音綱目」明確標示為半舌音，本例竟云「呂字亦舌頭字」，知此處所述為非。又舌頭音之「端、透、定、泥」與舌上音之「知、徹、澄、娘」並非皆可通用，舌頭音四母據一四等，舌上音四母據二三等，此《韻鏡》、《七音略》既已如此安排，倘可互為通用，則舌音字大亂矣，須於類隔這種特定情形之下，舌頭音方可與舌上音時有互用，故本例云「亦可通用」，就是這個道理。

韻圖的功能甚多，其中一個功能可以當成練音表，原本依照韻書各切語填入所屬各圖之中，爾後每一個時期的韻圖編制者，依照不同程度的實際語音去排列，以切合語音的現況，此意雖美，卻也因此產生了上述的被切字與切語不合的情形，所以本例的設立，旨在說明脣音（輕重脣）、舌音（舌頭、舌上）、齒音（齒頭、正齒）三組發音部位類隔的特殊情形，亦列舉了兩組類隔作為說明：一組是脣音類隔的「以符代蒲」、「以無代模」；另一組是舌音類隔的「以丁代中」、「以敕代他」；此外，尚有齒音類隔，因分化較早，於韻書中極為罕見，在《廣韻》中僅出現有四例：（1）去聲鑑韻「覽」——子鑑切，（2）上聲馬韻「鉏」——叉瓦切，（3）去聲夬韻「啐」——蒼夬切，（4）上聲厚韻「鯫」——仕垢切。

以下謹以「柱，丁呂切」為例，首先以「橫推」的方法，推出「柱」字所屬的韻目等第，其反切下字為呂，我們知道呂是半舌音的來母字，在半舌音來母字之下，並不見呂字，可見韻圖中所列的是呂字的同音字，再者，我們考知呂是語韻上聲三等字，見所列韻目為噓，《四聲等子》此處所列之噓韻即《廣韻》之麌韻，而圖末注云魚虞相助，可知開口三等的「魚語御」與合口三等的「虞噓（麌）遇」同列於本轉，遂有三等借位於二等與四等的情形，所以雖然於二等韻目標示了「魚語御屋」，實際上是與三等韻目所標示的「虞（噓）麌遇燭」同屬三等字，因此我們可在三等上聲的地位尋到呂的同音字－「縷」，又二三等本置舌上音，不置一四等之舌頭音端母字，但是在這種情況之下，亦得須在第三等尋求，由三等上聲「縷」字「橫推」，由於端母不出現於三等，今出現於三等者，乃類隔也，必須換成知母，始能相切，最後只需於知母「直看」其交錯之處，即可尋求到「柱」字。此即切語上字「丁」雖居端母一四等地位，然而在這種情況，亦須依「韻」－切語下字「呂」屬語韻三等尋求方能獲得。

韻書的反切反映在韻圖中，雖反切下字與被切字同韻、同等，但反切上字與被切字同類而不同紐。這種情況包括：（1）端組與知組字互切的類隔切語。依反切下字的等為準，即端系字占一四等的地位，知系字占二等的地位。（2）重脣與輕脣互切，即凡遇東、鍾、微、虞、廢、文、元、陽、尤、凡韻的合口三等字，其反切上字即使為重脣亦須讀輕脣，其中以輕脣切重脣較常見；而劉鑑的十三門法又另立「輕重交互門」。至於「齒頭、正齒」互切，則立為「精照互用門」。

（二）舌音真假二等的類隔與音和

先師陳伯元先生《等韻述要》云：[3]

> 舌頭下云舌頭一在四等一、舌頭二在四等四者、謂舌頭音只有兩類、一居四等中
> 之第一等，一居四等中之第四等也。舌上下云舌上一在四等二、舌上二在四等三
> 者，謂舌上音兩類，一居四等中之第二等，一居四等中之第三等也。又云真二等
> 假二等者，指音和與類隔也，真二等者音和切也，假二等者，指音和與類隔言
> 也，真二等者音和切也，假二等者類隔切也。

舌音部位與早期的《韻鏡》、《七音略》相同，亦是分為二系：其中端系字的「端、透、
定、泥」屬舌頭音，分屬一、四等，在本表中以「四等一」、「四等四」標示；而知系字
的「知、徹、澄、娘」為舌上音，分屬二、三等，表云「舌上一在四等二、舌上二在四
等三」，亦即所謂的「四等二」、「四等三」。

其中云「真二等」與「假二等」者，或有學者以為舌音之真假二等不當與音和切、
類隔切有任何關係，直以「真二等」純係外轉而「假二等」乃內轉之判斷依據云耳。

此其中有二者需討論。其一為內外轉之判別，《四聲等子》與《切韻指掌圖》「辨內
外轉例」皆有：「『深曾止宕果遇流通』括內轉六十七韻，『江山梗假效蟹咸臻』括外轉
一百三十九韻。」至於《四聲等子》攝次及所標示之內外轉，先師陳伯元先生考之精
詳，[4] 據《廣韻》次序重訂《等子》十六攝次序，考究內外轉次，得出內外轉各八攝的
結論，此結論使得《四聲等子》所標示的內外轉次第及列圖次序重複不相應的情形，將
《等子》原本標示的兩個外八——梗攝、咸攝，予以釐清，不更動梗攝而將咸攝訂為
「外七」，並將第三圖附於宕攝內五的江攝——這個被《等子》遺漏標示內外轉次的韻
攝，補於空出來的外一，於是歷來《等子》內外轉次訛誤不完整的情形，從此得以還
原。吾人可藉此當作討論「內外轉例」的主要依據。由此觀之，凡屬外轉者，實以具備
真正二等韻為主要依據，關於內外轉之討論，本文第四小節將有進一步討論，此不贅
述。

其二，等韻圖中屬於真正二等韻者，不特為舌音字而已，屬真正二等韻者有江、
佳、皆、臻、刪、山、肴、麻、庚、耕、咸、銜等韻（舉平以賅上去入），以及獨立的
入聲夬韻，這些韻在韻圖上面，除了舌音知系可以列有字音之外，牙音見系、脣音幫

---

3 詳見先師陳伯元先生：《等韻述要》（臺北市：藝文印書館，1995年），頁58-59。

4 詳見先師陳伯元先生：《等韻述要》（臺北市：藝文印書館，1995年），頁37-40。亦見於拙著：《四
　聲等子與切韻指掌圖比較研究》（高雄市：高雄師範大學國文研究所博士論文，2009年），頁43-
　45。

系、齒音莊系、喉音影曉匣以及半舌音來母亦可能列有字音；此外，臻韻在韻圖上只有齒音莊系列有字音，山韻開口圖只有牙音見系與齒音莊系列有字音，它們在漢語中並沒有和舌音搭配的字音，也因此舌音二等該欄是空白的，據此我們反而可以說舌音之真假二等並不是判定內外轉最主要的依據。

此處所云「真二等」與「假二等」者，純粹就《四聲等子》的「韻圖歸字概念表」[5]而言，該表格列於《四聲等子》「序」、「七音綱要」、「門法」之後，通攝內一韻圖之前，於舌音之「韻圖」欄以及「四聲四等」欄，指出舌頭音端系字與舌上音知系字的歸字等第，並在其後，各自都標示了「真二等」與「假二等」，而且先師陳伯元先生所謂：「真二等假二等者，指音和與類隔也，真二等者音和切也，假二等者，指音和與類隔言也，真二等者音和切也，假二等者類隔切也。」[6]亦即在以「類隔門」的門法原理來解釋這個舌音真假二等的說法。承上述，就如同《等子》「傍求則名類隔」，以及《指掌圖》「類隔傍求韻」的概念，舌頭音與舌上音之並非可通，《韻鏡》、《七音略》既已安排舌頭音據一四等，舌上音據二三等，倘可互通，則舌音字將無倫序。

蓋舌音之析為「真二等」與「假二等」，未嘗見於《韻鏡》、《七音略》，至《四聲等子》始有此名，至《切韻指掌圖》、《經史正音切韻指南》未見明示，可以推測，此係古之門法家專為解釋舌音類隔傍求的一種說法。至於類隔的產生，乃是語音演變所致，古時原本相同的聲母，因為發生了內部的語音變化，衍生出另一組發音部位相近的聲母，被切字與切語上字變成了發音部位相近的兩組聲母，使得原本的雙聲關係產生了矛盾與衝突，亦即在某些切語被切字與切語上字之中，一字之聲母已發生變化，而另一字的聲母仍保持原貌，致使這些切語在拼切之時不合於一般的正例。類隔的情形在韻書中相當普遍，主要發生在脣音、舌音、齒音三個發音部位。類隔這種特定情形之下，舌頭音方可與舌上音時有互用，故本例云「亦可通用」，就是這個道理；筆者以為先師陳伯元先生特就此意，疏解古門法家提出之說，以音切符合原本歸字而不需以類隔傍求，謂之「真二等者音和切」，而音切不符合原本歸字需以類隔傍求，謂之「假二等者類隔切」。

三 內外轉之討論

內外轉歷來討論甚夥，以下請先從《四聲等子》、《切韻指掌圖》的「辨內外轉例」來進行理解，其次簡述諸家說法，最後從先師陳伯元先生的觀點針對諸家說法進行探討。《四聲等子》「辨內外轉例」下云：

---

5 此處稱「韻圖歸字概念表」係據拙著：《四聲等子與切韻指掌圖比較研究》（高雄市：高雄師範大學國文研究所博士論文，2009年），頁77-81。

6 有關「麻韻不定切」請詳見「窠切門」後的闡釋。

內轉者，脣、舌、牙、喉四音更無第二等字，唯齒音方具足。外轉者，五音四等都具足。今以深、曾、止、宕、果、遇、流、通括內轉六十七韻，江、山、梗、假、效、蟹、咸、臻括外轉一百三十九韻。

復舉《指掌圖》「辨內外轉例」於下：

內轉者，取脣、舌、牙、喉四音更無第二等字，唯齒音方具足。外轉者，五音四等都具足。舊圖以通、止、遇、果、宕、流、深、曾八字，括內轉六十七韻，江、蟹、臻、山、效、假、咸、梗八字，括外轉一百三十九韻。

內外轉「辨例」的敘述上面，只在文字與排列次序上稍有不同，內容大抵沒有甚大差別，只是內外八攝次序稍有相異耳。

《等子》「今以『深曾止宕果遇流通』括內轉六十七韻，『江山梗假效蟹咸臻』括外轉一百三十九韻。」我們可將韻目數量，進行計算於：[7]

內轉八攝——通　止　遇　果　宕　流　深　曾
　　　　　　11　12　9　　6　　8　　9　　4　　8——總共是67個韻目
外轉八攝——江　蟹　臻　山　效　假　咸　梗
　　　　　　4　19　25　28　12　3　　32　16——總共是139個韻目

這正好與《指掌圖》所說的韻目數相同，等韻圖皆以二等具足與否為內、外轉之條件，只是在內、外轉的八攝次第與《四聲等子》稍有不同而已。又《切韻指掌圖》將「今以」改為「舊圖以」，攝名後有「八字」二字。觀《切韻指掌圖》所稱「舊圖」之排序，與《韻鏡》相較，則《韻鏡》梗攝在前，咸攝在後，稍有不同；卻與《七音略》則次序完全相同。此外，董同龢、許世瑛兩位先生從轉與攝之關係研究，發現《韻鏡》與《七音略》所標示的內外轉，恰巧與《四聲等子》及《切韻指南》所注相合。董先生云：[8]

「內轉」與「外轉」的內容不能改換。因為羅先生據以改訂的材料本身實有問題；並且深曾止宕果遇通流恰為六十七韻，江山梗假效蟹咸臻恰為一百三十九韻，足證韻圖與門法不誤。

宋代以後，對於內外轉有許多異解，或以收音發音別之、或以合口開口判之、或以吸音呼音等為內外之分，這些說法一直都不能解決內外轉的問題。自從羅常培先生〈釋內外轉〉一文以內外轉當以主要元音之弇侈當作區分的條件以來，引起了許多學者熱烈

7　此據姚師榮松：《切韻指掌圖研究》（臺北市：台灣師範大學國文研究所碩士論文，1973年），頁120。
8　詳見董同龢先生：《董同龢先生語言學論文選集》（臺北市：中央研究院歷史語言研究所，1974年），頁70。

的討論，董同龢（1974）、許世瑛（1966）、杜其容（1969）、本師陳伯元先生（1974）、李新魁（1986b）、周法高（1984）、薛鳳生（1985）等學者有的表示贊同，有的提出反對意見，當下內外轉之學術論辯蠭起。

茲歸納上述學者說法，大抵可分為「等列說」及「韻腹屬性說」兩類[9]，舉其要者論述。以下謹據諸家說法簡表略述大要：[10]

論點	提出學者	立論要旨	論點大略
等列說	董同龢[11]、許世瑛[12]、先師陳伯元先生	獨立二等韻	「外轉」的特點是有獨立二等韻。這裡所指有無二等韻，係指真二等來判斷，有些圖二等有字，然只是三等借二等之地位者，非真正之二等韻。因此，董、許兩位先生皆不以借位之二等來看。

---

9 詳見張日昇、張羣顯先生：〈從現代方言看內外轉〉，《中國境內語言暨語言學》（臺北市：中央研究院歷史語言研究所，1992年），第一輯，《漢語方言》，頁306。

10 至於詳細討論之處，可詳見先師陳伯元先生：《等韻述要》（臺北市：藝文印書館，1995年），頁107-113。亦見於拙著：《四聲等子與切韻指掌圖比較研究》（高雄市：高雄師範大學國文研究所博士論文，2009年），頁140-156。

11 詳見董同龢先生：《董同龢先生語言學論文選集》（臺北市：中央研究院歷史語言研究所，1974年），頁70-71。董先生於羅常培先生在〈釋內外轉〉一文中，改訂了「內轉」與「外轉」的內容，以及根據高本漢氏擬訂的中古音讀，而把「內轉」與「外轉」視為是主要元音性質的分類的看法，提出兩點意見，他說：（1）「內轉」與「外轉」的內容不能改換。因為羅先生據的以改訂材料本身實有問題；並且深、曾、止、宕、果、遇、通、流恰為六十七韻，江、山、梗、假、效、蟹、咸、臻恰為一百三十九韻，足證韻圖與門法不誤。（2）「內轉」的莊系字獨居三等應居之外，而所切之字又在三等之內，故名「內」。「外轉」莊系字相反，故名「外」。等韻家命名本不科學，此門又稱「內三外二」可以參考。

12 詳見許世瑛先生：〈評羅董兩先生釋內外轉之得〉，《淡江學報》第5期（1966年11月），頁10-11。內轉者，乃無二等性韻母，亦即無二等韻也。其二等地位本應無字，唯齒音二等地位，如該轉（亦即該圖）三等韻如有正齒音莊系字，則被安置於齒音二等地位，於是二等齒音有字矣。然此二等性韻母，乃三等性韻母之字也。若該轉（該圖）三等韻中無正齒音莊系字，則二等地位全部無字矣，如果攝是也。至於通、止、遇、宕、流、曾、深七攝，因所屬三等韻中均有正齒音莊系字，於是二等齒音有字矣。外轉者，乃有二等性韻母也，亦即有二等韻也。其中江、蟹、山、效、假、咸、梗七攝中之二等韻中有脣、舌、牙、齒、喉、舌齒之字，故二等地位全部有真正屬於二等性韻母之字，而與三等韻中屬三等性韻母之字，絕不相混也。至於臻攝二等韻臻、櫛二韻，僅有正齒音莊系字，於是二等地位亦唯有齒音有字矣。表面上雖與內轉通、止、遇、宕、流、深、曾七攝唯二等齒音有字之情形相似，然此七攝中二等齒音字乃三等性韻母之莊系字來借地位者也。而臻攝雖亦僅齒音二等有字，然此乃真正二等性韻母之字，非借地位之三等性韻母之正齒音莊系字也。

	杜其容、龍宇純	二、四等	凡韻圖注明內轉者,當謂所有在二等或四等之字悉內轉讀三等音。
	李新魁[13]	三等韻	內外轉必須具備一個立足點即以某音類為範圍,在此範圍之內的各有關音類稱為內轉,在此一範圍之外便稱為外轉。而這個立足點就是三等韻。
韻腹屬性說	羅常培[14]、高明[15]	以主要元音之弇侈而分	羅氏贊同江永以音之侈弇來當作內外轉的區分條件,又接受日本《韻鏡》家論及內外轉與元音關係之意見,謂內外轉當以主要元音之弇侈而分。

---

13 詳見李新魁先生:〈論內外轉〉,《音韻學研究》(北京市:中華書局,1986年),第二輯,頁251-253。李新魁先生將歷來對內外轉的「內」「外」的不同解釋分成「侈弇論者」及「有無二等韻論者」兩種觀點,並認為這兩種說法都不能真正作為區分內外轉的標準,皆有不足之處。前者缺乏強有力的證據,同攝(轉)或同圖之中,各種等第的字俱有,也就是侈弇俱有。從元音發音的侈弇來區分內外轉,實為無據。而且以內轉收某某元音,外轉統某某元音,實在是後人的構擬,古人恐怕還不會達到如此精密的程度:按各個具體的元音發音的不同來區分內外轉,缺乏堅強的論證力。李氏由此得出區分內外轉必須有一個立足點的結論。這一立足點就是以某一個(或一些)音類為範圍,在此範圍之內的各有關音類稱為內轉,在此一範圍之外便稱為外轉。而這個立足點就是三等韻。這兩類在等韻圖的排列中,由於二等照組的位置為章組字所佔,照等聲母字只好列於同圖的二等地位,一般稱之為照二組字。這種情況的三等韻,其照組聲母字就「通及」二等,或者說是溢出於三等之外。另一方面,中古漢語不單三等韻中有照二組聲母字,二等韻裡面也有照二組聲母字,這兩種照二組字的反切下字是不同的,二等的照二組自成一類,三等的照二組則與三等韻的其他聲母字相通,同為一類。韻圖的列圍及出切考慮到各個字反切上、下字的表現,就必須把這兩種照二組字加以區分。於是就以三等韻為立足點,把反切下字包含在三等韻之內的照二組字稱之為內,把反切下字溢出三等韻之外,即與三等韻的反切下字無涉的照二組字稱之為外。包含前者的字類的圖(攝)就叫內轉,反之就叫外轉。

14 詳見羅常培先生:(1962),p87-99。以為專據辨例之說,殊難判其內外。又二等具足與否,實係併轉為攝後之偶然現象,聚韻成攝,乃可知其所指。乃據江永(字慎修)《古韻標準》云:「二十一侵至二十九凡,詞家謂之閉口音,顧氏合為一部。愚謂:此九韻與真至仙十四韻相似,當以音之侈弇分為兩部。神珙等韻分深攝為內轉,咸攝為外轉,是也。(第十二部總論)」又接受日本《韻鏡》家論及內外轉與元音關係之意見,謂內外轉當以主要元音之弇侈而分。乃提出其內外轉說,內轉者,皆含有後元音、中元音及前高元音之韻;外轉者,皆含有前元音、中元音及後低元音之韻。

15 詳見高明先生:《高明小學論叢》(臺北市:黎明文化事業公司,1980年),頁288-289。

周法高[16]	以元音之長短而分	外轉二等韻有重韻的時候，內轉和他相當的攝就沒有獨立二等韻；內外轉的分別，不但是等韻圖各攝的分別，實質上還包含了中古音元音系統上主要的區別。

歷來較具有爭議的有果、宕、臻三攝，以下請討論之。

（1）臻攝：臻韻和櫛韻雖只有正齒音莊字字，然這是屬於跟三等「真」、「質」兩韻韻母不同的二等性韻母，當然應屬外轉。由於「臻」、「櫛」兩韻都只有開口字，而沒有合口字，所以第十八圖，雖然二等脣、舌、牙、齒、喉、舌齒各音下均無字，第十九、二十兩圖專安置三等韻欣、文以及跟它們相承的上去入聲韻，因為這些韻都屬於「臻攝」，所以都注外轉不注內轉，因為有真正屬於二等性韻母的緣故。

（2）宕攝：有一等韻唐、蕩、宕、鐸和三等韻陽、養、漾、藥。陽、養、漾、藥四韻都有莊系字，這些莊系字，《韻鏡》內轉第三十一圖是把它們安放在齒音二等地位，因為二等地位已被章系字佔了去。它們雖然放在二等地位，但是它們韻母卻不是二等性韻母。第三十一跟三十二兩圖內的字是開口與合口的不同，唐、陽兩韻以及相承的上去入聲韻，齒音（不論齒頭或正齒）都是只有開口字而無合口字，所以第三十二圖齒音全都無字。

（3）果攝：除戈韻有開口三等性韻母字及合口三等性韻母之字外，都是一等韻字。這兩個圖二等脣、舌、牙、齒、喉、舌齒各音下，沒有任何二等字，因此算「內轉」。

把沒有二等韻的叫「內轉」，恐怕為的是要表明安放在二等地位的正齒音莊系字，是從三等韻裡轉了出來的，而有真正屬於二等韻的正齒音莊系字，因為不是由三等韻裡

---

16 詳見周法高先生：〈論切韻音〉，《中國音韻學論文集》（香港：中文大學出版社，1984年），頁11-13。周法高先生將內、外轉的各攝依音理排列成兩兩對立的七組；並將將宕、梗攝合成一個外轉的韻攝。而廣州話對上述外轉的 a 類與內轉的 ɔ 類，有元音長短的區別，並提出廣州話裡還保留了一個區別內外轉的辦法：在入聲裡，讀上陰入（又稱上入）的字屬內轉，是短元音，讀下陰入（又稱中入）的字屬外轉，是長元音。通常上陰入和下陰入不會發生最小的對比（minimum contrast）的，可是卻有一個很有趣的現象，就是：「必」〔pitˀ〕是上陰入，「鱉」〔piːtˀ〕是下陰入，「別」〔piːtˀ〕是陽入，構成最小的對比。至於內轉沒有獨立二等韻而外轉卻有，周氏參考李方桂、龍果夫二家上古音之說，分析內轉何以無獨立二等韻的來源，云：凡是外轉某攝的二等韻有重韻的時候，內轉和他相當的那一攝就沒有獨立二等韻（臻韻應和真韻對補成為一個三等韻）；同樣的，外轉某攝的一等韻有重韻的時候，內轉和他相當的那一攝就沒有一等韻。如果照考古派的說法，外轉和內轉的區別表現在等韻門法中的，是在於有無獨立二等韻；如果從審音的立場來看，那麼，外轉和內轉的區別表現在等韻門法中的，是在於有無獨立二等韻；如果從審音的立場來看外轉和內轉的區別，則元音的性質大有關係；如果就用處來說，則後者比前者在語言學方面的用途要大得多了。

轉了出來的，所以稱為「外轉」。

這裡所指有無二等韻，係指真二等來判斷，有些圖二等有字，然只是三等借二等之地位者，非真正之二等韻。因此，持此論點者，皆是贊同董、許兩位先生及本師陳伯元先生的說法，不以借位之二等來看。

至於杜其容女士、龍宇純先生的理立論要旨為二、四等韻。杜其容女士〈釋內外轉名義〉一文認為《四聲等子》乃以攝之立場解釋內、外八轉，未必適用於早期等韻圖，於是提出內、外轉之名，係因三等韻受了圖式的限制，莊系字無法排在三等，不得不寄居二等地位，為了分別各韻圖中莊系字何者屬三等韻，於是有內、外轉名稱的創立。

然而三等韻字受圖式限制而旁寄者，還有通及四等之精系字，它們亦足以與四等韻之精系字相混淆。那麼，在二等地位之莊系字既有分別所屬等第之需要，在四等地位之精系字何獨無此需要呢？不僅如此，三等韻脣、舌、牙、喉音受圖式限制而寄居四等者，亦足以誤認為四等韻字，又豈能無所區分？因此凡韻圖注明內轉者，當謂所有在二等或四等之字悉內轉讀三等音。茲將先師孔仲溫先生對於該論點的看法列之於下：[17]

> 總結說來，內外轉之名，係為區分二、四等字之屬三等韻或屬二、四等韻而設立。三等居二、四等之內，故二、四等字之屬三等韻者謂之內轉，而屬二、四等韻者相對謂之外轉。以二等與四等字之屬三等韻與否，而謂之為內轉或外轉，雖極富創新精神，其說仍有滯礙不通之處。

其次，對於韻腹屬性說，本師陳伯元先生嘗評之曰：[18]

> 本師高郵高明先生……於所著〈嘉吉元年本韻鏡跋〉一文，於內外之區別，以為羅常培以主要元音之弇侈而分，蓋不可易也。但羅氏所擬音值未必是，又忽於音變，故尚有可議，因重加校定，以為內轉之主要元音為前元音〔i〕〔e〕，中元音〔ə〕，後元音〔u〕〔o〕〔ɔ〕〔ɒ〕等，外轉之主要元音為後元音〔ɑ〕，中元音〔ʌ〕〔ɐ〕〔ɜ〕、前元音〔a〕〔æ〕〔ɛ〕〔e〕等。但同一前元音〔e〕、中元音〔ə〕卻分屬內外兩轉，雖曰所接韻尾有弇侈之殊，而於音理終不無遺憾也。

對於周法高先生以元音長短來看內外轉，學者有持贊同或反對的意見，我們認為以元音的性質來區分內外轉，是根據後人的擬測，王力先生認為這種「以後人的語音學觀點來解釋，說服力不強。」[19]甚至李新魁先生也認為古人的審音恐怕尚未如此精確。[20]

17 詳見先師孔仲溫先生：（1987），p60-63。
18 詳見本師陳伯元先生：《六十年來之聲韻學》（臺北市：文史哲出版社，1973年），頁115。
19 詳見王力先生：（1980），p121。
20 詳見李新魁先生：〈論內外轉〉，《音韻學研究》（北京市：中華書局，1986年），第二輯，頁252。李新魁先生云：「以元音發音的侈弇來區分內外轉，實為無據。……古人恐怕還不會達到如此精密的程度：按各個具體的元音發音的不同來區別內外轉。」

以下謹條列先師陳伯元先生《等韻述要》提出五個看法：[21]

（一）張麟之《韻鏡·序》作引鄭樵《七音略·序》云：「作內外十六轉圖，以明胡僧立韻得經緯之全。」假若十六轉圖、確與梵書十六轉韻有關係，而梵文十六韻有長短音之別，則等韻之內外轉，難道與長短音不發生關係？

（二）談內外轉絕不可更改內外八攝之內容，內轉六十七韻，外轉一百三十九韻，韻數亦不得擅改。

（三）內外轉必與獨立二等性之韻母有關係。

（四）《韻鏡》、《七音略》每轉必標內外，似各轉之內外，概括全轉各韻而言。又非僅指某一等第之字而言也。

（五）今諸家所擬《切韻》音值是否確信已得玄珠於赤水，否則若以尚無定論之構擬進探內外轉之真象，其有不合，則改古人以就己，豈非削足以適履！

對於內外轉的定義，筆者仍從先師陳伯元先生的說法，此與《四聲等子》辨例之說相同，亦即「內轉」者，乃專指該韻攝內，全無真正二等韻之存在，至於內轉韻攝之中，有些正齒音照系三等字，乃借位於二等地位，實際上屬於三等，故無妨礙該韻攝之為內轉無二等之定義。「外轉」，則是指具有真正二等之韻攝。

四 小結

本文試圖為先師陳伯元先生《等韻述要》「類隔門」的解說提出補充與闡發。「類隔門」以「柱，丁呂切」為例，討論了類隔門的內容，解釋了《等子》「傍求則名類隔」以及《指掌圖》「類隔傍求韻」，並針對舌音的真假二等，揣摩先師陳伯元先生之意，疏解古門法家提出之說，以音切符合原本歸字而不需以類隔傍求，謂之「真二等者音和切」，而音切不符合原本歸字需以類隔傍求，謂之「假二等者類隔切」。最後一個小節則是據伯元師內外轉的說法討論了諸家對於內外轉的看法。

---

21 詳見先師陳伯元先生：（1996），p112-113。

參考文獻

韻圖韻書類

《四聲等子》　臺北市　藝文印書館　咫進齋叢書本

《切韻指掌圖》　臺北市　商務印書館　四部叢刊續編本（影宋寫本）

《切韻指掌圖》　臺北市　商務印書館　叢書集成簡編本（影墨海金壺本）

《切韻指掌圖》　臺北市　中央研究院藏　十萬卷樓本

《切韻指掌圖》　臺北市　新興書局　四部集要本（影宋寫本）

《等韻五種》　臺北市　藝文印書館

《新校宋本廣韻》　臺北市　洪葉文化事業公司

《校訂本集韻》　臺北市　學海出版社

《校訂五音集韻》　北京市　中華書局

專著類（以撰者姓名筆劃為序）

孔師仲溫　《韻鏡研究》　臺北市　臺灣學生書局　1989年

孔師仲溫　《孔仲溫教授論學集》　臺北市　臺灣學生書局　2002年

北京大學中國語文學系編　《漢語方音字匯》第二版　北京市　文字改革出版社　1989年

李存智　《韻鏡集證及研究》　臺中市　東海大學中國文學系研究所碩士論文　1991年

李新魁　《韻鏡校證》　北京市　中華書局　1982年

李新魁　《漢語等韻學》　北京市　中華書局　1983年

李新魁　《李新魁語言學論集》　北京市　中華書局　1994年

李新魁　《中古音》　北京市　商務印書館　2000年

何昆益　《四聲等子與切韻指掌圖比較研究》　高雄市　高雄師範大學國文研究所博士論文　2009年

吳文慧　《四聲等子與經史正音切韻指南比較研究》　臺北市　臺灣師範大學國文研究所碩士論文　2005年

林　尹　《中國聲韻學通論》　臺北市　黎明文化事業公司　1982年

林炯陽　《廣韻音切探源》　臺北市　臺灣師範大學國文研究所博士論文　1979年

林師慶勳　《經史正音切韻指南與等韻切音指南比較研究》　臺北市　中國文化大學中國文學研究所碩士論文　1971年

林師慶勳　《音韻闡微研究》　臺北市　臺灣學生書局　1988年

林師慶勳、竺家寧著　《古音學入門》　臺北市　臺灣學生書局

林師慶勳、竺家寧、孔師仲溫著　《文字學》　臺北市　空中大學

竺家寧　《四聲等子音系蠡測》　臺北市　臺灣師範大學國文研究所碩士論文　1972年

竺家寧　《古今韻會舉要的語音系統》　臺北市　臺灣學生書局　1986年

竺家寧　《聲韻學》　臺北市　五南圖書出版公司　1992年

竺家寧　《近代音論集》　臺北市　臺灣學生書局　1994年

竺家寧　《音韻探索》　臺北市　臺灣學生書局　1995年

周法高　《讀韻鏡中韻圖之構成原理》　國科會獎助論文

周法高　《中國音韻學論文集》　香港　中文大學出版社　1984年

姚師榮松　《切韻指掌圖研究》　臺北市　臺灣師範大學國文研究所碩士論文　1973年

唐明雄　《宋元等韻圖研究》　臺中市　東海大學中國文學研究所碩士論文　1975年

高本漢著　趙元任等譯　《中國音韻學研究》　臺北市　商務印書館　1966年

高　明　《四聲等子之研究》　國科會獎助論文　1971年

高　明　《高明小學論叢》　臺北市　黎明文化事業公司　1980年

翁慧芳　《韻鏡與七音略比較研究》　臺北市　臺灣師範大學國文研究所碩士論文
　　　2008年

陳師新雄　《六十年來之聲韻學》　臺北市　文史哲出版社　1973年

陳師新雄　《中原音韻概要》　臺北市　學海出版社　1975年

陳師新雄　《鍥不舍齋論學集》　臺北市　臺灣學生書局　1984年

陳師新雄　《文字聲韻論叢》　臺北市　東大圖書公司　1994a

陳師新雄　《音略證補》　臺北市　文史哲出版社　1994b

陳師新雄　《等韻述要》　臺北市　藝文印書館　1995年

陳師新雄　《古音研究》　臺北市　五南圖書出版公司　1999年

陳師新雄　《廣韻研究》　臺北市　臺灣學生書局　2004年

陳師新雄　《聲韻學》　臺北市　文史哲出版社　2005年

陳廣忠　《韻鏡通釋》　上海市　上海辭書出版社　2003年

陳　澧　《切韻考》（外篇）　北京市　中國書店　1984年

葉師鍵得　《通志七音略研究》　臺北市　中國文化大學中國文學研究所碩士論文
　　　1979年

楊　軍　《七音略校注》　上海市　上海辭書出版社　2003年

楊　軍　《韻鏡校箋》　杭州市　浙江大學出版社　2007年

董同龢　《中國語音史》　臺北市　華岡出版社　1953年

董同龢　《董同龢先生語言學論文選集》　臺北市　中央研究院歷史語言研究所　1974
　　　年

董同龢　《漢語音韻學》　臺北市　文史哲出版社　1996年

趙元任　《語言問題》　臺北市　商務印書館　1968年

趙蔭棠（憩之）　《等韻源流》　臺北市　文史哲出版社　1985年

龍宇純　《韻鏡校注》　臺北市　藝文印書館　1994年

謝雲飛　《韻鏡與切韻指掌圖之比較研究》　國科會獎助論文　1963年

謝雲飛　《四聲等子與切韻指掌圖之比較研究》　國科會獎助論文　1964年

謝雲飛　《七音略與四聲等子之比較研究》　國科會獎助論文　1965年

單篇論文類（以撰者姓名筆劃為序）

王健庵　〈論「內外轉」的真義與《切韻》音系的性質〉　《安徽大學學報》（哲學社
　　　　會科學版）　1989年4期　頁76-85

王健庵　〈論開合口〉　《史語所集刊》　第55卷1期　1984年　頁1-7

李存智　〈論內外轉〉　《中國文學研究》　第7期　1993年　頁129-144

王　力　〈漢語語音的系統性及其發展的規律性〉　《論學新著》　1983年第8期　南
　　　　寧市　廣西人民出版社

王　力　〈論官話方言研究中的幾個問題〉　《歷史語言研究所集刊》　第58卷4期
　　　　1987年　頁809-841

王　力　〈漢語語音史上的條件音變〉　《王力文集》　濟南市　山東教育出版社
　　　　1989年　第17卷　頁80-89

李新魁　〈論內外轉〉　《音韻學研究》　北京市　中華書局　1986年　頁251-253

李新魁　〈宋代漢語韻母系統研究〉　《語言研究》　1988年第1期（總第14期）　頁
　　　　51-65

杜其容　〈釋內外轉名義〉　《史語所集刊》　第40期（上）　1968年　頁281-294

何大安　〈語言史研究中的層次問題〉　《漢學研究》　第18卷特刊　1990年　頁261-
　　　　271

吳聖雄　〈張麟之《韻鏡》所反映的宋代音韻現象〉　《聲韻論叢》　第8期　1998年
　　　　頁245-274

林師慶勳　〈論《音韻闡微》的入聲字〉　《第二屆國際漢學會議論文集》語言與文字
　　　　組　臺北市　中央研究院　1986年　頁267-295

林師慶勳　〈《中州音韻輯要》的反切〉　《第一屆國際清代學術研討會論文集》
　　　　1993年　頁741-765

林師慶勳　〈論《磨光韻鏡》的特殊歸字〉　《聲韻論叢》　第1期　1994年　頁297-
　　　　320

竺家寧　〈宋元韻圖入聲分配及其音系研究〉　《國立中正大學學報》人文分冊　第4

卷1期　1993年　頁1-36

周法高　〈《韻鏡》中韻圖之結構〉　《中央研究院歷史語言研究所集刊》　第54卷1期　1983年　頁169-186

周法高　〈論切韻音〉　《中國音韻學論文集》　香港　中文大學出版社　1984年　頁1-24

高　明　〈《韻鏡》研究〉　《中華學苑》　第5期　1970年　頁1-40

高　明　〈《四聲等子》之研究〉　《高明小學論叢》　1978年　頁360-399

高　明　〈《經史正音切韻指南》之研究〉　《高明小學論叢》　1978年　頁400-444

許世瑛　〈評羅董兩先生釋內外轉之得〉　《淡江學報》　第5期　1966年　頁1-28

許寶華、潘悟雲　〈釋二等〉　《音韻學研究》　北京市　中華書局　1994年　第三輯　頁119-135

唐作藩　〈《四聲等子》研究〉　《語言文字學術論文集》　上海市　知識出版社　1989年　頁291-312

唐作藩　〈關於「等」的概念〉　《音韻學研究》　第3期　頁158-161

張日昇、張群顯　〈從現代方言看內外轉〉　《中國境內語言暨語言學》　臺北市　中央研究院歷史語言研究所　1992年　第一輯　《漢語方言》

葉師鍵得　〈《韻鏡》與《七音略》之比較〉　《復興崗學報》　第43期　頁345-358

葉師鍵得　〈如何填等韻圖〉　《應用語文學報》　第2期　2000年　頁115-127

董同龢　〈《切韻指掌圖中的幾個問題》〉　《中央研究院歷史語言研究所集刊》　第17期　1948年　頁195-212

董同龢　〈聲母韻母的觀念和現代的語音分析理論〉　《歷史語言所集刊》（外編）第四種　第4期　1961年　頁681-691

董同龢　〈等韻門法通釋〉　《董同龢先生語言學論文選集》　臺北市　食貨出版社　1974年　頁33-82

伯元先生古典詩詞創作述微

文幸福

玄奘大學中國語文學系

一　前言

伯元先生以小學入經史而兼詞章者，故其詞章有用而成就遠大，筆者入師大追隨先生達四十年，其學問人品，眾所周知，故趨而問道者，絡繹於門，桃李滿天下，師大也曾特頒「師大大師」終身成就獎，予以表揚，先生有詩〈膺選師大大師榮譽講座感賦〉誌之：

> 師大大師榮譽席，名銜許我老龍頭。昔翻卷冊無虛日，今積圖書亦汗牛。
> 自度何須愁覆瓿，欣看後起發新猷。草玄亭外花千樹，絕學還當隻手擎。

筆者亦有步韻詩相賀〈恭賀　伯元夫子榮膺師大大師榮譽講座〉：

> 百川傾注匯長流，人物誰堪居上頭。敏捷真如策天馬，殷勤尚自奮春牛。
> 風開桃李千株豔，筆燦文章萬代猷。大道接聞新耳目，杏壇須仗巨賢擎。

實至名歸，先生真當代巨賢也。

自民國六十八年與先生同社「停雲」迄今，凡三十餘年矣，其間耳濡目染，親炙先生教誨，受益良多，沾溉之恩，不可勝言，而於先生之詩學所得頗深，故不蕲鄙陋，茲就所見聞，略述如下：

二　豪壯慷慨之國情詩

先生江西贛州人也，忠勇之邦，代有名賢，如歐陽修、黃山谷、楊邦乂、胡銓、江萬里、文天祥等，皆抗直敢言之士。先生系出清門，幼受庭訓，兼以性情剛毅，發為詩詞，寓目紛披，莫非忠義。千禧年後，綠色執政，臺獨氣燄，妄談去中國化，數典忘宗，先生實忠義者，頗病其言，學生有敢言之，皆遭斥退，其扶持名教之心，概可想

見。先生於大是大非，有所堅持，嘗謂：「丹可磨而不可奪其赤，蘭可燔而不可滅其馨，固余心之非石，不可轉也。」先生於上庠開授蘇東坡課程，謂：「〔東坡〕浩然之氣，特立之志，與其特有之氣質，與生俱來。表表高標，昂首無懼。」（《伯元倚聲》〈自序〉）是亦先生自道也。先生之憂國感時思想，詩中俯拾即是，其〈螃蟹〉一詩尤令人感動：

> 八腳橫行在水邊。雙螯共舞食群鮮。無腸不飽真公子，有甲能藏豈福田。
> 請看萬民齊大吼，應知深壑已難填。人云博帶今喪膽，穀觫無端日日煎。
> （自註：《廣雅》曰：「蟹、蛫也，雄曰蜋螘，雌曰博帶。」）

此詩全用比體，暮鼓晨鐘，發人深省，對貪婪之政治人物，當頭棒喝，具正面之社會功能及教育意義。而其〈連胡會談〉一詩：

> 尋根究柢溯炎黃。底事相爭尚倔強。一面倒蘇成夢幻[1]，兩番拜日獨猖狂[2]。
> 和談國共今攜手，欣見風雲再轉陽。萬里神州重造日，聲威應復漢同唐。

同是中華民族，炎黃子孫，本是血脈相連，固當攜手共進，而一國兩府，行之有年，因此擱置爭議，各自表述，乃是主流思維。「統獨非時調，極端徒恨深。溫和維現狀，安順處天心。民意隨流水，良謀慎揀金。生成觀豹變，日暮鳥投林。」（拙作〈次韻伯元師捍衛中華民國〉）攜手合作，邁向漢唐，指日可待矣。又其〈哀悼孫前院長運璿〉詩：

> 海外聞喪不勝情。緬懷許國竭精誠。小龍當日曾為首，臺島如今尚仰榮。
> 宰輔經綸公第一，恫瘝百姓政誰行。傷心豈止亡龜鑑，得失還從底處衡。

老成凋謝，「恫瘝百姓」，更託何人，聞之傷心，其關心民瘼，又可知也。〈選後感賦〉：

> 昨宵選舉一聲雷。六載氤氳霧始開。喜見藍天歡日夜，旋看綠黨墮塵埃。
> 元戎推卻治邦責，首輔尤非濟世才。微逐金錢無底洞，可悲宮府竟齊來。

國家慶幸得人，其喜形於色，概可想見。又〈減字木蘭花·馬英九二審獲判無罪有感用山谷詩翁才刃韻〉：

> 妖魔鋒刃。擺出無情驅馬陣。尚未哀哉。正義仍存決勝來。
> 戊子春杪。霧散雲開風雨曉。頭角崢嶸。天佑臺灣啟太平。

年來心事，一雪胸臆，真快詩也。「史筆通明判鬼神。尋章諷諭性情人。公忠誰恪宵旰

---

1 毛澤東在中共建國之初一面倒向蘇聯。（詩注解為原注，下同）
2 李登輝兩度訪日，遂今臺獨氣焰日趨猖獗。

職？私飽都為聚斂臣。貪瀆洗錢羞國際，欺瞞背信失黎民。當年奇蹟今奇恥，揭義真如論過秦。」（拙作〈讀伯元夫子憂國感時詩賦呈〉）先生憂國感時詩甚多，不勝枚舉，茲擇其一二以概其餘耳。

三　綺麗纏綿之親情詩

（一）鰜鰈情深之溫馨詩

伯元先生除學問人品為人敬重外，其所擁有之幸福、和樂家庭，更是羨煞旁人，師母亦深於詞學者，早年宣鐸上庠，對詞譜詞調頗多考辨，夫妻恩愛，又同好詞章，感情倍常，祇以子女留學，遂移居美國，陪讀左右，兼以進修。先生因而常隻身在臺，故思念之情，每託於雲箋錦字，而於詩詞之表現，尤多婉麗纏綿之作，如：〈結婚十二週年感賦二首贈詠琍〉：

> 愛情奇妙共誰知。愛到深時竟自癡。衣上淚痕詩裏字，斑斑點點盡相思。
> 十二年來恩愛深。者番遠別感難禁。[3]他鄉雖好終為客，永夜無眠共此心。
> 比翼翻成形對影，多情化作淚沾襟。還期早定歸家計，免我中宵夢裏尋。

「衣上淚痕詩裏字，斑斑點點盡相思。」情深款款，自然流露。又如〈江城子・迎琍妻返港用東坡玉人家在鳳凰山韻〉：

> 荊妻飛過萬重山。白雲間。意悠閒。相對朝朝暮暮看眉彎。試問閨情誰得似，張敞筆，畫斕斑。　　孤身真個喜君還。不眠鰥。淚時潸。應樂長年雙枕貼香鬟。苦盡甘來愁已去，從此後，永開顏。

久別重逢，其樂何如，「從此後，永開顏」，「相對朝朝暮暮看眉彎。」又〈更漏子・結婚四十年用歐公風帶寒韻〉：

> 看晚晴，心正好。蘭蕙栽成人老。情脈脈，思依依。相攜緩緩歸。
> 牽簾幕。安巢閣。共歎春花零落。惜餘日，比肩飛。欣看月滿衣。

〈鷓鴣天・結婚四十六年贈內用山谷湯泛冰甌一坐春韻〉：

> 喜結連枝四六春。紅繩前世自盤根。秦嘉徐淑嘗相擬，舉案齊眉夢裏人。
> 茶尚釅，酒還醺。當年吾亦醉離魂。相思贈爾詩仍在，曾獻絲蠶寄白雲。

3　民國六十四年詠琍赴美留學，因而離別。

結縭四十六年，雖時有分隔，但感情反而愈深愈密，「相思贈爾詩仍在，曾獻絲蠶寄白雲。」真摯感人。

近年兒女漸漸長成，師母因而有較多時間相隨，常結伴出遊，詩詞內容及風格之表現，則偏於和婉悅樂，如〈生查子‧千禧年情人節與內同遊陽明山用歐公去年元夜時韻〉：

> 元霄眾湧濤，竟夕燈猶晝。憶昔情人節，中外相先後。
> 今年佳節來，相約情依舊。攜手共遊春，密意還盈袖。

先生育有二子二女，俱留學美國，如今亦已成家立業，先生有〈于飛樂‧蒼海道中贈內用歐公寶奩開韻〉，謂：

> 結伴遊，蜜意在，夜賞清蟾。山河壯，故國情添。攬腰肢，雙蛺蝶，儷影鶼鶼。
> 尋思往日，兩相隨，東北西南。　　卅年後，二女雙男。絲吐盡，身似春蠶。好黃昏歲月，應情愛相兼。天涯長記，誓相扶，永共重簾。

二女雙男，儷影鶼鶼，幸福家庭，是先生與師母之寫照，亦是子女之家庭寫照也。

（二）關愛子女之溫情詩

對兒女之照顧，雖由師母負責，但先生關懷之意，亦未嘗稍懈，詩詞諄勉，溢於言表，如〈示菲兒〉：

> 初冬寒氣至，中夜憶菲女。自汝墮地來，我意未嘗沮。珍如掌上珠，愛意深何許。小鳥慣依人，喜色盈眉宇。幼自外入室，必先尋汝父。覓之倘不得，斯鬧為常舉。昔年暫相別，見汝淚如雨。今歲重相離，哽咽難成語。
> 萬里隔重洋，骨肉不易聚。思之動我懷，愴然心搗鼓。汝今尚稚齡。異國寄逆旅。心中有煩憂，誰能為汝剖。親者非骨肉，衷腸誰可吐。棲遲攖疾病，寂寞誰可怙。汝若常滯留，我心已先憮。長篇重囑咐，慎之莫獨處。
> 母歸隨之歸，母留為之侶。意緒千千萬，一一付此楮。

父女惜別，依依不捨，關愛之情，語語深重。又〈昭君怨‧香江送蕲兒赴美求學〉：

> 命運由人作弄。骨肉團圓一夢。離恨轉愁煙。掛長天。
> 次第諸兒盡去。好似從風飛絮。剩我若孤舟。任飄流。

〈南鄉子‧迎蘭兒抵港團聚〉：

大海過長湖。今坐飛機勝快艭。萬里歸来才一日，奇儒。神巧真堪敵萬夫。
兩載賦離居。總為前程遠讀書。此夜天倫終樂敘，欣如。喜見慈親掌上珠。

〈蝶戀花‧昌華開嵐新婚賦詞相勉用歐公幾度蘭房聽禁漏韻〉：

九九新婚忘曉漏。魚水成歡，玉腕芳盈袖。相敬相親心意透。扶持到老橫波溜。
舉案齊眉顏莫皺。爾我卿卿，比翼飛前後。徐淑秦嘉同惜舊。夫妻恩愛花難瘦。

老父情懷，雖隨事遷，然關心之意，處處流露。

如今子女雖已長成，亦各有家庭，各有事業，但對父母之孝心，無時或已，先生有
〈玉樓春‧父親節戚士比灣海釣用歐公池塘水綠春微暖韻〉：

諸兒孝順余心暖。海釣今番初識面。浪濤洶湧盪行舟，竿上魚兒絲亂旋。大西洋
裏滄灣畔。未覺陶陶斜日晚。當時取樂兩船人，正好全家分兩半。

〈舞春風‧華兒嵐媳維州新居用歐公嚴妝纔罷怨春風韻〉：

時逢初夏起和風。維州新宅辨西東。軒窗高屋庭園綠，素棟長樑浴日紅。
兒孝媳賢留我住，層樓雅室若懸空。佳餚美酒殷勤勸，自帶溫馨入夢中。

〈鷓鴣天‧蘭女完婚宴客感賦用山谷黃菊枝頭生曉寒韻〉：

應識人生有暖寒。今朝且放酒杯乾。滿堂貴客群相賀，喜極何暇更整冠。
方進酒，復加餐。向平願了得心歡。夫妻從此常相愛，長使兒親帶笑看。

夫妻長相恩愛，子女帶笑相侍，兒孝媳賢，如此溫馨家庭，夫復何求。

四　真誠深摯之友情詩

（一）尊師重道之感恩詩

先生在師大受瑞安林景伊夫子照顧最多，為入室弟子，早年且侍讀在家，故能盡得
林夫子真傳，先生嘗在〈治學與教學〉一文中謂：

在大學四年中，影響我最深遠的老師就是林尹景伊教授，林先生教大一的國文、
大二的詩選、大三的學庸、大四的訓詁學與中國哲學史等課程。我與林先生投
緣，是從大一開始的，林先生教大一國文，教完一課，就要學生能夠背誦。我因
為能背書又會吟誦，很得先生的讚賞，……所以開始叫我熟悉《廣韻》二百六韻

的切語上下字，這一種工作，花的時間不多，但收效奇大，這是我一生學問的基礎，從此開始，乃走上研究聲韻學之道路，而無怨無悔。古人說：「莫把金針度與人」。我的老師林先生則常常把金針度與我，……在大四的時候，林先生教我訓詁學，談到聲韻與訓詁的關係，有天對我說，以前黃季剛先生有一張〈聲經韻緯求古音表〉，以聲為經，以韻為緯，按著聲母與各類韻母的開合洪細，分別填入此一表中，就可看出古本音與今變音的關係，……我遵著先生的指示，花了一個星期，幾乎沒有睡眠，畫出來了一張表，並把《廣韻》二百六韻分別填入其中。先生一看，認為比黃季剛先生原表還要完整，所以立刻找印刷廠來印刷，現在臺灣學生書局所印行的〈廣韻聲韻類歸類習作表〉，就是這張表。由於我畫出了這張表，先生認為我的聲韻學已經有了相當的基礎，所以就立刻介紹我到東吳大學中文系去教聲韻學，當時是民國四十八（1959）年的秋天，我二十四歲，剛從大學畢業。

先生細述追隨林老師之經過，娓娓道來，歷歷在目，令人感動，故對景伊師之推崇、思念特深，景伊師生前身後之事，皆盡心盡力，始終如一，古道熱腸，於今少見；其對景伊師詠懷之詩文自然特多，如追憶〈林先生景伊〉詩：

> 百年身世千年慮，秋夜吟懷已著鞭。國學傳人深自許，吾生幸喜侍經筵。
> 訓詁聲音今有書。欲傳大道敢踟躕。算來一事能安慰，小學於今盡坦途。
> 颯颯秋風露氣清。孺思難已及門情。堂前桃李花千樹，絕學誰當隻手擎。
> 佳城一閉鬱重陰。追憶師門恩義深。縱使千呼和萬喚，也難重聽我哀音[4]。

二〇〇九年還特別為景伊師召開百年誕辰紀念國際研討會，師生恩義，歷久彌堅。又先生於宏揚師學外，且多有發明，早已成一家之言，拙作〈讀 伯元師論音絕句二首〉：

> 群歸匣紐燦前修，精出章黃居上頭；一代奇葩甦廣陌，三千黌舍壯成流。
> 當年恩義不煩言，度與金針絕學存。獨識驪駒真伯樂，師門光大斗辰尊。

先生於音韻訓詁學之創見頗多，成就卓絕，早已凌駕前修，固可不廢江河而萬古長流矣。

先生在師大除深受林老師栽培外，亦受到其他老師之熱心教導，為感念師恩，特追憶《師大名師》二十三人，有七言絕句九十二首之多。其中如詠懷

詠懷〈大冶程先生旨雲〉詩：

> 先生每事談原則，系務蒸蒸日有名。指導論文親受業，諄諄教誨感深情。

---

4 民國七十二年先生臥病榮民總醫院，余其時任教香港浸會學院，聞訊馳歸，於醫院侍疾一週，先生棄養，經理其喪，為時一月，並賦挽詞二十七章，以誌余哀。

精通曆法能施用，孔聖方能慶誕辰[5]。學究春秋嚴斧鉞，丘明微旨細披陳。

地理須明因革理，中蘇國界考陳篇。永求學術能為用，報國書生志節堅。

蟬連祭酒十三春。平素詼諧自有因。幽默言辭人盡識，一嚬一語總傳神。

其他如潘石禪、高仲華、華仲麐等，皆能洞悉各先生之才學、性情、行事作風，及彼此之關係，是篇除詠懷感念外，且富史筆，俾後學有所理解。

（二）班荊道故之關懷詩

先生於同仁同輩友人中最重安徽桐城汪雨盦先生，彼此唱和亦最多，二〇一〇年四月雨盦先生辭世，先生有哀悼詩一首，詞三闋，辭情哀切，真摯感人。先是，雨盦先生講學韓邦，先生有〈夜讀有懷雨盦〉：

夜繕書史惜餘春，雲海相望自在身。君走新羅傳雅韻，我留舊苑憶清塵。

酒樽常見虛前席，詩什應堪暢爾神。無怪三韓頻下聘，中朝第一是何人。

其後雨盦先生臥病，先生除多次親往家中、醫院探視外，且有詩詞多首表達關懷之意，如〈浣溪沙·中山醫院探視雨盦用山谷新婦灘頭眉黛愁韻〉：

病榻纏綿怎破愁。百年光景已臨秋。似難重執釣詩鉤。

叱咤當年憐酒會，停雲今日惜歸休。苦雨淒風盼轉頭。

彼此關係，誠如〈新春開筆有懷〉所云：

友人最念是汪中。書翰詩文絕代功。病榻纏綿難見面。笑談神采幾時重。

其他同輩友人如四川羅尚戎庵、藥樓張夢機等先生，唱和亦頻，往往至於三疊四疊，乃至於下筆不能已，其交心可知也。另外，先生之大陸友人亦甚多，其中又以許嘉璐先生交情最深，來往最密，詩詞贈答頗多，如〈水調歌頭·呈嘉璐兄用山谷落日塞垣路韻〉：

原想神州路，與友共貂裘。欲令中文大纛，遍插眾山頭。奮發還當蹋厲，振翅鷹飛霄漢，得路看騶駬。鳳皇新浴火，一掃百年愁。　　看淮上，風方起，飄九州。漢唐盛世，還須空待幾春秋。近日人常忘本，立國不知文化，真令祖宗羞。從今清舊恥，宗社永無憂。

---

5 中華民國孔子誕辰日乃先生推算出來，經總統明令公布為國定假日，並定為教師節。

〈南歌子・賦贈嘉璐用山谷詩有淵明語韻〉

　　坐擁書城日，長留千載聲。百年歲月看分明。自古為人相重不相輕。
　　西子湖中水，人間度晚晴。與君攜手步縱橫。漢學重張久已寄深情。

良朋難得，故期許勗勉之辭，溢於言外。辭婉而情深，至誠之作也。
　　二〇一〇歲四月之後，臺、港、韓之文壇耆老，多所凋零，其中有先生之同事、同學及同好者，先生皆有哀挽，如香港〈常宗豪挽詞〉：

　　臺北初逢喜見眉。香城攜手更歡怡。昔蒙贈以壽山石，又辱聘為韻學師。
　　愧我心勞門未覘，羨君筆老字多姿，遠聞星墜濠江宅，樽酒論文斷後期。

韓國〈許世旭挽詞〉：

　　來臺留學開風氣，從此華韓日日親。我耗光陰耽舊籍，君從經典識新津。
　　初逢雙鬢同青草。別後鴻儒震北鄰。去歲恩師樽酒畢，豈堪今夕斷音塵。

臺北〈龔煌城挽詞〉：

　　猶記華岡初見面，比來尚欲說根源。愛君長處能容眾，傷子離群竟斷魂。
　　西夏哀音誰可識，南鯤殘淚氣還渾。相知難得今何覓，流水高山永不存。

〈驀山溪・敬輓夢機用山谷山圍江暮韻〉：

　　停雲詩社，老宿如飛絮。次第便凋零，去無蹤，已難重聚。昔時歡笑，今日盡成愁，濕衣襟，看點點，淚落如秋雨。　　君家何處。夢裏尋歸路。
　　夜月送君歸，重聚歡，啼淚無數。黃泉路遠，歲歲等來人，諸事盡，乘天風，且來吟詩去。

皆辭情哀婉，深誠有致，讀之使人慟容，概見其朋情也。

（二）諄諄期許之勗勉詩

　　先生對於後學之勗勉、獎掖，尤不遺餘力，除悉心指導論文，推薦進修，安排工作外，對於學生遇有喜慶，或挫折之事，先生亦會主動撰詩勗勉或安慰一番，如〈喜聞幸福弟接長玄奘大學中文系主任詩以賀之〉：

　　萬里飛來消息好。滿心歡喜賀傳薪。詩經絕業尋長義，酒國新知得要津。
　　兒女所承為骨肉，生徒相繼乃精神。雞鳴不已於風雨，學術千秋在我人。

其叮嚀砥礪之意，溢於言表，讀之銘刻心中。又如去歲草風樓火劫，先生聞之，即來詩相慰，其〈慰在我弟草風樓遭火劫〉：

> 屢蒙邀訪草風樓。頻動吾心以解憂。飲酒交朋情意在，吟詩作賦斗升投。
> 興豪誰欲不為友，義在何期沒燒頭。飽德端能遂君性，相逢樂聖我盈甌。

展讀快慰，火劫之憾，早拋雲外。又先生亦不吝和學生詩韻，如：

〈十月小陽春〉　陳樹衡
十月陽春倍念春　汪辜齗志續江陳　飛天魔障慚無力　遁地狂飆惡作人
畢竟民胞同物與　何期箕豆戾炎淪　風雲今夕高樓會　秋映藍彤綠影塵

〈江陳臺北會和樹衡韻〉　文幸福
離分甲子望回春　縱有恩仇事已陳　明度千山除業障　巧排兩海作和人感情有恨
高誼失　意識無知大道淪　欲起沈痾惟忍忍　安蒲猶是拂紅塵

〈江陳會次樹衡在我韻〉　戊子十月陳新雄稿
寒封十載總回春，往事何須仔細陳。毛蔣恩仇隨彼往，馬胡謀劃念吾人。
臺灣大陸根相結，民進台聯志永淪。隻手回天光禹甸，欣看兩岸不揚塵。

如此屈己下和，對學生創作，甚具鼓舞，又如〈敬壽明鏘詩俠七十次幸福韻〉：

> 與君七十各從心。嘗聽松濤萬古音。奏曲河間邀俊賞，尋詩湖側傍梅林。
> 文章雅韻欣同好，蘭菊清芬共竹陰。聞道今朝群獻壽，雙肩齊聳欲同斟。

〈次韻樹恒幸福聯吟三首〉：

> 欣觀桃李已成林。學術堂廊足放心。喜讀往來詩句好，雙肩聳罷一長吟。
> 扁淺何能望茂林。孫公自有濟時心。清廉貪瀆人能辨，萬世千秋細細吟。
> 樹恒幸福詠成林。欣喜常存鐵石心。針對晴陰揮健筆，漫天風雨作龍吟。

對學生如此期許，敢不努力上進，先生真吾師也。

五　結語

先生詩詞之學，成就斐然，筆者從遊四十年，親炙謦欬，其治學態度之嚴謹，好學精神之認真，修己品德之高華，實平生僅見。早年反覆圈點《說文》、《廣韻》、《資治通鑑》、《詩經》及其他《經、史》等古籍，固然為厚植學力。其後，勤練書法，胼手胝

勉，蠅頭真書，工整而有法度，四方之士，爭相收藏。而於古典詩詞之創作，尤為勤奮，迄今結集梓行者已近三千首，觀其《伯元吟草》、《香江煙雨》、《和蘇樂府》、《和山谷詞》、《和六一長短句》、《新樂府》等，規模古人，真氣淋漓，氣質章法，皆有可觀。筆者被薦入「停雲詩社」之後，與先生唱和日繁，詩作乃有所進，皆先生提攜獎掖之功。先生詩詞內容廣博，以上僅擇其數端以言，至於民生、時事、迎送、酬酢等內容及其格律、語言等形式，林林總總，不及一一詳論，則待之後續。而其風格更是多面，時而陽剛，時而陰柔；大家風範，本不一端，於此可見。以上所述，粗略不精，萬不及一，海內方家，翻檢自得，本不待言，謹聊抒己懷耳。

紀念論文

對《漢語大詞典》修訂稿之我見

郭錫良

北京大學中國語言文學系

收到《漢語大詞典》第一分冊「一」字頭修訂稿長條後，翻閱了一遍，用鉛筆隨手寫了一些意見。編輯室又派專人來聽我的口頭意見並取回長條，還整理發表《工作簡報》上，把我對大詞典原版和修訂稿的尖銳意見大致概括進去了。這種認真態度促使我願意將某些想法寫成書面意見，以供參考。

一

我們知道，《漢語大詞典》是上海、山東、江蘇等六省市四百多編寫人員，花了二十多年功夫，完成的一項巨大的文化工程。這當然首先應該充分肯定。但是由於編寫歷史大詞典的艱巨性很高，上馬匆忙，條件有限，初戰成果存在不少問題，也是難免的。

現在來組織修訂，首先就要弄清楚問題何在？在我看來，《漢語大詞典》儘管在〈前言〉中曾說：「1980年在杭州召第二次編委會，更進一步明確了它的專業性質，只收漢語的一般語詞，排除兼容全蓄、無所不包的最初設想，著重從語詞的歷史演變過程加以全面闡述。」但是實際上並沒有排除《辭海》「兼容並包」「大型綜合性辭典」的影響，對歷史大詞典的學術要求、學術規範有認識不足之處；又由於分卷編纂，分卷出版，全書照應不夠。因此《漢語大詞典》第一版在收詞條、立義項方面就沒有做好，存在很大的誤區。

這次的修訂長條對第一版的主要問題認識不足，修訂不到位，錯誤大多沒有改出來，增加的條目更是走了第一版的老路，大都沒有必要。可以說，是在《經籍纂詁》的路子上越走越遠。《經籍纂詁》本身是資料匯編，還有它存在的價值；而《漢語大詞典》是歷史大詞典，這樣做就顯得蕪雜不堪，難以得到普遍肯定。

《漢語大詞典》也一定要和《辭海》、《現代漢語詞典》有分工，不能把《辭海》的百科詞和《現代漢語詞典》的現代詞都收進來。作為歷史大詞典，首先收詞不能濫，務必分清是詞不是詞。目前酌收一些古漢語中界限不清的詞組還可以，至於現代漢語中的

詞組根本不應該收。可是第一版所收非詞條目，實在太多。例如：

「一一、一一行行、一二、一二二一、一二三、一二九運動、一二三四五六七、一十八般兵器、一十八般武藝、一丁、一丁不識、一丁點……一人之下萬人之上、一人有慶、一人永占、一人向隅滿坐不樂」。這是「一」字頭下前兩頁所收的部份條目；總共二十一條，除「一一、一丁點」能算「詞」外，勉強找出第三個就只有「一丁」了。其它條有的是詞組，有的是單句，有的是複句；有的可算成語、諺語、歇後語、有的不知算什麼。比如「一二二一、一人永占（清人李玉所作四個傳奇《一捧雪》《人獸頭》《永團圓》《占花魁》的合稱）」。這不真成了訓詁匯編嗎？《中文大辭典》如果收這些，還有個藉口，它本來就不是「詞典」嘛。《漢語大詞典》選收一些廣為流傳的成語、諺語、歇後語，也許還無可厚非。但是也宜慎收、少收；在我看來，一版已收得太多了，最好能刪除一些，增加則大可懷疑。這些應該是成語、諺語、歇後語大辭典的任務。

還有現代漢語中的非詞也收了很多，比如，「一大串、一大堆、一丈五尺、一口咬定、一手托兩家、一山不藏二虎、一回生二回熟、一把鑰匙開一把鎖」等，這些《現代漢語詞典》《辭源》都沒有收。總之，是詞非詞，是古是今，看來一版是重視不夠的。這樣很不妥，有時會明顯出錯。例如：

大詞典一版收了「一個」作為條目，立了四個義項，（1）表數量。單個。如……（引例都是現漢詞組，刪，下同）（2）整個。如……（3）……表示程度。如……（4）……表示快速或突然。引了張天翼、沙丁、祖慰三人作品的文句。記得修訂長條是刪去了張天翼的文句，換了周作人更長的文句。我隨手批了幾個字，覺得有些「荒唐」。為什麼呢？「一個」是詞組，不是詞：《現代漢語詞典》沒有收，《辭源》沒有收，連《辭海》也沒有收。按大詞典的處理方式，它應該是現代詞語，可是它不是，早在先秦就出現了，不過是寫作「一个」。

「個、个」的真實關係，其實不是繁簡問題，而是古今字。經傳多作「个」，《說文》出「箇」字：「竹枚也。從竹，固聲。」段注：「箇或作个，半竹也。」「個」是後起字，始見《玉篇》。「个」在經傳中常用，「一个」用例也相當多。例如，《左傳》昭公三年：齊公孫子雅死，晏子曰：「又弱一个焉，姜其危矣。」《國語》〈吳語〉：「譬如群獸然，一个負矢，將百群皆奔。」《儀禮》〈大射禮〉就用了十二次。例如：「搢三挾一个」（插三枝箭在右邊的腰帶間，把一枝箭挾在弓弦上），「左執弓，右執一个」。「一个」表示用竹竿作箭身的一枝箭，也許就是它的本義，並成了段玉裁注「半竹」為「个」的根據。「个、箇、個」，《廣韻》古賀切，見母箇韻，古韻應在歌部；《說文》收「箇」，而「固」聲先秦在魚部。這說明東漢魚部和歌部已有部分字合併。弄清楚「一个」的來龍去脈後，說明它既不是詞，又不是現代才產生的，大詞典對「一個」的立條、釋義、恐怕實在是太欠考慮了。

二

　　《漢語大詞典》的釋義問題，我在修訂方案討論會的發言中已經講過，強調了王力先生指出「一般字典辭書總嫌義項太多」，要特別重視詞義的概括性。當時主要是從字頭論述的。這裡就修訂稿再談點意見，也就是說，字頭下面所列的複音詞條目，更不可能有太多義項，更要重視詞義的概括性。一版在這方面問題也相當嚴重。這裡舉「一致」為例比較幾部辭書的釋義：

　　　　《現代漢語詞典》（試印本）：「相同；沒有分歧；表裡～步詞～我國人民的利益和全世界人民的利益完全～。」

　　　　《現代漢語詞典》（試用本）：「沒有分歧；表裡～步詞～。」

　　　　《辭源》：「相同。《易·繫辭下》：『天下同歸而殊途，一致而百慮。』注：『慮雖百，其致不二。』晉陸機《陸士衡集》七〈秋胡行〉：『道雖一致，塗有萬端。』」

　　　　《辭海》：「趨向相同。《易·繫辭下》：『天下同歸而……』孔穎達疏：『一致而百慮者，所致雖一，慮必有百，言慮雖百種，必歸於一致。』」

　　　　《漢語大詞典》：「（1）趨向相同。亦謂沒有分歧。《易·繫辭下》：『天下同歸…』晉陸機《秋胡行》：『道雖一致……』宋曾鞏《上范資政書》……清王夫之《薑村詩話》……魯迅《憶韋素園君》……（2）猶一律。老舍《駱駝祥子》三：『四外由一致的漆黑漸漸能分出深淺……』又《正紅旗下》：『花廳裡的木器一致是楠木色的……』（3）猶言一得。南朝梁劉勰《文心雕龍·通變》：『若乃齷齪於偏解，矜激乎一致，此庭間之回驟，豈萬里之逸步哉！』」

　　「一致」這個條目最早出自《周易》，在《繫辭》中它還不是一個詞，而是一個詞組，從王弼的《注》「其致不二」和孔穎達的《疏》「所致雖一」來看，就說明了這一點。《繫辭》這兩句是說：「天下的人同歸一個地方，可以有不同的路徑；要達到同一個目的，可以有各種考慮。」「至、致」是同源詞（聲母「章、端」不同），「至」的本義是「到」，「致」的本義是「使到」。「使到」歸於自己就是招來、獲得；歸屬人，就是送達、致獻。陸機《秋胡行》的「道雖一致」和孔穎達《疏》的「必歸於一致」中，「一致」已凝固為詞，意義就是「相同、沒有分歧」。《辭海》據孔穎達的一個例句，把意義定義為「趨向相同」，這是縮小了它的意義，很不妥當。《漢語大詞典》給它立了三個義項，問題就更大了。先說第一個義項，應該知道，「趨向相同」是包括在「沒有分歧」之中，兩者不能並列。大詞典用了近兩百字，舉了五個例句，從上文可見《繫辭》《秋胡行》的例句，是不能用「趨向相同」來解釋的。至於魯迅《憶韋素園君》一例：「未名社的同人，實在沒有什麼雄心大志，但是，願意切切實實的，點點滴滴的做下去的意志，卻是大家一致的。」這裡的「一致」也只能是「相同」或「沒有分歧」的意思，能

說是「趨向相同」嗎？為了節省篇幅，曾鞏、王夫之兩例，這裡就不分析了。再說第二個義項，「猶一律」，「一律」有個引申義「一樣，沒有例外」。用它來解釋所舉的老舍兩例，自然也說得通；但是老舍的用例「一致的漆黑」「一致是楠木色的」中的「一致」，本身就是「相同、沒有分歧、沒有分別」的意思，幹麼要用個同義互訓的「猶一律」來增立義項呢？傳統訓詁學同義互訓的辦法不但不解決問題，反而成為詞典中義項繁多、雜亂的助長因素。

至於第三個義項「猶言一得」，錯得更離譜。《文心雕龍》〈通變〉是講歷代文學的繼承和演變，作者推崇商周以前的文學質樸、雅麗，卻鄙視魏晉、劉宋時期文學的淺薄、詭誕；認為當時文壇是「競今疏古，風味氣衰」（爭著模仿現代而忽視繼承古代，於是文風暗味、文氣衰敗）。大詞典引的這個複句是《通變》章《贊》前最後一段的結束語。這段文章是講創作的綱領、要求的，提出：「規略文統，宜宏大體。」結束語正是對當時文壇淺薄、詭誕的批判，它的意思是：「倘若局促於個人的偏見，驕矜激動於與時人相同的見識上，這就是在院子裡繞著圈子跑馬，哪裡是萬里征途的奔馳啊！」句中的「一致」與「偏解」相對，正是指與時人「沒有分歧」受到贊譽的見解。它的詞義並沒有改變，立一個義項「猶言一得」，完全是臆測，亂點鴛鴦譜。要知道，複音詞的詞義發展變化也跟單音詞一樣，是有規律的，「一致」怎麼引申出「一得」，必須講得出理據。

這裡還對《現代漢語詞典》也附帶說兩句，試用本修改得十分準確精煉。現在的修訂本給「一致」也增加了一個義項：「（2）〔副〕一同；一齊：～對外。」（5版、6版）第一個義項加標了詞類〔形〕。應該知道，形容詞作狀語是普遍的，既不改變詞性，也不改變詞義概括。修訂本的作法，輕說也是多此一舉，畫蛇添足；實際就是犯了傳統訓詁學的隨文釋義的錯誤。

還有《漢語大詞典》既然是一部歷史大詞典，釋義就應該重視源與流的關係。漢字由形、音、義組成，大詞典的性質就是要在這三方面都重視溯源、清流。一版看來不太重視甲骨金文等出土資料，修訂時應該改變這一偏向。比如說「雨」，現在只用《周易》的例子，其實應該引用甲骨卜辭。例如：「癸卯卜：今日雨？其自西來雨？其自東來雨？其自北來雨？其自南來雨？」（合12870）這幾句話只要引上一句，就是最早的文獻了，起到了溯源的功能，比《周易》用例至少早了幾百年。甲骨金文認識的字上千個，得到學術界的公認，把它撇在一邊不合適。

三

「文革」以後辭書的修訂方案，大多是擴充、增補，比如二〇一〇年《辭源》修訂方案（討論稿）就提出要增加單字條目五千，全書條目從十萬增至十二萬五千，篇幅從

一千萬字增至一千五百萬字。要我提意見,我就大大地潑了一盆冷水。戴震提出為學有三難,其中之一就是「精密難」,古今都存在這個問題。不過真是「於今為甚」,用個不敬的說法,現在有不少辭書、學術著作都得了浮胖症。因此在編輯室派專人聽取我的口頭意見時,我就談到《現代漢語詞典》的編纂過程,對試印本和試用本作了一些比較,目的是想《漢語大詞典》的修訂能從《現代漢語詞典》的編纂中吸取經驗。

我們知道,《現代漢語詞典》是一九五六年提出項目、搭班子,一九五七年收集資料,一九五八年二月試編,一九五九底完稿,一九六〇年出試印本,一九六五年出試用本。呂叔湘先生組成詞典編纂室,撰寫了《現代漢語詞典・編寫細則》,主持了試印本的編寫,功不可沒;丁聲樹先生一九六一年起正式到詞典室主持工作,擔負詞典的主編定稿。他勤勤懇懇,加班加點,從頭到尾通讀、審定每一個詞條,花了四五年以上的心血,完成《現代漢語詞典》試用本。應該說這是二十世紀最高水平的漢語詞典,丁先生則是完成這部詞典出力最多的第一人。我曾兩次聽到王力先生誇讚丁本(《現代漢語詞典》試用本),我的案頭也一直擺著一九七三年重印的試用本。這次大詞典派專人來聽意見,正好手頭有了試印本珍藏版,於是作了點對比,大有收獲,忍不住也說了。這裡不妨再簡單匯報一下個人的體會、看法,以供參考。下面先對比「一」字頭下的前五個條目(先列試印本全文,後談試用本的修改):

「一把手」(1)作為參加活動的一員:咱們搭伙幹,你也算上~。(2)能幹的人:要說幹活兒,老李可真是~,放到哪兒都行。(也說「一把好手」。)

試用本:(2)義中「老李」改為「他」,刪「放到哪兒都行」,括弧去掉,其中的話成了釋義的正式內容。

「一把死拿」(方)(~兒)形容固執成法,不肯變通:他老是~,怎麼勸也不聽。

試用本:刪去例句「他老是……不聽」。

「一把抓」(1)對一切事都不放手,都要自己管:老楊你還是老脾氣,什麼事都~,我看你要放手發動群眾才好。(2)作事不分輕重緩急一齊下手:他作事情總是不分主次,眉毛鬍子~。

試用本:(1)(2)的例句都被刪去。

「一百一」(方)一百一十,比喻超越尋常:他對待徒工真是~,處處想得到,一點也不怕麻煩。

試用本:條目全刪。

「一敗塗地」(成)形容敗得不可收拾(塗地:陷入泥土之中):美國應該記住在侵朝戰爭中~的教訓。

試用本:只保留釋義「(成)形容敗得不可收拾」。

　　比較五個條目，可以看出試用本修改的突出特點：首先是大量刪去沒有必要的用例（包括前面提到的「一致」所舉用例），刪改無不精當；而且從中還可以看出，這種刪改還清除掉一些極左影響。我們知道，試印本編寫時，正是一九五九年廬山批判彭德懷前後，極左路線正逼迫群眾大唱三面紅旗的讚歌，詞典用例不得不有所反應。而試用本主要是在一九六一年七千人大會後極左路線被迫有所收斂，知識分子得到「脫帽加冕」，文科教材會議批評了講空話、貼標籤的極左惡劣現象，這就成了丁先生敢於大刀闊斧刪除這些用例的依據。內行都知道，丁先生博古通今，是主編大型詞典最理想的人選。他的刪改不但精要，而且往往在不覺之中改掉了錯誤，提高了學術質量。比如「一敗塗地」條就刪掉了一個知識性錯誤。這個成語出自《史記》〈高祖紀〉：「天下方擾，諸侯並起，今置將不善，壹敗塗地。」《漢書》作「一敗塗地」。顏師古注：「一見破敗，即肝腦塗地。」「塗地」根本不是「陷入泥土之中」的意思。又如：

　　「一蹴而就」（成）用腳踢一下子就行了，形容事情不用費勁，一下子就能成功：為了解決以上所說的這些問題，必須依靠經驗的積累的和實踐的考驗，不可能～。

　　試用本：踏一步就成功，形容事情輕而易舉，一下子就能完成。

　　「一馬平川」一片平坦的地勢：那裡～，作戰是不利的。｜老鄉們告訴我，再翻過兩個山崗，就是～了。

　　試用本：能夠縱馬疾馳的平地：再翻過兩個山崗，就是～了。

　　這兩條中的前一條，據《說文》：「蹴，蹳也。」是蹳踏的意思。「踢」是引申義，主要用在「蹴鞠」這個書面語中。試印本沒有弄清楚「蹴」字義的來龍去脈，解釋自然就走調了。後一條，試印本把「一馬」扔在一邊了，試用本改到了點子上。

　　總之，試用本在詞條訓釋方面作了大量刪削，都刪改得恰當精到。而增加解釋的條目則極少。比如：

　　「一口鐘」斗篷。

　　試用本：（方）斗篷（因為樣子像古樂器的鐘）。

　　「一口鐘」是明清以來對一種服飾的形象稱謂，也就是一種披在肩上的長袍，沒有袖子，不開衩。《西遊記》三十六回：「那眾和尚真個齊齊整整，擺班出門迎接，有的披了袈裟，有的著了偏衫，有的穿著個一口鐘直裰。」《官場現形記》四十三回：「不知從那裡拖到一件又破又舊的一口鐘，圍在身上，擁抱而臥。」試印本注得很精簡，但是這個詞現在已經很少用，不加注釋真不好懂，試用本增得還是很必要的。

　　至於條目的設立，試用本增刪不是太多，「一」字頭下刪去的條目有「一百一、一邊倒、一二八、一心一德、一院制」等十一條，添加的有「一壁廂、一干、一己、一絲一毫、一塌括子、一元化」等十三條。從中可以看出，大概是從詞與非詞和常用不常用出發考慮多一些。還有刪去附錄。總的是堅持惜墨如金、大量刪改、提高學術質量的路

線，而不是輕易增加條目或用例。

我認為大詞典的修訂應該參照丁聲樹先生《現代漢語詞典》試用本的作法，要堅持刪改、提高學術質量。因此我在上次的口頭意見中曾說：「《現代漢語詞典》試用本估計刪去了試印本的六分之一到五分之一，也希望《漢語大詞典》修訂本能從十二本減少成十本，而不要增加為十四本或者更多。」上次只是估計，這次作了一點統計：

試印本（十六開）　一頁二欄　每欄五十四行　每行二十五字　每頁一三五〇字，正文一〇三四頁，共計1,395,900字。人名錄、地名錄九十五頁，共128,250字。

試用本（三十二開）　一頁二欄　每欄四十五行　每行二十字　每頁九〇〇字，正文一三八五頁，共計1,246,500字。

兩相比較，正文刪去149,400字，兩個附錄刪去128,250字：已經大大超過六分之一，非常接近五分之一。加上其他幾個附錄更是超過五分之一。大詞典原版的問題比「現漢」試印本更多一些，應刪、可刪的部份也更多，當然還有應改、應增的部份，這需要大詞典編纂、修訂人員和領導的研究、決定，從大詞典編輯室重視收集、採納意見來看，校改工作正在朝著歷史大詞典的學術要求、學術規範前進，修訂將取得重大成果，這是可以肯定的。

最後，還想表達一點感想，《現代漢語詞典》試用本受到前輩學者的普遍讚許，對比試印本和試用本，我深感很有看頭，耐咀嚼，從中可以學到很多東西。我認為，真應該給試用本也出一個珍藏本，那將成為漢語詞典學很有實用價值的教材。

郭錫良　二〇一四年五月三十日初稿於京郊燕園
二〇一五年一月三十日校訂於海口市海甸島

後記

上個世紀八十年代伯元兄初來北京，我陪他遊覽北京大學校園，繞著未名湖暢談甚歡，互有傾蓋如故之感。九〇年代伯元兄邀我赴臺參加訓詁學會，加深了我們學術上的認同感。本世紀初葉我倆積極投入古音學大辯論，團結兩岸學者，堅持批判繼承中國語言學的優良傳統，反對崇洋迷外的輕浮學風。正如伯元兄所言，我們結成了「肝膽長相照」的知交。深交三十多年，今雖陰陽路隔，然而心相通，情難忘，最近得悉臺灣學術界將舉行伯元兄八秩冥誕紀念會，出版紀念文集；因將這篇近作校訂一遍，敬呈伯元兄座前，以表永念不忘之情誼。

文學‧文字學‧文體學‧方法論
劄記各一則

魯國堯
南京大學文學院

序引

　　陳新雄先生是當代中國著名的蘇軾專家、語言文字學家、詩人、書法家。伯元先生之於學術，著作等身，貢獻巨大。茲撰劄記四則，以論東坡詞〈水調歌頭〉（明月幾時有）居首，次議《說文解字》〈敘〉文本歧異之是非，再次為關於近年定於一尊的「西式論文」的論爭，最後則為《「孔子六指」之喻》，乃是對有關上古、遠古研究的方法論的思考。謹以此紀念陳伯元先生。

文學劄記
論蘇軾《水調歌頭》（明月幾時有）之「接受」

　　中國傳統的散文、詩、詞、書、畫，依現代的學術觀點，都是藝術的門類之一。蘇軾（1037-1101）在這些門類的創作中都取得了頂級成就，名著千秋，稱蘇軾是天才藝術家，歷來無異辭。

　　蘇東坡的《水調歌頭》：「明月幾時有，把酒問青天。不知天上宮闕，今夕是何年。我欲乘風歸去，又恐瓊樓玉宇，高處不勝寒。起舞弄清影，何似在人間。　　轉朱閣，低綺戶，照無眠。不應有恨，何事長向別時圓？人有悲歡離合，月有陰晴圓缺，此事古難全。但願人長久，千里共嬋娟。」這首詞是蘇詞的代表作，也是宋詞的代表作，這也都是公認的。於其所本，前人多有點評，確乎卓見。在下研讀之餘，不揣譾陋，亦略抒己見，或有補苴之效。

　　中國傳統的文藝批評和文獻研究，例如李善的《文選注》、仇兆鼇的《杜詩詳注》等等，很重視作家使用的詞語或典故來源的探尋。更有甚者，用「本」、「本於」、「緣於」、「脫胎於」、「自……化出」等指認某首詩詞、某篇文章的警句、段落、創意、結構

等等與前此作品的淵源關係。這些如果予以概括，一言以蔽之曰「溯源」，這在傳統的文話、詩話、詞話中俯拾皆是。溯源，義即尋根，這是尊重傳統的良好表現。極端的是黃庭堅提倡的「無一字無來處」，現代的批評家往往予以批判，依我之見，「存在的就是合理的」，「無一字無來處」亦不宜太非議，它也是一種「溯源」，只是言之過甚罷了，用現在的俗語是「說得太滿」。

以上種種「溯源法」，是中國古代學者對客觀事物長期而有效的認識後的總結。任何一件作品不可能是無源之水，無本之木，一位作家在成為作家的過程中，必須受到教育，在成為作家之後，也會繼續獲取再教育。一個有成就的作家不可能不知曉、不熟諳前人，特別是他所崇敬的前賢的作品，薰染、服膺、研習、玩味、涵泳久之，冥冥中必然接受前人的影響，是謂潛移默化。杜甫所說的「讀書破萬卷，下筆如有神」很能說明這個道理，其詩作之所以「有神」，即緣於「讀書破萬卷」。

下面一個文獻記載的故事，頗為生動。蘇東坡是天才，但他的勤奮卻更令人驚異。宋人陳鵠《耆舊續聞》云：「朱司農載上嘗分教黃岡。時東坡謫居黃，未識司農公。客有誦公之詩云：『官閑無一事，蝴蝶飛上階。』東坡愕然曰：『何人所作？』客以公對，東坡稱賞再三，以為深得幽雅之趣。異日，公往見，遂為知己。自此，時獲登門。偶一日謁至，典謁已通名，而東坡移時不出。欲留，則伺候頗倦；欲去，則業已通名。如是者久之，東坡始出，愧謝久候之意。且云：『適了些日課，失於探知。』坐定，他語畢，公請曰：『適來先生所謂日課者何？』對云：『鈔《漢書》。』公曰：『以先生天才，開卷一覽可終身不忘，何用手鈔耶？』東坡曰：『不然。某讀《漢書》到此凡三經手鈔矣。初則一段事鈔三字為題；次則兩字；今則一字。』公離席，復請曰：『不知先生所鈔之書肯幸教否？』東坡乃令老兵就書幾上取一冊至。公視之，皆不解其義。東坡云：『足下試舉題一字。』公如其言，東坡應聲輒誦數百言，無一字差缺。凡數挑，皆然。公降歎良久，曰：『先生真謫仙才也！』」李清照在《詞論》中雖對蘇詞不協音律有微辭，但她首先肯定「蘇子瞻，學際天人」。東坡十分重視傳統的承繼與接受，有深厚的承繼，有充分的接受，方能言高力度的創造或創新。

東坡《水調歌頭》（明月幾時有）橫空出世，萬口傳誦。胡仔《苕溪漁隱叢話》：「中秋詞自東坡《水調歌頭》一出，餘詞盡廢。」九百多年來，無比肩者，遑論超越？

若干批評家評騭這首名詞時，往往注意「溯源」，茲舉數例如下：鄭文焯《手批東坡樂府》：「發端從太白仙心脫化，頓成奇逸之筆。」所謂的「太白仙心」當指〈月下獨酌〉：「花間一壺酒，獨酌無相親。舉杯邀明月，對影成三人。月既不解飲，影徒隨我身。暫伴月將影，行樂須及春。我歌月徘徊，我舞影零亂。醒時同交歡，醉後各分散。永結無情遊，相期邈雲漢。」東坡「明月幾時有，把酒問青天」顯然自〈月下獨酌〉脫化，東坡不可能不熟悉太白詩。劉體仁《七頌堂詞繹》：「『瓊樓玉宇』，〈天問〉之遺也。」導源於屈原，這觀點當然也能成立。曾季狸《艇齋詩話》：「《水調歌頭》『但願人

長久，千里共嬋娟」本謝莊《月賦》『隔千里兮共明月』。」這也是毫無疑義的。先著《詞潔》：「此詞前半自是天仙化人之筆，惟後半『悲歡離合』、『陰晴圓缺』等字，苛求者不免指此為累。」先著接著為之解釋：「然再三讀去，搏捖運動，何損其佳？少陵〈詠懷古跡〉詩云：『支離東北風塵際，漂泊西南天地間』，未嘗以『風塵』『天地』『西南』『東北』等字窒塞，有傷是詩之妙。詩家最上一乘，固有以神仙者矣，於詞何獨不然？」而王闓運《湘綺樓詞選》對東坡詞「人有悲歡離合，月有陰晴圓缺，此事古難全」三句則讚歎不置：「『人有』三句，大開大合之筆，他人所不能。」鄭文焯《手批東坡樂府》轉述王闓運之語曰：「湘綺誦此詞，以為此全字韻可當三語掾，自來未經人道。」對於蘇詞下片，他們不言所自，只有高度頌揚。

而我認為，東坡此詞最後五句，「人有悲歡離合，月有陰晴圓缺，此事古難全。但願人長久，千里共嬋娟」亦有所本，特前賢未及此。本于何？寇准詞也。茲錄寇准《陽關引》於下：「塞草煙光闊，渭水波聲咽。春朝雨霽輕塵歇。征鞍發。指青青楊柳，又是輕攀折。動黯然、知有後會甚時節。 更盡一杯酒，歌一闋。歎人生，最難歡聚易離別。且莫辭沉醉，聽取陽關徹。念故人、千里自此共明月。」讀過東坡詞，再讀寇准詞，難道還有誰會否認東坡詞的後片與寇准詞的後片有關聯？寇准「歎人生，最難歡聚易離別」，可謂道徹人間甘苦，只要有過一定人生經歷的人諷誦此句誰能不為之動情？警句哉，警句哉！此十字與東坡「人有悲歡離合，月有陰晴圓缺，此事古難全」有同工異曲之妙，惟寇詞是直白，東坡先用十二字，兩兩對仗（「人有悲歡離合」對「月有陰晴圓缺」），每句內又復兩兩駢列（「悲歡離合」對「陰晴圓缺」），更有進者，又復兩兩相對（「悲歡」對「離合」，「陰晴」對「圓缺」），最後以「此事古難全」縮結。此雖源自寇詞，然更上寇詞一層矣。至於「但願人長久，千里共嬋娟」，可謂遠紹謝莊，近嗣寇准，試與「念故人、千里自此共明月」相較可知。寇句讀後令人不禁懷有淡淡的哀婉的悲情，而蘇句則感到濃濃的慰藉的溫意，高出之處隱然可味。或許因寇准不以詞名家，故前代詞學批評家未能注意到東坡詞與寇詞的關聯，茲特表出之。

也許有人說，東坡詞下闋與寇准詞下闋之相近或許出於偶然。我認為，這要探研東坡作品中所顯示出的「接受」寇准的印記。寇准（961-1023）是宋真宗時的名相，最後貶竄蠻荒而卒，仁宗時平反。他曾被封為萊國公，故宋人詩文俱尊稱為「萊公」。寇准一生跌宕起伏，「大開大合」，最為讀史者注意的有兩點：其最耀眼的勳業是力排眾議，堅決抗擊契丹大軍的入侵，澶淵之役顯示了他的大勇大智，因而名標青史；他秉性剛直，為奸佞之徒構陷貶死於雷州，博得後人的無限同情。三蘇父子兄弟皆有對寇准滿含敬意的詩文，如蘇洵〈遠慮〉、〈上富丞相書〉和蘇轍〈龍川別志〉均曾敘及「萊公」。東坡有〈過巴東縣不泊聞頗有萊公遺跡〉詩：「萊公昔未遇，寂寞在巴東。聞道山中樹，猶餘手種松。江山養豪俊，禮數困英雄。執版迎官長，趨塵拜下風。當年誰刺史，應未識三公。」《東坡志林》云：「王郎反，河北獨巨鹿、信都為世祖堅守。世祖既得二

郡，議者以為可因二郡兵自送還長安。惟邳彤不可，以為『若行此策，豈徒空河北，必更驚動三輔。公若無復征戰之意，則雖信都之兵亦難會也。何者？公既西，則邯鄲之兵不肯捐父母背城郭而千里送公，其離散逃亡可必也。』世祖深感其言而止。蘇子曰：此東漢興亡之決，邳彤可謂漢之元臣也。景德契丹之役，群臣皆欲避敵江南、西蜀，獨萊公不可。武臣中獨高瓊與萊公意同爾，公既爭之力，上曰：『卿文臣，豈能盡用兵之利害？』公曰：『請召高瓊。』瓊至，乃言避敵固為安全，但恐扈駕之士路中逃亡，無與俱西南者耳。上乃大驚，始決北征。瓊之言大略似邳彤，皆一代雄傑也。」寇准歿後十四年，東坡生。對於東坡，寇准乃「現代史」耳，寇准的事蹟、功業、文章東坡豈能不熟知？東坡在創作《水調歌頭》時受古人包括前朝名相寇准的影響也就是自然之事了。

　　鄙陋之見尚有可述者，在詞史上，有「詞為豔科」之說。早期詞作如《花間集》、《尊前集》及北宋前半期的作品大多是偎紅倚翠之辭，說白了，就是動物性本能的人的文學表達，權勢男性對下層女子的貌似有情實為戲弄的描述。東坡在詞史上的崇高地位就在於他異軍突起，勇「越雷池」，使詞跳出了憐香惜玉、風花雪月的「井底」，大大拓展了詞的題材、境界，使詞可以狀天地山川，可以抒胸中塊壘，可以吊邦國興亡、所謂東坡「以詩為詞」，實際上就是是使詞的表現範圍與詩趣同，從而提高了詞的地位。東坡是詞史上的「革新者」，他在革新之前、之時，必然注視、贊佩那些前朝的和當代的具有陽剛風格的詞家，例如王安石（1021-1086）的《桂枝香》（登臨送目），宋人楊湜《古今詞話》云：「金陵懷古，諸公寄詞于『桂枝香』凡三十餘首，獨王介甫最為絕唱，東坡見之，不覺歎息曰：『此老乃野狐精也。』」寇准在詞壇婉媚柔靡之風甚囂塵上之時，而作《陽關引》，襲自王維〈渭城曲〉，以詞演繹，意境闊大壯美，感情慷慨蒼涼。這些前驅者的清新雄健詞作必然潤物無聲，影響到東坡的創作。這首《水調歌頭》（明月幾時有）全然不見「綺羅香澤之態」、「綢繆宛轉之度」，顯現的是天上人間，陰晴圓缺，悲歡離合，更可貴的是富含哲理意蘊，直可謂「一洗萬古凡馬空」。

　　我們在此特別要指出，東坡《水調歌頭》（明月幾時有）詞接受的前人影響是多元的，唐圭璋先生《宋詞三百首箋注》輯錄材料甚夥，拙文補充了一點。近幾十年，出現了一門新學問叫「接受學」，大意是，一種精神產品，如作家的詩詞文，就必須具一動態過程，就是「作者」→「文本」→「讀者」這三個環節的遞進。在這個學說中，「讀者」對「作者」的「作品」的接受到前所未有的重視（參見拙集第六十二頁）。在中國，接受學的研究風起雲湧，論著逾千，例如《蘇軾詞接受史研究》、《元好問對蘇軾詞的接受》、《論蘇軾對韓愈的接受》等論文即是。俗有「無知者無畏」一語，在下不才，擬據此語推拓開，可以說；無文化者無文化傳統，那麼，文化淺者文化傳統淺，文化深者文化傳統深。東坡「學際天人」，必然廣泛而充分地接受前賢的多元影響，以自己的天才熔鑄成《水調歌頭》（明月幾時有）詞，高出李白，勝於寇准。此詞融含多種元素，造化天成，渾然一體，瑰麗奇偉，傳誦已千載，流芳必萬世，其誰曰不然？

文字學劄記
段玉裁擅改《說文解字》〈敘〉之誤及其它

　　許慎《說文解字》〈敘〉的一段：「是時秦燒滅經書，滌除舊典，大發隸卒，興役戍，官獄職務繁，初有隸書，以趣約易，而古文由此絕矣。」這是傳世大徐本、小徐本所載的文字。桂馥《說文解字義證》、錢坫《說文解字斠詮》、鈕樹玉《說文解字校錄》皆如是。

　　可是段玉裁《說文解字注》作「是時秦燒滅經書，滌除舊典，大發吏卒，興戍役，官獄職務繁，初有隸書，以趣約易，而古文由此絕矣。」大徐本、小徐本的「隸」被改為「吏」，「役戍」被改為「戍役」。由於段注是說文學的第一權威著作，所以有依從者，如啟功先生《古代字體論稿》。

　　前人也有懷疑者，如鈕樹玉《段氏說文注訂》：「『大發吏卒興戍役官』，按本作『大發隸卒興役戍官』，此不知因何本改。」馮桂芬《說文解段注考正》：「『大發吏卒興戍役』，二徐作『大發隸卒興役戍』，此不知何據。」鈕、馮二家僅是質疑，而未敢言其非。

　　眾所周知，許慎的《說文解字》〈敘〉是中國文字史、文化史上的經典文獻。而大小徐本與段本，在這兩處有歧異，孰是孰非？看來頗有辨正的必要。

　　讓我們首先研討「吏」和「隸」，二者的意義相同否？這需要依據歷史文獻，特別是秦漢的傳世文獻與考古所獲的文獻作考證。

　　許慎《說文解字》〈一部〉：「吏，治人者也。」

　　班固《漢書》〈百官公卿表〉：「吏員自佐史至丞相，十二萬二百八十五人。」

　　賈誼〈治安策〉：「內有公卿大夫士，外有公侯伯子男，然後有官師小吏，延及庶人，等級分明。」

　　司馬遷《史記》〈絳侯周勃世家〉：「吾嘗將百萬軍，然安知獄吏之貴乎？」

　　《漢書》〈陳遵傳〉：「既至官，當遣從史西，召善書吏十人於前，治私書謝京師故人。」

　　從上引諸例可見作為「治人者」的「吏」是屬於統治者營壘的。「獄吏」、「善書吏」當是「小吏」。但是請看下例，《漢書》〈谷永傳〉：「上從之，以音為大司馬車騎將軍，領尚書事，而平阿侯譚位特進，領城門兵。永聞之，與譚書曰：『……拜吏之日，京師士大夫悵然失望。』」此中之「吏」乃高級執政官，後世有「封疆大吏」一詞，如晚清的曾國藩、李鴻章、左宗棠、劉坤一、張之洞等皆是。

　　而「隸」，與「吏」迥然不同，主要意義指罪犯、刑徒。一九七五年出土的雲夢秦簡，法律條文占多數，其中出現了「府隸」（《金布律》）、「牢隸臣」（《賊死》）、「工隸臣」（《軍爵律》），這些該是以被迫從事的工種而得名的。一九六四年出土的秦昭王三十

三年的高奴銅石權，鑄有「工隸臣平」，這是當時的「實名制」。雲夢秦簡中還有「隸臣」、「隸妾」、「大隸臣妾」、「小隸臣妾」、「免隸臣妾」（《倉律》），當是區別罪犯性別的名目。《漢書》〈刑法志〉：「罪人獄已決，完為城旦舂，滿三歲為鬼薪白粲。鬼薪白粲一歲，為隸臣妾。隸臣妾一歲，免為庶人。隸臣妾滿二歲，為司寇。司寇一歲，及作如司寇二歲，皆免為庶人。」顏師古注：「男子為隸臣，女子為隸妾。」《說文解字》〈門部〉：「閽，常以昏閉門隸也。」這是以刑人看門。《漢書》〈刑法志〉：「昔周之法，……凡殺人者踣諸市，墨者使守門，劓者使守關，宮者使守內，刖者使守囿，完者使守積。」司馬遷〈報任安書〉：「今已虧形為掃除之隸，在闒茸之中。」

可以說，「隸」與「吏」是兩種人，是對立的兩面，不能混淆。值得細析的是下一名句，司馬遷〈報任安書〉：「當此之時，見獄吏則頭槍地，視徒隸則心惕息。」司馬遷以「獄吏」與「徒隸」對言，「獄吏」是「吏」的一種，是監獄的管理者；「徒隸」（由同義詞「徒」與「隸」構成的雙音詞）即「隸」，為受命在監獄中擔任雜役的刑徒。

至此，可以說，段玉裁為《說文解字》〈敘〉作注，改「隸」作「吏」，一誤也。

尤有進者，當揣摩許慎《說文解字》〈敘〉的文意脈絡。二徐本：「是時秦燒滅經書，滌除舊典，大發隸卒，興役戍，官獄職務繁」，其中「發隸卒，興役戍」駢列，前句「隸卒」是並列結構，後句「役戍」也是並列結構。在此兩個結構中，當是前之「隸」與前之「役」相呼應，後之「卒」與後之「戍」相呼應。「隸」被迫做的是「（繇）役」，「卒」被迫做的是「戍（邊）」

「隸」從事各種勞役。前面講的秦代的「府隸」、「工隸臣」、「牢隸臣」即是。《漢書》〈食貨志〉：「周室既衰，暴君汙吏慢其經界，繇役橫作，政令不信。」《後漢書》〈孝桓帝紀〉引錄的「詔曰：比起陵塋，彌歷時歲，力役既廣，徒隸尤勤。頃雨澤不沾，密雲復散，儻或在茲。其令徒作陵者減刑各六月。」詔書中的「徒隸」與「徒」同義。《漢書》〈惠帝紀〉：「三年……六月，發諸侯王、列侯徒隸二萬人城長安。」《漢書》〈景帝紀〉：「四年……秋，赦徒作陽陵者，死罪欲腐者，許之。」《史記》〈黥布列傳〉：「及壯，坐法黥。……布已論輸麗山，麗山之徒數十萬人。」麗山即驪山，是時秦大造宮殿。

「卒」的任務是「戍」，古籍中又稱「戍卒」。《史記》〈陳涉世家〉：「二世元年七月，發閭左適戍漁陽，九百人屯大澤鄉。……乃丹書帛曰『陳勝王』，置人所罾魚腹中。卒買魚烹食，得魚腹中書，固以怪之矣。又閒令吳廣之次所旁叢祠中，夜篝火，狐鳴呼曰『大楚興，陳勝王』卒皆夜驚恐。旦日，卒中往往語，皆指目陳勝。」此文中，「卒」指陳勝吳廣等，他們在謫戍漁陽途中起義反秦。《史記》〈秦始皇本紀〉：「七月，戍卒陳勝等反故荊地，為『張楚』。勝自立為楚王。」《鹽鐵論》〈險固〉：「然戍卒陳勝無將帥之任，師旅之眾，奮空拳而破百萬之師，無牆籬之難。」又《漢書》〈晁錯傳〉：「陳勝行戍，至於大澤，為天下先倡，天下從之如流水者。」《漢書》〈高帝紀〉：「戍卒

婁敬求見。」

上面我們舉多例說明「隸」與「役」，「卒」與「戍」的關係。下面一段不可多得，宜作許慎敘「興役戍」的典型書證，《史記》〈張耳陳餘列傳〉：「秦為亂政虐刑以殘賊天下，數十年矣。北有長城之役，南有五嶺之戍，外內騷動，百姓罷敝，頭會箕斂，以供軍費，財匱力盡，民不聊生。」其中的「北有長城之役」，徭役也；「南有五嶺之戍」，戍邊也。《漢書》〈刑法志〉：「秦因四世之勝，據河山之阻，任用白起、王翦豺狼之徒，奮其爪牙，禽獵六國，以並天下。窮武極詐，士民不附，卒隸之徒，還為敵讎，豪起雲合，果共軋之。」此例，「卒」、「隸」並列。

經過以上論證，我們認為，二徐本「發隸卒，興役戍」，符合秦漢的社會實際、時代思想及行文慣例，是正確的文本；段玉裁擅改為「發吏卒，興戍役」，甚誤。前賢未能及此，今為補正。

最後，附帶說一下：嚴可均、姚文田《說文校議》：「『興役戍』：《汗簡》〈略敘〉引『戍』作『庶』，屬下句。」王筠《說文句讀》：「是時秦燒滅經書，滌除舊典，大發隸卒興役，庶官獄職務繁。」自注：「依《汗簡》引改，皆見始皇本紀。」按，《汗簡》〈略敘〉的相關文字為「是時秦燒滅經書滌除舊典大發隸卒興役庶官獄職繁務初有隸書以趨簡易而古文由此絕矣」，鄙見，文字當從二徐本，應為「興役戍」。鈕樹玉《段氏說文注訂》：「『大發吏卒興戍役官』，按本作『大發隸卒興役戍官』，此不知因何本改。」鈕樹玉如此斷句，不妥，「官」應屬下。

文體學劄記
「西式論文」之爭

「物極必反」，「盛極而衰」，這是中國語言裏的兩個成語，是對自然和社會現象衍變的哲理概括，看來很有道理在。例如在中國大陸，近若干年，學術期刊、高校學報刊發的論文都必須採用西洋模式，如今西式論文可謂官定標準。然而，極盛之時也會有人看出弊病來，提出問題來。

二〇一四年九月十八日，上海《文匯報》「筆會」副刊發表了謝泳的〈西式論文的負面影響〉，引發了一場關於西式論文的爭論，依我之見，治人文科學的學人都應該關心這場論爭。

人，身處社會之中，必有所見，不揣譾陋，作為學人，我對「西式論文」也曾有過「微辭」，也曾為中國傳統的「劄記體」的生存吶喊過。二〇〇九年元旦我撰〈愚魯廬學思脞錄：「智者高本漢」，接受學與「高本漢接受史」……〉一文，在最後一節〈提倡「新劄記體」〉中說道：「世間事物多元，文章體裁多元。語言學論文的體裁本應多元，除了今日各刊物通行的『標題——提要——關鍵詞——正文——附注——參考文獻』模

式（國堯按，這種模式源自西洋，由於官方的大力推行而定於一尊，是近十幾年的事兒吧）外，我認為中國的劄記體，不應使之中斷，而應繼承之光大之。眾多先賢以劄記體為我們留下了許多光彩奪目的學術遺產……我提倡劄記體，自己在實踐寫劄記體，但是我企圖使劄記變得活潑一些，帶點文采，有可能則略加揮灑，有所議論，不揣讓陋，謂之『新劄記體』。」（《魯國堯語言學文集：衰年變法叢稿》，頁120-121）在二〇一二年五六月寫的〈錢江學思錄〉裏，我說：「劄記是我們中國的傳統文體，如今瀕臨滅絕的境地，因為現在得學位、晉職稱，需要的是『正規』論文和專著。所謂『正規』，就是西洋模式。……聽任我中華學術文體之一的『劄記體』因為西洋式文體的擠壓而衰亡，可乎？不可。作為中國學人，肩有存亡繼絕的責任。就我淺聞，似乎是梁啟超在《清代學術概論》之十七較早提出『劄記體』這一文體名稱，並給予很高的評價（文繁不錄）。劄記的長處在精煉異常，並時時迸發出思想的火花，往往比那些拾人牙慧、無甚新意的西洋式論文和專著高明多多。錢鍾書先生有一段名言針砭世俗，值得誦讀：『眼裏只有長篇大論，瞧不起片言隻語，甚至陶醉於數量，重視廢話一噸，輕視微言一克，那是淺薄庸俗的看法──假使不是懶惰粗浮的藉口。』」（拙集第三四五頁）在二〇一二年八月我對「時下論文，特別是西式論文幾乎成了學術文章的唯一形式」再次發表意見（此不贅）（見拙集第三六〇頁）。

謝泳的〈西式論文的負面影響〉這篇文章寫得精彩，所以我摘錄片段於下。他說：「中國學界現在普遍流行的論文格式是西式的，以專業學術期刊和大學學報為主要代表，據說此類文章基本沒有真實閱讀量，而只有升職統計量，當然這個判斷可能只代表部分人情緒化的態度。西式論文的格式是先陳述所謂學術史，再表達創新處，強調處處有注解，句句有來歷，得意處是注釋比正文長才專業。西式論文格式，對一般社會科學研究可能有較高合理性，比如經濟學、社會學、法學等，但對中國文史研究，我以為基本不合適。一個簡單的邏輯是如果它合適，為什麼陳寅恪、胡適、傅斯年、錢鍾書他們早年不提倡這個東西？我們難道比陳、胡、錢高明？陳、胡、錢一生文體，都是中國傳統文史研究的格式。我近年觀察，此類西式論文的流行，已在相當大程度上影響了中國傳統文史的表達方式，甚至可以說害了中國的文史研究，現在很多學中國文史的研究生，不會寫文章，寫不了像樣的文章，可能與這個訓練不無關係。中國傳統的文史研究方式，文體多樣，掌故、筆記、詩話、劄記、批註等，核心都在有新材料和真見識，講究的是文章作法，不在字數多寡，但要言之有物，要有感而發，所以學術研究中飽含作者個人才情。好的中國文史研究，不張架子，不拿腔作勢，凡陳語腐言，一概擯棄。西式論文成為學界主流，大體在上世紀九十年代末，是在提倡學術規範中引進的，後來大學評價體系完善後，西式論文就成了學術主流，不按這個規則寫出的文章即不合法，不成為學術文章，流風所及，今天西式論文已是獨步天下，所有學術期刊都統一到了一個格式上。」謝泳先生又說：「中國文史研究的文體問題相當重要，它本身有自己的文化

傳統，在漫長的文明演進過程中，在文體和思維方式上都形成了自己的特點，考證、義理、辭章的完美結合，始終是學術大家的共同特點。而西式論文成為學術體制評價主流後，中國傳統文史研究的特點基本就消失了。我們今天很難在正統主流學術期刊上看到考證、義理、辭章統一的好文章，所見多是大而無當，空話連篇，以粘貼史料、轉述各方觀點為主要敘事模式的高頭講章。……西式論文主導學界是學術職業化和學術體制化帶來的一個惡果，它適應於升職稱、拿課題和套經費的量化管理，現在應該是反省的時候了。」謝泳先生提倡「義理、考據、辭章」，可謂合我之心，我也曾說過：「在清代，戴震和姚鼐都提出『義理』，『考據』、『辭章』的說法。戴震、段玉裁都鄙薄『辭章』，姚鼐輕視『考據』，袁枚則獨尊『辭章』。俱往矣，且看今朝。我認為，時至二十一世紀，我們應該力求在治學中、在撰著中體現三者，融之於一爐，這應該是當代中國語言學人的追求目標。『取法乎上』，當是康衢大道。在下不敏，然亦頗有志於此。我的詮釋：『義理』指思想或理論，『考據』即實事求是的推理，『辭章』則指文章應有適度的文采。」（拙集第三五三頁）。

《文匯報》十月十二日「筆會」副刊編者云：「謝泳〈西式論文的負面影響〉在筆會刊出之後，引起較大反響。在此，筆會再發表徐建融、陸風亭二位先生的文章，就此問題進一步討論。」二文為徐建融〈也談西學化的中國文史研究〉、陸風亭〈真正的問題不在「西式論文」〉。《文匯報》二〇一四年十一月五日「筆會」副刊又發劉緒源〈「西式規範」之我見——兼說「專家之上的文人」〉，三文太長，不錄。有心的讀者可以密切關注這場討論。

不過，劉文的一段，我讀後不禁莞爾而笑，現拷貝於下，以饗諸君：「當年林語堂博士從哈佛和萊比錫大學畢業，是西式教育一流高材生，開始也是不可一世，但在遇到魯迅和周作人，看到他們的絢爛文章後，才真正明白了自己的差距。他在畢生唯一的學術論集《語言學論叢》（開明書店一九三三年版）的前言中，說了幾句老實話：『這些論文，有幾篇是民十二三年初回國時所作，脫離不了哈佛架子，俗氣十足，文也不好，看了十分討厭。其時文調每每太高，這是一切留學生剛回國時之通病。後來受《語絲》諸子的影響，才漸漸知書識禮，受了教育，脫離哈佛腐儒的俗氣。所以現在看見哈佛留學生，專家架子十足，開口評人短長，以為非哈佛藏書樓之書不是書，非讀過哈佛之人不是人，知有世俗之俗，而不知有讀書人之俗，也只莞爾而笑，笑我從前像他。』這話今天重讀，很有現實意義。」筆者按，林語堂先生的《語言學論叢》，搞現代漢語的人大概沒有讀過，做漢語史研究的人應該都讀過，我曾讀過，但是對這段話或是沒有注意，或是注意過，忘了。正如劉文所言：「今天重讀，很有現實意義。」

《文匯報》二〇一四年十一月二十二日又發表了顧農的〈也談「西式規範」與「專家之上的文人」〉，文中一些話值得迻錄：「現在的問題在於當下教師中似乎沒有多少『最優秀的學人』，專家則很多，或者說幾乎全是專家。他們要教育培養的或者更準確

地說要他們培養的，也不是什麼學人，而是合乎『西式規範』論文的寫手，亦即未來的專家。這種未來的專家出道以後再來培養更未來的小專家……子子孫孫，無窮盡也。」「『西式規範』或者可以說略近於洋八股，那當然也得一股一股地寫下去，一直搞到最後一章最後一條注釋而後已，然後就可以穿上道袍戴上方帽子興高采烈地拍照片了。」顧農先生希望：「在現在和稍後的高校文科裏，還有那麼幾個不完全跟著潮流奔走的專家之上的文人，讓各級學生知道，世界上還有同博士論文寫法不一樣的論文，以及論文之外也還可以寫各式各樣的文章，知道『西式規範』只是規範之一而非聖旨，以及在學術上還有比專家更高的境界。」

看來，在當今中國學術界，對定於一尊的「西式論文」或「西式規範」表示不滿的有識之士大有人在。

「西式論文」或「西式規範」何以能在近年一統天下？以上諸文都沒有點出深層次的「癥結」，「一葉落而知秋」：崇洋之風甚熾。

「我願天公重抖擻，不拘一格降人才」，在學壇上，百花齊放，文體多元。喜寫西式論文者悉聽尊便，愛好國式文章者揮毫暢言。總之，務必摒棄繁文縟節，陳詞濫調，力倡言之有物，新意充盈。上乘者融義理、考據、辭章於一爐，直追前輩、前賢。但願今後的專業學術雜誌、各種學報、畢業論文不再是千篇一律的老面孔，而是滿園春色，五彩繽紛。如此方是以「偉大復興」作為追求目標的中華民族的學術景象、學術氣概！

方法論劄記
「孔子六指」之喻

我曾多次跟友人講過我的一則淺見：在漢語音韻學史上，元末周德清著的《中原音韻》其音系的構擬，雖有爭論，然而卻是局部性的，而且分歧算不得大；可是上古音的構擬，不足百年，大概有三四十家了，沒有一家是相同的，以漢語成語「言人人殊」四字形容之，合縫對榫，而且諸家無不底氣十足，自謂真理在握。拙文〈論「歷史文獻考證法」與「歷史比較法」的結合〉裏提出了個「犬馬——鬼魅法則」，並且說：「在漢語史中，越近於近代，『犬馬』的成分越高；越是到上古、遠古、乃至史前，『鬼魅』的因素越多。」（拙集第一四七頁）這發源於《韓非子》〈外儲說〉：「客有為齊王畫者，齊王問曰：『畫孰最難者？』曰：『犬馬最難。』『孰最易者？』曰：『鬼魅最易。夫犬馬，人所知也，且暮罄於前，不可類之，故難。鬼魅，無形者，不罄於前，故易之也。』」至東漢，張衡有推闡之辭，其〈請禁絕圖讖疏〉云：「畫工惡圖犬馬，而好作鬼魅，誠以實事難形，而虛偽不窮也。」其實，任何「鬼魅」實際上都還是本於活人。去冬我讀葉純之《音樂美學十講》，裏面有句話：從前的中國畫中，鬼沒有穿西裝的，讀後不禁為其睿智而擊節歎賞。現在我要說的是，在人文學科研究上古、遠古的歷史乃至史前史的

時候,「鬼魅的因素越多」,諸說競出,孰是孰非,有何辯證的方法?

　　二○○五年五月,聲韻學會在臺中靜宜大學召開,我應邀作主題發言,題為〈詩經音系陰聲韻具輔音韻尾說的思考〉,我在準備發言稿時曾寫了一個附錄〈「孔子六指」之喻〉,會上只略敘了一下,未能暢言,今將當年稿子抄錄於此,但此次發表在最末加了個蛇足「甲、乙:……」。

「孔子六指」之喻

甲:請您伸出手,您有幾個指頭?

乙:五個指頭。

甲:我也伸出手,您看,我有幾個指頭?

乙:五個。

甲:請問:孔夫子的手有幾個指頭?

乙:也是五個。

甲:不,是六個。

乙:怎麼是六個?記載過孔子事蹟、言行的書如《論語》、《左傳》、《禮記》等等都沒有講孔子手有六指。《論語》說:「指諸掌。」沒提到他有六指啊。

甲:不是歷史上發生過的事都有記載。沒有記載的事比記載的事不知多多少呢。我說孔子是六指。

乙:這,我不信。

甲:孔子就是六指!

乙:我們兩人有不同的命題,究竟誰對,最好有個辦法來檢驗。

甲:我們離孔子兩千五百年了。我們都沒見到孔子,怎麼檢驗?

乙:有法子了。把孔子的遺骸挖出來檢驗,就可以證明是您對還是我對。

甲:曲阜的孔子墓下有沒有遺骸?遺骸是不是真的?即使真是孔子的遺骸,他的手骨是否腐爛?都要打問號。何況為了檢驗孔子究竟有幾個指頭,去發掘孔子墓,那是做不到的,孔林是國家重點保護文物單位。而且孔子是人類偉大的思想家、教育家,是中國人的靈魂,他的墓誰敢動?總不能為了我們這個爭論去盜墓吧,

乙:那我們兩人的觀點,孰是孰非,就沒法決定了?

甲:是的。

乙:那為什麼?

甲:因為孔子是古人,是死去多年的人。我們怎麼能知道孔子究竟有幾個指頭呢?

乙：我說他有五個指頭，是因為我們都有五個指頭，不是你也五指我也五指嗎？

甲：你的說法是有根據。我以為孔子六指，何嘗沒有根據？有六個指頭的人，你見過沒有？

乙：我是見過，不過我長這麼大了，也只是見過一次呀。六指畢竟是少數，極少數。

甲：古書上有記載。《莊子》就有「駢拇枝指」四個字。雖然是極少數，畢竟也是存在，存在就是合理。雖然只有極少數人是六指，孔子就可能是那個極少數！

乙：為什麼孔子就偏偏是那個極少數？為什麼孔子就不跟絕大多數一樣？

甲：你總不能否認有六指的人吧，假如六指的概率醫學統計是百萬分之一，甚至是千萬分之一，但是總是存在的。

乙：你這麼辯論，不能服我之心，也不能服我之口。絕大多數人是五指，我們就該推斷孔子是五指。

甲：哪怕這世上只有一個人是六指，我認為孔子就可能是六指，何況絕不止是一人。

乙：看來，我們都是以現實情況為依據做出推論的，都是談的可能性。兩種可能都存在。法國哲學家笛卡兒說過：「在無法認定何者正確之時，就應採用可能性最大的一個。」

甲：笛卡兒雖然是大哲學家，他的「吾從眾」的說法也未必對啊。古希臘大哲學家柏拉圖說過：「真理可能在少數人一邊。」我們的毛澤東同志也說過：「真理有時掌握在少數人手裏。」我認為我就可能掌握了真理，孔子就是六指！雖然我自己是五指。

甲、乙：……

二○○五年一月二十四日星期一

按，看來，「『孔子六指』之喻」不僅在古代語言史的研究中有此現象，於上古、遠古的諸般事物的研究何嘗不然？即具有普遍性，此喻或許具有方法論的意義。茲引著名哲學家馮契先生（1915-1995）主編《哲學大辭典（分類修訂本）》（上海辭書出版社，2007年）作結，「方法論（methodology）：關於認識世界和改造世界的方法的學說和理論。有哲學科學方法論、一般科學方法論、具體科學方法論之分。」「方法按其普遍性程度可以分為三個層次：在各門科學中的一些特殊的方法居於最低層次；各門科學中的一般研究方法居於中間層次；一切科學最普遍適用的方法即哲學方法居於最高層次。」

後東坡九百年魯人於杭州東坡路二○一四年十二月

思考方法教學概說

王開府

臺灣師範大學國文系

陳老師新雄是我讀臺灣師大國文研究所的導師。那時研究生必須圈點指定的古籍，每週送呈導師批閱。陳老師很認真的審閱我們的古籍圈點。他上課時也很用心，不太講課程以外的話，讓我們獲益良多，令人感念。特此附記，以示景仰。

　　思考方法及教學，是我很早就開發的課程。一般大學有時會開邏輯課程，似乎極少開「思考方法」。最初，因為我負責教育部九年一貫語文學習領域國語文輔導群的工作。二〇〇七年（民國九十六年）五月在臺灣師範大學舉辦「提升國語文能力教學研討會」。會中師大國文系鄭圓鈴教授發表了〈心智圖法在國語文教學的應用〉一文，引起與會學者及教師的興趣。因此，同年分別在花蓮與臺北舉辦相關的工作坊，廣受教師歡迎，心智圖教學成為輔導群年度推動的重點工作。在第二年我寫了一篇論文〈心智圖與概念模組在語文閱讀與寫作思考教學之運用〉發表於二〇〇八年六月出刊的國立臺灣師範大學國文系第四十三期《國文學報》。不久，輔導群潘麗珠、鄭圓鈴教授與六位國中小教師吳惠花、黃惠美、陳俐伶、施教麟、王秀梗、鄭潔慧通力合作下，當年九月正式由教育部出版了《國語文心智圖教學指引》一書，並發行了該書的光碟版。在書中我寫了一篇〈序〉，題為「思考、閱讀與創作」，並在第一篇導論中寫了第一章〈心智圖與國語文教學〉。「心智圖」是用來作圖像思考，是思考的一種有趣工具，也因此啟發我開始探索「思考」、「思考方法」以及「思考教學」。

　　同一時間，我也正式成立了一個網路部落格，名為「wken's 思考與閱讀」，網址是：http://blog.yam.com/wkeny。「w」是我姓「王」（Wang）的英文縮寫；「ken」是我英文名字「Kenneth」的縮寫。因為這是我教學用且對外公開的部落格，當初不想對外公開我的姓名，所以用英文縮寫代表。這個部落格不斷的增新內容，形成一個有系統的「思考教學」架構，成為教授相關課程的線上資源，也提供學生作為思考課程的教材。二〇一〇年九月開始我在國文系大學部教「思想方法」，也在通識課程開了「思考方法」。二〇一一年二月在研究所日間及夜間班各增開了「語文思考教學研究」課程。從

此「思考方法」及「語文思考教學研究」兩門課每年都開，一直到現在。

上述兩門課一是教思考方法，一是教思考教學。雖然方向有所不同，但就「思考」來說可以統整合一，其主題依序如下：1.思考、邏輯與思想；2.思考模式與風格；3.思考習慣病；4.多元智能與思考向度；5.問題爭議與發問；6.圖像思考與心智圖法；7.理性情緒與道德思考；8.推理思考；9.批判性思考；10.創造性思考；11.思考教學法。

關於起首「思考、邏輯與思想」這一主題，我在部落格轉載了一篇文章〈美國的小學教育〉，作者是中國的家長，他很訝異的指出美國小學沒有教科書，學生可以充分的自由學習。有一次老師要學生介紹自己國家，他的孩子就從圖書館借了很多書回來看，並用電腦寫作，幾天後寫出二十幾頁的一篇文章〈中國的昨天和今天〉，展現他的研究成果。孩子把文章分了章節，末尾並列出參考書目。老師沒有讓孩子去死記硬背大量的公式和定理，而是透過自由閱讀，讓孩子學會怎樣去思考問題，教給孩子們尋找答案的方法。由此可知，懂得思考比只會記憶更重要。

「思考模式與風格」部分，先講模式後講風格。模式一般可分為兩類，如：1.垂直思考與水平思考；2.縱向思考與橫向思考；3.男性思考與女性思考；4.聚斂性思考與擴散性思考。風格可分為：思考風格（如一般思考風格：綜合、理想、實用、分析、現實五種；決策風格：指示型、分析型、觀念型、行為型四種）。

「思考習慣病」可分為七類，如：前例依賴症、思考不足症、未來缺乏症、問題管窺症、資訊肥胖症、慢性多疑症、變化恐懼症。

「多元智能與思考向度」在「多元智能」部分，可分為八類：1.語文（問題的語言分析或澄清、語言策略與藝術、閱讀策略與發問技巧、解決構想的計畫）；2.邏輯（思考方式、邏輯推理）；3.視覺空間（圖表圖片的設計、視覺想像、色彩符號）；4.肢體動覺（肢體語言、戲劇）；5.音樂、節奏（聲音的想像、音樂的聯想）；6.人際關係（問題解決的討論、方法評估）；7.內省（反省與思考、情感的處理與分析、後設認知的歷程與思考、自我認同）；8.自然觀察（環境的觀察與關懷）。在「思考向度」部分，依布魯姆的認知歷程向度（cognitive process dimension [2001Bloom 修訂版]）可分為六類：記憶、了解、應用、分析、評鑑、創造。筆者修訂為思考歷程七向度：記憶、了解、分析、綜合、應用、評鑑、創造。把「分析」移到「了解」之後；另增加「綜合」一向度，在「分析」之後，「應用」之前。先「分析」再「綜合」「應用」是比較合理的安排。「應用」難度較高，不應擺在「分析」之前。

「問題爭議與發問」的主要內容：1.發問的教學功能；2.問題類型（封閉型與開放型）；3.良好的問題；4.提問技巧；5.提問要領；6.候答技巧；7.理答技巧；8.陳述與討論（學生與教師的角色）。

「圖像思考與心智圖法」主要內容：1.曼陀羅思考法；2.心智圖法；3.12W 思考法；4.心智圖教學網站；5.概念模組；6.XMind 軟體與使用；7.心智圖與國語文教學。

　　「理性情緒與道德思考」主要內容：1. 理性與工具；2. 理性情緒思考；3. 公平正義概說；4. 哈佛大學的幸福課；5. 道德判斷的基礎；6. 價值澄清與教學法。

　　「推理思考」主要內容：1. 初步的思考策略；2. 跳出思考的陷阱；3. 用推理來解謎；4. 形式邏輯的基礎；5. 演繹論證；6. 歸納論證；7. 非形式謬誤；8. 三十四種詭計及其對策；9. 如何使思想正確；10. 論證中的情感用語。

　　「批判性思考」主要內容：1. 批判釋義；2. 批判者或理解者；3. 艾比林矛盾；4. 批判性思考；5. 對解決問題的批判思考；6. 對爭議的批判思考；7. 批判性閱讀。

　　「創造性思考」主要內容：1. 腦力激盪法；2. 創造性思考；3. 如何寫學術論文？4. 學位論文研究計畫示例。

　　「思考教學法」主要內容：1. 教學原則；2. 思考教學法；3. 閱讀教學法；4. 思考與閱讀評量；5. 國語文教育。

　　在思考的「教學方法」上，除了講課、分組討論、綜合討論，也以部落格提供課堂教師講課與學生課外閱讀之用。課程所有的講義都可在部落格中開啟與閱讀，學生甚至可以將教材複製成為自己的檔案。講堂上也運用簡報、影片、facebook 等供學生觀賞與討論。評量方面，有平時作業評量、期中筆試、出缺席計分、學生分組活動互評、期末繳交學習檔案等。特別是學習檔案，是學生對全學期學習歷程的忠實與省思記錄。除了每週學習記錄與省思外，學習檔案末尾也總結一學期學習的成果、心得、省思、感想與建議。學習檔案除文字記錄外，須有封面、排版、圖片的美編，使評量能多元化。學習檔案佔學期成績百分之三十至四十的份量，因為可以由此考察學生全學期的學習歷程及心得，是最完整及有效的評量方法。

辭典編輯偶論

曾榮汾

中央警察大學退休教授

摘要

　　本文主要藉由筆者的編輯經驗，分為「編輯人員養成」和「訓詁理念」兩方面，簡述個人的心得。前者述及辭典編輯養成所應具備的條件，一位專業的辭典編輯，就是指具備辭典學知識，投入這項工作的人。培訓優質辭典編輯人是辭典精緻的重要條件，雖然沒有人天生就會編辭典，卻可以從知識、技術、經驗、企畫、創意、心理等層面去琢磨。後者談到辭典訓詁，就學理論，是歷代訓詁知識的集合；就執行論，就是歷代訓詁觀念的體現；就成果論，顯然就是歷代訓詁的資料庫。縱然過去成果有其優缺，但只要擇菁去蕪，就可聚前人經驗，可得今人智慧，於是古今合璧，開創新局。

關鍵詞：詞典、辭典、辭典編輯、訓詁理念

一　前言

　　筆者從民國六〇年代開始接觸編輯辭典，[1]參與了幾部辭典的編輯工作，中間歷經從紙面到電腦的編輯年代，也跨進了網路辭典的編輯世界。約翰遜博士（Dr. Johson）曾經描述辭典編輯者是「無辜的苦工」[2]，筆者體會其意，這份「苦」當是「隨時揪著心，時刻在意著」，指的是不管是在過程中或已經編完，都會去在意與辭典相關的一切。它就像深刻在筋髓中，佇藏於靈魂裡，所以只要是參與過的人總會有點心得。

　　退休幾年，點綴式地教了與辭典相關課程，也常回頭去看自己所參與的成果。以教育部《國語辭典》系列為例，雖然已經有相當的基礎，但如果想要在這些基礎上更求精緻，就有待於後續的修訂。筆者一直有個想法，追求精緻編輯的前提，是要有成熟的「辭典環境」來幫襯，我曾經在《辭典編輯學研究》一書中談到：

> 一個成熟的辭典環境不僅能讓好的辭典出現，而且還可以讓它的服務功能不斷得到充實。因為在這個環境理念影響下，辭典編輯絕非一次即永恆，會讓每一個編輯都知道這是一種需要作長遠設想的工作。一個理想的編輯計畫是要連未來的修訂概念都需包容進來的，如果得獲執行，必能使這部工具書不斷的得到新的生命。從這觀點來看，編輯工作也應是百年大計，並非曇花一現，等下一次要修訂時再重起爐灶。[3]

這中間的理念包括了會有更多人願意來認識辭典編輯工作的特色，也包括了辭典訓詁專業化的追求和對未來的期許。今年六月筆者應邀做了一場演講，講的是關於「辭典編輯」的養成，與我在幾年前所做的另外一場關於「辭典訓詁」的演講前後呼應。二者對「辭典環境」的成熟應該都有所助益。本文就是將這兩場的演講稿綜合起來，在時間上，雖然「訓詁」那場在先，但在編輯實務上，「人員養成」是編輯所以能成的主力，「訓詁」則是編輯進行後的內容，所以本文將「養成」置於「訓詁」之前。命題「偶論」，既說明這篇文章包括了兩個主題，也說明就這只是個人的小小心得而已。

　　在筆者的編輯歲月中，有三部辭典：《國民字典》、《異體字字典》和《成語典》，是在陳伯元老師的領導之下完成的。恩師當年在華岡領著我們一群小毛頭，編一部適合大

1　「辭典」或作「詞典」，本文行文用「辭典」，引文時則以原文或原活動名稱為主。「語詞」、「詞彙」等則用「詞」。

2　戴維・克里斯特爾（David Crystal）著，任明等譯：《劍橋語言百科全書》（The Cambridge Encyclopedia of Language）（北京市：中國社會科學出版社，1995年），頁177。「無辜的苦工」原文作"harmless drudges"。

3　曾榮汾：《辭典編輯學研究》（臺北市：世界文物出版社，1989年），頁120。

眾層次的《國民字典》，事非經過不知難，等我自己當了主編，才知道那是多麼辛苦的事。當年恩師的啟發對於筆者後來的編輯十分重要，今日回頭做一些經驗分享，也藉此緬懷絳帳慈訓。

二　辭典編輯的養成

民國一〇三年六月三十日，國家教育研究院舉辦「辭典編輯培訓工作坊」，邀請筆者去做了一場「辭典編輯概論」的開場白，演講中我把過去的經驗整理了一下，分為幾個重點，試著讓參與的學員進入「辭典編輯的世界」。這一節就以當時的講稿做為基礎，談談如何成為辭典的編輯人。

想要了解辭典編輯，當然要先認識「什麼是辭典」，而要認識「辭典」，不妨從身邊的「手機」認識起。現代人幾乎人手一機，關於「手機」的用語，大概可以整理如下：

手機//智慧手機//觸控螢幕//處理器//雙核心//相機//相機鏡頭//前鏡頭//雙卡雙待//頻率//作業系統//記憶體//外接記憶卡//視訊鏡頭//感應器//光圈值//無線網路//藍芽//聲賴技術//手套模式//自動對焦//防手震//安卓//簡配//旅充//行動電源//多點觸控//聯我//社群網站//臉書//酷狗市場//應用程式//無線基地臺//下載//小算盤//工作管理員//日曆//工具箱//地圖//在地服務//快速查詢//使用量監控//相片集//連絡人//訊息//設定精靈//通話紀錄//傳輸資料//郵件//微博//臺北好行//語音搜尋//導航//網際網路//攝錄影機//我的下載//藍光//抗藍光//背蓋//皮套//保護貼//保護膜//保護殼//電池//原廠//充電底座//滑//基地臺//電磁波//讚//2G/3G//4G//……

把這些詞目加以串聯收集起來，訂出排序及訓詁的體例，加以解說，組成一個資料庫，編成一部書，搭上檢索功能，就是一部「手機辭典」。可見編輯辭典很容易，任何人皆可為，生活周遭皆素材。每一年收到百貨公司寄來的週年慶廣告，只要願意，任誰都可以來部「百貨公司週年慶商品目錄辭典」。在辭典的發展歷史中，名詞表、難字表等就是原始的型態。不過，要把一部辭典編好，事實上也很不容易。因為蒐集這些詞很煩瑣，有些詞義約定俗成的標準又難以掌握，所以不易編得精確。例如：「滑手機」的「滑」。這個「滑」就不容易掌握它的詞義。又因為每個人所知有限，所以往往有所不及。這種狀況不單指專科詞，就是常見的一般語詞也是一樣，例如：「小確幸」一詞。這個在今日逐漸流行的詞到底什麼意思？如果就字面來看，似乎就是「小而確實的幸福」。我們大概會這樣運用著：

大家來畫畫，畫出心目中的小確幸。
買不起大房子，租間小套房，享受個人的小確幸。

這應該就是這個詞被約定俗成的語義。但事實上它是個外來語，語源當來自於日本作家村上春樹著的《うずまき猫のみつけかた》（尋找漩渦貓的方法）。書中有段話說：

> 生活の中に個人的な「小確幸」（小さいけれども、確かな幸福）を見出すためには、多かれ少なかれ自己規制みたいなものが必要とされる。[4]

中譯的大概意思：

> 想要在日常生活中找到自己的小確幸（小而確實的幸福感），或多或少都需要有點自我的規範在。

這樣看來，「小確幸」有個前提，那就是「自我的規範」。因此如果要解說這個詞，比較合宜的說法會是：

> 在日常生活中，因自我規範所體會到的小而確實的幸福感。

如果沒有自我規範的標準，就可能難有「小而確實」的感覺。作者在文中舉了先忍耐烈日下運動的辛苦，能來杯冰啤酒，感覺是份「小確幸」；處在治安不佳的居住環境中，不忘來口香噴噴的麵包，配上一杯咖啡，也是一份「小確幸」，正是這個意思。了解這個語義，對下面的句子就比較能體會其中的意味：

> 下了班，不妨將那爭破頭的世界拋於腦後，給自己泡杯茶，選首歌，窩在沙發上，享受這份難得的小確幸。

這個詞在寫這篇文章的時候正在流行，會不會因此沉澱下來成為固定語不得而知，這也說明了語言的發展是有機的。語言環境變動不居，語詞新陳代謝快速，有些時候，詞彙與詞義容易流轉，因此經常會發生變易。例如社會關鍵詞「富有」的含意[5]，從「擁有眾多錢財」的意思，漸漸包容了「擁有美好人生」的意思。於是辭典解說「富有」一詞的時候，可能就要兼顧這種變化。

再例如「低頭」一詞的含意變化。日常用語中，可能到處都會用到「低頭」，例如：

> 「低頭沉思」的「低頭」

> 「低頭小睡」的「低頭」

---

4 〔日〕村上春樹：《うずまき猫のみつけかた》（東京：新潮社，1999年），頁126。

5 此處使用「社會關鍵詞」一語，參用了雷蒙・威廉士（Raymond Williams）《關鍵詞：文化與社會的詞彙》（Keyword:A Vocabulray of Culture and Society）一書的理念。

　　「低頭含羞」的「低頭」

　　「低頭俯視」的「低頭」

　　「低頭示弱」的「低頭」

這些「低頭」雖然都具有「頸向前彎，臉朝地面方向」的意思，但嚴格來說，卻不是「低頭族」的「低頭」完整的意思。當我們在一些交通安全的標語上看到：

　　開車向前看，不當低頭族。

　　馬路低頭族小心了，交警將開罰。

這個「低頭族」具有特別含意，指的是「低頭滑手機、平板的人」。

　　新的環境因素促成了新的詞義。任何語詞由原本詞義引申出新的意思時，往往具涵了社會演變的意義，新價值觀的形成，成為拉扯詞義分身的一股力量，所以詞義的訓詁必須顧及社會事實的反映。

　　這是解說方面的問題，如果再加上編輯的時候會牽涉到的學理與技術的問題，例如：編輯企畫的擬訂、基礎語料的調查、古今文獻的參用、編輯資訊的管理、品質進度的管控、多層次使用的服務、檢索功能的需求、完美成果的展現等等，讓它可以成為一門學問叫「辭典學」（Lexicography）。辭典學是研究辭典編輯學理和技術的一門學科，學理是辭典編輯的依據與指引，技術則是辭典編輯的管理與展示。

　　一位專業的辭典編輯，就是指具備辭典學知識，投入這項工作的人。培訓優質辭典編輯人是辭典精緻的重要條件，雖然沒有人天生就會編辭典，卻可以從知識、技術、經驗、企劃、創意、心理等層面去加以琢磨，下文試做解說。

　　現在的辭典編輯環境模式大概可以分為兩種類型：

　　1. 封閉式編輯：編輯環境封閉，團隊固定，在一定的計畫、預算下執行，成果篇幅有限。
　　2. 開放式編輯：編輯環境開放，提供網路平臺，讓使用者參與編輯，成果篇幅無限。

這裡主要是以封閉式編輯做介紹。

（一）知識

　　想進入辭典世界，首要具備的知識就是先來認識漢語的字典和辭典。一般說來，漢語的「字典」分為兩種類型：

1. 收錄字形資料的彙編，如《甲骨文字典》、《金文字典》、《金石字典》。
2. 收錄單純詞的辭典，如《說文解字》、《玉篇》、《字彙》、《康熙字典》。

因應漢字的特色，第二類型的字典或具析形解義的體例。一般所謂的「辭典」就是由「單純詞」加上「合成詞」，構成一個完整的詞彙體系。這是漢語辭典的特色。事實上，漢語的「字典」可從書面語的字位觀去定義，這個字位仍然相應於語言結構中的詞位，只是漢字因具「藉形表義」的特色，所以字典在字的解說中，會較重視形構的析解。一般的辭典則宜考慮單純詞與合成詞所建構的詞彙與詞義體系。作為綱領的單純詞就是構成合成詞語的「語素」。如果單獨抽取這部分，在型態上就像「字典」，所以字典也可稱為「單純詞辭典」。

如果從廣義來說，「辭典」可包括「辭典」與「字典」，或泛指收錄語文解說的工具書，如：《成語辭典》、《古文鑑賞辭典》等。反過來說，「字典」也可以包容「辭典」，劉葉秋《中國字典史略》就是採取廣義的意思。本文命題採「辭典」兼容「字典」的觀點。

綜合來看，辭典的性質可包括：

1. 辭典是語詞的形音義彙編。
2. 辭典是記錄語言的資料庫。
3. 辭典是詞義聚合的總結果。
4. 辭典是語言使用實況的反映。

反過來說：

1. 辭典是觀察語言的依據。
2. 辭典是學習語言的工具。

辭典可說是「一書兼容大千世界，一典盡納百川學海」，編辭典會讓人有「生也有涯，知卻無涯」之憾。雖然沒有人能如此博學，但有一些基本知識卻可儲備。包括：

1. 語言學——建立基礎能力，掌握編輯方向。
2. 小學——認識漢字特色，培養分析能力。
3. 文獻學——認識漢語書面文獻的範疇與特色。
4. 資訊管理學——彙聚資料，建構編輯環境。
5. 編輯學、美工學——結合媒體，編綴成果。

其中「語言學」最為基本，包括語言學概論、詞彙學、語義學、語法學、語用學、社會

語言學、應用語言學、語言調查與統計、語言教學、語言習得與認知等。尤其對漢語的特色，如：音節、聲調、詞構、詞序、詞綴、量詞等，更應作確實的了解。至於對漢字問題的了解，小學中的文字、聲韻、訓詁等知識就是不可忽略的憑藉。辭典編輯或據「口語」，或據「書面語」。「口語」的部分藉由調查，仍然須藉文字記錄，所以無論歷時或共時性質的辭典，參考文獻都是編輯基礎。漢語的歷史文獻廣博而雜，版本之判斷、目錄之探索、異文之釐清等，在在都需要文獻知識。這樣看來，辭典編輯工作事實上就是一項資訊管理的工程，從零散資料的蒐錄到成為有用的編輯資訊，無一不是資訊管理的理念和技術。除此之外，對過去各種編輯所累積的經驗和知識，要有所認識，至於整體成果的編排與展現就需要美工的眼光和技巧了。這些知識都將表現在辭典訓詁的成就上。除了這些知識，如果還能擁有豐富的生活體驗，對語詞具有敏感度，以及經常使用辭典的習慣，那就更具備了成為辭典編輯所需要的資質了。這裡再舉「滑」為例，《重編國語辭典修訂本》對「滑」的解說：

> 形：順溜、不凝滯。
> 動：在光溜的物體表面溜動。

但這都不是「滑手機」的「滑」，它比較像是：

> 在手機、平板等設備的顯示幕上，用手指或筆移動式觸控。

如何從生活現象將詞義聚合下來確實需要親自體驗和敏感度。未來如果「穿戴式裝置」流行起來，可能會看到一堆人用手指在另一手掌上滑來滑去，到時候這個「滑」的詞義應該又會轉變。

（二）技術

辭典編輯技術的使用在四個方面：

1. 編輯：編輯資料的蒐集、資料庫的建立及編輯系統的建立。
2. 收發：編輯檔案的進出管理及進度管控。
3. 成果：編輯成果的編排、美工設計及檢索系統的搭配。
4. 維護：編輯成果的後續維護工作。

上文提到辭典編輯就是一項資訊管理的工程，把零散的資料處理成可利用的資訊，從系統分析至完整系統的運作，都是資管理念，這是編輯技術的核心，因此可以說辭典編輯技術是：

1. 編輯理念轉為實際環境的運作力量。

2. 推動整體編輯進行的運作力量。

3. 提供編輯資源與支援的運作力量。

4. 管控編輯進度的運作力量。

5. 成果展現的運作力量。

6. 持續維護的運作力量。

資管理念與技術日新月益，編輯者也要與時俱進，要「由傳統走到現代，由現代走入未來」。這其中有一些不易的原則：

1. 方以類聚，物以群分。

2. 物有本末，事有終始，知所先後則近道矣。

3. 日知其所亡，月不忘其所能。

4. 越快則越慢，越慢則越快。

「方以類聚，物以群分」，讓編輯者知道資料要分群分類，既符編輯所需又便於管理。「物有本末，事有終始，知所先後則近道矣」，讓編輯者知道管理流程的合理佈建。「日知其所亡，月不忘其所能」，讓編輯者知道既有技術的補強與更新。「越快則越慢，越慢則越快」，則讓編輯者知道基礎的穩固是日後推動順暢的前提。

（三）經驗

　　辭典編輯經驗哪裡來？要成為好的辭典編輯人，就須不斷地累積與旁參。經驗取得的途徑除了透過實務累積外，評析既有的成果很重要。例如可以從幾部英文辭典的編法的到啟發：

　　西元1755年出版的約翰遜（Samuel Johnson，1709-84）的《英語辭典》（Dictionary of the English Language），以西元1560年到1660年間英語用法例子的總匯作為依據。

　　西元1978年出版的《朗曼實用英文辭典》（Longman Dictionary of Contemporary English），在書背標明了它的編輯特色，其中說到：它收了75000個實用的例子，這些例子選自於朗曼書證資料（Longman Citation Corpus）的實際語言文本。

　　西元1987年出版的《克林斯英語辭典》（COLLINS COBUILD ENGILSH LUNGUAGE DICIONARY），是一部利用語料庫編輯的辭典，它也強調了它的編輯基礎：9萬個例子從 COBUILD（is the Collins Birmingham University International Language Database）語料庫中取得，詳確地表示詞和片語實際的用法。

第一部、第二部辭典都提到優質書證資料的蒐集，第三部則提到語料庫的運用。這就是經驗。

再例如汲取傳統漢語辭典編輯經驗。這一系列的文獻，上起《說文解字》，下迄清代，更持續到現代辭典的發展，無論形音義，各方面的成就蔚然可觀。至於現代漢語辭典的編輯，一方面承繼了傳統，一方面也受到外語辭典的影響。這些成就有如巨人，站在巨人肩膀上，自然看得更高更遠。前人的成果告訴了我們：「既有的優缺點在哪裡」、「超越前人的契機在哪裡」、「新創意的所在在哪裡」，也等於提點了：「新企劃的方向在哪裡」。可見知識藉由經驗累積，經驗更是方向的指引。

（四）企劃

企劃是主導辭典編輯的工作。基本上可分兩個方向：「新編」與「修訂」。「新編」的企劃要點下列：

1. 編輯目標：辭典的規模與型態。
2. 服務層次：使用的對象。
3. 編輯內容：正文體例、附錄內容、校讀次數。
4. 成果展現：成果公布的模式。
5. 編輯系統：編輯及管理所需的系統。
6. 編輯時間：籌備至完成的時程。
7. 人員編制：整體工作人力的編派。
8. 經費預算：編輯所需各項支出的概算。
9. 編輯環境：編輯實務進行的設備及空間。
10. 維護機制：成果持續維護的制度。

「修訂」的企劃要點可如下列：

1. 編輯目標：修訂所欲完成的目標。
2. 修訂評析：修訂對象優缺的評析。
3. 編輯內容：既有體例架構中的新增、訂誤、補充、校讀。
4. 成果展現：成果公布的模式。
5. 編輯系統：編輯及管理所需的系統。
6. 編輯時間：籌備至完成的時程。
7. 人員編制：整體工作人力的編派。
8. 經費預算：編輯所需各項支出的概算。

9. 編輯環境：編輯實務進行的設備及空間。

10. 維護機制：成果持續維護的制度。

一部辭典的修訂工作往往被輕估，事實上它具有以下的特色，完整辭典的修訂必及：

1. 原編的優缺評析。

2. 原編的全文校讀。

3. 正誤。

4. 新增。

5. 辭典編完，修訂當立即開始。

所以完整的修訂工作，規模不下於新編。

　　企劃既定，接下來就是執行。辭典編輯週期很長，所遇狀況變化多端。事先的周全計畫與事後有效地執行非常重要。一般而言，編輯者的理想總希望順序地逐條論斷，慢慢地與時俱進，但是面對現實的挑戰，在巨量資料及時間、經費壓力下，必須有效地管控進度。這時就要「善用編輯會議」，掌握階段性進度、解決階段性問題、溝通相互的意見、凝聚團隊向心力、說明未來的方向。並且「善用數位化環境」，將編輯資料數位化、編輯流程系統化、問題解決模組化、成果展現階段化、後續維護制度化。除此之外，「參用讀者的意見」也是重要的。網路辭典易具全民辭典的性質，學習 OED（《牛津英語辭典》，Oxford English Dictionary），讓全民來參與，所提零散疏誤，可考慮即時修正；整體建議，可融入新企劃的參考。該辭典的編纂小組在二〇〇七年一月，發出邀請，希望大家一起「動動腦」，找出「stiletto（細跟高跟鞋）」、「loo（盥洗室）」、「dogging（鍥而不捨的）」、「pole dance（鋼管舞）」等詞的來源。[6]網路辭典很難像過去紙面版本，要讀者耐心等下一版的修訂，即時的、快速的、精準的等要求會隨著網路文化潮流轉化成編輯的新挑戰。[7]

（五）創意

　　編輯辭典要具創意，表現在編輯理念、編輯技術、編輯體例、編輯成果等方面。創意是辭典競爭的利器。好的創意可讓編輯效率提升，可以讓成果更具服務功能。如何才能獲得創意靈感？它是「需求」、「知識」、「經驗」、「技術」和「實用」的結合。需求是創意的前提，知識是創意的泉源，經驗是創意的指引，技術是創意的憑藉，實用則是創意的印證。OED 讓全英文使用者皆為編輯是創意，《克林斯英語辭典》利用語料庫編輯

---

6 「yahoo 奇摩新聞」，2007年1月3日。

7 參曾榮汾：〈網路版詞典編輯經驗析介〉，《佛教圖書館訊》第34期（2003年6月）。

是創意,那我們的國語辭典系列呢?簡述如下:

1. 《重編國語辭典修訂本》,以中古至現代的常見語詞為收錄對象,建立詞彙體系,一般語詞與專科詞分科編輯,結合資管理念,數位化編輯,全文檢索,首部漢語網路辭典。(初版西元1994年,現版2007年)

2. 《國語辭典簡編本》,依據現代語言環境進行語料統計,音義取捨具斷代標準,配合具體與抽象理念的插圖,全文檢索,首部能以圖片檢索及全文發音的漢語網路辭典。全書收6633字(含多音字),釋義用字以收字為範疇。(初版西元2000年)

3. 《國語小字典》,針對國小學童階層的用字,配合較為常用的釋義內容。除進行國小各科課本用字的調查外,並參考字詞頻的調查報告,設計適合小學生閱讀的體例。共收4306字。行文用字皆為所收錄者,釋義力求簡要,義項分化盡量在十個以內。(初版西元2000年,現版2008年)

4. 《異體字字典》,以教育部標準正字為綱,廣蒐文獻異體,建立字族,附上所據形體資料,並委請專家作學理研訂。全書超過十萬字,並附十餘種參考附錄。(初版西元2000年,現版2004年,新試用版2012年)

5. 《成語典》,參據三十部成語典建構資料庫,取最高頻次為編輯對象,每條包含釋義、典故原文、注解、典故說明、書證、用法說明、辨識、參考詞語。除基本詞目檢索,並發展「義類檢索」(含關鍵詞)及英文檢索。(初版西元2005年,現版2011年)

數位環境發展後,讓編輯有著無限想像的空間,所以未來創意應是無限的。試舉數端為例,如:讓辭典說明白並用明白、與字樣觀念的結合、與行動裝置的連結、雲端環境的利用、進階資料的提供、動態影音的搭配、語言情境的設計等。這些創意等著編輯去發掘,並化為事實,成為辭典世界的新力量。

(六)心理

參與辭典編輯既然是在做無辜的苦工,所以參與的人難免有一些心理障礙,例如:知識煩瑣,約束很多;難免出錯,易遭挫折;工作枯燥,成就屬眾;週期很長,時受批評;患得患失,壓力很大。身為一般編輯難,擔任領導編輯更難;編輯一般辭典難,編輯官修辭典更難。辭典編輯人容易形成「敏感個性」:對收詞敏感,對詞義敏感,對書證敏感,對句例敏感,對進度敏感,對使用敏感,對環境敏感。這個「敏感」就是前面提到的「揪著心,時刻在意著」的感受。

如果想要進入辭典編輯,心理當有所準備,要能體會責任,要能淡薄名利,要能寬

容謙虛，要能誠實堅毅，要能忍受批評，要能不斷成長。內心可以這樣想：參與這種工作，可盡一己之力，為社會做點事，可讓生命不留白；至於成果是否完美，只要盡心即美事，更何況語詞一直在變。最後的成就雖然屬於大家的，但有時參與即榮幸，不妨學作「遺弓人」，心胸自然寬。[8]

身為領導主編，為求人員的心理安定，可以藉助「人事管理」。辭典編輯工作的流程就是系列的管理，人事管理則是所有管理的基礎。主編可以藉此來培訓精熟人力，安排適任職務，力求環境安定，有效推動工作，人員心理自可較為穩定。

辭典是沒有圍牆的學校，是時刻在身旁的老師，是語言的紀錄，也是歷史文明的解說，可以說「辭典是八方玲瓏世界，眼前的路無限延伸」。因此要編好辭典，需要各方面人才，訓詁、管理、資訊、創意、研究、品管、主編等，無一不重要。沒有人天生會編辭典，人才須經培訓，有了優質人才，才會有優質辭典。這工作雖然辛苦，應該有人仍會有興趣，因為它會讓人有「萬物靜觀皆自得，四時佳興與人同」的高境界體會，辭典編輯不就像「靜為宅男女，動觀世界情」一般？但這可不是普通的「宅」，它是：「立志能寫大千事，寄情可明萬物心。」也許未來參與者可以這樣註記生命：「揮灑青春於字海，靜存歲月在心田。」能以「辭典」來註記生命，確然是件美事。

三　辭典編輯訓詁論

民國九十六年六月九日，筆者應邀到臺北市立教育大學中國語文學系演講，[9]講題為「漫談辭典學」，內容則以「辭典訓詁」為重點。下文就演講的內容加以整理。

（一）辭典的訓詁

辭典將詞從生活環境截取下來，將詞所描述的生活現象記錄下來，將詞的用法加以指引。聚合這些詞、詞義及用法，將它們有條理地組織起來，就是「辭典」。所以辭典的內涵就是語詞訓詁的成就，辭典的外表就是訓詁成就的展現。傳統研治訓詁學的目的，有一部分是為了解讀經籍，進而去歸納訓詁的學理。這種學理的指引，對於研治古書自有其價值，但是就辭典是工具書的性質而言，它的影響當不下於經籍，甚至於可能更為普及。經籍傳承，有其時代性，而辭典的編輯，由古至今，彙聚中外，代見新創。所以要了解完整的訓詁觀念，捨辭典必屬遺憾。過去的訓詁訓練，雖能遵古而釋古，但對於今日辭典編輯者而言，恐有未足，因為他們要面對的是當下的要求。雖知「道立於

8　「遺弓人」典出《呂氏春秋》〈貴公〉。

9　該校現已更名為「臺北市立大學」。

一，造分天地，化成萬物」，卻也要能知「一，自然數之始」的說法。雖知「水，準也」，卻也要知道「水，無色無臭的液體。由氫氣與氧氣化合而成」的定義。甚至於要能對「走」和「跑」、「拔」和「拉」、「大」和「小」、「美」和「醜」等詞作更細緻的區別和描述。這些區別和描述在辭典編輯上，應是本然的特色，因為辭典就是語詞紀錄的資料庫，對詞的解說本來就是在做古今詞義的聚合。這正說明辭典的訓詁既要「悠遊古人」，也要「飛揚今時」。在傳統訓詁的學理基礎上，透過辭典訓詁觀念的指引，讓訓詁學習者更有能力去面對當下詞義的解釋需求。

（二）辭典訓詁的特色

　　編輯一部辭典的目的，主要是要將所欲反映的語言環境的詞彙體系加以蒐錄，並且加以解說。許慎《說文解字》所反映的是當時經學語言的環境，對所收單純詞的解說，注意了形音義初始結合的情形。顧野王的《玉篇》，即當蒐錄了當代語言環境的詞彙，解說則已聚合了古代至當時的詞義。在西方的辭典歷史上，西元一七五五年出版，塞繆爾・約翰遜（Samuel Johnson，1709-84）所編的《英語辭典》也是一樣，它的目的是成為語言整體的學問精深的紀錄[10]。這部辭典的重要性，可以用《韋氏英語辭典》編者諾厄・韋斯特（Noah Webster，1758-1843）的比喻來了解，他把約翰遜的貢獻與牛頓在數學上的貢獻相提並論。[11]

　　記載詞義，就是聚合詞在語言中表義的功能。所謂的「語言紀錄」，並非只是詞的蒐錄，自然包括了詞音及詞義的記載。從語言溯推基本成分的詞義，必然是要做大量樣本的觀察和分析。這些詞義本是約定俗成，客觀存在，但是如何將它分析並歸納出來，確實需要相當的工夫。編輯《牛津英語辭典》的默雷（James A. H. Murray,1837-1915），曾經說過他進行的方式：

> 只有身歷其境的人才會了解編輯的迷惘，例如他找到了引用 above 這個字的文獻，大約有二十至四十組那麼多，每個都有定義，他將這些文獻攤在桌上或地上，以便瀏覽全部的文獻，然後花無數小時挪移這些文獻，彷彿在走棋般，試圖找出一丁點不完整歷史紀錄的證據，查看是否有不合邏輯之處。[12]

賽門・溫契斯特（Simon Winchester）所寫的《OED 的故事》（The meaning of Everything:

---

10 戴維・克里斯特爾（David Crystal）著，任明等譯：《劍橋語言百科全書》（The Cambridge Encyclopedia of Language）（北京市：中國社會科學出版社，1995年），頁180。

11 同注10。

12 George A. Miller 著，洪蘭譯：《詞的學問》（The science of words）（臺北市：遠流出版公司，2002年），頁200-201。

The Story of the Oxford English Dictionary），更傳神地將該書編輯團隊如何應付每日送進來的千張字片，由訂誤、分類、判讀、定義等經過，這種過程會讓人覺得「能出版第一冊」是「遙不可及的想法，無異於幻想、海市蜃樓、鬼魅幻影」。[13]可見這事何等不易。

　　一個詞在長久的語言使用歷史中，可能在許多情境中，有了變化，這些變化被記錄在文獻中。辭典編輯者就這些文獻，逐一地排比歸類，理出該詞的本義、引申、假借或訛用義，也就是要建立該詞的「詞義流變體系」，藉以歸納出該詞在文獻中的「義類」。客觀而言，辭典編輯的此種作法和訓詁學所要追求的理念並無不同，只是訓詁學可能採取有限的樣本進行觀察，辭典則必須面對全面的語料進行分析和歸納，這種須從全面的原始語料去聚合詞義，進而依辭典性質進行建構體系的功夫，正是辭典訓詁的特色。

　　辭典的服務層次，會影響訓詁體例的設計，有些時候，除了「說明白」外，應該也要「用明白」。例如：

啊、吧、呢、嗎

從、自、由、打

安靜、寧靜、平靜

舒服、舒坦、安適

類似這種虛詞與相似詞的解說，除把實際用法及語義區隔說明白外，實際用法的指引也是辭典訓詁所必須提供的服務。過去漢語辭典的服務層次往往設定為已具備語言能力的讀者，但是針對語言能力近零者或初學讀寫者要如何服務，應該在規劃辭典編輯時，做不同層次的體例考量。

　　論及體例，每一部辭典根據編輯目標及性質，都會具有其獨特的體例，這個體例是整部辭典的框架，讓所有參與者有所依循。例如行文用語、用字、句例、引書、按語等。所以辭典訓詁是有框架的訓詁，同一部辭典的編輯者都要守此框架來進行解說。例如《康熙字典》的編輯守著十八條凡例，教育部《國語辭典》系列的必須依循標準字體、法律用字的框架。

　　這樣看來，辭典的訓詁是專業的，具層次的，須反覆琢磨的。它應該是專業團隊所負責的，同時它也應聘有各科專家的諮詢顧問群。

　　總的來說，編輯辭典就是要從基礎文獻著手，逐一地分析出「詞」來，再進一步排比出「詞」的用法——也就是「詞」所反映的語法意義和理性意義，然後歸分義類並建立起詞義體系。較之於傳統訓詁學的理念，辭典訓詁不但更為宏觀，而且正是傳統學理的實踐和印證。

---

13 賽門・溫契斯特（Simon Winchester），林秀梅譯：《OED 的故事》（The meaning of Everything:The Story of the Oxford English Dictionary）（臺北市：時報文化出版公司，2005年），頁134-135。

（三）傳統辭典訓詁的成就概述

　　傳統訓詁資料中，屬於辭典系統的文獻成就相當可觀。例如《說文解字》的特色，從「解說之例」來看，許氏分用形訓、音訓、義訓來說解文字，對每一字，必求得其本形本義，對於「聯綿詞」亦知特殊處理，且從「解說用語」來看，許氏所訂的編輯體例可謂相當嚴謹。無怪乎《說文解字》的訓詁成就不但內容成為探討漢字字義的原始，訓詁的觀念和體例也成為後世字書的重要依據。[14]

　　如果要論傳統辭典訓詁影響最大的，莫過於《康熙字典》，它縱有許多疏誤，但在當時因是御令所編，地位崇高，影響自也無與倫比。所以論究過去的成就，可以藉此書作一總結。筆者曾對傳統辭典訓詁成就略作整理，列舉如下：[15]

　　　1. 已知類聚文獻詞彙，並建立體系。
　　　2. 已知解釋文字，當從初形本義著手。
　　　3. 已知正字為綱，異體為附的釋形觀念。
　　　4. 已知聯綿詞的處理方式。
　　　5. 已知常用字詞釋義的重要。
　　　6. 已知彙聚韻書切語的重要。
　　　7. 已知多音字的處理體例。
　　　8. 已知聚合文獻詞義，並建立詞義流變體系。
　　　9. 已知引用句例的重要。
　　　10.已知一般語詞和專科語詞的釋義觀念不同。
　　　11.已知建立主說，並旁參異說的體例。
　　　12.已知參酌文獻異文，並加以注明。
　　　13.已知形音義辨似的重要。
　　　14.已知參見體例的運用。
　　　15.已知類似例建立的重要。
　　　16.已知整理編輯凡例的重要。

這還只是針對詞義訓詁來說的，如果擴及完整的編輯觀念，則傳統辭典的成就又不只如此。這些成就不但對現代漢語辭典的編輯有著深遠的影響，也是談論漢語訓詁知識時不容忽視的部分。

　　至於現代漢語辭典的訓詁，一方面承繼了傳統，一方面也受到外語辭典的影響。筆

14　曾榮汾：〈《說文解字》編輯觀念析述〉，《先秦兩漢學術》第3期（2005年3月）。

15　曾榮汾：〈詞典訓詁論〉，「中國訓詁學術研討會」論文（2007年）。

者在二○○三年時，發表過一篇〈試論國內語文工具書編輯觀念之成就〉一文[16]，文中就曾歸納了國內現代辭典在訓詁體例上的成就，列舉如下：

1. 已知文字資料呈現及釋形的重要。
2. 已知釋義中文法屬性注明的重要。
3. 已知釋義當引用句例、書證且力求精確。
4. 已知釋義的參互見線索留注的重要。
5. 已知詞義相對之詞較合理之處理方式。
6. 已知字詞編排須便於檢索的排序觀念。
7. 已知適當符號運用可增加辭典的使用功能。
8. 已知專科詞目分類表述的重要。
9. 已知字頭屬性逐一注明的重要。
10.已知字典中難免呈列複詞義項的權宜作法。
11.已知使用新式標點符號需要精確。
12.已知隨文附圖及插圖當及於概念圖的重要。
13.已知除編輯凡例外，留下編輯總報告的重要。

從這些成就來看，辭典是全面性的訓詁工作。訓詁的目的在於用已知釋未知。所謂的未知，如果從經典訓詁來看，往往是訓詁家觀察所得，也就是摘詞釋義，指的是訓詁家以為他人所不懂的部分，並非全面，但是辭典訓詁不是如此。理論上，辭典訓詁彙聚了語言中所有的詞，無論難易，一概解說，無論人文、自然，一律解釋，所以它所從事的是全面性的訓詁工作。

最早的辭典可能只出於一人之手，因此博學若許慎，也要說：「於其所不知，蓋闕如也。」但是，就是許慎已釋的部分，也可從自然專科類別看出他無從全面詳釋的困窘。辭典發展到現代，已為群體工程，集合各類人才，正因為它有容乃大，非一人所能勝任。

（四）編輯資料庫的建立

辭典編輯為求群體訓詁能有更好的效益，可以建構各種編輯資料庫。例如下列的基礎資料庫：

1. 字頭屬性資料庫：提供字辭典所收字，含形、音、部首、筆畫等屬性。

---

16 「中國訓詁學術研討會論文」（2003年）。

　　2. 詞目屬性資料庫：提供辭典所收詞目。

　　3. 參考書目資料庫：提供編輯所需之參考書目。

　　4. 引書體例資料庫：提供諸書引用之卷目體例。

　　5. 參考書證資料庫：提供句例之書證全文。

　　6. 參考釋義資料庫：提供所收詞目之釋義資料。

　　7. 字形文獻資料庫：提供所收字頭之文獻原文。

如果想進一步將古今辭典的訓詁集成而加以利用，則還可以朝下列資料庫去構思：

　　1. 目錄資料庫之建立。

　　2. 版本資料庫之建立。

　　3. 書證全文資料庫之建立。

　　4. 詞彙資料庫之建立。

　　5. 語法資料庫之建立。

　　6. 釋義資料庫之建立。

　　7. 音讀資料庫之建立。

　　8. 字形資料庫之建立。

　　9. 百科知識資料庫之建立（含相關圖片、影音資料）。

　　10.相關外語辭典資料庫之建立。

編輯資料庫是編輯者知識的保藏，豐富的資料不但讓辭典訓詁有所依據，更是品質所以卓越的因素。

（五）今後訓詁可注意的事項

　　辭典由最早的難字表，發展到後代，已具備了彙聚語言的工具條件，如果進一步去看，語言既然可用來反映文明進展的史實，辭典的功能當然也具有記錄文明的功能。可見現代對辭典功能的認知，已從單純「疑難查索」，進而成為「文明的反映與紀錄」，因此為求精進，今後從事辭典訓詁，可再努力幾個方面：

　　1. 承續既有成就，彙整相關文獻。

　　2. 分析現有理念，明白解釋詞義。

　　3. 豐富參考資料，提供訓詁旁參。

　　4. 結合現實環境，掌握眼前語用。

　　5. 參用多種媒體，藉以精確說明。

從傳統訓詁學教育來看，辭典訓詁可提供如下的協助：

    1. 通古識今的訓詁訓練。

    2. 旁參相關文獻的眼光。

    3. 堅實語言知識的學習。

傳統訓詁學教育是培育訓詁人才的搖籃，如果能加以整合，在未來，辭典訓詁更可以去挑戰：

    1. 歷代辭典的編輯成就分析。

    2. 歷代辭典的形音義彙聚整理。

    3. 斷代語詞的整理和分析。

    4. 現代語詞的整理和釋義。

    5. 通古釋今的訓詁人才培訓。

    6. 編輯基礎和成果的數位化。

能夠如此，就學理論，就是歷代訓詁知識的集合；就執行論，就是歷代訓詁觀念的體現；就成果論，顯然就是歷代訓詁的資料庫。縱然過去成果有其優缺，但只要擇菁去蕪，就可聚前人經驗，可得今人智慧，於是古今合璧，開創新局。如此看來，要進行對訓詁學理研究，辭典既是重要參考，也是重要的表現園地。對訓詁人才的最佳訓練，莫過於編輯辭典。

四　結語

縱觀今日，國際上漢籍知識的整理方興未艾，因應這個大環境的需求，辭典編輯可以為基礎、為繩墨、為指標。讓臺灣於網路世界站一席之地，且讓漢語文化成為世界文化的主流。我們既有的成果粗具規模，有待裝潢精備。民國九十年五月筆者在《異體字字典》〈序〉說：

> 聚沙可成塔，集腋可成裘，未有長久功，哪來鐵杵磨成繡花針？偌大工程雖已初見成果，裝潢精備則更待來日。

處在目前蓬勃的網路環境中，網路資源豐沛，巨量語料迎面而來，編輯挑戰更高，而且開放式編輯日見普遍，語文使用更需標準。行文至此，不禁興起幾個希望：希望年輕人願意投入這項工作；希望專業編輯環境的穩定成長；希望國內辭典學越來越發展；希望國內既有成果日漸精緻；希望辭典環境越來越成熟；希望樹立起國際漢語辭典編輯標杆；希望建構起國際漢語文化學習及推廣平臺。這些希望若要實現，無一不是要靠精良

的編輯人才與精緻多樣的辭典成果。

　　民國九十三年六月《成語典》〈序〉，筆者說：

> 在這方面，臺灣擁有優勢，而且教育部已有一定的成績，盼繼續努力下去，切莫
> 錯過這場盛會！

近幾年來，各界的努力有目共睹，所以不妨放大眼界，把它改一下做為本文的結語：
「在這方面，臺灣擁有優勢，而且已有一定的成績，盼繼續努力下去，切莫錯過這場盛
會！」

參考文獻

中文

〔漢〕許慎撰　〔清〕段玉裁注　《說文解字》　臺北市　藝文印書館

《康熙字典》　臺北市　藝文印書館

劉葉秋　《中國字典史略》　臺北市　源流文化事業公司　1984年

曾榮汾　《辭典編輯學研究》　臺北市　世界文物出版社　1989年

曾榮汾　〈試論國內語文工具書編輯觀念之成就〉　「訓詁學學術研討會」論文　2003年

曾榮汾　〈網路版詞典編輯經驗談〉　《佛教圖書館訊》　第34期　2003年

曾榮汾　〈《說文解字》編輯觀念析述〉　《先秦兩漢學術》　第3期　2005年

曾榮汾　〈詞典訓詁論〉　「訓詁學學術研討會」論文　2007年

教育部　《重編國語辭典修訂本》　http://dict.revised.moe.edu.tw/index.html

教育部　《國語辭典簡編本》　http://dict.concised.moe.edu.tw/main/cover/main.htm

教育部　《國語小字典》　http://dict.mini.moe.edu.tw/

教育部　《異體字字典》　http://dict.variants.moe.edu.tw/

教育部　《成語典》　http://dict.idioms.moe.edu.tw/cydic/index.htm

戴維·克里斯特爾（David Crystal）　任明等譯　《劍橋語言百科全書》（The Cambridge Encyclopedia of Language）　北京市　中國社會科學出版　1995年

雷蒙·威廉士（Raymond Williams）　劉建基譯　《關鍵詞：文化與社會的詞彙》（Keyword:A Vocabulray of Culture and Society）　臺北市　巨流圖書公司　2003年

〔日〕村上春樹　《うずまき猫のみつけかた》　東京　新潮社　1999年

Geoge A. Miller　洪蘭譯　《詞的學問》（The Science of Words）　臺北市　遠流出版公司　2002年。

賽門·溫契斯特（Simon Winchester）　林秀梅譯　《OED 的故事》（The meaning of Everything:The Story of the Oxford English Dictionary）　臺北市　時報文化出版公司　2005年

英文

"Longman Dictionary of Contemporary English" Longman group UK Limited 1987

"COLLINS COBUILD ENGILSH LUNGUAGE DICIONARY"，William Collins Sons&Co LTD 1987

段玉裁「寄戴東原先生書」
論古音分部析論

林慶勳

東京國際大學中國言語文化學科

摘要

本文以段玉裁為中心，陸續探討清代古音學有關的重要文獻。[1]段玉裁《六書音均表》（1776）出版之後，正式奠定他在清代古音學研究的重要地位，但在前一年段氏曾致函給戴東原討論他的研究創獲與心得，戴氏對其主張有贊許也有不同意。由此看來該函是段氏成名前一份重要的古音學論學文件。本文以該函內容做討論，因受篇幅所限，僅就段氏發明「諄」、「侯」獨立，「之」、「脂」、「支」分三部之說，以押韻、諧聲聲符證明論述，並簡述古本音及古合韻解決例外押韻的處理方法。

關鍵詞：古音學、韻部、古本音、古合韻、諧聲

---

1 已先後完成〈王念孫與李方伯書析論〉，《高雄師院學報》第15期（1987年），頁35-47，與〈段玉裁
　 荅江晉三論韻析論〉（預計二〇一五年刊載於北京中華書局出版、張渭毅主編「音韻學論叢」（暫
　 定））二文。

一 前言

段玉裁（1735-1815）與他最尊敬的老師戴東原（1723-1777），[2] 兩人相交十五年，往來論古韻有關書信、序跋等資料，目前所見較重要者計有以下幾點：

1. 乾隆三十四年己丑（1769），段玉裁曾以《六書音均表》前身「詩經韻譜」、「群經韻譜」，其中言「支、脂、之」不相通之發明，向戴東原請益，戴氏對此說法不以為然。文見《經韻樓集》卷七〈東原先生札冊跋〉、卷十二〈答黃紹武書〉所載。[3]

2. 乾隆三十五年庚寅（1770），是年夏，段氏赴貴州玉屏縣任知縣，戴氏來函稱許古音十七部「是可以千古矣。」文見《經韻樓集》卷十二〈答黃紹武書〉所載。[4]

3. 乾隆三十七年壬辰（1772）四月，段氏因公失官而入都，於洪榜寓見到戴東原，以《六書音均表》請益，戴氏閱後說體裁尚未盡善。此事見段玉裁撰《戴東原先生年譜》，五十歲條，及劉盼遂編《段玉裁先生年譜》，三十八歲條所載。[5]

4. 乾隆三十八年癸巳（1773）十月三十日，戴氏從北京給時在富順縣令任上的段氏書，簡述「大箸辨別五支、六脂、七之，如清、真、蒸三韻之不相通，能發自唐以來講韻者所未發。今春將古韻考定一番，斷從此說為確論。」戴氏函全文，載於劉盼遂編《段玉裁先生年譜》，三十九歲條，及段氏《六書音均表》書序〈戴東原先生來書〉。[6]

5. 乾隆四十年乙未（1775）十月，段氏致戴東原書，內容自述探討先秦古音的經過，最後請求戴氏能為《六書音均表》撰序。此函全部內容有一一〇〇餘字，以〈寄戴東原先生書〉之名，附刻於《六書音均表》卷首序文之後，儼然有導讀《六書音均表》一書之意。[7]

6. 乾隆四十一年丙申（1776）春，戴氏寄段氏書，詳細討論段氏古韻分十七部得失，

---

2 乾隆二十八年（1763）春，戴東原會試不第，居北京新安會館，段玉裁與一二好學之士向戴氏問學；當年夏天，戴氏南歸，段玉裁以札問安，遂自稱弟子，為戴氏婉拒，直到乾隆三十四年（1769），戴氏才勉強同意，但以古人之「友乃相師之義」相待。戴、段相交前後十五年，往復論學不輟，段氏一生於學問受戴氏影響最深。詳見林慶勳《段玉裁之生平及其學術成就》（臺北市：中國文化學院中國文學研究所博士論文，1980年），頁26。

3 見大化書局編：《經韻樓集》，《段玉裁遺書》（臺北市：大化書局，1977年），頁1001、1121。

4 見大化書局編：《經韻樓集》，《段玉裁遺書》（臺北市：大化書局，1977年），頁1121。

5 見戴震：《戴東原先生年譜》，《戴震文集》（臺北市：華正書局，1974年），頁233。劉盼遂編：《段玉裁先生年譜》，《段玉裁遺書》（臺北市：大化書局，1977年），頁1251。

6 見劉盼遂編：《段玉裁先生年譜》，《段玉裁遺書》（臺北市：大化書局，1977年），頁1252-1253，及段玉裁：《六書音均表》，《說文解字注》（臺北市：藝文印書館，1955年），頁812。不過段氏《六書音均表》書序所收內容，以〈戴東原先生來書〉之名，刪節成與古音有關約七十餘字之內容。

7 見段玉裁：《六書音均表》，《說文解字注》（臺北市：藝文印書館，1955年），頁812-813。

並提出自己見解。文長六千餘字,請段氏友人龔敬身帶致,可惜轉遞佚失,段氏未能親閱。[8]

此函戴氏題〈答段若膺論韻〉,今載於《戴震文集》第四卷。討論內容相當詳細,以自己對古音探索的觀點比較段氏的分部,如「(《六書音均表》)書內言第十七部歌、戈、麻與十六部支、佳同入,第十部陽、唐與第五部魚、虞、模同入,皆失倫。」(頁69)、「僕之意:第三、第四當併,第十二、第十三亦當併。」(頁73)、「至支、脂、之有別,此足下卓識,可以千古矣」(頁77)、「每部作四條:曰『詩經韻』,曰『群經韻』,曰『古本音』,曰『古合韻』,似省兩閱,亦免『群經韻』內字有列於『古本音』、『古合韻』兩條者,離在兩處。」(頁77)函中戴氏主要以入聲分配立論,對段氏書有批評、建議,也有褒獎,可惜段氏當時未能寓目。

7. 乾隆四十二年丁酉(1777)正月十四日,戴氏在北京寄給段氏書,其中提到《四庫全書》收書體例,對現在人撰述不錄,戴氏所著《考工記圖》、《屈原賦注》以及段氏《六書音均表》,均不得抄入。此函全文載於劉盼遂編《段玉裁先生年譜》四十三歲條。[9]

8. 乾隆四十二年丁酉(1777)正月,戴氏為段氏《六書音均表》撰序,盛讚段氏:「若夫五支異於六脂,猶清異於真也;七之又異於支、脂,猶蒸又異於清、真也;實千有餘年莫之或省者,一旦理解,按諸三百篇劃然,寧非稽古大快事歟。」[10]。此外對段氏將「真、臻、先」與「諄、文、殷、魂、痕」區為二,「尤、幽」與「侯」亦區為二,雖未加讚詞,卻一別昔日主張合併的不同見解。

由此可見只有〈寄戴東原先生書〉(本文以下簡稱〈寄戴書〉)一文,可以窺見段氏古韻研究歷程及其成績的大略,對一位在古韻研究領域當時仍然沒沒無聞的段氏,本文擬借對該文的探討,瞭解段氏在古韻研究成為有清奠基者的治學辛勞,以及一向治學的嚴謹態度。

二 〈寄戴書〉內容大要

〈寄戴書〉一文可以區分為幾個段落,第一段,[11]記述段氏自己學習古音始末。段氏因為自幼學習詩作,所以對聲音文字之學大感興趣。二十歲時(甲戌、乙亥間,1754-1755)從同邑先輩蔡一帆學習,平生第一次明瞭古韻的大概體系。二十六歲(乾隆二十五年庚辰,1760)秋後入京,準備參加次年春闈,有機會拜讀顧炎武(1613-

---

8 見劉盼遂:《段玉裁先生年譜》(臺北市:大化書局,1977年),四十二歲條,頁1255。

9 見劉盼遂:《段玉裁先生年譜》(臺北市:大化書局,1977年),四十三歲條,頁1258-1261。

10 見段玉裁:《六書音均表》,《說文解字注》(臺北市:藝文印書館,1955年),頁809。

11 自「玉裁自幼」……「未能深知之也。」為第一段。

1682）《音學五書》，閱讀之後驚怖該書考據之博，後人難以企及。三年之後二十九歲
（乾隆二十八年癸未，1763）有幸遊於東原先生之門，得以見到戴氏所撰〈江慎修行
略〉一文，其中提及江永（1681-1762）撰有《古韻標準》一書，分部與顧氏大異其
趣，但內容究竟如何，段氏自嘆未能深知之。

次段[12]敘述乾隆三十二年丁亥（1767），段氏三十三歲（乾隆三十二年丁亥，
1767）在景山萬善殿教習期滿，從北京回金壇後，與二弟玉成取《毛詩》用韻仔細檢
討，發現江永《古韻標準》將「真」與「元」分部、「蕭」與「尤」分部，的確可信。
經過進一步反覆細繹，更獲得「真」與「諄」、「侯」與「尤」，三百篇內分用畫然的證
據，而江永未能離析；「支、佳」、「脂、微」、「之、咍」，宜析為支、脂、之三部，顧炎
武、江永均未能知之。此外，也對平、入的分配重新做整理，而知四聲古今不同；仔細
探討《毛詩》用韻之字，區別古韻為十七部，其中音變或協音，乃自古已有的「本音」
與「合韻」。綜合以上之觀察，以為千年輴縕不解，如今一旦軒露，乃撰成「詩經韻
譜」、「群經韻譜」各一帙。

第三段[13]敘述乾隆三十四年己丑（1769），段氏三十五歲參與第三次春試而進京，
閒暇之餘，寄寓法源寺旁蓮華庵，向邵晉涵借書將「詩經韻譜」、「群經韻譜」加以注
釋，使人容易閱讀，次年二月書成，錢大昕以為「鑿破混沌」，為之撰序。該序文亦刻
於《六書音均表》書前，稱為原序。段氏於乾隆三十七年壬辰（1772）四月再入京，將
詳注的「詩經韻譜」、「群經韻譜」向東原先生請益，得到的回應是「題裁尚未盡善」。
其後三年之間，段氏於蜀地各處任職奔波，常於公暇之餘，修改是書，直到〈寄戴書〉
當年六月（1775），調差報銷局，得暇益加潛心商訂，九月才完成如今形式的《六書音
均表》。段氏以為是書雖為音均之書，然該書將使學者「循是以知假借、轉注，而於古
經傳無疑義。」

第四段[14]在〈寄戴書〉將結束之前，段氏再將東原先生昔年不同意見的教誨一一說
明。東原先生與段氏相左的觀點有三，其一，「尤」、「侯」兩韻可無用分；其二，十七
部次第不能深曉，「支」、「脂」、「之」三部何以不列於一處；其三，顧炎武平仄之說未
為非，段氏所定四聲，似更張大甚。段氏答覆極為簡潔，認為周、秦、漢初之文，侯與
尤相近，而必獨用。「之、咍」，與「蕭」、「尤」近，亦與「蒸」近，故分列一、二、
三、六部；「脂、微」與「諄、文」、「元、寒」等近，故分列十五、十三、十四部。
「支、佳」與「歌、戈」近，故分列十六、十七部。今四聲不同古，如同古音分部不同
今，抽繹遺經雅記檢核，大約可以相信所論非妄。

---

12 自「丁亥自都門歸」……「成『詩經韻譜』、『群經韻譜』各一帙。」為第二段。

13 自「己丑再至都門」……「尠能心知其意也。」為第三段。

14 自「抑先生曾言尤、侯兩韻」……「惟求研審音韻之真而已。」為第四段。

最後一段[15]結尾，段氏舉郭樸注《爾雅》在烏尤（今四川樂山）；宋祁修唐書也在古益州的四川。說明自己公暇完成《六書音均表》也在蜀地任上，實在是效法古人的撰述遺志。此外，《詩經小學》、《書經小學》、《說文考證》、《古韻十七部表》等書，也將陸續完成。今謄寫《六書音均表》一部，寄呈座右，請東原先生撰序，並糾正疵謬。

三 對顧炎武、江永古音研究的檢討

為了徹底明瞭段氏批評顧、江說法有無道理，以下引用《六書音均表》表一〈今韻古分十七部表〉序言對鄭庠、顧炎武、江永三家所做的古音分部，對照比較做說明如表列。

表 1-1

	各家分部及所收《廣韻》韻目[16]							
鄭庠六部	1東冬江陽庚青蒸屋沃覺藥陌錫職	2支微齊佳灰		3魚虞歌麻	4真文元寒刪先質物月曷黠屑			
顧炎武十部	1東冬鍾江	2支脂之微齊佳皆灰咍質術櫛物迄月沒曷末黠鎋屑薛麥昔錫職德		3魚虞模侯藥鐸陌	4真諄臻文欣元魂痕寒桓刪山先仙			
江永十三部	1東冬鍾江	2支脂之微齊佳皆灰咍麥昔錫職德		3魚虞模藥鐸陌	4真諄臻文殷魂痕質術櫛物沒			5元寒桓刪山先仙月曷末點鎋屑薛
段玉裁十七部	9東冬鍾江	16支佳陌麥昔錫	15脂微齊皆灰祭泰廢術物迄月沒曷末點鎋薛	1之咍夬職德	5魚虞模藥鐸	12真臻先質櫛屑	13諄文欣魂痕	14元寒桓刪山仙

[15] 自「夫郭樸《爾雅》注於烏尤」……「玉裁頓首。」為最後一段。

[16] 鄭庠使用平水韻106韻標目，與顧炎武、江永不同。

表 1-2

	各家分部及所收《廣韻》韻目								
鄭庠6部	5蕭肴豪尤							6侵覃鹽咸緝合葉洽	
顧炎武10部	5蕭宵肴豪尤幽屋沃燭覺	6歌戈麻	7陽唐	8庚耕清青	9蒸登			10侵覃談鹽添咸銜嚴凡緝合盍葉怗洽狎業乏	
江永13部	6蕭宵肴豪	7歌戈麻	8陽唐	9庚耕清青	10蒸登	11尤侯幽屋沃燭覺		12侵緝	13覃談鹽添咸銜嚴凡合盍葉怗洽狎業乏
段玉裁17部	2蕭宵肴豪	17歌戈麻	10陽唐	11庚耕清青	6蒸登	3尤幽屋沃燭覺	4侯	7侵鹽添緝葉怗	8覃談咸銜嚴凡合盍洽狎業乏

「表1-1」與「表1-2」之分隔，是韻部數目逐漸增多，由於對照需要而分列兩張表。表中韻目對照，都是舉平聲以賅上、去聲，沒有例外，入聲字則使用斜體標示以資醒目。有關韻部順序標示，鄭庠韻部根據段玉裁《六書音均表》表一〈今韻古分十七部表〉，以及夏炘《詩古音表二十二部集說》卷上；[17]顧炎武韻部據所著《古音表》；江永據所著《古韻標準》。

鄭庠使用平水韻一○六韻韻目標示，例如他的第一部「東冬江陽庚青蒸屋沃覺藥陌錫職」，等於《廣韻》韻目「東冬鍾江陽唐庚耕青清蒸登屋沃燭覺藥鐸陌麥昔錫職」，對照顧、江分韻應當可以明白。不過使用平水韻一○六韻，或劉淵《新刊禮部韻略》一○七韻，都不適於考求古音，段玉裁在《六書音均表》表一〈今韻古分十七部表〉序言就不客氣批評：「今取百有七部之書，考求古音，今音混淆未明，無由討古音之源也。」

乾隆三十二年丁亥（1767），段氏三十三歲（1767）從北京返回金壇之後，想起曾在東原先生處，知道江永撰有《古韻標準》一書，與顧炎武古音研究主張稍有不同。如

---

17 鄭庠韻部標示順序，戴震《聲韻考》卷三列：「陽、支、先、虞、尤、覃」。宋人鄭庠撰《古音辨》一書，可惜已亡佚難見，世人皆以後世毛其齡、戴震兩氏引述之說為最早，陳伯元先師則引述南宋末熊朋來撰《熊先生經說》卷二「易詩書古韻」所論早於毛、戴二氏，可惜只談及鄭氏五部，不知何故「支部」缺如。說見《古音研究》（臺北市：五南圖書出版公司，1999年），頁53。

今與二弟玉成取《毛詩》用韻仔細檢討再檢討，發現原來顧、江二氏古音分部，都有未盡善之處。〈寄戴書〉說：

> 丁亥自都門歸，憶《古韻標準》所稱「元、寒、桓、刪、山、先、仙」七韻，與「真、諄、臻、文、欣、魂、痕」七韻，三百篇內分用，不如顧亭林、李天生所云，自真至仙古為一韻之說。與舍弟玉成，取《毛詩》細繹之果信；又細繹之，「真、臻」二韻，與「諄、文、欣、魂、痕」五韻，三百篇內分用，而江氏有未盡也。「蕭、宵、肴、豪」與「尤、侯、幽」分用矣，又細繹之，則「侯」與「尤、幽」，三百篇內分用，而江氏有未盡也。「支、脂、之、微、齊、佳、皆、灰、咍」九韻，自來言古韻者合為一韻，及細繹之，則「支、佳」為一韻，「脂、微、齊、皆、灰」為一韻，「之、咍」為一韻，而顧氏、江氏均未之知也。

段氏所說，可以區分為兩個層次看待，其一，批評顧、江二氏不足處，使用「細繹之」起頭說明；其二，在顧、江不足的基礎上，提出自己的見解，使用「又細繹之」、「及細繹之」論述，如江氏將「真、臻」二韻，與「諄、文、欣、魂、痕」五韻合併為「真」部；將「尤、侯、幽」合併為「尤」部。顧、江二氏將「支、脂、之、微、齊、佳、皆、灰、咍」九韻合併為「支」部。段氏批評顧、江不足與段氏自己提出的創獲，分別在下面做討論。

四　段氏以《毛詩》三百篇及群經押韻反覆細繹之後所得的古音分部

從上一節所述段氏對顧炎武、江永古音分部的修正，可以得知段氏與顧、江最大的古音分部差異，乃在「諄」部、「侯」部獨立，以及將「之」、「脂」、「支」分為三部。以上內容正是〈寄戴書〉第二段表達之意。以下擬從《毛詩》及群經押韻現象做論述。

（一）從江永「真」部分出「諄」部論證

段玉裁與弟玉成細繹《毛詩》三百篇用韻，認為江永將顧炎武「真」至「仙」古為一韻分為「真、元」兩部之說是正確的。然而經過仔細探討，發現江永的「真」部中，應當再分出「諄、文、欣、魂、痕」等韻，因此提出「諄」部獨立的主張，見「表1-1」對照可知。段氏評論「真、諄、元」三部歷來諸家的處理的情況說：

> 三百篇及群經、屈賦，分用畫然。漢以後用韻過寬，三部合用。鄭庠乃以「真、

文、元、寒、刪、先」[18]為一部；顧氏不能深考，亦合「真」以下十四韻為一部，僅可以論漢、魏間之古韻，而不可以論三百篇之韻也；江氏考三百篇，辨「元、寒、桓、刪、山、先、仙」之獨為一部矣。而「真、臻」一部，與「諄、文、欣、魂、痕」一部分用，尚有未審。[19]

依照段氏的意思，顧炎武將「真」以下十四個韻合併為一個韻部，那是漢、魏之間的押韻現象，與《毛詩》三百篇、群經、屈賦等的用韻有別。而江永雖然將「真」與「元」分為兩部，可是仍有未審。

段氏究竟有何證據，批評江氏的疏漏。段玉裁《六書音均表》表四〈詩經韻分十七部表〉，以及表五〈群經韻分十七部表〉，都羅列相當多的例證，說明各部所以分部的所以然。〈寄戴書〉中對東原先生說明：「四曰〈詩經韻分十七部表〉，臚其美富也；五曰〈群經韻分十七部表〉，資其參證也。」《毛詩》三百篇是韻文，歸納分部，舉證分明，所以說「臚其美富」；群經等[20]雖然屬於散文，但引述韻文的押韻，仍可證明段氏分部，於古有據，所以說「資其參證」。

以下分別舉《毛詩》三百篇及群經用韻的證據，說明段氏何以讓「諄」部從「真」部中獨立出來：

（1）《毛詩》〈王風〉〈葛藟〉：

綿綿葛藟，在河之滸。終遠兄弟，謂他人昆。謂他人昆，亦莫我聞。（三章）

（2）《毛詩》〈魏風〉〈伐檀〉：

坎坎伐輪兮，寘之河之漘兮，河水清且淪猗。不稼不穡，胡取禾三百囷△[21]兮？不狩不獵，胡瞻爾庭有縣鶉兮？彼君子兮，不素飧兮？（三章）

（3）《大戴禮》〈哀公問五義〉：

故其事大，配乎天地。參乎日月，雜於雲蜺。總要萬物，穆穆純純，其莫之能循。

（4）《離騷》〈九歌〉〈湘夫人〉：

合百草兮實庭，建芳馨兮廡門。九嶷繽兮並迎，靈之來兮如雲。

上述段氏列（1）〈葛藟〉「滸（諄）[22]、昆（魂）、昆（魂）、聞（文）」四字韻腳、[23]

18　鄭庠使用的是「平水韻」韻目。

19　見《六書音均表》表一〈今韻古分十七部表〉，頁13b。

20　段玉裁「群經韻表」，除羅列十三經例字之外，也包括《離騷》、《國語》等先秦古籍有韻之文做例證。

21　此類韻字旁標有△者，段氏稱為「古本音」，說詳下節，以下皆同，不再說明。

22　每個韻腳之後括弧內的字，表示該韻腳在今韻《廣韻》所屬的韻目，下同。

23　見《六書音均表》表四〈詩經韻分十七部表〉，頁36b。

（2）〈伐檀〉「輪（諄）、滑（諄）、淪（諄）、囷△（真）、鶉（諄）、飧（魂）」六字韻腳；[24]以及群經（3）〈哀公問五義〉篇「純（諄）、循（諄）」兩字韻腳、（4）〈湘夫人〉「門（魂）、雲（文）」兩字韻腳。[25]總計有十四個字的韻腳，都收在《六書音均表》表四〈詩經韻分十七部表〉及表五〈群經韻分十七部表〉的第十三部「諄」部。除「囷△（真）」字下一節再做介紹外，可以發現各字韻腳所屬今韻《廣韻》韻目，都屬於「諄、魂、文」韻中收字。這個現象也就是段氏「表1-1」所呈現的情況。段氏所以能在江永的「真」部之外，獨立出「諄」部來，就是如上述舉例（1）至（4）的《毛詩》或群經押韻字，它們的韻腳，都不與古音「真」部所屬的《廣韻》「真、臻、先」等韻的字同押，這個現象說明「諄」、「真」兩部，在先秦的讀音各自獨立，段氏因此多分出「諄」一部來。

（二）從江永「尤」部分出「侯」部論證

段氏對江永主張「蕭、宵、肴、豪」與「尤、侯、幽」分為兩部，這是比顧炎武高明的地方。但他隨後卻發現江永的「尤、侯、幽」部，其實可以再細分為「尤、幽」與「侯」兩部。段氏讓「侯」部從江永的「尤」部獨立出來，所持的主要證據，當然還是《毛詩》的用韻現象。段氏在《六書音均表》表一〈今韻古分十七部表〉，其中「第三部、第四部、第五部分用說」，[26]舉了如下例證說明。

（5）《毛詩》〈鄘風〉〈載馳〉：

載馳載驅△，歸唁衛侯。驅馬悠悠，言至于漕。大夫跋涉，我心則憂。（首章）

（6）《毛詩》〈唐風〉〈山有樞〉：

山有樞△，隰有榆△。子有衣裳，弗曳弗婁△；子有車馬，弗馳弗驅△。宛其死矣，他人是愉△。（首章）

山有栲，隰有杻。子有廷內，弗灑弗掃；子有鍾鼓，弗鼓弗考。宛其死矣，他人是保。（第二章）

（7）《毛詩》〈小雅〉〈南山有臺〉：

南山有栲，北山有杻。樂只君子，遐不眉壽？樂只君子，德音是茂。（第四章）

南山有枸△，北山有楰△。樂只君子，遐不黃耈？樂只君子，保艾爾後。（第五章）

---

24 見《六書音均表》表四〈詩經韻分十七部表〉，頁37a。

25 見《六書音均表》表五〈群經韻分十七部表〉，頁16a。

26 見《六書音均表》表一〈今韻古分十七部表〉，頁10a。

（8）《春秋》〈左氏傳〉〈僖公四年〉：

> 晉獻公欲以驪姬為夫人，卜之不吉，筮之吉。公曰：「從筮。」卜人曰：「筮短龜長，不如從長。且其繇曰：『專之渝△，攘公之羭△。一薰一蕕，十年尚猶有臭。』必不可。」弗聽。

從前面段氏「表1-2」，可以看到江永的「尤」部，包含有「尤、侯、幽、屋、沃、燭、覺」等《廣韻》韻目，段氏則將其中的「侯」韻獨立出來，設立一個新的「侯」部。例如（5）《毛詩》〈載馳〉第一章前半「驅（虞）[27]、侯（侯）」韻腳，屬於「侯」部，不與後半「悠（尤）、漕（豪）、憂（尤）」三字押韻。例（6）〈山有樞〉首章「樞（虞）、榆（虞）、婁（侯）、驅（虞）、愉（虞）」五字屬於侯部，不與第二章「栲（晧）、杻（有）、掃（晧）、考（晧）、保（晧）」字押韻；例（7）〈南山有臺〉第五章「枸（厚）、楰（麌）、耉（厚）、後（厚）」四字屬侯部，不與第四章「栲（晧）、杻（有）、壽（宥）、茂（候）[28]」通為一部；例（8）

〈左氏傳僖公四年〉所引繇辭「渝（虞）、羭（虞）」二字屬侯部，不與下文，「猶（尤）、臭（宥）」同一部。

以上證據都收在《六書音均表》表四〈詩經韻分十七部表〉及表五〈群經韻分十七部表〉的第四部「侯」部中。

（三）從江永「支」部分出「之」「脂」「支」三部論證

自來言古韻者都把「支、脂、之、微、齊、佳、皆、灰、咍」九韻合併為一個韻部，這也是顧、江兩氏未之知的盲點。段氏則深入探討，得到宜將「支、脂、之」分成三部的充足證明。

（9）《毛詩》〈鄘風〉〈相鼠〉：

> 相鼠有齒，人而無止。人而無止，不死何俟。（二章）
> 相鼠有體，人而無禮。人而無禮，胡不遄死。（三章）

（10）《毛詩》〈魏風〉〈竹竿〉：

> 泉源在左，淇水在右△。女子有行，遠兄弟父母△。（二章）

（11）《孟子》〈公孫丑上〉：

> 齊人有言曰：雖有智慧，不如乘勢。雖有鎡基，不如待時。

---

27 驅從區聲，《廣韻》雖屬虞韻字，但古韻屬侯部，見《六書音均表》表四〈詩經韻分十七部表〉，頁16b。此類韻字旁標有△者，段氏稱為「古本音」，說詳下節。

28 段玉裁認為茂字從戊聲在第三部尤部，今入候韻，見《六書音均表》表四〈詩經韻分十七部表〉，頁15a。

（12）屈原《楚辭》〈卜居〉：

> 寧與騏驥抗軛乎，將隨駑馬之跡乎。寧與黃鵠比翼乎。將與雞鶩爭食乎。

（13）《史記》〈秦始皇本紀〉，載有「琅邪臺刻石」：

> 維二十六年，皇帝做始。端平法度，萬物之紀。以明人事，合同父子。
>
> 聖智仁義，顯白道理。來撫東土，以省卒士。事已大畢，乃臨於海。
>
> 皇帝之功，勤勞本事。上農除末，黔首是富。普天之下，博心揖志。
>
> 器械一量，同書文字。日月所照，舟輿所載。皆終其命，莫不得意。
>
> 應時動事，是維皇帝。匡飭異俗，陵水經地。憂恤黔首，朝夕不懈。
>
> 除疑定法，咸知所辟。方伯分職，諸治經易。舉錯必當，莫不如畫。

顧炎武、江永，都認為《廣韻》「支、脂、之」與相承上、去聲，合為一部押韻。段氏則利用（9）〈相鼠〉，推論第二章「齒（止）、止（止）、止（止）、俟（止）」是「之」部、第三章「體（薺）、禮（薺）、禮（薺）、死（旨）」是「脂」部，兩者分用很清楚，並不在一起押韻。段氏說曾讀坊本《詩經》（10）〈竹竿〉第二章，最後一句作「遠父母兄弟」，「弟」為脂部字不能與「右」之部押韻，後來見到《唐石經》、宋本《詩經集傳》等書作「遠兄弟父母」，才豁然釋其疑。[29]「右（宥）、母（厚）」兩字屬於「之」部，非原來坊本的「脂、之」部通押。

例（11）《孟子》〉公孫丑〉引齊人言「慧（霽）、勢（祭）」，屬於脂部；「基（之）、時（之）」則屬於之部。例（12）《楚辭》〈卜居〉「軛（麥）、跡（昔）」屬於支部，「翼（職）、食（職）」則屬於之部。例（13）「琅邪臺刻石」「始（止）、紀（止）、子（止）、理（止）、士（止）、海（海）、事（志）、富（宥）、志（志）、字（志）、載（海）、意（志）」屬於之部，「帝（霽）、地（至）、懈（卦）、辟（昔）、易（寘）、畫（卦）」屬於支部。[30]

上列證據見《六書音均表》表四〈詩經韻分十七部表〉及表五〈群經韻分十七部表〉的第一、十五、十六部「之、脂、支」部中。

五　段氏以諧聲聲符歸納的證據

段玉裁在《六書音均表》〈古十七部諧聲表〉序言說：

> 考周秦有韻之文，某聲必在某部，至嘖而不可亂。故視其偏旁以何字為聲，而知其音在某部，易簡而天下之理得也。許叔重作《說文解字》時未有反語，但云某

---

29 見《六書音均表》表一〈今韻古分十七部表〉，頁8a。

30 參見陳伯元先師：《古音研究》（臺北市：五南圖書出版公司，1999年），頁92。

聲某聲，即以為韻書可也。[31]

段氏於一七六七年教習期滿，從北京回金壇後，與二弟玉成取《毛詩》用韻仔細檢討之時，應當已歸納出「視其偏旁以何字為聲，而知其音在某部」的道理，唯有如此才能與《毛詩》用韻相互印證，否則不可能創獲諄部、侯部以及之、脂部得以獨立的高見。

（一）段氏首創同諧聲必同部的學說

同諧聲古音必同部的學說，是段氏首創影響相當深遠的古音研究方法。段氏觀察到由於音有轉變，古同韻部的字後世可能散見在中古音的各韻，例如：

從「某」聲：「某」在《廣韻》厚韻；「媒、槑」在灰韻
從「每」聲：「悔、晦」在《廣韻》隊韻；「敏」在軫韻；「痗、脢」在厚韻

如此參差不齊的現象，容易讓後人混淆疑惑，若能掌握「同諧聲者必同部」的規則，古韻是否同部就不難理解。段氏因此有〈古十七部諧聲表〉的發明，讓後人以簡馭繁，容易判斷散逸於今韻的某聲某聲，其實古韻在同部。[32]

再舉一例做說明，《毛詩》〈魏風〉〈伐檀〉首章韻腳是：「檀、干、漣、廛、狟、餐」六字，屬上古「元部」。前三字的聲符分別是「亶聲、干聲、連聲」，依照「一聲可諧萬字，萬字而必同部，同聲必同部。」的理論，[33]它們可以諧聲的字至少如下：

亶聲：嬗、壇、檀、氈、羶。
干聲：竿、肝、奸、汗、刊、岸、軒、旱。
連聲：漣、鏈、蓮、縺、璉、鰱、槤。

這些諧聲字可能出現當韻腳，也可能不是韻腳，不過都可以歸屬於同一個古韻部，可見段氏此一創獲，在古音學研究上有不可磨滅的功勞。

（二）諄部諧聲聲符不與真部相混[34]

以前舉（1）至（4）韻字為例，十二個韻腳字它們的聲符分別是「辰、昆、門、侖、困、享[35]、飱[36]、云」。以「一聲可諧萬字，萬字而必同部，同聲必同部」的理論做

---

31 見《六書音均表》表二〈古十七部諧聲表〉，頁1a。

32 參見《六書音均表》表二〈古十七部諧聲表〉，頁1。

33 見《六書音均表》表一〈今韻古分十七部表‧古諧聲說〉，頁22a。

34 由於篇幅限制，侯部不與尤部相混、之脂支三部不相混的例證只能省略了。

35 此字《說文解字》「讀若純」，段玉裁《說文解字注》「常倫切，十三部」，它的篆文上从享、下从羊，隸變之後與讀做許兩切的享字無別。說見段氏《說文解字注》五篇下，28b、29a。

觀察，段氏在除前舉（1）至（4）韻字之外，屬於辰、昆等諧聲偏旁所諧的韻腳字，出現在《六書音均表》表四〈詩經韻分十七部表〉[37]及表五〈群經韻分十七部表〉[38]「弟十三部」諄部有如下所列：

門（〈北門〉一章）、問（〈女約雞鳴〉三章）、門雲雲（〈出其東門〉一章）、雲（〈敝笱〉一章）、閔（〈鴟鴞〉一章）、犉（〈無羊〉一章）、云（〈正月〉十二章）、門云（〈何人斯〉一章）、雲（〈信南山〉二章）、問（〈緜〉八章）、辰（〈桑柔〉四章）、聞（〈雲漢〉五章）、雲門（〈韓奕〉四章）、耘（〈載芟〉）。聞（〈象下傳旅〉）、門（〈繫辭上傳〉）、醇（〈繫辭下傳〉）、聞（〈武王踐阼篇矛銘〉）、門（〈大戴禮〉驪駒詩）、雲（〈孔子閒居〉）、晨辰振焞（〈左傳僖公五年〉童謠）、門雲（〈大司命〉）、雲（〈國殤〉）、云（〈天問〉）、門聞（〈九章‧惜誦〉）、聞（〈九章‧抽思〉）、聞（〈悲回風〉）、聞門門聞（〈遠游〉）

以上屬於諄部諧聲字，沒有一字混入弟十二部真部之中，可見「諄」與「真」涇渭分明，段玉裁的觀察，可以持與《毛詩》及群經用韻相互印證，因此他這樣處理的確有它的道理存在。

六　段氏以「古本音」與「古合韻」處理例外押韻現象

（一）段氏對「古本音」與「古合韻」的解釋

段氏在處理三百篇用韻與群經用韻歸屬韻部時，免不了也會遇到一些特殊情況的所謂「例外押韻」現象。例如（2）〈伐檀〉韻腳的「囷△」字，段氏在《六書音均表》表四〈詩經韻分十七部表〉及表五〈群經韻分十七部表〉，將這類字旁標有符號者，稱為「古本音」。此外也出現在韻腳用字如「⊗」規誌處理的現象，這類情形就稱為「古合韻」。段氏對「古本音」與「古合韻」，所下的定義為：

> 凡與今異部者，古本音也；其於古本音有齟齬不合者，古合韻也。[39]

另外，段氏友人吳省欽於乾隆四十二年丁酉（1777），為《六書音均表》所撰的「釋例」，也給「古本音」與「古合韻」做了更詳細的解釋：

---

36 飧字段玉裁《說文解字注》作「从夕食」，段注說：「會意字，思魂切，十三部。」（《說文解字注》五篇下，10b）可見它與餐飲的餐字不同音，餐字也出現在《毛詩》〈魏風〉〈伐檀〉第一章的韻腳，與「檀、干、漣、廛、狟」五字押韻。餐字段氏《說文解字注》說：「七安切，十四部，與十三部之飧迥別，《魏伐檀》一章、三章分用。」（《說文解字注》五篇下，11a）

37 見《六書音均表》表四〈詩經韻分十七部表〉，頁36b、37a。

38 見《六書音均表》表五〈群經韻分十七部表〉，頁16a。

39 見《六書音均表》表四〈詩經韻分十七部表〉，頁1ab。

古與今異部，是為古本音。如「丘、謀、尤」，古在「之、咍」部，而今在「尤、幽」部；「曹、菽、茅、滔」，古在「尤、幽」部，而今在「蕭、宵、肴、豪」部是也。古與古異部而合用之，是為古合韻。如「母」字，古在「之、咍」部，《詩》凡十七見，而〈蝃蝀〉協「雨」；「興」字，古在「蒸、登」部，《詩》凡五見，而〈大明〉協「林、心」是也。[40]

先瞭解吳省欽「釋例」所舉的「古本音」例子，所謂「丘（尤）、謀（尤）、尤（尤）」，古音在「之、咍」部，而今韻《廣韻》隸屬於「尤、幽」韻。從上述「表1-1」段氏古音「之」部，收《廣韻》「之、咍、職、德」等韻，「丘、謀、尤」三個韻腳字，都不屬於其中任何一個韻的收字，而是收在《廣韻》「尤、幽」韻中。但依照三百篇用韻現象，它們與「之」部的字押韻，應當視作是古音「之、咍」部的字。因此稱「丘、謀、尤」三字，古音屬於「之」部，可是今韻在「尤、幽」韻而不是「之、咍、職、德」等韻，這種現象就是段氏所謂「古與今異部」，也就是「古音同為之部，今音異於之、咍、職、德韻」的古本音。

其次吳氏「釋例」所舉的「古合韻」例子，他的意思說「母（厚）」字雖然今韻屬於上聲厚韻，卻與古音「之、咍」部押韻，《毛詩》出現的例子有十七見之多，[41]依照上面所說段氏把它當作「古本音」看待。而「母」字在《毛詩》〈鄘風〉〈蝃蝀〉：「朝隮于西，崇朝其雨。女子有行，遠兄弟父母。」（二章），與第五部「雨（霽）」字押韻。這種現象的出現，上述已說明段氏把「母」字與第一部押韻的情形看做「古本音」，然而又見到它與第五部押韻的現象時，就視之為「古合韻」，段氏說：「母，本音在第一部，《詩》〈蝃蝀〉以韻雨，此古合韻也。」[42]此正是吳省欽所說「古與古異部而合用之」的意思。

（二）段氏「古本音」與「古合韻」的例證[43]

段氏第十三部「諄」部獨立出來，可能出現的例外押韻現象，以下同樣舉《毛詩》與群經的例子做說明：

---

40 見《六書音均表》〈序〉，頁4a。此處可能掛名吳省欽撰述，其實是段氏自己所寫，見劉盼遂輯：《經韻樓集補編》，《段玉裁遺書》劉氏按語，頁1157。

41 段氏說：「母聲在此部，《詩》〈葛覃〉、〈竹竿〉、〈葛藟〉、〈將仲子〉、〈南山〉、〈陟岵〉、〈四牡〉、〈杕杜〉、〈南山有臺〉、〈沔水〉、〈小弁〉、〈蓼莪〉、〈北山〉、〈思齊〉、〈泂酌〉、〈雝〉、〈閟宮〉十七見，今入厚。」見《六書音均表》表四〈詩經韻分十七部表〉第一部之後「古本音」注釋，頁6b。

42 見《六書音均表》表四〈詩經韻分十七部表〉第五部「古合韻」注釋，頁23a。

43 由於篇幅所限，本節僅能以「諄」部為例做說明，其餘「侯」部與「之」「脂」「支」三部的例證只有省略。

（14）《毛詩》〈鄭風〉〈出其東門〉：

出其東門，有女如雲。雖則如雲，匪我思存。縞衣綦巾△，聊樂我員△。

（一章）

（15）《毛詩》〈小雅〉〈正月〉：

彼有旨酒，又有嘉殽。洽比其⑳，婚姻孔云。念我獨兮，憂心慇慇。

（十二章）

（16）《禮記》〈孔子閒居〉：

清明在躬，氣志如⑳。嗜欲將至，有開必先△。天降時雨，山川出雲。

（17）《春秋左氏傳》〈僖公五年〉童謠云：

丙之晨，龍尾伏辰，均服振振。取虢之旂△，鶉之賁賁△，天策焞焞。火中成軍，虢公其奔。

「表1-1」段氏古音「諄」部，收《廣韻》「諄、文、欣、魂、痕」及其相承的上、去聲共十五個韻目。像前述例（2）《毛詩》〈魏風〉〈伐檀〉第三章「囷△」字與其他「輪（諄）、滑（諄）、淪（諄）、鶉（諄）、飧（魂）」五個字押韻，輪、滑等字的今音，都隸屬於段氏所定「諄」部的十五個《廣韻》韻目之內，只有「囷△（真）」字例外，與十五個韻目相左，這種現象稱做「古與今異部的古本音」。

上述（14）、（16）、（17）三組例證，韻腳右旁有三角符號者，即段氏所謂的「古本音」。「（14）巾△、員△」字、「（16）先△」字、「（17）旂△、賁△」等字，《廣韻》分別屬於「真、仙、先、微、微」各韻，都不屬於段氏『諄』部所收《廣韻》「諄、文、欣、魂、痕」等幾韻字。此類古音在「諄」部，今音卻分別歸入「諄」部今音之外的韻目，段氏就以「古本音」來看待這些例外押韻。

至於「（15）⑳、（16）⑳」兩字，字外規誌者段氏稱做「古合韻」。上述押韻例子「（15）⑳、云、慇」，以及「（16）躬、⑳、先△、雲」，除「鄰、神」兩字屬於段氏古音第十二部『真』部之外，其餘都是段氏第十三部「諄」部的收字。由於是異部押韻的現象，所以段氏命名為「古合韻」。

段氏「古本音」與「古合韻」的提出，主要是為說明他主張的韻部歸屬的例外現象，後人雖有不同評論，但站在段氏的立場，他只是提出對自己的主張一種自圓其說的方式而已。

七 結束語

本文之撰述，本來想對段氏「寄戴東原先生書」做詳細討論，無奈受到篇幅所限，只能選擇段氏韻部獨立的創獲做申論，對於戴氏最在意的「十七部次第不能深曉」與

「所定四聲似更張大甚」兩點，雖然寄書並未詳細說明，但可在其他段氏論述中見到，只有等待另撰他文再做補充。

伯元先師出生之年，正好晚於段玉裁兩個世紀，無獨有偶二〇一五年則是段氏卒後整二百年的日子，恰巧也是伯元先師八十冥壽紀念日。回顧伯元先師一生治學的精神、態度，相當類似於段玉裁此位先賢，特別是在嫉惡如仇的個性上更是十分神似。如今再回憶起伯元師壯年書寫段氏「不種硯田無樂事，不撐鐵骨莫支貧」的對子賜贈時，可以想見當時的豪氣與心境寫照，可能將以段氏為學的嚴謹態度，做為師法的對象之一吧。

參考文獻

傳統文獻

大化書局編　《段玉裁遺書》　臺北市　大化書局　1977年

段玉裁　《六書音均表》（經韻樓藏版）　臺北市　藝文印書館　1955年

段玉裁　《說文解字注》（經韻樓藏版）　臺北市　藝文印書館　1955年

段玉裁　《戴東原先生年譜》（《戴震文集》附錄）　臺北市　華正書局　1974年

段玉裁　〈東原先生札冊跋〉　《經韻樓集》　臺北市　大化書局　1977年　《段玉裁遺》　卷7

陳彭年　《廣韻》　臺北市　洪葉文化事業公司　2001年

近人論著

林慶勳　《段玉裁之生平及其學術成就》　臺北市　中國文化學院中國文學研究所博士論文　1980年

陳新雄　《古音研究》　臺北市　五南圖書出版公司　1999年

劉盼遂編　《段玉裁先生年譜》（《段玉裁遺書》附錄）　臺北市　大化書局　1977年

古音與通假字

葉鍵得

臺北市立大學中國語文學系教授兼人文藝術學院院長

摘要

　　本文旨在說明如何考證古書上「通假字」的方法，臚列考證四項條件，詳加論述，並援例說明，一則可知考證古書上「通假字」的方法與步驟，再則可知如何運用「古音」，進而瞭解古音學的效用。

關鍵詞：古音、本義、通假字、對轉、旁轉

一 前言

　　二〇一四年七月上旬筆者奉命帶領臺北市立大學人文藝術學院社會暨公共事務學系師生二十三名，前往福建師範大學法學院進行學術交流活動，主軸是參與學術研討會論文發表。議程休息期間，有位教授知道我的專長領域是中國文學，便興沖沖問筆者道：「有人告訴我，通假字都是錯別字，是這樣子的嗎？」筆者答以：「不全然對，而且通假字與本字必須要有音韻的關係。」[1]因為時間短暫無法詳細說明，回來之後，筆者認為有詳加說明的必要，這是本文撰寫的動機之一。再者，筆者於民國二〇〇二年發表〈由黃季剛先生從音以求本字論通假字〉[2]一文，文中曾列舉「假借」與「通假」之異同，並論述考證通假字之條件，舉「錫」通假為「賜」為例，惟該文著重在舉例，筆者認為論述部分似未盡周詳，有再深入解說之必要，爰就其中考證四項條件及「賜」通假「賜」之例重新詳加闡述，並再舉數例佐證。這是本文撰寫的動機之二。

　　古代文獻，通假字比比皆是，如不能瞭解，便無法讀通它，清戴震《六書音韻表》〈序〉云：

> 六經字多假借，音義失而假借之意何以得？訓詁音聲相為表裏，訓詁明，六經乃可明，後儒語言、文字未知而輕憑臆解以誣聖亂經，吾懼焉！[3]

　　戴君說明利用聲韻瞭解字義，才能瞭解經書，足見通假字考證的重要。「古音」是上古音的簡稱，殆指兩漢以前，或直接說周、秦、兩漢[4]。文字之字義，粗分之，可分為本義、引申義、假借義、通假義四類。本義即造字時所賦之義，主要據東漢許慎《說文解字》乙書及目前專家可解釋之古文字；引申義，由本義發展出來，主要起因於人們主觀的聯想作用：假借義，即許慎所云「本無其字，依聲託事」；通假義，即「本有其字，依聲託事」。本文旨在說明如何考證古書上「本有其字，依聲託事」的「通假字」，

1　胡楚生教授論及通假字產生之途逕云：「通假是在臨文書寫時，明知其有本字，倉猝之間，卻忘記其本字，於是乃自覺地，有意地以另一個音同或音近的字來代替使用；或是在臨文書寫時，倉猝之間，不自覺地，無意地寫了另一個音同或音近的字，而以為就是所要書寫的本字，這也就是一般所謂的寫白字、別字，以上兩種情形，都可以稱之為通假。」見胡楚生：《訓詁學大綱》（臺北市：華正書局，1990年），頁160。筆者以為「無意地」書寫音同或音近的字才是錯別字，「有意地」書寫音同或音近的字不是錯別字，所以才回答該教授「不全然對」。

2　見葉鍵得：〈由黃季剛先生從音以求本字論通假字〉，《應用語文學報》第4期（2002年6月），頁91-120。

3　見〔漢〕許慎著，〔清〕段玉裁注：《說文解字注》（臺北市：洪葉文化事業公司，1999年），頁809。

4　據錢玄同：《文字學音篇》（臺北市：臺灣學生書局，1964年）。

列舉考證四項條件，詳加論述，並舉古書數例說明，一則可知考證古書上之通假字之方法與步驟，再則可知古音如何運用。

本文所據《廣韻》四十一聲紐、上古十九聲紐、上古三十二韻部，均採先師陳伯元先生之說。敬請前賢、方家不吝指正。

二 考證通假字的條件

如何考證通假字？筆者歸納周何教授、胡楚生教授之論說[5]，提出考證通假字四項條件，即：（一）確定字的本義；（二）音韻條件；（三）義的安雅；（四）其他例證。茲說明如下：

（一）確定字的本義

所謂「確定字的本義」，就是要先要考證該「字」的本義。所謂「本義」，是指造字時所賦予的意思，吾人可依據東漢許慎《說文解字》乙書及目前專家學者已可解釋之古文字。

（二）音韻條件

所謂「音韻條件」，就是要通過通假字與本字音韻關係的考查。通假字既然是「本有其字，依聲託事」，所謂「聲」就是指聲韻關係。如無聲韻關係的，就不是通假字了。如文獻時代，是兩漢以前，就須運用古音考證之，包括古聲和古韻。因為此項條件不僅最為重要，而且較為複雜，容下單元專題討論。

（三）義的安雅

所謂「義的安雅」，就是說通假過來以後，文意是不是可以解釋得通？也就是胡教授所說：「……更重要的，是根據通假所求得的本字，在此文句中（甚至全書中）意義的安妥。」[6]

---

5 見周何教授：《中國訓詁學》（臺北市：三民書局，1997年），頁67；胡楚生教授《訓詁學大綱》（臺北市：華正書局，1995年），頁172。

6 見胡楚生教授：《訓詁學大綱》（臺北市：華正書局，1995年），頁172。

（四）其他例證

經過上述三項條件已經可以確定通假字，然而若只有一例，叫做孤證，力道不強，比較無法讓人信服。倘能找到更多相同通假的例證，不僅力道增強，更可給人深信不疑。其他例證，當然以同時代的文獻為最佳。

此四項條件，也可視為考證通假字的四個步驟。通過四項步驟的檢驗，就可以確定是「通假字」了。

三　通假字的音韻條件

黃季剛先生有〈求本字之捷術〉一文，揭示求本字便捷的方法。求本字，即是探求通假字。黃季剛先生由音同、音近、音轉推求本字。他說：

> 昔人求本字者，有音同、音近、音轉三例，至為閎通；然亦非歇于涽亂者所可藉口。茲抽其緒條，以告同道：
>
> 音同有今音相同、古音相同二例：今音相同者，謂於《唐韻》、《切韻》中為同音，此例最易了。
>
> 古音相同者，必須明於十九紐之變，又須略曉古本音；譬如涂之於除，今音兩紐，然古音無澄紐，是除亦讀涂也；又如罹之與羅，今音異韻，然古音無支韻，是罹亦讀羅也。
>
> 音轉者，謂雙聲正例。一字之音本在此部，而假借用彼部字；然此部字與彼部字雖同韻，的係同聲，是以得相通轉。
>
> 音近者，謂同為一類之音；如見、溪與群、疑音近；影、喻與曉、匣音近；古者謂之旁紐雙聲。[7]

又說：

> 大氐見一字，而不了本義，須先就《切韻》同音之字求之。不得，則就古韻同音求之，不得者蓋已　。如更不能得，更就異韻同聲之字求之。更不能得，更就同韻、同類或異韻、同類之字求之。終不能得，乃計較此字母音所衍之字，衍為幾聲，如有轉入他類之音，可就同韻異類之字求之。若乃異韻異類，非有至切至明之證據，不可率爾妄說。此言雖簡，實為據借字以求本字之不易定法。王懷祖、

郝恂九諸君罔不如此。勿以其簡徑而忽之。[8]

本師陳伯先生曾就黃君此言，細加分析，而歸為七個層次，以判斷此字是否為假借字，茲迻錄如下：

1. 《切韻》中是否同音，此例最易明瞭，只要在《切韻》查索，如屬同一切語，則為同音。如有此種聲韻關係，則此二字之為假借之必要條件，即已具備。

2. 若《切韻》非屬同音，則觀其上古韻部是否同音，上古韻部同音之條件，可以稍微放寬，只要聲同，主要元音以下相同，即可視為同音，及介音部分，可以容許有洪細、開合之差異。如江﹝krauŋ﹞與工﹝kauŋ﹞之差別，即可視為同音者矣。

3. 若古音非屬同音，則視其古聲是否同聲，若上古聲母同一聲紐，而其韻部有對轉、旁轉之關係者，亦可以具備假借之條件。黃君所謂「韻變必雙聲」者是也。如無﹝mi̯ua﹞與亡﹝mi̯uaŋ﹞為陰陽對轉之關係者是也。

4. 所謂同韻同類者，乃指古韻部相同，而古聲母非同一聲紐，但卻為同一發音部位之旁紐雙聲，則亦具備假借之條件，如旁﹝bʻaŋ﹞之於方﹝pi̯uaŋ﹞古韻部同在陽部，聲紐則有並與幫之差異，但均屬重脣音，發音部位相同。

5. 所謂異韻同類者，乃指二字之間，上古韻部既不同部，而聲母卻為旁紐雙聲。我想其上古韻部雖不同部，但仍必須有對轉旁轉之關係者，方有假借之可能。例如旁﹝bʻaŋ﹞與溥﹝pʻa﹞，韻部為陽魚對轉，聲母為並滂旁紐雙聲，故亦具備假借之條件。

6. 若只有古韻同部之關係，而其聲母並無關係。應視其諧聲偏旁所衍之聲來斷定。

7. 若此二字為異韻異類，則根本不具備假借之條件，自應排除於假借之例。所以黃君云：「不可率爾妄說」也。[9]

此七層次，按「音之近而遠」排列，其中第一層次，異韻異類，也就是聲韻毫無關係，筆者認為可以先剔除，其餘由一至六為通假字音韻關係判斷的依據，稱作第一層次、第二層次、第三層次……可也，第一層次音韻關係最佳，其次是第二層次，以此類推。第六層次雖然音韻關係較遠一些，不過也足以構成考證通假字考證的條件。為明晰計，茲本陳伯元先生所作分析，予以簡化如下：

8　見林尹：《訓詁學概要》（臺北市：正中書局，2007年），頁94。
9　見陳新雄：《訓詁學》（臺北市：臺灣學生書局，1994年），上冊，頁231-232。

1.《切韻》同音（即切語同音）

2.《切韻》聲母、主要元音以下相同

3. 聲母相同，韻部為對轉或旁轉關係

4. 旁紐雙聲，韻部相同

5. 旁紐雙聲，韻部不同

6. 聲母無關，韻部相同

再以圖表顯示如下：

考證通假字音韻條件層次表

聲韻關係 層次	聲紐	韻部
①	同	同
②	同	主要元音以下相同
③	同	對轉或旁轉關係
④	旁紐雙聲	同
⑤	旁紐雙聲	不同
⑥	不同	同

吾人欲考查二字是否為通假字，只要檢視此表，立刻可知是否符合音韻條件，允稱便利。惟因音韻條件涉及「古聲」、「正紐雙聲」、「旁紐雙聲」、「古韻」、「對轉」、「旁轉」等因素，以下再一一加以分析：

（一）古聲

吾人如何知曉某字的古聲呢？可依據《廣韻》的反切，也就是先查出某字《廣韻》的反切，再依據學者專家上古聲紐研究的創見，即可得知，易言之，由某字中古反切上字的聲紐，去推知上古所屬的聲紐。

茲先列舉上古聲紐研究的各種創見、代表人物及著作：

1. 古無輕脣音——錢大昕《十駕齋養新錄》，意思是上古時沒有「非、敷、奉、微」四母，上古人遇到「非、敷、奉、微」就讀作「幫、滂、並、明」，即：非母讀幫母、敷母讀滂母、奉母讀並母、微母讀明母。

2. 舌音類隔之說不可信——錢大昕《十駕齋養新錄》，意思是古無舌上音。上古沒有「知、徹、澄」三母，上古人遇到「知、徹、澄」就讀作「端、透、定」，即：知母讀端母、徹母讀透母、澄母讀定母。

3. 古音娘日二紐歸泥說——章太炎《國故論衡》，意思是上古沒有娘、日二母，上古人遇到娘母，就讀作泥母；遇到日母也讀作泥母。

4. 正齒音照穿神審禪古讀同端透定——黃季剛《音略》，意思是上古人遇到照母就讀作端母、穿母讀作透母、神母讀作定母、審母讀作透母、禪母讀作定母。

5. 正齒音莊初牀疏古讀同精清從心——黃季剛《音略》，意思是上古人遇到莊母就讀作精母、初母讀作清母、牀母讀作從母、疏母讀作心母。

6. 喻四古歸舌頭定母——曾運乾〈喻母古讀考〉，意思是上古人遇到喻母字就讀作定母。

7. 喻三古歸牙音匣母[10]——曾運乾〈喻母古讀考〉，意思是上古人遇到為母字就讀作匣母。

8. 邪紐古歸定母——錢玄同〈古音無邪紐證〉，意思是上古人遇到邪母字就讀作定母。

9. 古讀群如匣——陳新雄《古音學發微》，意思是上古人遇到群母字就讀作匣母。

為明晰計，製表如下：

中古聲紐與上古聲紐對應表

《廣韻》聲紐（中古）	所歸上古聲紐
非、敷、奉、微	幫、滂、並、明
知、徹、澄	端、透、定
娘、日	泥、泥
照、穿、神、審、禪	端、透、定、透、定
莊、初、牀、疏	精、清、從、心
喻	定
為	匣
邪	定
群	匣

以上所列《廣韻》聲紐有二十二個，為上古所無，視為變紐（變聲），以《廣韻》四十一聲紐減去此二十二個變紐，剩十九個，就是上古聲紐的數目，也就是正紐（正聲）。

---

10 按匣母屬喉音。

（二）「正紐雙聲」與「旁紐雙聲」

（1）「正紐雙聲」──二字聲紐相同者稱之。例如二字同屬幫紐字，就叫「正紐雙聲」。章太炎先生稱之為「同紐雙聲」。

（2）「旁紐雙聲」──二字聲紐同屬一類者稱之。所謂「同一類」指發音部位相同，如同屬脣音一類，而脣音又有重脣音與輕脣音的差別。若一字為幫母，另一字為滂母，就叫作「旁紐雙聲」。章太炎先生稱之為「異紐雙聲」。

（三）古韻

吾人欲知某字上古所屬韻部，可利用陳伯元先生「古韻三十二部之諧聲表」[11]。所謂「諧聲」者，即形聲字之聲符也。錢玄同先生云：

> 原來古者諧聲之字之音讀，必與聲母相同，聲母在某韻，從其聲者皆與之同韻。[12]

就形聲字言，形聲字的聲符，即諧聲偏旁，稱作「聲母」，整個形聲字稱作「聲子」，聲子從聲母得聲。段玉裁作《六書音均表》，有〈今韻分古韻十七部表〉[13]分古韻為十七部。又有〈十七部諧聲表〉[14]，以諧聲系統分部，其《六書音韻表》〈古諧聲說〉云：

> 一聲可諧萬字，萬字而必同部，同聲必同部。[15]

段氏〈古十七部諧聲表序〉云：

> 六書之有諧聲，文字所以日滋也。攷周、秦有韻之文，某聲必在某部，至賾而不可亂，故視其偏旁以何字為聲，而知其音在某部，易簡而天下之理得也。許叔重作《說文解字》時，未有反語，但云某聲某聲，即以為韻書可也。自音有變轉，同一聲而分散於各部各韻，如一「某」聲，而「某」在厚韻，媒、腜在灰韻；一

---

11 見陳新雄：《古音學發微》（臺北市：文史哲出版社，1972年），頁825-853。

12 見陳新雄：《古音研究》（臺北市：五南圖書出版公司，1972年），頁7。

13 見〔漢〕許慎著，〔清〕段玉裁注：《說文解字注》（臺北市：洪葉文化事業公司，1999年），頁815-817。

14 見〔漢〕許慎著，〔清〕段玉裁注：《說文解字注》（臺北市：洪葉文化事業公司，1999年），頁827-838。

15 見〔漢〕許慎著，〔清〕段玉裁注：《說文解字注》（臺北市：洪葉文化事業公司，1999年），頁825。

「每」聲,而悔、晦在隊韻,敏在軫韻,晦、痗在厚韻之類,參差不齊,承學多疑之,要其始則同諧聲者必同部也。[16]

段氏揭櫫「同諧聲者必同部」之理。利用諧聲偏旁,推知所屬韻部,可以執簡御繁,允稱便利。而為筆者所據者為先師陳伯元先生古韻為三十二部,據先生「古韻三十二部之諧聲表」,即可知某字所屬的韻部,例如「可」在第一部歌部,則可知「何」、「河」、「阿」、「荷」、「哥」、「歌」……等字都屬於第一部。從諧聲偏旁可知某字屬於第幾部?若二字同屬一部,就是疊韻關係,在沒有韻書、沒有注音符號的年代,利用「諧聲偏旁」得知所屬韻部,非常方便,堪稱「好用」。

(四)「對轉」與「旁轉」

「轉」由戴震首先提出,其有「正轉」、「旁轉」之說。戴氏所稱「正轉」,殆指韻部之併合而言;「旁轉」,指隔類相轉而言,為「正轉」的輔助。戴君「正轉」、「旁轉」,與後之學者所謂「陰陽對轉」意含不同。

「陰聲」、「陽聲」之名由戴震學生孔廣森所提出,不過孔氏是受其師戴震啟迪。戴震〈答段若膺論韻書〉云:

> 僕審其音,有入者,如氣之陽、如物之雄、如衣之表;無入者,如氣之陰、如物之雌、如衣之裏。又平上去三聲近乎氣之陽、如物之雄、如衣之表,入聲近乎氣之陰、如物之雌、如衣之裏。故有入之入,與無入之去近,從此得其陰陽、雄雌、表裏之相配。[17]

孔廣森據戴震此說,定「如氣之陽、如物之雄、如衣之表」者為陽聲;「如氣之陰、如物之雌、如衣之裏」者為陰聲。「陽聲」、「陰聲」之名蓋由孔氏所定。孔氏又首先提出「陰陽對轉」的說法,他的《詩聲類》將古韻分為十八部,其中陽聲九部,陰聲九部,陰陽對轉的情形為:[18]

1.歌、原(元)對轉	2.之、丁(耕)對轉
3.脂、辰(真)對轉	4.魚、陽對轉
5.侯、東對轉	6.幽、冬對轉
7.宵、侵對轉	8.之、蒸對轉

---

16 見〔漢〕許慎著,〔清〕段玉裁注:《說文解字注》(臺北市:洪葉文化事業公司,1999年),頁827。

17 見陳新雄:《古音研究》(臺北市:五南圖書出版公司,1972年),頁109。

18 孔廣森韻部名稱的用字與一般學者所用不同,括弧內為一般學者所用字。

9. 葉（合）、談對轉

此九組中，第九組「葉（合）談對轉」並非陰陽對轉，因為「葉（合）」是入聲，「談」
是陽聲。第七組「宵、侵對轉」，亦非屬陰陽對轉，這也顯露孔氏陰陽對轉的不足與缺
失。其後的章太炎先生看到了孔氏的缺失，他的《國故論衡》、《文始》將古韻分為二十
三 部[19]，並發明了「成均（ㄩㄣˋ）圖」：

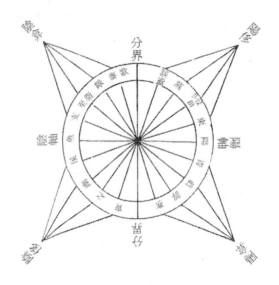

因本單元係介紹「對轉」與「旁轉」，因此筆者僅說明「成均圖」相關部分，不作
全面說明。圖的中間線是分界，線的右邊是陽聲韻部；線的左邊是陰聲韻部。「陰陽對
轉」必需經過軸心，例如：「之」部經過軸心正對方是「蒸」部，所以「之蒸對轉」。

「陰陽對轉」，是陰聲、陽聲的關係，是用來說明《詩經》押韻的方式，如果一首
詩的韻腳有陰聲的「之」部字與陽聲的「蒸」部字一起押韻的情形，我們就稱作「陰陽
對轉」。所謂「陽聲」是指帶鼻音韻尾的字，即收雙脣鼻音 -m、舌尖鼻音－n、舌根鼻
音－ŋ 的；所謂「陰聲」是指不帶鼻音韻尾的字，即收舌面後高元音－u、收舌面前高
元音－i、開口無尾韻－ø 。下圖是「陰陽對轉」圖：

$$-n$$
$$mɛn \longrightarrow mɛ$$
$$mɛn \longleftarrow mɛ$$
$$+n$$

（陽聲韻）　　（陰聲韻）

---

19 章氏初主二十二部，後將隊部別出，而為二十三部。其晚年發表〈音論〉一文，主張冬、侵二部合
而為一，遂成為二十二部。

　　至於「旁轉」，是右邊陽聲韻部，或者左邊陰聲韻部，在自己範疇裡的韻部內鄰近的韻部有一起押韻的情形，但不能越界，例如：「陽」部字與「東」部字一起押韻，就叫作「旁轉」。

　　「旁轉」是主要元音在舌面元音圖中上下、前後的關係，也是用來說明《詩經》押韻的方式，如果一首詩的韻腳主要元音有上下、前後的情形，我們就稱作旁轉。

　　王力《中國音韻學》有一段話很能解釋對轉與旁轉的內涵，他說：

> 就中國現代方音與古音比較，我們看得出有些字音是經過了"旁轉"與"對轉"的歷程，例如"慢"字，在隋朝讀作〔man〕，今蘇州讀作〔mɛ〕，我們料想在起初的時候，先由〔man〕變為〔mɛn〕，這是旁轉；再由〔mɛn〕變為〔mɛ〕，這是對轉。[20]

由王力的話，〔man〕→〔mɛn〕，是旁轉；〔mɛn〕→〔mɛ〕，這是對轉。我們可知對轉是韻尾帶鼻音與不帶鼻音的問題，旁轉是主要元音高低的問題。

　　先師陳伯元先生認為旁轉，對轉為近代語音史上常見的事實，並進一步說明它們的不同，先生云：

> 就現象說，所謂對轉，乃指陰聲韻部與陽聲韻部之間，有例外押韻或諧聲的事實，所謂旁轉，就是陰聲韻部與陰聲韻部之間，或陽聲韻部與陽聲韻部之間，有互相押韻或諧聲的現象。就音理說，對轉是陰聲加收鼻音而成陽聲，或陽聲失落鼻音而成陰聲。旁轉是某一陰聲或陽聲韻部因舌位高低前後的變化，成為另一陰聲或陽聲韻部。[21]

伯元先生有古音三十二部的對轉與旁轉，只要知道所屬韻部，再查閱此資料，立刻可知是否為對轉或旁轉關係，茲就先生專著彙整如下：

陳伯元先生古音三十二部之對轉

第一類：	1. 歌月對轉	ai - at	第六類：	1. 侯屋對轉	au - auk
	2. 歌元對轉	ai - an		2. 侯東對轉	au - auŋ
	3. 月元對轉	at - an		3. 屋東對轉	auk - auŋ
第二類：	1. 脂質對轉	ɐi - ɐt	第七類：	宵藥對轉	ɛu - ɛuk
	2. 脂真對轉	ɐi - ɐn	第八類：	1. 幽覺對轉	əu - ək
	3. 質真對轉	ɐt - ɐn		2. 幽冬對轉	əu - əuŋ
第三類：	1. 微沒對轉	ei - et		3. 覺冬對轉	əuk - əuŋ

20　見陳新雄：《古音研究》（臺北市：五南圖書出版公司，1972年），頁152。
21　見陳新雄：《音略證補》（臺北市：文史哲出版社，1978年），頁260。

2. 微諄對轉	ɘi - ən		第九類：	1. 之職對轉	ə - ək
3. 沒諄對轉	ət - ən			2. 之蒸對轉	ə - əŋ
第四類： 1. 支錫對轉	ɐ - ɐk			3. 職蒸對轉	ək - əŋ
2. 支耕對轉	ɐ - ɐŋ		第十類：	緝侵對轉	əp - əm
3. 錫耕對轉	ɐk - ɐŋ		第十一類：	帖添對轉	ɐp - ɐm
第五類： 1. 魚鐸對轉	a - ak		第十二類：	盍談對轉	ap - am
2. 魚陽對轉	a - aŋ				
3. 鐸陽對轉	ak - aŋ				

陳伯元先生古音三十二部之旁轉

甲、陰聲諸部之旁轉

1. 歌脂旁轉	ai - ɐi		13. 支之旁轉	ɐ - ə	
2. 歌微旁轉	ai - ɘi		14. 魚侯旁轉	a - au	
3. 歌支旁轉	ai - ɐ		15. 魚宵旁轉	a - ɐu	
4. 歌魚旁轉	ai - a		16. 魚幽旁轉	a - əu	
5. 歌侯旁轉	ai - au		17. 魚之旁轉	a - ə	
6. 歌之旁轉	ai - ə		18. 侯宵旁轉	au - ɐu	
7. 脂微旁轉	ɐi - ɘi		19. 侯幽旁轉	au - əu	
8. 脂支旁轉	ɐi - ɐ		20. 侯之旁轉	au - ə	
9. 脂之旁轉	ɐi - ə		21. 宵幽旁轉	ɐu - əu	
10. 微支旁轉	ɘi - ɐ		22. 宵之旁轉	ɐu - ə	
11. 微之旁轉	ɘi - ə		23. 幽之旁轉	əu - ə	
12. 支魚旁轉	ɐ - a				

乙、入聲諸部之旁轉

1. 月質旁轉	at - ɐt		7. 月帖旁轉	at - ɐp	
2. 月沒旁轉	at - ət		8. 月盍旁轉	at - ap	
3. 月錫旁轉	at - ɐk		9. 質沒旁轉	ɐt - ət	
4. 月鐸旁轉	at - ak		10. 質錫旁轉	ɐt - ɐk	
5. 月職旁轉	at - ək		11. 質職旁轉	ɐt - ək	
6. 月緝旁轉	at - əp		12. 質緝旁轉	ɐt - əp	
13. 質帖旁轉	ɐt - ɐp		28. 屋覺旁轉	auk - əuk	
14. 沒職旁轉	ət - ək		29. 屋職旁轉	auk - ək	

15. 沒緝旁轉	ət - əp	30. 屋帖旁轉	auk - ɐp
16. 沒盍旁轉	ət - ap	31. 藥覺旁轉	ɐuk - əuk
17. 錫鐸旁轉	ɛk - ak	32. 藥職旁轉	ɐuk - ək
18. 錫屋旁轉	ɛk - auk	33. 藥緝旁轉	ɐuk - əp
19. 錫藥旁轉	ɛk - ɐuk	34. 藥盍旁轉	ɐuk - ap
20. 錫職旁轉	ɛk - ək	35. 覺職旁轉	əuk - ək
21. 錫帖旁轉	ɛk - ɐp	36. 覺緝旁轉	əuk - əp
22. 鐸屋旁轉	ak - auk	37. 職緝旁轉	ək - əp
23. 鐸藥旁轉	ak - ɐuk	38. 職帖旁轉	ək - ɐp
24. 鐸職旁轉	ak - ək	39. 職盍旁轉	ək - ap
25. 鐸緝旁轉	ak - əp	40. 緝帖旁轉	əp - ɐp
26. 鐸盍旁轉	ak - ap	41. 緝盍旁轉	əp - ap
27. 屋藥旁轉	auk - ɐuk	42. 帖盍旁轉	ɐp - ap

丙、陽聲諸部之旁轉

1. 元真旁轉	an - ɐn	18. 耕蒸旁轉	ɐŋ - əŋ
2. 元諄旁轉	an - ən	19. 耕侵旁轉	ɐŋ - əm
3. 元耕旁轉	an - ɐŋ	20. 耕添旁轉	ɐŋ - ɐm
4. 元陽旁轉	an - aŋ	21. 陽東旁轉	aŋ - auŋ
5. 真諄旁轉	ɐn - ən	22. 陽冬旁轉	aŋ - əuŋ
6. 真耕旁轉	ɐn - ɐŋ	23. 陽蒸旁轉	aŋ - əŋ
7. 真陽旁轉	ɐn - aŋ	24. 陽談旁轉	aŋ - am
8. 真冬旁轉	ɐn - əuŋ	25. 東冬旁轉	auŋ - əuŋ
9. 真侵旁轉	ɐn - əm	26. 東蒸旁轉	auŋ - əŋ
10. 真添旁轉	ɐn - ɐm	27. 東侵旁轉	auŋ - əm
11. 諄耕旁轉	ən - ɐŋ	28. 東談旁轉	auŋ - am
12. 諄陽旁轉	ən - aŋ	29. 冬蒸旁轉	əuŋ - əŋ
13. 諄蒸旁轉	ən - əŋ	30. 冬侵旁轉	əuŋ - əm
14. 諄侵旁轉	ən - əm	31. 蒸侵旁轉	əŋ - əm
15. 耕陽旁轉	ɐŋ - aŋ	32. 侵添旁轉	əm - ɐm
16. 耕東旁轉	ɐŋ - auŋ	33. 侵談旁轉	əm - am
17. 耕冬旁轉	ɐŋ - əuŋ	34. 添談旁轉	ɐm - am

吾人欲知兩個韻部是否為對轉或旁轉，只要檢視上表，即可知曉。

四 「錫」通假為「賜」的考證

當我們讀《詩經》〈大雅〉〈既醉〉有「孝子不匱，永錫爾類」、「君子萬年，永錫祚胤」的詩句，二「錫」字都通假為「賜」，筆者就考證通假字四項條件：（一）確定字的本義；（二）音韻條件；（三）義的安雅；（四）其他例證。依次說明如下：

（一）確定字的本義

「錫」字，《說文·金部》：「銀、鉛之間也。」當筆者看到《說文》這樣的解釋，有點失望，為什麼呢？因為我想知道「錫」是什麼？你卻告訴我它是介於「銀、鉛之間」。不過筆者這樣想，也許當時代的人，都知道「銀」、「鉛」是什麼東西，所以只要講「銀、鉛之間也」，大家就瞭解了。至少從「錫」字從金部，我們可以知道它是屬於金屬一類的東西。在詩句中的「錫」，應該不會解釋為金屬之類的意思。

「賜」字，《說文·貝部》。「賜，予也。」「賜予」、「賞賜」的意思。

（二）音韻條件

接下來，來考查「錫」、「賜」二字的音韻關係。方法是由中古音的聲紐推知上古的聲紐，也就是查《廣韻》的切語，再上推出上古音的聲紐。

「錫」，《廣韻·入聲·錫韻》：「先擊切」。
　　聲母：心母，上古亦心母。
　　上古韻部：十一錫部。

「賜」，《廣韻·去聲·寘韻》：「斯義切」。
　　聲母：心母，上古亦心母。
　　上古韻部：十一錫部。

二字在上古聲母都屬心母；上古韻部都是十一部。聲母相同，韻部相同，可視為「同音」[22]。這是第一層次的音韻條件，為最佳的音韻關係。也就是說已經通過音韻這項條件了。

---

22 上古人對於聲調比較不敏感，這也就是伯元先生所說：「上古韻部同音之條件，可以稍微放寬，只要聲同，主要元音以下相同，即可視為同音。」

（三）義的安雅

當音韻條件通過後，我們再來檢視，通假過來後，詩句的意思是否解釋得通？

1 孝子不匱，永錫爾類

全句是說孝子是不會匱乏的，他會把他的孝心、孝行，賞賜給他的同類。也就是說孝子會影響其他的人，和他一樣具備孝心、孝行，使人人都能盡孝。[23]

《左傳》〈隱公元年〉：君子曰：「穎考叔，純孝也，愛其母，施及莊公。《詩》曰『孝子不匱，永錫爾類。』其是之謂乎！」

周朝時，鄭武公（西元前770-744年）的夫人武姜，生了莊公及共叔段。

武姜生莊公時，因為難產，差點喪命，所以莊公取名「寤生」，以後便很討厭他，更想盡辦法向武公請求立共叔段為太子，但武公不肯答應。武公死後，寤生當了國君，也就是鄭莊公，他把封京城給弟弟共叔段。然而共叔段很不甘心，便吞併附近的土地，擴張自己的勢力，準備攻打鄭莊公，同時安排母親武姜裏應外合。

後來，被莊公派大軍打敗，逃到鄰國去了。也因為這件事，使得鄭莊公非常生氣，很不諒解母親，便把她幽禁在城穎這個地方，並發誓說：「不及黃泉，無相見也。」

意思是除非到死，否則再也不和母親相見。可是事後莊公又後悔了，但君子「一言既出，駟馬難追」。這件事被當時城穎的官吏穎考叔知道了，他想去化解，於是假藉獻貢，去見鄭莊公。鄭莊公賜宴時，他把肉放在一邊，莊公感到很奇怪，便問他為何如此。穎考叔回答說：「小人有老母親，需要奉養。我現在不吃國君所賜的肉食，請求留給我的母親吃。」莊公說：「你有母親留，只有我沒有。」於是把詳細的情形告訴穎考叔，穎考叔聽了，回答說：「這也不難啊！您何不挖個隧道，隧道有泉水，您母子倆就在隧道中相見，這樣就可以解決了。」莊公聽從了他的話，便挖了一個隧道，母子就在地道中相見，以後又和好如初。宋・張載〈西銘〉在文章後頭使用六個典故，其中一個是「育英才，穎封人之錫類。」典故的來源即此。而「孝子不匱，永錫爾類」句中的「錫」通假為「賜」，是毋庸質疑的。

2 君子萬年，永錫祚胤

祚，福祿也。《說文・肉部》：「胤，子孫相承續也。」本義是「子孫相承續」，引申為「後嗣」、「繼承」義。詩句大意是：君子壽命萬年長，永遠賜給你後代子孫的福祿。「錫」通假為「賜」，也是毋庸質疑的。

---

[23] 按：《毛傳》將「類」解為「善」，其云：「匱，竭。類，善也。」《傳疏》：「爾，孝子也。言孝子有不竭之善，則祖考之神，長予孝子以善也。」

（四）其他例證

除了上面所舉的例子以外，是否還有其他例證，如果有，就可以增加力道。有一個很有趣的文獻佐證：

> 冬，十月乙亥，陳侯林卒。王使榮叔來錫桓公命。錫者何？賜也。命者何？加我服也。其言桓公何？追命也。（《公羊傳》〈莊公元年〉）

文中「王使榮叔來錫桓公命。錫者何？賜也。」乙句，文獻自問：「『錫』字，是甚麼意思呢？」自答：「就是『賜』的意思。」是不是很有趣呢！

另外，如：

> 或錫之鞶帶，終朝三褫之。（《易經》〈訟卦〉〈上九〉）

> 在師中，吉無咎，王三錫命。（《易經》〈師卦〉〈九二〉）

> 皇覽揆余初度兮，肇錫余以嘉名；名余曰正則兮，字余曰靈均。

（屈原《離騷》）

三段文字中的「錫」字皆與「賜」通假。其他文獻之例甚夥，不贅。

五　通假字考證示例

本單元再舉數例說明通假字，惟著重在音韻條件的分析：

（一）「考」「拷」通假

《詩經》〈唐風〉〈山有樞〉：「子有鐘鼓，弗鼓弗考。」

筆者按：「考」的本義是「老」，詩句中「考」字應是「擊打」之意，本字應為「拷」，即「考」「拷」通假。音韻分析如下：

考，《廣韻·上聲·皓韻》：「苦浩切」。溪母，古韻二十一幽部。

拷，《說文》、《廣韻》未收。宋·郭忠恕《佩觿·卷下·三十三》：「苦皓翻」，義為「打拷」。宋·丁度等《集韻·上聲·皓韻》：「苦浩切」，義為「掠也」。南朝顧野王《玉篇·手部》（元刊本）：「苦老切」，義為「打也」。聲母皆屬溪母；從諧聲偏旁知其為古韻二十一幽部。

「考」「拷」二字都是溪母幽部，為同音，音韻條件屬第一層次。

（二）「直」「特」通假

《荀子》〈富國篇〉：「直將巧繁拜請而畏事之。」

筆者按：「直將巧繁拜請而畏事之」，《韓詩外傳・三》引作「特以巧敏拜請畏事之」，「直」「特」通假，「直將」就是「特以」。音韻分析如下：

直，《廣韻・入聲・職韻》：「除力切」。　澄母，上古歸定母，古韻二十五部。

特，《廣韻・入聲・德韻》：「徒得切」。　定母，古韻二十五部。

聲母、韻部同，音韻條件屬第一層次。

（三）「論」「掄」通假

《荀子》〈富國篇〉：「若夫論一相以兼率之，使臣下百吏，莫不宿道鄉方而務，是夫人主之職也。」

筆者按：《呂氏春秋》〈當染篇〉云：「古之善為政者，勞於論人。」此「論」字與《荀子》同，二「論」字皆為借字，本字當為掄，「論」「掄」為通假字，《說文・手部》：「掄，擇也。」音韻分析如下：

論，《廣韻・平聲・魂韻》：「盧昆切」。　來母，古韻二十部。

掄，《廣韻・平聲・魂韻》：「盧昆切」。　來母，古韻二十部。

切語相同為同音，音韻條件屬第一層次。楊注：「論謂討論選擇之也。」非是。

（四）「賞」「尚」字通假

《荀子》〈富國篇〉：「賞賢使能以次之。」

筆者按：《荀子》〈王制篇〉：「尚賢使能，而等位不遺。」〈君道篇〉曰：「尚賢使能則民知方。」〈臣道篇〉曰：「明主尚賢使能而變其盛。」〈君子篇〉曰：「尚賢使能，等貴賤，分親疏，序長幼，此先王之道也。」「賞」與諸「尚」字通假，音韻分析如下：

賞，《廣韻・上聲・養韻》：「書兩切」。　審母，上古歸透母，古韻十五部。

尚，《廣韻・去聲・漾韻》：「時亮切」。　禪母，上古歸定母，古韻十五部。

聲母為旁紐雙聲、韻部相同，音韻條件屬第四層次，則「賞」可通假為「尚」。惟楊注：「賞當為尚。」「當為」即「當作」，意為「字之誤」，非是；「通假」則不視為誤

字，作通假字看待，較為正確。

（五）「徐」「涂」通假

　　《晏子春秋》〈內篇〉雜上第五：「景公之時，晏子請發粟，公不許，當為路寢之臺，今更重其績，遠其涂，佻其日，而不趨，三年臺成而民振，欲上悅乎君，游民足乎食。」

　　筆者按：今本晏子「遠其涂，佻其日，而不趨」作「遠其兆，徐其日，而不趨」。又「遠其兆，徐其日」句，今本晏子「兆」、「徐」二字互錯，當作「遠其徐，兆其日」。「涂」「徐」二字通假，音韻分析如下：

　　　徐，《廣韻‧平聲‧魚韻》：「似魚切」。　　邪母，上古歸定母，古韻十三部。

　　　涂，《廣韻‧平聲‧魚韻》：「直魚切」。　　澄母，上古歸定母，古韻十三部。

聲母、韻部同，屬第一層次，則「徐」可通假為「涂」。

六　結語

　　本文說明考證古書上「通假字」的方法與步驟，就考證四項條件詳加論述，並援「錫」通假為「賜」及其他數例說明。考證中特別強調音韻條件，則如何運用「古音」考證通假字，進而瞭解古音學的效用，瞭然可知。

　　孫子云：「運用之妙，存乎一心。」考證通假字，音韻條件最為重要，必須具備、熟稔「古聲」、「正紐雙聲」、「旁紐雙聲」、「古韻」、「對轉」、「旁轉」等音韻知識，始能靈活運用，古書上的通假字才能掌握，文意也才能豁然理解，同時聲韻學的妙用，於焉可曉。

參考文獻

傳統文獻

《易經》　收入《十三經注疏》　臺北市　藝文印書館

《書經》　收入《十三經注疏》　臺北市　藝文印書館

《詩經》　收入《十三經注疏》　臺北市　藝文印書館

《晏子春秋》　《四部叢刊初編》本

〔清〕王先謙　《荀子集解》二十卷、考證一卷　臺北市　藝文印書館

〔漢〕許慎著　〔清〕段玉裁注　《說文解字注》　臺北市　洪葉文化事業公司　1999年

《新校宋本廣韻》　臺北市　洪葉文化事業公司　2001年

論著

王　力　《漢語史稿》　北京市　科學出版社　1958年

王　力　《漢語語音史》　北京市　科學出版社　1985年

王　力　《漢語音韻學》　上海市　中華書局　1995年

何大安　《漢語方言與音韻論文集》　臺北市　文盛彩藝印刷　2009年

林　尹　《中國聲韻學通論》　臺北市　世界書局　1961年

林　尹　《文字學槩說》　臺北市　正中書局　2005年

林　尹　《訓詁學概說》　臺北市　正中書局　2007年

林慶勳、竺家寧　《古音學入門》　臺北市　臺灣學生書局　1989年

周　何　《中國訓詁學》　臺北市　三民書局　1997年

竺家寧　《聲韻學》　臺北市　五南圖書出版公司　1991年

胡楚生　《訓詁學大綱》　臺北市　華正書局　1990年

陳新雄　《音略證補》　臺北市　文史哲出版社　1993年

陳新雄　《訓詁學》　臺北市　臺灣學生書局　1996年　上冊

陳新雄　《古音研究》　臺北市　五南圖書出版公司　1999年

陳新雄　《廣韻研究》　臺北市　臺灣學生書局　2004年

陳新雄　《聲韻學》　臺北市　文史哲出版社　2005年

章太炎　《國故論衡》　收入《章氏叢書》　臺北市　世界書局　1958年

章太炎　《文始》　收入《章氏叢書》　臺北市　世界書局　1958年

黃　侃　《黃侃論學雜著》　臺北市　學藝出版社　1969年

黃　侃　《文字聲韻訓詁筆記》　臺北市　木鐸出版社　1983年

董同龢　《中國語音史》　臺北市　中華文化事業委員會　1954年

董同龢　《漢語音韻學》　臺北市　廣文書局　1968年

潘重規、陳紹棠　《中國聲韻學》　臺北市　東大圖書公司　1978年

錢玄同　《文字學音篇》　臺北市　臺灣學生書局　1964年

謝雲飛　《中國聲韻學大綱》　臺北市　蘭臺書局　1971年

單篇論文

葉鍵得　〈聲韻學在語文教學上的運用〉　《語言文學之應用在國際學術研討會論文集》　臺北市　臺北市立師院應用語言文學研究所　2001年

葉鍵得　〈黃季剛先生從音以求本字論通假字〉　《應用語文學報》　第4期　2002年

葉鍵得　〈上古「韻部」析論〉　《應用語文學報》　第5期　2003年

葉鍵得　〈上古聲紐研究的教學設計與相關問題討論〉　《北市師院語文學刊》　第8期　2004年

葉鍵得　〈孔廣森古韻分部述評〉　《北市師院語文學刊》　第9期　2005年

葉鍵得　〈聲韻學含「轉」字術語考〉　《語言與思想學術研討會論文集》　臺北市　臺北市立教育大學　2007年

王國維古音五聲說之商榷

吳瑾瑋

臺灣師範大學國文系

摘要

　　本文從又切異讀音分布來討論王國維五聲說的觀點之價值。上古漢語聲調之數目及發展是上古漢語音韻研究的重要議題之一。除了平上去入四調之外，王國維發現上古上、去聲的陽聲字兼讀平聲，進而主張陽聲應與平上去入四聲調並列，學者王力針對此觀點提出駁義，王力認為陽聲係韻母結構，不應與聲調混為一談。然因王國維的五聲說主張，陽聲字之發展成為值得關注的現象。本文則試從《廣韻》又切異讀音韻母及聲調變化之分布，探析上古漢語陽聲是否為聲調的可能性，或得以釐清王國維五聲說的價值及需商榷之處。

關鍵詞：漢語古聲調、王國維、五聲說、陽聲、又切

一 前言

　　本文從又切異讀音分布來討論王國維「五聲說」觀點的價值及需商榷之處。漢語是聲調語言，漢語詞彙的聲調有分別意義的重要功能。然漢語聲調的辨義功能何時發展呢？在先秦時代的漢語聲調有何類別呢？這些有關上古漢語聲調問題，自明清以降，一直是有眾說紛歧的難題[1]。隋唐時代的《切韻》系韻書的編制，已然將字音詞彙按照平上去入分為四類，以致後世得知隋唐時期該詞之聲調歸屬，但仍然無從得知聲調的發展。若再追溯隋唐之前的上古時期，漢語聲調調類數目有多少？又是如何發展？在研究上古聲調時，豐富而重要的材料是經書韻文、諧聲偏旁以及韻書切語等[2]。眾學者們從這些材料追溯擬推上古漢語音韻樣貌，而有關聲調調類數目多寡亦有紛歧。王國維對於上古聲調的看法，是除了平上去入四調之外，他發現上古上、去聲的陽聲字兼讀平聲，進而主張陽聲應與平上去入四聲調並列[3]，學者王力針對此觀點提出駁義，王力認為陽聲係韻母結構，不應與聲調混為一談。至此之後，五聲說的觀點乏人關注。因王國維的五聲說，以致陽聲字之發展值得關注，而是否有相關語言現象可以支持此主張？故此，本文則試從《廣韻》中又音又切異讀音的現象，觀察奇異讀音之韻母及聲調之分布，探析或釐清王國維五聲說的價值及需商榷之處。

　　本文章節安排是首段為研究議題說明，次為介紹王國維五聲說的重點內容；接著提出其他觀點，再列出又切異讀音分布的數據與狀況，最後為結語及後續研究議題。

1　陳新雄：《聲韻學》（臺北市：文史哲出版社，2007年修訂再版），頁1138-1152。

　　竺家寧：《聲韻學》（臺北市：五南圖書出版公司，2009年二版18刷），頁653-657。

　　劉俐李：《漢語聲調論》（南京市：南京師範大學出版社，2004年），頁17-21。

　　關於上古聲調的研究有不同的議題和觀點。如上古聲調是四聲嗎？明代陳第認為四聲之辨古人未有，清代顧炎武認為古詩用韻，雖有四聲，可以互用。這類觀點為後人質疑，因為從《詩經》押韻看來，分聲調協韻是常態，相混者少見。

　　鄭張尚芳：《上古音系》（上海市：上海教育出版社，2003年），頁10-26。

2　陳新雄：《聲韻學》（臺北市：文史哲出版社，2007年修訂再版），頁645-674。

　　全廣鎮：〈從詩經韻腳探索上古之聲調〉，《中國學術年刊》第9期（1987年6月），頁21-50。

　　鄭張尚芳：《上古音系》（上海市：上海教育出版社，2003年），頁10-26。

　　經書韻文如左思〈蜀都賦〉中，「達出室術瑟恤」等為入聲，而「駟」讀去聲。《廣韻》又切語，如「閉」字有二切語，一為霽韻博計切，另一為屑韻方結切。諧聲偏旁「寺」讀去聲，形聲字「特」讀入聲。

3　王國維：〈五聲說〉，《觀堂集林》（臺北市：藝文印書館，1958年），第8卷。

二 五聲說重點論述

王國維在所著之〈五聲說〉一文，對上古聲調的觀點有仔細的說明，以下分別就聲調種類數、名稱內容及語言現象等方面進行論述。

（一）「五聲」的內涵

王國維在文章起始即對「五聲」的內涵提出說明：

> 古音有五聲，陽類一與陰類之平上去入四是也。

由上述可知，他主張上古聲調分五個聲調，分別是陽聲暨陰聲之平上去入。王國維認為在漢代中葉後，陽聲類字音分為上聲與去聲，以致陽聲調類有三個，加上陰聲調類有四個。到了魏晉時期，陽聲類平上去合併，自此七聲合併為五聲。這才是後來將平聲分二類，再加上、去、入等形成的五個調類。而前述有關「五聲」名稱和內容的沿革，王國維是根據文獻封演《聞見記》所提到：

> 「魏時有李登者，撰《聲類》十卷，凡一萬一千五百二十字，以五聲命字。」
> 《魏書‧江式傳》云：「晉呂忱弟靜，別放魏左校令李登之法作《韻集》五卷，宮商角徵羽各為一篇。」

王氏認為魏晉期間陽聲類字合為一調類，但是所謂「五聲命字」、「宮商角徵羽各為一篇」，也並非指平聲分二加上上、去、入就直接對應宮、商、角、徵、羽五聲，平聲調字分二卷，是因為「徒以卷帙繁重而分之，別無他義」。對於上古聲調從五聲到七聲，再到魏晉時代的五聲，王國維並未多提到其他相關例證。

王國維認為真正該關注的是「陰、陽」聲二類字音。從《切韻》系韻書及《韻鏡》中，平聲「東冬鍾江真諄臻文殷元魂痕寒桓刪山先仙陽唐庚耕清青蒸登侵覃談鹽添咸銜嚴凡」等共計三十五韻，有入聲相承，而「支脂之微魚虞模齊佳皆灰咍蕭宵肴豪歌戈麻尤侯幽」二十二韻並沒有入聲相承。王國維指出自戴震、孔廣森後，將有入聲相承之韻部歸為陽聲，無入聲者為陰聲，又再進一步提出「陰陽對轉，入聲為樞紐」等觀點[4]。

4　王力：〈語音的發展〉，《漢語史稿》，收入《王力文集》（濟南市：山東教育出版社，1988年），第9卷，頁132-140。

王力：〈歷代音系〉，《漢語語音史》，收入《王力文集》（濟南市：山東教育出版社，1988年），第10卷，頁83-134。

王力認為陰陽對轉是一種語音變化規律。從諧聲偏旁和一字兩讀的資料來看，而從上古韻文中顯出

到王念孫、江有誥根據秦代韻文用韻以及諧聲偏旁的現象，認為《廣韻》中「有入之平古本無入，無入之平古本有入」，此相反現象是因為語音演變。也就是說，王國維認為中古《廣韻》中的「有入之平」類陽聲類字，在上古時與入聲同為五聲中之一類，因此「古本無入」自然合理。王國維認為陽聲是自成一類，是平聲無入聲的陽聲類，後來變讀為上、去聲。而由平聲陽類變讀的字音，其性質與平聲陰類不同，不可以平聲統稱之，以致當時應該是「陽聲一與陰聲平上去入……，此類不可不別立一名」，因此，他推論正確說來，先秦漢代聲調應為陽聲和平上去入，共五聲。

（二）從「五聲」到「四聲」之沿革

從上文論述，可以知道王國維認為「陰、陽」二聲是已然存在的，王氏認為戴震對於「陰、陽」二聲的解說相當精闢道地，他在文章中引述：

> 戴氏〈荅段若膺論韻書〉曰：「六蒸登、七侵鹽添、八覃談咸銜嚴凡、九東冬鍾江……，舊皆有入聲，以金石音喻之，猶擊金成聲也。一之、二蕭宵肴豪三尤幽四侯……，舊皆無入聲，猶擊石成聲也。……有入者如氣之陽、如物之雄、如衣之表；無入者如氣之陰、如物之雌、如衣之裏，故有入之入與無入之去近，從此得其陰陽表裏之相配。」

就上述說明，雖然可知王國維採納戴震的觀點，認為「陰、陽」二聲確有區別，舊有入聲的陽聲字與無入的陰聲字，分別用「擊金、擊石」比喻說明陰、陽聲本質上的差別，因此，先秦韻文也顯出陰、陽聲字不相押；偶有通協者，以致孔廣森提出「陰陽對轉」來說明。

而五聲到四聲所謂何來呢？王國維以為先秦漢代的五聲到了宋齊之後，「四聲說行而五聲說式微」。王國維認為周顒、沈約等撰《四聲譜》書時，並非不知道聲調應該區分為五聲，但因其著作主要是為了詩文，詩文押韻時，陰、陽聲類字可以互換，但是平、仄聲調不得互易，因此沈約將陰陽兩類合併，一類有入聲，另一類無入聲[5]。到了隋唐後編韻書，也是為詩文而作[6]。

關係最密切的是微文、歌寒、之蒸等韻部有「合韻」現象。而陽聲和入聲的關係首先表現在侵談韻部，侵談韻並無相配的陰聲韻，僅配入聲，從諧聲偏旁看，如「占帖、厭壓、幹幹、旦怛」等可為證明。

5 五聲說：「沈譜并陰陽為一類，然一有入、一無入，後世猶得由之以知其族類性質之不同，然非三百年來古韻大明，亦無以知其別矣。」

6 陸法言〈切韻序〉云：「今反初服，私訓諸弟子，凡有文藻，即須明聲韻。」因此王國維認為該韻書是為了詩文而整理編撰。

陽聲之收聲，其性質常悠揚不盡，故其為平聲，與陰類之平聲絕不同，更不容有上去。自漢以後陽聲有上去者，乃因事物滋多，故稍微促其音以微別於本音，其在周秦以前絕不見有上去之跡也。

綜合言之，王國維認為上古的平聲陰、陽聲各有其獨特性質，是各自成類，這在上古韻文詩三百篇中，大抵各自相諧的情況可以得到證明。到漢代陽聲也有上、去聲調字讀法發展，但僅是些微差異。而到了宋齊乃至隋唐，為了詩文聲情講究平仄聲的鋪排，更甚於陰陽韻之差異，以致相關韻書將陰陽聲韻字合併，重在分別平仄聲調。就王國維提出有關從五聲到四聲沿革的說明，實令人困惑。上古時期詩文著重陰、陽聲分野，以致有五聲甚或七聲類別，到了宋齊隋唐，平仄聲調分野不可忽視，陰、陽聲之差別卻可以合併。這是作詩為文的詩律要求改變呢？還是陰、陽聲與四聲的特質有何改變呢？若考察宋齊至隋唐的詩文，平仄與陰陽的要求都很嚴謹。若查考沈約之詩文，應該是答案立現。筆者以為王國維雖主張「陰、陽」二聲確有區別，然與聲調的差別仍未釐清。

至此，王國維對於上古五聲內涵及演變至四聲沿革的觀點，尚在推論表述，接著及舉證論述其觀點。

（三）「五聲」的辯證

上文提及王國維認為上古陽聲無上去入，有三方面證據，分述如下：第一方面的證據是從段玉裁的《詩經韻譜》、《羣經韻譜》中可以發現許多例證。在這個部分，王力贊同段玉裁的觀點，他們都認為上去聲陽聲類字多與平聲通協，因為上、去聲調陽聲字多來自平聲。

一、羣經、《楚辭》中今所謂陽聲之上去多與平聲通協，而陰聲之上去雖偶與平聲協，而仍多自相協。此事於段氏《詩經韻譜》、《羣經韻譜》中最為了然。

第二點，王國維指出從諧聲偏旁來看，平聲陽聲韻比例可達九成，「蒸、冬」二韻幾乎陽聲韻字；陰聲韻部字則以仄聲多於平聲。

二、陽聲諸部字，其於形聲以平聲為聲者十之八九。如蒸冬二部殆全以平聲為聲，東部以平聲為聲者亦過於十之九，而陰聲諸部字，則以上去入為聲者乃多於平聲。此事一披，歸安嚴氏《說文聲類》亦自了然。

三、《廣韻》陽聲諸部之上去多兼收於平韻中，以東冬鍾江四韻字言之，上去共二百五十八字，其中兼收於平者一百二十五字，幾居其半。余謂其入平韻者，古之本音。蓋自六朝韻書出，入仄韻者，後世之音變也。且此所謂上去者，皆以

今韻言之，今韻之上去有而平聲不兼收者，古音多與平聲通叶，或與平聲互相通假。

王國維主張上古有五聲，即是陽聲暨陰聲之平上去入。他提出第一個觀察是陽聲以平聲字為多，如《廣韻》平聲蒸韻有二十三個小韻，而去聲證韻十五個小韻，上聲拯韻則僅有四個小韻；冬韻有十個小韻，冬上聲小韻字過少，而不成一韻部，去聲送韻僅有六個小韻。但是陰聲韻部就不盡然如此，如平聲支韻有五十七個小韻，而上聲紙韻、去聲寘韻都有五十一個小韻。這顯示陰、陽聲韻部有不對稱的分布。

王國維第二個觀察，他檢查《廣韻》陽聲字，發現上、去聲韻部的字也多有平聲讀法。如陽聲通攝中，上、去聲字幾乎超過一半以上或兼有平聲讀法，如《廣韻》曾攝去聲證韻字「興應稱勝乘凭」，深攝去聲沁韻「深禁臨」，梗攝去聲勁韻「盛精」，通攝上聲腫韻「種」，上聲軫韻「嶙縝泯」等等。另外一部分上、去聲字並未兼讀平聲者，在上古與平聲通協或通假。綜合言之，上、去陽聲字是後來演變的調類。然反觀陰聲字的上、去聲字分布狀況是否如此？與陽聲同或不同？考察如《廣韻》止攝支韻字「只氏迤蘼披」等字有平聲與上聲二讀，支韻字「為眭錘吹騎伎罷離麗」等字，有平聲與去聲二讀。有關陰聲字分布部分，王國維並無進一步說明。

三　有關陽聲與四聲

承上文所言，就王國維五聲及陽聲無上去入的觀點而言，其中最重要、也最突出的議題就是「陽聲」性質的問題，也就是陽聲是否為一個調類？對於上古聲調的研究有不同的討論觀點[7]。從《詩經》押韻看來，分聲調協韻是常態，相混者少見。清代段玉裁提出古四聲不同今韻。其著《古四聲說》中云：

周秦漢初之文，有平上入而無去，洎乎魏晉，上入聲多轉而為去聲，平聲多轉為仄聲（去聲），於是乎四聲大備。

由上述說明得知，段玉裁說明去聲演變的時代在魏晉時期，分別來自平上入聲，因此，在其十七韻部表中，去聲字歸入平上入聲。又分別從經書韻文押韻、《廣韻》又切語及諧聲偏旁等語料為佐證。

當代學者王力基本上贊同段氏的主張，他也認為古無去聲，並有不同來源。王力將

7　陳新雄：《聲韻學》（臺北市：文史哲出版社，2007年修訂再版），頁1138-1152。
　　竺家寧：《聲韻學》（臺北市：五南圖書出版公司，2009年二版18刷），頁653-657。
　　劉俐李：《漢語聲調論》（南京市：南京師範大學出版社，2004年），頁17-21。

上古聲調分為舒聲與促聲二類，再各分長短二類，而得四類聲調[8]。舒聲是指無塞音韻尾的音節，按其元音長短分別讀平聲與上聲；促聲則是塞音收尾，也因元音而分長短，分別為去聲與入聲。上古的長入音節，其韻尾約在第五世紀逐漸消失[9]。因此，王力認為中古去聲第一類來源是入聲變來[10]，是長入聲字喪失塞音尾後變讀去聲，第二來源是平聲（舒聲長）與上聲（舒聲短），特別是濁音上聲[11]。而從陰陽聲韻字的觀點來看，王力指出大部分中古去聲陰聲韻字在上古屬於長入類型，小部分屬於平聲和上聲。王力認為去聲陰聲韻字的來源比陽聲韻字複雜許多。他舉出《詩經》押韻、諧聲偏旁顯示去聲陰聲韻與入聲關係密切[12]。至於去聲陽聲韻字在上古則屬平、上聲，非來自入聲，到魏晉時代才完成[13]。

---

8 王力指出古時分長入、短入二類，在《詩經》押韻中，長入、短入分用情況佔百分之九十以上，合用情況不到一成，這和平聲上聲合用的比例一樣低。

9 王力：〈語音的發展〉，《漢語史稿》，收入《王力文集》（濟南市：山東教育出版社，1988年），第9卷，頁132-140。
   王力：〈歷代音系〉，《漢語語音史》，收入《王力文集》（濟南市：山東教育出版社，1988年），第10卷，頁83-134。

10 王力舉出的語料佐證如「歲」字在《廣韻》是去聲祭韻，而與《詩經豳風七月》中「發、烈、褐」等入聲字同押。再者，中古《廣韻》中「害、契、易、畫、食、識、盃、惡、復、宿、暴、溺」等字都有去聲與入聲二讀，其中有些字之異讀音是有辨義作用的。另外如「圊、值、借」等字有去聲與入聲二讀，但是並無辨義作用的。這些字之去、入二讀現象說明去聲與入聲的關係密切。三者，從諧聲偏旁例字也可以顯出入聲與去聲的關係，如「祭察、夬決、至姪」等組字例中，分別是去聲與入聲。從「各路、式試、烏寫」等組字例中，該聲符在現代吳粵方言中仍是讀入聲的，可見上古去聲系從入聲變化來的。

11 如「上」字，在《廣韻》是上聲。然在《詩經》〈大雅〉〈大明〉中與「王、方」等平聲字同押，也就是「上」字在上古屬平聲，但漢代變為上聲，到第五世紀後分為上、去聲。再如「下」字，在《廣韻》是上聲。在《詩經》〈召〉〈漢廣〉中「下、女」同押；在《詩經》〈邶〉〈擊鼓〉中「下、處、馬」同押，說明上古「下」字讀上聲，中古則有上、去聲二讀，用以區別意義，當動詞時讀為上、去聲。而到了現代漢語，「上、下」二字以讀去聲為主。

12 王力舉出有關舒促聲分長短的資料佐證，如《公羊傳》〈莊公二十八年〉：「春秋伐者為客，伐者為主」，何休注：「伐人者為客，讀伐長言之，齊人語也；見伐者為主，讀伐短言之，齊人語也」。王力由此認為長言就是長入，短言就是短入。而再就「伐」而言，《釋文》：「伐，蒲害反，又普貝反」，「伐」在當時有去聲讀法。除了「伐」字，尚有「積刺易質出識植食足趣莫度…」等陰聲韻字皆有去聲與入聲二切語，實是不勝枚舉。王力的觀點可以看作是對段玉裁古無去聲說的補充和修正。王力與段玉裁都認為上古沒有去聲，這一點他們是一致的，但是段氏認為上古只有平上入三個調類，王力則主張上古有四個調類，他認為上古聲調不但有音高的分別，而且有音長的分別，王力以廣西博白話作為證據，然筆者以為至今無法有文獻可以指出上古漢語韻母結構有長短元音對立之結構。

13 王力：〈語音的發展〉，《漢語史稿》，收入《王力文集》（濟南市：山東教育出版社，1988年），第9卷，頁132-140。
   王力：〈歷代音系〉，《漢語語音史》，收入《王力文集》（濟南市：山東教育出版社，1988年），第10卷，頁83-134。

從上文可知，王國維將陽聲和四聲並列，而王力不能贊同。王力指出王國維五聲說的錯誤[14]之一，是將韻部或韻母結構與聲調調類二者不同的性質混為一談；第二，王國維認為陽聲字只有平聲也不正確，陽聲不僅有入聲，也可以有上聲。《詩經》押韻韻文如「玷貶、檻敢、菩儼枕、兩蕩、仰掌、領屏、反選、轉卷選」等等可為證明。王力也指出先秦韻文押韻狀況，如《廣韻》通江攝去聲「送宋仲用宋巷」等字，古讀平聲。《廣韻》宕梗曾蒸攝去聲「恙讓壯望相抗喪敬慶命病勁盛政令姓定聽乘勝孕贈」等字，古讀平聲。《廣韻》臻攝、山攝去聲「信振吝順問訓願怨困獻翰歎患電媛展」等多數字，古讀平聲；少數山攝去聲「賤弁轉彥宴晏館貫亂鍛渙爛旦」等字，古讀上聲。《廣韻》深咸攝去聲「潛」等字，古讀平聲。

綜合比較說來，王國維雖然也認為陽聲古無去聲，去聲由其他聲調來；然認為陽聲字自成一類的觀點，並未有例證支持，也未能獲得贊同。而王力對四聲發展的觀點，他主張去聲的來源有二，其語音變化條件不同，陽聲韻雙脣鼻音尾者如深咸攝，其去聲來自入聲；而收舌尖鼻音尾如臻山攝、舌根鼻音尾如曾通梗攝，其去聲多來自平聲。至於陰聲韻的去聲字多來自長入與上聲[15]，《詩經》押韻與諧聲偏旁的語料等等都顯示上古陰聲去聲字與入聲字的關係密切[16]。

四 又切異讀看古音

如上文所言，王國維主張五聲說「陽類一與陰類之平上去入四是也。」，王力與陳先師伯元皆未能認同。王力認為王國維將陽聲韻與聲調混為一談是最大的疑點。先師的觀點亦質疑其正確性[17]，並也指出王國維未能說明陽聲上、去聲的發展。本文則欲從《廣韻》又切異讀現象來討論王國維五聲說觀點仍需商榷之處。

王力贊同段玉裁的觀點，認為去聲的產生要到魏晉時期，漢代時去聲還未產生。王力舉出有多樣證據，如「震」原屬平聲，班固〈西都賦〉押「震通天」，但《廣韻》歸去聲；「漫」原屬平聲，揚雄〈大鴻臚箴〉押「官漫」，但在《廣韻》有平去二讀；「附」原屬上聲，揚雄〈大樸箴〉押「附主」，但在《廣韻》歸去聲。

14 王力：〈歷代音系〉，《漢語語音史》，收入《王力文集》（濟南市：山東教育出版社，1988年），第10卷，頁83-134。

15 王力：〈古無去聲例證〉，《漢語史稿》，收入《王力文集》（濟南市：山東教育出版社，1988年），第17卷，頁340-372。

16 王力舉出有關舒促聲分長短的資料佐證，如《公羊傳》〈莊公二十八年〉「春秋伐者為客，伐者為主」，何休注：「伐人者為客，讀伐長言之，齊人語也；見伐者為主，讀伐短言之，齊人語也」。王力由此認為長言就是長入，短言就是短入。而再就「伐」而言，《釋文》：「伐，蒲害反，又普貝反」，「伐」在當時有去聲讀法。除了「伐」字，尚有「積刺易質出識植食足趣莫度…」等陰聲韻字皆有去聲與入聲二切語，實是不勝枚舉。

17 陳新雄：《聲韻學》（臺北市：文史哲出版社，2007年修訂再版），頁1138-1152。

　　研究討論古音的材料，可以先秦時代的韻文押韻[18]，如某字後世讀去聲，古代韻文卻與平聲或入聲押韻，這是因為該字原為平聲或入聲。在《文選》左思〈蜀都賦〉中，「馴、室」是《廣韻》去聲，但與入聲「術、瑟、恤」同押[19]。除了這樣的材料，也可從韻書系統的又切異讀字入手[20]。也就是，某字後世雖讀去聲，古代韻文卻與平聲或入聲押韻，本因此字原為平聲或入聲。這也是王國維提出五聲說的重要例證之一，同一韻書中某字其有兩讀者，或兼收於平上、上去、去入，從其兩讀之音，可考見此諸聲調之關係。如《廣韻》，「中」陟弓切又陟仲切，「為」薳支切又于偽切，這反映出平聲與去聲關係密切；《廣韻》，「畜」許竹切又許救切，「識」賞職切又昌志切也是如此，反映出入聲和去聲相關；又《廣韻》，「夏」胡雅切又胡駕切，反映上、去聲調相關。以下乃筆者將從《廣韻》〈又音又切表〉列出的又音又切語進行整理分析[21]。

表一　四聲調又切語之分布

平聲	上聲	去聲	入聲
2752／57%	829／17%	595／12%	659／14%

　　總計四聲調各卷的又切語，計有四八五八字有二個以上的切語，由於許多字會有三個以上的切語異讀，因此異讀音總數超過又切語數目，以致表上比例加總可能不會恰好百分之一百[22]。從表一可以得知，在四個聲調字中，平聲字有異讀者最多，遠超過其他

18　陳新雄：《聲韻學》（臺北市：文史哲出版社，2007年修訂再版），頁1138-1152。
　　竺家寧：《聲韻學》（臺北市：五南圖書出版公司，2009年二版18刷），頁653-657。
19　《文選》左思〈吳都賦〉：「外則軌躅八達。里閈對出。比屋連甍，千廡萬室。亦有甲第，當衢向術。壇宇顯敞，高門納駟。庭扣鍾聲，堂撫琴瑟。匪葛匪姜，疇能是恤。」
20　陳新雄：《聲韻學》（臺北市：文史哲出版社，2007年修訂再版），頁1138-1152。
　　竺家寧：《聲韻學》（臺北市：五南圖書出版公司，2009年二版18刷），頁653-657。
21　金周生考定：〈又音又切表〉，《廣韻》（臺北市：洪葉文化事業公司，2001年，新校宋本）。
　　余迺永：《新校互註宋本廣韻定稿本》（上海市：上海人民出版社，2008年）。
　　趙庸：〈《廣韻》不入正切音系之又音釋疑〉，《語言科學》第13卷3期（2014年），頁308-316。
22　每個聲調又切異讀字筆數並不相同，然因時間限制，未能及時將異讀音總數清楚詳盡整理出來，有待來日再做深入仔細研究。各韻部異讀字數量分布如下表

東	116	董	10	送	3	屋	101	先	64	銑	24	霰	8	屑	25
冬	11	○		宋	0	沃	15	仙	84	獮	38	線	4	薛	10
鍾	57	腫	16	用	0	燭	12	蕭	64	篠	21	嘯	10		
江	12	講	3	絳	0	覺	26	宵	89	小	14	笑	11		
支	204	紙	66	寘	21			肴	62	巧	11	效	14		
脂	120	旨	23	至	64			豪	42	晧	30	号	17		

三個聲調。也就是說，平聲字中兼有讀或上聲、去聲者，其比例高於其他。此現象可以推溯上古時以平聲字為主，其中有若干字因方言差異有異讀，也可能因為語意、語法、語用需要而讀為上聲或去聲，例如《廣韻》「中」，陟弓切，平也，半也；陟仲切，當也。《廣韻》「空」，苦紅切，空虛也；多貢切，空缺也。《廣韻》「蟲」，直弓切，昆蟲；直眾切，蟲食物也。《廣韻》「深」，式針切，遠也；式禁切，不淺也。這些現象應該即如王力、王國維等的主張，認為平聲韻者，是古本音。到了後世時代，平聲變讀為上聲、去聲等仄韻讀法。

之	61	止	23	志	17			歌	35	哿	6	箇	0		
微	36	尾	14	未	16			戈	38	果	16	過	2		
魚	80	語	25	御	8			麻	38	馬	18	禡	18		
虞	131	麌	24	遇	18			陽	88	養	34	漾	5	藥	26
模	61	姥	23	暮	14			唐	74	蕩	16	宕	0	鐸	36
齊	87	薺	16	霽	41			庚	50	梗	10	映	1	陌	21
○		○		祭	80			耕	15	耿	2	諍	0	麥	22
				泰	53			清	31	靜	7	勁	1	昔	17
佳	28	蟹	6	卦	10			青	40	迥	10	徑	2	錫	6
皆	24	駭	6	怪	14			蒸	30	拯	0	證	3	職	17
○		○		夬	9			登	12	等	0	嶝	1	德	1
灰	43	賄	20	隊	15			尤	87	有	27	宥	24		
咍	27	海	9	代	7			侯	30	厚	17	候	15		
○		○		廢	4			幽	6	黝	0	幼	0		
真	90	軫	27	震	7	質	53	侵	75	寢	17	沁	0	緝	27
諄	36	準	10	稕	4	術	19	覃	44	感	26	勘	6	合	31
臻	9	○		○		櫛	0	談	23	敢	12	闞	3	盍	9
文	36	吻	12	問	5	物	17	鹽	61	琰	20	豔	3	葉	32
欣	9	隱	6	焮	0	迄	4	添	10	忝	6	㮇	5	帖	9
元	50	阮	30	願	6	月	22	咸	22	豏	0	陷	1	洽	3
魂	41	混	13	恩	6	沒	21	銜	11	檻	4	鑑	0	狎	2
痕	1	很	2	恨	0	○		嚴	2	儼	4	釅	1	業	0
寒	40	旱	23	翰	7	曷	20	凡	6	范	0	梵	2	乏	0
桓	69	緩	17	換	3	末	29								
刪	20	潸	9	諫	4	黠	18								
山	20	產	11	襇	2	鎋	8								

表二　異讀聲調之分布

	平聲	上聲	去聲	入聲
平聲	1157／35%	889／27%	1090／33%	141／4%
上聲	0／0%	317／33%	523／54%	103／10%
去聲	0／0%	0／0%	323／47%	361／53%
入聲	0／0%	0／0%	0／0%	659／100%

　　表二是列出又切語異讀聲調的分布比例。從異讀音仍然讀同聲調的分布來看，平上去入四聲調異讀字仍讀同聲調的比例分別是百分之三十五，百分之三十三，百分之四十七，百分之一百。從比例來看，入聲與其他三聲調不同，入聲正切音者，其異讀音仍讀入聲，不讀其他聲調，很清楚看出入聲與其他聲調不同性質。平上去三聲調之異讀音，讀同聲調的比例也達三成以上，顯出各聲調有其分野。去聲正切者，其異讀音不讀平聲或上聲，而讀為去聲（百分之四十七）或入聲（百分之五十三）。異讀為入聲的比例高一些，而遠比平聲異讀入聲（百分之四），上聲異讀入聲（百分之十）的比例高多許多，這可以說明去聲與入聲的關係密切，部分去聲字的來源是入聲。如《廣韻》「刺」，七賜切，去聲寘韻，針刺也；七跡切，入聲昔韻，穿也。上聲正切者，其異讀音不讀平聲而讀去聲（百分之五十四）或入聲（百分之十），異讀去聲的比例遠超過異讀入聲，顯示上聲與去聲關係比較近些，而與入聲的關係比較遠些。如《廣韻》「遠」，雲阮切，上聲阮韻，遙遠也；于願切，去聲願韻，離也。又如《廣韻》「準」，之尹切，上聲準韻，平也度也；職悅切，入聲薛韻，鼻也。

　　最後看平聲正切者，異讀為平聲者占百分之三十五，異讀為上聲者占百分之二十七，異讀為去聲者占百分之三十三，異讀平上去聲的比例相當接近，然異讀為入聲最少，僅百分之四。這顯示出平聲與入聲關係最遠。如《廣韻》「離」，呂支切，平聲支韻，近曰離遠曰別；力智切，去聲寘韻，去也。王國維認為《廣韻》陽聲諸部之上、去聲字多兼有平聲異讀，僅就通江攝東冬鍾江四韻就可以發現這種現象，通江攝上去共二百餘字，其中一半比例又讀平聲韻。這個現象可以支持王力、王國維等學者的主張，認為平聲韻者，是古本音。到了韻書時代，平聲變讀為上、去等仄韻讀法。

　　在又音又切異讀音的材料中，除上述觀察異讀字之聲調分布外，也觀察統計又切異讀成那類字韻母結構，分別統計正切陽聲字異讀為陰聲韻及入聲韻；正切陰聲韻異讀為陽聲韻及入聲韻者，而正切入聲韻之異讀已經包含在前述二項分析中，無須重複。

表三　陰陽韻異讀分布

	平聲		上聲		去聲			平聲		上聲		去聲	
	陽陰	陽入	陽陰	陽入	陽陰	陽入		陰陽	陰入	陰陽	陰入	陰陽	陰入
通	10	1	4	2	1	0	止	45	21	7	10	1	60
江	0	0	1	0	0	0	遇	7	19	4	5	1	25
臻	13	5	1	6	0	7	蟹	18	11	4	4	8	149
山	22	19	5	15	2	6	效	2	3	2	28	0	33
宕	0	6	0	0	0	0	果	2	1	1	0	0	2
梗	0	3	3	2	0	0	假	2	3	1	3	0	20
曾	1	2	0	0	0	0	流	2	1	0	6	0	37
深	1	0	0	0	0	0		78	59	19	56	10	307
咸	1	18	0	0	0	12		137		75		317	
	48	54	14	25	3	19							
	102		39		22								

表三是列出又音又切異讀跨韻母類別的分布，按照聲調及陰陽韻攝分列。就表左半部中顯示，正切陽聲韻字有異讀者，總計一六三筆異讀，其中平聲（一○二筆）最多，遠超過上聲（三十九筆）及去聲（二十二筆）。右半部正切陰聲韻字有異讀者，總計五二九筆，其中去聲（三一七筆）最多，超過平聲（一三七筆）及去聲（七十五筆）。整體而言，正切陽聲韻字異讀為陰聲韻或入聲韻者，顯然比陰聲韻字少。在又音異讀部分，陽聲韻字與陰聲韻字的表現很不一致。從表中數字可知，正切陽聲韻字異讀為陰聲韻計六十五筆，正切陽聲韻異讀為入聲者，計有九十八筆。而正切陰聲韻字異讀為陽聲韻字有一○七筆，異讀為入聲韻者，計有四二二筆，二者差距很大。其中蟹攝去聲霽韻二十七筆，祭韻五十筆，泰韻三十三筆異讀字為入聲韻，所佔比例最大。從又切異讀現象看來，應該可以支持王力的觀點，王力認為古去聲的來源有二，一是來自長入聲，一是來自平、上聲，陰聲韻的去聲字多來自入聲與上聲[23]，而陽聲韻去聲則來自古平聲，王力舉出先秦韻文押韻狀況作為說明，如《廣韻》通江攝去聲「送宋仲用宋巷」等字，古讀平聲。《廣韻》宕梗曾蒸攝去聲「恙讓壯望相抗喪敬慶命病勁盛政令姓定聽乘勝孕贈」等字，古讀平聲。《廣韻》臻攝、山攝去聲「信振吝順問訓願怨困獻翰歎患電媛展」等多數字，古讀平聲；《廣韻》深咸攝去聲「潛」等字，古讀平聲。從表三可以看出正切陽聲韻、陰聲韻異讀時的變化不同，但無法顯示陽聲韻字獨特性質，或自成一類

---

23 王力：〈古無去聲例證〉，《漢語史稿》，收入《王力文集》（濟南市：山東教育出版社，1988年），第17卷，頁340-372。

的痕跡，也無法顯示出任何陽聲韻字曾經發展出平、上、去聲調，之後與陰聲韻合併，改以聲調差異為主的音韻系統。也就是說，從又音異讀材料中可以顯出先秦時期陰、陽聲韻母結構不同的表現，但卻不能支持王國維「古音有五聲，陽類一與陰類之平上去入四是也。」的觀點。

五　結語

王國維在其〈五聲說〉一文中，對所提出觀點之自評如下：

> 余之五聲說及陽聲無上去入說，不過錯綜戴、孔、段、王、江五家之說而得其會通，無絲毫獨見參於其間，而證之事實則如彼，求之諸家之說又如此；陽聲之無上去入，雖視為定論可也。

從上段敘述得知王國維自謙其主張中陰陽二韻存在是本自戴震、孔廣森，陽聲有平而無上去則是根據段玉裁的主張，因主張陽聲與四聲並列，使得陽聲字的發展受到重視，而陰聲韻也必須列入考量之列中。但有關陽聲是韻母性質或是聲調性質，王國維未能釐清其差別，也未能提出具有說服力的例證，誠為可惜。惟王力對於去聲字來源提出其主張，也提出例證說明陰、陽聲韻確實有其分野，並且是聲調分化的語音條件，這論點成為漢語古去聲來源發展的真實可能性，也因如此，王國維五聲說此論述再無發展性。

參考文獻

金周生考定　《廣韻》　新校宋本　臺北市　洪葉文化事業公司　2001年

余迺永　《新校互註宋本廣韻定稿本》　上海市　上海人民出版社　2008年

王　力　〈古無去聲例證〉　《漢語史稿》　收入《王力文集》第十七卷　濟南市　山東教育出版社　1988年

王　力　〈語音的發展〉　《漢語史稿》　收入《王力文集》第九卷　濟南市　山東教育出版社　1988年

王　力　〈歷代音系〉　《漢語語音史》　收入《王力文集》第十卷　濟南市　山東教育出版社　1988年

王國維　〈五聲說〉　《觀堂集林》第八卷　臺北市　藝文印書館　1958年

全廣鎮　〈從詩經韻腳探索上古之聲調〉　《中國學術年刊》　第9期　1987年　頁21-50

竺家寧　《聲韻學》　臺北市　五南圖書出版公司　2009年　二版18刷

陳新雄　《聲韻學》　臺北市　文史哲出版社　2007年　修訂再版

趙　庸　〈《廣韻》不入正切音系之又音釋疑〉　《語言科學》　第13卷第3期　2014年　頁308-316

劉俐李　《漢語聲調論》　南京市　南京師範大學出版社　2004年

鄭張尚芳　《上古音系》　上海市　上海教育出版社　2003年

音辭篇「洛下」解

何大安

中央研究院語言學研究所

《顏氏家訓》〈音辭第十八〉說：

> 夫九州之人，言語不同。生民已來，固常然矣。自《春秋》標齊言之傳，《離騷》目楚詞之經，此蓋其較明之初也。後有揚雄著《方言》，其言大備。然皆考名物之同異，不顯聲讀之是非也。逮鄭玄注六《經》，高誘解《呂覽》、《淮南》，許慎造《說文》，劉熹製《釋名》，始有譬況假借以證音字耳。而古語與今殊別，其間輕重清濁，猶未可曉。加以內言外言、急言徐言、讀若之類，益使人疑。孫叔言創《爾雅音義》，是漢末人獨知反語。至於魏世，此事大行。高貴鄉公不解反語，以為怪異。自茲厥後，音韻鋒出。各有土風，遞相非笑。指馬之諭，未知孰是。共以帝王都邑，參校方俗，考覈古今，為之折衷。權而量之，獨金陵與洛下耳。

這段話最要緊的，是說明〈音辭〉之作，是為了「顯聲讀之是非」；而「聲讀是非」之有必要講究，乃是為了正確的讀書識字。〈音辭〉緊隨在〈書證〉之後，也說明了這兩篇所關切的對象和課題，正是相同和相關的。

周祖謨先生在注解「獨金陵與洛下」時說：

> 俗稱洛陽為洛下。洛陽為魏晉後魏之都城。蓋韻書之作，北人多以洛陽音為主，南人則以建康音為主，故曰「權而量之，獨金陵與洛下耳。」（〈顏氏家訓音辭篇注補〉，《問學集》，頁411-412）

這段話的前半為史事實敘述，自屬正確。後半為文義解釋，則頗有可商。這是因為金陵自東晉以後，雖屢經禪代，但政權延續，一脈相承，並且得到了南渡世家大族的擁護；而顏之推自己前半生宦學於梁，金陵乃輦轂所在，謂之「帝王都邑」，自無不妥。但是洛陽就不一樣了。洛陽的「帝王都邑」身分，自懷愍北遷，即已不復存在。北魏孝文帝之後，洛陽雖曾作為都城達四十年（493-532），且其間佛教文明大為昌盛，但在顏之推

寫作〈音辭〉的時候，早已殘破。此外，顏之推對北方政權，並無好感。要他承認已經
殘破的洛陽為「帝王都邑」，無論是情感上，或是政治立場上，都是極為勉強的。

包括〈音辭〉在內，《顏氏家訓》提到洛陽，一共只有三次。一次是這裡的「洛
下」，一次是〈勉學〉的「洛陽亦聞崔浩、張偉、劉芳」。〈勉學〉主旨在訓勉子弟既需
明經，亦當博涉，以成「為己之學」。文中列舉了可為模範的當世學者：「梁朝」若干
人、「洛陽」若干人、「鄴下」若干人。請特別注意，這裡「洛陽」的三人之中，崔浩、
張偉在孝文帝遷都洛陽之前就已去世。所以引文中的「洛陽」，其實只是「元魏」的異
名，而非「帝王都邑」的尊稱。因為對崔浩、張偉而言，他們的「帝王都邑」，是平
城，不是洛陽。

第三次也見於〈勉學〉，全文如下：

> 元氏之世，在洛京時，有一才學重臣，新得《史記音》，而頗紕繆。誤反「顓
> 頊」字。頊當為「許錄反」，錯作「許緣反」。遂謂朝士言：「從來謬音『專旭』，
> 當音『專翾』耳。」此人先有高名，翕然信行。期年之後，更有碩儒苦相究討，
> 方知誤焉。

顏之推生於公元五三一年，而東魏孝靜帝被挾去鄴是五三四年。因此洛陽不再是
「元氏」的「洛京」時，顏之推才四歲。所以這段故事乃是得之傳聞，而非親見。這段
故事對「元氏洛京」的「才學重臣」的嘲諷之意，是非常明顯的。同樣已經走入歷史的
帝王都邑，對西晉的洛陽稱之為「洛下」，對後魏的洛陽則稱之為「洛京」。雖只一字之
微，然而其中卻有大義存焉。

我們知道，京師稱「下」，源於「輦下」，也就是「輦轂之下」。只有天子行止所
在，也就是行在，才能稱為「輦下」。南朝士人懷念舊京，可以稱西晉的洛陽為洛下，
但是很顯然的，不能也稱元魏的洛陽為洛下。透過《顏氏家訓》，我們看到：對於元魏
的洛陽，在平舉、或不無許可的情形下，仍可蒙以舊名「洛陽」；而在有意誇大其醜的
時候，便無妨更錫嘉名，張曰「洛京」，以「成其志」。「洛京」、「才學重臣」、「碩儒苦
相究討」等等，這些都是正言若反的修辭，反諷意味再明顯不過。相較之下，顏之推奔
齊後仕為黃門侍郎，清貴無比，其稱北齊京師為「鄴下」，雖不免於靦顏，以當時的語
用習慣而論，卻是恰如其分的。

《顏氏家訓》之中，凡論及人物、文教、辭章、學術、語言、藝術、風操、世態，
需作對比時，最常見的，就是以「河北、鄴下、北間、山東（＝河北，〈風操〉）、中土
（＝河北，〈風操〉）」與「江東、梁朝、江左、南間、南土、江南」對舉，無慮數十
處。但是除了上舉三例之外，洛陽卻絕不出現。《經典釋文》和《切韻》的兩篇〈序〉，
也都是以「河北」與「江東」、「江南」為偶，不及洛陽一字。這應該可以說明，儘管
《洛陽伽藍記》把它寫的那麼熱鬧，也儘管梁朝大將、寒門出身的陳慶之曾對之大加讚

揚（《洛陽伽藍記・卷二・城東》），但以文化和「顯聲讀之是非」的水準而論，元魏時期的洛陽，在知識份子的心目之中並沒有多少代表性，它的地位是不高的。〈勉學〉篇對「元氏洛京」「才學重臣」的譏刺，以及這則故事的得以流傳，正可以說明這一點。

現在可以回頭看〈音辭〉中的「洛下」。這個「洛下」，指的只是懷愍北遷之前的「帝王都邑」，不包括後來元魏的「洛陽」。顏之推的意思是說，南朝的「金陵」與中朝的「洛下」，自從「魏世」、「高貴鄉公」之後，也就是「自茲厥後」、晉朝開國之後，一直是「聲讀是非」共同標準之所繫。東漢立博士、立太學於洛陽，形成了一個學術正統。這個正統先傳於曹魏，後又傳於司馬氏。司馬氏攜至江東，傳之劉宋、傳之蕭齊，又傳之於梁。自「洛下」而「金陵」，五百餘年，可謂「斯文未墜」。《北齊書》〈文苑傳〉說顏氏「世善《周官》、《左氏》學，之推早傳家業」，可見顏之推正屬於這個未墜斯文的正統的一部分。我們猜想，也許就是有了這樣的傲人背景，所以顏之推才會有此自信，獨以「金陵與洛下」作為「折中」標準，來「權而量之」，而「多所決定」（《切韻》〈序〉）的吧！

參考文獻

〔北齊〕顏之推撰　王利器集解　《顏氏家訓集解》　上海市　上海古籍出版社　1980
　　　年　本文所參考者，為臺北明文書局翻印本，1982年

周祖謨　〈顏氏家訓音辭篇注補〉原印行於1945年　後收錄於《問學集》上冊　北京市
　　　中華書局　1966年　頁405-433　本文所參考者，為臺北知仁出版社翻印本，
　　　1976年

《切韻》東韻一等和三等為什麼沒有分作兩韻？

平山久雄

東京大學名譽教授

摘要

陸法言《切韻》東韻是由一等小韻和三等小韻構成的，在小韻排列的次序上這二類小韻基本分得很清楚。在一等和三等在同一攝內對立時，一般情況是分為兩韻，如流攝侯韻和尤韻。本文討論為什麼只有東韻纔如此沒有分做兩韻？作者在賴惟勤的啟發之下推測：《切韻》的實際編者陸爽（法言之父）曾一度為將東韻三等分立為「中韻」做準備，不過後來他考慮到，《切韻》平聲韻數需要是嘉數五十四，因而沒有餘地再增一韻，同時也考慮「中」字與隋朝的祖諱「忠」字同音，最後決定還是不立中韻了。陸爽曾想立中韻意味著他在北周、北齊時已撰好一部韻書的稿本。那一稿本後來成為《切韻》撰述的基礎。

關鍵詞：切韻、東韻、一等和三等、複合韻、陸爽

一 引言

陸法言《切韻》〈序〉在追述開皇初年劉臻、顏之推等八位學者在陸爽家[1]評論韻書的一段中說：「先蘇前反仙相然反尤于求反侯胡溝反俱論是切」。這是批評有些韻書將先韻和仙韻、尤韻和侯韻各併做一個韻的。據王仁昫《刊謬補缺切韻》韻目下的小注[2]，《切韻》〈序〉所舉五家韻書中平聲先韻和仙韻有區別的只有呂靜《韻集》一書，夏侯詠《韻略》、陽休之《韻略》、杜臺卿《韻略》則皆為同韻，李季節《音譜》不明；平聲尤韻和侯韻有區別的也只有呂靜《韻集》，夏侯詠《韻略》、杜臺卿《韻略》則皆為同韻，其他二家不明。

先、仙分韻的問題本文不擬討論。對尤韻和侯韻來說，侯韻是流攝一等，尤韻是流攝三等，在南北朝齊、梁、陳、隋時代的押韻習慣中，這二韻構成一個韻部[3]，在大多數韻文裏面混用不分，而在陸家論韻的八位學者卻認為應該加以區別，因此陸法言後來編定的《切韻》也就分尤韻和侯韻。

在齊、梁以後的詩文中，同攝中音值互相配合的一等字和三等字構成一個韻部的，除侯韻和尤韻以外還有冬韻和鍾韻、唐韻和陽韻、東韻一等和三等[4]。其中冬韻和鍾韻、唐韻和陽韻，《切韻》各分兩韻，只有東韻一等和三等卻都包含在一個東韻裏面，這是為什麼？據本人所採用的音位解釋[5]，侯韻／ʌu／和東韻一等／ʌ\u{02B7}ŋ／，尤韻／iʌu／和東韻三等／iʌ\u{02B7}ŋ／音值都是互相平行的，韻尾／\u{02B7}ŋ／（入聲／\u{02B7}k／）是帶圓脣作用的喉音，可與元音韻尾／u／相配，正如／n／與／i／相配那樣。

本文討論這一個問題，藉以追念陳伯元教授。

---

1 《切韻》〈序〉說「八人同詣法言門宿」，這其實是為隱匿他父親陸爽的名字而寫的，見本文第肆節所述。

2 見周祖謨：〈切韻的性質和它的音系基礎〉，《問學集》（北京市：中華書局，1966年），頁446-454。

3 齊、梁、陳、隋（包括北齊、北周）時期詩文作品中的韻部根據周祖謨（1996）所歸納。

4 歌韻是一等韻，但在《王三》平聲歌韻韻末有五個三等小韻「𩵋」、「伽」、「迦」等，只是它們收字極少而且冷僻，不足以構成一韻，因此歌韻不在此列討論中。

5 見平山久雄：表3〈切韻韻母音值表〉，〈敦煌《毛詩音》反切中的「類一致原則」及其在韻母擬音上的應用〉，《中國語文》2009年6期，頁486。

二　東韻內部的小韻排列區別一等和三等

（一）東韻小韻排列情形

其實，從內部的小韻排列次序來說，《切韻》東韻包括去聲送韻和入聲屋韻[6]，都基本區別一等和三等。現據《王三》[7]把一等小韻和三等小韻分別按次摘錄首字如下[8]。數字表示小韻次序，「／」表示次序不相連續。

平聲東韻（共三十三個小韻）

一等：1「東」、2「同」／21「空」至33「檧」

三等：3「中」至20「隆」

去聲送韻（共二十五個小韻）

一等：1「送」／3「貢」至11「痛」／17「儱」／21「哄」、22「齈」

三等：2「鳳」／12「仲」至16「趙」／18「賵」至20「中」／23「眾」至25「劅」

入聲屋韻（共四十四個小韻）

一等：1「屋」至17「木」

三等：18「福」至44「𥤙」

（二）平聲東韻小韻排列的例外

平聲東韻除了開頭兩個小韻以外，一等和三等分得很清楚。開頭兩個小韻打亂這個規則性，是有理由可循的。賴惟勤（1974／1989：207-209）指出，在《廣韻》平聲二卷裏相鄰而音近的兩個（止攝是三個）大韻，其第一小韻和第二小韻的聲母和開合往往互相一致，例如：

支韻1「支、章移切」（章母開口）、2「移、弋支切」（羊母開口）；

脂韻1「脂、旨夷切」（章母開口）、2「姨、以脂切」（羊母開口）；

之韻1「之、止而切」（章母開口）、2「飴、與之切」（羊母開口）。

這肯定都是有意如此設計的。在《王三》中符合這一規則的一共有十二韻組，即：

6　上聲董韻只有一等。

7　本文引《王三》皆據龍宇純（1968）所載摹本，寫本訛誤處則依據該書校箋所訂。

8　平田昌司：〈《刊謬補缺切韻》的內部結構與五家韻書（1）〉，《均社論叢》10（小川環樹先生古稀記念號）1981年，頁164-170。把全部由異等、異開合等不同韻類構成的《王三》複合韻按小韻次序列舉首字。下面所列相當於該文3.1.1（頁164）所記。

東冬、支脂之、魚虞、佳皆、灰咍、魂痕、刪山、先仙、蕭宵、肴豪、庚耕、尤侯[9]。其中「蕭宵」第一小韻（即韻目字）都是心母，第二小韻蕭韻是透母「祧」，宵韻則是徹母「超」，可知舌頭音端組和舌上音知組在這條規則中要算同組；「尤侯」第一小韻尤韻是于母（喻母三等），侯韻則是匣母，第二小韻都是影母「優」、「謳」，可知于母和匣母也算同母。

關於上、去、入聲，賴文認為，只有個別幾韻符合上述的規則，即上聲紙、旨、止三韻，不但第一小韻都是章母，而且第二小韻也都是常母；入聲屋、沃二韻，不但第一小韻都是影母，而且第二小韻也都是定母。

平山久雄（2014：220）認為，陸法言《切韻》是對其藍本韻書按《說文解字》的模式加以改造，抹去其中濃厚的梵文色彩，使之符合華夏傳統，全書韻目以平聲「東」韻起頭，以入聲「乏」韻結束，也模擬了《說文解字》「始『一』終『亥』」的結構。這樣看來，平聲東韻以一等「東」為韻目字，是在《切韻》結構中的一個重要關鍵，是不如此安排不行的。那麼既然東韻和冬韻構成一個近音韻組，那麼第二小韻按上述的規則也就需要選一個一等小韻了。賴文還指出，從平聲東韻到虞韻，第一小韻和第二小韻聲母的清濁都互異，如第一小韻是清音第二小韻則是濁音。按此部份規則，東韻第二小韻也需要是濁音。「同」字就符合這兩個條件。

可以設想，在《切韻》作為藍本的某一韻書中，平聲東韻前列三等小韻後列一等小韻（下稱「前三後一」），是有規則的，而《切韻》為模擬《說文解字》就把「東」提到了開頭作韻目字，隨著也把「同」小韻提前作第二，以配合冬韻開頭1「冬」、2「彤」二小韻的清濁安排。

（三）去聲送韻小韻排列的例外

去聲送韻的小韻則與平聲不同，前列一等後列三等（即「前一後三」），例外有三，即：

（一）2「鳳」；（二）17「幪」；（三）21「哄」、22「䲰」。

例外（一）2「鳳、馮貢反」雖然是三等，但反切下字「貢」是一等，因而就列在一等小韻系列之中[10]。此與平聲一等冬韻《王三》「恭、駒冬反」小韻當屬三等鍾韻，卻從反切下字「冬」而收於冬韻，並帶「蜙、先恭反」、「樅、七恭[11]反」二小韻都列於其後是同樣的情況。

---

9 此外《廣韻》有「真諄」、「寒桓」、「歌戈」，這些韻組皆系《唐韻》以後分韻的結果。

10 平田昌司：〈《刊謬補缺切韻》的內部結構與五家韻書（2）〉，《均社論叢》11（1982年），頁70。已說：「鳳　馮貢反。上字三等，下字一等。可能據下字歸於一等。」

11 《王三》作「容」。此從《切二》、《王二》等作「恭」。

例外（二）17「幪、莫弄反」為一等字，似乎因為它訓「幪縠」（是一種面紗），義與15「夢、莫諷反」小韻五字多含有「朦朧」義素有所相通的緣故。中間16「趨、香仲反」訓為「趸趨[12]」，「趸」字則見於15「夢」小韻中。由此來看，16以疊韻字，17以字義相關的關係，各列在15後面的。

例外（三）可能是因為21「哄」以下至韻末25「剹」皆係追補成份的緣故，其中常用字似乎只有「眾」一字，而「眾」亦見於平聲東韻「終、職隆反」小韻之中。這裏說的「追補成份」包括（一）在《切韻》編纂的較後一個階段中所增補者、（二）在那一階段中發現抄寫的遺漏而補寫者、（三）《切韻》問世以後早期的增加小韻等。上面的16、17也該是追補成份，只是補在一個韻類中間為其特點[13]。

（四）東韻和「中韻」

由此可見，平聲東韻、去聲送韻和入聲屋韻的小韻排列，本來都是區分一等和三等的，只是去聲和入聲皆與平聲不同，是「前一後三」。

平聲東韻不但區分一等和三等，而且對三等開頭二小韻的聲母加以調整，使之符合賴文所指出的近音韻組之間韻前二小韻的聲母排比規則。平聲東韻三等以3「中、陟隆反」、4「蟲、直隆反」開頭，聲母是知母和澄母，這正和1「東、德紅反」、2「同、徒紅反」聲母是端母和定母平行，應該是有意安排的結果。

如此看來，陸爽好像曾為分立平聲東韻三等「中韻」做了準備。如果把中韻分立出來的話，那麼東、中、冬三韻開頭二小韻的聲母佈置就會都是相同的，即：

東韻：1「東」（端母）、2「同」（定母）

中韻：1「中」（知母）、2「蟲」（澄母）

冬韻：1「冬」（端母）、2「彤」（定母）

東韻一等和三等在齊、梁以後的詩文中雖然混用為一個韻部，但在以用韻嚴格著名的劉勰《文心雕龍》各篇末贊文[14]，其中有一首〈哀弔〉讚文，是專以去聲送韻一等字「弄、慟、控、送」押韻的[15]，中間不雜一個三等字蓋非偶然。陸爽也應該知道，區別東韻一等和三等從審音的角度來看是最合理想的。

---

[12] 《王三》訓義有誤，此從《廣韻》訂改。龍宇純：《唐寫全本王仁昫刊謬補缺切韻校箋》（香港：香港中文大學，1968年），頁412。校訂似有失誤。

[13] 「幪」小韻在《王三》由三字構成，「幪」與同音字「霥」、「雺」或許本皆與「夢」等同音，收於15「夢」小韻中，後來被認為該讀一等音，因而就作17補在16後面。

[14] 參見周祖謨：〈切韻的性質和它的音系基礎〉，《問學集》（北京市：中華書局，1966年），上冊，頁466-469。

[15] 全文是：「辭定所表，在彼弱弄。苗而不秀，自古斯慟。雖有通才，迷方告—作夭控。千載可傷，寓言以送。」（黃叔琳注，李詳補注，楊明照校注拾遺：《文心雕龍校注》，收入《中國文學名著》（臺北市：世界書局，1974年），第五集。）

三 《切韻》沒有分立中韻的理由

（一）分立中韻的難點

那麼，陸爽為什麼沒有分立中韻呢？我想理由有二：

1. 受《切韻》平聲五十四韻的拘束。如平山久雄（2014：225）所述，陸法言《切韻》平聲五十四韻，正好是《說文解字》五百四十部的十分之一，是《切韻》模擬《說文解字》結構的一部分。而五百四十部本身，是陽數六乘陰數九所得五十四的十倍，因此五十四是可以包羅萬象的嘉數。陸爽似乎把五十四看做一個必需遵守的韻數。如果陸爽想立中韻，那麼就需要在別處併二韻為一韻。可是合併哪兩個韻呢？這會使他困惑，難以下定決心了[16]。

2. 「中」字立韻將犯隋朝的祖諱。隋文帝楊堅之父名「忠」，隋朝因而不但避「忠」，而且也避與「忠」同音的「中」，如陳垣（1958：145）說：「兼避『中』字，凡『中』皆改為『內』」。因此，拿「中」作為大韻標目應該是需要迴避的。何況《切韻》本是為太子楊勇撰述進呈的書[17]，絕不能犯隋朝的祖諱。

陸爽應該對東韻三等分立為中韻的長處和難處，做過慎重的得失考量，最後下定決心還是不分了，使中韻包含在東韻裏面。

（二）平聲東韻為什麼沒有採取「前一後三」方式？

中韻既然不分了，那麼為什麼就沒有把中韻部份（即三等）列在原來的東韻部份（即一等）後面，正如去聲送韻和入聲屋韻那樣？其實，《切韻》有些複合韻裏不同韻類的排法也是如此的。例如《王三》平聲支韻共有五十二個小韻，大致可分開口和合口兩個韻類[18]，1「支」、2「移」是開口，3「為」至17「闚」是合口，18「奇」到40「馳」是開口[19]。開口和合口至此分得很清楚。從41「眭」到韻末共十一個小韻，則

---

16 看來有可能併入他韻的平聲韻目有下列幾個：（一）冬韻可併入鍾韻；（二）咍韻可併入灰韻；（三）臻韻可併入真韻或殷韻；（四）殷韻可併入文韻或真韻；（五）痕韻可併入魂韻。這些韻除了咍韻以外字數都是很少的，實際上難以獨用，詩文作者需要與鄰近的某韻合用，如臻韻或與真韻合用，或與殷韻合用。《切韻》分韻極細會包含這麼一種考慮，為讀者留有自行選擇的餘地。

17 見第四節所述。

18 脣音小韻沒有開合對立，或算開口，或算合口，例如支韻7「麊」小韻在合口系列之中，23「皮」小韻，t在開口系列之中。

19 賴惟勤（1974／1989：218-220）指出，合口以「為」開頭，開口以「奇」開頭可能與《顏氏家訓》〈音辭篇〉所記呂靜《韻集》「『為』、『奇』、『益』、『石』分作四章」有所關聯。

開、合相雜，大約是追補成份。這裏的排法是除了韻頭列兩個開口小韻以與脂韻、之韻對比以外，前列合口韻類，後列開口韻類（即「前合後開」）。又如平聲麻韻共有三十五個小韻，1「麻」是二等，2「車」至7「虵」是三等，8「華」至33「䶦」除了23「衺」、24「闍」為三等以外都是二等（33後還有兩個三等小韻，是增加的），可見麻韻基本上是分二等和三等的，而除了韻目字為二等以外，前列三等後列二等。賴文（1974／1989：218）將這麼一種韻頭一個或兩個小韻的「孤立」，解釋為編者要藉此揭示，開、合或等位不同的二韻類被匯集成一個韻。現以支韻為例做說明：如果2「移」後接著也是以3「奇」開始的開口韻類，而後纔接續列合口韻類的話，那麼編者此一用意就會顯得模糊了。平聲東韻第三小韻以下「前三後一」，就該出於這樣的考慮。

四　餘論：陸爽早寫有韻書稿本的推測

本文可算平山久雄（2014）論述的續篇。該文的推論有三點：（一）《切韻》稿本分為十卷，即平聲分四卷，上、去、入聲各分二卷；（二）稿本對藍本的韻攝順序按《說文解字》的模式加以改換，使之「始『東』終『乏』」，並盡量「據音相聯」；（三）《切韻》本是陸爽為太子楊勇撰呈的[20]，法言由於亡父與廢太子的關係而免官，閒居之間編寫《切韻》，其實是要使父親的那本遺著留在人世。

關於推論（一），其根據除了在於本文第二節第二小節末尾所介紹的從東韻至虞韻十韻開頭二小韻的清、濁互異之外，還在於明母反切上字「亡」的少用和局限分佈，即「亡」字只出現在上聲第二十五銑韻、第二十六獮韻、第二十八小韻及入聲第十五薛韻裡面，一共纔用四次。該文對此解釋：《切韻》稿本有意迴避「亡」字，因為它會使人聯想到「亡國」，後來在法言免官後倉惶遷居之際，稿本卷六（上聲下卷）的前半乃至全部以及卷九（入聲上卷）的末尾丟失了，不得已以他本來填補，而那「他本」該是比《切韻》稿本更屬早期的稿本，其中還沒有迴避「亡」字。

該文交稿之後，我察覺到：如果是陸爽基於開皇初年與八位學者論韻所得的綱要，纔著手為太子撰寫《切韻》的話，那麼他就會從一開始即迴避用「亡」字；如此推想，我所假設的那一「早期稿本」就應該是陸爽在北周或北齊時已經編好的一部韻書稿本，到隋朝開皇初年請八位博雅之士對其加以審定，然後增加了一些修改和調整之後，就呈獻給太子楊勇了。

本文第二節所討論的「中韻」問題，能對這一推測提供相當有力的論證。陸爽曾為

---

20 該文交稿後我知道：《王三》上聲腫韻的反切下字除了倒數第二個小韻「慫、且勇反」以外不用「勇」字，而多用筆劃繁多的「隴」字，情況和《經典釋文》、《篆隸萬象名義》以及唐代各種音義資料一般常用「勇」字不同。這似乎也可作此一推論的一個證據。

分立東韻三等為中韻做好準備，那就應該不會在隋代，而在北周或北齊時代，如果在隋代的話，他就根本不會拿「中」字擬做韻目。由此也可以推知，從平聲東韻至虞韻韻前二小韻的清、濁配合，以及平聲十二個近音韻組其韻前二小韻之間的聲母平行關係，都是陸爽那本韻書所具有的特點，它們在陸法言《切韻》一書中繼承下來了。

（本文承林慶勳先生改正中文，並提寶貴建議，據此得以修改內容，茲記感謝。）

參考文獻

平山久雄　〈敦煌《毛詩音》反切中的「類一致原則」及其在韻母擬音上的應用〉
　　　　《中國語文》　第6期　2009年　頁483-497

平山久雄　〈陸法言《切韻》十卷稿本的假定及其藍本的探討〉　《語言學論叢》50輯
　　　　2014年　頁207-234

平田昌司　〈《刊謬補缺切韻》的內部結構與五家韻書（1）〉　《均社論叢》10（小川
　　　　環樹先生古稀記念號）　1981年　頁161-175

平田昌司　〈《刊謬補缺切韻》的內部結構與五家韻書（2）〉　《均社論叢》11　1982
　　　　年　頁64-92

周祖謨　〈切韻的性質和它的音系基礎〉　《問學集》上冊　北京市　中華書局　1966
　　　　年　頁434-482

周祖謨　《魏晉南北朝韻部之演變》　臺北市　東大圖書公司　1996年

陳　垣　《史諱舉例》　北京市　科學出版社　1958年

黃叔琳　李詳補注　楊明照校注拾遺　《文心雕龍校注》　收入《中國文學名著》第五
　　　　集　臺北市　世界書局　1974年

龍宇純　《唐寫全本王仁昫刊謬補缺切韻校箋》　香港　香港中文大學　1968年

賴惟勤　〈切韻について〉（關於《切韻》）　《宇野哲人先生白壽祝賀記念東洋學論
　　　　叢》　宇野哲人先生白壽祝賀記念會編　東京　東方學會　1974年　頁1299-
　　　　1318　亦收於賴惟勤編《賴惟勤著作集Ⅰ・中國音韻學論集》　東京　汲古書
　　　　院　1989年　頁207-221

談談南北朝至隋唐的反語
── 為紀念陳新雄先生八十冥誕而作

孫玉文

北京大學中國語言文學系暨北京大學中國語言學研究中心

提要

本文為紀念我國著名語言學家陳新雄（1935-2012）先生八十冥誕而作。反語，是在漢代反切的基礎上形成的一種隱語，它用兩個字先正切，再倒切，成為另外兩個字。依次將這兩個字組合在一起，就成為一個詞語或句子。本文論證，反語是在反切的基礎上形成的，今所見反語資料大多出自南北朝至隋唐。反語除了構成雙音詞，還可以只用來表達一些隱含的意思，這些隱含的意思有時用來逗趣，更多地是表達迷信方面的意思，跟秦漢之際形成的讖緯之說一脈相承。理解反語有時不那麼容易，因為反語中的話外之話，已經超出了言外之意的範圍，不是單純靠邏輯推理能夠求得的，更多的是要憑想像來索解它，但也反映出反語在當時相當流行。有人能作出反語，而另有人能理解它，這是很值得研究的事。最後，文章還通過反語研究了南北朝至隋唐的語音演變中的一些值得注意的問題。

關鍵詞：反語、隱語、言外之意、中古語音

　　陳新雄（1935-2012）是我國著名語言學家，他在漢語文字學、音韻學、訓詁學的研究上都作出了重要貢獻，深有功學林，沾漑後人於無窮。陳先生乃當代大儒，生前以振興中華國學為己任，十分重視國學的傳承與發展，致力於國學教育，並為此而奔走，取得了實績。現在，海峽兩岸都提倡振興國學，國學教育方興未艾，交流不斷，這正是中華民族偉大復興的必然要求，陳先生的善舉與有功焉。

　　在中國文化史上，蔑棄傳統、踐踏先賢的事數見不鮮；但總有有識之士起而矯正之，「障百川而東之，迴狂瀾於既往」，從而推動中國文化事業的大踏步跨越。這些有識之士無疑是中華民族的脊梁：盛唐時，有人嗤笑王楊盧駱等初唐四傑，杜甫起而矯正之：「爾曹身與名俱滅，不廢江河萬古流」；中唐時，有人揚杜（甫）抑李（白），韓愈起而矯正之：「李杜文章在，光艷萬丈長。不知群兒愚，那用故謗傷。蚍蜉撼大樹，可笑不自量。」這裏要特別提到的是，歷史總是驚人地相似，陳先生生前，學術界又面臨這樣的挑戰，而且更為激烈。他在學術上大公無私，以極大的學術勇氣和學術熱情，積極參與發動本世紀初的漢語音韻學國際學術大討論，捍衛偉大傳統和中華民族先賢的豐功偉績；為端正國際範圍內的中國語言學學術方向、發揚實事求是的優良學風作出了巨大貢獻，產生重大國際學術影響，厥功至偉，澤被後人，必將永載中華民族學術史冊。

　　我很早就讀到陳先生的音韻學論著，深受教育，心生景慕之情，每懷「碌碌盆盎中，見此古罍洗」之歎。一九九八年在長春召開的漢語音韻學會議上，我第一次見到陳先生。會議結束後，先生與我們一起游長白山，有了更多的接觸，我感到陳先生古道熱腸，有正義感，對中國文化傳統充滿了愛。隨後，多次在大陸召開的音韻學會、訓詁學會上見到陳先生，因而也不斷地「側聞長者之遺風」，他的學術甘露總是潛移默化地浸潤著我。

　　陳先生生前酷愛蘇軾的詩詞，曾遍和《東坡樂府》，留下佳話。這大概是他和蘇軾有同樣的豪邁、灑脫有關吧。蘇軾曾經因烏臺詩案，被貶到我的家鄉黃州作團練副使四年，這四年對他的人生產生了重大影響。東坡，本是黃州城東邊的山坡，蘇軾曾在此開荒種地。蘇軾的名字跟「東坡」聯繫起來，就是從黃州開始的。我很小的時候，就讀到蘇軾的作品，尤其喜歡蘇子在黃州寫下的那些膾炙人口的作品，心嚮往之。讀陳先生和蘇之作，一種特別的親切感總是油然而生。

　　陳先生離開我們已經兩年了，歎人琴俱亡，我不禁悲從中來，「悟彼下泉人，喟然傷心肝」。今值先生八十冥誕，應姚榮松教授之邀，特撰此文以表達我的深切懷念之情。

一

　　本文所說的反語，是在漢代反切的基礎上形成的一種隱語，它用兩個字先正切，再倒切，成為另外兩個字。依次將這兩個字組合在一起，就成為一個詞語或句子。例如

《太平廣記》卷一六三「魏叔麟」（出自《朝野僉載》）條：

> 唐魏僕射子名叔麟。識者曰：「叔麟反語身戮也。」後果被羅織而殺之。

《廣韻》「叔」是式竹切，書母屋韻合口三等；「麟」是力珍切，來母真韻合口三等。「叔麟」切出來的是「身申伸紳」等字，這裏取「身」字；「麟叔」切出來的是「戮陸稑勠」等字，這裏取「戮」字。將兩字合起來，就是「身戮」。

南北朝時期，反語頗盛行。《北史》〈徐之才傳〉：

> （徐）之才聰辯強識，有兼人之敏。尤好劇談體語，公私言聚，多相嘲戲。

其中的體語就是反語。反語是語言運用的問題，它的規律值得探討。

二

反語來自反切。反切是古代的一種注音方法，根據章太炎《國故論衡》〈音理論〉考證，東漢應劭時已有反切。反切的出現可能跟梵文在中國的傳播有關，但無法坐實。同時也跟以前的合音詞的構詞方式有關，例如先秦已有「之乎」或「之於」合音為「諸」、漢代已有「不可」合音為「叵」之例，但這是產生新詞的方式之一，不是語文教學中的注音方法。

真正的反切是東漢的某一個時間出現的。到漢末孫炎，他的《爾雅音義》，全面利用反切給《爾雅》的一些疑難詞語注音，表明他對反切的瞭解有過人之處。今天見錯到的最早的反語，可能是三國時期的。《三國志》〈吳書〉〈諸葛恪傳〉：

> 先是，童謠曰：「諸葛恪，蘆葦單衣篾鉤落，於何相求成子閣。」成子閣者，反語石子岡也。建業南有長陵，名曰石子岡，葬者依焉。（按：中華書局點校本「閣」訛作「閤」。「成閤」無法切出「石」字）

《晉書》〈五行志中〉記載文字略有不同：

> 吳孫亮初，童謠曰：「吁汝恪，何若若，蘆葦單衣篾鉤絡，於何相求常子閣。」常子閣者，反語石子堈也……及諸葛恪死……投之石子堈。後聽恪故吏收斂，求之此堈云。

就反語本身說，最大的不同是《三國志》的「成」，《晉書》作「常」。成，禪母清韻開三；「常」，禪母陽韻開三。「成（常）閣」切出來的是「石」，「石」屬禪母昔韻開三。這裏反切上字「成（常）」取聲母和介音，因為「閣」是見母鐸韻開一，沒有三等介

音。依理，「閣成」在通語音系中無法切出「岡」字，所以《晉書》寫作「常」。寫作「常」時，「閣常」的「常」三等介音也要去掉，才能切出「岡」字。就當時的南方方言來說，「岡」和「成」的韻母讀音可能很近，所以可以拿「成」作「岡」的切下字。這是童謠中的反語，目的是講讖緯；不是嚴格意義的注音方法反切，所以可以取其讀音近似。但是這則材料無疑可以證明三國時期反語已經流行了，它的時間是在反切這種注音方法出現之後。

南北朝之後，不但反切和韻書流行，作為隱語之一種的反語也相當盛行。我們今天所見到的古代反語資料，主要是南北朝至隋唐時期的，北方和南方都有。後代漢語中的反切式秘密語，有「切口、反切語」等叫名，五花八門，南北都有，可能都是古代的反語發展來的。

三

漢末至隋唐，留下來的反語資料不少。清李鄴《切韻攷》卷一《集說‧南北朝反語》搜集了南北朝的大量反語。近人劉盼遂先生曾撰〈六朝唐代反語考〉一文，共搜得漢末至隋唐反語三十三例，大多可信。只有引自《晉書》〈五行志〉「詩妖」應該不算反語：

> 桓石民為荊州，鎮上明，百姓忽歌曰「黃曇子」。曲中又曰：「黃曇英，揚州大佛來上明。」頃之而桓石民死，王忱為荊州。黃曇子乃是王忱字也。忱小字佛大，是「大佛來上明也」。

劉先生以為「曇黃」切音為王，「黃曇」切音為忱。故「黃曇」即王忱之反語。

今按：「曇」《廣韻》徒含切，《集韻》徒南切，都是定母字，不是匣母或喻三的字。「曇黃」切不出「王」字，「黃曇」切不出「忱」字。這則材料不應看作反語。《晉書》說「黃曇子乃是王忱字也」，「黃曇英」本來就含有王忱成為人傑的意思。除了這則材料可商，其餘的三十二則材料都涉及反語，不算少。

有兩則反語材料的分析還可以改進：

（一）第三則是《太平廣記》卷四七三「施子然」條，其中有：「僕姓盧，名鉤，家在粽溪邊，臨水。」這裏「盧鉤」和「粽溪」是兩個反語，所以下文說：「近日客盧鉤，反音則螻蛄也；家在粽溪，即西坎也。」但劉先生只分析了「盧鉤」，沒有分析「粽溪」。《廣韻》中，「粽」是作弄切，即粽子的「粽」。這個「粽」當然無法分析出「西坎」二字。「粽」顯然是「㮈」的訛字，今傳《太平廣記》已訛。《廣韻》桑感切：「㮈，蜜藏木瓜。」「㮈溪」切出來是「西」，「溪㮈」切出來是「坎」。

（二）第三十三則是魏泰《東軒筆錄》卷十一「孫覺孫洙同在三館」條：「顧臨字

子敦，同為館職。為人偉儀幹而好談兵。（劉）放目為『顧將軍』。而又好以反語呼之為『頓子姑』。」劉先生說，「顧敦」切音為頓，「頓顧」切音為姑，所以「顧子敦」能反語為「頓子姑」。但是「顧敦」無法切出「頓」，它切出來的只是「昆琨鯤」等字，「頓顧」也無法切出「姑」，它切出來的只是「妒蠹」等字。此例反語之謎何在，存疑。

四

反語的作用在於，有的能構造一個雙音詞。例如《水經注》卷四〈河水四〉「河東郡」條記載，當時的河東郡有一個叫劉墮的釀酒師，「采挹河流，醞成芳酎，懸食同枯枝之年，排于桑落之辰，故酒得其名矣」，也就是叫「桑落」之酒。桑落酒還有一個雅名，叫「索郎」，「自王公庶友牽拂相招者，每云索郎有顧」，這是因為「索郎」切出來的是「桑」，「郎索」切出來的是「落」，兩字一拼，就成了「桑落」。

更多的反語則並不夠造成一個雙音詞，而只是表達一種隱含的意思。這意思有時是不便明說，需要轉彎抹角，或者經過相當一段時間才會懂得。例如《太平廣記》卷四七三「施子然」（出自《續異記》）條載，施子然在田邊遇到了變成人形的螻蛄，他當然不知是螻蛄，這螻蛄生活在田塍西坎那兒。施子然問這個「人」的名居，螻蛄不便直接回答，就說：「僕姓盧，名鉤，家在粿溪邊，臨水。」等於用隱語告訴施子然，我是個螻蛄，生活在田塍西坎，靠近有水的地方。

有時候，反語表達的是諧趣方面的內容。例如《太平廣記》卷二五〇「鄧玄挺」（出自《啟顏錄》）條載，鄧玄挺到寺廟燒香，「見水車，以木桶相連，汲與井中」，於是借木桶調侃法師，「法師若不自踏，用如許木桶何為」？這裏關鍵是「木桶」二字，「木桶」切為「幪」，「幪」是古代的一種巾，可以用來覆頭。「桶木」切為「禿」字。「幪禿」是諷刺和尚禿頭。

有時，反語表達的寓意是迷信方面的內容，跟秦漢時的讖緯之說一脈相承。清趙翼《廿二史札記》卷十二〈六朝多以反語作讖〉：「自反切之學興，遂有以反語作讖者。」例如《南史》〈陳本紀下〉：「後主諱叔寶。或言叔寶反語為少福，亦敗亡之征云。」這裏「叔寶」切為「少」，「寶叔」切為「福」，合起來是「少福」。這種反語是相當多的，而且多言不吉利之事。也有言吉利之事的，例如《搜神記》卷十六記載，范陽盧充射獵時遇到了崔氏女。完婚三日畢，盧充回家，知道崔氏女本已亡故，與己結婚者是其鬼魂。過了四年，盧充接收到崔氏亡女給他產下的一子。後來崔氏亡女在世的親姨媽認了這個侄子，取名「溫休」，「溫休者，蓋幽婚也，其兆先彰矣」。後來溫休「遂成令器，歷郡二千石。子孫冠蓋，相承至今。其後（盧）植，字子幹，有名天下」。

五

作為一種隱語，反語的理解有時不那麼容易。要理解反語，得根據一些徵象或達成的某種結果，猜測這種隱語的涵義，其中不乏牽強附會的理解。就劉盼遂先生提供的三十三例中可知的三十一例來分析，有以下幾種情況：

（一）有的反語字面已經出具了，只要將兩字正反拼切成兩個音節，然後將這兩個音節組合成詞語或句子；根據詞語和句子的字面意思去猜測，就能理解隱含的意思。例如《宋書》〈五行志〉記載，晉武帝立清暑殿不久就死了，「清暑者反言楚聲也」，已明白告訴人們：「清暑」切出來的是「楚」，「暑清」切出來的是「聲」，合起來是「楚聲」。但「楚聲」如何解讀，又值得推敲。當時有人想到了晉武帝「少時而崩」，因此解釋「楚聲」為「哀楚之聲」；有人想得更遠，「代晉者楚，其在茲乎」？後來桓玄想取代國祚，「自號曰楚」，因此，原來的「晉聲」要變成「楚聲」。

《隋唐嘉話錄》：有過盧黃門思道者，見一胡人在坐，問此何等，答曰：「從兄浩。」反語「盧浩」音為「老胡」。這裏「盧」沒有出現，但是「從兄浩」即盧浩。「盧浩」切出來的是「老」，「浩盧」切出來的是「胡」，合起來是「老胡」。「老」是詞頭，「老胡」是稱呼胡人。這個理解有一些徵象：本來是見一個胡人在座，盧思道在這個時候偏偏說出他的從兄盧浩，而此在座之人顯非盧浩，啟發人們用反語去理解，跟胡人掛鈎。

（二）有的反語理解起來很複雜，因為這種反語不單純使用兩字拼合的方式拼出詞語或句子，而是反語和其他隱語套疊起來，要理解它，就要多次運用其他隱語的格式，其中不乏臆測之詞。《太平廣記》卷二五五「安陵佐史」（出自《啟顏錄》）條載，唐安陵縣（故城在今河北吳橋縣西北）的人善於為隱語嘲弄人。有一個縣令是個缺牙，希望當地人不要嘲弄他，有一個佐史誇讚縣令說：「明府書處甚疾。」縣令很高興。過了幾個月，佐史的仇人告訴縣令說，這句話是嘲弄縣令，理由是：「書處甚疾者，是奔墨，奔墨者翻為北門，北門是缺後，缺後者翻為口穴」，因此，這句話是嘲弄縣令「無齒」。

首先，這裏反語的字面意思沒有出來，而是用了「書處甚疾」。走筆很快，含有「奔墨」的意思。這是很難令人想到的。然後將「奔墨」切為「北」，「墨奔」切為「門」，合起來是「北門」。

其次，又將「北門」作為一個詞語，根據這個詞語的涵義，想到「缺後」，古代房屋多坐北朝南，北面是後面，南面是前面。這也令人難以想到。再將「缺後」切為「口」，「後缺」切為「穴」，合起來是「口穴」，即口中牙齒缺了，因此佐史的仇家認定佐史是嘲笑縣令。

這裏到底是佐史有意通過隱語的方式嘲笑佐史，還是他的仇家羅織罪名來整佐史？

不得而知。看來，縣令是信從了仇家之言，「鞭佐史而解之」。這裏縣令之所以信從此言，是想到了「唐安陵人善嘲，邑令至者，無不爲隱語嘲之」。

再如《太平廣記》卷二五五「契綟禿」（出自《啟顏錄》）條載，唐朝長安有一個性機敏而又瘸腿的和尚，路上有一個人嘲笑他說：「法師是雲中郡。」表面上是誇獎他行爲高遠，但該和尚馬上就想到此人是辱罵他「契綟禿」，契，是嘲笑他斷腿；綟，是嘲笑他走路扭曲不正，是「捩」的諧音；禿，是嘲笑他和尚禿頂。所以和尚說：「雲中郡是天州，翻爲偷氈，是毛賊。毛賊翻爲墨槽。傍邊有曲錄鐵，翻爲『契綟禿』。」

和尚是如何斷定路人嘲笑他「契綟禿」呢？首先，「法師是雲中郡」這句話來得很突兀，當然話裏有話，和尚知道對方來者不善。「雲中郡」的「雲中」，暗含「天」；「郡」和「州」相類，因此「雲中郡」含有「天州」的意思。這是一般人很難想得到的。

其次，「天州」的反語是「偷氈」，本身並不是嚴格的反切。「天州」的「州」拼切時要去掉三等介音，才能拼出「偷」來；「州天」的「天」拼出的是「氈」。前者是越出反切常理的。若非非常敏感的人，是很難想得到的。

再次，由「偷氈」又想到「毛賊」的意思，這也頗費思量的。由「偷氈」聯想到「毛賊」以後，再將「毛賊」切爲「墨」，「賊毛」切爲「槽」合起來是「墨槽」。

在此基礎上，再由墨槽想到旁邊有「曲錄鐵」。「曲錄鐵」是指彎曲的鐵絲。這也需要有想像力才能做到。

然後，將「曲鐵」切爲「契」，「錄鐵」切爲「綟」，「鐵曲」或「鐵錄」切爲「禿」。「曲」或「錄」都是三等字，切時要將介音去掉，才能得到「禿」字。將切出來的三個字合起來，就成了「契綟禿」。

像反語中的話外之話，已經超出了言外之意的範圍，不是單純靠邏輯推理能夠求得的，更多的是要憑想像來進行，但也反映出反語在當時相當流行。有人能作出反語，又有人偏能理解它，這是很值得研究的問題。

六

反語的重要價值還表現在漢語語音史上。下面檢出一些在聲母和韻母方面有特色的語音現象作討論。

（一）聲母方面

上古時期，精組和莊組是兩類不同的聲母，兩組讀音相近。直到漢末，前人注音仍反映兩組聲母有別。例如《爾雅》〈釋樂〉「大笙謂之巢」《釋文》：「巢，孫、顧並仕交、莊交二反，孫又徂交反。」可見漢末孫炎所持音系中「仕、莊、徂」是不同的聲

母,也就是崇、莊、從聲母不同,它們都拼二等韻母。特別值得注意的是,這裏從母的「徂」拼二等韻母,跟《廣韻》不同。很有可能,精組原來是可以拼二等韻母的。至晚到了晉宋時期,至少有南方方言清母和初母字相混。《廣韻》「清」七情切,清母清韻開三;「暑」舒呂切,書母語韻開三;「楚」創舉切,初母語韻開三;「聲」書盈切,書母清韻開三。《宋書》〈五行志〉說到晉宋時期「清暑」可以切為「楚」,反映了當時南朝清母和初母相混。

漢語輕重唇分化的時間和地域是個很值得研究的問題。可能起先,當雙唇音後面跟上 ĭu 時,由於發音順口的關係,不自覺地讀成了唇齒音。但是當-ĭ-在唇音聲母消失時,可以肯定輕唇音產生了。不然的話,「蓬:馮」「逋:膚」「半:販」等就成了同音字,後代無法按未分化之前的一三等韻分化為輕重唇。材料顯示,南北朝至隋,漢語輕重唇還沒有分化。北齊(550-577)輕重唇不分。《廣韻》「武」文甫切,微母麌韻合三;「平」符兵切,並母庚韻開三,「明」武兵切,明母庚韻開三;「輔」扶雨切,奉母麌韻合三。《北史》〈劉逖傳〉說到「武平」可以切為「明」,「平武」可以切為「輔」,說明北齊輕重唇還沒有分化。陳朝(557-589)也是如此。《廣韻》「叔」式竹切,書母屋韻合三;「寶」博抱切,幫母晧韻開一,「少」書沼切,書母小韻開三;「福」方六切,非母屋韻合三。《南史》〈陳本紀下〉說到陳叔寶,「寶叔」可以切為「福」,說明至晚陳朝(也許至隋,因為「叔寶」名字之不吉利,真正的應驗實在隋)輕重唇還沒有分化。這跟《切韻》音系是一致的。

唐德宗建中(780-783)末年,淮、泗間的方言全濁聲母開始清音化。《廣韻》「侵」七林切,清母侵韻開三;「訐」居竭切,見母月韻開三,「金」居吟切,見母侵韻開三;「截」昨結切,從母屑韻開四。《太平廣記》卷三七一「獨孤彥」(出自《宣室志》)條說到「侵訐」可以切為「截」,說明至晚唐德宗建中(780-783)末年已有方言(淮、泗間)全濁聲母混入清聲母,至少在入聲韻中如此,但讀成了送氣音,這跟共同語不同。

(二)韻母方面

三國時期(220-265)吳地方言唐韻字和清韻字音值相近。《廣韻》「成」是征切,禪母清韻開三;「閣」古落切,見母鐸韻開一,「石」常隻切,禪母昔韻開三;「岡」古郎切,見母唐韻開一。《三國志》〈吳書〉〈諸葛恪傳〉說到「閣成」可以切為「岡」,說明三國吳地唐、清二韻主元音相近。《晉書》〈五行志中〉「成」作「常」,可能是記音的不同,《三國志》的「成」可能來自吳地人的記音,《晉書》則來自其他地方人的記音,但不可否認《三國志》的記載。吳地梗攝字讀低母音,日譯吳音即是,李香《日譯吳音的讀音層次與六朝南音》中說,庚耕清青四韻在吳音中的音形「較為統一,除了三四等

（庚三、青、青）有少數字有-ei 型音形之外（青韻『刑』字爲-eŋ型），幾乎全部都是-aŋ型」。

尤幽韻至晚在東晉時期（317-420）就有方言相混。兩個韻都是三等。至晚晉代就有合併的例子。《廣韻》「溫」烏渾切，影母魂韻合一；「休」許尤切，曉母尤韻開三，「幽」於虯切，影母幽韻開三；「婚」忽昆切，曉母魂韻合一。《搜神記》卷十六「溫休」切出來的是「幽」。這反映出尤幽混併。這則材料據說是盧植（139-192）的祖先盧充幽婚的事，當然是無稽之談。但既然見於《搜神記》，則至晚東晉時期，就有方言尤幽混併。

劉宋時期（420-479），南方元韻和魂韻主元音讀音相同。《廣韻》「袁」雨元切，雲母元韻合三；「憫」眉殞切，明母軫韻合三，「殞」於敏切，雲母軫韻合三；「門」莫奔切，明母魂韻合一。《南史》〈袁粲傳〉說到「憫袁」可以切爲「門」，說明至晚劉宋時期元韻和魂韻主元音和韻尾同。

北齊灰咍混併。《廣韻》「蓬」薄紅切，並母東韻合一；「萊」落哀切，來母咍韻開一，「裴」薄回切，並母灰韻合一；「聾」盧紅切，曉母東韻合一。《太平廣記》卷二四七「邢子才」（出自《譚藪》）條說到北齊裴襄患耳，「蓬萊」可以切爲「裴」，說明至晚北齊時期灰咍混併。

南北朝至唐代-ɹ-（及其後身-i-）介音發音輕而短，只表示複韻母發音的起點，很快就滑向了其他元音。所以《南史》〈袁粲傳〉說到「憫袁」可以切爲「門」，「袁」字的-ɹ-介音不算。在唐代的反語中，有時候反切下字的-ɹ-介音（也可能已經變成了-i-）也可以忽略不計，例如上文所舉《太平廣記》卷二五五「契緩禿」條「天州」切爲「偷」；「鐵曲」或「鐵籙」切爲「禿」時，由於「曲」或「籙」都是三等字，切時也要將-ɹ-介音去掉，才能得到「禿」字。這都說明反切下字有時可以不管-ɹ-介音。

唐代入聲的-p、-t、-k 尾還完好地保留著。唐代宗大曆（766-779）中，「珍藥」反語近似「張鎰」。《廣韻》「珍」陟鄰切，知母真韻開三；「藥」以灼切，餘母藥韻開三，「張」陟良切，知母陽韻開三；「鎰」夷質切，餘母質韻開三。《太平廣記》卷二七八「張鎰」（出自《集異記》）條說到「珍藥」可以切爲「張」，「藥珍」可以切爲「鎰」，這當然是取其音近，「藥」-k 尾，「張」-ŋ尾，二者韻尾相配；「珍」-n 尾，「鎰」-t 尾，二者也是韻尾相配。這說明至晚唐代宗時期「藥」的-k 尾、「鎰」的-t 尾還保留著，不然就跟「張」和「珍」不能構成反語。

隋朝（581-618）庚清混併。《廣韻》「楊」與章切，餘母陽韻開三；「英」於驚切，影母庚韻開三，「嬴」以成切，餘母清韻開三；「映」於良切，影母陽韻開三。《隋書‧五行志上》說到「楊英」可以切爲「嬴」，說明至晚隋朝庚清開始混併。

唐代宗大曆中，侵韻和添韻音值相近。《太平廣記》卷二七八「張鎰」條說到「調任」可以切爲「甜」，這應該是音近反語，「任」侵韻，「甜」添韻，說明唐代宗時期侵

韻和添韻音值相近。

漢語三四等韻的介音何時合流？這是值得研究的問題。南北朝時期，三四等主元音已有合流，但區別在介音上。例如根據《切韻》原注，李季節、杜台卿霽祭合併成一韻，夏侯詠、杜台卿先仙、銑獮，夏侯詠、陽休之、李季節、杜台卿霰線，李季節、夏侯詠屑薛分別合併成一韻，陽休之蕭宵合併，陽休之、李季節、夏侯詠篠小、嘯笑分別合併，李季節、杜台卿梗與迥合併，呂靜迥與靜合併，李季節錫與昔合併，呂靜、夏侯詠琰與忝合併，呂靜葉與怗合併，都只能理解為合併的韻主元音、韻尾相同，區別在介音上。這種情況有力地證明，南北朝時期，至少在一些方言中，漢語的四等韻是有-i-介音的，它們在主元音上跟三等韻相同。日譯吳音中，齊祭、蕭宵、先仙（屑薛）、青清（錫昔）、添鹽（帖葉）等都有相同的音形，有的四等字分明有-i-介音。例如「瓶」讀byaŋ，「輕」讀 kyaŋ，「錫」讀 syak；「薦」讀 sya，「頡」讀 kit；「底」讀 ti，「鷖」讀ri；等等。中古韻書中，三等是-ǐ-，四等是-i-。

到金代，三四等韻已完成合流，都是-i-。金韓道昇〈五音集韻序〉：「有吾弟韓道昭……又見韻中法古繁雜，取之體計，同聲同韻，兩處安排，一母一音，方知敢併。卻想舊時先、宣一類，移、齊同音，薛、雪相親。舉斯為例，只如山刪、獮銑、豏檻、庚耕、支脂之，本是一家，怪卦夬何分三類，開合無異，等第俱同，姓例非差，故云可併。今將幽隨尤隊，添入鹽叢，臻歸真內沉埋，嚴向凡中隱匿，覃談共往，笑嘯同居。」獮，三等；銑，四等。添，四等；鹽，三等。笑，三等；嘯，四等。先、宣一類，移、齊同音，獮銑、豏檻、添鹽、嘯笑合併，正說明三四等合流。《中原音韻》齊微部、先天部、蕭豪部、庚青部、廉纖部，都是三四等合流為[i]。在合口當中，有些部的介音[i]丟失了，因此「魁（灰）、奎（齊）」同音，基本同於現代普通話的格局。

最晚初唐，三四等已經開始合流。唐封演《聞見記》（成書於貞元四年（788））：「隋朝陸法言語顏、魏諸公定南北音，撰為《切韻》，凡一萬二千一百五十八字，以為文楷式。而『先、仙』『刪、山』之類，分為別韻，屬文之士苦其苛細。國初，許敬宗等詳議，以其韻窄，奏合而用之也。」這裏應該指刪山相混，先仙相混。先仙不僅主元音和韻尾相同，介音也相同了，所以才有「屬文之士苦其苛細」。如果介音有別，那是容易分辨的，只有先仙出現大量的同音字，才難以分辨。

唐朝的反語資料也說明當時三四等開始合流。高宗（650-683）時先仙混併，三四等混併。《廣韻》「通」他紅切，透母東韻合一；「乾」渠焉切，群母仙韻開三，「天」他前切，透母先韻開四；「窮」渠弓切，群母東韻合三。《舊唐書》〈高宗本紀〉說到高宗時「通乾」可以切為「天」，說明至晚唐高宗時期先仙混併、三四等混併。《廣韻》「州」職流切，章母尤韻開三，「偷」托侯切，透母侯韻開一；「氈」諸延切，章母仙韻開三。《太平廣記》卷二五五「契緻禿」條說到唐代京師有僧人在路上嘲笑他時，「州天」可以切為「氈」，也說明唐代先仙混併、三四等混併。

　　相應地，唐安陵縣，薛屑混併，三四等混併。《廣韻》「缺」傾雪切，溪母薛韻合三；「後」胡口切，匣母厚韻開一，「口」苦後切，溪母厚韻開一；「穴」胡決切，匣母屑韻合四。《太平廣記》卷二五〇「安陵佐史」條說到「後缺」可以切為「穴」，說明至晚唐朝某一時期薛屑混併，三四等混併。

　　德宗建中（780-783）末年，月屑混併，三四等混併。《廣韻》「侵」七林切，清母侵韻開三；「訐」居竭切，見母月韻開三，「金」居吟切，見母侵韻開三；「截」昨結切，從母屑韻開四。《太平廣記》卷三七一「獨孤彥」條說到「侵訐」可以切為「截」，說明至晚唐德宗時期月屑混併，三四等混併。

　　代宗大曆中，宵蕭混併，三四等混併。《廣韻》「任」如林切，日母侵韻開三；「調」徒聊切，定母蕭韻開四，「饒」如招切，日母宵韻開三；「甜」徒兼切，定母添韻開四。《太平廣記》卷二七八「張鎰」條說到「任調」可以切為「饒」，說明至晚唐代宗時期宵蕭混併，三四等混併。

　　中宗神龍初年（705），靜迥混併，三四等混併。《廣韻》「德」多則切，端母德韻開一；「靖」疾郢切，從母靜韻開三，「鼎」都挺切，端母迥韻開三；「賊」昨則切，從母德韻開一。《太平廣記》卷一六三「武三思」（出自《朝野僉載》）條說到「德靖」可以切為「鼎」，說明至晚唐中宗時期靜迥混併，三四等混併。

參考文獻

郭錫良　　《漢字古音手冊》（增訂本）　　北京市　商務印書館　2010年

李　香　　《日譯吳音的讀音層次與六朝南音》　　廣州市　世界圖書出版公司　2014年

劉盼遂　　《六朝唐代反語考》　載《劉盼遂文集》　北京市　北京師範大學出版社　　2002年

曲彥斌　　《中國隱語行話大辭典》　　瀋陽市　遼寧教育出版社　1995年

唐作藩　　《說直音》　載《中國語言學》第五輯　北京市　北京大學出版社　2011年

姚榮松、李添富合輯　　《陳新雄教授哀思錄》　　臺北市　文史哲出版社　2013年

章太炎　　《國故論衡》　北京市　商務印書館　2010年

關於梵漢對音

劉廣和

中國人民大學文學院退休教授

提要

本文講了梵漢對音在中國的發展史。主要講了什麼是梵漢對音，它是在什麼歷史背景下產生的，這個學科在九十年的發展當中取得哪些研究成果。重點講了梵漢對音引起的古音學的一場大辯論，評介了汪榮寶、羅常培、俞敏和其他學者的相關研究成果。

關鍵詞：音韻學、梵漢對音、汪榮寶、羅常培、俞敏

這篇文章談談梵漢對音這門學科在中國產生和發展的歷程。

什麼叫梵漢對音？

佛教從打傳入中國以後，後漢三國時期就有人做翻譯梵文佛典的工作，往後各個歷史時期大都有數量不等的漢文佛典產生。漢文佛典裏頭，對梵文的專名和咒語往往是用音譯。比方說，專名 śākyamuni 對譯釋迦牟尼，kāśyapa 對成迦葉，bodhi 譯成菩提，padma（蓮花）對為波頭摩；咒語 namo buddhāya 翻成南謨佛陀也。

拿漢字音去對譯梵文音叫梵漢對音。習慣上，把利用梵漢對音資料，通過相傳的梵文讀音來研究漢語古音，也叫作梵漢對音，它是漢語音韻學的一個分支學科。本文下邊說到的「梵漢對音」都是指研究梵漢對音資料的這門學問。

梵漢對音是在什麼歷史背景下產生的？

音韻學的傳統研究到清朝攀上一個高峰，特別是古韻分部日趨縝密。比方說，顧炎武分古韻十部，江永分平上去各十三部和入聲八部，戴震以入聲為樞紐分九類二十五部，段玉裁分古韻十七部（假定入聲獨立就是二十五部），孔廣森把東部又分為東冬兩部，王念孫讓至部獨立，章太炎從脂部裏分出隊部，黃侃以陰陽入三分古韻為二十八部，等等。

清儒做韻部分類得說是明察秋毫，可是他們的考古派對分類結果知其然而不知其所以然。比方說，段玉裁分古音支、脂、之為三部，他得意地說：「千百餘年莫之或省者，一旦理解，按諸三百篇畫然，豈非稽古大快事與？」他的老師戴震讚譽他：「至支、脂、之有別，此足下卓識，可以千古矣！」可是，段玉裁能夠分支、脂、之為三，他不知道這三部之分的所以然，不知道支、脂、之三部古音的音值。他晚年寫信給江有誥說：「能確知所以支、脂、之分為三之本源乎？何以陳隋以前支韻必獨用，千萬中不一誤乎？足下沈潛好學，當必能窺其機倪。僕老耄，倘得聞而死，豈非大幸也？」他追究問題的答案到了「朝聞道，夕死可矣」的程度，可惜，他一直沒得到答案。

清儒當中的審音派江永、戴震、孔廣森等，不見得沒猜測過某個韻部可能古時候讀某音，他們得古韻部做的分類部居就透露了這種信息，可是他們沒有清清楚楚地說過各個韻部分別讀成什麼音。比方說，戴震給自己分的九類二十五部列過一個古音聲類表，所有韻部的韻目大都用影母字標識，因為影母字的母音前頭沒有輔音，方便讀者知道他想說的韻部音值。這種辦法還是局限了他的表達效果。王力曾經根據戴震的聲類表擬測過戴震「所欲言之音值」：

	1	阿	平聲歌戈麻	o
一	2	烏	平聲魚虞模	u
	3	堊	入聲鐸	ok
二	4	膺	平聲蒸登	iŋ

二	5	噫	平聲之咍	i
	6	億	入聲職德	ik
三	7	翁	平聲東冬鐘江	uŋ
	8	謳	平聲尤侯幽	ou
	9	屋	入聲屋沃燭覺	uk
四	10	央	平聲陽唐	aŋ
	11	夭	平聲蕭宵肴豪	au
	12	約	入聲藥	ak
五	13	嬰	平聲庚耕清青	eŋ
	14	娃	平聲支佳	e
	15	戹	入聲陌麥昔錫	ek
六	16	殷	平聲真諄臻文欣魂痕	in
	17	衣	平聲脂微齊皆灰	i
	18	乙	入聲質術櫛物迄沒	it
七	19	安	平聲元寒桓刪山先仙	an
	20	靄	平聲祭泰夬廢	ai
	21	遏	入聲月曷末黠鎋屑	at
八	22	音	平聲侵鹽添	im
	23	邑	入聲緝	ip
九	24	醃	平聲覃談鹹銜嚴凡	am
	25	牒	入聲合盍葉帖業洽狎乏	ap

表裏頭右側音標符號是王力給加上的，只能算他猜測戴震所假定的讀音，咱們沒法子證實它就是戴氏要說的音值。王力擬的音，除了極個別的類裏陰陽入三聲主元音不匹配以外，還有個明顯的疑點，第五部噫部跟第十七部衣部的音值居然都是 i 音，戴氏絕不會把相同音值的字分立成不同的兩個韻部。這個例子告訴咱們，單拿漢字表示古音值會給後人帶來什麼樣的識讀困難。

顧炎武的《音學五書》〈唐韻正〉對漢字的古音做過一些音值推測，比方說，中古麻韻一部分字的上古音，他說：

瓜，古音孤。家，古音姑。誇，古音枯。

鴉，古音烏。牙，古音吾。遐，古音胡。

寡，古音古。雅，古音伍。者，古音渚。

下，古音戶。馬，古音莫補反。

他認為中古麻韻這批字韻母主母音不念 a，念 u。這個主張太可疑了，照著他的學說推想，咱們中國人的老祖宗，周朝的后稷生下來被棄之隘巷，「后稷呱矣」，不會呱[kua]呱[kua]地哭，光會[ku][ku]地叫，這說得過去嗎？

清儒研究古音所用的材料和方法，給他們的工作帶來空前的輝煌，也給他們造成了難以逾越的局限。要探索古音音值，應當尋找新材料跟新方法。

十八、十九世紀歐洲產生、發展出歷史比較語言學。英國學者 W·瓊斯發現，歐洲的拉丁語、希臘語跟亞洲的梵語之間語音上有系統的對應關係，這種系統的對應關係不屬於偶然因素，只能有一種解釋：它們共同來自已經消失的某種語言。後來的一些學者陸續在更多的語言當中發現了類似的對應現象。歷史比較語言學家利用多種語言之間的系統的語音對應關係，推測原始母語的語音形式，為研究古代語音打通了一條新路。

瑞典漢學家高本漢曾經來到中國調查漢語方言，用歷史比較法研究漢語古音的音值。他一九一四年到一九二五年寫成了《中國音韻學研究》，把《切韻》系統的語音設定為中古漢語母語音，假設漢語現代方言差不多全是從《切韻》音系演變出來的。他根據《切韻》音系框架，用三十三種方言語音資料擬測中古漢語母語的讀音，第一個描寫了中古漢語的音值。他讓音韻學除了做分類研究，又有了一個擬測音值的方法。他的研究在中國音韻學界產生了重大影響。由二十世紀二十年代起，中國學者就翻譯介紹他的研究成果。比如，林語堂翻譯了高本漢的論文《答馬斯貝囉論切韻之音》並寫了《珂羅崛倫考訂切韻韻母隋讀表》；趙元任、羅常培、李方桂經過五年的努力，一九三五年翻譯完了《中國音韻學研究》，一九四〇年初次出版。二十世紀三〇年代以後的中國音韻學著作，不論是重申高本漢意見的，還是改正他的意見的，都脫離不開他的影響。

中國音韻學的一部分研究者開始了探索漢語古音音值之旅，這個潮流就是產生梵漢對音探索的歷史背景。

下邊說說梵漢對音學科的發展歷程。

在中國第一個站出來提倡研究梵漢對音的學者是時任北京大學教授的鋼和泰，他寫了《音譯梵書和中國古音》，胡適翻譯的，發表在北京大學《國學季刊》一九二三年第一期。鋼和泰說，研究各時代的漢字如何讀法，有三種重要的材料，其中一種是外國字在中國文裏的譯音；在外國字的漢字譯音之中，最應該特別注意的是梵文咒語的漢字譯音。他說：「釋迦牟尼以前，印度早已把念咒看得很重要；古代的傳說以為這種聖咒若不正確的念誦，念咒的人不但不能受福，還要得禍。梵文是諸天的語言，發音若不正確，天神便要發怒，怪念誦的人侮蔑這神聖的語言。這個古代的迷信，後來也影響到佛教徒，所以我們讀這些漢文音譯的咒語，可以相信當日譯音選字必定是很慎重的。因為咒語的功效不在它的意義，而在它的音讀，所以譯咒的要點在於嚴格的選擇最相當的字音。」他拿宋朝初年法天和尚給佛經咒語和誦詩的少量對音資料舉例，跟高本漢擬測的《切韻》音、現代寧波音、北京音對照，說明梵咒譯音的參考價值。

在中國第一個取得梵漢對音實際成績的學者是汪榮寶。他寫了〈歌戈魚虞模古讀考〉，發表在北京大學《國學季刊》一九二三年第二期。他的結論是：「唐宋以上，凡歌戈韻之字皆讀 a 音，不讀 o 音；魏晉以上，凡魚虞模之字亦皆讀 a 音，不讀 u 音或 ü 音也。」證明唐宋以上歌戈韻字都讀 a 音，一共有六十六個梵漢對音例證，比方說：

梵音	詞義	對音漢字
agada	滅毒之藥	阿伽陀
anuttara	無上	阿耨多羅
pāramita	到彼岸	波羅蜜多
gandhāra	北印度國名	健馱羅
bodhisattva	成佛前最後位階	菩提薩埵
brahman	最高種姓	婆羅門
rakṣasa	惡魔	羅剎
stūpa	塔	窣堵波

六十六個漢字譯音詞裏頭，屬於歌戈韻的譯音字有二十一個，是阿迦柯伽多埵陀馱那波簸婆娑魔摩磨羅邏娑莎訶。他說：「今惟阿迦伽那四字有讀 a 音者，餘皆讀 o；而古概用以諧 a。」證明魏晉以上凡魚虞模韻字也讀 a 音而不讀 u 音，他從正反兩個方面論證的。正面論述是，梵詞裏頭的 a 音，魏晉以上多用魚虞模韻字對音，宋齊以後改用歌戈韻字對譯。比如：

梵音	魏晉以上對音	宋齊以後對音
buddha	浮圖	佛陀
caṇḍala	旃荼羅	旃陀羅
upāsaka	伊蒲塞	優婆塞
piṇḍola	賓頭盧	賓度羅

魏晉以上用魚虞模韻的圖荼蒲盧對 a 音。反面論述是，梵詞裏頭的 u 音，漢魏六朝不用魚虞模韻字而用尤侯韻字對音，後來唐朝才改用魚虞模韻字對音，比如：

梵音	漢魏六朝	唐朝
kuru	鳩樓	拘盧
tuṣita	兜率陀	覩史多
stupa	數鬥波	窣堵波
sindu	辛頭	信度

sumeru	須彌婁	蘇迷盧
śudra	首陀羅	戍陀羅

梵文裏頭的 u 音，漢魏六朝用中古尤侯韻字鳩樓兜鬥頭婁首等對音，須字雖說《切韻》音在虞韻，上古應當在侯部；這些梵詞裏頭的 u 音，到唐朝改成魚虞模韻的拘盧覩度蘇盧戍等。

顧炎武主張古音「家」讀如「姑」、「瓜」讀如「孤」，江永、段玉裁以下諸君子附和，清朝三百年來，此說就像金科玉律。汪榮寶說：「讀姑如家，讀孤如瓜……與亭林諸人所想像者正相反也。」

汪榮寶的文章立時引起中國音韻學界的一場大辯論。對他的考證，贊成者有錢玄同、林語堂、李思純、唐鉞，反對者有章太炎、徐震。

反對者的學說可以用章太炎的觀點作代表。他在〈與汪旭初論阿字長短書〉裏主要說了兩個問題。一、他跟印度學者學的梵文音，「有阿字長音，無阿字短音，故於此不能分別也」。二、古音「歌戈必為阿字短音……歌戈部字音稍斂則近於支，今京師呼哥可何河等字……再斂則遂入支，唐韻支部所采皮施奇儀匜離吹為等字是也……若本阿字長音，雖曼音轉移，無由有此轉變，此音理之自然。」

章太炎說的第一點，是說梵文長 ā 念 a 音，短 a 不念 a 音。短 a 念什麼？林語堂〈再論歌戈魚虞模古讀考〉認為，章氏說短 a 念短 ö，像北京歌字音略加圓唇。咱們可以肯定的是，章太炎說他學的梵文音長 ā 念 a，短 a 不念 a，沒有念長音的 ā 跟念短音的 a 之間的對立。汪榮寶的〈論阿字長短音答太炎〉拿六朝和唐代幾位譯經師的悉曇字母對音表證明，譯經師跟可以區別梵文的 i 和 ī、u 和 ū 一樣，也能分別 a 和 ā。請看下面的表[1]：

	a	ā	i	ī	u	ū
曇無讖譯大般涅槃經	噁	阿	億	伊	鬱	憂
僧伽婆羅譯師利問經	阿	長阿	伊	長伊	憂	長憂
不空譯文殊問經	阿上	阿引去	伊上	伊引去	塢上	汙引
不空譯金剛頂經	阿上	阿引去	伊上	伊引去	塢	汙引
玄應大般涅槃經音義	哀	阿	壹	伊	塢	烏
慧琳大般涅槃經音義	㙊阿可反	啊阿個反去聲	瞖伊以反伊上	縊伊異反伊去聲	塢烏古反	汙塢固反

1　這個對音字表我做過更正修補。我核對了日本新修大正藏所收僧伽婆羅、不空、慧琳相關的譯經原文，發現汪榮寶刪了一些不該刪的字，比如僧伽婆羅的長阿、長伊、長憂的長字，不空的阿引去、伊引去、汙引的引去二字，以及慧琳對音字下頭的反切小注等，都不該刪下去。長字跟引字都表示梵文的長音，加注「上」、「去」表示照著當時漢語的上聲或者去聲讀。

疊無讖用入聲一等鐸韻噁字對 a 是利用噁字主母音 a 聽覺上的短促，跟平聲歌韻阿字對長 ā 形成對比。僧伽婆羅和不空拿阿字對 a，長阿或者阿引對 ā，清清楚楚地告訴人們，當時梵文 a 和 ā 的音色都跟漢字「阿」字元音差不多，a 和 ā 主要差的是音長不一樣。現在看起來，章太炎拿現代印度人念的 a、ā 音色不同推論古代梵文音，犯了以今律古的錯誤。

章太炎說的第二點是上古音歌部跟支部的音讀關係。比方說，皮、離、施、義、奇、宜、為等字，中古音屬於支韻系，可是上古的時候，以它們為聲符的字基本上是跟歌部字押韻，換句話說，它們上古屬於歌部，中古才轉入支韻系。這麼說來，上古歌部跟支部的讀音該是很接近。這是研究上古音的一些學者的共識，由段玉裁把支部字排在第十六部，把歌部字排在第十七部，讓它倆個挨著，可以算個證據。章氏認為，假定歌部上古音是 a，皮離這一批字就不能轉入支韻系變成 i。林語堂的〈再論歌戈魚虞模古讀考〉回答了章太炎的質疑，他認為上古歌部讀 a，支部讀 ia，支部這個齊齒呼的 ia 可以逐步演變成 ie，再變成 i，這就是支韻打周秦到隋唐變遷的歷史。

贊成汪榮寶的學者也有提修正意見的，主要是討論魚虞模的讀音。《詩經》押韻的情況是魚部字跟歌部字畫然有別，它們不應當讀音相同。錢玄同的〈歌戈魚虞模古讀考附記〉提出來，西周春秋時期歌戈字讀 a，魚虞模字讀 o。林語堂的〈讀汪榮寶歌戈魚虞模古讀考書後〉說，假定漢魏時期歌部跟魚部讀音完全相同，以後它們怎麼分化出不同的讀音呢？林氏根據周秦漢魏時期魚部常跟尤幽蕭肴部相轉變，假定魚部普通為開 o[ɔ]，有時候受前音的影響或者因為方音不同變成合 o[o]。

汪榮寶的文章和這場大辯論顯示了新材料、新方法在古音研究上的長處，為音韻研究開闢了一條新路。由具體成果來說，推翻了清代流行的「家，古音姑」的學說，汪、錢、林三位擬測的歌部、魚部古音對後來學者的研究產生了很大影響，比方說，王力的《漢語史稿》上冊擬測上古音，歌部主元音是 a，魚部主元音是 ɑ；他的《漢語語音史》擬測漢朝音，歌部主元音是 ɑ，魚部主元音是 ɔ。

頭一個用梵漢對音研究漢語古代聲母的是羅常培。一九三一年他發表了〈知徹澄娘音值考〉，初衷是研究《守溫韻學殘卷》上頭說的「端透定泥是舌頭音，知徹澄日是舌上音」，追究知、徹、澄三母晚唐時候的讀音；結論是知、徹、澄三母跟梵文舌音 ṭ、ṭh、ḍ 相當，讀成舌尖後塞音[ṭ]、[ṭʻ]、[ḍ]或者[ḍʻ]。他從梵漢對音、藏譯梵音、現代方音、韻圖排列幾個方面證明，其中梵漢對音的份量最重。梵漢對音資料有兩類，一類是梵文字母的譯音，包括《圓明字輪》舌音五母的譯音和四十九根本字舌音五母的譯音；另一類是佛典裏名詞的譯音。材料表明，基本上是知母對 ṭ、徹母對 ṭh、澄母對 ḍ 和 ḍh。他搜集了一百五十五個含有舌音的梵名，對音情況如下：

ʈ 對音51個：知母45　澄母4　定母1　穿母1

ʈʰ 對音11個：徹母7　知母3　透母1

ɖ 對音36個：澄母31　定母5

ɖʰ 對音4個：澄母3　徹母1

ɳ 對音53個：娘母40　泥母10　日母3

高本漢的《中國音韻學研究》提出來中古舌上音知念[ʈ]、徹念[ʈ']、澄念[ɖ']，羅常培主張知念[t]、徹念[t']、澄念[ɖ]或者[ɖ']，這兩種學說在音韻學界都有相當大的影響。李方桂的《上古音研究》贊成羅常培的擬音，指出高本漢的擬音存在問題，他列舉高本漢給知組和照組的擬音：

	二等和三等
知	ʈ
徹	ʈ'
澄	ɖ'

	二等	三等
照	tʂ	tɕ
穿	tʂ'	tɕ'
床	dʐ'	dʑ'

然後說：「依高本漢的學說，知徹澄娘跟照二穿二床二審二都是從上古的舌尖前音，受二等韻母的影響變來的，我們找不出適當的理由去解釋為什麼二等韻對於一種舌尖前音使它變成舌面前音如知徹澄等，對於另一種舌尖前音使它變成舌尖後音如照二穿二床二審二等。這種不同的演變在音理上也不易說明。」

第一個用梵漢對音研究古代一個歷史時期漢語古音系統的是俞敏老師。二十世紀七十年代他的《後漢三國梵漢對音譜》探索了這個時期漢語聲母和韻母的音值、去聲和平聲的高低特點。他的研究成果再一次顯示出這種新材料、新方法的優點。比方說，漢朝漢語聲母研究單依靠傳統的材料、方法就陷入困境。請看王力的《漢語語音史》，他構擬了歷代語音的音值，包括先秦、漢代、魏晉南北朝、隋——中唐、晚唐五代、宋代、元代、明清、現代的音系，各代的聲母和韻部基本都有擬音，唯獨漢代缺少聲母擬音。他說：「可以假定，漢代聲母和先秦聲母一樣，或者說變化不大。」還說：「關於漢代的聲母，我們沒有足夠的材料可供考證，這裏缺而不論。」他這麼處理正反映了作為大家的嚴謹學風。俞敏老師用梵漢對音求出後漢三國的大部分聲母，彌補了缺憾。下面列出這個聲母表，推論它有而沒經證明的，加（　）。

k 見	kh 溪	g 群匣1	ṅ 疑
t 端	th 透	d 定	n 泥
p 幫	ph 滂	b 並	m 明
(ts)精	(tsh)清	(dz)從	
tṣ 莊	tṣh 初	(ḍẓ)床	
y 喻四		l 來	v 匣2
ś 審	ṣ 山	s 心	h 曉

由這個表能看出來，聲母沒有複輔音，古無輕唇音，古無舌上音，匣母一分為二，喻四獨立而念 j，漢末的漢話沒有 c 組塞擦音。

以前，音韻學界對梵漢對音的關注不夠，〈後漢三國梵漢對音譜〉發表以後，逐漸引起越來越多的學者關注；俞老師還培養了一些學生，他的學生陸續發表了多篇論文，推動了這個學科的發展。他為梵漢對音學科的建立和發展做出了不可磨滅的貢獻。

二十世紀七〇年代末俞敏師招收了第一批研究生，開的課程有一門講梵語和梵漢對音，受業者有謝紀鋒、劉廣和、施向東、聶鴻音，同時還有嚴學宭的學生尉遲治平旁聽，他們從八十年代初開始，陸續發表一批相關論文。俞先生晚年招收儲泰松、張福平等讀研究生，他們從九十年代開始發表相關論文。

最先發表相關論文的是尉遲治平，他陸續發表了〈周隋長安音初探〉、〈周隋長安音再探〉、〈論隋唐長安音和洛陽音的聲母系統〉、〈論「五種不翻」——梵漢對音語料的甄別〉、〈對音還原法發凡〉、〈論梵文「五五字」譯音和唐代漢語聲調〉、〈梵文「五五字」譯音和玄應音的聲調〉（與朱煒合寫）。

劉廣和發表的相關論文最多，有〈梵漢對音〉、〈西晉譯經對音的晉語聲母系統〉、〈西晉譯經對音的晉語韻母系統〉、〈東晉譯經對音的晉語聲母系統〉、〈東晉譯經對音的晉語韻母系統〉、〈南朝宋齊譯經對音的漢語音系初探〉、〈南朝梁語聲母系統初探〉、〈南朝梁語韻母系統初探〉、〈唐代八世紀長安音聲紐〉、〈唐代八世紀長安音的韻系和聲調〉、〈試論唐代長安音重紐〉、〈唐代不空和尚梵漢對音字譜〉、〈《大孔雀明王經》咒語義淨跟不空譯音的比較研究——唐代中國北部方音分歧初探〉、〈《佛頂尊勝陀羅尼經》大正藏九種對音本比較研究——唐朝中國北部方音分歧再探〉、〈元朝指空沙囉巴梵漢對音初探〉、〈〈圓明字輪四十二字諸經譯文異同表〉梵漢對音考訂〉、〈介音問題的梵漢對音研究〉。

施向東的相關論文有〈鳩摩羅什譯經與後秦長安音〉、〈十六國時代譯經中的梵漢對音〉、〈北朝譯經反映的北方共同漢語音系〉、〈玄奘譯著中的梵漢對音研究〉、〈梵漢對音與古漢語的語流音變問題〉。

聶鴻音的相關論文有〈慧琳譯音研究〉、〈番漢對音簡論〉、〈番漢對音和上古漢

語〉、〈梵文 jña 的讀音〉、〈波羅密多還是波羅蜜多〉。

　　儲泰松的相關論文有〈施護譯音研究〉、〈鳩摩羅什譯音研究（聲母部分）〉、〈鳩摩羅什譯音的韻母研究〉、〈梵漢對音概說〉、〈梵漢對音與中古音研究〉、〈梵漢對音與上古音研究〉、〈中古佛典翻譯中的吳音〉。

　　還有其他學者寫了相關論文，恕不一一列舉了。

　　這個階段的論文有些特點應該說說。頭一點，工作更加細密。有的論文專門研究某一位譯經師的對音資料，由對漢語語音的時間、空間切分上說，更細密。比如，劉廣和研究唐朝不空譯音、施向東研究唐朝玄奘譯音、聶鴻音研究唐朝慧琳譯音、儲泰松研究宋朝施護譯音，等等。次一點，有的論文有計劃、系統地對某個較長歷史時期漢語語音斷代史，做了時間、空間上細密切分研究。比如，劉廣和設計了《兩晉南北朝語音研究》的課題，切分成西晉譯經對音、東晉譯經對音、十六國譯經對音、北朝譯經對音、南朝宋齊譯經對音、南朝梁陳譯經對音等部分，由劉廣和、施向東分工合作完成，這項研究填補了漢語語音史研究上的一段空白。

日藏《九㘯十紐圖》與《四聲五音九弄反紐圖》「九弄圖」內容之比較

丁　鋒

日本大東文化大學

摘要

日本現存《九㘯十紐圖》（唐院本）由遣唐使圓仁自唐土賷歸，與《大廣益會玉篇》所附《四聲五音九弄反紐圖》（神珙本）內容相似，關係密切。本文對兩作品共有的「九弄圖」作出系統比較分析，深入考察九弄的構成、成因及演變過程。九弄圖所展現的紐弄法是唐代音韻史的學術精髓，是等韻圖應運而生的舖墊和前奏。

關鍵詞：九弄圖、九弄、唐院本、神珙本、紐弄法

一　兩張九弄圖

（一）神珙本九弄圖

《大廣益會玉篇》（以下簡稱《玉篇》）卷末所附《四聲五音九弄反紐圖》記載了四聲和四聲紐的語音事實在齊梁時代被揭示後應運而生的紐弄法，是漢語音韻學無可替代的關鍵史料。紐弄法的精髓為「九弄圖」，《四聲五音九弄反紐圖》中有關內容細分有三。

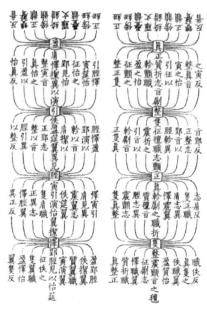

一是神珙序言。文曰「又列二個方圖者，即是九弄之圖。圖中取一字為頭，橫列為圖。首目題傍正之文以別之。」涉及紐弄重要性及九弄名稱，則曰「夫欲反字，先須紐弄為初，一弄不調則宮商靡次。」「傍紐者皆是雙聲，正在一紐之中，傍出四聲之外，傍正之目自此而分清濁也。」

二是九弄圖。兩方圖最上部自內向外分別倒書「正紐、傍紐、疊韻、羅文、綺錯、傍韻、正韻、雙聲、反音」字樣，為「首目題傍正之文」，即「九弄」名稱。圖一為影宋澤存堂本九弄圖。

三是羅文反樣。影宋澤存堂本漏收[1]，元代圓沙書院延祐二年（1203）重刻《玉篇》，編入卷前「玉篇廣韻指南」中的《四聲五音九弄反紐圖》包含「羅文反樣」一項。神珙本八韻系三十二紐弄字

圖一　澤存堂本九弄圖

為「征整正隻、真軫震質、氈顫折、之旨志職；盈郢脛懌、寅引胤佚、筵演見擦、怡以異翼」，呈章以二母各四紐（韻系）分佈[2]。

岡井慎吾《玉篇の研究》（1933）考證日本皇居圖書寮（現書陵部）所藏宋本早於澤存堂本[3]。圖書寮本所收羅文反樣與元刊本一致，其九弄圖與澤存堂本文字多有不同，見圖二（岡井，1933，頁246）。

《四聲五音九弄反紐圖》因有神珙序文，稱為神珙本，與後述唐院本[4]相區別。

1　同為宋本源流的《棟亭五種》本收有「羅文反樣」。

2　以母下「脛見」三字屬匣母。

3　圖書寮本版式與澤存堂本相似，內容多異，岡井氏斷定圖書寮本為澤存堂本所據覆刻之古本。

4　日本鎌倉時代信範《調聲要決抄》（1283）指出「九哢圖有二本，一慈覺大師請來，出唐院經藏；一沙門神珙所撰，列《玉篇》卷奧」，宥朔（1627）始逕稱神珙本、唐院本，後世沿稱。慈覺大師為圓仁諡號。

（二）唐院本九弄圖

　　日本現存另一種九弄圖，收在遣唐使圓仁（794-864）於大中元年（847）自唐土賫歸的《九唪十紐圖》中，文獻時代比《玉篇》（1013）早一百六十多年。該本因藏於唐院經藏內，故稱唐院本。唐院本的多種歷代鈔本現存東寺金剛藏、比叡山南溪藏等京都寺廟裡，其完整內容轉錄於江戶時代京都學者宥朔的《韻鏡開奩》（1627）第六卷中[5]。

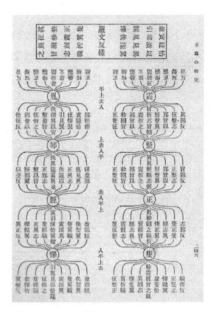

圖二　書陵部本九弄圖

　　《九唪十紐圖》為一張整圖，包含總圖、別圖、別中別圖、總別和合圖、元和新聲韻譜、辨五音法等七個部分。「九弄」即「九唪」，圖中與「九弄」有關的內容亦有三。

　　一是「元和新聲韻譜」。其內容相當於神珙本序文，全文如下，涉及九弄的部份下加波線：

　　夫五音遞奏宮商之韻無差；四聲既陳平上之支秀異。為文必先析句，求句乃紐弄為初。一弄不調則宮商靡次，至於風雷鐘鼓萬籟俱吟，亦不逾於四聲者矣。四聲之體與天地而齊生，自古未彰良有已矣。只如天地生於混沌不同混沌之初；君子生於嬰兒豈同嬰兒之辨？蓋文質有異，今古殊焉。昔有梁朝沈約創著九弄之文，巨唐復有睢陽竇公又撰《元和勻譜》。文約義廣，理奧詞懂；成韻切之樞機，亦詩人之鉗鍵者也。《譜》曰平聲哀而安，上聲勵而舉，去聲清而遠，入聲直而促。傍紐正紐皆謂雙聲，正在一紐之中，傍出四聲之外。傍正之目自此有分；清濁之流因茲別派。達者一言斯悟不足沉吟；迷者再約猶疑頌於鄙履。賦云，欲求直義，必也正名。五音此諧，九弄斯成。籠唇則言音盡濁[6]，開齒則語氣俱輕。常以濁而還濁，將清而反清。且夫直反看三倒翻成四，兩枚疊勻之文，二個雙聲之義。上正則轉氣含和，下調則切著流利。直讀張著而雙出，倒翻略良而成四。張良著略二疊韻之文，張著良略兩雙聲之義。字字無非此切，不假外求；言言盡得韻名，無頌別覓。復有羅文綺錯十紐交加，更遞為頭互為主伴。循環研兩敷蔓帶牽，若網在綱在條靡紊。又此圖中借四字，珍上連去知離入則刡輾陟力，是珍

5　其詳細內容見拙文：〈日藏《九唪十紐圖》及日本歷代相關研究〉（2014年）。

6　「濁」疑為「重」之誤，以與「輕」對應。

上連去有聲無字，知离入聲字俱無。諸關聲、或有關字或俱不關，具如勻譜、談花、考聲等說詳之，可見也。<u>每圖皆以朱書字為母，遍歷下行，一呼謂之一弄。乃至平上四聲，通紐立雙，且假三十二圖，一一皆耳也。</u>

唐院本序文與神琪本同異互見，有某種傳承關係，然九弄說辭旨趣多異。

二是別圖。別圖以四頁篇幅展示「張長帳著、良兩亮略」、「珍侗鎮窒、鄰嶙悋栗」、「遭展驦哲、連輦輾列」、「知徵智陟、离邇罿力」八紐（知母來母各四[7]）四組三十二字的九弄關係。配置上左右兩邊依次為「遭連」「知离」兩組和「張良」「珍鄰」兩組。最前面的「張良、長兩」九弄圖見圖三。其中「張」字圖內容為「張鎮窒哲智徵展是綺錯」、「張侗驦陟是羅文」、「張長乃至張陟是雙聲」、「張珍遭知是傍紐」、「張長帳著是正紐」、「張良乃至陟力是正勻」、「張兩乃至張力是傍勻」、「張良長兩兩長良張是疊勻」、「張，長良是反切」，同組「良」與其他十五組三十紐弄字內容類推。

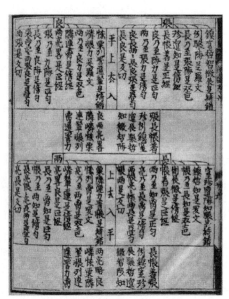

圖三　唐院本別圖

別圖的內容即《元和新聲韻譜》所言「每圖皆以朱書字為母，遍歷下行，一呼謂之一弄。乃至平上四聲，通紐立雙，且假三十二圖，一一皆耳也。」只是宥朔轉錄並不用「朱書字」來區別「為母」的紐弄字。

三是別中別圖，見圖四。圓圖以紐弄字「張」為例，將「張」字置於圓心，輻射狀顯示九弄次第及其字數[8]，其九弄表述如下[9]：

（1）張長帳著，正紐不過四字是第一；

（2）張珍遭知，傍紐不過四字是第二；

（3）張長乃至張陟，雙聲不過十五字是第三；

（4）張侗驦陟，羅文不過四字是第四；

（5）張鎮窒哲智徵展，綺錯不過七字是第五；

（6）張良長兩乃至陟力，正勻不過三十二字是第六；

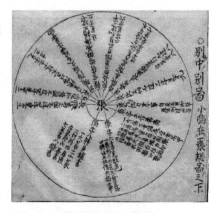

圖四　唐院本別中別圖

7　來母下「輾」屬孃母。

8　還有九弄之外的單韻單疊、五音、六書、八體等內容。

9　每條記入圓心「張」字，編號為筆者所加。

（7）張兩張亮張略乃至張力，傍勻不過十五字是第七；

（8）張良長兩兩長良張，疊勻不過八字是第八；

（9）張長良，反切不過三字是第九。

「別中別圖」與「別圖」在九弄表述上一致[10]，但「別圖」排序依次為5、4、3、2、1、6、7、8、9；後四項吻合，前五項相反。別中別圖次序當視為正例。「別中別圖」的排序與神珙本也不同，然紐弄法「一呼一弄」，並不妨礙呼讀。《元和新聲韻譜》言「復有羅文綺錯十紐交加」指的應是此圖，因惟有此圖出現第十紐[11]「張良乃至陟力第十單勻，反讀即單疊，不過兩字」。它適用於「張良」到「陟力」的十六個知來二母對應字組，以「陟力」為例，「單勻」為「陟力切陟」，「單疊」為「力陟切力」。別中別圖重點在以字數明確九弄十紐的相適範圍，而「更遞為頭互為主伴」是需要與「別圖」下三十二圖相配合的。

二 神珙本九弄圖剖析

（一）用字正訛與九弄表

圖一澤存堂本九弄圖的紐弄字排列有頗多錯誤，歷代學者間有指正。岡井慎吾首次列出九弄字修正表（1933，頁252-253），殷孟倫先生在修訂其不合處後重新列表（1985，頁304-305），但仍有闕失[12]。以下為筆者重作修訂的九弄表，括號內為影宋澤存堂本原有的誤字。

正紐：征（真）整正隻，整正隻征（真），正隻征（真）整，隻征（真）整正；

盈郢（引）脛懌，郢（引）脛懌盈，脛懌盈（寅）郢（引），懌盈郢脛。

傍紐：征（真）真（征）甄（顫）之，整軫劓旨，正震顫志，隻質折職；

盈寅筵怡，郢（引）引（郢）演以，脛胤見異，懌佚擽翼。

疊韻：征（真）盈之怡，整郢（引）旨以，正脛志異，隻懌職翼；

盈征怡之，郢（引）整（軫）以旨，脛正（震）異（翼）志，懌隻（質）翼職。

羅文：征（真）軫顫職，整震折之，正質甄旨，隻真（征）劓志；

盈引（郢）見翼（怡），郢（引）胤擽怡（以），脛佚筵以（翼），

懌寅演異（翼）。

綺錯：征（真）震（正）質折志旨劓，整質（隻）真（征）甄職志顫，

正真軫劓之職折，隻軫（整）震顫旨之甄；

---

10 唯獨第六「正韻」多「長兩」，第七「傍韻」多「張亮張略」。

11 「十紐」實際上是九弄加上本條。

12 「傍韻」的「正懌正（震）翼」失校，又「雙聲」有兩處指正有誤。

> 盈胤佚（懌）擽異以演，郢（引）佚寅（盈）筵翼異見，
>
> 脛寅引演怡翼擽，懌引（郢）胤（脛）見以怡筵。

傍韻：征（真）郢（引）征以，整脛整（軫）異，正懌正（震）翼，隻盈隻（質）怡；

　　　盈整盈（寅）旨，郢（引）正郢志，脛隻脛（胤）職，懌征懌（佚）之。

正韻：征（真）盈（寅）之怡，整郢旨以，正脛（胤）志異，隻懌（佚）職翼；

　　　盈征（真）怡之，郢（引）整以旨，脛正異志，懌隻翼職。

雙聲：征（真）整征（真）旨，整正整志，正隻正職，隻征（真）隻之；

　　　盈郢（引）盈以，郢（引）脛郢（引）異，脛懌脛翼，懌盈懌怡。

反音：征（真）之盈（寅）反，整旨郢反，正志脛（胤）反，隻職懌（佚）反；

　　　盈怡征（真）反，郢（引）以整反，脛異正反，懌翼隻反。

　　其誤字不計重複有六十五字，佔全表總字數三〇四字的近五分之一；除去重複[13]也有四十九字，平均每六字有一錯字，數量可觀。現存的《玉篇》歷代諸刻，其九弄圖的錯訛與澤存堂本如出一轍。圖二所見日本書陵部所藏宋本的九弄圖列字不同，但其誤字有七十三個，甚於澤存堂本，其中「正紐、傍紐、疊韻、傍韻、正韻、雙聲」等知母部分的頭一句用字居然多與第二句雷同或部分雷同[14]。離《玉篇》成書（1013）年代很近[15]的北宋前期本的九弄圖竟如此誤字連篇，足見到《玉篇》重修時代，九弄圖的真詮似已失傳，不再為世人所熟知，亦可推測神珙本九弄圖的形成肯定不會晚至宋初甚至五代唐末。

（二）紐弄字的功能與九弄分析

　　九弄表中紐弄字「征整正隻、真軫震質、氍剭顫折、之旨志職；盈郢脛懌、寅引胤佚、筵演見擽、怡以異翼」的運用顯示了紐弄法在九弄用字配置上的理念、方法論以及九弄用字的功能差異。請見下表，各紐以平聲字代稱。

---

13 中軸線上「征郢」誤作「真引」出現各九次，計十八次，重複十六次。

14 儘管這樣，書陵部藏本在九弄總數七十二呼中，佔一半的三十六呼全句無誤字，而神珙本只有三分之一（二十四呼）。書陵部藏本的誤字更集中，但正字呼覆蓋面廣，而澤存堂本誤字分散，正字呼少。書陵部藏本九弄圖似乎版本略善，但因誤字分佈類型不同，神珙本難以是書陵部本的直接傳承本。

15 岡井據刻工姓名考證澤存堂本所據原本刻於英宗趙曙時代（1064－1067）而書陵部所藏本早於它，上溯到一〇一三年不會超過五十年。

表一　神珙本九弄八紐字分佈表

弄名	呼數字數	紐弄字名稱	各紐字數次數	紐關聯	一呼內關係[16]	一呼舉例
正紐	8呼32字	征、盈二紐	8字各4次	同紐	同紐異聲同母	征整正隻
傍紐	8呼32字	征真甄之、盈寅筵怡八紐	32字各1次	異紐	異紐同聲同母	征真甄之
雙聲	8呼32字	征之、盈怡四紐	征盈二紐8字各3次，之怡二紐8字各1次	異紐	異紐異聲同母	正震顫志
羅文	8呼32字	征真甄之、盈寅筵怡八紐	32字各1次	異紐	異紐異聲同母	征軫顫職
綺錯	8呼56字	征真甄之、盈寅筵怡八紐	征盈二紐8字各1次，其他六紐24字各2次	異紐	異紐異聲同母	征震質折志旨劇
正韻	8呼32字	征盈之怡四紐	16字各2次	異母	異紐同聲異母	征盈之怡
傍韻	8呼32字	征盈之怡四紐	征盈二紐8字各3次，之怡二紐8字各1次	異母	異紐異聲異母	征郢征以
疊韻	8呼32字	征盈之怡四紐	16字各2次	異母	異紐同聲異母	征盈之怡
反音	8呼24字	征之盈、盈怡征六紐	征盈二紐8字各2次，之怡二紐8字各1次	異母	同母（上字）同聲異母（下字）	征，之盈（反）
合計	72呼304字	征盈二紐19次，之11次，怡10次，寅5次，真甄筵三紐4次。計76紐次。		紐（紐韻）關聯：同紐1，異紐4，異母4。聲（四聲）關聯：同聲4，異聲5。母（章以）關聯：同母5，異母4。		

可作以下分析歸納：

（1）每弄八呼，但每呼字數不同。每呼四字為主，惟綺錯七字，反音三字。反音三字依次為被切字、反切上字、反切下字，符合反切規律。綺錯在「征盈」兩紐呈北斗七星狀的迴環，各實現四次鄰紐（同母異韻紐之間）兩次同紐（本紐內四聲之間）的語音移動，設定複雜獨特。

（2）各紐應用次數不均衡。章以二母首紐「征盈」應用率最高，達十九次，與舉例

16　本欄所用「紐、聲、母」　基於六朝隋唐習稱，分別指韻系（平上去入系列）、聲調和聲母，與有宋以降含義不同。

多次採用有關。其次是末紐「之怡」十次和九次，用於雙聲、正韻、傍韻、疊韻、反音等具有廣泛對應和首尾對應的弄法。「真甄寅筵」四紐只有四五次，僅用於傍紐、羅文和綺錯等紐弄法覆蓋面最廣的三弄。

（3）各弄紐弄字覆蓋率不均衡。傍紐、羅文、綺錯三弄涉及到所有的八紐，正韻、傍韻、疊韻、反音四弄涉及五紐，雙聲涉及四紐，正紐只有二紐。

（4）紐關聯是九弄的根本。正紐限於同紐內，傍紐、雙聲、羅文、綺錯等四弄限於鄰紐內，而正韻、傍韻、疊韻、反音等四弄擴大及異母（不同聲母紐）。這種範圍漸次擴大，因序漸進的次序恰好是唐院本「別中別圖」的第一到第九弄的順序，凸顯了紐弄法的古意。

（5）紐關聯決定九弄的排列次序。神珙本的順序可以有自外和自內兩種解釋，自外從「反音」到「正紐」是岡井、殷孟倫等學者的主張，恐怕有失紐弄法本意。筆者主張自內說，兩圖自內向外依次為「正紐、傍紐、疊韻、羅文、綺錯、傍韻、正韻、雙聲、反音」。這一順序與唐院本別中別圖「正紐、傍紐、雙聲、羅文、綺錯、正韻、傍韻、疊韻、反音」有出入，就是「疊韻」與「雙聲」誤倒，「傍韻」與「正韻」誤倒。前者不合先異紐後異母，也就是先同母（同聲母紐）後異母的順序；後者不合先「正」後「傍」的順序。神珙本錯訛應據唐院本改正。

（6）聲關聯是九弄的重要複線。「傍紐、正韻、疊韻、反音」四弄同聲（同聲調），「正紐、雙聲、羅文、綺錯、傍韻」異聲（平上去入不同）。聲關聯隸屬於紐關聯，而紐關聯與母（聲母）關聯實際上是紐的運用範圍大小的問題，紐關聯窄，母關聯寬。在聲調安排上，「正韻、疊韻、傍紐」為「平平平平、上上上上、去去去去、入入入入」式，「雙聲、傍韻」為「平上平上、上去上去、去入去入、入平入平」式，[羅文、正紐]為「平上去入、上去入平、去入平上、去平上去」式，「綺錯」為「平去入入去上上，上入平平入去去，去平上上平入入，入上去去上平平」式，「反音」則為「平平反、上上反、去去反、入入反」式（亦參殷孟倫，1985，頁320），長短結合，縱橫結合，正反結合，其中「綺錯」尤其多變，最為繁複。

（7）九弄用字有誤。仔細比照，可以發現神珙本的「疊韻」「正韻」二弄在九弄表上的用字是完全相同的。唐院本「張良長兩乃至陟力，正勻不過三十二字是第六」、「張良長兩兩長良張，疊勻不過八字是第八」，「正韻」上下字同韻異母，反出上字（「張良」反「張」），即為正反，其著重點在一弄到底；而「疊韻」亦需正反，其著重點在亦需倒反（「良張」反「良」）。江有誥以為正韻為「『征盈』反『征』，『之怡』反『之』」而疊韻為「『征盈』反『征』，『之怡』反『之』，『盈征』反『盈』，『怡之』反『怡』」（《等韻叢說》〈釋神珙五音圖〉），

與唐院本暗合，岡井認為疊韻「上二字與下二字互為疊韻字」亦一語中的。但岡井以為正韻是「蓋第二、三字為反音，逆向反出第一字；第四字為第二字反音的上字。[17]」（1933，頁249），實難索解。殷先生主張二者均「是圓圖的正疊韻[18]」（1985，頁315-316），把二者完全等同了，似亦未安。神珙本的「正韻」與「疊韻」應該前同後異，「正韻」的後四呼[19]似當為「真寅甄筵，軫引翦演，震胤顫見，質佚折擦」，紐弄字由四紐增加為八紐。

（8）九弄的呼讀功能各異。九弄的呼讀有四字（正紐、傍紐、疊韻、羅文、傍韻、正韻、雙聲）、三字（反音）、七字（綺錯）之分。四字弄中「正紐、傍紐、羅文」四字連讀，「一呼一弄」，分別練讀本紐、鄰紐同聲和鄰紐異聲，正如唐院本所言均「不過四字」。綺錯「不過七字」，綺文交錯，曲盡其妙，一呼連讀，是九弄中最費解的，但它其實是其他弄法的結合和雜糅，因字數多，勢必置於中軸上。「正韻、雙聲、傍韻、疊韻」的四字均為兩組反音，實際上是可以切分呼讀的[20]，唐院本分別定義為三十二字、十五字和八字，故屬非窮盡示例。反音「不過三字」，在九弄之末，也體現反切纔是九弄終極目標的理念。神珙本九弄圖恰好自內向外由基礎的四字呼讀構成，其後順次排列呼讀反音的弄法，最後以反音作結，由淺入深，排列有序，獨具匠心。先紐弄後反字的次序也符合神珙本序文「夫欲反字，先須紐弄為初」的表述。

（三）圖式與序文

神珙本序文言「又列二個方圖者，即是九弄之圖。圖中取一字為頭，橫列為圖。」今神珙本諸本的九弄圖無一不是圓圖，推測方圖在連接字頭「征（真）整正隻」和「盈郢（引）脛懌」和呼讀用紐弄字的劃線上不如弧線便利方有改作的。「橫列為圖」從視覺上判斷的話當作「豎列為圖」方妥，此點待考。

神珙本的「羅文反樣」有誤字，「征真」當互易，「盈寅」當互易（殷孟倫，1985，頁305），而九弄圖「羅文」的誤字除了亦有「征真」的類似問題，卻沒有「盈寅」的互易問題，而且「郢引」互倒，「翼怡以異」誤作「怡以翼翼」。九弄圖「羅文」與「羅文反樣」不相吻合，兼之神珙本單設「羅文反樣」以解釋羅文的弄法，說明羅文弄法當時

---

17 如「征盈之怡」，「之盈」切出「征」，「怡」為「盈」的反切上字。

18 神珙本「五音之圖」的「正疊韻」如「居閭」，「居閭」反「居」。

19 即「盈征怡之，郢整以旨，脛正異志，懌隻翼職」。

20 雙聲「AB 反 B（征整反整，征旨反旨）」，正韻「AB 反 A（征盈反征，之怡反之）」，傍韻「AB 反 E 或 AB 反 F（「征郢征以、整脛整異」為「征郢反整、征以反旨」），疊韻「AB 反 A，BA 反 B（第一呼前半「征盈反征」，第五呼前半「盈征反盈」）」。

已難索解。羅文本來「以直下四聲為正紐,又以橫排四韻為傍紐,因以迆邐斜行」(《續通志》〈七音略〉),以正紐斜行四韻為特徵,故「羅文反樣」以交叉斜線表述這種關係。但神珙本同紐之間復以直線相貫,似與羅文無關,頗疑此直線為不明奧妙者所為,隱含九弄方法已有失傳之意味。然而「羅文反樣」同時展示了知以二母八紐三十二紐弄字,實際上兼具紐弄字總表的功能。

序文「首目題傍正之文以別之」以「正紐、傍紐;正韻、傍韻」代稱九弄。序文稱「傍紐者皆是雙聲,正在一紐之中,傍出四聲之外,傍正之目自此而分清濁也。」獨「傍紐」一項與「皆」不僅不協,而且除了「傍紐」(如「征真甀之」),「正紐」(如「真軫震質」)自然也屬雙聲[21]。對照唐院本序文(《元和新聲韻譜》)「傍紐正紐皆謂雙聲,正在一紐之中,傍出四聲之外。傍正之目自此有分;清濁之流因茲別派。」可知神珙本脫「正紐」字樣,而且「正在一紐之中,傍出四聲之外」正是「正紐、傍紐」的註釋,「一紐」與「四聲」同義,脫胎於「紐四聲」。又神珙本的「傍正之目自此而分清濁也」實際上是刪削唐院本「傍正之目自此有分;清濁之流因茲別派」而成的。自序文可以窺見神珙本遠溯唐院本的源流關係。

三 唐院本九弄圖剖析

(一)別圖與九弄表

唐院本的別圖更像是有關九弄的表格和名稱詳解,但刪去解說可以改編成唐院本流的九弄圖,以下是第一圖「張良」兩字下的九弄文句。

綺錯:張鎮窒哲智徵展,長窒珍邅陟知驦,

　　　帳珍俐展知陟哲,著俐鎮驦徵知邅;

　　　良恪栗列罾邐罩,兩栗鄰連力罾輾,亮鄰嶙罩離力列,略嶙恪輾邐离連。

羅文:張俐驦陟,長鎮哲知,帳窒邅徵,著珍展智;

　　　良嶙輾力,兩恪列离,亮栗連邐,略恪罩罾。

雙聲:張長乃至張陟,長帳乃至長知,張著乃至帳徵,著張乃至著智;

　　　良兩乃至良力,兩亮乃至兩离,亮略乃至亮邐,略良乃至略罾。

傍紐:張珍邅知,長俐展徵,帳鎮驦智,著窒哲陟;

　　　良鄰連离,兩嶙罩邐,亮恪輾罾,略栗列力。

正紐:張長帳著,長帳著張,帳著張長,著張長帳;

　　　良兩亮略,兩亮略良,亮略良兩,略良兩亮。

---

21 「羅文」與「綺錯」也符合雙聲原理,序文不煩遍及。

正韻：張良乃至陟力，長兩乃至知离，帳亮乃至徵邁，著略乃至智罾；

　　　良長乃至力陟，兩長乃至离知，亮帳乃至邁徵，略著乃至罾智。

傍韻：張兩乃至張力，長亮乃至長离，帳略乃至帳邁，著良乃至著罾；

　　　良長乃至良陟，兩帳乃至兩知，亮著乃至亮徵，略張乃至略智。

疊韻：張良長兩兩長良張，長兩帳亮亮帳兩長，帳亮著略略著亮帳，著略張良良張略著；

　　　良張兩長長兩張良，兩長亮帳帳亮長兩，亮帳略著著略帳亮，略著良張張良著略。

反切：張長良反，長帳兩反，帳著亮反，著張略反；

　　　良兩張反，兩亮長反，亮略帳反，略良著反。

　　唐院本九弄圖與神珙本有諸多互異之處。

（1）紐弄字聲紐分佈不同。唐院本知母來母各四紐十六字，神珙本章母以母各四紐十六字。

（2）弄法名稱不同。神珙本第九弄「反音」唐院本作「反切」。

（3）九弄次序不同。唐院本「別圖」的「綺錯、羅文、雙聲、傍紐、正紐、正韻、傍韻、疊韻、反切」次序與神珙本的「正紐、傍紐、疊韻、羅文、綺錯、傍紐、正韻、雙聲、反音」和唐院本「別中別圖」的「正紐、傍紐、雙聲、羅文、綺錯、正韻、傍韻、疊韻、反切」均次序相異。神珙本與「別中別圖」有五弄次序相同，其他四弄可能有兩兩錯位的問題，已見上述。唐院本「別圖」的次序很難是神珙本的藍本，尤其「綺錯」不居九弄之中軸，形制大異。

（4）紐弄規模不同。唐院本「別圖」列三十二紐弄字的所有九弄內容，其容量相當於神珙本的十六倍，二者規模比為十六比一。

（5）紐弄功能不同。唐院本的九弄，每句均有解說，不具呼讀功能，尚不成熟。神珙本刪除解釋，以呼讀為目的，九弄圖為成熟的呼讀手冊。

（6）紐弄內容不同。九弄中唐院本的「綺錯、羅文、傍紐、正紐、反切（反音）」的五弄與神珙本內容一致，「雙聲、正韻、傍韻」三弄用「乃至」表示該弄法所有對應情形，而神珙本僅在舉例，範圍縮小。又唐院本「疊韻」取「張良」兩紐字正反兼重複紐弄，八句八字總六十四字；神珙本「疊韻」取「征盈之怡」四紐字正反紐弄，八句四字總三十二字，容量僅半，更顯精練。

（二）圖式與序文

　　唐院本「別圖」的圖式在以紐弄字打頭，其下各列九弄字句以及呈「平上去入」依次上下排列方面與神珙本如出一轍，這決定了兩圖具有不容置疑的源流關係。神珙本沒有了唐院本原有的「平上去入」四聲字樣、不同紐字組之間的二母八紐三十二紐字圖和各弄字句中的解說部分，增加了原來沒有的連接紐弄字字頭與九弄字句的弧線。唐院本

「別圖」展示三十二紐字的九弄，形制巨大，面面俱到，解說九弄的編纂宗旨比較突出，其圖亦不甚具備呼讀功能。相形之下，神珙本短小精悍，精簡了各種可有可無的部分，賦予其綜合的可呼讀性，無疑是唐院本的濃縮版和改進版。

唐院本沒有神珙本具有的「羅文反樣」。從唐院本整體內容看，九弄名目及其內涵雖然已經形成，但尚處於被詮釋被介紹的初級階段，「羅文」作為弄法之一尚未形成需要獨特解釋的端倪。

唐院本的序文逕題「元和新聲韻譜」，不同於神珙本作「四聲五音九弄反紐圖並序」，一為譜名一為附圖之序文，顯然後者更規範，但稍微比照文字就可發現二者無疑有傳承關係。

神珙本序言「昔有梁朝沈約創立紐字之圖，皆以平書，碎尋難見。唐又有陽甯公、南陽釋處忠。此二公者又撰《元和韻譜》，與文約義，詞理稍繁，淺劣之徒尋求難顯」與唐院本「昔有梁朝沈約創著九弄之文，迨唐復有睢陽甯公又撰《元和勻譜》。文約義廣，理奧詞憚；成韻切之樞機，亦詩人之鉗鍵者也」文意相通。兩者均提到的《元和韻譜》是否就是《元和新聲韻譜》或肯定是新舊兩物，抑或為本不相干的兩物。以及這些書名與序文言「具如勻譜、談花、考聲等說詳之」中的《勻譜》是否同一，均不得而知，因此「元和新聲韻譜」本身就是一個謎。冠以譜之名卻不見譜之實，又平添疑惑。

神珙本在上述所引文字中，無疑把唐院本的「睢陽甯公」誤作了「陽甯公」，「文約義廣」訛作「與文約義」，「理奧詞憚」改作「詞理稍繁」了，而「南陽釋處忠」等「二公」云云，無疑是後增的。類似的移花接木，還有多處，不煩枚舉。

唐院本序文對九弄的闡述詳盡精細。「為文必先析句，求句乃紐弄為初。一弄不調則宮商靡次，至於風雷鐘鼓萬籟俱吟，亦不逾於四聲者矣」說明紐弄和九弄的重要性和客觀性，「傍紐正紐皆謂雙聲，正在一紐之中，傍出四聲之外。傍正之目自此有分；清濁之流因茲別派」、「且夫直反看三倒翻成四，兩枚疊韻之文，二個雙聲之義」、「直讀張著而雙出，倒翻略良而成四。張良著略二疊韻之文，張著良略兩雙聲之義」、「復有羅文綺錯十紐交加，更遞為頭互為主伴」、「字字無非此切，不假外求；言言盡得韻名，無頌別覓」分別具體詮釋傍紐正紐正韻傍韻、疊韻雙聲、羅文綺錯、反切等弄法，而「五音此諧，九弄斯成」指出五音與九弄的密切關係，又「每圖皆以朱書字為母，遍歷下行，一呼謂之一弄。乃至平上四聲，通紐立雙，且假三十二圖，一一皆耳也」說明九弄圖式及其呼讀法。其表述縝密文雅，字數比神珙本多出一倍多，後來都被刪除，文體也由駢文改成散文，表述也簡略粗俗了。

四　兩圖餘論

（一）紐弄字

兩圖紐弄字互異，其音韻分佈如下。

表二　紐弄字音韻地位比較表

唐院本			神珙本		
聲母	知母	來母	聲母	章母	以母
陽韻系	張長帳著	良兩亮略	清韻系	征整正隻	盈郢脛（匣徑）懌
仙韻系	邅展驙哲	連輦輾（娘）列	仙韻系	氈剸顫折	筵演見（匣霰）擽（匣屑）
真韻系	珍佚鎮窒	鄰嶙恡栗	真韻系	真軫震質	寅引胤佚
支韻系	知徵智陟（職）	离邐詈力（職）	之韻系	之旨志職（職）	怡以異翼（職）

　　兩圖的聲母數、紐數、紐弄字總數、陽聲韻和陰聲韻的「四聲紐」數分佈、陰入相配方式都是一致的，所有的韻系均為三等，可謂貌異神合，聲氣相通。選用有[i]介音的三等韻字來實施紐弄恐怕與有介音發音曲折，利於清晰呼讀有關。而以職韻字分別與支韻系字和之韻系字相配，可知其主元音是一致或極相近的。唐院本選用知母字，其讀音應該已經脫離「端知類隔」而獨立了。神珙本在眾多的三等字中雜入四等字（見脛擽）也能推測當時四等已經產生介音了。四韻系的格局中[n]韻尾有兩個而完全不涉及[m]韻尾韻系，比重失衡，而[m]三等韻系四聲紐音節並不明顯缺項[22]，不知何故。

　　唐院本序文言「又此圖中借四字，珍上連去知离入則佚輾陟力，是珍上連去有聲無字，知离入聲字俱無。諸闕聲、或有闕字或俱不闕，具如匀譜、談花、考聲等說詳之，可見也。」這裡說明紐弄字中珍（知真）上聲「佚」、連（來仙）去聲「輾（娘母）」、知（知支）入聲「陟」、离（來支）入聲「力」等為「闕字」、「無字」而後補入的。據查《廣韻》，唐院本的「佚」字未收，也無該小韻[23]。另有「徵」字不見知小韻（陟侈切）下，而孃母「輾」字處原本有來小韻（連彥切）。唐院本的紐弄字本於序文所言《韻譜》、《談花》、《考聲》諸書，與《切韻》系韻書多有不同。神珙本則「盈」去聲「脛」處無以小韻，而「筵」去聲「見」處本有以小韻（于線切），「筵」入聲「擽」處

---

[22]　《韻鏡》侵韻系知母、章母、來母四聲均有字，惟以母上聲缺字，而《七音略》均有字。鹽韻系章母、來母、以母均有字，知母《韻鏡》《七音略》均缺上聲去聲字。

[23]　《韻鏡》《七音略》該小韻另有字。

本有以小韻「扡」字（羊列切），但均以四等匣母字代替。又「之」上聲混用旨韻「旨」字，透露出止攝重韻歸併的信息。

兩圖的紐弄字來源不同，但無疑既需要服從九弄的基本音韻要求，也需要遵循四聲紐字基本齊備的原則，兩圖選字的獨特性反映了唐代音韻的多樣性。

（二）沈約創著

唐院本序言「昔有梁朝沈約創著九弄之文」，而神珙本序言「昔有梁朝沈約創立紐字之圖」，文辭各異，意旨不同。

《梁書》沈約（441-513）本傳曰：「又撰《四聲譜》，以為在昔詞人累千載而不寤，而獨得胸衿，窮其妙旨，自謂入神之作，高祖雅不好焉。帝問周捨曰：『何謂四聲？』捨曰：『天子聖哲』是也，然帝竟不遵用。」《四聲譜》中土散逸，日本空海《文鏡秘府論》（818）、安然《悉曇藏》（880）均有引文。引文由四方四聲、四聲為紐、六字總歸一入、舉十六個四聲紐說明暨讀紐橫讀韻等內容構成，四聲紐為其核心。這與神珙本的「創立紐字之圖」恰好是吻合的。

「九弄」一語，《唐會要》（961）卷三十三記載「惟彈琴家猶傳楚漢舊聲，清調瑟調。蔡邕五弄，楚調四弄，謂之九弄，非朝廷郊廟所用，故不載。隋亡清樂散缺，存者纔六十三曲。其後傳者平調、清調，周房中樂遺聲也。」所記為周隋事，似為較早用例[24]。是「九弄」一語並不起源於沈約所處的南朝，而起源於沈約沒後的北周楊隋，故沈約生前斷無「創著九弄之文」之理，唐院本所言不合史實明矣。「九弄圖」的「九弄」蓋借自周隋音樂用語。「弄」初指樂曲，後用於樂曲單位，方能借用為紐弄單位。故九弄之說和九弄圖之形成定在周隋之後了。

（三）兩圖綜觀

從上述分析，可以斷定唐院本與神珙本的九弄術語一致，含義相同，用字相仿，形制相似，序文相承，具有顯而易見的源流關係。其功能在於展示音理，以九種紐弄方式練習反音，熟悉音系，達到在理解漢語語音的四聲、聲母、韻母及其結構的基礎上，通過呼讀，對語音拼合（反切法）有正確良好的把握。

但兩本在細部表述部份同異互見，各具特色。表現為：

（1）九弄表述旨趣各異。唐院本的九弄圖是解釋型的，九弄寓於字之內，九弄表述

---

24 《新唐書》（1060）卷二十二「周隋管絃雜曲數百皆西涼樂也，鼓舞曲皆龜茲樂也。惟琴工猶傳楚漢舊聲及清調。蔡邕五弄，楚調四弄，謂之九弄。」

繁複，儼然是九弄的說明書；神珙本的九弄圖是實用型的，九弄寓於字之間，九弄表述簡約，是九弄的練音本。唐院本九弄別圖達三千多字，還附加別中別圖，汲汲於解釋用語，處於概念階段；神珙本則只有三百多字而用意顯豁，為改進版和實用版。

（2）紐弄字音韻分佈各異。從九弄對紐弄字聲韻有易分辨易切分要求的觀點看，神珙本的以母（[j]）比唐院本的來母更便拼讀;章母作為舌面聲母，其三等介音也比唐院本舌尖後音知母的三等介音更為清晰，應是一種改進。又從紐弄字的四聲分佈是否齊全來看，唐院本以孃母字「輾」代替來母字，神珙本以四等匣母字「脛見擦」代替以母字都是不得已的。前者暗示當時知組孃母已讀舌尖鼻音，與舌尖邊音的來母相近；後者暗示三四等合流，而「匣以」均屬後舌濁擦音。神珙本紐弄字語音更趨新意。

（3）序文文辭各異。唐院本完整駢雅，詳盡周到，多含古意；神珙本支離平俗，點到為止，多染新風。神珙本序文一方面承襲唐院本文字達四成（三二六字中一二六字）卻刪除原文達三分之一（五○六字中一八○字），貫穿簡約原則，但刪除改寫部份多肢解原意，間有訛誤。唐院本序駢體文字達三分之二，文風嚴謹，出自深具文辭造詣的學問僧之手，而神珙本序盡損駢文，不事文彩，新增的相關人名處忠、神珙顯示序文亦出自佛門。神珙本序為後起改編本無疑。

（四）兩圖的音韻學史料價值

唐院本的音韻學史料價值在於它創立了以多組紐弄三等韻字為中心展開豐富多樣反音練習的音韻模式，集中體現了唐代漢語語音認知水平和分析水平，以及以紐弄為手段普及提高漢語練音注音能力的實踐水平。唐院本繼沈約《四聲譜》的紐譜，首次創製了漢語音節（聲韻調）分析和反切拼讀的方圖圓圖，極具獨創性的方圓結合手法開創了圖示漢語語音的先河，為日後韻圖的創製提供了有用的元素；其圖示功能揭開了「九弄圖」與密教曼荼羅圖的相關性，再次證明影響深遠的宋元漢語等韻學起源於悉曇學理，來源於佛學的歷史事實。唐院本完整保存了九世紀前半葉的一項紐弄法文獻，如實記錄了齊梁之際四聲發現後漢語音韻學在重視四聲知識實用化的同時，探索並掌握綜合分析漢語「聲韻調」三要素，進而藉助「九弄」和「五音」總結上昇為反切練音注音法的歷史足跡，填補了音韻學學理的歷史空白，接續了自四聲發現到韻圖形成的中間脫落環節。唐院本立足於語音分析，堪稱首屈一指的唐代語音學文獻，堪與《切韻》系韻書相提並論。作為「九弄圖」別本的神珙本與唐院本相比，它把唐院本「別圖」的「九弄」逐字表述改進為整體圖形表述，使其更具理解音理練習反音的實用功能，是一個巨大的進步。比起唐院本來，神珙本不具「總圖」、「別中別圖」中的「九弄、六書、八體」等

解說內容，序文大大簡約，五音的表述也只有五種中的一種，「別圖（左右）」也變化成實用的紐字圖，去除了大量繁複的概念解釋文字，神珙本具有文字簡練，構成高效，重實用的鮮明個性。相形之下，唐院本的一些低效特徵（如「別圖」的文字重複，「別中別圖」的內容繁雜，「五音」表述的莫衷一是，圖表功能的效能低下）正反映了早期九弄圖的美中不足。神珙本的內容總體上比唐院本更趨新，因此定是後起本，但不能因此斷言神珙本是唐院本的直系傳本，兩者同異互見，小同大異。唐院本與神珙本的著述目的，均在於展示紐弄法，以利正確掌握反音，其語音分析的手法和理念在當時具有先進性和超前性，是漢語音韻學史切韻學（宋元等韻學）領域早期文獻中的雙璧。九弄圖所展現的紐弄法是唐代音韻史的學術精髓，是等韻圖應運而生必不可少的鋪墊和前奏。

參考文獻

〔日〕安然　《悉曇藏》　《大正新脩大藏經》第八十四卷（續諸宗部十五悉曇部全）
　　　　東京　大正新脩大藏經刊行會　1992年普及版

〔宋〕陳彭年等　《大廣益會玉篇》　北京市　中國書店影印澤存堂覆宋本　1983年

〔日〕宥朔　《韻鏡開奩》　寬永四年（1627）刊

〔日〕岡井慎吾　《玉篇の研究》　《東洋文庫論叢》第十九　1933年

〔日〕小西甚一　〈研究篇〉上　《文鏡祕府論考》　京都　大八洲出版社　1948年

〔日〕小西甚一　〈研究篇〉下　《文鏡祕府論考》　東京　講談社　1951年

〔日〕小西甚一　〈攷文篇〉　《文鏡祕府論考》　東京　講談社　1953年

殷孟倫　〈《四聲五音九弄反紐圖》簡釋〉　《山東大學學報》　1957年1期　又《子雲
　　　　鄉人類稿》　濟南市　齊魯書社　1985年所收

盧盛江　《文鏡秘府論彙校彙考》　北京市　中華書局　2006年

丁　鋒　〈元刊《玉篇》所附「玉篇廣韻指南一卷」考源〉　《民俗典籍文字研究》
　　　　總第11期　2013年　頁168-188

丁　鋒　〈日中學者《九弄圖》研究史〉　《水門言葉と歷史》第25號　東京　勉誠出
　　　　版　2013年　頁200-214

丁　鋒　〈日藏《九唒十紐圖》及日本歷代相關研究〉　2014年投稿，待刊中

《廣韻》引書分析的三個視角

丘彥遂

中興大學中國文學系

摘要

　　《廣韻》是宋陳彭年、丘雍等於公元一〇〇八年根據《切韻》所增廣重修的一部韻書。這部官修的韻書在編修的過程中，引用了大量的其他書籍以說明每個韻字的意義與來源等等。對此，本文從三個視角觀察《廣韻》的「引書」，針對《廣韻》所引用的書目進行統計與分析，以期對《廣韻》引書的情況有一個基本的了解。

　　根據本文的研究，《廣韻》引書多達三一八種，徵引的次數更高達六〇七七次。其中以徵引《說文》最為頻繁，共二二〇六次，佔總數的百分之三十六點三八，遠不是其它書籍所及。此外，本文還對《廣韻》引書的形式和引書的用意做了一番觀察，並將它們分為十種形式和九種用意。總之，本文初步處理了《廣韻》引書的數據、形式，以及用意三個方面。

關鍵詞：《廣韻》、引書統計、引書形式、引書用意

一 前言

《廣韻》原名《大宋重修廣韻》，是宋陳彭年、丘雍等官員奉詔於大中祥符元年，即公元一〇〇八年，根據《切韻》所增廣重修而成的一部韻書。這部韻書在音韻學史上佔有非常重要的地位，因為它既是年代最早，同時也是目前保存最完整的一部韻書。根據它所反映的音系，不但可以上推周秦的上古音、說明元明近代音的演變，同時還可以對現代漢語各方言作歷時的觀察與共時的比較研究等。

對於《廣韻》的研究，向來偏重於音系方面，即學者普遍以探討當中的聲、韻、調及其相關問題作為重心，至於其他的問題，諸如詞源方面的問題、文化層面的問題、異體俗字的問題等，則是比較少有學者染指。而這些「邊緣」問題，其實都是值得花時間和精力去探究的。

《廣韻》這部官修的韻書，在編修的過程中，往往引用了大量的其他書籍以說明每個韻字：或解釋字義、或指明來源等等。對此，本文從三個視角對其中「引書」[1]的問題作出初步的觀察，即針對《廣韻》所引用的書目進行統計與分析，期望得出《廣韻》引書的相關數據、引書的形式以及引書的意圖等，讓同好對於《廣韻》引書的情況有一個基本的了解。

本文所使用的《廣韻》版本，是張氏重刊的澤存堂藏板《宋本廣韻》，由林尹先生校訂，黎明文化事業公司印行，一九九五年三月初版第十五刷。

二 《廣韻》引書之統計

根據本文的統計，《廣韻》引書多達三一八種，徵引次數高達六〇七七次。可見《廣韻》引書非常廣博，徵引次數相當頻繁，平均每種書籍被徵引十九次。

然而就細部觀察，則可以發現以下兩個特點：

（一）大部分只引一至五次

凡被《廣韻》徵引超過五次（高於百分之〇點一）以上者，共有八種，佔百分之二十五，而在五次以下（含）者（未達百分之〇點一），卻多達二三八種，佔百分之七十五。詳見下圖：

---

1 本文所謂「引書」，指《廣韻》書中所出現且徵引的書籍，其中包括文章、賦、詩、石經、碑文等，但不包括某某人的說法（注文除外），無法確定者亦不計入。

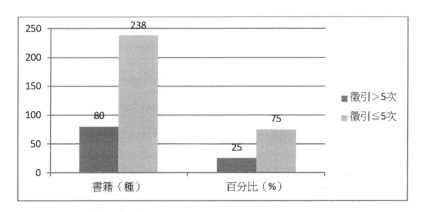

《廣韻》徵引次數比較圖

這說明《廣韻》引書雖然廣博，但還是有一定的限制，這就是大部分的書籍只引一至五次，點到即止，而不是所有被徵引的書籍都擁有相等被徵引的機率。其中徵引超過兩位數者，即超過十次（高於百分之零點一六）以上者，只有六十一種，只佔百分之十九，不到總數的兩成。

（二）最常徵引的只有十種

最常被《廣韻》徵引的書籍，也就是徵引次數最頻繁、百分比佔最高者，如果以三位數來算（徵引超過一百次者），只有十種。以下將此十種著作一一列出，並附上本文的統計：

《廣韻》最常徵引十種書籍之次數與百分比表

編號	書　籍	次　數	原百分比	新百分比
1	說文	2206	36.3	55.5
2	爾雅	468	7.7	11.8
3	姓苑	239	3.93	6
4	左傳	230	3.78	5.8
5	風俗通	168	2.76	4.2
6	詩（毛詩）	163	2.68	4.1
7	周禮	142	2.34	3.6
8	釋名	142	2.34	3.6
9	爾雅注（郭璞等）	116	1.91	2.9
10	漢書	103	1.69	2.6
		3977	65.51	100

其中以《說文》所佔的比例最高，有二二○六次，佔百分之五十五點五，是第二高《爾雅》四六八次、百分之十一點八的四點七倍。由此可見，《廣韻》的編著者非常重視《說文》，受《說文》的影響也最大；這也是《廣韻》既是韻書，同時也兼有字書功能的原因。

三 《廣韻》引書之形式

《廣韻》的編著者在徵引其他書籍時，一方面沒有刻意用特定的形式，另一方面也由於引書的用意不同，因此引書的形式呈現出不同的面貌。本文稍加留意，發現《廣韻》引書的形式有以下數種：（「～」表示書籍名）

1、～曰：這種引書形式最為普遍，共二三四四次，佔總數的百分之三十八點六。

2、～云：這種引書形式也很常見，共有一五八三次，佔總數的百分之二十六強。

3、～ ：這種引書形式比較特別，沒有「曰」、「云」或其他，引了書名之後就直接徵引原文。共七六九次，佔百分之十二點七。本文發現，《廣韻》中常用這種形式的只有《左傳》、《史記》和《後魏書》三種書籍，分別佔自身的百分之七十、百分之二十八點五七和百分之五○點九。

以上三種形式都超過總數的百分比之百分之十以上，是《廣韻》引書的主要形式。下面則是各種次要引書形式：

4、出～：共五三一次，佔百分之八點七四。

5、～有：共三一八次，佔百分之五點二三。

6、～作（～作／～只作／～省作／～亦作／～或作／～通作／～通用／～用）：共二七三次，佔百分之四點四九；其中以「～作」為首要。

7、見～：共九十八次，佔百分之一點六一。

8、其他（～謂／～從／～稱／～與某同／～同上／～同下）：共七十八次，佔百分之一點二八。

以上五種形式中，有的還包括好幾種子形式，由於它們彼此之間的形式相近，而所要表達的意義也相同或相通（「其他」除外），因此合併在一起計算。（下同）這五種形式的百分比都超過總數的百分之一以上。

至於不超過百分之一的，共有兩種：

9、～本（～本／～本作／～本或作／～正作）：共四十四次，佔百分之零點七二。

10、～又（～又／～又作／～又音）：共三十九次，佔百分之零點六四。

此外，就其中引用的意義而言，可以將「1、～曰」和「2、～云」合併，因為兩者都是引述某書的說法，基本上並沒有什麼差別。真要說有差別的話，根據本文的觀察，「先曰後云」似乎是比較固定的形式，例如「蠹」字下：

　　　　蛞蟊，科斗蟲也。案：《爾雅》曰：「科斗，活東。」郭璞云：「蝦蟆子也。」字
　　　　俗從虫。（頁23）

先「《爾雅》曰」，後「郭璞云」，《廣韻》大部分作此。只有少數是倒過來，先「《爾
雅》云」，後「郭璞曰」。例如「犪」字下：

　　　　《爾雅》云：「犪牛。」郭璞曰：「即犤牛也。如牛而大，肉數千斤。」（頁66）

與此相似的有《詩》與《傳》的情形，通常是：先「《詩》曰」，後「《傳》云」。例如
「鼖」字下：

　　　　役事車鼓。長丈二尺。《詩》曰：「鼓鐘伐鼖。」《傳》云：「鼖，大鼓也。」（頁
　　　　155）

或者是：先「《詩》曰」，後「《箋》云」。例如「沸」字下：

　　　　《詩》曰：「觱沸濫泉。」《箋》云：「觱沸者，謂泉涌出皃。方味切。十一。」
　　　　（頁359）

只有少部分是：先「《詩》云」，後「《傳》曰」。例如「茬」字下：

　　　　水草。一曰蘢。古《詩》云：「隰有游龍。」《傳》曰：「龍，即紅草也。」字或
　　　　從卄。（頁80）

　　　總之，「先云後曰」是比較少見的。這或許反映了編撰者的一種認知：「曰」比
「云」的時代早，先秦文獻大量使用「曰」，到了中古才被云所取代，所以才有意無意
的採用了「先曰後云」的方式，用以表達引書的先後次序。

　　　由於《廣韻》是一部官修韻書，前有所承，從它的引書形式亦可看出編寫體例不
純，雜出眾手。好比說，徵引他書或他人的說法原本應該用「曰」或「云」，而《廣
韻》在這方面大部分引書用「～曰」，其次用「～云」，另有一部分兩者都不用，直接徵
引某書「～」。這些不統一的現象，應該是非一人一時一地之官修韻書所無法避免的弊
病。

四　《廣韻》引書之用意

　　　《廣韻》引書有其用意，或解釋字義，或注明出處等。讓人比較好奇的是，我們能
否從這本傳世的韻書中，推測出當時的編撰團隊，他們引書的用意到底有哪些？或主要
有哪些？經本文的初步觀察，《廣韻》引書的用意至少有以下九種：

（一）說明字義

《廣韻》引書最主要的目的，首先是為了直接說明字義。例如：

洚，《說文》曰：「水不遵道。」（頁30）
陂，《書傳》云：「澤障曰陂。」（頁43）
錐，《說文》：「銳也。」（頁57）

案：這種引書用意多以「～曰」、「～云」、「～」形式表達。可以看到，《廣韻》在「洚」、「陂」、「錐」等字下並沒有作出任何的說解，而是直接援引古書進行釋義。

（二）指明出處

除了說明字義之外，還必須引書以指明出處。例如：

无，南无。出《釋典》。（頁73）
頵，姓。出《纂文》。（頁68）
碣，碣石，地名。見《漢書》。（頁168）

案：這種引書用意只用「出～」、「見～」兩種形式表達。

（三）作為明證

指明出處之餘，也可以引書作為明證。例如：

俱，皆也，具也。又姓，《南涼錄》有將軍俱延。（頁80）
僚，同官為僚。又姓，《左傳》晉陽氏大夫僚安。（頁145）
吐，口吐。亦虜複姓三氏，《後魏書》有吐奚、吐難、吐萬氏。（頁264）

案：「～有」似乎是這種引書用意的專屬表達形式。此外也用「～」。

（四）表明性質

有時在解釋字義之時，也可以引書表明該字所指涉對象的性質。例如：

璬，《字林》云：「玉名。」（頁70）

菩，《說文》曰：「草也。」（頁275）

鈑，《玉篇》云：「圓鐵。」（頁275）

案：這種引書用意也使用「～云」、「～曰」等。

（五）兼存異說

《廣韻》引書的用意，還在於可以兼存異說。例如：

瀳，水名。《說文》曰：「水至也。」（頁133）

佃，作田也。《說文》云：「中也。」（頁134）

狂，病也。《韓子》曰：「必不能審得失之地則謂之狂也。」（頁178）

案：和第一、第四種相同，主要使用「～曰」、「～云」等。這個用意非常重要，因些有些事物會因時、地、人的不同而有不同的說法，《廣韻》引書兼存異說等於為我們後人保留了重要的古代語料。

（六）指明異文

古書常常出現音同音近的異文通假字，《廣韻》引書為我們指明。例如：

潓池，水名，《周禮》作廙池。（頁83）

隄，隄封。《漢書》作提。（頁88）

顃，母顃，夏冠名。《禮記》作追。（頁97）

案：這種引書用意主要使用「～作」、「～亦作」、「～或作」等。

（七）注明讀音

《廣韻》畢竟是一本韻書，除了在每個紐韻下列出它們的反切之外，還引書注明某些字的讀音。這種引書注音的方式又可分為以下四種：

1. 存本音　例如：

乾，《字樣》云：「本音虔，今借為乾溼字。」（頁122）

2. 標反切　例如：

䂐，古文，《說文》直刃切。（頁104）

3. 用直音　例如：

鍠，和也，樂也。又鐘聲。《說文》音皇。（頁184）

4. 注又切　例如：

鉆，持鐵者。《說文》又敕淹切。（頁228）

案：這種引書用意主要是為某字注音。

（八）表明方言

《廣韻》是前有所承的韻書，當中難免夾雜了不同地區的方言詞彙，因此引書的用意之一正是表明這部分詞彙的來源或方言屬性。例如：

蘋，《方言》云：「江東謂浮萍為蘋。」（頁150）

椏，《方言》云：「江東言樹枝為椏杈也。」（頁167）

姄，《方言》云：「南楚人謂嫵妦曰母姄也。」（頁241）

案：《廣韻》還收有許多方言詞彙，主要出自《方言》。

（九）作為例證

《廣韻》引書有特定用意，但也有純粹舉例性質的，例如：

佻，獨行皃。《詩》曰：「佻佻公子。」（頁145）

擎，除也。潘岳〈射雉賦〉云：「擎場拄翳。」（頁162）

薔，薔薇。又東薔子，十月熟，可食，出河西。〈子虛賦〉云：「東薔彫胡。」

（頁177）

案：這種引書只是為了舉例，基本上，不引也沒有關係。

以上總共整理出九種引書用意，除了最後一種之外，其它八種都很重要，也非常有特色，這或許就是《廣韻》編撰者選擇大量引書的原因。至於第九種用意，看起來似乎只是舉例而已，可有可無。

五　結語

　　本文初步統計了《廣韻》的引書，發現《廣韻》引書多達三一八種，徵引的次數更高達六○七七次。不過必須注意的是，《廣韻》所徵引的大部分書籍都只有一至三次，換言之，《廣韻》的引書其實只集中在某幾部書上，其中以徵引《說文》最為頻繁，共二二○六次，佔總數的百分之三十六點三八，遠不是其它書籍所及。這反映了編者在引書的時候，有他自己的考量和選取。

　　除了進行統計外，本文還對《廣韻》引書的形式和引書的用意做了一番觀察，並將它們分為十種形式和九種用意。只是必須說明，由於以上分類是初步觀察所得之結果，當中可能仍有不盡妥當之處，有待進一步修正。

　　另外值得一提的是，前面注文曾說過，本文所謂「引書」，指《廣韻》書中所出現且被徵引的書籍，也就是不包含《廣韻》書中所提到但並沒有被徵引的書籍。經本文觀察，《廣韻》書中所提到但沒有被徵引的書籍共有十三條，[2]雖然只是少數，但不能忽視它們的存在。

2　十三條引書是：一、東陽無疑撰《齊諧記》七卷（頁22）。二、桐君《藥錄》兩卷（頁23）。三、公羊高作《春秋傳》（頁28）。四、魏文侯時有古樂人竇公氏獻〈古文樂書〉一篇（頁29）。五、環濟撰《要略》一部（頁127）。六、聊倉為漢侍中著《子書》（頁145）。七、聊氏為潁川太守著《萬姓譜》（頁145）。八、魏武作《家傳》自云曹叔振鐸之後（頁158）。九、有氾勝之撰書言種植之事子輯為《燉煌》（頁231）。十、後漢末圈稱字幼舉撰《陳留風俗傳》（頁281）。十一、東晉有諭歸撰《西河記》二卷（頁365）。十二、《後秦錄》有馮翊相雲作《德獵賦》（頁427）。十三、木華字玄虛作《海賦》（頁452）。

參考文獻

〔宋〕陳彭年、丘雍　林尹先生校訂　《宋本廣韻》（1008）　張氏重刊澤存堂藏板
　　　臺北市　黎明文化事業公司印行　1995年3月初版第15刷
丁治民　〈《廣韻》引書考〉　《語言研究》（音韻學研究專輯）　1998年　頁125-127
熊桂芬　〈《廣韻》引書新考〉　《語言研究》　第23卷1期　2003年　頁49-51
熊桂芬　《從引書看〈廣韻〉的文獻學價值》　《中國典籍與文化》　第1期　2006年
　　　頁35-40

《中原音韻》有7個單元音音位和 3個前響複元音音位說

——兼論構擬《中原音韻》元音音位數量與分佈 的方法論原則

馮　蒸

首都師範大學文學院

摘要

　　《中原音韻》的元音音位數量和音值諸家看法不一。本文根據《中原音韻》的四條確定元音數量與分佈的構擬原則，定《中原音韻》元音音位系統有七個單元音音位和三個前響複元音音位。對漢語語音史研究有重要意義。

關鍵詞：《中原音韻》、單元音音位、前響複元音音位、方法論原則

《中原音韻》，周德清（1277-1365）撰，成書於元泰定甲子年（1324）。是近代漢語語音史上最重要的一部韻書。但是，《中原音韻》的元音音位系統到底如何？雖也有學者加以討論，但尚無共識。目前對《中原音韻》音系的分析，多數採用的是聲韻調分析法而非元輔音分析法，對《中原音韻》的元音音位系統在認識上並不十分明確。《中原音韻》到底有幾個單元音？幾個複元音？單元音在元音舌位圖上分佈狀況如何？等等問題，亟有必要對這兩種分析法加以溝通，以便得出《中原音韻》正確的元音音位系統，有助於建立科學的《中原音韻》共時音系。

一　《中原音韻》元音音位系統構擬的兩種方法：個別構擬法和系統構擬法

目前音韻學界對《中原音韻》各部主元音的構擬方法，可以大別為兩類：第一類可稱為個別法，第二類可稱為系統法。

第一類個別法全稱為各韻部分別構擬法，指的是研究者分別對《中原音韻》的十九個韻部的音值加以構擬。每部原則上是一個主元音。並進而考察各韻部內的韻母類別和數量，及其與中古音開合等位之間的關係。這種方法是僅考慮《中原音韻》各韻部內部的具體情況而進行的構擬，可能的情況下參考一下八思巴字對音或其他資料。換言之，這是一種不考慮主元音全局分佈而只關注局部即各韻部內部問題的構擬方法。至於該韻部的主元音與《中原音韻》其他各韻部的主元音之間有無關聯性、平行性、互補性以及《中原音韻》全書元音音位系統的數量又是如何等等，則不予考慮。每個韻部構擬完畢以後就工作結束，缺乏對全書各個韻部的元音統一分配的全局性觀點。難免有頭疼醫頭，腳疼醫腳，只見樹木，不見森林之弊。

第二類方法我們稱為系統法。這種方法類似於演繹法。首先，它並不先具體考慮各韻部的主元音情況如何，雖然它也是基於一個韻部一個主要元音的前提，但它首先考慮的是《中原音韻》全書最少應該有多少個主元音才能滿足其分韻需要。然後在此基礎上根據音位學原理適當調整元音數量而加以完善。即先考慮全書主元音的數量，其次再考慮元音的類型和分佈，以及全部主元音在所有十九個韻部中的分佈及與所有韻尾的配合情況。最終確定各元音在全書韻部的分佈情況。

目前採用第一種方法的人占絕大多數，使用第二種方法的人寥寥無幾，而且在具體操作過程中不無可商之處。本文就是系統法的具體應用。我們首先制定了系統構擬法的方法論原則和操作步驟，根據這些原則和步驟最終確定了《中原音韻》有七個單元音音位和三個前響複元音音位。

二 《中原音韻》元音音位系統研究現狀述評

目前，據筆者所知，有影響的關於《中原音韻》的專門性論著有下列八家，這八家按相關論著發表的時代順序，分別如下：（1）趙蔭棠一九三六／一九五六；（2）陸志韋一九四六；（3）董同龢一九五四、一九六八；（4）薛鳳生一九七五／一九九○；（5）楊耐思一九八一；（6）李新魁一九八三；（7）寧繼福一九八五；（8）王力一九六三、一九八五。

這八家都是對《中原音韻》的音系有全面的研究，也對《中原音韻》的十九個韻部進行了全面的音值構擬，當然也就不可避免地涉及到了主元音的音值和數量問題，但這種構擬從方法論角度看，除了薛鳳生一九七五／一九九○和王力一九八五兩家使用的是系統法外，其餘六家採用的都是個別法。現分別簡述如下：

趙蔭棠一九三六／一九五六對《中原音韻》的十九個韻部都做了音值的構擬，抽繹其所擬各部主要元音的音值，可以看出他擬測了十個主元音，即：ɿ, ʅ, i, y, e, ɛ, a, ɑ, o, u。

陸志韋一九四六對《中原音韻》的十九個韻部也都做了音值的構擬。根據他的看法，《中原音韻》的主要元音有下列十個：ǐ, i, e, ɛ, a, ɒ, ɔ, u, ə, ɐ。除蕭豪韻外，基本上是一個韻部一個主元音。其元音類型是，舌尖或舌葉元音一個：ǐ，前元音四個：i, e, ɛ, a，央元音二個，ə, ɐ，後元音三個，ɒ, ɔ, u。可以說是主元音數量構擬最多的一人。另一個特點是其央元音有二個。

董同龢一九五四和一九六八對《中原音韻》各韻部進行了構擬，內容相同。他構擬了如下八個主元音：ǐ, i, e, a, ɑ, o, u, ə。其分佈類型是，舌尖或舌葉元音一個：ǐ，舌面元音可分三組，前元音三個：i, e, a，央元音一個：ə，後元音三個：ɑ, o, u，從音位學的角度看，我認為董氏的構擬最接近《中原音韻》元音音位系統的實際。

薛鳳生一九七五／一九九○對《中原音韻》各部的音值做了構擬，使用的是系統法。他認為《中原音韻》只有四個主元音：i, e, a, o。都是舌面元音。其分佈類型是，前元音二個：e, ɛ，央元音一個：i；後元音一個：o。

楊耐思一九八一對《中原音韻》各部的音值構擬，共有八個主元音：ǐ, i, e, ɛ, a, o, u, ə。其分佈類型是，舌尖或舌葉元音一個：ǐ，舌面元音三組，前元音四個：i, e, ɛ, a，央元音一個：ə，後元音二個：o, u。

李新魁一九八三對《中原音韻》各部的音值構擬，共有九個單元音：ǐ, i, e, ɛ, a, ɑ, o, u, ə。其分佈類型是，舌尖或舌葉元音一個：ǐ，舌面元音三組，前元音四個：i, e, ɛ, a，央元音一個：ə，後元音三個：ɑ, o, u。

寧繼福一九八五對《中原音韻》各部的音值構擬，共有九個單元音：ǐ, i, e, ɛ, a, ɑ, ɔ,

u, ə。其分佈類型是，舌尖或舌葉元音一個：ï，舌面元音三組，前元音四個：i, e, ɛ, a，央元音一個：ə，後元音三個：ɑ, ɔ, u。

王力對《中原音韻》各部的音值構擬先後有過兩個方案，分見王力一九六三和一九八五，二者有所不同，王力一九六三使用的是個別法，王力一九八五使用的是系統法。王力的後一方案富有系統性，代表了他的最新看法，很有參考價值。從漢語音韻學史的角度看，我們認為他的這兩種擬測方案均有參考價值，也可看出王氏擬測思想的發展過程，現把這兩種方案一併列出以供參考。王力一九八五構擬了八個單元音，ɿ, ʅ, i, e, æ, a, ɔ, u, ə。其分佈類型是，舌尖元音二個：ɿ, ʅ，舌面元音三組，前元音四個：i, e, æ, a，央元音一個：ə，後元音二個：ɔ, u。但是沒有解釋他得出此結論的原因。

下面我們把這八家對《中原音韻》各部的音值構擬列一總表如下，擬音以開口為基本式，原各家韻母表如詳細列出者一仍其舊。

表一　諸家《中原音韻》韻母擬音表

韻部＼學者	趙蔭棠（1936）（一）	陸志韋（1946）（二）	董同龢（1954、1968）（三）	薛鳳生（1975/1990）（四）	楊耐思（1981）（五）	李新魁（1983）（六）	寧繼福（1985）（七）	王力 1963（八）	王力 1985（九）
(1) 東鍾	uŋ	uŋ iuŋ uəŋ iu(ə)ŋ	uŋ iuŋ	iŋ	uŋ iuŋ	uŋ iuŋ	uŋ iuŋ	uŋ yŋ	uŋ
(2) 江陽	aŋ	ɒŋ iɒŋ uɒŋ	aŋ iaŋ uaŋ	ɔŋ	aŋ iaŋ uaŋ	aŋ iaŋ uaŋ	aŋ iaŋ　uaŋ	aŋ iaŋ uaŋ	aŋ
(3) 支思	ʅ	ï	ï	ɿ	ï	ï	ï	ɿ ʅ	ɿ ʅ
(4) 齊微	i ei	i ei uei	i iei uei	ɨy	i ei uei	i əi uei	i ui ei	i ui	i
(5) 魚模	y u	u iu	u iu	ɨ	u iu	u iu	u iu	u y	u
(6) 皆來	ɑi	ai iai uai	ai iai uai	ay	ai iai uai	ai iai uai	ai iai uai	ai uai	ai
(7) 真文	en	ən in uən iuən	ən iən uən yən	in	ən iən uən iuən	ən in uən iun	ən iən uən iuən	ən in un yn	ən

韻部	趙蔭棠（1936）（一）	陸志韋（1946）（二）	董同龢（1954、1968）（三）	薛鳳生（1975/1990）（四）	楊耐思（1981）（五）	李新魁（1983）（六）	寧繼福（1985）（七）	王力 1963（八）	王力 1985（九）
(8) 寒山	ɑn	an ian uan	an ian uan	an	an ian uan	an ian uan	an ian uan	an	an
(9) 桓歡	uoen	uon	ɔn	ɔn	ɔn	ɔn	uɔn	on	ɔn
(10) 先天	iɛn	iɛn iuɛn	ien yen	en	iɛn iuɛn	iɛn iuɛn	iɛn iuɛn	iɛn yɛn	æn
(11) 蕭豪	ɑu	ɒu ɐu uɑi uɛi	ɑu au iau (uau)	wɔ	au iau iɛu	ɑu u iau iɛu	ɑu au iau iɛu	au iau	au
(12) 歌戈	o	ɔ uɔ	o io ou	ɔ	o io ou	o io ou	ɔ uɔ	o uo	ɔ
(13) 家麻	ɑ	a ia ua	a (ia) ua	a	a ia ua	a ia ua	a ia ua	a ua ia	a
(14) 車遮	ɛ	iɛ iuɛ	ie ye	e	iɛ iuɛ	iɛ iuɛ	iɛ iuɛ	iɛ yɛ	æ
(15) 庚青	eŋ	əŋ iŋ uəŋ iu(ə)ŋ	əŋ iŋ uəŋ yəŋ	eŋ	əŋ iŋ uəŋ iuəŋ	əŋ iŋ uəŋ iuəŋ	əŋ iŋ uəŋ iuəŋ	əŋ iŋ uəŋ	əŋ
(16) 尤侯	ou	əu iəu	Ou iou	iw	əu iəu	əu iəu	əu iəu	əu iu	əu
(17) 侵尋	im	əm iəm	əm iəm	im	əm iəm	əm im	əm iəm	im	im
(18) 監鹹	ɑm	am iam	am iam	am	am iam	am iam	am iam	am	am
(19) 廉纖	iɛm	iɛm	iem	em	iɛm	iɛm	iɛm	iɛm	æm
主要元音數量	10	10	8	4	8	9	9	10	8

　　根據上表，我們把諸家對《中原音韻》主要元音系統的構擬情況概括如下，作為下文討論的基礎。

表二 《中原音韻》元音系統諸家構擬比較表

	研究者	主要元音數量	主要元音類型			
			舌尖或舌葉元音	前元音	央元音	後元音
①	趙蔭棠（1936/1956）	10	ɿ, ʅ	i, y, e, ɛ, a		ɑ, o, u
②	陸志韋（1946）	10	ï	i, e, ɛ, a	ə, ɐ	ɒ, ɔ, u
③	董同龢（1954/1968）	8	ï	i, e, a	ə	ɑ, o, u
④	薛鳳生（1975/1990）	4		e, a	ɨ	o
⑤	楊耐思（1981）	8	ï	i, e, ɛ, a	ə	o, u
⑥	李新魁（1983）	9	ï	i, e, ɛ, a	ə	ɑ, o, u
⑦	寧繼福（1985）	9	ï	i, e, ɛ, a	ə	ɑ, ɔ, u
⑧	王力（1963）	10	ʅ, ɿ	i, y, e, ɛ, a	ə	o, u
⑨	王力（1985）	8	ʅ, ɿ	i, æ, a	ə	ɔ, u

上表顯示：單元音數量從四至十個不等，元音類型的分佈也頗不一致。筆者認為，產生這種情況的原因有二：（一）未能把握好確定《中原音韻》主元音數量與類型的方法論原則，（二）未能全面貫徹音位學原則。而如此紛繁的構擬也給漢語語音演變史的研究帶來了諸多不便。顯然有必要重新明確《中原音韻》主元音的數量和分佈類型。

三 確定《中原音韻》元音音位系統數量和分佈的四個方法論原則：

馮蒸一九九八明確確立了《切韻》的分韻原則，即：按照主要元音和韻尾分韻，不按介音分韻。我認為，這個原則也同樣適用于《中原音韻》。

在全面考慮《中原音韻》韻部情況的基礎上，我們確定了《中原音韻》元音音位系統數量和分佈的如下四條方法論原則：

原則一：一個韻部有一個主要元音，同韻尾的不同韻部之間的區別就是主要元音的區別，這種區別都是音位上的區別。

原則二：韻尾決定主要元音的數量。同一韻尾前韻部數量最多者，原則上就是該音系中主要元音的數量，或者說是該音系中主要元音的最低數量。這個數量理論上可以涵蓋其他同韻尾前韻部少的主元音。因為某一元音只出現在某一韻尾前這樣的奇怪分佈是違反類型學原理的。

原則三：不排除某一特殊的主元音只出現在所含韻部數量較少的其他韻尾前。即同一韻尾前韻部數量最多者並不能夠包含此類元音，這時要把這個特殊的元音加上，納入到系統中，才能夠反映該音系主要元音的全貌。

原則四：陰聲韻的前響複元音的音位性質原則上不同于單元音，應該視為是一個獨立的複元音音位，其韻尾是-∅。

我們認為，這四條原則不但適用於構擬《中原音韻》一書的主要元音音位的數量和分佈，而且適用於構擬所有的古韻書主元音的數量和分佈。

四 《中原音韻》有 7 個單元音音位說：陰聲韻-∅ 韻尾的 6 個主要元音+陽聲韻的 1 個主要元音ə。

根據音韻學界的通常看法，從韻尾的角度看《中原音韻》的韻部分佈如下表：

表三

韻尾	-m	-n	-ŋ	-∅	-u	-i
韻部數量	3	4	3	6	2	1
韻部名	侵尋、監咸、廉纖	真文、寒山、桓歡、先天	東鍾、江陽、庚青	支思、齊微、魚模、歌戈、家麻、車遮	蕭豪、尤侯	皆來

此表我們在前四個韻尾和後二個韻尾之間加了分隔線，表示我們對後二個韻尾（-u、-i）的看法與其他學者不同，但此表暫時仍從眾列出。

陰聲韻-∅ 韻尾所含的韻部數量最多，共有六個韻部，即：支思、齊微、魚模、歌戈、家麻、車遮。所以根據上節所陳述的《中原音韻》分韻原則，可以得出結論：《中原音韻》至少應有六個單元音音位。

但是我們認為，如果僅根據原則一和原則二所得出的上述結論就會歪曲《中原音韻》音位系統的真實面目。果然，我們發現在陽聲韻（指收鼻音尾-m、-n、-ŋ）的韻部中，還有一個 ə 元音，它不見於-∅ 韻尾的所有韻部，即-∅ 韻尾的六個元音當中均不包括 ə，它只見于陽聲韻韻部，即收-m、-n、-ŋ 尾的韻部當中。這大概是一個因某種特殊的語音結構而保存下來的元音，而-∅ 韻尾的六個單元音又不能與這個只見于陽聲韻

的特殊元音在符號上統一起來，我們只能據此確認《中原音韻》的單元音音位數量是-Ø 尾的六個元音加上陽聲韻的一個元音。共為七元音音位系統。這個是構擬運用了原則三，也說明了原則三的重要性。

至於這七個單元音音位具體音值的構擬，情況並不太複雜，諸家學者的構擬也基本上相同，除了上文談到的 ə 外，其餘六個單母音均只見于陰聲韻部，《中原音韻》的陰聲韻部共有九個韻部，首先，從-Ø 韻尾的六個單元音韻部來說，有四個韻部大家的看法基本上一致，即：魚模韻是-u，歌戈韻是-o（或-ɔ），家麻韻是-a，車遮韻是-ɛ（或-æ），無煩贅論。另外兩個韻部：支思韻和齊微韻，從音位學的角度來看，情況稍有特殊，詳見下文的專節說明。至於皆來、蕭豪和尤侯三個陰聲韻部，多數學者把它們處理成為帶有尾-i 或者-u 尾的單元音韻部，我們認為它們的情況特殊，它們並不是帶有-i 尾或者-u 尾的單元音韻部，而應是-Ø 韻尾韻部，但這三部的主元音不是單元音，而是前響複元音，是與單元音音位平行的另外一套音位系統，也須專節論述，亦詳見下文。

根據上文確定的四條原則，我們確定《中原音韻》應有七個單元音音位，即：/ï，i，e, a, o, u, ə/。

五　論支思韻和齊微韻的音位問題

我們所以在這裏討論支思韻和齊微韻的音位問題，是因為有學者把這兩個韻部的主元音都分別擬作兩個音，而不是一個主元音。與本文提出的《中原音韻》一部一個主元音的分韻原則不符。

關於《中原音韻》支思韻的構擬，在前述的八家學者中，有六家都是構擬為 ï，即一個主元音，只有趙蔭棠和王力兩位先生構擬為兩個舌尖元音 ɿ，ʅ。我們贊同構擬為 ï 的意見。關於 ï 的音值，或認為是舌尖音，或認為是舌葉音，這裏我們也不下結論。但是支思韻只有一個主元音的意見與《中原音韻》一部一個主元音的分韻原則一致。擬為兩個舌尖元音 ɿ，ʅ 的學者，如果認為它們是一個音位，也與我們的看法一致。但是如果認為是兩個音位，則與原則一不符。

關於《中原音韻》齊微韻的構擬，在上述的八家學者中，有六位都構擬為-i 和- ei（開口）兩個韻母。只有薛鳳生和王力兩位學者例外，薛鳳生一九七五／一九九〇構擬為 ɨ，王力一九八五構擬為一個單元音- i。對於構擬為-i 和- ei 兩個韻母的六家來說，我們暫把-i 稱為齊微 A，把- ei 稱為齊微 B，但並未見到這些學者對這兩個韻母區別的語音條件的解釋，即在何種條件下讀- i？在何種條件下讀-ei？我們推測這六位學者大概是根據齊微韻字在今官話特別是北京話的實際讀音反映擬定的。其實，它們的語音區別，正如日本學者平山久雄教授一九七七／二〇〇五所說，齊微韻唇音字在今北京話的讀- i 讀- ei，正是中古重紐的反映，重紐四等（A 類）唇音字讀- i，重紐三等（B 類）

唇音字讀- ei，容有少數例外，與讀音層次有關。我認為-i 和- ei 雖然在音值上有較大區別，但根據一個韻部只有一個主元音音位的構擬原則，-i 和- ei 應可以視為是一個音位，而不是兩個音位，這與周德清的音感一致，但並不妨礙它有兩個音值。另外，對齊微韻性質的認識，我們認為它的主要元音是- i，韻尾是零即-Ø，而不是如某些學者所認為的它有-i 韻尾。

六　論《中原音韻》中只見於陽聲韻而不見於陰聲韻的一個特殊單元音ə。

　　上文我們已經說過，同韻尾數量最多的韻部就是該音系主要元音的最低數量，即原則一和原則二。由於《中原音韻》的陰聲韻部中-Ø 韻尾有六個韻部，是同韻尾數量最多的韻部，也就是說，至少要有六個單元音才能夠滿足《中原音韻》的分韻原則。但是，這六個單元音能否涵蓋《中原音韻》的其他韻部乃至所有韻部，當然令人存疑。換言之，這六個單元音能否涵蓋所含韻部數量較少的其他韻尾韻部的主要元音情況？除了要對非-Ø 尾韻部逐一加以考察，以檢驗-Ø 尾六元音的普遍性外，還需考慮陽聲韻的情況。《中原音韻》的實際情況表明，陽聲韻部有一個特殊的主要元音ə。（即收-n 尾的真文韻和收-ŋ 尾的庚清韻的主要元音），它不見於所有的陰聲韻部，即不在-Ø 尾的六個主元音之內，這種情況就是上文所說的原則三。看來，必須把這幾個原則結合起來使用，才能求出《中原音韻》主元音音位系統的準確全貌。據此可知，《中原音韻》單元音音位應該不是六個，而是六加一即七個主元音，這樣才能夠滿足《中原音韻》的分韻要求。至於為什麼這個ə元音只見於所含韻部數量較少的陽聲韻部而不見於陰聲韻部，或許與音節結構的性質有關，我們知道，元音在開音節時的情況與在閉音節時的情況會有所不同，一般說來，元音在開音節變化快，在閉音節變化慢，以致二者的主元音演變不同步。這裏陰聲韻是開音節，而陽聲韻雖不是嚴格意義上的閉音節，但可稱為是半閉音節，與開音節還是有區別的。王力一九六〇指出：「若依西洋的說法，陰聲韻就是所謂開口音節，陽聲韻和入聲韻就是所謂閉口音節。但是，就漢語的情況來說，陽聲韻也可以認為半閉口音節，因為鼻音近似元音，聲調的尾巴可以落在鼻音韻尾上面，它和清塞音的性質大不相同」[1]換言之，主元音在陰聲韻和陽聲韻的演變速度很可能不一致。這當然也只是一種推測，尚待進一步研究。

---

[1]　王力：1960：233註腳原注：半閉口音節的術語采自 Н.Д.Андреев、М.В.Горбина：《越南語的聲調系統》。見《列寧格勒大學學報》1957年第8卷，《歷史語言和文學集刊》第2期，頁133。

七　過渡音沒有音位學價值：論陽聲韻侵尋、真文、庚青三部細音韻母的主要元音與過渡音

《中原音韻》陽聲韻的侵尋（-m）、真文（-n）、庚青（-ŋ）三個韻部的細音韻母的元音音位問題是處理《中原音韻》元音音位必須要考慮的重要問題之一。這三個韻部細音韻母的擬測，諸家較為分歧，它直接影響到對主要元音性質的認定問題。諸家在元音 i 後和韻尾-m、 -n、 -ŋ 前的元音認定，看法不一。根據上文所列諸家的擬音表可看出下列三部有兩種擬音形式（均以開口為例），其中後一種形式是 i 和韻尾之間均有元音 ə，即：

（1）侵尋有：im，iəm 二種形式；

（2）真文有：in，iən 二種形式；

（3）庚青有：iŋ，iəŋ 二種形式。

我們認為，這些細音韻母中的 ə 是過渡音，不是主要元音。這從聽覺上或語感上即可判斷。這些過渡音在不同的韻部中表現不一：或清晰，或含混，或長，或短，但總之都是過渡音的各種形態，不應視為是主要元音，這些過渡音沒有音位學價值，侵尋、真文、庚青三部中的細音韻母的 i 才是主要元音，i 不是介音。（關於漢語過渡音音位學價值的詳細討論，見趙元任：1934。）

八　皆來，蕭豪、尤侯三韻是-ǿ 尾的前響複元音音位說

關於《中原音韻》皆來、蕭豪、尤侯三個韻部的音位認識問題，我們的看法與前人和時賢不同。這三個韻部的學界的通常擬音是-ai、-au 和-ou，它們都是前響複元音。馮蒸一九八九指出：漢語的二合元音，學界通常分為前響複元音和後響複元音兩類，這兩類複元音的性質截然不同。我們認為後響複元音如 ia，iɛ 等，是兩個單元音音位的相加，如 ia=i+a，iɛ=i+ɛ，因為這兩個元音之間是可以拆開的，這在聽覺上或語感上，可以很容易判斷出來。而前響複元音如-ai，-au 和-ou，這兩個所謂單元音之間不可截然分開，它不是兩個單元音的相加，是一種連續的滑動關係。從聽感上來說，ai≠a+i，au≠a+u，也就是說，ai 不等於韻腹 a 加韻尾 i，au 也不等於韻腹 a 加韻尾 u。所以我們認為前響複元音是一個音位，叫複元音音位。它與單元音音位是並行不悖的。據此，《中原音韻》的這三個韻部，學界公認都是前響複元音，所以它們是三個獨立的複元音音位。由此看來，如果選擇這樣處理的話，這三個韻部的韻尾就是-ǿ 韻尾，而不是學界通常認為的-i 尾或-u 尾，換言之，《中原音韻》陰聲韻的韻尾都是- ǿ，並無帶有-i、-u 尾的韻部。另外，討論《中原音韻》的單元音音位，雖與這三個複元音韻部的擬音無

直接關係，但應儘量在音位符號的選擇和寫法上取得一致性。

我們把《中原音韻》的皆來、蕭豪和尤侯三個陰聲韻部處理成複元音音位，即：/ai/、/au/、/ou/（或者/əu/），認為它們不是兩個單元音音位的相加即「單元音+單元音」的結構形式，似乎應該算是一個創新之舉。我們目前尚未見有學者明確提出《中原音韻》的這三個韻部是如此處理的。幾乎所有學者基本上都是把這三個韻部一律處理成「單元音+單元音」的結構形式，即是兩個單元音音位的相加。我們對漢語複元音的這種音感，除了實驗語音學可以證明外（曹劍芬、楊順安1884），《中原音韻》韻部分立本身的情況和注音字母書寫符號的創制情況亦可證明我們的看法，現分別說明如下：

（一）我們把《中原音韻》的皆來、蕭豪和尤侯三個陰聲韻部處理為獨立的前響複元音音位，這在周德清對《中原音韻》的韻部設置本身亦可得到證實。在《中原音韻》中我們可以清楚地看到，如果是後響複元音，都不獨立成部，即它們都與相應的單元音同現於一個韻部，而前響複元音則都獨立為一個新韻部，也從側面說明了前響複元音與後響複元音的性質不同。目前學者對《中原音韻》韻部系統的構擬均可以說明我們的這一看法，請看下表：

A. 魚模韻：u，iu

歌戈韻：o，io，uo

家麻韻：a，ia，ua

車遮韻：ɛ，iɛ，iuɛ

B. 蕭豪韻：au，iau，（uau）

皆來韻：ai，iai，uai

尤侯韻：ou（或者 əu），iou（或者 iəu）

這裏 A 類韻是含有後響複元音的韻部，可以看出，所有的後響複元音如：iu，io，uo，ia，ua，iɛ，iuɛ 等均不獨立成部，而是與其韻腹的單元音 u、o、、ɛ 同在一個韻部，與我們今天說漢語人的音感完全一致；而 B 類是含有前響複元音的韻部，可以看出，它們都獨立成部。即 au，ai，和 ou（或者 əu），都獨立成部，當然也可以在它們的前面加上介音 i 或 u，但 au，ai，和 ou（或者 əu）都分別是是不可拆分的一個獨立語音單位。

（二）注音字母制定者的觀點與我們完全一致，他們把 ai、au、ou 分別處理成一個語音單位，並且用一個專門的符號來標示它們，即寫作：ㄞㄠㄡ，而後響複元音則不是這樣，它是用兩個符號標示，表示是兩個單元音的相加，如ㄧㄚ，表示 i+a，ㄨㄚ表示 u+a，其他可以此類推。這說明注音符號的制定者對前響複元音的音感與我們完全一致。其處理法與我們對《中原音韻》的處理法也完全一致。

總而言之，對這三個韻部即前響複元音的看法，我們與其他諸家的區別，表面上看，似乎只是一種符號位置的不同，ai、au 其他學者（如薛鳳生一九七五／一九九〇和

王力一九八五）認為是 a＋i，a＋u，我們認為是 ai＋Ø 和 au＋Ø，但其性質卻有著本質上的不同。退一步說，即使把這三個韻部處理成「單元音＋單元音」的結構形式，那麼，這三個單元音和韻尾元音的音位符號也並未突破《中原音韻》有七個單元音的音位格局，也就是說，絲毫不影響我們對《中原音韻》有七個單元音音位的結論。

關於蕭豪韻的擬音，還有一個問題，就是該韻部有一、二等對立的現象，我們認為那是介音的問題，不是主要元音的問題，不必給二等韻再擬一個主元音，這裏不再贅述。

綜上所述，我們認為《中原音韻》的元音音位系統當如下表：

表四　《中原音韻》元音音位分佈圖

韻部 元音		陰聲韻	陽聲韻		
		-Ø	-ŋ	-n	-m
1	u	-u 魚模	-uŋ 東鍾		
2	o/ɔ	-o 歌戈		-on 桓歡	
3	a	-a 家麻	-aŋ 江陽	-an 寒山	-am 監咸
4	ɛ/æ	-ɛ/-æ 車遮		-ɛn/-æn 先天	-ɛm/-æm 廉纖
5	ə		-əŋ 庚青	-ən 真文	
6	i	i 齊微			-im 侵尋
7	ï/ɿ、ʅ	ï/ɿ、ʅ 支思			
8	au	au 蕭豪			
9	ai	ai 皆來			
10	əu	əu 尤侯			

九　薛鳳生《中原音韻》有四個單元音音位說述評

薛鳳生一九七五／一九九〇一書的第五章（漢譯本，頁50-51）中對《中原音韻》的主元音提出了如下的構擬原則，他說：

5.1 作業原則

如前所述，《中原音韻》中的「韻」的概念與《切韻》中的「韻」甚為不同，實際上比較接近於某些韻圖裏的「攝」（見2.2）。從這裏我們可以得出一個很不嚴格的假設，即《中原音韻》中的一個韻有可能包含著主元音不同的音節，而兩個或兩個以上韻尾相同的韻則極不可能具有相同的主元音。基於這個假設，我們可以立下兩條作業原則，作為我們以下推論時的依據。

（a）每一韻只許有一個主元音，但是在特殊情況下，為了合理地解釋所有的對立音組，可以破例地允許有兩個或更多的主元音。

（b）韻尾相同的韻，一定具有不同的主元音。

5.2 《中原音韻》裏的陽聲韻

在《中原音韻》的十九韻裏，以鼻音收尾的有十個。如果我們能夠為這十個陽聲韻設計出一個令人滿意的主元音系統，其他九韻的問題就可以迎刃而解了。鼻音韻中的三個韻，東鐘韻、江陽韻、庚青韻，在中古音和現代北京話中都以舌根鼻音 /ŋ/ 結尾，因而在《中原音韻》中一定也帶有相同的韻尾。另外七個在現代北京話中都以 /n/ 結尾，而其中的三個，侵尋韻、監咸韻、廉纖韻，在《切韻》及不少現代非官話方言中（如廣東話），都以 /m/ 結尾。由於這三韻在《中原音韻》裏與其他各韻分開，最合乎邏輯的結論應該是這三韻在當時仍然是以 /m/ 收尾的。現在，只剩下四個當時一定以 /n/ 收尾的韻，即真文韻、寒山韻、桓歡韻、先天韻。根據前文所立的第二個作業原則，我們可以合乎情理地假定，《中原音韻》裏至少應有四個主元音。顯然，我們不能就如此簡單地假定，這只能是一個作為進一步調查和最後檢驗的起點罷了。

據此，薛先生得出了如下的四元音系統（薛鳳生1975／1990：頁77；又見薛鳳生1986：頁93）：

表五　薛鳳生《中原音韻》主元音構擬表

韻尾	ø				y		w		n				m			ŋ		
元音＼介音	i	e	a	ə	i	a	ə	a	ə	e	a	ɔ	ə	e	a	ɔ	ə	a
ø 開	支		沙	歌	賊	來	侯	豪	根		山		森		三		生	當
y 齊		車	家		齊	皆	尤	蕭	真	天	奸		侵	廉	咸		庚	江
w 合	模		花	戈	微	快	否	郭	文		晚	桓				東	轟	光
yw 撮	魚	靴		岳					春	川						鍾	兄	

韻目	支思	魚模	車遮	家麻	歌戈	齊微	皆來	尤侯	蕭豪	真文	先天	寒山	桓歡	侵尋	廉纖	監咸	東鍾	庚青	江陽

薛鳳生教授提出的兩條構擬原則大致與我們原則一相當，尤其是韻尾決定主元音的數量的觀點我們的認識相當一致。但是具體操作起來，我們二人的結果竟然大不相同： 薛鳳生教授認為《中原音韻》的主要元音音位系統是四個單元音，而筆者用同樣的觀點分析《中原音韻》的元音音位系統卻得出七個單元音音位，另有三個前響複元音音位，共計十個元音音位，與薛先生的結論頗不一致，原因何在？

薛鳳生先生對《中原音韻》音位系統處理的出發點雖與我們有一致之處，但具體的操作步驟卻與我們全然不同，他似乎是走錯了方向。他先把《中原音韻》的全部韻部按照韻尾的不同分成了陰聲韻和陽聲韻兩大類，發現陰聲韻是九部，陽聲韻是十部，由於陽聲韻部數量多於陰聲韻部數量，於是他即認為《中原音韻》的元音音位當全部包括在陽聲韻韻部中，接著，在陽聲韻的三個韻尾-m,-n,-ŋ 中，選出含有韻部數量最多的收-n 的四部（真文、寒山、桓歡、先天），即認為《中原音韻》整部書中的單元音音位數量是四個，並擬為 /i e ɑ o /，確認這四個單元音音位就是涵蓋《中原音韻》整部書中的單元音音位的數量和類型。為了把所有的韻部均納入這個四元音系統，不免削足適履，出現了許多令人匪夷所思的擬測。他的這種做法顯然是忽略了在陰聲韻的九個韻部中，也可按照韻尾的不同而分成三類，即-Ø, -i, -u 三類（收-i, -u 的二類，他寫作收-y，收-w，這二類陰聲韻韻尾的設立與我們的觀點不一致，詳見上文，此處暫從眾列出），而-Ø 韻尾則包含六個韻部（支思、齊微、魚模、歌戈、家麻、車遮），遠多於-n 韻尾的四個韻部，所以以四元音說顯然不能夠滿足陰聲韻-Ø 韻尾六個韻部的需要，因為少了二個主要元音。他把歌戈（-ɔ）、家麻（-a）、車遮（-e）各擬為一個主元音，那麼還只剩下一個 i 元音讓三個陰聲韻部（支思、齊微、魚模）共同分配，如何處理這個棘手局面？於是導致他把魚模韻和支思韻擬為相同的主元音（他稱韻基），只是介音不同，支思為 i，魚模為 wi、ywi，這顯然與《中原音韻》的分韻原則相矛盾，實際上它們完全不能押韻。說魚模韻和支思韻主元音相同在聽感上也令人難以接受。支思韻也不會是舌面元音 i 而應是舌尖或舌葉元音 ï。齊微韻通常都認為是-Ø 韻尾,主要元音是 i，但薛先生也認為齊微韻的主元音也是 i，但讓該韻帶有-y 韻尾，也令人難以苟同。總而言之，為了維持四個主要元音的格局，他把同是-Ø 韻尾的三個韻部支思、齊微、魚模的主元音都擬為 i，為了區別它們，把魚模處理成有介音 w、yw，把齊微處理成有韻尾-y，其根本致誤之由就是違背了《中原音韻》的分韻原則。薛鳳生的構擬不但與後世的語音反映和音感矛盾，與周德清的分韻原則也不符。此外，還有一些其他細節上的分歧，這裏就不一一評述了。由此看來，這一系列不合常理的擬測，其根本原因，就是

薛先生違背了同韻尾前所含韻部數量最多者即為該音系中最基本的元音音位數量原則，把韻尾分成陽聲韻和陰聲韻兩大類看這兩類中哪類所含的韻部多，再進而在某類內找同韻尾所含韻部最多者來定主母音數量的兩步走步驟並不是必然原則，只有把這兩類韻部的韻尾都放在平等的地位統一觀察，統一考慮和處理，才能求得《中原音韻》元音音位數量和類型的真相。

十　結語

綜上所述，本文的主要結論如下：

（一）同韻尾的韻部數量決定主要元音的數量，數量最多的韻部就是該音系的最基本的元音音位。根據這條原則，並且全面考察陰聲韻與陽聲韻全體韻部的基礎上，可以確定《中原音韻》有七個單元音音位。

（二）前響複元音不是兩個單元音音位的相加，而是一個獨立的音位形式。我們叫做複元音音位。《中原音韻》有三個前響複元音音位，即：皆來是/ai/、蕭豪是/au/、尤候是/ou/（或者/əu/），韻尾是-Ǿ。

（三）韻母中的過渡音不是主要元音。《中原音韻》陽聲韻侵尋、真文、庚青三部細音韻母 i 和鼻尾之間的 ə 或者 o 都是過渡音，過渡音沒有音位學價值，i 才是主要元音。

（四）支思韻和齊微韻的每部內都是只有一個主要元音，應視為是一個音位。但不妨各有兩個音值，支思韻的/i/可有 ɿ、ʮ 兩個音值，齊微韻的/i/可有 i、ei 兩個音值。

參考文獻

近人論著

曹劍芬、楊順安　〈北京話復合元音的實驗研究〉　《中國語文》1984年4期　頁426-433

董同龢　《中國語音史》　臺北市　中華文化出版事業社　1954年

董同龢　《漢語音韻學》　臺北市　臺灣學生書局　1968年

馮　蒸　〈北京話元音音位系統新探〉　《漢字文化》　1991年3期　頁54-61

馮　蒸　〈論《切韻》的分韻原則：按主要元音分韻，不按介音分韻—《切韻》—／三等韻、二／三等韻、三／四等韻不同主要元音說〉　《語言研究》　1998年增刊　頁164-185

李新魁　《《中原音韻》音系研究》　鄭州市　中州書畫社　1983年

陸志韋　〈釋《中原音韻》〉　《燕京學報》　第31期　1946年　頁35-70

陸志韋　《陸志韋近代漢語音韻論文集》　北京市　商務印書館　1988年

寧繼福　《中原音韻表稿》　長春市　吉林文史出版社　1985年

平山久雄　〈中古唇音重紐在中原音韻齊微韻裏的反映〉　《平山久雄語言學論文集》　北京市　商務印書館　1977／2005年　頁51-58

王　力　《上古漢語入聲和陰聲的分野及其收音》　載《語言學研究與批判》第二輯　北京市　高等教育出版社　1960年　頁233-277

王　力　《漢語音韻》　北京市　中華書局　1963年

王　力　《漢語語音史》　北京市　中國社會科學出版社　1985年

薛鳳生著　魯國堯、侍建國譯　《中原音韻音位系統》　北京市　北京語言學院出版社　1975／1990年

薛鳳生　《北京音系解析》　北京市　北京語言學院出版社　1986年

楊耐思　《中原音韻音系》　北京市　中國社會科學出版社　1981年

趙元任　《音位標音法的多能性》（The Non-uniqueness of Phonemic Solutions of Phonetic Systems, 附中文摘要）　載《中央研究院歷史語言研究所集刊》第4本第4分　1934年　頁363-390　漢譯文載《趙元任語言學論文選》　北京市　中國社會科學出版社　1985年　葉蜚聲譯

趙蔭棠　《中原音韻研究》　北京市　商務印書館　1936／1956年

論《古今韻會舉要》對楊慎古音學的影響

叢培凱

東吳大學中國文學系助理教授

摘要

楊慎於明代以博學聞名,其研究著述甚鉅,在古音學方面,有《轉注古音略》、《古音叢目》、《古音餘》、《古音附錄》、《古音駢字》、《古音複字》等著作,影響著後世古音學的發展。「轉注古音」是楊慎古音學立論基礎,過去學者以為楊慎「轉注古音」注重文字間的音、義聯繫。本文透過文獻分析,修正此說,認為「轉注古音」實際上以搜集古今異音作為研究方式。在此立論基礎上,元代《古今韻會舉要》因欲正韻書之失,搜羅資料詳博,成為楊慎古音學參考引據的文獻之一。經過本文統整,發現《古今韻會舉要》的切語、直音、又音、其他韻字等釋文,楊慎皆多元地加以運用。在分析過程中,也呈顯出楊慎古音學研究上的侷限,除古音學體系歸納不足外,對於兼及古今音系統的《古今韻會舉要》,其聲韻體系的認知、古今音分析的方法皆未縝密。但以學術史的角度檢視,楊慎古音學繼承宋人音韻觀念,並影響後世發展,具有著承先啟後的一席之地。

關鍵詞:楊慎、古音學、「轉注古音」、《古今韻會舉要》

前言

楊慎（1488-1559）[1]，字用修，號升庵[2]，四川新都人。因明代「大禮議」政治鬥爭，於嘉靖三年（1524）受廷杖、充軍雲南，最終客死異鄉。楊慎仕途不盡如意，但學術成就豐碩，明人陳大科云：「以論博物君子，其在我朝，則楊升庵先生執牛耳哉。」[3]古音學術上，楊慎有豐富的成果，著有《轉注古音略》、《古音叢目》、《古音餘》、《古音附錄》、《古音駢字》、《古音複字》等著作，影響後世古音學發展。如顧炎武對於楊慎《轉注古音略》抱持著高度評價，其〈轉注古音略跋〉自云：

> 余不揣寡昧，僭為《唐韻正》一書，一循唐音正軌，而尤賴是書，以尋其端委。神學者之讀經自考文始，考文自知音始，而古音之亡者終不亡，此厚幸矣。[4]

顧氏明言《唐韻正》的研究，與《轉注古音略》有著密切關係。今考《唐韻正》注文多處引「楊慎曰」，可見其影響性。筆者《楊慎古音學文獻探賾》研究中，發現楊慎古音學著作徵引文獻廣博[5]，其中元代《古今韻會舉要》一書，楊慎引據方法多元。因此本文欲探討《古今韻會舉要》對於楊慎古音學的意義，分析楊慎的引據方法，並探討其中侷限，希冀對於楊慎古音學的內涵，能有更進一步的了解。

一　楊慎古音學立論基礎──轉注古音

根據王文才《楊慎學譜》考證，嘉靖九年（1530），楊慎遊大理點蒼山，於感通寺撰《轉注古音略》：

> 楊慎〈遊點蒼山記〉謂：庚寅二月，重遊大理，與李元陽遊點蒼山，寓感通寺二十日，撰《轉注例》，元陽題曰寫韻樓。元陽〈送升菴還蜻川客寓詩序〉云：「先生舊嘗讀書點蒼山中，著《轉注古音》，以補字學之缺。一時問字者，肩摩山

---

1 關於楊慎卒年，有嘉靖三十八年（1559）、嘉靖四十年（1561）、嘉靖四十一年（1562）、隆慶元年（1567）等異說。豐家驊：〈楊慎卒年卒地新證〉，《南京師範大學文學院學報》第2期（2006年3月）。以《七十行戍稿》、〈翰林修撰楊公墓誌銘〉、〈升庵先生七十行戍稿序〉等文獻為據，認為楊慎卒於嘉靖三十八年七月，本文採其說法。
2 「升庵」一名，古籍文獻或作「升菴」。
3 王文才、張錫厚輯：《升庵著述序跋》（昆明市：雲南人民出版社，1985年），頁120。
4 王文才、張錫厚輯：《升庵著述序跋》（昆明市：雲南人民出版社，1985年），頁15。
5 叢培凱：《楊慎古音學文獻探賾》（臺北市：臺灣師範大學國文學系博士論文，2014年）。

麓。」所記即本年事，書為楊慎名著，關係明清古韻之學。[6]

楊慎《轉注古音略》，全書五卷，卷一、卷二屬平聲韻字，卷三至卷五，分別為上、去、入聲韻字。根據盧淑美研究，「編排的韻書，皆以當時官方通行的平水韻（詩韻）排列。」[7]韻目下韻字，置入音讀、釋文。楊慎《轉注古音略》為其古音學理論基礎，強調「轉注」與音韻的結合，其〈轉注古音略題辭〉云：

> 《周官·保氏》「六書終於轉注。」其訓曰：「一字數音，必輾轉注釋而後可知。」〈虞典〉謂之和聲，〈樂書〉謂之比音，小學家曰動靜字音。訓詁以定之，曰讀作某，若「於戲」讀作「嗚呼」是也。引證以據之，曰某讀，若云徐邈讀，王肅讀是也。《毛詩》、《楚辭》悉謂之叶韻，其實不越〈保氏〉轉注之義耳。……學者雖稍知崇誦，而猶謂「叶韻」自「叶韻」，「轉注」自「轉注」，是猶知二五而不知十也。[8]

《四庫全書總目》對於楊慎「轉注古音」說法，提出批評：

> 是書前有自序，大旨謂《毛詩》、《楚辭》有「叶韻」，其實不越保氏「轉注」之義。《易經》疏云：「『貫』有七音。」始發其例，宋吳才老作《韻補》，始有成編。學者知「叶韻」自「叶韻」，「轉注」自「轉注」，是猶知二五而不知十也。考「叶韻」之說，始於沈重《毛詩音義》，後顏師古注《漢書》，李善注《文選》，並襲用之。後人之稱「叶韻」，自此而誤，然與六書之「轉注」則渺不相涉。慎書仍用「叶韻」之說，而移易其名於「轉注」，是朝三暮四改為朝四暮三也。[9]

《轉注古音略》論點雖有不足處，卻影響古音學史的發展，故《四庫全書總目》亦言：「以其引證頗博，亦有足供考證者，故顧炎武作《唐韻正》，尤有取焉。」[10]王文才針對此言云：

> 清人論慎音學者，但譏其誤「叶韻」為「轉注」，昧古音之韻部，推陳第為韻學之祖，而宗顧氏音書為典則。然亭林自述所著，原從此出，絕無乾嘉師承之見。

6　王文才：《楊慎學譜》（上海市：上海古籍出版社，1988年），頁76。

7　盧淑美：《楊升菴古音學研究》（嘉義縣：中正大學中國文學研究所碩士論文，1993年），頁14。

8　〔明〕楊慎：〈轉注古音略題辭〉，《轉注古音略》，收入《函海》（臺北市：宏業出版社，1968年），第18函，頁10939。為求行文方便，本文以下簡稱此版本為《轉注古音略》（《函海》本）。

9　〔清〕紀昀、陸錫熊、孫士毅等著，四庫全書研究所整理：《欽定四庫全書總目《整理本》》（北京市：中華書局，1997年），頁565。

10　〔清〕紀昀、陸錫熊、孫士毅等著，四庫全書研究所整理：《欽定四庫全書總目《整理本》》（北京市：中華書局，1997年），頁565。

慎於古音之建樹，實不止《唐韻》一書多取其說也。[11]

欲知楊慎古音學成就，須究其《轉注古音略》，欲明《轉注古音略》，楊慎「轉注古音」則為探析基礎。

根據學者研究，大多認為楊慎的「轉注古音」，乃重視文字的音、義關係。如盧淑美言：

> 升菴言轉注是一字數音，必輒轉注釋而後可知，他認為除了音韻之依據外，仍須有音義之關連，故十分重視音義的關連性。[12]

劉青松〈晚明時代古音學思想發微〉認為：

> 一字多音是「古音轉注」的結果。「轉音而注義」，這就表明要把音和義緊密地聯繫在一起，「音轉」必須以「義別」為依託。[13]

何九盈《中國古代語言學史（新增訂本）》亦言：「楊慎強調『古音轉注』要以『義理』為據。」[14]另一方面，學者批評楊慎的「義理」擇取標準，認為過於空泛，劉青松言：

> 楊慎認為，不論是哪種方式的轉注，都必須符合「義」、「理」，遵循「音隨義轉」的原則。楊慎所謂「義」、「理」是以有無特定的意義或有無語言文獻資料證據為標準的，符合「義」、「理」便可轉注。[15]

韓小荊更直評：「楊慎這裡『轉注說』已發展到無所不轉的地步」[16]：

> 他所據之「義理」的伸縮性是如此之大，只要有點兒依據——或是詞義相通，或是有韻例可循，或是有異文可證，或是有方言可據，或是有前人舊讀可考——都可定為轉注，其實質也就是「有理可說的叶音」這些義理的可靠性是如此值得懷疑，有時甚至是牽強附會。[17]

韓小荊談及的楊慎「義理」，其中「韻例」、「方言」、「舊讀」已屬音韻範疇，應與「義理」無涉。

---

11 王文才：《楊慎學譜》（上海市：上海古籍出版社，1988年），頁204。

12 盧淑美：《楊升菴古音學研究》（嘉義縣：中正大學中國文學研究所碩士論文，1993年），頁97。

13 劉青松：〈晚明時代古音學思想發微〉，《語言研究》2001年4期，頁20。

14 何九盈：《中國古代語言學史（新增訂本）》（北京市：北京大學出版社，2006年），頁217。

15 劉青松：〈楊慎古音學初探〉，《古漢語研究》2000年3期，頁21。

16 韓小荊：《楊慎小學評議》（武漢市：湖北大學漢語言文字學研究所碩士論文，1999年），頁7。

17 韓小荊：《楊慎小學評議》（武漢市：湖北大學漢語言文字學研究所碩士論文，1999年），頁34。

眾家研究，一方面認為楊慎「轉注古音」重視文字音、義關係，另一方面卻又以為楊慎對於「義理」的標準存在著瑕疵。其中內涵似仍有未明處，故筆者藉此闡發。

（一）「轉注古音」與「聲轉說」的關係

楊慎曾言：「原轉注之義，最為難明。」[18]，對於眾家「轉注」之說，楊慎於《古音後語》有個人的見解與批評：

> 《周禮》注云：「一字數義，展轉注釋而後可通。」後人不得其說，遂以反此作彼為轉注。許慎云；「轉注，考、老是也。」毛晃云：「老字下從匕，音化，考字下丂，音巧，各自成文，非反考為老也。」王柏《正始之音》亦以考、老之訓為非。蕭楚謂一字轉其聲而讀，是為轉注。程端禮謂假借借聲，轉注轉聲。皆合《周禮》注展轉注釋之說。[19]

楊慎論據基礎在於《周禮》注：「一字數義，展轉注釋而後可通。」〈轉注古音略題辭〉言：「《周官》保氏，六書終於轉注。其訓曰：『一字數音，必展轉注釋而後可知。』」《古音後語》、〈轉注古音略題辭〉二者文辭略有差異，但皆以《周禮》為論據。清人曹仁虎曾對此提出批評：

> 案一字數義為轉注，其說始於宋之張有及毛晃，並不見於《周禮》注，……蓋毛氏自申其議論如此，楊氏用其說而不察其文義，遂直以為《周禮》注之文，則舛謬甚矣。[20]

宋人毛晃曾言：「《周禮》六書，三曰轉注，謂一字數義，展轉注釋而後可通，後世不得其說，遂以反此作彼為轉注。衛常《書勢》云：『五曰轉注，考、老是也』裴務齊《切韻》云：『考字左回，老字右轉。』其說皆非。」[21]毛晃此段文字與楊慎《古音後語》論點極為雷同，兩相比較下，筆者認為楊慎將毛晃所言「謂一字數義，展轉注釋而後可通」誤讀為《周禮》注文，並藉此作為論據基礎，以批評許慎等後人皆不知「轉注」意涵，此言雖出自毛晃，但屬楊慎誤讀前人典籍所致。

根據黎千駒〈歷代轉注研究述評〉，宋元明時期的「轉注」研究可分「形轉說」、

---

18 〔明〕楊慎：《古音後語》，《函海》（臺北市：宏業出版社，1968年），第18函，頁11129。為求行文方便，本文以下簡稱此版本為《古音後語》（《函海》本）。

19 〔明〕楊慎：《古音後語》（《函海》本），頁11129-11130。

20 〔清〕曹仁虎：《轉注古義考》（上海市：商務印書館，1936年），頁51。

21 〔宋〕毛晃增註，毛居正重增：《增修互註禮部韻略》，《景印文淵閣四庫全書》（臺北市：臺灣商務印書館，1986年），第237冊，頁461。

「聲轉說」、「義轉說」、「文字組合說」四類[22]，楊慎於《古音後語》引毛晃、王柏、蕭楚、程端禮等言論，皆屬「聲轉說」一類，所謂「聲轉說」，即「以聲音發生變化而字義也扣應發生變化的字為轉注字」[23]。此外，楊慎《古音後語》表示，「轉注古音」觀深受明人趙古則影響，其言：

> 趙古則《轉注論》曰：「轉注者，展轉其聲而注釋為他字之用者也。此句深甃有見。有因其意義而轉者，有但其轉其聲而無意義者，有再轉為三聲用者，有三轉為四聲用者，至於八九轉者亦有之。其轉之之法，則與造諧聲者相類，有轉同聲者，有轉傍聲者，有雙音並義不為轉注者，又有傍音、叶音不在轉注例者，吳棫《韻補》庶矣。傍音之類，迄今無書，學者引申觸類可也。」……右趙古則所論，其全見《聲音文字通》，首云：「展轉其聲而注釋為他字之用者」，此可謂思過半矣。末節所論，真中夾漈之膏肓，起叔重之廢疾也。然其云「雙音並義不為轉注者」，又云「傍音」、「叶音」不在轉注例者，又非也。[24]

楊慎引述趙古則之語，節略自趙古則《六書本義》的「轉注論」。除「雙音並義不為轉注者」、「傍音、叶音不在轉注例者」外，由「思過半」、「中膏肓」、「起廢疾」評價，可看出楊慎基本上是贊同趙古則「轉注」說法，並認為許慎之說未得其旨。根據黨懷興《宋元明六書學研究》，將趙古則「轉注論」依「因義轉注」、「無義轉注」、「因轉而轉」、「假借而轉注」等方面分析，認為「趙氏之轉注以詞義（包括本義及假借義）的引申變化，義轉而聲轉，多義多音，因音別義，實際探討的是詞義的引申變化問題。」[25]趙古則認為「雙音並義」、「方音、叶音」不屬「轉注」範疇，乃與字義相關，趙古則《六書本義》言：

> 曰雙音並義不為轉注者，如「𪃾（鳳同）皇（凰非）」之「朋」即「鶝朋」之「朋」（平），文皆象其飛形；「杷枋」之「杷」「補訝切」，收麥之器，「白加切」又為木名，樂器之「枇杷」皆得从木以定意，从巴皆得諧其聲，此其類也。[26]

「雙音並義」者，觀趙古則論述，「𪃾皇」之「朋」，音與「鳳」同，屬去聲；「鶝朋」之「朋」，音屬平聲，二者其形雖同，但音義指別有異，彼此無「轉注」聯繫關係，因諸類字由不同時、空環境所造。故「杷」同為从木八聲字，可為收麥之器、木名、樂器

---

22 黎千駒：〈歷代轉注研究述評〉，《湖南城市學院學報》第29卷4期（2008年），頁25-26。

23 黎千駒：〈歷代轉注研究述評〉，《湖南城市學院學報》第29卷4期（2008年），頁25。

24 〔明〕楊慎：《古音後語》（《函海》本），頁11131-11133。

25 黨懷興：《宋元明六書學研究》（北京市：中國社會科學出版社，2003年），頁158。

26 〔明〕趙撝謙：《六書本義》，《景印文淵閣四庫全書》（臺北市：臺灣商務印書館，1986年），第228冊，頁294。為求行文方便，本文以下簡稱此版本為《六書本義》（《四庫》本）。

名，但彼此卻無聯繫關係。其字「雙音」、「並義」，故不屬「轉注」。趙古則《六書本義》又言：

> 「方音」、「叶音」者，不在「轉注」例也。如「聯裁」之「裁」「陟衛切」，南方之人則有「株列切」音；「兄弟」之「兄」「呼庸切」，東吳之人則以「呼榮切」；「之上下」之「下」，讀如「華夏」，押於語韻則音如「户」；「明諒」之「明」，讀如「姓名」，押於陽韻，則音如「芒」。凡此之類不能悉載，吳棫《韻補》協音庶矣。方音之類，迄今无書，然亦不必書也。若夫「衰」有四音，「齊」有五音，「不」有六音，「從」有七音，「差」有八音，「敦」有九音，「辟」十有一音之類，或主意義，或無意義。然轉聲而無意義者多矣。學者引伸觸類而通，其餘可也。[27]

趙古則以為「方音」之屬，如聯裁之「裁」、兄弟之「兄」，其義皆同，但因地域之異而改其音。「明」、「下」等字，為求其叶而變其讀。此類轉其聲卻無其意義變化者不為「轉注」。趙古則秉持著「聲轉說」的「因音別義」標準，「方音」、「叶音」既無「別義」，故不列於「轉注」。

（二）「轉注古音」的層次標準

趙古則與楊慎的「轉注古音」差異，明人顧應祥曾言：「升庵子是編，殆取諸此，而所論傍音、叶音之類，皆轉注之極，則又古則之所未及者也。」[28]就楊慎「轉注古音」觀而言，趙古則所謂的「雙音並義」與「方音」、「叶音」皆屬於「轉注」範疇。趙古則認為由於缺少字義聯繫與變化，這些文字不為「轉注」。楊慎對此說有著不同見解，《古音後語》云：

> 「雙音並義」、「傍音」、「叶音」，皆「轉注」之極也。極則窮、窮則變、變則通，蓋「轉注」為六書之變，而「雙音」、「傍音」、「叶音」，又「轉注」之變也。若曰不為「轉注」，則當為何事？曰不在「轉注」例，則何以例之？是六書之法不盡，而聖人之作遺餘力矣。又當六書之外，別立一法以括之乎？兹余不得不辨者，不敢以疑網墮來哲也。[29]

楊慎此論，似未對趙古則理據進行直接說明，而是另立他說，反詰「雙音並義」、「方

27　〔明〕趙撝謙：《六書本義》（《四庫》本），頁294-295。

28　〔明〕楊慎：《轉注古音略》（《函海》本），頁10936。

29　〔明〕楊慎：《古音後語》（《函海》本），頁11133-11134。

音」、「叶音」若不屬六書，又當何為？筆者以為，楊慎於此段敘述中，已說明他與趙古則「轉注」差異原由。楊慎注重詞語使用，「雙音並義」與「方音」、「叶音」之屬，楊慎稱「轉注之極」、「轉注之變」，強調「極」、「變」關係為「極則窮、窮則變、變則通」，這說明楊慎「轉注古音」標準存在層次別異。他一方面贊同趙古則《六書本義》提出的轉注例，另一方面認為「雙音並義」、「方音」、「叶音」屬於不同的「轉注」層次。楊慎並非反對趙古則對於「雙音並義」、「方音」、「叶音」的說明，而是以層次別異方式將「轉注」的範疇擴大。其中關鍵在於音、義重視的不同，楊慎所謂「轉注之極」、「轉注之變」，與一般「轉注」的差異，在於「音」重於「義」。楊慎於〈轉注古音略題辭〉云：「古人恆言音義，得其音，斯得其義矣。」[30] 又於《古音後語》言：「轉注，轉音而注義。」[31]「雙音並義」、「方音」、「叶音」何以屬「轉注」？由於存在音讀差異。就楊慎而言，音讀上的差異即屬「轉注古音」，而「義」的聯繫關係與否，分屬「轉注」的不同層次。這種觀念，影響著楊慎古音學研究方法，他於〈答李仁夫論轉注書〉中言：

> 故凡見經傳子集與今韻殊者，悉謂之「古音轉注」。[32]

楊慎結合「轉注」與音韻研究，「轉注古音」的標準為古籍中與今韻殊異者，此標準未包括字義關係，古今異音屬「轉注古音」範疇，字義是否聯繫，分別為「轉注古音」的不同層次，判斷是否屬「轉注古音」，直以擇取古今音讀相異者即可。

因此，楊慎《轉注古音略》以韻書形式進行歸納，甚少探討彼此字義聯繫，此舉在當時已造成學術界的疑惑，楊慎於〈答李仁夫論轉注書〉曾言：

> 遠枉書札，下問「假借」之字有限，「轉注」之法亦有限邪？凡字皆可轉邪？走近著《轉注古音》悉之矣。然遠近諸君子觀省者，皆以尋常韻書視之，未有琢磨陶冶，洗髓伐毛至此者。[33]

由於楊慎「轉注古音」的標準，導致《轉注古音略》未能使時人明瞭，而以「尋常韻書視之」，甚至影響後代研究者對於楊慎「轉注古音」的誤解。

---

30 〔明〕楊慎：《轉注古音略》（《函海》本），頁10940。

31 〔明〕楊慎：《古音後語》（《函海》本），頁11133。

32 〔明〕楊慎：〈答李仁夫論轉注書〉，《明文海》，收入《景印文淵閣四庫全書》（臺北市：臺灣商務印書館，1986年），第1454冊，頁807。為求行文方便，本文以下簡稱此版本為〈答李仁夫論轉注書〉（《四庫‧明文海》本）。

33 〔明〕楊慎：〈答李仁夫論轉注書〉（《四庫‧明文海》本），頁807。

（三）楊慎「轉注古音」的「義理」釋疑

　　何九盈、劉青松、韓小荊等人，論及楊慎「轉注古音」，皆談論「義理」一詞。楊慎的「轉注古音」觀念，具有鮮明層次思考，非以「義理」一語即可完整論述。學者之所以以「義理」論楊慎「轉注古音」，因受到楊慎〈答李仁夫論轉注書〉中，「原古人轉注之法，義可互則互，理可通則通」的論述影響，如盧淑美《楊升菴古音學研究》、王金旺《楊慎古音學研究》即引楊慎此文後，加以推衍其義理觀，藉此判定楊慎「轉注」與「義理」的關係。其實楊慎此段論述乃針對宋人「類推說」的批評：

> 程可久又為之說曰：「才老之說雖多，不過四聲互用，切響通用而已。」朱子又因可久而衍其說云：「明乎此，古音雖不盡見，而可以類推。」愚謂可久互用，通用之說近之，類推之說可疑也。凡字皆有四聲，皆有切響，如皆可通也，皆可互也，則為字為音不勝其繁矣。原古人轉注之法，義可互則互，理可通則通，未必皆互皆通也。[34]

楊慎對於宋人「四聲互用」、「切響通用」衍伸的「類推說」進行批判，以為「四聲」、「切響」並非「類推」互通，必須依據「義理」。但「義理」標準為何？楊慎曾針對宋人「類推」舉一實例：

> 至於音韻之間，亦不屑蹈古人成跡，而自出一喉吻焉。今舉其略：如「園」之音「云」，「鴨」之音「鶪」，「平」之音「便」，「直」之音「竹」，求之於古，則《易》、《詩》、《楚辭》所無也，求之於今，則方言謠俗不叶也。如其類而推之，則當呼「天」為「鐵」，名「日」為「忍」矣，可乎？不可乎？故余作《古音略》，宋人之叶音，咸無取焉，為是故爾。[35]

由求之古《易》、《詩》、《楚辭》、考之今方言謠俗等方式，可知楊慎「轉注古音」的「義理」準則乃探尋古今異讀為證，即筆者所述「轉注古音」的層次關鍵，若以「類推說」認為楊慎「轉注古音」以「音義關連」作為標準，則有疏漏不足處。

二　楊慎古音學與《古今韻會舉要》的關係

　　筆者《楊慎古音學文獻探賾》研究中，根據楊慎古音學著作性質，建立「切語引書

34　〔明〕楊慎：〈答李仁夫論轉注書〉（《四庫・明文海》本），頁807-808。

35　〔明〕楊慎：〈答李仁夫論轉注書〉（《四庫・明文海》本），頁808。

分析法」、「直音引書分析法」等研究方式,將楊慎《轉注古音略》可能依據文獻,作一通盤的整理歸納。其中,《古今韻會舉要》一書,楊慎引據方式十分多元,在諸多文獻中擁有著特殊性,因此筆者欲以此問題意識進行開展,希冀能更加明瞭《古今韻會舉要》對於楊慎古音學的意義。

(一)欲正千年韻書之失——《古今韻會舉要》的編纂源流

關於《古今韻會舉要》的作者爭議,張凡〈《古今韻會》與《古今韻會舉要》〉整理各家學說,可分為二方面說法:一為《古今韻會》是元代福建邵武人黃公紹所著,而同時同地的熊忠在其基礎上編《古今韻會舉要》。二為《古今韻會舉要》作者即元代福建邵武人黃公紹和熊忠。[36]對此《四庫全書總目提要》曾言:

> 《古今韻會舉要》三十卷,元熊忠撰,忠字子忠,昭武人……舊本凡例首題黃公紹編輯、熊忠舉要。而第一條即云:今以《韻會》補收缺遺、增添注釋。是《韻會》別為一書明矣。其前載劉辰翁《韻會·序》,正如《廣韻》之首載陸法言、孫愐序耳,亦不得指《舉要》為公紹作也。[37]

若按熊忠《古今韻會舉要》〈原序〉說明,元人黃公紹感嘆「音學之失」,故作《古今韻會》,而《古今韻會舉要》乃熊忠在《古今韻會》基礎上發展而成的:

> 同郡在軒先生黃公公紹,慨然欲正千有餘年韻書之失,始秤字書作《古今韻會》,大較本之《說文》,參以籀、古、隸、俗、《凡將》、《急就》,旁行夐落之文,下至律書、方技、樂府、方言,靡所不究;而又檢以七音、六書,凡經史子集之正音、次音、叶音,異辭、異義,與夫事物倫類制度,纖悉莫不詳說,而備載之。浩乎山海之藏也,僕辱館公門,獨先快覩,旦日竊承緒論;惜其編帙浩瀚,四方學士不能徧覽。隱屏以來,因取《禮部韻略》,增以毛、劉二韻,及經傳當收未載之字,別為《韻會舉要》一編。[38]

關於黃公紹的《古今韻會》,鄭再發認為此書並未著成,並以元人孛术魯翀〈序《韻會舉要》書考〉、明人張錕〈古今韻會舉要序〉、明人楊士奇〈韻會跋〉為證,認為《古今

---

36 張凡:〈《古今韻會》與《古今韻會舉要》〉,《貴州教育學院學報》(社會科學版)第16卷6期(2000年),頁19。

37 〔清〕紀昀、陸錫熊、孫士毅等著,四庫全書研究所整理:《欽定四庫全書總目《整理本》》,頁562。

38 〔元〕黃公紹原編,熊忠舉要:《古今韻會舉要》,《景印文淵閣四庫全書》(臺北市:臺灣商務印書館,1986年),第238冊,頁359-360。為求行文方便,本文以下簡稱此版本為《古今韻會舉要》(《四庫》本)。

韻會》與《古今韻會舉要》有雜亂錯稱的情形：

> 後人所以一直管《古今韻會舉要》，叫《古今韻會》其原因大概是：黃公紹是有
> 功名的人：同時他著手編輯《古今韻會》的時候，常把稿子寄給人家看——例如
> 他就寄一韻給劉辰翁看，劉辰翁三叫奇特，預為之〈序〉——於是《古今韻會》
> 之名諷傳一時，待得他著書未成，毫無功名的熊忠替他作《舉要》，書一出世，
> 人家就拿它當作黃公紹的《古今韻會》了。[39]

在楊慎的觀念裡，亦將黃公紹視為《古今韻會舉要》著者，如《丹鉛續錄》云：「孟昶
乃表章五經，纂集《本草》，有功於經學矣。今之〈戒石銘〉亦昶之所作，又作《書林
韻會》，元儒黃公紹《韻會舉要》實祖之，然博洽不及也，故以舉要為名。」[40]此外，
楊慎《轉注古音略》前附〈聞見字書目錄〉，論述小學家及其著作，其中《韻會舉要》
作者署名為黃公紹。可見由於編纂源流之因，楊慎對於《古音韻會舉要》作者亦有淆混
的情形。

（二）楊慎《轉注古音略》對《古今韻會舉要》的引用

黃公紹《古今韻會》欲正韻書之失，搜羅詳博，其後熊忠以此舉要增補，《四庫總
目提要》評《古今韻會舉要》為：「惟其援引浩博，足資考證，而一字一句必舉所本，
無臆斷偽撰之處。」[41]楊慎古音研究方法為「故凡見經傳子集與今韻殊者，悉謂之古音
轉注。」故《古今韻會舉要》的豐富資料，自是楊慎引據的文獻之一。

關於《古今韻會舉要》對楊慎古音學的影響，至今研究尚未明朗，如二〇〇二年王
文才、萬光治等出版《楊升庵叢書》中，整理校勘楊慎《轉注古音略》，在《轉注古音
略》直音、釋文引書校勘方面，因未注意《古今韻會舉要》，形成有未足之憾。如《轉
注古音略·三肴》「抱」注：

> 抱：音拋。《史記》褚先生〈傳〉：「抱之江中。」[42]

《楊升庵叢書》對「抱之江中」云：「《史記·三王世表》褚先生曰：『抱之山中，山者
養之。』注：『抱音普茅切。』普茅切即拋音。疑楊所引，即據此文而誤。」[43]《楊升

39 鄭再發：《蒙古字韻跟八思巴字有關的韻書》（臺北市：臺灣大學文學院，1965年），頁25-26。
40 〔明〕楊慎：《丹鉛續錄》，《景印文淵閣四庫全書》（臺北市：臺灣商務印書館，1986年），第855
　　冊，頁189。
41 〔清〕紀昀、陸錫熊、孫士毅等著，四庫全書研究所整理：《欽定四庫全書總目《整理本》》，頁
　　562。
42 〔明〕楊慎：《轉注古音略》（《函海》本），頁10989。
43 王文才、萬光治等編注：《楊升庵叢書（一）》（成都市：天地出版社，2002年），頁627。

庵叢書》透過與《史記》比較，以為楊慎依據《史記》而有譌誤。但《古今韻會舉要》卷七「拋」注：

> 亦作「抱」，《史記》褚先生〈傳〉：「抱之江中。」並與「拋」同。[44]

二者相較，則發現《古今韻會舉要》引《史記》之語即有譌誤，且「拋」作「抱」，二字音同。楊慎對「拋」注引書依據，並非《史記》，而為《古今韻會舉要》。

又如《轉注古音略·二腫》「夬」、「容」為相鄰二韻字，其直音與釋文為：

> 夬：音漎。《漢書·衡山王傳》「日夜縱夬」，師古曰：「獎勸也。」《史記》作「從容」。又作「慫漎」，《方言》：「已不欲喜怒而旁人說者曰慫漎。」

> 容：音勇。《漢書·郊祀歌》：「旌容容。」孟康讀。[45]

《楊升庵叢書》對此二則釋文進行原典校勘，以為「夬」注「引《方言》云云，隱栝其意，非錄其文。」[46]「容」注「案音勇乃師古讀，孟康無音。」[47]筆者以為此二則直音釋文呈現的現象，與《古音韻會舉要·二腫》「漎」注十分雷同：

> 漎：勸也。《方言》：「南楚凡己不欲喜怒而旁人說者謂之慫漎」或作「夬」。《前·衡山王傳》：「日夜縱夬」如淳曰：「縱，才勇切，《史》讀作勇。」師古曰：「獎勸亦或作容。」《史記·衡山王傳》：「從容」。又《前·郊祀歌》：「旌容容，騎沓沓般從從。」孟康曰：「容音勇。」[48]

對照之下，《楊升庵叢書》校勘所述特徵，均可以《古音韻會舉要》注文解釋，楊慎撰寫此二字釋文，可能即依據《古音韻會舉要》，而非《方言》及《漢書》。

以上舉隅，可發現《古今韻會舉要》對於楊慎《轉注古音略》研究，具有一定意義與價值，惜學者未查。故筆者對楊慎《轉注古音略》引據《古今韻會舉要》者，作一統整分析，得其引據特點，以下分述。

1 明引切語、釋文

所謂「明引切語、釋文」，即楊慎於《轉注古音略》明確指出，該切語與釋文內容與《古今韻會舉要》相關。此類韻字在《轉注古音略》中僅有一例，即《轉注古音略·二宋》「統」注：

---

44 〔元〕黃公紹原編，熊忠舉要：《古今韻會舉要》（《四庫》本），頁496。
45 〔明〕楊慎：《轉注古音略》（《函海》本），頁11012。
46 王文才、萬光治等編注：《楊升庵叢書（一）》（成都市：天地出版社，2002年），頁674。
47 王文才、萬光治等編注：《楊升庵叢書（一）》（成都市：天地出版社，2002年），頁674。
48 〔元〕黃公紹原編，熊忠舉要：《古今韻會舉要》（《四庫》本），頁568。

《轉注古音略》			《古今韻會舉要》		
韻目	字	音釋	韻目	字	音釋
宋	統	他綜切。又〈董韻〉。黃公紹云：「經史無明音，二韻通押。」《說文》：「紀也。」又攝理也。	宋	統	他綜切。音與〈送韻〉「痛」同。《說文》：「紀也。從糸充聲。」一曰攝理也。《廣韻》：「總也。」《增韻》；「綱也。緒也。總御也。」又〈董韻〉。經史無明音者，二韻通押。

按表中比較可知，《轉注古音略》「統」注，楊慎明引黃公紹之語，由前文所述，在楊慎的觀念中，《古今韻會舉要》作者為黃公紹，今考《古今韻會舉要》亦有此語，且其切語及《說文》等釋文相似，應由《古今韻會舉要》音釋引據而得。

2 暗引切語、釋文

相較於「明引切語、釋文」，楊慎《轉注古音略》引據《古今韻會舉要》的切語與釋文，大多以「暗引」方式為之。即楊慎未言該韻字音切、釋文引自《古今韻會舉要》，但透過考察比對，可見二者的關係，如下表舉例：

《轉注古音略》			《古今韻會舉要》		
韻目	字	音釋	韻目	字	音釋
漾	倞	其亮切。強也。人名，楊倞，注《荀子》者。	漾	漾	其亮切。強也。又人名，楊倞，注《荀子》。
屋	恧	音義與「忸」同。女六切。徐曰：「心挫衄也。」	屋	恧	女六切。《說文》：「慙也。從心而聲。」徐曰：「心挫衄也。」《方言》：「山之東西，自愧曰恧。」《爾雅》：「心愧為恧。」或作「忸」。《書》：「顏厚有忸怩。」
漾	服	弼角切。嗁呼也。《漢書·灌夫傳》：「譙服謝罪。」注：「晉灼音赴，關西俗謂小兒嗁呼曰呼赴。」	覺	服	弼角切。嗁呼也。《前·灌夫傳》：「譙服謝罪。」注：「晉灼音赴，關西俗謂小兒嗁呼曰呼赴。」

《轉注古音略》「倞」、「恧」、「服」注切語，均與《古今韻會舉要》相同，且釋文亦相似。由比較可知，楊慎的引據方式，或將《古今韻會舉要》音釋語料，全然應用於《轉注古音略》中，如「倞」、「服」注等例。又或如「恧」注，擇取《古今韻會舉要》的釋文而加以引用。

3 引據《古今韻會舉要》釋文，並以其同音字為直音

　　《轉注古音略》音注除切語外，有些韻字音注以直音表示，考其直音來源，有些與《古今韻會舉要》同音字相關，楊慎取其釋文及同音首韻字，如《轉注古音略·三江》「舡」注：

《轉注古音略》			《古今韻會舉要》		
韻目	字	音釋	韻目	字	音釋
江	舡	《博雅》：「觟舡，舟也。」觟，音龐；舡，音肛。《增韻》：「吳舡名。」《佩觿集》曰：「觟舡之舡為舟船，其順非有如此者。」	江	舡	《博雅》：「觟舡，舟也。」觟，音龐。《增韻》：「觟舡，吳舡名。」。毛氏曰：「以舡為船，誤。」《佩觿集》曰：「觟舡之舡為舟船，其順非有如此者。」

楊慎由《古今韻會舉要》取《廣雅》、《佩觿集》、《增修互註禮部韻略》等釋文，此些釋文是否依據其他古籍而得？筆者以為引自《古今韻會舉要》的可能性較高，原因在於「觟舡之舡」句，《楊升庵叢書》曾對此考證言：「《佩觿》作『帆舡之舡』。」《古今韻會舉要》與原出處古籍不同，將「帆舡」作「觟舡」，而楊慎亦引用之。而《轉注古音略》「舡」音「肛」，考《古今韻會舉要》「肛」為「舡」字的同音首韻字。

　　除取其釋文及同音首韻字外，《轉注古音略》亦有取非首韻字的同音字，如《轉注古音略·三江》「從」注：

《轉注古音略》			《古今韻會舉要》		
韻目	字	音釋	韻目	字	音釋
江	從	音淙。《禮記·檀弓》：「爾無從從爾。」謂髻高也。	江	從	髻高也。《集韻》本作「鬆」。《禮記》作「從」，《檀弓》：「爾無從從爾。」

「爾無從從爾」句，《楊升庵叢書》考證以為「〈檀弓〉『無』作『勿』。」因此，該釋文應非引自《禮記》，而依《古今韻會舉要》而得。由於《古今韻會舉要》「從」、「淙」屬同音字，故《轉注古音略》「從」字音「淙」。

　　《轉注古音略》直音引自《古今韻會舉要》韻字同音字外，有些釋文的引據，與《古今韻會舉要》的又音注文相關，如《轉注古音略·七麌》「土」注：

《轉注古音略》			《古今韻會舉要》		
韻目	字	音釋	韻目	字	音釋
麌	土	音堵。桑土，桑根也。《方言》：「東齊謂根曰土。」《爾雅》注引《詩》：「徹彼桑杜。」又圜土獄城也。獄城必圜，示仁也。	麌	土	董伍切。圜土獄城也。獄城必圜，示仁也。
			麌	土	動五切。桑根也。《詩》：「徹彼桑土。」《方言》：「東齊謂根曰土。」或作「赭」。《字林》注：「桑皮也。」通作「杜」。《爾雅》注郭璞引《詩》作「桑杜」。

《轉注古音略》「土」音「堵」，因據《古今韻會舉要》「董伍切」中，「土」、「堵」二字同音。由上表可知，《轉注古音略》「土」注釋文，亦與《古今韻會舉要》又音「動五切」相關。根據王力《漢語語音史》研究，明代聲母端母與仄聲定母字合併為〔t〕[49]，因此楊慎視「董伍切」與「動五切」為同音，故有此運用情形。

4 引據《古今韻會舉要》音釋內容為直音

有些《轉注古音略》韻字的直音及釋文，引自《古今韻會舉要》韻字的音釋資料，如「沾」注：

《轉注古音略》			《古今韻會舉要》		
韻目	字	音釋	韻目	字	音釋
葉	沾	音帖。《史·魏其傳》：「沾沾自喜。」	葉	沾	沾沾自整貌。《史記·魏其傳》：「沾沾自喜。」《正義》云：「自整頓也。」音帖

考《史記》三家注文，《史記》〈魏其傳〉：「沾沾自喜」句，並無加註「音帖」，《轉注古音略》應引據《古今韻會舉要》音釋內容，定其釋文及直音。

有些《轉注古音略》的直音及釋文雖引據《古今韻會舉要》音釋內容，卻與其直音相關，如《轉注古音略·三肴》「摽」注：

《轉注古音略》			《古今韻會舉要》		
韻目	字	音釋	韻目	字	音釋
肴	摽	音拋。《公羊傳》：「曹子摽劍而去之。」《左傳》：「長	肴	拋	擲也。或作「摽」。《公羊傳》：「曹子摽劍而去之。」《左傳》：「長木之

---

49 王力：《漢語語音史》（北京市：商務印書館，2008年），頁437。

		木之斃，無不摽也。」			斃，無不摽也。」亦作「抱」，《史記》褚先生傳：「抱之江中。」並與「抛」同。

因《古今韻會舉要》「抛」作「摽」，其音相同。故《轉注古音略》「摽」作「抛」音，並引據《古今韻會舉要》「抛」注釋文。

除引據韻字、直音資料外，有些《轉注古音略》直音與釋文，與《古今韻會舉要》其他韻字相關，如《轉注古音略・四寘》「近」注：

《轉注古音略》			《古今韻會舉要》		
韻目	字	音釋	韻目	字	音釋
寘	近	《毛詩》：「往近王舅。」注：近，辭也，音記。	寘	其	語已辭，《詩》：「彼其之子。」或作「忌」，《詩》：「叔善射忌，又良御忌。」亦作「已」。又作「丌近」，《詩》：「往近王舅。」注：近，辭也，音記。通作「記」，《禮記・表記》引《詩》：「彼記之子。」注疏云：「語辭也。」

《楊升庵叢書》對《轉注古音略》「近」注校勘，認為：

〈崧高〉箋：「近，辭也。聲如『彼記之子』之『記』。」[50]

《轉注古音略》「近」注內容與〈崧高〉箋有異，而與《古今韻會舉要》「其」注相同，楊慎應引據於此。

三 《古今韻會舉要》對楊慎古音學的研究侷限

由上述分析，可知《古今韻會舉要》影響楊慎古音學的研究方式，亦可藉《古今韻會舉要》對於楊慎古音學成果進行檢視。如《轉注古音略・十五刪》「虨」注：

《轉注古音略》			《古今韻會舉要》		
韻目	字	音釋	韻目	字	音釋
刪	虨	音班。《說文》：「虎文彪也。」《集韻》或作「彲」。作「霦」非。	山	虨	《說文》：「虎文彪也」《集韻》或作「彲」。俗作「霦」非是。

50 王文才、萬光治等編注：《楊升庵叢書（一）》（成都市：天地出版社，2002年），頁751。

《轉注古音略》釋文與《古今韻會舉要‧十五山》「彪」注雷同，引有《說文》、《集韻》等釋文，但「班」音屬《古今韻會舉要》其前一韻首字，「彪」、「班」不為同音，疑楊慎引用譌誤。但楊慎以《古今韻會舉要》作為古音學研究的引據材料，也呈顯出楊慎古音學術上的侷限，以下分述。

（一）古音體系歸納不足

楊慎對於「轉注古音」曾言「『叶韻』自『叶韻』，『轉注』自『轉注』，是猶知二五而不知十也」，他將「叶韻」與「轉注」作一結合，建立層次標準。這種研究方式，清人對此批評。《四庫全書總目》明確認為「叶韻」與「轉注」毫無關係，楊慎何以將此二者結合論述？筆者以為楊慎是受到前人古音學侷限，對於古今音變觀念不足所致，劉曉南〈重新認識宋人叶音〉曾對於宋人「基於叶韻的古音學說之不足」加以探討：

> 古音界定模糊，從「叶音」的角度考求古音，其意圖完全是為了解釋文獻語音現象，並不是為了研究歷史語音以揭示音變規律。所以，凡文獻中表現出來的古音現象，宋人一概目之為古音，……缺乏音系古今變化的認識。由於把文獻中表現出的一個個與今音不同的具體字音，看作韻書失收的「古之遺音」，宋人對這些字音進行考證主要是為了「補」韻書失收的古音。[51]

宋人項安世《項世家說》曾云：「又有一字而兩呼者，古人本皆兼用之。後世小學，字皆定為一聲，則古之聲韻遂失其傳，而天下之言字者，於是不復知有本聲矣。」[52]「古人本兼用之」之語呈現缺乏古今音變的概念。楊慎〈答李仁夫論轉注書〉中亦有與項安世雷同的論述：

> 蓋「轉注」，六書之變也。自沈約之韻一出，作詩者據以為定，若法家之玉條金科，而古學遂失傳矣。[53]

所謂「沈約之韻」即指韻書創制之始，此屬誤解的觀念，清人陳澧曾云：「紀文達公以世俗謂今所行陰氏韻為沈約韻，乃取沈約詩文編為《沈氏四聲考》，而譏陸氏《切韻》竊據沈氏而作，此亦文達之誤也。」[54]魏建功《十韻彙編》〈序〉云：「向來各家說沈約撰韻，有一部《四聲譜》，後來人就將現行的韻書當作他的遺制。」[55]何以「沈約之韻

51 劉曉南：〈重新認識宋人叶音〉，《語文研究》2006年4期，頁5。
52 〔宋〕項安世：《項氏家說》（臺北市：臺灣商務印書館，1965年），頁48。
53 〔明〕楊慎：〈答李仁夫論轉注書〉（《四庫‧明文海》本），頁807。
54 〔清〕陳澧撰，羅偉豪點校：《切韻考》（廣州市：廣東高等教育出版社，2004年），頁159。
55 魏建功：《魏建功文集（貳）》（南京市：江蘇教育出版社，2001年），頁227。

一出」,「轉注」遂失傳？由於楊慎古今音變觀念不足,認為由於韻書「定音」關係,捨棄與韻書相異者,因此《古今韻會舉要》內容浩博,自是楊慎探尋引據的資料之一,如此搜羅的研究方式,導致楊慎古音學成為散亂無歸納的體系,筆者《楊慎古音學文獻探賾》將《轉注古音略》作一全面之音韻分析,發現楊慎的古音研究由於缺乏古今音變觀念,有些音讀雖有上古音遺留之跡,但整體古音語料多元紛雜,各具特性,無法以單一視角檢視。

（二）古、今音分析方法未盡縝密

楊慎「轉注古音」觀念,欲探求文獻中古今異讀之線索,以補今韻的不足。雖然《古今韻會舉要》搜羅詳博,但卻非全然「存古」之作,《古今韻會舉要》的聲韻體系實乃兼及古今為目的:

> 古今以為《韻會》一書所以多沿用《集韻》舊切,蓋以《集韻》舊切所示音系於當時仍有相當之地位。如卷內所注云:「若貢舉文字,事干條例,須俟申明;至於泛作詩文,無妨通押,以取叶之便。」然則《韻會》當時實際語音雖與舊韻大異,貢舉仍《禮韻》之舊也;以是日常泛詩作文,言語之際已立新系,科舉仍用舊韻,故而舊韻仍有其地位以及保存之必要,因之黃、熊二氏皆未敢遽去之也。舊韻既不可去,今韻又未可不彰,於是乎取古、今韻而會之,實乃唯一可行之道也。[56]

根據李師添富研究,《古今韻會舉要》「切語不僅存古,亦有見於今之用」、「同音字兼古今而顧之」。[57]就研究方法而言,楊慎對於古、今音未有縝密的分析視角。如前文「土」注比較,《轉注古音略》引用《古今韻會舉要》的又音注文,但《古今韻會舉要》以古音角度檢視,「董伍切」、「動五切」二音有別,但楊慎卻以今音合併。又如《集韻·一東》中,「瞢」有二音,分別為明母三等開口的「謨中切」及明母一等開口的「謨蓬切」,「蒙」惟作明母一等開口的「謨蓬切」,故楊慎藉此證言「瞢」、「蒙」同音,並引據其釋文:

《轉注古音略》			《集韻》		
韻目	字	音釋	韻目	字	音釋
東	瞢	音蒙。雲瞢,澤名。李軌讀。	東	瞢	謨蓬切。雲瞢,澤名。在荊州。李軌說。

---

56 李師添富:《古今韻會舉要研究》(臺北市:臺灣師範大學國文學系博士論文,1990年),頁557。

57 李師添富:《古今韻會舉要研究》(臺北市:臺灣師範大學國文學系博士論文,1990年),頁558-559。

比較可知，《轉注古音略》「瞢」音「蒙」，乃強調「瞢」作「謨蓬切」音讀，但《古今韻會舉要・一東》「瞢」注：「謨中切，音與蒙同。」其後案語言：

　　案舊韻「謨蓬切」，明母公韻。又「謨中切」，明母公韻，音同。[58]

《古今韻會舉要》以今音角度檢視，「謨蓬切」同「謨中切」，故「瞢」音「蒙」。但《轉注古音略》以直音方式呈現，無法突顯「謨蓬切」音讀，反而與《古今韻會舉要》今韻音讀無異。因此楊慎若對《古今韻會舉要》聲韻系統有進一步認知，增進古、今音的分析方式，則對於楊慎古音學體系建構有著正面的影響。

四　結語

　　楊慎曾評點《文心雕龍》云：「丈夫處世，懷寶挺秀。辨雕萬物，智周宇宙。」[59] 可見楊慎懷有廣闊的學問研究胸襟。本文透過文獻探討，提出楊慎的「轉注古音」在「聲轉說」基礎上，透過「轉注之極」、「轉注之變」之說，擴大其「轉注」層次，認為「凡見經傳子集與今韻殊者，悉謂之『古音轉注』。」實以古今異音的語料搜羅為其研究方式，筆者藉此修正前人的「義理」說法。《古今韻會舉要》的成書目的，乃欲正千年韻書之失，故搜羅詳博，對於楊慎古音研究而言，自然可作為引據的文獻之一，因此《古今韻會舉要》的音讀、釋文，楊慎皆有參考，並納入其古音學體系之中。由於楊慎在其研究著作中，甚少明言引據自《古今韻會舉要》，使得後代研究者，不免有所忽略。透過分析整理，可見其徵引方式的多元。《古今韻會舉要》的引據，亦呈顯出楊慎古音學上的侷限，在古音體系上，雖搜羅多方語料，但缺乏古今音變的觀念，導致體系歸納的不足。《古今韻會舉要》屬兼及古今的著作，但楊慎對《古今韻會舉要》聲韻系統認知不清，古、今音的分析方式尚未明確，未能加以應用於古音體系中。雖然由於時、空的侷限，導致楊慎研究觀念、方式未臻成熟，但就語言學史角度觀之，清代《叶韻彙集》、《康熙字典》、《唐韻正》、《古韻標準》等著作，對於楊慎的古音研究皆有引述，亦可見其研究拓展之功。

58　〔元〕黃公紹原編，熊忠舉要：《古今韻會舉要》（《四庫》本），頁383。
59　王文才、萬光治等編注：《楊升庵叢書（四）》（成都市：天地出版社，2002年），頁714。

參考文獻

古籍（依時代排列）

〔宋〕項安世　《項氏家說》　臺北市　臺灣商務印書館　1965年

〔宋〕毛晃增註　毛居正重增　《增修互註禮部韻略》　《景印文淵閣四庫全書》　臺北市　臺灣商務印書館　1986年　第237冊

〔元〕黃公紹原編　熊忠舉要　《古今韻會舉要》　《景印文淵閣四庫全書》　臺北市　臺灣商務印書館　1986年　第238冊

〔明〕趙撝謙　《六書本義》　《景印文淵閣四庫全書》　臺北市　臺灣商務印書館　1986年　第228冊

〔明〕楊慎　《轉注古音略》　臺北市　宏業出版社　1968年　《函海》第18函

〔明〕楊慎　《古音後語》　臺北市　宏業出版社　1968年　《函海》第18函

〔明〕楊慎　《丹鉛續錄》　《景印文淵閣四庫全書》　臺北市　臺灣商務印書館　1986年　第855冊

〔清〕黃宗羲編　《明文海》　《景印文淵閣四庫全書》　臺北市　臺灣商務印書館　1986年　第1454冊。

〔清〕曹仁虎　《轉注古義考》　上海市　商務印書館　1936年

〔清〕紀昀、陸錫熊、孫士毅等著　四庫全書研究所整理　《欽定四庫全書總目《整理本》》　北京市　中華書局　1997年

〔清〕陳澧撰　羅偉豪點校　《切韻考》　廣州市　廣東高等教育出版社　2004年

今人論著（依姓氏筆劃排列）

王文才、張錫厚輯　《升庵著述序跋》　昆明市　雲南人民出版社　1985年

王文才　《楊慎學譜》　上海市　上海古籍出版社　1988年

王文才、萬光治等編注　《楊升庵叢書》　成都市　天地出版社　2002年

王　力　《漢語語音史》　北京市　商務印書館　2008年

何九盈　《中國古代語言學史（新增訂本）》　北京市　北京大學出版社　2006年

鄭再發　《蒙古字韻跟跟八思巴字有關的韻書》　臺北市　臺灣大學文學院　1965年

魏建功　《魏建功文集》　南京市　江蘇教育出版社　2001年

黨懷興　《宋元明六書學研究》　北京市　中國社會科學出版社　2003年

學位論文（依姓氏筆劃排列）

李師添富　《古今韻會舉要研究》　臺北市　臺灣師範大學國文學系博士論文　1990年

盧淑美　《楊升菴古音學研究》　　嘉義縣　中正大學中國文學研究所碩士論文　1993年

韓小荊　《楊慎小學評議》　　武漢市　湖北大學漢語言文字學研究所碩士論文　1999年

叢培凱　《楊慎古音學文獻探賾》　　臺北市　臺灣師範大學國文學系博士論文　2014年

盧淑美　《楊升菴古音學研究》　　嘉義縣　中正大學中國文學研究所碩士論文　1993年

期刊論文與研討會論文（依姓氏筆劃排列）

張　凡　〈《古今韻會》與《古今韻會舉要》〉　　《貴州教育學院學報》（社會科學版）
　　　　　第16卷6期　2000年

劉青松　〈楊慎古音學思想初探〉　　《古漢語研究》　　2000年3期

劉青松　〈晚明時代古音學思想發微〉　　《語言研究》　　2001年4期

劉曉南　〈重新認識宋人叶音〉　　《語文研究》　　2006年4期

黎千駒　〈歷代轉注研究述評〉　　《湖南城市學院學報》　　第29卷4期　2008年

豐家驊　〈楊慎卒年卒地新證〉　　《南京師範大學文學院學報》　　第2期　2006年3月

明正德本《六音字典》作者、成書時間及其音系性質*

馬重奇

福建師範大學文學院教授／語言研究所所長

摘要

本文是對新近發現的閩北方言韻書手抄本《六音字典》音系進行研究的論文。全文分為四個部分：一、明本《六音字典》作者及其成書時間；二、明本《六音字典》聲母系統及其擬音；三、明本《六音字典》韻母系統及其擬音；四、明本《六音字典》聲調系統及其討論；五、結論：關於明本《六音字典》的音系性質。

關鍵詞：明正德 閩北韻書 音系研究 音系性質

* 該文選題來源於國家社科基金專案《新發現的明清時期兩種閩北方言韻書手抄本與現代閩北方言音系》，特此說明。

一 明本《六音字典》作者及其成書時間

新近發現的閩北方言韻書手抄本《六音字典》，是由福建省政和縣楊源鄉阪頭村蘇坑人陳文義老先生珍藏的。據陳氏說，此書是其同宗族人明朝正德年間陳桓之兄陳相所撰。陳桓乃明正德六年（1511）進士及第，後官至戶部尚書。其兄陳相文化水準頗高，只因照顧父母，不能外出發展，閒暇之時，為了教會本地人讀書識字，編撰了《六音字典》。此書在解放前好長一段時間已經不見了，是陳老先生偶然在其父母床底下翻找出來的，村裏人也只有他會使用此部字典。據陳老先生所提供《六音字典》手抄本最後一頁記載：「乙亥年正月二日沙福地，共一百一十三扁皮在外」。筆者考證，明朝有五位皇帝經歷過「乙亥年」：明洪武廿八年，明景泰六年，明正德十年，明萬曆三年，明崇禎八年。其中「明正德十年」正好是陳桓明正德六年（1511）進士及第之後。因此，筆者推論，《六音字典》成書時間應是一五一五年，著者乃陳桓之兄陳相。

《六音字典》是筆者迄今為止發現最早的福建方言韻書。其成書時間比明朝末戚繼光所編撰的福州方言韻書《戚參軍八音字義便覽》（1563-1568？）要早五十年。《六音字典》反映的閩北方言的韻書，而《戚參軍八音字義便覽》則是反映閩東方言的韻書。根據黃典誠主編的《福建省志·方言志》「第四章閩北方言」記載，福建閩北方言點主要有六個：建甌、松溪、政和、蒲城石陂、建陽和崇安。為了深入探討《六音字典》的音系性質，有必要把該字典音系與現代閩北方言音系進行歷史的比較。

二 明本《六音字典》聲母系統及其擬音

明本《六音字典》「十五音」，十五個代表字，即立比求气中片土全人生又名言出向。與《戚參軍八音字義便覽》「十五音」（即柳邊求氣低波他曾日時鶯蒙語出喜）用字截然不同。

《六音字典》「十五音」：立比求气中片土全人生又名言出向

《戚參軍八音字義便覽》「十五音」：柳邊求氣低波他曾日時鶯蒙語出喜

經比較，兩部方言韻書「十五音」字面相同的只有「求」、「氣」、「出」三個字母，其餘十二個字母則不同：「立／柳」、「比／邊」、「中／低」、「片／波」、「土／他」、「全／曾」、「人／日」、「生／時」、「又／鶯」、「名／蒙」、「言／語」、「向／喜」現將《六音字典》「十五音」與六個閩北方言點聲母系統比較如下：

字典	立	比	求	气	中	片	土	全	人	生	又	名	言	出	向
例字	零	邊貧	難咸	溪	東池	破瓢	頭拖	爭齊	南人	籃時	望符愛船	妹	鵝	碎燒賊	嬉鞋喉
建甌15	l	p	k	k'	t	p'	t'	ts	n	s	Ǿ	m	ŋ	ts'	x/Ǿ
松溪15	l	p	k	k'	t	p'	t'	ts	n	s	Ǿ	m	ŋ	ts'	x
政和15	l	p	k	k'	t	p'	t'	ts	n	s	Ǿ	m	ŋ	ts'	x
石陂21	l	p/b	k/g	k'	t/d	p'	t'	ts/dz	n	s	m/x/Ǿ/ɦ	m	ŋ	ts'	x/h
建陽18	l	p/β	k	k'	t/l	p'/h	h	ts/l	n	s	β/Ǿ/ɦ	m	ŋ	t'/ts'/t	x/ɦ/Ǿ
崇安18	l	p/β	k/j	k'	t/l	h/p	h	ts/l	n	s	β/x/Ǿ/j	m	ŋ	t'/ts'	x/Ǿ

從上可見，建甌、松溪、政和三個方言點均有十五個聲母，即[p]、[p']、[m]、[t]、[t']、[n]、[l]、[k]、[k']、[ŋ]、[x]、[ts]、[ts']、[s]、[Ǿ]，雖然有些字的聲母歸類不一，但基本上是一致的。蒲城石陂的聲母是二十一個，比建甌、松溪、政和多了六個聲母，即聲母[b]、[d]、[h]、[dz]、[ɦ]、[g]。建陽十八個聲母，比建甌、松溪、政和多了[β]、[h]、[ɦ]三個聲母。崇安十八個聲母，比建甌、松溪、政和多了[β]、[h]、[j]三個聲母。石陂、建陽、崇安比傳統「十五音」多出來聲母多數濁音聲母，這是受吳語影響的結果。經比較，《六音字典》「十五音」所反映的不可能是石陂、建陽和崇安方言音系，而可能是建甌、松溪、政和三種方言中的一種。現將「十五音」擬測如下：

立 [l]	比 [p]	求 [k]	氣 [k']	中 [t]	片 [p']	土 [t']	全 [ts]
人 [n]	生 [s]	又 [Ǿ]	名 [m]	言 [ŋ]	出 [ts]	向 [x]	

三　明本《六音字典》韻母系統及其擬音

明本《六音字典》「三十四字母」，即穿本風通順朗唱聲音坦橫班先備結射舌有條嘹交合克百化果直出推闊乃後述古，每個字母代表一個韻母。據黃典誠主編的《福建省志・方言志》「第四章閩北方言」記載，建甌三十四個韻母，松溪二十八個韻母，政和三十三個韻母，石陂三十個韻母，建陽三十四個韻母，崇安三十二個韻母。據上文考證，就聲母數而言，《六音字典》不可能反映石陂、建陽和崇安三個方言音系；就韻母數而言，我們可以排除松溪方言，因其韻母只有二十八個。因此，本字典所反映的音系就有可能是政和話和建甌話中的一種。要探討這個問題，我們很有必要把現代政和三十三個韻母和建甌三十四個韻母作一番的比較。根據《政和縣誌・方言卷》和《建甌縣誌・方言卷》記載，現將它們的韻母系統列表比較如下：

方言	開口呼	齊齒呼	合口呼	撮口呼	開口呼	齊齒呼	合口呼	撮口呼
政和	——	i 衣米	u 烏五	y 如芋		iu 油綢	ui 委肥	
建甌	e 歐茅	i 衣時	u 烏吳	y 威魚		iu 優油	——	
政和	a 鴉媽	ia 野車	ua 蛙瓜		aŋ 俺邦	iaŋ 營坪	uaŋ 橫犯	
建甌	a 鴉茶	ia 野舍	ua 窩過		aŋ 含南	iaŋ 營正	uaŋ 汪黃	
政和	ɔ 荷波	iɔ 搖苗			aiŋ 恩朋		uaiŋ 番販	
建甌	ɔ 荷峨	iɔ 約茄			aiŋ 恩田		uaiŋ 販凡	
政和	ɛ 扼格	iɛ 頁別	uɛ 禾愛	yɛ 蛇獺	eiŋ 英評	ieiŋ 延仁	ueiŋ 恒盤	
建甌	ɛ 壓臍	iɛ 熱	uɛ 哀麻	yɛ 銳蛇	eiŋ 音人	ieiŋ 延		
政和	——				auŋ 魂範		uauŋ 望文	
建甌	œ 而兒				——			
政和					ɔŋ 王蜂	iɔŋ 洋張		
建甌	o 禾梅				ɔŋ 溫桐	iɔŋ 央陽	uɔŋ 文放	
政和	ai 挨牌		uai 乖發		œyŋ 雍仲	iŋ 鹽變	——	yiŋ 圈磚
建甌	ai 矮犁		uai 歪發		œyŋ 雲種	iŋ 煙年	uiŋ 安蟠	yiŋ 彎園
政和	au 奧包	iau 遼蹺						
建甌	au 襖柴	iau 腰橋						

　　由上可見，政和與建甌相同的方言韻母有二十九個，即 [i]、[u]、[y]、[a]、[ia]、[ua]、[ɔ]、[iɔ]、[ɛ]、[iɛ]、[uɛ]、[yɛ]、[ai]、[uai]、[au]、[iau]、[iu]、[aŋ]、[iaŋ]、[uaŋ]、[aiŋ]、[uaiŋ]、[eiŋ]、[ieiŋ]、[ɔŋ]、[iɔŋ]、[œyŋ]、[iŋ]、[yiŋ]。政和方言有[ui]、[ueiŋ]、[auŋ]、[uauŋ]等四個韻母是建甌方言所沒有的，建甌方言也有[e]、[o]、[œ]、[uɔŋ]、[uiŋ]等五個韻母是政和方言所沒有的。據考證，由於二種方言音系性質不同，二十九個相同的韻母各自所歸屬的韻字也不盡相同。

　　其次，我們把《六音字典》手抄本「三十四字母」與政和方言、建甌方言細細比較如下。通過比較，可以窺探它們之間的親疏關係。

1. 穿字母　《六音字典》手抄本「三十四字母」就缺「穿字母」字，政和話讀作[yiŋ]，建甌話讀作[uiŋ]。這裏暫不討論。

2. 本字母　該字母韻字在現代政和方言中多數讀作[ueiŋ]，少數讀作[uaiŋ]；而在建甌方言中則多數讀作[uiŋ]，少數讀作[uaiŋ]、[ɔŋ]。請看下例：

　　政和　[ueiŋ]瀾亂爛搬般盤半貫竿干鰥冠管困捆款端丹旦單壇檀單彈斷蟠判泮伴畔歡攤炭暖難算散山產傘案按彎灣安鞍穩宛碗瞞滿玩喘鏈燦纂鼾歡漢肝翰喚患　[uaiŋ]番翻反返飯

　　建甌　[uiŋ]瀾亂爛搬般盤半貫竿幹鰥冠管款端丹旦單壇檀單彈蟠判泮伴畔歡攤炭難

散山產傘案按彎灣安鞍宛碗瞞滿玩喘鏟燦纂釬歡漢肝翰喚患　[uaiŋ]番翻反返飯　[ɔŋ]困捆斷暖算穩

3.風字母　該字母韻字在現代政和方言中只有一讀[ɣŋ]；而建甌方言則有三讀，部分讀作[ɔŋ]，部分讀作[uaŋ]，少數讀作[iɔŋ]。請看下例：

政和　[ɣŋ]狂況黃王往旺影楻豐風慌鋒峯封奉鳳

建甌　[ɔŋ]豐風鋒峯封奉鳳　[uaŋ]狂況黃王往旺楻慌　[iɔŋ]影

4.通字母　該字母韻字在現代政和和建甌方言中均讀作[ɣŋ]。請看下例：

政和　[ɣŋ]籠壟弄放房枋馮貢公工功攻共空東冬筒動棟同銅洞凍董懂重帆蓬蜂縫蟲桐通桶痛叢宗蹤粽崇棕總儂農松聾宋送聳雍甕網蒙懵蚊夢囪匆蔥聰烘紅鴻

建甌　[ɣŋ]籠壟弄放房枋馮貢公工功攻共空東冬筒動同銅洞凍董懂重帆蓬蜂縫蟲桐通桶痛叢宗蹤粽崇棕總農松聾宋送網蒙夢囪匆蔥聰烘紅鴻枋棟雍甕懵蚊

5.順字母　該字母韻字在現代政和方言中只有一讀[œyŋ]；而在建甌方言則有二讀，多數讀作[œyŋ]，少數讀作[ɣŋ]。請看下例：

政和　[œyŋ]龍輪倫侖隆裙郡供君群軍鞔均巾弓躬窮菌恐中忠重仲塚鍾終眾峻俊種縱從松腫准濃膿潤舜春旬純筍順頌誦翁永尹允擁隱勇用銀春椿充沖銃蠢兄凶胸勳訓虹熊雲芸容營榮雄

建甌　[œyŋ]龍輪倫侖隆裙郡供群軍均巾弓躬窮菌恐中忠重仲塚鍾終眾峻俊種縱從松腫准濃潤舜春旬純筍順頌永擁勇用銀春椿充沖銃蠢兄凶胸勳訓熊雲芸容營榮雄　[ɣŋ]膿翁隱虹

6.朗字母　該字母韻字在現代政和方言中多數讀作[auŋ]，少數讀作[uauŋ]；而在建甌方言中則多數讀作[ɣŋ]，少數讀作[uɔŋ]、[iɔŋ]、[uaŋ]、[aŋ]。請看下例：

政和　[auŋ]廊郎狼浪範幫捗旁傍塝防榜綁蚌梆鋼缸杠江豇疔講敢康园礦糠腸屯當蕩盾堂長唐塘冇糖燙湯尊遵妝裝釀葬存狀髒藏臟瓤霜喪桑磉爽暗庵秧網忙莽床閬倉蒼瘡創痕行項混　[uauŋ]方芳望忘亡妄

建甌　[ɣŋ]廊郎狼浪幫捗旁傍塝防榜綁蚌梆冇鋼缸杠江豇疔講敢康糠屯當蕩盾堂長唐塘糖燙湯尊遵妝裝葬存园行狀髒藏釀臟霜喪桑磉爽暗庵秧網忙莽床閬倉蒼瘡創痕項混方芳　[uɔŋ]望忘亡妄　[uaŋ]忘亡　[iɔŋ]腸瓤　[aŋ]礦

7.唱字母　該字母韻字在現代政和和建甌方言中均讀作[iɔŋ]。請看下例：

政和　[iɔŋ]梁粱量糧涼輛兩良亮諒薑羌強強腔張賬帳脹仗場長丈牆將章將醬癢瘍障漿翔祥庠掌獎上娘讓相箱廂湘鑲商傷上相償嘗賞想上象像尚陽楊洋羊伴央殃鴦揚養樣倡唱昌槍搶向餉香鄉饗響享

建甌　[iɔŋ]梁粱諒量糧涼輛兩良亮薑羌強強腔張賬帳脹仗場長丈杖牆將章將醬癢瘍障漿翔祥掌獎上娘讓相箱廂湘商傷相償賞想像像尚陽楊洋羊央殃鴦揚養樣倡唱昌槍搶向餉香鄉響享饗

8.聲字母　該字母韻字在現代政和和建甌方言中均讀作[iaŋ]。請看下例：

政和　[iaŋ]靈領嶺嚨坪平並餅鏡驚行輕擲呈程鑲鄭定枰程定正甑姓性聲贏營映名命請

建甌　[iaŋ]靈領嶺嚨坪平並餅鏡驚行輕擲呈程鄭定枰程定鑲正甑姓性聲贏營映名命請

9.音字母　該字母韻字在現代政和方言中只有一讀[eiŋ]；而在建甌方言中則有四讀，多數讀作[eiŋ]，少數讀作[aiŋ]、[iaŋ]、[iŋ]。請看下例：

政和　[eiŋ]林淋霖憐齡琳臨靈淩陵鱗麟鄰廩令另彬兵賓檳濱屏平評萍貧憑屏秉炳丙稟荊京經金今敬禁襟禽琴瓊咸景警錦緊竟境競徑頸欽卿慶磬頃傾陳貞禎澄珍丁叮錠鎮定停砧塵沉廷庭鼎頂陣陳診品賺聽逞艇精蒸晶真尌津箋針旌征侵浸政症證進晉尋蟳情秦振震展整枕淨盡人壬耳寧忍認申呻伸辛心身升新薪城信神審嬸沈聖勝剩甚慎腎盛迅英瑛因姻嬰櫻鷹陰應蔭印眠明民銘敏冥命迎清深琛稱親秤稱清臣承誠成寢靖眩興馨盈寅形刑型瀛欣

建甌　[eiŋ]林淋霖齡琳臨靈淩陵鱗麟鄰憐廩令另彬兵賓檳濱屏平評萍貧憑屏秉炳丙稟荊京經金今敬禁襟禽琴瓊咸景警錦緊競竟境徑頸欽卿慶頃傾陳貞禎珍叮鎮停砧塵沉廷庭頂陣陳診品賺聽逞艇精蒸晶真尌津箋針旌浸征政症證進尋情秦振震展整枕淨盡人耳寧忍認申呻伸辛心身升新薪城信神審嬸沈聖勝剩甚慎腎盛迅英瑛因姻櫻陰應蔭印眠明民銘敏冥命迎清深琛稱親秤稱清臣承誠成蟳侵寢靖眩興馨寅形刑型欣　[aiŋ]丁澄嬰鷹　[iaŋ]定錠鼎瀛　[iŋ]盈壬

10.坦字母　該字母韻字在現代政和和建甌方言中均讀作[aŋ]。請看下例：

政和　[aŋ]藍襤覽攬欖濫邦柄棚病羹尷更監鑒降哽減感埂橄嵌堪坑勘坎砍刊抗伉耽擔擔但談淡膽彭鬖貪攤坦晴站靜井斬南喃男籃衫杉生三甥省俺岩青參醒憨咸含函喊憾陷

建甌　[aŋ]藍襤覽攬欖濫邦柄棚病羹尷更監鑒降哽減感埂橄嵌堪坑勘坎砍刊抗伉耽擔擔但談淡膽彭鬖貪攤坦晴站靜井斬南喃男籃衫杉生三甥省俺岩青參醒憨咸含函喊憾陷

11.橫字母　該字母韻字在現代政和和建甌方言中均讀作[uaŋ]。請看下例：

政和　[uaŋ]橫犯範

建甌　[uaŋ]橫犯

12.班字母　該字母韻字在現代政和和建甌方言中均讀作[aiŋ]。請看下例：

政和　[aiŋ]零蓮冷班斑冰頒瓶板版辦跟艱肩庚奸耕間更炯繭柬簡牽看填店亭釘甜等戥墊殿鄧攀探汀蜓爭榛臻簪盞剪掙乳杉滲先生星牲猩森參省恩蠻猛孟慢顏岸硬田千亨閑很狠幸杏莧恨限

建甌　[aiŋ]零蓮冷班斑冰頒瓶板版辦跟艱肩庚奸耕間更炯繭柬簡牽看填店亭釘甜等戥墊殿鄧攀探汀蜓爭榛臻簪盞剪掙乳杉滲先生星牲猩森參省恩蠻猛孟慢顏岸硬田千亨閑很狠幸杏莧恨限

13.先字母　該字母韻字在現代政和和建甌方言中多數讀作[iŋ]，少數讀作[ieiŋ]。請看下例：

政和　[iŋ]連聯臁鐮簾憐廉璉斂殮煉練邊便變辨辯辮卞汴鞭扁蝙匾貶兼堅鏗劍儉見檢件鉗箝謙欠遣譴纏奠癲鈿典電偏騙片遍天添筅錢氈占尖箭戰詹潛煎賤年撚染念扇煽先仙膻鮮善羨繕膳擅厭胭炎鹽煙燕宴厭禪然仁賢延掩任妊醃艷綿棉面嚴儼驗前遷箋簽殲淺還顯險現　[ieiŋ]仁然延燃

建甌　[iŋ]連聯臁鐮簾憐廉璉斂殮煉練邊便變辨辯辮卞汴鞭扁蝙匾貶兼堅鏗劍儉見檢件鉗箝謙欠遣譴纏奠癲鈿典電偏騙片遍天添筅錢氈占尖箭戰詹潛煎賤年撚染念扇煽先仙膻鮮善羨繕膳擅厭胭炎鹽煙燕宴厭禪然仁賢延掩任妊醃艷綿棉面嚴儼驗前遷箋簽殲淺還顯險現　[ieiŋ]仁然延燃

14.備字母　該字母韻字在現代政和和建甌方言中均讀作[i]。請看下例：

政和　[i]梨力璃蠣厘狸裏理鯉李禮歷笠粒蒞履麗隸吏利痢俐備閉碑脾枇琵比庇妣匕必碧璧逼筆婢脾裨畢篦幣弊旗幾機譏饑璣磯姬基箕記紀繼既奇騎棋麒期岐祈祗芪已屺麂吉頡杞給極急及級笈棘擊伎忌稽器氣棄欺欹起豈啟乞訖迄知治帝智悌第值置遲堤弛侄砥抵邸低裏的狄翟荻笛滌嫡滴敵適披疲譬辟霹僻疋匹辟鼻體剔惕涕糍濟至志痣疾集齊字止趾址旨指脂積績職隲只執汁質十稚日尼你匿溺二貳膩時四肆試拭弒侍恃詩絲司犀屎死誓氏始示習昔惜逝析失矢悉室釋蝕飾食是席夕衣依伊醫意薏易翼異夷胰姨遺貽懿怡移頤以矣一壹乙益縊邑挹逸液繹驛奕佚億憶倚米迷彌覓蜜密秘擬疑宜儀蟻義誼毅藝癡淒妻屍侈恥齒七柒市犧奚嬉禧熹希稀熙兮戲喜桔系

建甌　[i]梨力璃蠣厘狸裏理鯉李禮歷笠粒蒞履麗隸吏利痢俐備閉碑脾枇琵比庇妣匕必碧璧逼筆婢脾裨畢篦幣弊旗幾機譏饑璣磯姬基箕記紀繼既奇騎棋麒期岐祈祗芪已屺麂吉頡杞給極急及級笈棘擊伎忌稽器氣棄欺欹起豈啟乞訖迄知治帝智悌第值置遲堤弛侄砥抵邸低裏的狄翟荻笛滌嫡滴敵適披疲譬辟霹僻疋匹辟鼻體剔惕涕糍濟至志痣疾集齊字止趾址旨指脂積績職隲只執汁質十稚日尼你匿溺二貳膩時四肆試拭弒侍恃詩絲司犀屎死誓氏始示習昔惜逝析失矢悉室釋蝕飾食是席夕衣依伊醫意薏易翼異夷胰姨遺貽懿怡移頤以矣一壹乙益縊邑挹逸液繹驛奕佚億憶倚米迷彌覓蜜密秘擬疑宜儀蟻義誼毅藝癡淒妻屍侈恥齒七柒市犧奚嬉禧熹希稀熙兮戲喜桔系

15.結字母　該字母韻字在現代政和方言中只有一讀[iɛ]；而在建甌方言中則有三讀，多數讀作[iɛ]，少數讀作[i]、[uai]。請看下例：

政和　[iɛ]裂列烈例別計傑揭竭潔結劫缺爹牒蝶池迭跌秩弟批撇啼剃鐵匙捷支枝芝這接折浙節折聶攝鑷捏些世襲變泄設涉爺易篾滅業孽扯切徹澈濕妾脅協血穴

建甌　[iɛ]裂列烈例別計傑揭竭潔結劫缺爹牒蝶池迭跌秩弟批撇啼剃鐵捷這接折浙節折聶攝鑷捏些襲變泄設涉篾滅業孽爺切徹澈濕妾血脅協穴　[i]匙支枝芝世易扯　[uai]血

16.射字母　該字母韻字在現代政和方言中只有一讀[ia]；而在建甌方言中則有三讀，多數讀作[ia]，少數讀作[ɛ]、[i]。請看下例：

政和　[ia]　曆壁屐迦摘蘿拆宅遮嗟蔗籍邪跡只葉囁鑷瀉舍赦寫舍謝社役耶亦餘野賒奢車赤嚇唬

建甌　[ia]　壁屐迦摘蘿拆遮蔗籍邪跡只葉囁鑷瀉舍赦寫舍謝社役耶亦餘野賒奢車赤嚇　[ɛ]宅　[i]曆

17.舌字母　該字母韻字在現代政和和建甌方言中均讀作[yɛ]。請看下例：

政和　[yɛ]寄饑獵決訣暨獺紙絕稅髓雪說蛇悅曰鵝月外魏艾吹啜歲歇

建甌　[yɛ]寄饑獵決訣暨獺紙絕稅髓雪說蛇悅曰鵝月外魏艾吹啜歲歇

18.有字母　該字母韻字在現代政和和建甌方言中均讀作[iu]。請看下例：

政和　[iu]榴流硫琉留劉柳鰡溜鳩究救灸求裘球虯九玖久舊舅邱丘臼綢晝宙紂疇丟籌抽醜柱周舟州洲咒酒就鷲牛紐扭羞秀莠繡狩獸修收首手守受授袖壽油憂優幽攸悠又酉幼由遊友郵有侑宥右佑釉柚誘秋鰍槱樹休韭朽

建甌　[iu]榴流硫琉留劉柳鰡溜鳩究救灸求裘球虯九玖久舊舅邱丘臼綢晝宙紂疇丟籌抽醜柱周舟州洲咒酒就鷲牛紐扭秀莠繡狩獸修收首手守受授袖壽油憂優幽攸悠又酉幼由遊友郵有侑宥右佑釉柚誘秋鰍槱樹休韭朽

19.條字母　該字母韻字在現代政和方言中只有一讀[ɔi]；而在建甌方言中則有二讀，多數讀作[iau]，少數讀作[ɔi]。請看下例：

政和　[ɔi]了掠嗸廖料俵標彪表婊橋茄僑驕嬌喬翹矯繳屬叫蕎藠轎竅卻朝嘲調雕條刁吊肇兆藻瓢漂飄嫖票超挑糶跳昭招蕉照醮噍焦樵釗椒借酌勺石堯鳥繞尿簫宵霄消少笑肖鞘削硝小拾席姚搖邵紹要夭要腰妖邀若約耀躍苗描森渺杪杳藐廟妙虐瘧曆燒尺灼妁雀鵲囂曉

建甌　[iau]了嗸廖料俵標彪表婊橋僑驕嬌喬翹矯繳屬叫蕎藠轎竅朝嘲調雕條刁吊肇兆藻瓢漂飄嫖票超挑糶跳昭招蕉照醮焦樵釗椒堯鳥繞尿簫宵霄消少笑肖鞘削硝小姚搖邵紹要夭要腰妖邀耀躍苗描森渺杪杳藐廟妙燒囂曉　[ɔi]掠嗸茄卻朝噍借酌勺石削拾席若約躍曆尺灼妁雀鵲

20.嘹字母　該字母韻字在現代政和和建甌方言中均讀作[iau]。請看下例：

政和　[iau]遼嘹

建甌　[iau]遼嘹

21.交字母　該字母韻字在現代政和方言中只有一讀[au]；而在建甌方言中則有二讀，多數讀作[au]，少數讀作[e]。請看下例：

政和　[au]了勞豹暴包胞袍飽交校蛟郊皋膠咬較攪稿絞狡骹考巧道盜逃淘濤炮跑拋抱泡滔找爪笊罩惱腦鬧哨筲艄掃奧拗卯昂茅矛貓貌冒耄看淆鼇遨傲柴操躁抄炒孝哮毫效校浩皓

建甌　[au]了勞豹暴包胞袍飽交校蛟郊皋膠咬較攪稿絞狡骹考道盜逃淘濤炮跑拋抱泡滔找爪笊罩惱腦鬧哨筲艄掃奧拗卯昂貌冒耄看淆鼇遨傲柴操躁抄炒孝哮毫效校浩皓　[e]茅矛

22.合字母　該字母韻字在現代政和方言中只有一讀[ɔ]；而在建甌方言中則有二讀，
多數讀作[ɔ]，少數讀作[au]。請看下例：

政和　[ɔ]羅蘿鑼牢落洛駱賂㗧老樂桗婆坡菠玻報薄保葆寶博剝駁播泊告誥膏歌哥
高膏篙羔糕閣各個柯軻苛去可確多刀到駝陀萄馱倒島朵躲桌棹鐸惰奪啄破僕樸璞粕拍頗
桃妥套討托槽佐坐座曹早棗左作濁挪梭鎖鎖嫂嗍索縮鐲荷毛魔磨摩莫膜寞帽熬娥俄蛾峨
我薾疅餓臥搓錯臊草銼戳河何好合賀號霍鶴

建甌　[ɔ]羅蘿鑼落洛駱賂㗧老樂桗婆坡菠玻薄博剝駁播泊歌哥閣各個柯軻苛去可
確多駝陀馱島朵躲桌棹鐸惰奪啄破僕樸璞粕拍頗妥托佐坐座左作濁挪梭鎖鎖嗍索縮鐲荷
魔磨摩莫膜寞娥俄蛾峨我薾疅餓臥搓錯銼河何合賀霍鶴　[au]報保葆寶告誥膏高膏篙羔
糕刀到萄倒桃套討槽曹早棗嫂毛帽熬臊草好號

23.克字母　該字母韻字在現代政和方言中只有一讀[ɛ]；而在建甌方言中則有二讀，
多數讀作[ɛ]，少數讀作[a]。請看下例：

政和　[ɛ]栗白伯格革鬲刻咳克克夨特踢擇澤責仄則節臍虱錫李扼咩密逆漆側測拆
策

建甌　[ɛ]栗白格革刻咳克踢擇澤責仄則節虱錫李扼密逆漆側測拆策　[a]伯

24.百字母　該字母韻字在現代政和方言中只有一讀[a]；而在建甌方言中則有五讀，
多數讀作[a]，少數讀作[ɛ]、[uɛ]、[ia]、[ɔ]。請看下例：

政和　[a]獵臘拉辣巴芭疤笆爬朳霸拔琶把靶百柏叭白耙賈嫁稼駕枷家佳嘉加枷袈
假峽甲隔夾覺客喀茶打答姐怕帕拍他楊塔遝詐榨昨作閘查拿那吶沙裟痧薩撒罨鴉阿啞亞
壓押麥打蟆嬤馬媽碼牙芽衙樂嶽雅樂砑迓差叉冊插蝦霞遐下夏廈學

建甌　[a]獵臘拉巴芭疤笆爬朳霸拔琶把靶百柏叭耙賈嫁稼駕枷家佳嘉加枷袈假峽
甲隔夾覺客茶打答姐怕帕拍他楊塔遝詐榨閘查拿那吶沙裟痧薩罨鴉阿啞亞壓押麥打蟆嬤
馬媽碼牙芽衙樂嶽雅樂砑迓差叉冊插蝦霞遐下夏廈學　[ɛ]白喀　[uɛ]辣撒　[ia]昨　[ɔ]
作

25.化字母　該字母韻字在現代政和和建甌方言中均讀作[ua]。請看下例：

政和　[ua]瓜卦掛褂刮寡誇跨蛙哇挖華話化畫花法

建甌　[ua]瓜卦掛褂刮寡誇跨蛙哇挖華話化畫花法

26.果字母　該字母韻字在現代政和和建甌方言中均讀作[ɔ]。請看下例：

政和　[ɔ]布補剝縛過果郭課科窠和摸貨靴

建甌　[ɔ]布補剝縛過果郭課科窠和摸貨靴

27.直字母　該字母韻字在現代政和方言中只有一讀[ɛ]；而在建甌方言中則有二讀，
多數讀作[ɛ]，少數讀作 [uɛ]。請看下例：

政和　[ɛ]來勒肋北戴德得直迫珀魄栽使色瑟嗇塞澀墨默菜賊黑赫核

建甌　[ɛ]來勒北德得直迫珀魄栽使色瑟嗇塞澀墨默菜賊黑赫核　[uɛ]戴

28.出字母　該字母韻字在現代政和方言中只有一讀[ui]；而在建甌方言中則有四讀，多數讀作[y]，少數讀作 [uɛ]、[i]、[o]。請看下例：

政和　[ui]屢類淚累肥痱吠規龜圭歸遺貴季桂葵跪鬼詭櫃掘虧豬屁槌錘最隨醉嘴雖歲誰水瑞睡圍帷畏威偉委蔚尉熨慰喂位衛胃渭為美翠出輝揮毀惠彗

建甌　[y]屢類淚累肥痱吠規龜圭歸遺貴季桂葵跪鬼詭櫃掘虧豬屁槌錘隨醉嘴雖歲誰水睡圍帷畏威偉委蔚尉熨慰喂位衛胃渭翠出輝揮惠彗瑞　[uɛ]最為　[i]美　[o]毀

29.推字母　該字母韻字在現代政和方言中只有一讀[uɛ]；而在建甌方言中則有三讀，多數讀作[o]，少數讀作[yɛ]、[i]，與政和方言[uɛ]韻迥別。請看下例：

政和　[uɛ]滑粿國骨傀魁奎盔膾塊窟對碓兌堆短袋皮配佩坏被退梯腿脫褪罪裁卒內螺率帥衰瘦刷禾欲碎摧催崔灰恢詼硱回悔晦火忽或佛會核

建甌　[o]滑粿國骨魁奎盔窟對碓兌短堆袋配佩坏退腿脫褪罪裁卒內螺衰率帥瘦刷禾欲碎摧催崔灰恢詼硱回悔晦火忽或佛會核塊　[yɛ]皮被　[i]梯

30.闊字母　該字母韻字在現代政和方言中多數讀作[uɛ]，少數讀作[uai]；而在建甌方言中則多數讀作[uɛ]，少數讀作[uai]、[o]。請看下例：

政和　[uɛ]簸撥不缽怪葛渴闊快帶戴達大破潑泰太拖災哉再　才財材宰載坐鯊沙殺煞撒物麻末沒襪抹吾察海害壞亥　[uai]拐乖蒯發血罰

建甌　[uɛ]簸撥缽怪葛渴闊快帶戴達大破潑泰太拖災哉再宰載鯊沙殺煞撒麻麻末襪抹察海害壞亥拐乖發　[uai] 發血罰　[o]才財材坐物沒

31.乃字母　該字母韻字在現代政和方言中只有一讀[ai]；而在建甌方言中則有四讀，多數讀作[ai]，少數讀作[o]、[a]、[ɛ]。請看下例：

政和　[ai]來賴棑牌拜敗八捌罷皆階該街雞介芥界尬疥解戒誡蓋鯁解屆綮溪愷楷揩慨概蹄代貸臺抬臺歹底怠殆逮派擺稗替胎苔貼齋債雜寨節截泥納衲乃凹鼐耐奈西篩洗灑曬唉挨矮隘埋霾買賣倪呆捱礙艾纔猜差豺孩骸鞋睄蟹懈

建甌　[ai]來賴棑牌拜敗八捌罷皆階該街雞介芥界尬疥解戒誡蓋解屆綮溪愷楷揩慨概蹄抬歹底派擺稗替胎苔齋債寨節截泥乃鼐耐奈西篩洗曬唉挨矮隘埋霾買賣倪呆捱礙艾纔猜差豺孩骸鞋睄蟹懈怠殆逮　[o]代貸臺　[a]納衲貼雜　[ɛ]凹

32.後字母　該字母韻字在現代政和方言中只有一讀[ɛ]；而在建甌方言中則有二讀，多數讀作[e]，少數讀作[uai]，與政和方言[ɛ]迥別。請看下例：

政和　[ɛ]樓簍漏刨溝勾鈎厚猴狗垢購扣頭透偷毒鯫糟走瘦掃毆甌吼貓謀某茂歪臭巢後後候厚

建甌　[e]樓簍漏溝勾鈎厚猴狗垢購扣頭透偷毒糟走瘦掃毆甌吼貓謀某茂臭巢後後候厚　[uai]歪

33.述字母　該字母韻字在現代政和方言中只有一讀[y]；而在建甌方言中則有三讀，多數讀作[y]，少數讀作[ɔ]、[œ]。請看下例：

政和　[y]閭驢陸聿律呂侶旅褸縷居車俱懼句炬鋸舉矩距掬菊巨拒渠踞局據懅區嶇樞驅軀去曲曲屈櫥廚術竹竺築箸朒肉女掬朱珠蛛薯注蛀鑄徐儲煮主粥足熟需暑署庶恕書舒須叔淑菽粟宿俗述術續緒敘序熟豎墅樹於於芋浴宇餘渝儒兒臾予餘羽與嶼與欲譽預豫喻諭愉逾魚漁隅玉鈺獄虞語禦遇寓趨處鼠取聚趣虛謔煦許育蓄旭雨

建甌　[y]閭驢陸律呂侶旅褸縷居車俱懼句炬鋸舉矩距掬菊巨拒渠踞局據懅區嶇樞驅軀曲屈櫥廚術竹竺築箸朒肉女掬朱珠蛛薯注蛀鑄徐儲煮主粥足熟需暑署庶恕書舒須叔淑菽粟宿俗述術續緒敘序熟豎墅樹於於芋浴宇餘渝儒聿臾予餘羽與嶼與欲譽預豫喻諭愉逾魚漁隅玉鈺獄虞語禦遇寓趨處鼠取聚趣虛謔煦許育蓄旭雨　[ɔ]去　[œ]兒

34.古字母　該字母韻字在現代政和和建甌方言中均讀作[u]。請看下例：

政和　[u]盧蘆瀘鸕鹿祿魯擼擄簬鹵路露簿葡部布怖菩補腹孤姑沽辜鴣故固顧雇牯糊有古估詁鼓股蠱賈穀角轂鵠牯庫褲苦哭琥殼都覩苧妒毒纛塗徒屠賭貯篤督讀犢獨肚杜度鍍渡浦鋪甫哺捕斧譜普吐兔土凸禿突茲孳滋孜咨資姿自租助祠祠慈辭奴駑弩怒努師獅疏梳廝蘇酥私嗽賜塑素嗦訴數使所束速巳祀俟伺思士仕事惡汙烏武鵡撫塢屋握沃摹目木仵模謨模母姆睦牧穆沐戊暮慕募吳蜈娛五伍午悟晤初次醋粗楚礎楚捉促刺覷夫扶膚呼敷俘副付駙賦孚夫府俯傅福幅伏複覆負

建甌　[u]盧蘆瀘鸕鹿祿魯擼擄簬鹵路露簿葡部布怖菩補腹孤姑沽辜鴣故固顧雇牯糊有古估詁鼓股蠱賈穀角轂牯庫褲苦哭琥殼都覩苧妒毒纛塗徒屠賭貯篤督讀犢獨肚杜度鍍渡浦鋪甫哺捕斧譜普吐兔土凸禿突茲孳滋孜咨資姿自租助祠祠慈辭奴駑弩怒努師獅疏梳廝蘇酥私嗽賜塑素嗦訴數使所束速巳祀俟伺思士仕事惡汙烏武鵡撫塢屋握沃摹目木仵模謨模母姆睦牧穆沐戊暮慕募吳蜈娛五伍午悟晤初次醋粗楚礎捉促刺夫扶膚呼敷俘副付駙賦孚夫府俯傅福幅伏複覆負

由上可見，《六音字典》三十四個字母字分別在現代政和方言和建甌方言中的讀音不盡相同。歸納起來，大致有以下三個方面：

第一，《六音字典》有十三個字母（即通[ɔŋ]、唱[iɔŋ]、聲[iaŋ]、坦[aŋ]、橫[uaŋ]、班[aiŋ]、備[i]、舌[yɛ]、有[iu]、嘹[iau]、化[ua]、果[ɔ]、古[u]）在現代政和方言和建甌方言中的讀音是一致的。

第二，《六音字典》有十六個字母（風、順、音、結、射、條、交、合、克、百、直、出、推、乃、後、述）在現代政和方言只有一種讀音，而在建甌方言中則有兩讀、三讀、四讀或五讀。例如：（1）現代政和方言只有一種讀音，而在建甌方言中則有兩讀：順：政和[œyŋ]／建甌[œyŋ]、[ɔŋ]；條：政和[iɔ]／建甌[iau]、[iɔ]；交：政和[au]／建甌[au]、[e]；合：政和[ɔ]／建甌[ɔ]、[au]；克：政和[ɛ]／建甌[ɛ]、[a]；直：政和[ɛ]／建甌[ɛ]、[uɛ]；後：政和[ɛ]／建甌[e]、[uai]。（2）現代政和方言只有一種讀音，而在建甌方言中則有三讀：風：政和[ɔŋ]／建甌[ɔŋ]、[uaŋ]、[iɔŋ]；結：政和[iɛ]／建甌[iɛ]、[i]、[uai]；射：政和[ia]／建甌[ia]、[ɛ]、[i]；推：政和[uɛ]／建甌[o]、[yɛ]、[i]；述：政

和[y]／建甌[y]、[ɔ]、[œ]。（3）現代政和方言只有一種讀音，而在建甌方言中則有四讀：音：政和[eiŋ]／建甌[eiŋ]、[aiŋ]、[iaŋ]、[iŋ]；出：政和[ui]／建甌[y]、[uɛ]、[i]、[o]；乃：政和[ai]／建甌[ai]、[o]、[a]、[ɛ]。（4）現代政和方言只有一種讀音，而在建甌方言中則有五讀：百：政和[a]／建甌[a]、[ɛ]、[uɛ]、[ia]、[ɔ]。

第三，《六音字典》有四個字母（本、朗、先、闊）在現代政和方言有兩種讀音，而在建甌方言中則有兩讀、三讀、四讀。例如：本：政和[ueiŋ]、[uaiŋ]；建甌[uiŋ]、[uaiŋ]、[ɔŋ]；朗：政和[auŋ]、[uauŋ]；建甌[ɔŋ]、[uɔŋ]、[uaŋ]、[iɔŋ]、[aŋ]；**先**：政和[iŋ]、[ieiŋ]；建甌[iŋ]、[ieiŋ]；闊：政和[uɛ]、[uai]；建甌[uɛ]、[uai]、[o]。

第四，《六音字典》手抄本「三十四字母」就缺「穿字母」字，政和話讀作[yiŋ]，建甌話讀作[uiŋ]。這裏暫不討論。

由上可見，《六音字典》三十三個字母中的韻字在現代政和方言中讀音完全相同的有二十九個，占總數的百分之八十七點八八；不完全相同的只有四個，占總數的百分之十二點一二。《六音字典》三十三個字母中的韻字在現代建甌方言中讀音完全相同的有十三個，占總數的百分之三十九點三九；不完全相同的有二十個，占總數的百分之六〇點六一。鑒於此，我們認為《六音字典》基本上反映了政和方言音系，雖然尚有百分之十二點一二不完全相同，但是其中多數韻字的讀音還是與現代政和方音相同的。據統計，先字母字有一一一個韻字讀作[iŋ]，占總數的百分之九十六點五二；只有四個韻字讀作[ieiŋ]，占總數百分之三點四八，而這四個韻字「仁然延燃」中的前三個韻字又出現在[iŋ]韻母裏。可見，先字母也可以說只有[iŋ]一讀。本字母字有六十三個韻字讀作[ueiŋ]，占總數的九十一點三〇；只有六個韻字讀作[uaiŋ]，占總數百分之八點七〇。朗字母字有七十三個韻字讀作[auŋ]，占總數的百分之九十二點四一；只有六個韻字讀作[uauŋ]，占總數百分之七點五九。闊字母字有四十五個韻字讀作[uɛ]，占總數的百分之八十八點二四；只有六個韻字讀作[uai]，占總數百分之十一點七六。

為了方便起見，筆者設置了以下表格，就可以清楚考察《六音字典》韻母系統的讀音：

字母	例字	政和	建甌	字母	例字	政和	建甌
1.穿字母	穿	yiŋ	uiŋ	18.有字母	溜鳩	iu	iu
2.本字母	爛/捆l/翻	ueiŋ/uaiŋ	uiŋ/ɔŋ/uaiŋ	19.條字母	料俵/御朝	iɔ	iau/iɔ
3.風字母	豐/況/影	ɔŋ	ɔŋ/uaŋ/iɔŋ	20.嘹字母	遶嘹	iau	iau
4.通字母	弄放	ɔŋ	ɔŋ	21.交字母	勞豹/茅矛	au	au/e
5.順字母	隆/翁	œyŋ	œyŋ/ɔŋ	22.合字母	羅婆/寶告	ɔ	ɔ/au
6.朗字母	敢/腸/礴l/望/忘	auŋ/uauŋ	ɔŋ/iɔŋ/aŋ/uɔŋ/uaŋ	23.克字母	栗白/伯	ɛ	ɛ/a

字母	例字	政和	建甌	字母	例字	政和	建甌
7.唱字母	腔張	ɔŋ	ɔŋ	24.百字母	廈/白/辣/昨/作	a	a/ɛ/uɛ/ia/ɔ
8.聲字母	餅鏡	iaŋ	iaŋ	25.化字母	瓜卦	ua	ua
9、音字母	另/丁/鼎/盈/	eiŋ	eiŋ/aiŋ/iaŋ/iŋ	26.果字母	縛過	ɔ	ɔ
10.坦字母	濫邦	aŋ	aŋ	27.直字母	來北/戴	ɛ	ɛ/uɛ
11.橫字母	橫犯	uaŋ	uaŋ	28.出字母	累/最/美/毀	ui	y/uɛ/i/o
12.班字母	硬田	aiŋ	aiŋ	29.推字母	滑/皮/梯	uɛ	o/yɛ/i
13.先字母	練/仁	iŋ/ieiŋ	iŋ/ieiŋ	30.闊字母	怪/坐ι罰	uɛ/uai	uɛ/oιuai
14.備字母	俐備	i	i	31.乃字母	來/代/貼/凹	ai	ai/o/a/ɛ
15.結字母	例/芝/血	iɛ	iɛ/i/uai	32.後字母	樓/刨/歪	ɛ	e/uai
16.射字母	只/宅/曆	ia	ia/ɛ/i	33.述字母	縷/去/兒	y	y/ɔ/œ
17.舌字母	紙絕	yɛ	yɛ	34、古字母	露簿	u	u

　　根據現代政和方言韻系，《六音字典》「三十四字母」擬測有如下四種情況：（1）手抄本穿字母只存韻目，而無韻字，我們根據政和方言把該字母擬音為[yiŋ]。（2）有四個字母字在現代政和方言可擬為兩個韻母，我們暫且把它們均擬為兩個韻母：如「本字母」多數韻字擬音為[ueiŋ]，少數擬音為[uaiŋ]；「朗字母」多數韻字擬音為[auŋ]，少數擬音為[uauŋ]；「先字母」多數韻字擬音為[iŋ]，少數擬音為[ieiŋ]；「闊字母」多數韻字擬音為[uɛ]，少數擬音為[uai]。（3）有二個或二個以上字母字在現代政和方言讀音是相同的，為了區別數百年前這些字母讀音上的差異，我們在擬音上亦有細微的差異。如「風字母」和「通字母」字，今政和話均讀為[ɔŋ]，我們將「風字母」擬音為[uŋ]，將「通字母」擬音為[ɔŋ]。它們的演化方式為：「uŋ→ɔŋ」。「合字母」和「果字母」字，今均讀為[ɔ]，為了區別這兩個字母讀音上的差異，我們將「合字母」擬音為[ɔ]，將「果字母」擬音為[o]。它們的演化方式為：「o→ɔ」。「克字母」、「直字母」和「後字母」字，今均讀作[ɛ]，為了區別三個韻部的差別，我們把「克字母」擬音為[ɛ]，「直字母」擬音為[ɐ]，「後字母」擬音為[e]。它們的演化方式為：「ɐ→ɛ」「e→ɛ」。（4）「推字母」字在現代政和方言讀作[uɛ]；「闊字母」多數韻字在現代政和方言擬音為[uɛ]，少數韻字擬音為[uai]。為了區別兩個韻部的差別，我們把「推字母」擬音為[uɛ]；「闊字母」多數韻字擬音為[ue]，少數韻字擬音為[uai]。它們的演化方式為：「ue→uɛ」。

　　通过以上分析，現將《六音字典》「三十四字母」擬測有如下：

1.穿字母[yiŋ]	2.本字母[ueiŋ/uaiŋ]	3.風字母[uŋ]	4.通字母[ɔŋ]	5.順字母[œyŋ]
6.朗字母[auŋ/uauŋ]	7.唱字母[iɔŋ]	8.聲字母[iaŋ]	9.音字母[eiŋ]	10.坦字母[aŋ]
11.橫字母[uaŋ]	12.班字母[aiŋ]	13.先字母[iŋ/ieiŋ]	14.備字母[i]	15.結字母[iɛ]
16.射字母[ia]	17.舌字母[yɛ]	18.有字母[iu]	19.條字母[iɔ]	20.嘹字母[iau]
21.交字母[au]	22.合字母[ɔ]	23.克字母[ɛ]	24.百字母[a]	25.化字母[ua]
26.果字母[o]	27.直字母[ɐ]	28.出字母[ui]	29.推字母[uɛ]	30.閼字母[ue/uai]
31.乃字母[ai]	32.後字母[e]	33.述字母[y]	34.古字母[u]	

四　明本《六音字典》聲調系統及其討論

　　據黃典誠主編的《福建省志·方言志》記載，建甌六調，即平聲、上聲、陰去、陽去、陰入、陽入；松溪八調，即陰平、陽平甲、陽平乙、上聲、陰去、陽去、陰入、陽入；政和七調，即陰平、陽平甲、陽平乙、上聲、陰去、陽去、入聲；石陂七調，即陰平、陽平、上聲、陰去、陽去、陰入、陽入；建陽八調，即陰平、陽平甲、陽平乙、上聲、陰去、陽去、陰入、陽入；崇安七調，陰平、陽平、上聲、陰去、陽去、陰入、陽入。它們相同點有：（1）上聲不分陰陽；（2）去聲分陰陽。不同點有：（1）建甌平聲只有一類，松溪、政和和建陽平聲分三類，即陰平、陽平甲、陽平乙；崇安平聲分陰陽兩類；（2）建甌、松溪、建陽和崇安入聲分陰陽，只有政和僅有入聲一類。具體情況如下表：

例字	建甌	松溪	政和	石陂	建陽	崇安
沙三	平聲 54	陰平 51	陰平 51	陰平 51	陰平 53	陰平 51
人床	陰去 33	陽平甲 44	陽平 33	陰去 33	陽平 334	陽平 33
薯/窮	上聲 21	陽平甲/陽平乙 21	陽平甲/陽平乙 353	陰去/陽平 31	陽平甲/陽平乙 41	陽平/陰去
火冷		上聲 213	上聲 212	上聲 21	上聲 21	上聲 21
重/社	陽去/陽入	陽去 45	陽去 55	陰平/陰去	陰去 332	陰去 22
上/試	陽入/陰去	陽入/陰去 332	陰去 42	陽去/陰去		
射/外	陽入/陽去 44	陽去 45	陰去/陽去	陽入/陽去 45	陽去 43	陽去 55
七/熟	陰入 24/陽去	陰入 24/陽去	入聲 24	陰入 213	陰入 214	陰入 35/陽入
貼/讀	陰入/陽入	陰入	入聲	陰入/陽入	陰入/陽入	陰入/陽入
辣舌	陽入 42	陽入 42	入聲/陽去	陽入 32	陽入 4	陽入 5
聲調總數	6	8	7	7	8	7

《六音字典》「六音」（即平聲、去聲、平聲、上聲、入聲、去聲），與建甌六調數目相同，而比政和則少一調，但我們還是認為該韻書「六音」還是與政和話更加接近。理由是：（1）《六音字典》平聲有兩類，現代政和話則有陰平、陽平甲、陽平乙三類，而建甌話則只有平聲一類。韻書與政和話之間的參差在於平聲兩類與三類之差。這種差別的原因可以這樣推測：一是政和方言聲調過了數百年的演化，平聲調由兩類變成三類；二是《六音字典》成書年代，政和方言平聲可能就是三類，只是作者審音水準問題，沒有把陽平調細分為陽平甲和陽平乙罷了。（2）《六音字典》入聲只有一類，現代政和話亦只有一類，而建甌話入聲則有陰入、陽入兩類。因此，我們認為《六音字典》「六音」所反映的應該是明代閩北政和話的聲調。

五　結論：關於明體《六音字典》的音系性質

通過《六音字典》音系與福建閩北建甌、松溪、政和、石陂、建陽、崇安等六個方言音系的歷史比較，我們認為，《六音字典》「十五音」所反映的是與政和、建甌、松溪三個方言點的聲母系統基本相同；其「三十四字母」與政和、建甌韻母系統相比較，所反映的韻系與政和韻系更為接近，而與建甌韻系差別較大。至於聲調系統，《六音字典》「六音」與現代政和方言七調，只是平聲兩類與三類之差，這是數百年來平聲演化的結果。

因此，我們認為，《六音字典》所反映的音系應該是明代福建政和方言音系。通過研究，我們也可以窺視福建閩北政和方言數百年的演變軌跡。

參考文獻

傳統文獻

《六音字典》　明正德乙亥年（1515年）　政和　陳相手抄本

《戚林八音》　清晉安彙集明戚繼光《戚參軍八音字義便覽》和清林碧山《珠玉同聲》
　　　　兩書而成　福州市　福建學海堂木刻本　1749年

林端材　《建州八音字義便覽》　初版（清乾隆六十年）　福州市　福建師大館校抄本
　　　　1795年

近人論著

政和縣地方誌編纂委員會編　《政和縣誌‧方言卷》　北京市　中華書局　1994年

建甌縣地方誌編纂委員會編　《建甌縣誌‧方言卷》　北京市　中華書局　1994年

建陽縣地方誌編纂委員會編　《建陽縣誌‧方言志》　北京市　群眾出版社　1994年

松溪縣地方誌編纂委員會編　《松溪縣誌‧方言志》　北京市　中國統計出版社　1994年

武夷山市地方誌編纂委員會編　《武夷山市志‧方言志》　北京市　中國統計出版社
　　　　1994年

浦城縣地方誌編纂委員會辦編　《浦城縣誌‧方言志》　北京市　中華書局　1994年

順昌縣地方誌編纂委員會編　《順昌縣誌‧方言志》　北京市　中國統計出版社　1994年

黃典誠主編　《福建省志‧方言志》　北京市　方志出版社　1997年

林連通、潘渭水　《建甌話音檔》　上海市　上海教育社　1998年

李如龍、潘渭水編　《建甌方言詞典》　南京市　江蘇教育社　1998年

黃金文　《方言接觸與閩北方言演變》　臺北市　臺灣大學出版社　2000年

蒲松齡《聊齋俚曲集》和《日用俗字》的語音校勘

張樹錚

山東大學文學與新聞傳播學院教授

提要

本文說明了根據語音特點對蒲松齡白話作品《聊齋俚曲集》和《日用俗字》進行校勘的方法，共有押韻、格律、連讀音變、今方言讀音、直音五個方面。所用方法可為從語音角度進行古籍校勘提供一些例樣。

關鍵詞：蒲松齡、《聊齋俚曲集》、《日用俗字》、語音校勘

蒲松齡的白話作品《聊齋俚曲集》和《日用俗字》以其高度的口語性、方言性而成為研究清代早期山東方言的最重要資料，也是同時代中口語性和方言性最強的語料之一，《漢語大詞典》、《漢語大字典》對蒲氏兩書的大量引證便可以說明這一點。不過，兩書最初是以手抄的形式流傳下來的，後來雖有整理者的校訂，但錯訛畢竟難免。以往的校勘往往多從字形、字義方面進行，本文根據兩書語音方面的一些規律，校正其中的若干處；所用方法及所得結論亦可為從語音角度校勘古籍提供一些例樣。所據版本主要以路大荒整理本《蒲松齡集》為底本（以下簡稱路本），並參考蒲先明整理、鄒宗良注釋本《聊齋俚曲集》（以下簡稱蒲本、鄒注）以及《山東文獻集成》中影印的乾隆十二年蒲松齡之孫蒲立德抄本《日用俗字》（以下簡稱影印本）。

一　由押韻校勘

《聊齋俚曲集》中有大量押韻的唱詞，處於韻腳位置上的字如果不入韻，則可能有誤。

1. 《磨難曲》第十九回：「您老達，您老達，曾在俺家當家客。你買了兩間屋，就估著天哪大！做賊做發，做賊做發，還進房中把人拿！快去找鐵錘，把他那腿生砸下！」

按：「家客」當作「客家」。該段曲調為「呀呀油」，第三句當押平聲韻，但「客」字不能入韻。「客」，《廣韻》陌韻，今淄川方言與其他古陌韻字一樣（如「白百格翟拆拍擇澤窄宅」）讀 ei 韻母，與「達大發拿下」等字韻 a 不同。今方言有「客家」一詞，指租賃居住在別人家的人。「家」韻母為 ia，與「達大發」等同韻，於音、於義，均合。鄒注：「當為『客家』之倒文。」是。根據同一故事改編的俚曲《富貴神仙》中，描寫同一情節的唱詞為：「你那達，你那達，曾在俺家當客家。才買了兩間屋，就估著天哪大。做賊做發，做賊做發，還進房來把人拿。去找那鐵錘來，把乜腿才雜下！」（第九回）也可證明「家客」當為「客家」。

2. 《寒森曲》第三回：「這樣事是何如，不是仇人是什麼？這機關叫人參不破。趙家家人忙跪下，說他仇人也是多，不知這是哪一個。別的是陳人舊事，惟有商家新犯干戈。」

按：「何如」當作「如何」。該段曲調為「耍孩兒」，第一句當入韻，但「如」字不能入韻。「如」，《廣韻》魚韻，今淄川方言韻母為 u，與「麼破多個戈」等韻 u 不同。《俚曲》中「如」字十一次入韻，均押入魚模韻；而「麼破多個戈」則在歌戈韻。，「何」字《廣韻》歌韻，今淄川方言韻 u，與「麼破多」等同韻。「何如」與「如何」同義，當為「如何」之倒文。

3. 《磨難曲》第四回：「告人命告貪酷，告知縣告衙蠹，認上頭只得往前做。無的不

敢說上有，有的不敢說上無，贓證分明有過付。咱且去伺候銷到，也聽聽氣色<u>如何</u>。」

按：此例與上例相反，「如何」當作「何如」。

4. 《禳妬咒》第二十六回：「見同年稱年兄，拜知縣稱治生，莊村誰不把我敬？從此沒有下三等，順口談文盡著俺烹，見人說嘴又<u>塾</u>腔。若來到這繡房以內，這一把青傘難撐。」

按：「腔」字當為「腚」字之形訛。該段曲調為「耍孩兒」，「腔」字處當押韻並且為去聲調，但「腔」字不能入韻，聲調也不合。「腔」字《廣韻》在江韻，今淄川方言韻母為 iaŋ，《俚曲集》中另有十五次入韻，均押入江陽韻，與「兄生敬烹撐」等字韻əŋ 不同。「腚「字據《漢語大字典》：「方言。臀部。」引例為《聊齋志異》。今山東方言中一般稱臀部為腚，音 tiŋ（去聲）。《俚曲集》中此外有十二次入韻，均押入東鐘韻。從意義來看，「塾腚」今方言未見，各本亦無的解，但魯中方言中罵人時常常把嘴說成腚，此處「說嘴」與「塾腚」相對，後者似有調侃意。從字形看，偏旁「空」與「定」的草書近似，此為形近致訛。

5. 蒲本《磨難曲》第二十六回：「喜重重，喜重重，公子寫成書一<u>對</u>：說爹爹合孩兒，都把進士中。父子相逢，父子相逢，又得一日甲科中。現如今門下人，都做個吉祥夢。」

按：「對」字當為「封」字之形訛。此段曲調為「呀呀油」，第三句當押平聲韻，但「對」字無論聲調還是韻母都不合。「對」，《廣韻》隊韻，今淄川方言韻母為 uei，與「重中逢中夢」韻əŋ、uŋ 相去甚遠。《俚曲集》中「對」字另有十四次入韻，均在微灰韻。而「封」字《廣韻》鐘韻，今淄川方言韻母為əŋ，與「重中」等同為東鐘韻。從意義來看，「書信」論「封」亦是常識。從字形來看，「封」與「對」相似，此為形近致訛。路本作「封」。

6. 《磨難曲》第十三回：「跪下說這幾年遊學<u>去遠</u>，大案裡牽連著全然不知。昨夜晚來到家弄了一件奇事，寫了張投首的狀，告稟老父師。我既然殺了人命，不敢瞞，情願甘心來受死。」

按：「去遠」當為「遠去」。此處曲調為「劈破玉」，首句當押去聲韻，但「遠」字聲調、韻母均相去甚遠。「遠」，《廣韻》阮韻，今淄川方言韻母為 yã，《俚曲集》中另有八次入韻，均押寒談韻，與「知事師死」在支齊韻不同。「去」《廣韻》禦韻，今淄川方言韻母為 y，《俚曲集》中另有二十五次入韻，既與魚模韻相押，也與支齊韻相通。「去遠」當為「遠去」之倒文。《富貴神仙》第六回中描寫此處的唱詞為：「這幾年張鴻漸遊學遠去，大案裡牽連我一字不知。昨夜晚才還家弄了件奇事，從頭說一遍，告訴老父師。我既然殺了人，不敢瞞情願來受死。」亦可為證。

7. 《磨難曲》第二十一回：「不由人下淚恓恓，這個事兒也<u>蹊蹺</u>，父子不知道名合

字。兒的名爹又不曉，爹的諱兒又不知，中狀元也不知誰及第。……」

按：「蹊蹺」當為「蹺蹊」。此處曲調為「羅江怨」，第二句當押韻，但「蹺」字不能入韻。「蹺」，《廣韻》宵韻，今淄川方言韻母為 i，與「恓字知第」等字不同。「蹊」，《廣韻》齊韻，今淄川方言韻母為 i，正可與「恓字」等通押。今淄川方言中既可說「蹊蹺」，也可說「蹺蹊」，意義無別；《俚曲集》中與今方言相似，「蹊蹺」此外三十八見，「蹺蹊」另外七見。從意義看作「蹊蹺」可通，但從押韻看當作「蹺蹊」。《富貴神仙》第十回中描寫此處的唱詞為：「小舉人淚恓恓，這個事兒甚蹺蹊，父子不知道名合字。兒的名爹不知，爹的名兒不曉的，中狀元也不知誰及第。……」亦可為證。

二　由格律校勘

《聊齋俚曲集》所收俚曲的唱段雖為民間流行的通俗曲調，但格律甚嚴（可參見張鴻魁2002，張樹錚2003）。張樹錚二○○三統計其中「耍孩兒」一調的韻腳字，合乎韻部及聲調要求的佔百分之九十九點五，僅僅有不到百分之○點五的字不合，原因未詳。依格律觀察位於韻腳位置上的字，可以發現少數字形及斷句的錯誤。未入韻的字見上文，不合聲調要求的如下列數例。

8. 《翻魇殃》第十二回：「仇大爺定軍機，四尊炮列東西，單等賊從那裡入。等他街上擠滿了，點火照著一齊趾，我可看他那裡去！等著他丟盔撩甲，可放那槍箭鳥機。」

按：「趾」當為「泚」。此處為「耍孩兒」調，第五句當押平聲調；而「趾」《廣韻》紙韻，今淄川方言亦音上聲，聲調不合。「趾」今方言意為踐踏、踩，此處意義亦不合。此處文意為「衝擊」，今淄川方言音 ts‘ɿ（陰平），寫作「泚」。方言中「泚」另有「傾倒（水）」、「斥責」等意，與《廣韻》上聲薺韻的「泚」意義不同，當是方言用字。《俚曲集》中「泚」五見，與今淄川方言同（如《寒森曲》第八回：「若還是命裡該得，溺泡尿泚將出來。」《增補幸雲曲》第十三回：「二姐被萬歲泚了幾句，就羞的低下了頭，……」）。「𧾷」「氵」草書形體相近，此當為形近致誤。

9. 《增補幸雲曲》第十八回：「小大姐害牙痛，心裡焦罵王龍，我到扯你你到掙！或是您親達來是您祖，仔怕是您親祖宗，見了磕頭這麼盛！小大姐滿心好惱，這一回胡突了王龍。」

按：「痛」當為「疼」。此處曲調為「耍孩兒」，首句當押平聲韻，「痛」去聲，不合。「痛」「疼」意義相同，字形相近，只是聲調有異，此處當用「疼」字。

10. 《增補幸雲曲》第五回：「甕裡米沒一升，打一頓來家中，吃著什麼去養疼？心下躊躕還未定，來了兩人跑的凶，倒把婆兒唬了一個掙。多管是打了兒子，拿我去還要找零。」

按：「疼」當為「痛」。此處曲調也是「耍孩兒」，第三句當押去聲韻。「疼」平聲，不合。當用「痛」字。

11. 《增補幸雲曲》第十五回：「小二姐氣狠狠，叫姐夫你好村，你在哪媽子窩裡困？頭圓耳大方方臉，看你皮毛也像個人，怎麼這樣不幫村！你說了這些誚語，幸虧了旁裡無人。」

按：此處曲調為「耍孩兒」，第六句當押去聲韻。「村」字平聲，不合。「幫村」當即「幫襯」，「幫助」之意，「襯」字去聲，正合格律。「不幫襯」即無用之意。「村」字當是「襯」字俗體「衬」形近致誤。鄒注以為「幫村」即「幫寸」，「說話做事夯拙可笑，不得體」，似未確。原文罵「姐夫」「不幫村（衬）」，「幫村（衬）」應該是褒義或中性詞，「不幫村（衬）」才是貶義。

12. 《寒森曲》第二回：「大宗師在上聽：論生員也棱爭，見仇人顧不的殘生命。就無了耳捶也死不了，抬上來哑哼哼，打起來看他什麼病情。如今當堂親驗，就知道或重或輕。」

按：「情」當作「請」，屬下句。此處曲調為「耍孩兒」，第六句當押去聲韻，「情」字平聲，不合，而應以去聲的「病」作韻腳；此外，「耍孩兒」調最後兩句應當都是前三、後四的七字句，而「如今當堂親驗」只有六字，顯然是少了一字。此處可能因為「情」字屬下句意義難通，所以路本以「情」字屬上句。鄒注釋「情」為「請」字之誤，但仍將其歸前句，調仍不合。以「情」為「請」字之誤，是正確的，因為此處的意思就是劇中二相公請知府當堂驗傷的意思（下文為：「二相公稟他驗傷，知府果然下了座，……」）；但鄒氏斷句仍屬上句，可能是疏忽所致。「請」字歸下句之後，第六句以「病」字入韻，便符合曲律了。

13. 《磨難曲》第二十二回：「太原北有荒莊，今落第返故鄉，只得在外閒遊蕩。（小舉人又問：『貴縣有個徐北崗，認識麼？』）北崗就是徐員外，雖然年老身康壯，舍妹丈就是他令郎。……」

按：此處曲調為「耍孩兒」，第五句當押平聲韻，第六句當押去聲韻；此處「壯」去聲，「郎」平聲，恰恰相反。兩句次序當有顛倒。《富貴神仙》第十一回中同一情節處的唱詞是：「員外姓徐號北崗，舍妹夫就是他令郎，年兄呀，他到壯實全無恙。」先說「舍妹夫就是他令郎」，後說身體康壯，可以為證。

三　由連讀校勘

現代北京話中語氣詞「啊」跟在不同的音節後面，有不同的連讀音變，分別寫作「啊、呀、哇、哪」。《聊齋俚曲集》也有類似的現象，其中比較突出的是：在古咸山攝（今北京收 n 韻尾）的字後寫作「那」（蒲本作「哪」），在古流攝、效攝（今北京收 u

韻尾）及部分古宕江攝（今北京收ŋ韻尾）的字後面寫作「哇」。「那」字如：「天那」（《牆頭記》第一回）、「可笑的緊哪」（《牆頭記》第三回）、「好大的舉人那」（《禳妒咒》第二十六回）、「我跪你是敬你的貪那」（《磨難曲》第六回），「合狗跑門那是的」（《增補幸雲曲》第十六回）。「哇」字例此處從略。反過來，由後面所跟的語氣詞，也可以幫助我們確定前面的字的讀音。不過這種例子較少。

14. 《牆頭記》第二回：「李氏說：誰說！每日窮的合那破八菓那似的，他那裡的錢？」

按：「破八菓」蒲本作「破八萬」（「那」作「哪」），是。「萬」《廣韻》願韻，古收 n 韻尾，今淄川方言音 uã，依《俚曲集》通例，其後跟著的語氣詞正應該是「那」（哪）；而「果「《廣韻》果韻，今淄川方言韻母為 uə，其後的語氣詞不可能是「那」。蓋繁體的「萬」與「菓」上部形體相同，下部草寫時亦容易相混，由此致誤。

此外，此字致誤的原因還有詞義方面的。從上下文義看，「破八萬」指窮困的人，但今淄川方言無此說法，因此，抄寫的人無法從意義上判斷是「萬」是「菓」，所以才會出現兩種寫法。（按：舊時紙牌中有一張叫「八萬」，牌面人形醜陋，濟南、陽谷等地仍有此語，指其貌不揚的人。《俚曲集》此處喻指窮困潦倒的人。）

四 由詞的今方言讀音校勘

有些詞中的某個字字形有訛誤而使整個詞不可解，但今方言中仍存在著意義對應、其他字也對應的詞語，由此可以判斷其中訛誤字的正確寫法。

15. 《慈悲曲》第六段：「張訥無冬無夏，只是穿著個破襖，褸褵搭撒的，真似一個花子。起初還找店房，後來只在古廟裡存身。」

按：「褸」當作「褸」，「撒」當作「撒」。鄒注據文意釋「褸褵搭撒」為「形容衣服襤褸成塊狀的樣子」，釋義基本正確，但今方言無此說法。今魯中方言中有「褸褵」，指碎布條、布片；有「褸褵搭撒」，指衣服破爛不堪，碎成布條、布片，與原文正相吻合。因此，「褸褵搭撒」只是「褸褵搭撒」的訛寫：「褸」「褸」形近，「撒」「撒」形近。

16. 《日用俗字·泥瓦章》：「不是虧了便瓬之。」「瓬」註音「偸」。

按：「瓬」字《字彙》「苦浩切，音考。瓶也。又天口切，偸上聲。義同。」從文意來看，此處與「瓶」無關，當即方言中音「偸上聲」的詞，意為成束或成包的東西散開，此處指蓋的房子散了架。註音字「偸」當為「偸」字之形訛。影印本正作「偸」。今方言中「偸上聲」無通用字，所以蒲氏借用「瓬」字記音。

五　由注音校勘

《日用俗字》中，蒲松齡對生僻字加注了直音字。由直音字，我們可以知道被注字的讀音。如果被注字與直音字語音不合，則可能有多種原因，其中之一就是被注字或直音字的字形有訛誤。我們可以參考其他資料，確定其正確的字形。

17.《菜蔬章》：「稍瓜去瓤切細𦢊，絲瓜蘿蔓有長藤。」「𦢊」注音「頁」。

按：「𦢊」當作「牒」。《集韻》有「𦢊」字，但音博木切，當音「蔔」，與音「頁」不合，聲符「菐」與「頁」音也相去甚遠。今方言中切西瓜一片稱「一頁」，可證「頁」音不錯，而是「𦢊」字形有錯誤。查《廣韻》有「牒」字，為「業」字之「俗作」，疑母葉韻，而「頁」中古以母葉韻，兩字後代音同，因此「𦢊」字當為「牒」之訛。查影印本，字正作「牒」。

18.《走獸章》：「牸牛大囫多將犢，𤛘牯歪䩠懶上場。」「𤛘」注音「怕」。

按：「𤛘」當作「犤」。「𤛘」字各字書未見，其聲符「業」與「怕」也無關聯。今淄川方言稱公牛為「趴牯」，即此處的「𤛘牯」。查《廣韻》覺韻有「犤」字，匹角切，「牛未劇」，即未閹割的公牛。《廣韻》覺韻的一些字今淄川方言音 a、ia 韻母，如「剝雹」韻母為 a，「角」韻母為 ia，這種現象在蒲松齡的時代也是如此（參張樹錚2001）。因此，「犤」與「怕」同聲母同韻母是符合淄川方言特點的；只是按規律中古清聲母入聲字今淄川方言音陰平調，「犤」當音平聲，而「怕」字去聲，有些不合。不過《日用俗字》中確有一些字是用同聲同韻而不同調的字來注音的（即紐四聲），如《莊農章》「擓」直音「快」（「擓」《集韻》枯懷切，皆韻平聲，今音上聲；「快」《廣韻》苦夬切，夬韻去聲。無論按古音還是今音，「快」與「擓」的聲調都不相同。）所以我們也就不必過分追究其聲調的不合。這樣，「犤」就可以說與此處音義均相合。

19.《鐵匠章》：「鉋刀斨明無大鍗，再加磨盪始精工。」「斨」注音「戕」。

按：「斨」當作「斨」。「斨」字，《漢語大字典》「同『析』」。《廣韻》陽部有「斨」字，七羊切，與「戕」同部，但聲母清濁不同（戕字在良切），不過今北京及山東均讀「戕」為陰平，是與「斨」同音。因此，兩者同音沒有問題。從意義看，「斨」字意為方孔的斧子，與此處意義只是稍有聯繫（「斧」與「鉋」相近），但並不相同，此處「斨」為動詞，即「磨剪子戕菜刀」的「戕」。看來蒲松齡認為「斨」為本字。

以上兩字影印本即誤，或是蒲松齡手誤，或係後人抄寫致誤，均當改正。

上文所進行的語音校勘，只是示例性的，其餘需校勘處尚多。李焱二〇〇〇年從押韻角度對《聊齋俚曲集》進行過一些校勘工作，與本文第一節的方法相同，但校勘的具體字句與本文不同，可以參看。

參考文獻

李　焱　《從曲韻曲律看〈聊齋俚曲集〉的校勘》　《古籍整理研究學刊》　2000年
　　　　第3期

孟慶泰、羅福騰　《淄川方言志》　北京市　語文出版社　1994年

蒲松齡著　路大荒整理　《蒲松齡集》　上海市　上海古籍出版社　1986年

蒲松齡著　蒲先明整理　鄒宗良校注　《聊齋俚曲集》　北京市　國際文化出版公司
　　　　1999年

《山東文獻集成》編纂委員會　《山東文獻集成（第四輯）》　濟南市　山東大學出版
　　　　社　2011年

張鴻魁　〈《聊齋俚曲》曲牌的格律〉　《語文研究》　2002年3期

張樹錚　〈蒲松齡《聊齋俚曲集》用韻研究〉　《古漢語研究》　2001年3期

張樹錚　〈蒲松齡《聊齋俚曲集》所反映的輕聲及其他聲調現象〉　《中國語文》
　　　　2003年3期

張樹錚　〈今本蒲松齡《日用俗字》形訛字考正〉　《蒲松齡研究》　2009年3期

張樹錚　〈《日用俗字》形訛字補考——兼論路本、盛本、影印本之關係〉　《蒲松齡
　　　　研究》　2014年1期

從滿漢文獻對比看北京話「十三轍」「乜斜」與「梭坡」合併的年代*

王為民

山西大學語言科學研究所教授、博士生導師

摘要

以往學術界基本認為，北京話前後中元音音位／e／與／o／的合併是十九世紀末《官話萃珍》時代完成的。清代的漢文文獻與滿文文獻表現出不同的演變軌跡：清代的漢文文獻一直顯示中元音音位未合併，直到清末傳教士富善《官話萃珍》才顯示出合併的現象；早期的滿漢對音文獻顯示，當時的中元音音位還未完全合併；中期的滿文文獻顯示出兩種不同的現象，沒有對音的滿文文獻顯示當時的中元音已經完全合併，有對音的滿文文獻顯示還未完全合併。晚期的滿文文獻顯示當時的中元音在撮口呼前還存在對立。之所以會出現這種狀況，是由於滿文對音自康熙末年以來陳陳相因，故不足以表現語音演變的實際。北京話「十三轍」「乜斜」與「梭坡」合轍很可能首先在內城完成，然後擴散到外城。這是由內外城人口結構的差異造成的，內城居住是滿族人，外城居住的是漢族人。

關鍵詞：北京話、乜斜、梭坡、中元音音位、滿漢文獻對比

---

* 本文底稿曾在日本早稻田大學報告，得到古屋昭弘先生的指正，在修改過程中得到美國麻州大學沈鍾偉教授和日本大分大學包聯群教授的幫助，又本文寫作得到國家社科基金《滿漢文獻對比與清代北京語音史研究》（10CYY038）和山西省高等學校「中青年拔尖創新人才支持計劃」（1105712）的資助，特此致謝！

一 引言

眾所周知，《中原音韻》的「車遮」、「歌戈」分別代表前後兩個中元音。明末徐孝《合併字學集韻》的「拙」攝和「果」攝與《中原音韻》的「車遮」韻與「歌戈」韻平行，這表明當時北京話前後兩個中元音仍然沒有合併。由此，學術界基本認為北京話前後中元音的合併是很晚才發生的。王力（1980：155）曾指出「藥韻的非知照系字和覺韻的喉音字轉入車遮，則比較晚得多。發生的時代還沒有能夠考證出來；大約不會早於十八世紀。在《圓音正考》里，『覺』『訣』還不同音。到底是先變撮口呼然後改變主要元音呢，還是先變主要元音然後改變韻頭呢？我們以為前者比較近理。因為韻頭帶動主要元音的情形在漢語發展史中是比較常見的。」林燾、耿振生（2004：352）和林燾、耿振生（2006：351）認為《官話萃珍》時代北京話的韻母系統與現代北京音系已經完全一致，前後中元音合併了。這也是目前學術界基本通行的觀點。然而根據滿文文獻和滿漢合璧文獻，我們可以發現，北京話前後中元音合併的時間和過程與此並不相符。滿漢兩種不同類型的文獻為什麼會出現這種不同的狀況呢？本文即分析這個問題。

二 《中原音韻》、《合併字學集韻》及「十三轍」所反映的前後中元音之對比

（一）《中原音韻》所反映的前後中元音對比

表一 《中原音韻》「車遮」與「歌戈」的音韻形態

車遮		ie（舒入）		iue（舒入）
歌戈	o（舒入）	io（入）	uo（舒入）	

歌戈韻字的來自中古果攝一等開合口、三等開口、江宕攝入聲字和山咸攝一二等入聲字。車遮韻字來自中古假攝三等字、果攝合口三等字、山咸攝三四等入聲字和少數梗攝牙喉音字。本來戈韻三等的「靴」和「瘸」也應該出現在「歌戈」韻的，但是它們在《中原音韻》裡卻出現在「車遮」韻，這似乎說明，前後中元音的合併已經出現了苗頭。果攝開口三等的常用字「茄」《中原音韻》未收，如果收入，我們認為它也應該像「靴」和「瘸」一樣出現在「車遮」韻裡，後來明代王文璧《中州音韻》「茄」字出現在「車遮」韻，徐孝《合併字學集韻》「茄」字出現在「拙」攝而非「果」攝。由此我們認為，在《中原音韻》之前已經發生了（1）o＞e/i(u)___#（按：這一規則只影響到無尾韻），但這並未影響來自江宕攝的入聲字，這充分說明，（1）音變是在入聲韻脫落

塞音韻尾之前發生的，更確切地說，是江宕攝入聲字文讀音塞音韻尾（2）ʔ>ø/(i)(u)o 丟失之前發生的。正是因為這個原因，《中原音韻》「歌戈」韻的 io 韻母字只有入聲字，沒有舒聲字。因為舒聲字全部轉入「車遮」韻了。由此也可以看出，在《中原音韻》裡「車遮」與「歌戈」之間最小的音位對比是 ie 與 io 之間的對比，如：

　　折舌涉／杓；協穴俠挾緝／學；裂列獵鬣列／略掠；熱／若弱蒻；葉鄴額／虐瘧；拽噎謁葉燁夜射／岳樂藥約躍鑰。

　　此外根據楊耐思（1981:152）的研究，在《中原音韻》之前江宕攝入聲字還發生了一個音變就是（3）o>uo，不過這一音變只發生在唇音和泥、來母之上。經歷這一音變之後，「諾、搦、落、洛、絡、酪、樂、烙」由開口變成了合口。接下來，我們會看到這一音變所涉及的音類範圍在擴大，也就是說它一直在產生影響。它先影響開口字，然後也影響到齊齒呼字。

（二）《合併字學集韻》所反映的前後中元音對比

表二　《合併字學集韻》「拙」攝與「果」攝的音韻形態

拙	e	ie	ue	ye
果	o	io	uo	

　　《合併字學集韻》的「拙」攝基本來自《中原音韻》的「車遮」韻，但也有少數「齊微」韻（德得黑劾賊勒）和「皆來」韻（冊則仄街鞋諧）的字歸入了此攝。《合併字學集韻》的「果」攝則還是主要來自《中原音韻》的「歌戈」韻。

　　不過我們可以看出，「拙」攝與「果」攝之間的最小音位對比增加了，這主要是由於音韻演變造成的，與知三章聲母後的 i 介音脫落，清音入聲字聲調的演變有直接關係，此外也與文讀的增加有關係。其對比如下：

e／o

革／個；刻／渴；德／踔；鼈／諾；塞／告；厄／惡；黑／賀；勒／絡；劾／何；哲／酌；冊／綽；熱／若；色／爍；宅／灼；舌／杓

ie／io

結／角；捏／趄；借／爵；姥／雀；屑／削；夜／約；歇／吆；列／嶨；截／嚼；協／學

ue／uo

國／過；礦／課；百／博；掐／破；墨／莫；白／箔

　　從總體上看，《中原音韻》「車遮」與「歌戈」所反映的前後中元音的對比在《合併字學集韻》中依然存在。

值得注意的是，「果」攝沒有撮口呼，可能是撮口的宕攝合口三等字「懼」出現在「拙」攝而不是「果」攝，這說明可能發生了（4）o>e/y＿#。因此，果攝沒有撮口呼 yo 韻母。一個值得注意的問題是 io>ie 在明代為什麼沒有發生，而由此形成了 i>y/＿o 產生的基礎。

（三）「十三轍」所反映的前後中元音之對比

「十三轍」是明清以來北方戲曲和曲藝用韻的十三個韻部。「十三轍」在北京是有目無書的韻部系統。林燾、耿振生（2004：353）根據清代北京俗曲的用韻，將「十三轍」中「乜斜」與「梭坡」所包含的韻母構擬如下：

表三　「乜斜」與「梭坡」的音韻形態

乜斜		ie		ye
梭坡	ə		uə（uo）	yə

比較《合併字學集韻》與「十三轍」所反映的前後中元音之間的對比，我們可以發現，兩者所反映的情況並不相同。「乜斜」與「梭坡」之間的對比是 ye 與 yə 之間的對比，而 yə 所代表的字在《合併字學集韻》中讀 io 韻母，如「角」等，這些字本來是與 ie 對立的，如「結」等。

三　清代滿漢文獻所反映的北京話前後中元音之對比

（一）清代漢文文獻所反映的北京話前後中元音之對比

1　清初漢文文獻所反映的北京話前後中元音之對比

樊騰鳳《五方元音》成書於一六五四至一六六四之間。年希堯在康熙四十九年（1710）增補本《五方元音》〈序〉中說，「是書也，堯山樊君騰鳳所輯也，坊本不多見。」根據汪銀峰（2014）的研究，年希堯對樊騰鳳《五方元音》的修訂和增補使樊本的音系更接近於官話音系，我們同意這種觀點。

年希堯增補本《五方元音》的「駝」韻和「蛇」韻與分別對應與《中原音韻》的「歌戈」韻和「車遮」韻，其所反映的音韻形態如表四所示：

表四　年希堯《五方元音》「駝」韻與「蛇」韻的音韻形態

蛇	e	ie		ye
駝	o	io	uo	

與《合併字學集韻》相比，年希堯增補本《五方元音》「駝」韻與「蛇」韻之間對比的差異主要體現在兩點：第一「蛇」韻[e]韻母字不包含知三章組字和牙喉音字，知三章組字出現在[ie]韻母下，如「哲」、「撤」、「涉」等，牙喉音類字則出現在「駝」韻[o]韻母下，如「革」、「刻」、「黑」等。第二、「蛇」韻沒有[ue]韻母，《合併字學集韻》中的這部分字都出現在了「駝」韻的[uo]韻母下，如「柏」、「拍」、「拙」、「輟」、「國」等。

這種差異一方面涉及到兩個音韻演變問題，第一個是知三章組字 i 介音的丟失問題，第二個是「蛇」韻開口呼與合口呼字向「駝」韻的轉移問題。第一個可能是一個音韻認知問題，《五方元音》相較《合併字學集韻》顯得保守，而第二個則是一個真實的音變，在後來的《李氏音鑒》中也出現了這個音變現象。

2 清中期漢文文獻所反映的北京話前後中元音之對比

李汝珍《李氏音鑒》成書於一八一〇年，其中的北音系統反映的是十八世紀末的北京話。根據楊亦鳴（1992：119）的研究，《李氏音鑒》所反映的北京話前後中元音對比如表五所示：

表五　《李氏音鑒》第八韻與第十三、十九韻的音韻形態

第八韻	e[1]	ie		ye[2]
第十三韻（細）	o			
第十九韻（粗）			uo	yo

在《李氏音鑒》裡，雖然有 e 與 o 的差別，但兩者之間不存在最小的音位對比。真正的對比出現在 ye 與 yo 之間，如訣／角，嶽／月。值得注意的是，《合併字學集韻》中的拙攝合口字在《李氏音鑒》裡出現在 uo 韻，如「國」字出現在《合併字學集韻》的「拙」攝，但在《李氏音鑒》里的反切為「主羅切」，「羅」為「果」攝字。這表明北京話出現了（5）e＞o/u__。而同時，原來 io 韻母字也變成了 yo，即發生了音變規則（6）i＞y/__o。

---

1 楊亦鳴（1992）將此韻母擬為「ə」，這裡改為「e」。因為同一個韻，其主元音當一致。

2 根據楊亦鳴的研究，此韻母在《李氏音鑒》〈字母五聲圖〉中未出現，在《李氏音鑒》〈北音入聲論〉中出現了。

3 清末漢文文獻所反映的北京話前後中元音之對比

美國人富善編寫的《官話萃珍》成書於一八九八年，該書反映了十九世紀末期的北京話語音系統。根據耿振生（1992：179）的研究，《官話萃珍》中北京話前後中元音之間的對比已經消失，其音韻形態如表六所示：

表六　《官話萃珍》前後中元音的音韻形態

ə	ieh[iɛ]	o[uo]	üeh[yɛ]
		uo[uo]	

在《官話萃珍》中，ye 與 yo 之間的對比已經消失，「掘／覺、絕／爵」「闕／卻」「穴／學」「月／嶽」「劣／略」分別成了同音字。這說明，這兩類字已經合併了。這也是以往學術界關於北京話前後中元音合併時間的主要依據。

4 小結

總之，清代漢文文獻所反映的「果」攝與「拙」攝合併的過程是「果」攝細音字向「拙」攝轉移（這一點從《中原音韻》之前就開始了），而「拙」攝洪音字向「果」攝轉移。這期間，先是「果」攝[io]變成[yo]（在此之前，「果」攝宕攝合口三等字已經轉入了「拙」攝），然後再變成[ye]，至此「十三轍」中「乜斜」與「梭坡」完成形成互補而合併。

（二）清代滿文文獻所反映的北京話前後中元音之對比

1 清初滿漢對音所反映的北京話前後中元音之對比

黃俊泰（1987）以《合璧三國志》（康熙十九年（1680）以前）、《增訂清文鑒》（1772）為主要研究對象，以《滿文老檔》和《清理紅本記》所記載的順治以前的對音為輔，結合《合璧金瓶梅》（1708）、《翻譯四書》（1755）和《欽定清漢對音字式》（1772），指出清初果攝和拙攝之間的對比如表七所示。

表七　清初滿漢對音所反映的北京話前後中元音之對比

		等韻圖經		對音	現代音
洪音	果	ɔ	齒　音（灼，若⋯⋯）	o	uə
			牙喉音（我，蛾，何⋯⋯）	o	ə
			牙喉音（哥，可，阿⋯⋯）	ə	ə
		uɔ	唇齒音（波，索，羅⋯⋯）	o	ə、uə
			牙喉音（科，火，過⋯⋯）	o	
			牙喉音（果，窩，過⋯⋯）	uə	uə
	拙	ɛ		ə	ə
		uɛ	齒　音（拙，說，或⋯⋯）	o	uə
			牙喉音（國，惑，或⋯⋯）	uə	uə
			唇　音（百，白，墨⋯⋯）	ə	ə
細音	果	iɔ		io	ye
	拙	iɛ		iə	ie
		iuɛ		yɛ	ye

　　黃俊泰（1987：111）指出「圖表顯示果拙攝細音仍維持原狀，而洪音則已歸併為三組，過程則先是拙攝合口和果攝開口的一部分牙喉音的韻母移向央中元音，結果牽動了整個果拙攝開合口，唇齒音和一部分猶豫的牙喉音先歸併於『o』韻，然後這些剩餘的牙喉音也向前中元音移動，於是又牽動已歸『o』韻的齒唇音向『uə』音移動，同時果攝齊齒韻的主要元音也跟著向央，前中元音移動，而完成了果、拙兩攝的歸併。其中拙攝合口唇音韻母也移向前中元音以後則維持至今形成了今北平音裡的讀書音。」

　　由此可以看出，清初的滿漢對音顯示，拙攝洪音韻母已經與果攝合併，而細音韻母則依然與果攝保持區別。果攝的齊齒呼韻母還沒有發生（6）所代表的音變。這與「十三轍」所代表的「乜斜」與「梭坡」之間的對比既有相同點，也有不同點。相同點是，來自《合併字學集韻》的拙攝洪音字已經完全與果攝合併。不同點是，「十三轍」所代表的「梭坡」沒有齊齒呼字，這些字已經發生了（6）所代表的音變，而這一點在清初的滿漢對音中沒有反映。

　　不過，黃俊泰（1987）的研究僅將《滿文老檔》作為參考，沒有詳細考察其中有關果拙兩攝的分合情況。我們依據廣祿、李學智（1960）《太祖朝老滿文原檔譯注》中的滿漢人名、地名對譯為基礎，對《滿文老檔》太祖朝荒字檔和昃字檔中果攝和拙攝滿漢對譯進行了統計，結果如下：

第一組：用果攝字對譯滿語的[o]元音

鄂謨和（moho）	托克索（tokso）	博濟哩（bojiri）
愛新覺羅（aisin gioro）	碩翁柯洛巴圖魯（siongkoro baturu）	空闋尊莫（wahūn omo）
佛朵爾袞村（fodorgon gasan）	河西（hosi）	郭多城（godo i hoton）
孔果爾貝勒（konggoro beile）	天祚帝（tiyanso han）	多爾濟（dorji）
棟鄂（donggo）	孛羅齊（boroci）	卓齊特扣肯（jocit keoken）
岳托貝勒（yoto beile）	和脫（hoto）	金玉和（jin ioi ho）
張覺（jang jioo）	莫羅歡（morohon）	頗廷相（poo ting hiyang）
鐸弼貝勒（dobi beile）	巴約特（bayot）	瓦渾鄂謨（wahūn omo）
俄爾多斯（ordos）	倭子（oose）	諾爾國（noor gurun）
何和禮額駙（hohori efu）	俄恩哲格格（onje gege）	綽啟鼐（cokinai）
汎河城（fang ho hecen）	碩洛輝（sioroho）	碩託（siyoto）

第二組：用果攝字對譯滿語的[ə]元音

佛訥赫（fenehe）	恩格德哩台吉（enggederi taiji）	僧格（sengge）
格格（gege）	渾河（hūnehe bira）	斡赫渡口（uwehei dogon）
嘉哈窩集（giyahai uweji）		

第三組：用拙攝字對譯滿語的[ə]元音

貝勒（beile）	葉古得（yegudei）	色赫哩哈達（seheri hada）
葉赫（yehe）	潭野路（huye golo）	赫哲格（hejege）
鐵嶺（tiyeling）	扯兒革（cergei）	帖木真（temujin）
額滕（eteng）	謝哩甸（siyeri bigan）	白奇策（be ci se）
赫車木路（hecemu golo）	克實克圖（kesiktu）	

第四組：用拙攝字對譯滿語的[o]元音

雍謝布（yungsiobu）

　　從統計的結果來看，果攝與拙攝基本上是分立的，但有小部分字用果攝字來對譯滿語的[ə]元音，同時也出現個別用拙攝字來對譯滿語的[o]元音的。其中最值得關注的是，同一個字既用來對譯[o]，又用來對譯[ə]，如「佛」、「河」與「謝」等。這種狀況說明，滿族人有混淆果攝與拙攝的現象。尤其是「謝」字的對音，更加值得關注，因為它代表了果拙兩攝之間的細音字也開始混淆。

　　然而《滿文老檔》畢竟反映的是太祖朝與太宗朝滿族口語中的漢語情況，與後來入關之後順治康熙時代滿族口語中的漢語有時代的差異。不過，《滿文老檔》是未經整理的記錄，與後來經過整理的滿文記錄相比，更能反映實際。

2 清中期滿文文獻所反映的北京話前後中元音之混並

（1）《同文韻統》所反映的北京話前後中元音的合併

　　章嘉呼圖克圖《同文韻統》成書於一七五〇年，該書反映了清中期北京話的語音系統。根據吳聖雄（1986：138）的研究，《同文韻統》所代表的十八世紀中期的北京話系統與現代北京話幾乎完全一致。《同文韻統》雖然反映的是藏漢對音，但是它的《華梵諸韻生聲十二譜》是依據滿文字頭來排列的。下面我們就來看一下第四譜，如表八所示。

表八　《華梵字母合璧譜》第四譜之見組字

阿迎 疑	噶 羣	喀 溪	嘎 見		第四譜歌厄基鍋覺四呼收聲於厄厄伊窩約四字
莪 皚厄切	䴔 隑厄切	珂 喀厄切	歌 嘎厄切	開口呼 厄收字聲	
厄疑 疑 厄伊切 鑀 疑 耶切	厄奇 奇 厄伊切 茄 奇 耶切	厄溪 溪 厄伊切 呿 溪 耶切	厄基 基 厄伊切 迦 基 耶切	齊齒呼 厄伊收字聲	
訛 吾窩切	窩葵 葵 窩切	科 枯窩切	鍋 姑窩切	合口呼 窩收字聲	
嶽 魚 約切 月 魚 曰切	約渠 渠 約切 癨 渠 曰切	確 區 約切 舵 區 曰切	覺 居 約切 厥 居 曰切	撮口呼 約收字聲	

吳聖雄（1986）是僅依據《華梵諧韻生聲十二譜》中十一譜的結構來討論當時漢語已經沒有 e 與 o 之間的對立的。《華梵諧韻生聲十二譜》的結構如表九所示。

表九　《華梵諧韻生聲十二譜》

厄	阿	厄	安	恩	昂	韃	埃	額	敖	歐
伊	鴉	伊厄	焉	因	央	英	厓	伊額	麼	由
烏	漥	窩	彎	溫	汪	翁	歪	威	烏敖	烏歐
俞	俞阿	曰	淵	雲	俞昂	雍	俞埃	俞額	俞敖	俞歐

但是，如果我們再仔細考察一下表八，就可以發現其中的細節了。由表八可以看出，其齊齒呼的上一層全部都用反切的形式表達，而下一層字則都是來自《合併字學集韻》的「拙」攝，且都用麻韻三等「耶」來做反切下字。那麼上層這些用反切來表達的字本來應該安排什麼字呢？我們認為應該安排來自「果」攝的齊齒呼字。為什麼不用這些字呢？原因是這些字的讀音已經發生了變化，它們全部都被放在撮口呼的位置上了。更關鍵的是，這些字不但被放在撮口位置之上，而且還與來自「拙」攝的字排在一起，統稱為「收聲約字」。「覺」與「厥」原來是不同音的，而現在它們卻放在一起了。這應該表示，在《同文韻統》的編纂者看來，它們已經是同音字了。而從漢文文獻來看，「覺」、「掘」[3]同音在十九世紀末期的《官話萃珍》才出現。

（2）《黃鍾通韻》所反映的北京話前後中元音的合併

都四德《黃鍾通韻》成書於一七五三年，根據王松木（2003）、王為民（2006）、王為民、張楚（2012）的研究，該書反映了十八世紀中期的北京話語音系統。都四德是滿洲鑲紅旗人，他的《黃鍾通韻》雖然沒有滿文標音，但他的韻圖是按照滿漢對音的規則構建的，關於這一點請參考王為民（2006）、王為民、張楚（2012）和王為民、范曉琴（2013），因此我們也把《黃鍾通韻》放在滿文文獻裡。

《黃鍾通韻》所反映的北京話前後中元音主要體現在其《角音太簇律哦聲字》圖中，如表十所示。由表十可以看出，「角音太簇律哦聲字」之齊齒呼位置上都是來自《合併字學集韻》的「拙」攝，其撮口呼位置上則同時出現了來自《合併字學集韻》「拙」攝（合口，靴）和「果」攝（齊齒，角、卻、學、約、撅、略、爵、鵲、削、藥）的字。這表明，「果」攝的這些齊齒呼字不僅由齊齒呼變成了撮口呼，而且還與「拙」攝的撮口呼字合流了。同時，這也表明「十三轍」的「乜斜」與「梭坡」合併了。

3　「厥」與「掘」早在《合併字學集韻》中韻母就相同，它們同出現在《重訂司馬溫公等韻圖經》拙攝第十七合口篇中，區別僅在於「厥」出現在去聲，「掘」出現在「如聲」（即陽平）中。「厥」在《官話萃珍》中未出現，但同韻的「撅」與「掘」韻母相同。

表十　《黃鐘通韻》之〈角音太簇律哦聲字〉

		屬牙				下唇	上牙	唇			屬齒				屬舌					屬喉				
輕上	平	○	○	○	○	○	○	○	○	○	○	奢	車	遮	○	○	○	○	○	哦	呵	柯	歌	角音太簇律哦聲字
	平	○	○	○	○	○	○	○	○	○	○	蛇	○	○	○	○	○	○	○	鵝	何	○	○	
	上	○	○	○	○	○	○	○	○	○	惹	舍	韃	者	○	○	○	○	○	我	○	可	哿	
	去	○	○	○	○	○	○	○	○	○	○	舍	厙	這	○	○	○	○	○	餓	○	坷	個	
	入	○	色	測	則	○	○	默	拍	白	熱	舌	掣	哲	○	勒	○	特	得	額	黑	客	各	
輕下	平					○	○	○	○	○	耶	些	○	嗟	○	○	○	○	○	○	○	○	○	
	平	齒	本			○	○	○	○	○	爺	邪	○	○	○	○	○	○	○	○	○	○	○	
	上	屬	等			○	○	○	○	○	也	寫	且	姐	○	○	○	○	○	○	○	○	○	
	去	下	字			○	○	○	○	○	夜	謝	○	借	○	○	○	○	○	曳	○	○	○	
	入	等	同			○	○	滅	撇	別	葉	屑	切	節	○	列	涅	帖	牒	業	協	茄	結	
重上	平	○	梭	蹉	髿	○	○	摩	坡	波	○	○	○	○	○	○	○	佗	多	窩	○	科	鍋	
	平	○	○	矬	侳	○	○	磨	婆	○	○	○	○	○	○	羅	那	駝	○	○	○	○	○	
	上	○	鎖	○	左	○	○	抹	叵	跛	○	所	○	○	○	裸	○	妥	朵	婐	火	顆	果	
	去	○	○	錯	坐	○	○	磨	破	播	○	槊	○	○	○	樂	諾	他	跢	臥	禍	課	過	
	入	○	索	錯	作	○	縛	莫	潑	撥	若	芍	綽	拙	○	落	諾	脫	奪	惡	活	闊	國	
重下	平					○	○	○	○	○	○	○	○	○	○	○	○	○	○	○	靴	○	○	
	平	齒	本			○	○	○	○	○	○	○	○	○	○	○	○	○	○	○	○	○	○	
	上	屬	等			○	○	○	○	○	○	○	○	○	○	○	○	○	○	○	○	○	○	
	去	下	字			○	○	○	○	○	○	○	○	○	○	○	○	○	○	○	○	○	○	
	入	等	同			○	○	○	○	○	爍	削	鵲	爵	○	略	搦	○	○	約	學	卻	角	

（3）《圓音正考》所反映的北京話前後中元音的狀況

無名氏《圓音正考》成書於一七四三年（或以前），該書的主要目的雖然主要是教人們辨析「尖團音」，但由於其標明滿文注音，因此也展示了當時北京話前後中元音的分合狀況。下面我們就來看一下，《圓音正考》中所反映的前後中元音的對比情況，如表十一所示。

表十一　《圓音正考》所反映的北京話前後中元音之對比

角、覺、腳	決、訣、掘	學	血、靴	爵、嚼	絕
（滿文）	（滿文）	（滿文）	（滿文）	（滿文）	（滿文）
giyo	giowei	hiyo	hiowei	jiyo	jiowei

　　滿文的 y 是半元音[j]，w 是唇齒濁擦音[v]。滿文中沒有[y]，故常常用 io 或 ioi 來翻譯[y]。由此看來，《圓音正考》的作者將來自「果」攝字的韻母對譯為 iyo[io]，將來自「拙」攝字的韻母對譯為 iowei[ye][4]。這種對譯與同時期的《同文韻統》及《黃鍾通韻》所反映的情況不同。

3 清末滿文文獻所反映的北京話中元音的對比

　　裕恩《音韻逢源》成書於一八四〇年。根據王為民、楊亦鳴（2004）的研究，該書反映了十九世紀中期的北京話語音系統。在《音韻逢源》中，申部和酉部代表了《合併字學集韻》「果」攝和「拙」攝之間的區別。下面我們就來看一下申部和酉部的音韻形態，如表十二所示。

表十二　《音韻逢源》申部和酉部的音韻形態

	幹（合）	坎（開）	艮（齊）	震（撮）
	鍋	歌	基嬰切	覺
申部	（滿文）	（滿文）	（滿文）	（滿文）
	gu/g'o/guwe	ge	gi e	giyo
	鍋曰切	歌噎切	皆	厥
酉部	（滿文）	（滿文）	（滿文）	（滿文）
	gu ye/g'o ye	ge ye	giye	gioi ye

　　由表十二可以看出，申部沒有齊齒呼韻母，酉部沒有開口呼和合口呼韻母，因此只有在撮口呼位置上才有對立。這也是林燾、耿振生（2006：351）提出《音韻逢源》申部和酉部存在對立的依據。然而這只是從漢文角度觀察的結果，如果著眼於滿文標音，

---

4 此處的滿文對音，請參考舞格壽平《清文啟蒙》「異施清字」條的解釋。

我們會發現申部和西部實際上已經不能截然分開了，因為申部只有撮口位置用[o]來標示，其他都有[e]來標示，而酉部則全部用[e]來標示。《音韻逢源》的滿文標音也與《圓音正考》有別，在《圓音正考》中，「厥」類字的韻母採用 iowei 標音，而在《音韻逢源》中則採用反切的形式 ioi ye。而「覺」類字韻母的標音 iyo 則自清初以來沒有變化。正是由於「覺」類字滿文標音的陳陳相因造成其與「拙」攝字「決」等對立。

4 小結

在清代的滿文文獻中，有滿文標音的文獻與沒有滿文標音的文獻在「果」、「拙」兩攝的分合上表現頗不相同，在清初到清末有滿文標音的文獻中，「果」、「拙」兩攝的細音字都存在對立。而沒有滿文標音的《同文韻統》和《黃鐘通韻》則都顯示十八世紀中期「果」、「拙」兩攝已經完全合併。這種狀況的產生與「覺」類字韻母的滿文標音 iyo 自清初以來沒有任何變化，陳陳相因有關，這是滿文「正字法」的結果。實際上，由《滿文老檔》來看，在滿族入關之前他們已經開始將「果」、「拙」兩攝混淆了，只不過細音字混淆的程度不若洪音字而已。

四　討論

（一）清初滿漢文獻之對比及其相關問題

若我們將清初的滿文文獻所反映的前後中元音之間的對比情況與年希堯增補本《五方元音》做一對比，我們可以發現有如下幾點值得注意：

第一、《合併字學集韻》的「果」攝和「拙」攝的合口在清初的滿漢對音中已經合併。《五方元音》與此類似。

第二、「果」攝的齊齒呼與「拙」攝齊齒呼在清初的滿漢對音中存在對立。《五方元音》也是如此。

以上兩點，黃俊泰（1987）已經有所討論，不再贅述。

第三、黃俊泰（1987）所指的「拙」攝洪音的 uwe 與細音 iyei，iowei 有別，顯示出細音字的元音當為[e]，與洪音字的元音[ə]有別。我們對此有不同看法。因為「拙」攝細音在《清文啟蒙》中有兩種不同的標音方式，iyei，iowei 只是其中的一種方式而已，并不是全部。凡用 iyei、iowei 標音的除了「靴」字之外基本上都是入聲字，但這些入聲字大多也存在兩種標音方式 iye 和 iyei、iowei。麻韻三等字則基本上採用 iye 來標音。

第四、黃俊泰（1987）所指出的《合併字學集韻》「拙」攝和「果」攝的元音向央中元音歸併（ɛ>ə，o>ə）的觀點值得注意。

根據季永海、劉景憲、屈六生（1986）的研究，書面滿語有六個元音，如表十三所示，其中學術界對 ū 仍然有不同的看法。那麼在剩下的五個元音中，能代表中元音的只有 e[ə]、o[o]，實際上滿漢對音中也是使用這兩個不同的元音來區別當時的前後元音的。

表十三　書面滿語的六個元音

羅馬轉寫	a	e	i	o	u	ū
國際音標	ɑ	ə	i	o	u	ɔ
單獨形式	ᡓ	ᡆ	᠊ᡳ	ᠪ	ᠮ	ᡇ

如果我們認為，已經合併的「果」攝和「拙」攝的合口呼韻母其元音是[ə]，因為滿文對音顯示它們都用滿文字母 e 來對譯。那麼，「拙」攝的齊齒呼韻母其元音也用 e 來對譯，為何不說它們的主要元音已經變為[ə]了呢？滿漢對音用 e 來對譯是不得已的作法，這是滿族人將「果」攝和「拙」攝混用的表現。

第五、黃俊泰（1987）認為，清初滿漢對音顯示《合併字學集韻》「果」攝齊齒呼字的韻母是 io，例如「學」hiyo。但是這個 iyo 是否就代表[io]卻非常值得進一步討論。滿文沒有[y]，因此常常用 io 或 ioi 來代替漢語中的[y]。這一點，我們在下文再仔細討論。

第六、滿文文獻顯示「果」、「拙」兩攝洪音字的元音都是[ə]，是「果」攝的元音向「拙」攝移動，而漢文文獻則正相反。我們認為漢文文獻所反映的變化是符合音理的，而滿文文獻則是混用的結果，并不代表漢語的實際。

（二）清中期滿漢文獻對比及其相關問題

《李氏音鑒》表明，清中期的漢文文獻顯示北京話前後中元音只在撮口呼位置上存在對立。不過這種對立，是由原來果攝齊齒呼字轉為撮口之後形成的對立。

但同時期的滿文文獻卻展示出兩種不同的現象。以《同文韻統》和《黃鍾通韻》為代表的文獻顯示當時北京話前後中元音之間的對立已經消失。尤其值得注意的是《同文韻統》，它在其第四譜撮口呼位置上安排了兩類不同的撮口呼字，上面一行與《合併字學集韻》的「果」攝字相當，下面與「拙」攝字相當。不過，這兩類字同時出現在撮口呼收聲約字一欄。之所以會出現這種情況，我們認為應該有四種可能：

第一、這兩類字在當時的口語中已經合併了，不過由於早期這兩類字讀音有別，故編纂者有不同的看法，因此這種編排顯示了編纂者之間的商討。

第二、這兩類字在當時的口語中處於混亂的狀態，因此編纂者雖然將它們放在一起，但仍然井然有序排列。

第三、這兩類字在當時外城漢語中讀音有別，但是在內城漢語中讀音無別，是故編纂者，採取這種折中的編排方式。

第四、這兩類字在當時的口語中讀音有別，但是由於編纂者不能正確分別這兩類字，故將它們都放在一起了。

我們認為前三種情況都有可能存在，第四種情況存在的可能性比較小，因為如果編纂者不能正確分辨這兩類讀音，那麼他們做出如此并然有序的排列就值得懷疑。

無論是前三種情況中的哪一種，都表明北京話前後中元音當時已經在一部分人的口語中合併了。《同文韻統》是官修的，而同時滿洲鑲紅旗人都四德的《黃鍾通韻》是私人編纂，未有漢族人參與，《黃鍾通韻》對這兩類字的處理方式，使我們認為第三種可能性可能更加符合實際情況。

但是這種分析，卻與《圓音正考》的滿文標音不符。但是我們認為，《圓音正考》的作者除了調整了「團音」的滿文標音之外，其他基本抄自早期的滿文標音。《圓音正考》的滿文標音能不能代表當時漢語的實際語音，值得討論。尖團之別，不代表當時漢語的實際也是事實，至於其他韻母的問題還需進一步研究。

此外，值得關注的是《同文韻統》的標音主要是藏文標音，《黃鍾通韻》亦沒有滿文標音，這就與有滿文標音的《圓音正考》有別。沒有滿文標音的文獻顯示出北京話前後中元音已經合併，有滿文標音的則顯示還未合併。這種情況與康熙末年之後，滿漢對音標準的制定有密切關係，這時期，滿漢對音幾乎成了一種教條，不能反映語音演變的實際了。

（三）清末滿漢文獻對比及其相關問題

由《官話萃珍》來看，北京話的前後中元音已經完全合併，這是目前學術界公認的北京話前後中元音合併的標誌。

但由同時期的滿文文獻《音韻逢源》來看，當時北京話的前後中元音還在撮口呼上存在對立。這個問題，雖然耿振生（1992）和林燾、耿振生（2006）都曾經提到過，但是由於作者沒有涉及到其中的滿文標音問題，因此《音韻逢源》的問題還有必要進一步深入研究。

由表十二申部和酉部的滿文標音來看，《音韻逢源》雖然將申部和酉部分為兩個不同的韻部，但是兩者之間的滿文標音卻並沒有嚴格的分野。按照《音韻逢源》一般的分韻原則，每一個韻有一個單獨的元音，以與其他韻的元音相區別。然而申部和酉部的元音之間卻無法截然分開。這充分說明，《音韻逢源》對申部和酉部的處理帶有人為的色彩。這與《音韻逢源》對氐聲母和胃聲母的分別有類似的表現。氐母和胃母雖然代表疑母和影母之間的區別，但兩者的滿文標音卻完全相同，都是ᡝ。滿文沒有零聲母，故用

元音 a 來代表。關於這個問題王為民（2004）曾經有詳細的討論。

如表十二所示，《音韻逢源》申部和酉部之間只有撮口呼位置存在對立，但是這種對立存在的真實性值得懷疑。這主要是由於，申部開口和齊齒呼位置的滿文標音都是 e 類，與酉部相同。申部合口位置的滿文標音雖然以 o 類為主，但「鍋」字的滿文標音卻有三個，gu/g'o/guwe 都可以。同時，畢母位置的滿文標音是 ᡝ，也是 e 類元音。這裡我們想要指出的是，既然申部合口、開口的元音都已經是 e 類元音了，那麼撮口的元音竟然還保持著後元音的特徵，豈不是顯得很特別嗎？黃俊泰（1987）認為，清初 iyo 元音依然保持齊齒呼 io，然而在《音韻逢源》中，作者裕恩卻把這具有相同滿文標音的字放在了撮口呼的位置。這有兩種可能，一種是清初的 iyo 就已經是撮口了，到《音韻逢源》依然是撮口；另一種可能是，清初的 iyo 確實是齊齒呼，但到《音韻逢源》時代已經變成撮口呼，但滿文標音卻沒有變化。從《同文韻統》和《黃鍾通韻》來看，十八世紀中期這些字已經是撮口呼了。《黃鍾通韻》雖然沒有滿文標音，但其韻圖是依據滿漢對音規則構造的。《同文韻統》這類字藏文標音的韻母 ˘o，例如「雀」ᠼ tɕʰo。吳聖雄（1994：136）認為，藏文 tɕʰo 對應的漢語應該是 tɕʰye。藏文音節 tɕʰo 中暗含這一個 i 介音。這說明，在《同文韻統》的編纂者看來，io 也是撮口呼，因為藏文沒有[y]，所以用 io 來代表。藏文沒有[y]，滿文也沒有[y]。對於清初滿文 iyo 所代表的到底是[io]，還是[yo]或[ye]，還值得進一步深入思考。如果像吳聖雄（1994）所研究的一樣，十八世紀中期宕攝入聲字「雀」的韻母已經是[ye]的話，那麼雖然《音韻逢源》申部撮口呼的滿文標音是 iyo，酉部撮口呼的滿文標音是 ioi ye，但它們所代表的實際讀音已經沒有區別了。

五　結論

總之，由清代的滿漢文獻對比來看，二者所表現的北京話前後中元音的對比情況並不相同。漢文顯示，直到十九世紀末北京話前後中元音才完全合併，也就是說「十三轍」的「乜斜」與「梭坡」直到十九世紀末才合轍。而滿文文獻則不同，無滿文標音的文獻顯示十八世紀中期北京話的前後中元音已經沒有分別，有滿文標音的文獻則顯示十九世紀的滿文文獻還存在對立，這種對立顯然帶有人為的色彩。也與滿文標音的陳陳相因有密切關係。

清代滿漢兩種文獻所反映的北京話前後中元音對立狀態的差異，很可能反映的是清代北京內城漢語與外城漢語之間的差異之一，這是由清代北京內城和外城人口的結構性質造成的，北京內城居住的是滿族人，漢族人居住在外城。或許，北京話前後中元音的合併先在北京內城漢語完成，隨著乾隆之後，滿族人放棄滿語，改用漢語，內外城漢語交融，內外城漢語互相影響，語音特徵也逐漸趨於一致。

參考文獻

傳統文獻

存之堂　《圓音正考》　載《續修四庫全書》　上海市　上海古籍出版社　2001年　經部小學類　第254冊　道光十五年　京都三槐堂刻本

都四德　《黃鍾通韻二卷附琴譜補遺》　載季羨林總編《四庫存目叢書》　濟南市　齊魯書社　1997年　經部樂類　第185冊　清乾隆刻本

樊騰鳳　《五方元音》　年希堯增補本　載季羨林總編：《四庫存目叢書》　濟南市　齊魯書社　1997年　經部小學類　第219冊　康熙刻本

章嘉呼圖克圖　《欽定同文韻統》　載《四庫全書》　臺北市　商務印書館　2008年　經部　第240冊

徐　孝　《合併字學篇韻便覽》　載《四庫存目叢書》　濟南市　齊魯書社　1997年　經部小學類　第183冊　西北師範大學圖書館藏明萬曆三十四年張元善刻本

裕　恩　《音韻逢源》　載《續修四庫全書》　上海市　上海古籍出版社　2001年　經部　第258冊　道光聚珍堂刻本

舞格壽平　《清文啟蒙》　清三槐堂梓行本

近人論著

耿振生　《明清等韻學通論》　北京市　語文出版社　1992年

廣祿、李學智　《太祖朝老滿文原檔譯注》　臺北市　中央研究院　1960年

黃俊泰　〈滿文對音規則及其所反映的清初北音音系〉　《國文學報》　第16期　1987年　頁83-118

林　燾　〈北京官話溯源〉　《中國語文》　1987年3期　頁161-169

林燾、耿振生　《音韻學概要》　北京市　商務印書館　2004年

林燾、耿振生　《聲韻學》　臺北市　五南圖書出版公司　2006年

龍莊偉　〈《五方元音》音系研究〉　《語言研究》　第2期　1989年　頁77-81

季永海、劉景憲、屈六生　《滿語語法》　北京市　民族出版社　1986年

吳聖雄　〈《同文韻統》所反映的近代北方官話語音〉　《聲韻論叢》（第二輯）　臺北市　學生書局　1994年

王　力　《漢語史稿》　北京市　中華書局　2004年

王松木　〈等韻研究的認知取向──以《黃鍾通韻》為例〉　《漢學研究》　第2期　2003年　頁337-365

汪銀峰　〈年希堯《五方元音》增補本考論〉　南寧市　中國音韻學研究會第十九屆學術討論會暨漢語音韻學第十三屆國際學術研討會論文　2014年

王為民、楊亦鳴　〈《音韻逢源》氐畢胃三母的性質〉　《民族語文》　2004年4期　頁57-65

王為民　〈從滿漢對音規則看《黃鍾通韻》所表現的尖團音分合狀況〉　《漢語學報》2006年2期　頁353-374

王為民、張楚　〈《黃鍾通韻》的韻圖構造原理與音系解析〉　《語言科學》　2012年2期　頁173-183

王為民、范曉琴　〈《黃鍾通韻》的「大陰陽」十二律與韻圖形制及音韻結構之間的關係〉　《黃河科學大學學報》　2013年2期　頁96-101

楊耐思　《中原音韻音系》　北京市　中國社會科學出版社　1981年

竹越孝　《兼滿漢語滿洲套話清文啟蒙（翻字・翻譯・索引)》　神戶外國語大學研究叢書　第49冊　2012年

《國劇韻典》聲調考論

金周生

輔仁大學中國文學系教授

摘要

　　伯元師在《聲韻學》一書中，提到聲韻學的效用，其中有「聲韻學可幫助辨識京劇中的尖團音」一節，關於京劇分「尖團字」的來源、理據與實際歸字，討論的人很多，基本上對哪些屬尖字、如何讀，已頗具共識。關於「團字」，大多數認為今國音ㄐㄑㄒ京劇中不讀ㄗㄘㄙ的就是團字，但也有學者提出「尖」「團」或是相對詞，不屬「尖」的就是團音，因此「團字」的內容就大大擴展了。民初張笑俠編寫《國劇韻典》一書，收字八千有餘，每字下註明切語、五音清濁、尖團上口、聲調、韻轍歸屬等，是一部極為早期又少為大家注意的京劇韻書；該書每字不屬尖字，即註明是團字，印證了尖團是相對詞的說法。《國劇韻典》分聲調為七類，平去入三聲各分了陰陽，與一般認知大異其趣。本文針對這部分做出詳細考察，尤其是對「濁上」字的歸調，提出討論與質疑，認為此書並未對「濁上」字的仍讀上聲、變讀去聲或兩讀，做出較一致與合理的處置。

關鍵詞：京劇音韻、調、濁上字

一 《國劇韻典》對聲調的分類

　　民初張笑俠編《國劇韻典》，依照字典形式收錄戲曲常用的八千餘字，每字注明切音、字義、五聲、陰陽、清濁、尖團、上口及韻轍，是一本大型「國劇」韻書。本由北平戲曲研究社發行，今收入一九三五年中華書局《民國叢書》中。

　　向來學術或戲曲界對於京劇音韻的論述甚少，更無標準韻書流行，而《國劇韻典》編者曾主持民初「北平戲曲研究社」，嫻熟京劇，對傳統曲韻韻書也廣為涉獵，又一人用三年時光獨立撰述成書，所分字音有超出一般分類及認知者，故深具研究價值。本文僅就書中涉及聲調的問題做一探討。

　　《國劇韻典》〈自序〉說：

> 昔者只有平上去入四聲，自周德清之《中原音韻》，又把平聲分出陰陽來，成為五聲，即陰平，陽平，上，去，入。到了清初，王鵕撰《音韵輯要》，又把上去入三聲各分陰陽，合成八聲，即陰平，陽平，陰上，陽上，陰去，陽去，陰入，陽入。

張笑俠對傳統韻書「四聲」分出「陰」「陽」的兩種類型既做出介紹，但《國劇韻典》卻分聲調為「陰平」、「陽平」、「上」、「陰去」、「陽去」、「陰入」、「陽入」七類，與此不同。今舉例如下：

> 一：謁吉切，北叶以，陰入聲。
>
> 丁：低汀切，陰平聲。
>
> 丈：直上切，上聲。
>
> 三：塞暗切，陰去聲。又思庵切，陰平聲。
>
> 上：十行切，陽去聲。又上聲十項切。
>
> 凡：物寒切，陽平聲。
>
> 乏：伏拉切，陽入聲。[1]

這與自序所提及的「四聲」或「八聲」並不相應，也與一般言國劇音韻的四調或九調有極大差異，[2]其中問題何在？乃是本文所要細加探討論述的。

1　選自張笑俠：《國劇韻典・子集》（上海市：商務印書館，1935年），頁1-4。

2　見申克常：《國劇聲韻》（臺北市：三民書局，1975年），頁11-12。

二 從切語看《國劇韻典》聲調的歸類

按照一般對反切的認知，被切字聲調是由切語下字顯示，《國劇韻典》分聲調為七個，對每字所做的反切，是否下字也能顯示出七種不同？我們可以從書中所造的反切下字做一檢視。

（一）如以陰平聲「央」字為下字者

被切字	切語	調名	卷名	頁碼
韁	肌央切	陰平聲	戌	484
緗	西央切	陰平聲	未	319
香	希央切	陰平聲	戌	495
瑲	妻央切	陰平聲	午	262
江	飢央切	陰平聲	巳	216
羌	欺央切	陰平聲	未	327
將	蘁央切	陰平聲	寅	105
樂	囖央切	陰平聲	辰	201

（二）如以陽平聲「元」字為下字者

被切字	切語	調名	卷名	頁碼
懸	穴元切	陽平聲	卯	148
塬	如元切	陽平聲	丑	74
旋	徐元切	陽平聲	卯	176
船	除元切	陽平聲	未	346
蠢	處元切[3]	上聲	申	383
權	渠元切	陽平聲	辰	206
泉	絕元切	陽平聲	巳	219
攣	閭元切	陽平聲	卯	171

---

3 「元」字有誤。

（三）如以上聲「五」字為下字者

被切字	切語	調名	卷名	頁碼
譜	卜五切	上聲	酉	409
阻	之五切	上聲	戌	470
吐	禿五切	上聲	丑	53
瞽	谷五切	上聲	午	282
祖	足五切	上聲	午	289
滸	忽五切	上聲	巳	231
嫵	罔五切	上聲	寅	93
苦	哭五切	上聲	申	352
楚	差五切	上聲	辰	199
牡	猛五切	上聲	巳	251
部	僕五切	上聲	酉	444
肚	獨五切	上聲	未	335
賭	篤五切	上聲	酉	417
鹵	隴五切	上聲	亥	518
硌	曩五切	上聲	午	285

（四）如以陰去聲「勁」字為下字者

被切字	切語	調名	卷名	頁碼
勁	吉映切	陰去聲	子	39
興	吸映切	陰去聲	未	345
性	昔映切	陰去聲	卯	136
磬	泣映切	陰去聲	未	326
庭	剔映切	陰去聲	寅	121
政	執映切	陰去聲	卯	172
錠	滴映切	陰去聲	戌	459
詠	鬱映切	陰去聲	丑	57

（五）如以陽去聲「害」字為下字者

被切字	切語	調名	卷名	頁碼
排	白害切	陽去聲	卯	160
耐	那害切	陽去聲	未	332
解	協害切	陽去聲	酉	395
邁	陌害切	陽去聲	酉	441
紿	特害切	陽去聲	未	315
鼐	納害切	陽去聲	亥	522
賚	勒害切	陽去聲	酉	416
能	訥害切	陽去聲	未	337
骱	竭害切	陽去聲	亥	503
來	勒害切	陽去聲	子	013

（六）如以陰入聲「乙」字為下字者

被切字	切語	調名	卷名	頁碼
慼	妾乙切	陰入聲	卯	144
剔	帖乙切	陰入聲	子	37
隙	怯乙切	陰入聲	戌	473
乞	泣乙切	陰入聲	子	4
喫	契乙切	陰入聲	丑	63
繁	哲乙切	陰入聲	未	322
蟋	屑乙切	陰入聲	申	382
勷	接乙切	陰入聲	子	41
飾	設乙切	陰入聲	戌	491
赤	掣乙切	陰入聲	酉	419
級	結乙切	陰入聲	未	313
茢	跌乙切	陰入聲	申	358
畢	鷩乙切	陰入聲	午	268

（七）如以陽入聲「斛」字為下字者

被切字	切語	調名	卷名	頁碼
蕁	日斛切	陽入聲	申	364
淑	石斛切	陽入聲	巳	225
鬻	聿斛切	陽入聲	亥	507
服	佛斛切	陽入聲	辰	187
續	似斛切	陽入聲	未	324
瀑	泊斛切	陽入聲	巳	238
祿	洛斛切	陽入聲	午	289
躅	述斛切	陽入聲	酉	427
蹻	掘斛切	陽入聲	酉	423
沐	莫斛切	陽入聲	巳	217
族	賊斛切	陽入聲	卯	177
讀	鐸斛切	陽入聲	酉	409

從上面七張對照表看，「央」「元」「五」「映」「害」「乙」「斛」七個反切下字，能嚴謹對應出作為七種不同聲調、七十四個音節來，可知《國劇韻典》的切語下字是決定聲調的。

三　「濁上」字的處理

《國劇韻典》「上聲」不分陰陽，只用「上聲」一個類名；書中又是存濁的系統，「濁上讀去」這一音變現象，從唐代起始，到當代漢語方音中，除少數南部方言外，已是普遍存在的現象。《國劇韻典》如何注這些「濁上」的字音，今做一仔細觀察。

「濁上」包含古「全濁」「並奉定澄群從邪床俟禪神匣」類的上聲字，《國劇韻典》的收錄情形如下表：

頁碼	古濁上字	切語或音注	聲調	備註
1	丈（澄）	直上切	上聲	上去兼收
		直行切	去聲	
	上（禪）	十行切	陽去聲	上去兼收
		十項切	上聲	
	下（匣）	兮那切	上聲	上去兼收
		叶那切	陽去聲	
2	並（並）	弼倖切	陽去聲	上去兼收
		（缺）	上聲	
7	亥（匣）	合代切	上聲	上去兼收
		合賴切	（缺）	
8	仗（澄）	直上切	上聲	上去兼收
		直行切	陽去聲	
9	代（定）	特亥切	上聲	上去兼收
		特害切	陽去聲	
	件（群）	及衍切	上聲	上去兼收
		其硯切	陽去聲	
10	伎（群）	及異切	陽去聲	僅收去聲
	伴（並）	朴樸玩切	陽去聲	僅收去聲
11	但（定）	特汗切	陽去聲	僅收去聲
16	佳（並）	弼蟻切	上聲	僅收上聲
18	俴（從）	薺衍切	上聲	僅收上聲
	倍（並）	白惠切	陽去聲	僅收去聲
19	倖（匣）	檄競切	陽去聲	僅收去聲
21	偒（定）	特項切	上聲	僅收上聲
24	儞（匣）	奚旱切	上聲	僅收上聲
	像（邪）	多項切	上聲	上去兼收
		夕樣切	陽去聲	
26	儉（群）	竭焰切	陽去聲	僅收去聲
28	兆（澄）	直昊切	陽去聲	僅收去聲
33	濚（群）	及您切	上聲	僅收上聲
43	匯（匣）	黃賣切	陽去聲	僅收去聲
47	厚（匣）	合受切	上聲	僅收上聲

頁碼	古濁上字	切語或音注	聲調	備註
48	廈（匣）	兮那切	上聲	上去兼收
		叶那切	陽去聲	
49	敘（邪）	夕宇切	上聲	上去兼收
		夕御切	陽去聲	
53	后（匣）	合受切	上聲	上去兼收
		合漏切	陽去聲	
54	吮（邪）	徐遠切	陽上聲	?
		音盾切	?	
61	啖（定）	特菡切	陽去聲	僅收去聲
62	善（禪）	十衍切	上聲	上去兼收
		十硯切	陽去聲	
69	囤（定）	杜穩切	上聲	上去兼收
		奪混切	陽去聲	
	圈（群）	巨遠切	陽上聲	上去兼收
		渠院切	陽去聲	
70	在（從）	賊害切	上聲	上去兼收
		（缺）	陽去聲	
73	捧（並）	部永切	上聲	僅收上聲
76	墅（禪）	十宇切	上聲	僅收上聲
77	墡（禪）	十衍切	上聲	僅收上聲
78	士（禪）	叶「時」	上聲	上去兼收
		叶「時」	陽去聲	
79	夏（匣）	兮那切	上聲	僅收上聲
114	巨（群）	掘宇切	上聲	僅收上聲
116	佇（定）	特亥切	上聲	僅收上聲
128	待（定）	特亥切	上聲	上去兼收
		特害切	陽去聲	
129	後（匣）	合受切	上聲	上去兼收
		合漏切	陽去聲	
152	扶（澄）	直上切	上聲	上去兼收
		（缺）	陽去聲	

頁碼	古濁上字	切語或音注	聲調	備註
153	技（群）	及蟻切	上聲	上去兼收
		及異切	陽去聲	
154	抱（並）	罷浩切	上聲	上去兼收
		白昊切	陽去聲	
155	拒（群）	掘宇切	上聲	僅收上聲
157	挑（定）	弟杳切	上聲	僅收上聲
172	敘（邪）	夕御切	陽去聲	上去兼收
		夕宇切	上聲	
176	斷（定）	杜浣切	上聲	上去兼收
		獨玩切	陽去聲	
179	旱（匣）	合攲切	上聲	上去兼收
		合岸切	陽去聲	
182	皓（匣）	合老切	上聲	僅收上聲
188	杏（匣）	橄涇切	上聲	上去兼收
		橄競切	陽去聲	
189	杖（澄）	直上切	上聲	上去兼收
		直行切	陽去聲	
192	柱（神）	述宇切	上聲	僅收上聲
196	棒（並）	白俍切	上聲	上去兼收
		婆行切	陽去聲	
197	棧（床）	柴旱切	上聲	上去兼收
		（缺）	陽去聲	
204	橡（邪）	夕項切，叶「想」	上聲	上去兼收
		夕樣切	陽去聲	
217	沌（定）	杜穩切	上聲	上去兼收
		奪混切	陽去聲	
223	浩（匣）	合老切	上聲	僅收上聲
224	涕（透）	剔意切	陰去聲	上去兼收
		剔以切	上聲	
225	淡（定）	達頷切	上聲	上去兼收
		特菡切	陽去聲	

頁碼	古濁上字	切語或音注	聲調	備註
228	渾（匣）	斛恨切	陽去聲	上去兼收
		禍隱切	上聲	
239	灝（匣）	合老切	上聲	上去兼收
		合傲切	陽去聲	
241	炬（群）	掘宇切	上聲	僅收上聲
252	蓓（並）	僕五切	上聲	僅收上聲
271	痔（澄）	直蟻切	上聲	僅收上聲
272	疿（並）	白委切	上聲	僅收上聲
277	皓（匣）	合老切	上聲	僅收上聲
278	盡（從）	集引切	上聲	上去兼收
		集孕切	陽去聲	
279	澄（定）	特項切	上聲	上去兼收
		達行切	陽去聲	
282	瞟（並）	痞杳切	上聲	僅收上聲
290	禍（匣）	叶「禾」	上聲	上去兼收
		叶「禾」	陽去聲	
296	窕（定）	弟杳切	上聲	僅收上聲
298	並（並）	陛杳切	上聲	僅收上聲
298	豎（禪）	十宇切	上聲	僅收上聲
302	箸（神）	述宇切	上聲	上去兼收
		述□切	陽去聲	
306	簟（定）	弟琰切	上聲	上去兼收
		迭焰切	陽去聲	
	簚（定）	狄蟻切	上聲	僅收上聲
307	簿（並）	僕戶切	陽去聲	上去兼收
		僕五切	上聲	
309	粔（群）	掘宇切	上聲	僅收上聲
314	紵（神）	述宇切	上聲	僅收上聲
	紹（禪）	石浩切	上聲	上去兼收
		石昊切	陽去聲	
319	緒（邪）	夕宇切	上聲	上去兼收
		述御切	陽去聲	

頁碼	古濁上字	切語或音注	聲調	備註
322	縛（神）	述遠切	上聲	僅收上聲
322	縹（並）	痞杳切	上聲	僅收上聲
326	罪（從）	賊委切	上聲	上去兼收
		族惠切	陽去聲	
327	罷（並）	白那切	上聲	上去兼收
		（缺）	陽去聲	
333	聚（從）	集宇切	上聲	上去兼收
		集御切	陽去聲	
335	肚（定）	獨五切	上聲	上去兼收
		獨戶切	陽去聲	
338	脤（禪）	石引切	上聲	僅收上聲
	脞（從）	族禍切	上聲	僅收上聲
341	膳（禪）	十衍切	上聲	上去兼收
		十硯切	陽去聲	
344	臼（群）	及後切	上聲	僅收上聲
	舅（群）	及後切	上聲	上去兼收
		及又切	陽去聲	
346	舵（定）	特禍切	上聲	上去兼收
		奪臥切	陽去聲	
347	艖（從）	慈浩切	上聲	僅收上聲
352	苣（群）	掘宇切	上聲	上去兼收
		掘御切	陽去聲	
352	苧（神）	述宇切	上聲	上去兼收
		述御切	陽去聲	
374	蚌（並）	婆行切	陽去聲	上去兼收
		部秄切	上聲	
		僕橫切	陽去聲	
		白倱切	上聲	
377	蟮（禪）	石引切	上聲	上去兼收
		石恨切	陽去聲	
382	蟺（禪）	十衍切	上聲	僅收上聲

頁碼	古濁上字	切語或音注	聲調	備註
386	袒（定）	特赶切	上聲	僅收上聲
	袖（邪）	夕又切	上聲	僅收上聲
	被（並）	白委切	上聲	上去兼收
		白惠切	陽去聲	
411	豎（禪）	十字切	上聲	上去兼收
		十御切	陽去聲	
412	象（邪）	夕項切，叶「想」	上聲	上去兼收
		夕樣切，叶「相」	陽去聲	
420	趙（澄）	直昊切	陽去聲	上去兼收
		痔浩切	上聲	
422	距（群）	掘宇切	上聲	僅收上聲
	跪（群）	狂委切	上聲	上去兼收
		狂惠切	陽去聲	
435	近（群）	技引切	上聲	上去兼收
		及孕切	陽去聲	
436	逅（匣）	合漏切	陽去聲	上去兼收
		合受切	上聲	
437	逛（群）	揆枉切	上聲	僅收上聲
	造（從）	慈浩切	上聲	上去兼收
		惻奧切	陰去聲	
439	道（定）	代浩切	上聲	上去兼收
		特昊切	陽去聲	
443	邵（禪）	石浩切	上聲	僅收上聲
444	部（並）	僕戶切	陽去聲	上去兼收
		僕五切	上聲	
451	重（澄）	柱永切	上聲	上去兼收
		逐橫切	陽去聲	
455	鉅（群）	掘宇切	上聲	僅收上聲
476	巂（邪）	徐遠切	上聲	僅收上聲
486	項（匣）	叶降切	上聲	上去兼收
		檄行切	陽去聲	
487	頷（匣）	合沇切	上聲	僅收上聲

頁碼	古濁上字	切語或音注	聲調	備註
503	骳（並）	弼異切	陽去聲	上去兼收
		弼蟻切	上聲	
	髀（並）	弼蟻切	上聲	僅收上聲
509	鮑（並）	罷浩切	上聲	上去兼收
		白昊切	陽去聲	
512	鰾（並）	痞杳切	上聲	僅收上聲
	鱔（禪）	十衍切	上聲	上去兼收
		十硯切	陽去聲	
521	黛（定）	特亥切	上聲	僅收上聲
063	噤（群）	及恁切	陽去聲	僅收去聲
077	墮（定）	奪臥切	陽去聲	僅收去聲
079	壽（禪）	石後切	陽去聲	僅收去聲
081	奉（奉）	伏橫切	陽去聲	僅收去聲
084	妓（群）	及異切	陽去聲	僅收去聲
089	娣（定）	狄異切	陽去聲	僅收去聲
090	婢（並）	弼異切	陽去聲	僅收去聲
090	婦（奉）	伏戶切	陽去聲	僅收去聲
091	女昜（定）	達行切	陽去聲	僅收去聲
106	尚（禪）	十行切	陽去聲	僅收去聲
112	隋（定）	奪臥切	陽去聲	僅收去聲
115	市（禪）	叶「時」	上聲	上去兼收
		叶「時」	陽去聲	
119	幸（匣）	檄涇切	上聲	上去兼收
		檄競切	陽去聲	
120	序（邪）	夕御切	陽去聲	上去兼收
		夕宇切	上聲	
125	弟（定）	狄蟻切	上聲	上去兼收
		狄異切	陽去聲	
135	怙（匣）	黃務切	陽去聲	僅收去聲
136	悕（並）	白恨切	陽去聲	僅收去聲
137	恃（禪）	叶「時」	陽去聲	僅收去聲
138	悌（定）	狄思切	陽去聲	僅收去聲

頁碼	古濁上字	切語或音注	聲調	備註
138	悍（匣）	合岸切	陽去聲	僅收去聲
141	惰（定）	奪臥切	陽去聲	僅收去聲
151	戶（匣）	黃務切	陽去聲	僅收去聲
151	扈（匣）	黃務切	陽去聲	僅收去聲
159	掉（定）	狄曜切	陽去聲	僅收去聲
167	手喬（群）	其效切	陽去聲	僅收去聲
167	撰（床）	柴汗切	陽去聲	上去兼收
168	撼（匣）	柴旱切	上聲	
		合濫切	陽去聲	僅收去聲
172	敘（邪）	夕御切	陽去聲	上去兼收
		夕字切	上聲	
180	昊（匣）	合傲切	陽去聲	僅收去聲
181	是（禪）	叶「時」	上聲	上去兼收
		（缺）	陽去聲	
189	杜（定）	獨五切	上聲	上去兼收
		獨戶切	陽去聲	
199	楗（群）	其硯切	陽去聲	僅收去聲
209	殆（定）	特害切	陽去聲	僅收去聲
213	氏（禪）	叶「時」	陽去聲	僅收去聲
216	汜（禪）	塞次切	上聲	上去兼收
		叶「時」	陽去聲	
226	混（匣）	斜恨切	陽去聲	僅收去聲
227	渡（定）	獨戶切	陽去聲	僅收去聲
229	湛（床）	柴菡切	陽去聲	僅收去聲
231	水晃（匣）	胡旺切	陽去聲	僅收去聲
233	漸（從）	集焰切	陽去聲	僅收去聲
236	澹（定）	特菡切	陽去聲	僅收去聲
239	灝（匣）	合老切	上聲	上去兼收
		合傲切	陽去聲	
248	父（奉）	伏戶切	陽去聲	上去兼收
		音「甫」	（缺）	

頁碼	古濁上字	切語或音注	聲調	備註
252	犯（奉）	佛汗切	陽去聲	上去兼收
		物䎳切	上聲	
261	琲（並）	白惠切	陽去聲	僅收去聲
264	瓚（從）	才汗切	陽去聲	僅收去聲
266	甚（禪）	石恁切	陽去聲	僅收去聲
268	蒔（禪）	叶「時」	陽去聲	上去兼收
		責史切	上聲	
288	社（禪）	石夜切	陽去聲	上去兼收
		石也切	上聲	
288	祀（禪）	叶「時」	陽去聲	僅收去聲
289	祜（匣）	黃務切	陽去聲	僅收去聲
295	穽（從）	集倖切	陽去聲	僅收去聲
296	窞（定）	特菡切	陽去聲	僅收去聲
298	竚（神）	述御切	陽去聲	僅收去聲
300	笨（並）	白恨切	陽去聲	僅收去聲
304	範（奉）	佛汗切	陽去聲	僅收去聲
304	篆（神）	述院切	陽去聲	僅收去聲
307	簜（定）	達行切	陽去聲	僅收去聲
307	簤（定）	狄惠切	陽去聲	僅收去聲
312	紂（澄）	直又切	陽去聲	上去兼收
		（缺）	上聲	
315	紿（定）	特害切	陽去聲	僅收去聲
317	綬（禪）	石後切	陽去聲	僅收去聲
319	緞（定）	獨玩切	陽去聲	僅收去聲
334	肇（澄）	直昊切	陽去聲	僅收去聲
338	脛（匣）	檄競切	陽去聲	僅收去聲
339	腎（禪）	石恨切	陽去聲	上去兼收
		石引切	上聲	
354	荇（匣）	檄競切	陽去聲	僅收去聲
355	荷（匣）	叶何切	陽去聲	僅收去聲
358	菡（匣）	合濫切	陽去聲	僅收去聲
359	莧（匣）	檄建切	陽去聲	僅收去聲

頁碼	古濁上字	切語或音注	聲調	備註
359	𦒕（定）	特菌切	陽去聲	僅收去聲
364	蓓（並）	白惠切	陽去聲	僅收去聲
365	蔀（並）	僕戶切	陽去聲	僅收去聲
368	藇（邪）	夕御切，叶「絮」	陽去聲	僅收去聲
393	視（禪）	叶「時」	陽去聲	僅收去聲
401	誕（定）	特汗切	陽去聲	僅收去聲
414	負（奉）	伏戶切	陽去聲	僅收去聲
415	貯（神）	述御切	陽去聲	僅收去聲
423	跽（群）	及異切	陽去聲	僅收去聲
423	踐（從）	集硯切	陽去聲	僅收去聲
430	輔（奉）	伏戶切	陽去聲	僅收去聲
434	辨（並）	別硯切	陽去聲	僅收去聲
434	辯（並）	別硯切	陽去聲	上去兼收
		佳衍切	上聲	
438	遁（定）	奪混切	陽去聲	僅收去聲
440	遞（定）	狄異切	陽去聲	僅收去聲
440	遯（定）	奪混切	陽去聲	僅收去聲
459	錞（定）	奪惠切	陽去聲	僅收去聲
459	錡（群）	及異切	陽去聲	僅收去聲
460	鍵（群）	其硯切	陽去聲	僅收去聲
463	鎬（匣）	合傲切	陽去聲	僅收去聲
471	限（匣）	檥汗切	陽去聲	上去兼收
		奚旱切	上聲	
471	陛（並）	弼異切	陽去聲	上去兼收
		弼蟻切	上聲	
480	靖（從）	集倖切	陽去聲	僅收去聲
481	靜（從）	集倖切	陽去聲	僅收去聲
488	顥（匣）	合傲切	陽去聲	僅收去聲
494	饌（床）	柴汗切	陽去聲	僅收去聲
498	駘（定）	特害切	陽去聲	僅收去聲
512	魚與（邪）	夕御切，叶「絮」	陽去聲	僅收去聲

在「古濁上」的二二四字中，僅收上聲的有四十七字，僅收去聲的有八十八字，上去兼收的則有八十九字，上去兼收的字，少數會先寫出「陽去聲」，再寫出「上聲」，這種現象，我認為是作者在既想存古，又須顯示實際讀音下，表現出舉措不一致的矛盾現象。

四　《國劇韻典》聲調糾謬

張笑俠在書前〈國劇音韻談〉中說：

> 參考二十多種韻書，用去了三年的光陰，……是在最短期間中一個人把他寫了出來，裡邊免不了有錯誤的地方。

的確，在書中明顯的錯字或缺漏不少，關於聲調方面也難免存在一些問題，今舉例如下：
（一）偶有非「陰平聲」「陽平聲」「上聲」「陰去聲」「陽去聲」「陰入聲」「陽入聲」七個聲調名詞以外的調名出現。如：

頁碼	字	音注	聲調	備註
008	仔	則思切	平聲	
254	猩	西英切	音平聲	「音」或為「陰」之誤。
384	衕	陀洪切	平聲	
464	鐙	（缺）	平聲	
13	佹	吉委切	陰上聲	
14	佊	尺以切，北叶「齒」	陰上聲	
18	俺	扼敢切	陰上聲	
18	俾	百委切	陰上聲	
87	姥	猛五切	陰上聲	
87	姤	革漚切	陰上聲	
15	侮	岡五切[4]	陽上聲	
54	吮	徐遠切，讀如「選」	陽上聲	
69	圈	巨遠切	陽上聲	
13	佴	叶「而」去聲	（去聲）	
14	侍	叶「時」去聲	（去聲）	
257	王	（缺）	去聲	
400	詺	叶「名」	去聲	

---

4 「岡」當為「罔」字之誤。

頁碼	字	音注	聲調	備註
425	蹬	池沇切	去聲	
30	八	百匝切，北叶「把」	入聲	
92	嫉	截亦切	入聲	
102	密	滅亦切，北叶「謎」	入聲	
124	式	設乙切	入聲	
349	芍	石涸切，北叶「韶」	入聲	

上表所列「平聲」，未標明陰陽，恐係脫漏一字；「上聲」處分陰陽，如以中古聲母清濁區分，六個「陰上聲」正巧是清聲母，三個「濁上聲」是濁聲母，可見這兩個名詞，不是一時添增，作者應該參考到「八調」的分類，或一時未加合併，留下的上聲分陰陽的痕跡。至於「去聲」「入聲」未標陰陽，應該與「平聲」一樣，是脫漏了一字。

（二）「同一切語」或「同一切語下字」，而所歸聲調不同。如「同一切語」所歸聲調不同者：

音注	字	聲調	頁碼	備註
忕愛切	太	陰入聲	80	恐誤
	態汰泰貸	陰去	144，216，415	
齏央切	樂漿	陰平聲	201，233	
	蝩	陽平聲	381	恐誤
離由切	硫	陰平聲	285	恐誤
	劉旒榴流瀏琉瑠留瘤遛鏐騮	陽平聲	38，177，201，222，238，259，262，268，273，439，462，501	
諾吳切	奴	陽去聲	83	恐誤
	孥笯駑	陽平聲	98，285，498	
獨戶切	鍍	陰去聲	460	恐誤
	度杜渡肚膾	陽去聲	120，189，227，335，504	
僕戶切	哺	陰去聲	59	恐誤
	埠捕步簿蔀部	陽去聲	73，158，208，307，365，444	

上表是《國劇韻典》切語用字一樣，陰陽調卻不同，在備註欄標出「恐誤」，是從切語上字清濁判斷出來的，剛巧這些又都是少數例外，所以這類字應是編輯時的疏漏。

又如「同一切語下字」而所歸聲調不同者：

切語下字	被切字	聲調	頁碼	備註
幼	岰	陰平聲	110	恐誤
	僦廏嗅救秀宄綉繡臭銹	陰去聲	25，48，64，172，291，295，317，323，343， 457	
沆[5]	倀倡倬傷剛央商堈堭央……	陰平聲	18，19，24，24，37，56，61，74，76，81……	
	場峽喤常徨房攘旁棠瓢……	陽平聲	75，110，111，117，130，151， 170， 176， 197，265……	
	仉仿俍做倘儻黨帑廠彷……	上聲	8，9，16，19，19，27，29，116，122，128……	
	蹚	陽去聲	425	恐誤
	蹚	去聲	425	
怨[6]	喧塤煖誼駽	陰平聲	63，75，243，404，499	
	串券券勸卷眷穿絢絹捲轉釧	陰去聲	3，36，39，41，47，280，295，316，316，375，432，453	

上表是代表聲調的切語下字相同，而所標聲調卻不同，分析其原因有三，一是所標聲調與該被切字原本調類不同，是屬於誤標；其二是該字本為多音字，具有不同調類，本可分做不同調類字的切語下字，祇是會引起讀者混淆，所用下字，並不是一個好的選擇。其三是「沆」字本陽平聲，卻大量同時做「陰平」與「陽平」聲字的切語下字，這可能是一種以「平聲」調類標示「平聲」字的傳統作法，與本書反切下字定陰陽調的常態不同，也可視為本書的疏漏。

五　小結

　　京劇音韻或認為是依據中州韻，或認為是「湖廣韻（武漢音）」；再加上尖、團字，上口字的特殊讀法，總是和現代國語音有些不同，這是屬於音韻系統的差異。而聲調的「類」與「值」，在現代方音中差異更大，京劇音韻該如何讀才正確，究竟當分幾類，是仍待確認的。

5　「沆」字，《國劇韻典》頁217：「曷岡切，陰平聲，水流貌。又扼慷切，上聲。」

6　「怨」字，《國劇韻典》頁136：「鬱眷切，陰去聲，恨也，恚也，仇讎也，又迂涓切，陰平聲。」

　　《國劇韻典》作者是早年的國劇愛好者，有志確立戲曲中常用字的音類與音讀，在聲調方面以「七調」為準，所收八千字，字字有切音，這對我們探討他對戲曲音韻聲調的看法，有較為豐富的材料。

　　總體來說，本書認為字有七種不同的聲調，平去入分陰陽，上聲不分陰陽；在經過本文研究後，還發現一些現象，如編寫時，切語下字固然和被切字同調類，而切語上字也決定被切字的陰陽調，代表該書是存有「濁」聲母的。而書中也存在少數無法明確解釋的問題，包含「濁上」究竟讀「上」還是「陽去」？似乎沒有一定的方向；出現少數「陰上聲」「陽上聲」的名詞，代表其心中不能忘記這兩個特殊分類名詞；某些定聲調的切語下字，有只顧「四聲」，而不顧「陰陽調類」的情形；更有些多音字會做反切下字，出現同一下字，卻切不同聲調的現象，這對讀者判讀聲調是不利的。凡此種種，讓我們都對這本陌生的「巨著」，產生了新認識，也存在些新疑問，本文僅對聲調的初步觀察，做一些簡單的考論，希望能引起較多同好的注意。

參考文獻

陳彭年等重修　《大宋重修廣韻》　臺北市　洪葉書局　2001年

張笑俠　《國劇韻典》　上海市　商務印書館　1935年

申克常　《國劇聲韻》　臺北市　三民書局　1975年

胡垣《古今中外音韻通例》對等韻學理的應用

吳文慧

輔仁大學全人教育課程中心

摘要

　　胡垣《古今中外音韻通例》以十五韻圖作為音韻論述的根據，同時利用等韻學理分析古音、方音與外語，希望學者透過韻圖通曉古今中外所有語音，但由於韻圖的基礎是以其方音—十九世紀晚期江淮官話為主，江淮官話的幾個重要特徵，如聲母 n-、l-不分，輔音韻尾-n、-ng 不分，有塞音入聲韻尾等，必然會使他在對應古音、其他方言和外語時遭受困境。又如，他認為古音、今音都只是不同方音的差異，所以藉由等韻圖和方音證據擬讀古音，也使其古音學變成「以今音讀古籍之學」。此外，胡垣利用等韻圖的系統性，對南京附近方言和閩語的特色予以詳盡描述，並試圖以等韻圖理解當時的外語語音，後者由於他對外語的片面瞭解，使其作法終歸失敗。

關鍵詞：江淮官話、方言學、等韻學

一 胡垣的等韻學理

胡垣《古今中外音韻通例》作於清光緒十二年（1886A.D.），是其音韻學之總成，書中包含等韻圖（稱為十五總圖）及音韻論述一六四條，討論聲母、韻母、聲調及古今韻學、方音、翻譯等問題。等韻圖共分十五韻，每韻內橫列二十二字母，縱分開、齊、合、撮四呼，每呼內再分陰平、陽平、上、去、入五聲。聲母二十二字母分為「五音」，即「喉音」見、溪、曉、影，「腭音」端、透、來、穰，「齒音」照、穿、審、日，「牙音」精、清、心、耶，「脣音」邦、滂、明、微、非、喻，脣音又可細分為「重脣」的邦、滂、明、微和「輕脣」的非、喻。十五韻則根據主要元音和韻尾的性質分為五大類，即「舌向上」的根、公、岡（收-n、-ng 韻尾），「舌穿牙」的甘、堅、官（鼻化元音），「舌抵牙」的基、支、該（主要元音為中、高元音之韻），「舌搜牙」的家、子、歌（主要元音為中、低元音之韻）和「舌向下」的鉤、高、孤（收-u 韻尾之韻）。其中反映了大量江淮官話的特點：1. 聲母 n-、l-不分；2. 輔音韻尾-n、-ng 不分；3. 有入聲韻尾。這一點在他的自序中也明確提到：「世所難通之音，皆得通以我之方音。」換言之，此等韻圖是建立在以江淮官話─尤其是南京、揚州一帶的方音為基礎的「泛用型」韻圖。

胡氏大刀闊斧地改革了幾個傳統名稱，包括他以「音呼聲韻」對應聲母、介音、聲調、韻部四者，又對韻部的描述，皆以「舌」為基準，而在聲母部分取消「舌音」的說法，他的解釋是：

> 人之出音，未有不藉舌以成者，舌為眾音之主，豈可專屬以端、透、定、泥也。是編列端、透、來、穰為腭音，照、穿、審、日為齒音，精、清、心、耶為牙音，均據舌所舓之處為名。[1]

胡氏以舌位的高低位置來描述韻部的特色，以舌頭成阻的位置來描述聲母，雖然有不夠精確之處，如「舌向上」、「舌向下」是以韻尾的舌位為準，「舌穿牙」、「舌抵牙」和「舌搜牙」是以主要元音的舌位為準，但大致說來，他的分析方式已相當接近現代語音學對聲韻的定義。此外，在「輕重」的詮釋方面，他也有不同的看法，以「喉音」見、溪、曉、影為例，在十五韻圖中分別為「極重」、「次重」、「次輕」、「極輕」，這看似與傳統等韻圖相似的安排，實則在語言理論上大不相同，如果是保留傳統名稱，胡氏大可以使用「全清」、「次清」、「全濁」、「次濁」的說法，然而他的方言中，全濁音已經

---

[1] 見《古今中外音韻通例·音母》第六條。（以下為節省篇幅，一律以「篇名-次序數字」表示，如「音母-6」。）

清化，其云：

> 出音之狀，必求易于分別，相說以解，無所謂濁也。倘執濁音之說以求字音，則
> 自尋荊棘耳。……總之易紐為清，難讀為濁，斷非可以能讀清音之字，而故讀為
> 濁音，鰓鰓然以為古人濁音也。是編字母不用濁音，而四聲增入陽平，亦期于易
> 讀耳。[2]

> 見、端、知、照、精、邦母，《等韻》所謂極清之音，實極重、極響之音也。[3]

換言之，他所使用的「輕重」與「清濁」是不同的名稱。又相較同時期的勞乃宣《等韻
一得》所說：「戞稍重，透最重，轢稍輕，捺最輕。」勞氏的分析與現代語音學對聲母
送氣與否的描述相符，但與胡氏在重和稍重二者的分配上恰恰相反，顯然胡氏既非傳統
的繼承者，也不同於勞氏的想法，推測他的概念可能來自於對聲母「除阻」時的感受，
除阻後氣流通過愈多則愈輕，整體看來與現代國音的聲母排列更為相似。

在胡氏的分析中，還有一大類被稱為「尾音」的聲母，即五音的最後一個聲母，包
括影、穰、日、耶、微、喻六母，根據他的排列原則，這些都是極輕之音，我們可以觀
察出這些聲母在現代國音中多半與零聲母或濁擦音聲母有關，然而此六母是否真的能細
分為六種不同的音值，並同時出現在胡氏的方言中？這是不可能的。胡氏之所以為五音
各立一個「尾音」，不全然是語音的感知，更多的可能是為了解釋古音、方音和外語那
些在他的方言中沒有的音，或作為文獻文字之間的通轉理據。這一點從他在分析古音通
轉叶音上尤其明顯。

在韻部方面，我們可以看到胡氏分出根、公、岡和甘、堅、官兩類，看似沒有受到
江淮官話-n、-ng 不分的影響，其實是因為甘、堅、官這一類在他的方言中讀為鼻化
音，與-n、-ng 分不分沒有關係，證據有二：第一，根韻中的例字明顯雜有-n、-ng 兩種
輔音韻尾，如「根」字本身為-n 韻尾，卻與「公」、「岡」同屬「舌向上」一類；第
二，從中古來源而言，根、公、岡一類來源於臻、梗、通、江、宕、曾、深攝，包含了
輔音韻尾-n、-ng、-m 三種，甘、堅、官一類來源於山、咸攝，其韻尾則包含-n、-m 兩
種，整體看來是-m 尾消失，而-n、-ng 沒有明確畫分；第三，胡氏多次舉時音為例，皆
可反映出-n、-ng 不分的情形，例如：「談及日本文字，……曰硬、印，楷為ン。硬、
印，根韻也。」除了帶入江淮官話的特點到韻圖中，他還採陰陽兩配的方式處理入聲的
問題，固然江淮官話中有入聲，但入聲兩配的情況絕對是人為的，這一點可以從例字的
重複得到證明，胡氏的想法是：

2　見「留清去濁法-2」。
3　見「音母-9」。

脂旨至質，質字必用金陵土音，方可由脂旨至調出；真軫震質，質字必用揚州土音，方可由真軫震調出。同一質字，而讀法不可狃於一方也。[4]

胡垣認為「入配陽聲」或「入配陰聲」取決於讀者本身的方言，再加上南京音中有一類高元音（ï）入聲，促使他得以構成一陽聲韻入聲以揚州音為準，陰聲韻入聲以南京音為準的系統。而在五音、四呼、五聲、十五韻（胡氏稱為「音呼聲韻」）及入配陰陽的架構下，形成胡垣所謂的「古今中外音韻通例」。

耿振生論及清代等韻學時，提到按清代學者的觀點，凡是分析漢語語音結構、研究聲韻調系統的學問都屬於等韻學，這是廣義的等韻學。並認為等韻學是音韻學中的一種研究方法和理論體系，它可以被應用在明清時音學、今韻學和古韻學，與它們有不可分割的密切關係。[5]胡垣的等韻學理就是這種「廣義的等韻學」，同時他也企圖以此方法理論應用於明清時音學（即方音、翻譯）和古韻學上。

二 古音學研究的應用

胡垣認為古今中外任何一個字音都是由音、呼、聲、韻這四個要件所組成的，所謂「審音」就是審查字的音呼聲韻，其云：

> 然則考古而不先究字音，是猶水無源，木無本也。音將何考？亦審之五音、四呼、五聲、十五韻而已。[6]

又因為不論古音、今音、方音都是由此四個要件組成，所以他進一步認為古音、今音都只是各地方音的反映，無所謂古音、今音之別，其云：

> 欲辨音之同異者，祇可名之為方音，不可名之為古音、今音也。[7]

> 然則古人所用之韻，皆今世所有之音，不得謂今韻之異於古矣！[8]

> 是編音呼聲韻能明其理，則舉前人所謂「古音」者，乃悉為今世所有之音，奚奇哉！[9]

要說胡氏沒有古音、今音的概念是不太對的，因為整個清代古音學的研究，都是環繞著

4　見「平側聲-7」。
5　耿振生：《明清等韻學通論》（北京市：語文出版社，1998年），頁4-5。
6　見「《爾雅》韻法-1」。
7　見「今古通韻-3」。
8　見「《詩經》韻法-4」。
9　見「《說文》及古字俗字韻法-3」。

古今異同在進行，只是他的古音學不是像顧炎武「舉今日之音，而還之淳古」那樣的古本音說，而是以今音讀古籍的概念為主，因此他不必為古音另外分部，專以十五韻圖的音、呼、聲、韻為論述依據。如其云：

> 《詩經》用韻，各隨方音，無所為叶韻也。今欲得其真音，仍當審方音以求之，不可泥吳棫之叶韻也。如「寤寐思服，輾轉反側」，金陵讀「服」字籠口，「側」字張口，廬江則讀「服」為夫月切，「側」為猜葉切，皆如金陵讀子韻矣！[10]

又如：

> 《文選》用韻，視經韻有同異者，亦方音使然也。如〈西都賦〉「山川淵門干分旋塵爛觀晏連閒錢英焉震天」，皆當如今河南音，讀為甘韻張口也。……「室血鐵日出實物㵰節」，皆宜讀子韻也；「文」字張口似「頑」，籠口似「五紅切」，故兼韻甘、公也。此皆以徐州北音推測當讀之音，其類不勝悉數，要不可依段氏十七部例也。[11]

其具體作法是先以自己的方音讀之，如有不合，則改從其他方音求證，而後按照十五韻圖的位置改讀為「正確之音」。面對出韻和諧聲的問題，就必須利用到一些「技巧」來解決，如前述聲母的「尾音」和韻部的通轉。在聲母部分，他認為尾音之間可以互通，以《爾雅》為例：

> 《爾雅》凡數字同義，其音呼聲韻未有不得其同者。如〈釋詁〉曰：「粵、爰、于、於」，皆合、撮之尾音也。「永、羕、引、延、融」，皆齊齒呼之尾音也；「卬、我、台、言、陽、吾、余、予」，備四呼而亦皆尾音也。[12]

或如「芙藁切荷，橫目切傳」之例，只要聲母是尾音的，不論開、齊、合、撮都可以通轉，由於這些尾音多與零聲母有密切關係，所以從胡垣的時音讀，大致可以相通。另外，齒、腭、牙音之間亦可相通，在胡氏的韻圖中，「齒音」指的是舌尖後塞擦音和擦音，「腭音」是舌尖塞音，「牙音」是舌尖前塞擦音和擦音，這些音都與舌尖有關：且從中古音系統來看，「齒音」包括了中古知系和照系字，知系與「腭音」的端系在中古同部位，照系與「牙音」的精系同部位，因此韻圖中的齒音自然常會與腭音、牙音互通，如：「『展、誠、諶、慎』皆齒音，而通腭則為『亶、亮』，通牙則為『詢、信、允、焉』。」[13]「展」為知母字，與端系（腭音）同部位，「誠、諶、慎」為禪母字，與精

---

10 見「《詩經》韻法-4」。

11 見「《文選》韻法-1」。

12 見「《爾雅》韻法-1」。

13 見「《爾雅》韻法-1」。

系（牙音）同部位，於是胡氏便從聲母的相關性上將這些語音串連起來。對他而言，目的只在說明為何《爾雅》中同義的字彼此之間都有音韻關係，而非一個字一個音去考察這一組是否同音，或者它們之間更為複雜的語音、語義或語境問題。

在韻部的通轉上，他則提出了「轉韻之法」，其云：

> 轉韻之法，有徑轉者，有遞轉者。如根之轉公、轉岡，本韻逕轉也。根之轉甘、堅，以甘、堅尾韻為根，是鄰韻逕轉也。根之轉支，支捲舌尾音似根，是捲舌韻逕轉也。根之轉該，該尾韻為基，是必由甘、堅遞轉也。故「先」字可為「詵」，亦可為「洗」，金、堅、基尾韻遞轉也。[14]

如前所述，胡氏將十五韻根據主要元音和韻尾的性質，分為舌向上（收-n、-ng 韻尾）、舌穿牙（鼻化元音）、舌抵牙（中、高元音）、舌搜牙（中、低元音）和舌向下（收-u韻尾）五大類。按其想法，每韻類中的三個韻部可互相轉韻，韻類與韻類之間也可轉韻，但有親疏遠近的不同。表示如下：

舌向上	舌穿牙	舌抵牙	舌搜牙	舌向下
根公岡	甘堅官	支基該	家子歌	鉤高孤
本韻逕轉	本韻逕轉	本韻逕轉	本韻逕轉	本韻逕轉
鄰韻逕轉		鄰韻逕轉		鄰韻逕轉

韻類中的轉韻稱為「本韻逕轉」，轉韻的理由是它們具有韻尾相同或主要元音性質相同的特性。相鄰韻類的轉韻稱為「鄰韻逕轉」，逕轉的機制較為複雜，以「舌向上」和「舌穿牙」而言，它們的轉韻條件是同具有鼻音性質；「舌穿牙」和「舌抵牙」的轉韻條件是同具有陰聲韻性質，因為「舌穿牙」讀作鼻化元音，一方面帶有鼻音性質，一方面又是個單純元音，從單純元音性質一點來看，即可與其他陰聲韻逕轉。「舌抵牙」和「舌搜牙」的轉韻條件在支韻，因為支韻的主要元音是央元音，所以既與歌、子韻的半高元音可以互通，也可與家韻互通。「舌搜牙」和「舌向下」的轉韻理由在歌韻具圓唇性質，與收-u 尾的鉤、高、孤三韻相似，因此得以相通；又因為「舌抵牙」、「舌搜牙」、「舌向下」都不具鼻音性質，與「舌向上」、「舌抵牙」截然不同，所以支、基、該三韻還可直接與鉤、高、孤形成「鄰韻逕轉」，而不被視為是「遞轉」。此外，根韻和支韻的轉韻稱為「捲舌音逕轉」，胡氏認為根韻捲舌兒化後，鼻音韻尾會被抽掉，只留下央元音，這個央元音與支韻的 ï 相似，所以讀「根韻捲舌」便可與支韻轉韻，有點類似「陰陽對轉」的想法，這一個觀點在胡垣的理論中是很重要的一點，他不斷地強調「支、基、該為天地元聲，統鉤、高，轉根、堅」，支韻韻母居中，作為一切轉音的依

---

14 見「《詩經》韻法-5」。

據，進而使十五韻之間形成一個往復循環的系統。然而儘管胡氏立了「捲舌音逕轉」，陽聲韻與陰聲韻之間卻仍必須通過「遞轉」才能相通，如根韻要轉該韻，必須由甘、堅韻遞轉過去，以「先、詵、洗」三字為例，胡氏取堅韻「先」字作為中介，而使根韻「詵」字和基韻「洗」字得以相通。這大概是因為他認為根、支兩韻的主要元音有些微不同，不太穩當，因此盡量不使用「捲舌音逕轉」一法。

胡氏透過聲母的通轉和十五韻之間的「逕轉」、「遞轉」解釋古籍文獻中的押韻和諧聲現象，並以今世之音「讀」古籍之音為目的，應屬通轉叶音說的後繼者。然而，由於不贊同「歷時音變」的觀點，使得胡氏很多說法落入「以今律古」的困境中，成為他在討論古聲韻問題時很大的缺失，這一點是我們必須正視的。

三　方言學研究的應用

方言學可說是胡垣韻學的根基和最大特色，他除了在韻目底下標注某韻在某地讀作某音（或某韻）外，後頭的論述中更時時看到舉方音為證的情形。統計書中提及的方言點共有五十一個，總計四八六次，其中以清代江蘇省最多，如金陵、揚州、崇明、徐州、鎮江、六合、高郵、浦口等共二十九處。其次則是緊臨江蘇省的縣分，如天長、來安、滁州、全椒、安慶等，均隸屬清代安徽省。這些方言點多在江淮官話，另外少部分屬吳語區，如蘇州、無錫、崇明等地。只有「閩省」較為特別，他多次提到關於閩方言的語音特徵，這是因為他曾經向邑侯（縣令）盧刺史請教過。其云：

> 閩省言語難通，然嘗就邑侯盧刺史館，朝夕聞閩音，以譜衡之，則根、岡皆讀如公韻，公韻多讀為根之開撮，甘、官多讀為岡韻，堅齊齒多讀為根齊齒，根牙音又讀為甘韻，讀基韻為該韻，支韻為劫韻，歌、鈎為高韻，孤、高為鈎、歌韻。……其輕脣音悉為喉音第三位，如「分、風、方」為「訓、烘、荒」。其齒音分屬腭、牙，「知、徹、朝」為「低、鐵、刁」，「照、之、窗、神」為「醮、齎、匆、星」。……由是推之，則用金陵方音可識閩音，更何方音之難識乎？[15]

上文中的「根、岡讀如公韻」，可以有兩種解讀，一是指「閩音的根岡公三韻同音」，一是「閩音的根岡讀如某地的公韻」，從「用金陵方音可識閩音」一句看來，他的意思應該是指「閩音的根、岡韻讀如金陵的公韻」，同時從這段敘述中，我們可以看到胡氏利用等韻圖類推其他方音的具體成果，他記錄了幾個閩方言的共性：1.「輕脣音悉為喉音第三位」，即 f- 聲母讀為擦音 h- 或 x-．符合閩方言文讀音為擦音 h-、x- 的特色；2.「齒音分屬腭、牙」，即知、徹、澄三母讀為舌尖塞音 t-、th-，照系讀為舌尖塞擦音 ts-、

---

15 見「方音-1」。

tsh-。胡氏認為雖有各地方音的差異，但透過考察方言間雙聲疊韻的不同，並利用十五韻圖的系統，便可推求各地方音的概況。其云：

> 即如「先生」兩字，在金陵皆讀為牙音第三位，雙聲也。至涇縣讀「先」為「掀」，讀「生」為「三」，則非雙聲矣！「三山」兩字，金陵讀「三」為牙音，「山」為齒音，非雙聲也。鎮江讀「三山」為「三三」，則雙聲矣！揚州讀「四十」為「四塞」，牙音雙聲也，徐州北讀「四十」為「試十」，齒音雙聲也，金陵讀「四」為牙音，「十」為齒音，則非雙聲矣！……是編總譜每韻下注明某地讀某音最清，某地讀某韻似某韻，欲辨其異，當於雙聲疊韻求之。[16]

> 蓋驗之于音呼聲韻，乃有以比例而會通也。即如金陵讀甘韻、官韻，開口、合口二呼皆如揚州之讀岡韻，口甚張也。至下關則官韻合口呼漸覺籠口，浦口隔江與下關同音，而東行二里則為六合鄉，讀冠韻愈籠口矣！蓋金陵讀「官寬歡剜」如「光筐荒汪」，六合讀之則與「公空烘翁」相近，全屬籠口，浦口、下關介乎張籠之間，則甘、官兩韻相接之音，所謂濁韻也。……金陵讀基韻齊齒呼孤韻撮口呼，如「基李西衣居呂須迂」，至明晰也，下關則西衣或讀如須迂，至浦口東二里六合鄉，則居呂須迂皆讀為基裏西衣。以是譜衡之，則金陵較浦口缺一官韻籠口之音，六合鄉較浦口缺一基韻撮口呼之音，數十里內按譜可辨也。[17]

胡氏一再強調「以是譜衡之」，顯然是以十五總圖的系統統攝所有方音的概念，其具體作法是先調查對象方音讀某韻與我方音某韻相同或不同，歸納整理之後，再藉由韻圖系統確認哪些是我有彼無的韻部，或彼有我無的聲母，即其所謂的「比例」，藉由「比例」的結果進而掌握對象方音可能哪個字讀什麼音，並以此認定該方音的說話者是否讀出符合說話者音系的正確讀音。他曾表示：

> 垣孤陋寡聞，未嘗遠涉，然近則桑梓鄉音數十里內，已得其所由分，遠則閩粵數千里外，亦得其所由合，有異鄉子弟就學，第任其自然之方音，不強以舍彼就我，而我自能知彼之誤與不誤。[18]

由此，我們也可以看到胡垣並不認為「正音」是照他的方音或北京音讀，而是偏向毛先舒《韻學通指》所云：「所謂『正音』者，以理而不以地，所謂『適用』者，以時而不以耳。」

除了以韻圖「比例」會通其他方言，他也利用韻圖位置說明方言的讀音，例如：

---

16 見「雙聲疊韻-2」。

17 見「方音-1」。

18 見「方音-1」。

如崇明喉音第三位皆下一位，讀「黃」為「王」，「黃」字列岡韻合口喉音第三位，其下一位即「王」字也。[19]

崇明方言中古匣母及疑母的部分字和影、喻母後來都變成零聲母，對此現象胡氏除了採「直音法」記錄外，同時輔以韻圖說明，指出這些字必須取喉音第四位—影母（零聲母）讀，從而幫助讀者更精確地掌握崇明方音的特色。

相較於之前的學者多是單點、零散的記錄方音，胡垣利用等韻圖本身的音韻系統逐一歸納其他方言語音特色，提出具體作法，更有系統且完整地描述十九世紀晚期江淮官話以及各方言間的差異，確實與單純反映某方言特色的韻書韻圖，或強調建立通則卻未有具體作法的作品更進一步。

四　翻譯學研究的應用

外語與方音同為胡垣當時的「時音」，方音即使難懂如閩語、粵語都還在漢語的範疇內，利用等韻圖類推大致還能做到「雖不中，亦不遠矣」的程度，但對於外語學習和翻譯，恐怕就難多了。胡氏的作法仍是採用漢語等韻學的觀念解析外語，以日文為例：

> 以五音衡之，該意、既、凱哈、庫、可五、開意、海意、哈、火臥、害以、喜，皆喉音也；太夜、唾、他搤、祿咢、膩、李、呂五、魯遇、立、乃以、那搤、臟、諾，皆腭音也；茲、思、夙咢、思搤、西意、西夜，皆齒、牙音也；木咢、米宴、米、罵、毋臥、付，皆脣音也；五、烏瓦、約欲、烏、伊、臥五、鴉、愛夜、愛搤、以嘔、硬印，皆尾音也。齒、牙、脣音位不全，地東偏也。[20]

依照胡氏重新分配的結果，日文以 k-、h-（除ふ fu 以外）開頭的字母，為喉音；以 n-、r-開頭的字母和た ta、て te、と to 三母，為腭音；chi、tsu 二母及以 s-開頭的字母，為齒牙音；以 m-開頭的字母和ふ fu，為脣音；其他零聲母、y-和 w-開頭的字母，則為尾音。這種重新分配的作法，固然不合於外語原本的型態，但或許胡氏認為可以透過這樣的方式，讓讀者從既有的聲韻觀念延伸到其他語言上。然而因為對外語的認識不足，使得他在許多語音的描述顯得不太恰當，例如對於英語字母的描述，其云：

> 西洋用韻，愛 A 字有「哀、鴨、挨、四、惡」五聲，衣 E 字有「衣、合、歐」三聲，挨哀 I 字有「挨哀、一、歐」三聲，臥 O 字有「蛙、惡、四、屋、烏、厄」六聲，宥 U 字有「尤何、厄、歐、屋」四聲，是支、基、該、家、子、

---

19 見「方音-2」。
20 見「翻譯-8」。

> 歌、鉤、高、孤九韻，皆備于 A、E、I、O、U 五字中矣！……是編根字領前六
> 韻，支、孤綜後九韻，用以核西洋音韻，無不合者，哀、挨長音為平聲，鴨、惡
> 短音為入聲。[21]

> D 字為低字陽平聲，屬基韻腭音第一位開口呼；B 為比字陽平聲，屬基韻脣音第
> 一位撮口呼，如此定音，雖使易地易時，亦不至迷失門徑。[22]

在第一段文字中，他提到了英文 A、E、I、O、U 五個字母分別表示多種韻母，但他沒
能說出這些字母在什麼情形下讀哪個音，再者，他將英文中的長、短元音的對立看作漢
語平、入聲的差別，混淆了韻母和聲調的問題，也可見他對於自身方言所沒有的語音差
異掌握得不是很好。第二段文字中尤其明顯，他試圖將英文字母拿來和韻圖的位置作比
附，除了聲調牽強附會外，韻圖中沒有腭音和脣音濁聲母的問題，也造成他無法正確讀
出 D、B 等濁聲母之字。整體而言，利用等韻圖學習外語的方式只是當時他的嘗試之
一，最終結果實無助於讀者學習外語或讀出正確語音，胡垣自己可能也感受到難以歸納
的困境，所以更多時候他是以直音的方式記錄外語，而不說以「比例」會通外語。

五　啟發與侷限

胡垣的等韻學理簡言之就是「音呼聲韻」的分析，並證之以等韻圖表，包括古音押
韻、叶聲現象如何由音呼聲韻的組成和通轉規則來解釋，方音如何利用等韻圖快速歸
納、比較彼此的差異，詹伯慧評價胡垣《古今中外音韻通例》云：

> 胡著對於當時金陵附近方音的分歧有相當細緻的描述，對於閩方言的某些突出特
> 點，也能比較正確的揭示。……這些證之於現代閩方言，是頗為符合客觀實際
> 的。胡氏在引舉方言語音特點時，能注意到方言之間的比較，企圖從中尋找語音
> 上的對應關係，這一努力是值得稱道的。[23]

胡氏之所以能夠比較自身語音和其他方音之間的差異，正是應用等韻圖的系統性，將其
他語音的讀音特色呈顯在韻圖中，進而歸納出它們之間如何分合、變異，以利快速掌握
該語音的大概狀況。這樣的作法有似於現代發音語音學（Articulatory Phonetics）的研
究，也與西方生成音系學的部分觀念相近，如基帕斯基（Kiparsky）所說：「在生成音
系理論框架內研究歷史音變，目的是從現今共時理論出發，發展一種能概括語音演變的

---

21 見「翻譯-10」。
22 見「翻譯-14」。
23 詹伯慧：《漢語方言及方言調查》，頁29。

形式與制約。」[24]或者假設他的想法是「以音呼聲韻標示出古音、方音」，就可能會發展出類似國際音標這樣的系統（事實上，當胡垣完成《古今中外音韻通例》的同時，西方正制訂出國際音標）。

胡垣始終以「**是編為啟蒙計**」[25]、「**條例期於訓蒙適用**」[26]為宗旨，因此，即便他有縝密的語音分析能力和創新的想法，但仍舊沒有跳脫傳統韻圖的侷限，從聲母的選擇、排列順序、輕重的區別、韻部與四呼的配置、入聲的配當等，都與其他韻圖看似無異；又如他以江淮官話作為基礎音系，造成十五韻圖中沒有濁聲母，沒有 n-、l-的對立，-n、-ng 不分，聲調為陰平、陽平、上、去、入五聲調，相較於其他有濁聲母的語音，如吳語，有 n-、l-對立且-n、-ng 有別的北京音，或五聲調以上的閩語、粵語，皆無法真實呈現該語音的特點。尤其是應用於外語翻譯一點，漢語和外語在語音和拼音型態上的差異，確實難以利用傳統等韻圖表的方式呈現。

---

24 引自侍建國：《歷史語言學：方音比較與層次》（北京市：中國社會科學出版社，2011年），頁20。
25 見「平側聲-1」。
26 見「自述-3」。

參考文獻

傳統文獻

胡　垣　《古今中外音韻通例》　光緒戊子年胡氏家刊本　1888年

近人論著

吳文慧　《胡垣音學理論研究》　新北市　天主教輔仁大學中國文學系博士論文　2014年

侍建國　《歷史語言學：方音比較與層次》　北京市　中國社會科學出版社　2011年

耿振生　《明清等韻學通論》　北京市　語文出版社　1998年

陳貴麟　《韻圖與方言──清代胡垣（古今中外音韻通例）音系之研究》　臺北縣
　　　　沛革企業有限公司　1996年

詹伯慧　《現代漢語方言》　臺北市　新學識文教出版中心　2001年

也談《正音通俗表》音系的性質[*]

葉寶奎

廈門大學中國語言文學系

摘要

《正音通俗表》是一份記錄清代後期官話音的重要材料，也是後人瞭解清代學者音韻學水準及其語音觀念的重要材料。《正音通俗表》所論正音概從俗讀，正音與母音、北音、南音既有聯繫又有區別，它記錄的是清代後期的官話音而不是由南北方音湊合起來的混合音系。

關鍵詞：《正音通俗表》、正音、母音、南北方音

---

* 謹以此文紀念、緬懷尊敬的伯元先生。

　　清代嘉慶至同治年間，由於當時政府的大力提倡乃至強制推行，福建、廣東普設正音書院，官話讀本盛行，如：高靜亭《正音撮要》（1810），沙彝尊《正音辨微》（1837）、《正音咀華》（1853）、《正音切韻指掌》（1860）、《正音再華旁注》（1867），潘逢禧《正音通俗表》（1870）等，均以「正音」冠名。

　　潘逢禧，字澹如，閩縣人，生平不詳，查閩侯縣誌選舉表知其為同治元年（1862）舉人。《正音通俗表》是一份記錄清代後期官話音的重要材料，也是後人瞭解清代學者音韻學水準及其語音觀念的重要材料。

　　《正音通俗表》按三十二韻、二十一聲母、五聲的格局，以韻為綱，編制三十二圖，每圖上方橫列二十一字母，縱分五欄：分列「陰平、陽平、上聲、去聲、入聲」音節字。入聲韻只配陰聲韻。聲韻調拼合的音節，除去無字空聲，只填漢字不注反切，但加注平水韻韻目。「是書謹遵佩文韻府凡收一萬二百五十六字。」（凡例六）整個音節表簡潔明瞭。

　　該書前附作者自序及凡例外，為了讓讀者更好理解音節表，特地作《正音通俗表摘要》就相關問題加以簡要提示。

　　李新魁、侯精一、耿振生、岩田憲幸等先生對此書均有論及，特別是岩田先生的研究較為深入細緻。關於《正音通俗表》音系的性質學者們的意見很不相同。有的學者認為「正音」只是一個空洞的口號，沒有一定的語音實體和它對應，它只存在於理論上而不存在於實際生活中。「欽定音韻闡微實為音學淵海，今以開齊合撮之例考之，則南北方音均有未合，但沿訛已久驟改之反礙通行，故通俗表中概從俗讀。於北音取其七，南音取其三，而原音則均收音韻表全書，容俟續刊問世。」（凡例二）據此岩田先生則認為「本書音系是一種混合產物。我們可以說，《通俗表》的音系，總體來說是虛構，部分來說是實錄」。（岩田憲幸，1994）

　　本文擬詳細分析、描寫該書聲韻調系統，考查其音系基礎，將其音系與清代後期的官話音、北音、南音做橫向共時比較，分析異同，闡述《正音通俗表》音系的性質。

一　《通俗表》聲韻調系統

（一）聲母系統

　　「所謂字母者非謂此字為母而其餘皆子也。凡一類之中任舉一字無不可為母者，古來韻書編立字母遞有不同，……茲為通俗計，所立二十一字母，字字分曉且皆福音之同於正音者，俾讀者不至詰屈聱牙，易於成誦。」

　　「二十一字母：

　　翁烏醐呼耦○贵孤媔枯駕如珊梳駐渣鈔初轔盧醲奴坫都斑

秫⦿蘇⦿租⦿粗⦿無⦿夫岷母⦿哺抛鋪

如盧奴無母五字俱作陰平讀。

以上二十一字母係就部目中略舉一條以見例，務須讀得爛熟則無論何字，皆可衝口而得二十一音矣。」（論二十一字母）

加圈者為潘氏所定字母代表字，並列舉鋪部字以便練習。

「是書既為通俗則不能概從母音，如翁耦二母久已相併（耦母所剩不過數字，以有此一音，不得不立一母耳），且多混於駕婆二母；酣母多混於狪母，貴母多混於驕母，姱母多混於鈔母（耦母亦有混於泥母，狪母亦有混於鈔母者）。茲表中皆為移並而加圈，附於本音之後。」（論二十一字母・考正）例如，邀部驕母平聲欄內列：○（蕭）驕嬌澆微（肴）交茭蛟鮫轇嘐咬郊教⋯⋯

見母開口二等肴韻與開口三四等宵蕭合流，移並驕母，前面加○以示區別。

考查《通俗表》並參照潘氏摘要對聲母的解釋、考正，可以將聲母系統比較準確地描寫如下（二十一字母實含二十五個聲母）：

閟 P	波表秘	抛 p'	坡漂皮	岷 m	苗馬門	㟃 f	夫肥風	婆 v	無亡完
坫 t	爹導特	斑 t'	天桃突	醴 n	娘鳥臬	轔 l	來臉栗		
狨 ts	姐早再	璨 ts'	財全雀	鷟 s	三邪旬				
驕 tʂ	查知擇	鈔 tʂ'	車超翅	狪 ʂ	沙唇森	駕 ʐ	然仍日		
tɕ	件均娟	tɕ'	奇鯨群	ɕ	喜現虛	j	宜夜牙		
貴 k	高庚括	姱 k'	科鏗狂	耦 ŋ	艾外岸	酣 h	孩亨紅	翁 ø	兒臥瓦

幾點說明：

1. 古微母字均讀[v]；有些合口韻（疑、影、雲）的字也讀[v]，如：威為危委位[vui]，「汪王」[vuɑŋ]，「灣完腕[vuɑn]」，「溫穩[vuən]」。

2. 古疑母字（開口韻），讀[ŋ]，還有兩個疑母合口韻字「外聵」[ŋuai]，及部分開口韻影母字讀[ŋ]：坳奧[ŋɑu] 安[ŋan] 鷗[ŋeu] 恩[ŋən]等。

3. 知莊章合流。《通俗表》中與開合二呼的韻母相拼，但仍有少數與知章組相拼的三等韻還沒轉為洪音，如「著灼綽爍芍」（卻部狪驕鈔母入聲）「唇醇鶉蓴」（君部狪母陽平）。日母字也有類似情況，如，「弱若」（卻部駕母入聲），「戎茸冗」（胸部日母），「閏潤」（君部日母去聲）。對於知章日三等細音是否已經轉為洪音，潘氏沒有說明，也許是潘氏忽略了。如果三等韻尚未轉為洪音，則表明「知章日」尚未完全捲舌化。

4. 《通俗表》見組（貴姱酣）只拼開合二呼，逢齊撮二呼已齶化為[tɕ tɕ' ɕ]，移並「驕鈔狪」。精組尚未齶化，尖團有別。

5. 《通俗表》影雲以疑（齊撮二呼）歸在駕母讀[j]，列字前加○，以別於日母。如，「移宜」[ji]，餘魚[jy]，袁鉛阮[jyɛn]，融容[jyoŋ]等。少數疑母變讀泥母：「臬孽」[niɛ]，「牛」[niu]。止攝開口三等日母字，變讀零聲母。部分影、雲、以、疑（細音）歸在駕母，而不是翁母。漢語近代音的微母、疑母、雲母、以母逐漸併入影母，《通俗表》的情況，表面上看起來雜亂，實際上是有條理的，它為我們正確瞭解近代音的演化，特別是現代音零聲母形成的歷史，提供了有益的資訊：

（1）《通俗表》不僅古微母均讀[v]，而且與合口呼韻母相拼的古影、雲、以、疑也並入微母，似乎微母還很強勢，其實已是強弩之末，變得與合口呼的介音[w-]很相近了。

（2）《通俗表》古疑母逢開口呼歸耦母，部分影母開口呼也歸在耦母；部分疑母合口呼混入婺母（部分併入翁母），疑母逢齊撮二呼大部分歸在駕母（但與日母有別），少數變讀泥母。這些現象均表明疑母處於弱化過程中，而且這種弱化又是不平衡的。

（3）古以母、雲母讀[j]與日母[ʒ/ʐ]語音相近，影母是零聲母或帶微弱的喉塞音[ʔ-]，與「雲、以」原本不同。《通俗表》將齊撮二呼前影雲以及疑母都合到駕母，表明了「雲以」逐漸弱化與影母混同的趨勢。在演化過程中「雲以」也有反向強化併入日母的，如，「榮融容蓉鎔」，以及「銳」（合口三等祭韻以母），現代音變讀[ʐ]，可以證明。而大部分出現在齊齒呼，撮口呼前的[j]為韻母介音消化吸收，轉化為零聲母。

（二）韻母系統

《通俗表》設韻母三十二部，以韻部為綱，編制三十二圖，其韻母系統已然清楚。根據潘氏的考正、解析，並參照《通俗表》，可將其韻母系統描寫如下：

知：ʅ ʯ ʅʔ 斯師失日	伊：i iʔ 衣饑益急	鋪：u uʔ 烏呼布屋	
須：y yʔ 於徐郁旭	沙：a aʔ 巴沙殺察	家：ia iaʔ 鴉加鴨嘎	
花：ua uaʔ 蛙瓜跨發	遮：ɜ ɜʔ ɞ 者舍熱兒	嗟：ie ieʔ 耶姐夜列	
波：uo uoʔ 戈果羅落	靴：yɜ yɜʔ 靴血趹決	卻：ioʔ 弱約略著	
哉：ai 哀該海再	階：iai 街涯矮揩	乖：uai 蛙懷揣帥	
悲：əi 杯培眉美	歸：ui 暉微匯累	高：au 蒿茅燒召	
邀：iau 夭嬌刁漂	周：əu（uəu）鷗州謀（浮覆）	秋：iu 憂彪牛酒	
山：an 刪然滿判	煙：iɛn 煙閑免堅	川：uan 官寬專販	
駕：yɛn 駕娟宣券	登：ən 痕跟人神	心：in 因欣貧緊	
昏：uən 昆敦准問	君：yn 熏群允囷	山：aŋ 杭剛賞讓	

相：iaŋ	央江腔餉	川：uaŋ	荒光房罔	登：əŋ	耕生仍爭
心：iŋ	英情皿丁	中：uŋ	翁轟蒙風	胸：yoŋ	雍戎兄用
山：(am)	庵甘染耽	煙：(iɛm)	淹兼甜念	川：(uam)	凡帆範犯
登：(əm)	深琛枕任	心：(im)	音金品質		

《通俗表》三十二部中大部分陰聲韻還包含入聲韻，知部、遮部內部已經分化，而且登山川心四部都分別包含三個韻母，煙部含兩個韻母。三十二部共含五十五個韻母，減去五個-m 尾韻，實含五十個韻母，其中入聲韻十二個。

《通俗表》韻母系統呈開齊合撮的格局，入聲韻配陰聲韻，牙喉音開口二等齶化韻已與相應的三四等韻混同，古鹹深兩攝陽聲韻，形式上保存 -m 尾韻，實際上已經與相應的 -n 尾韻混同。止攝開口三等日母字變讀捲舌韻[ɚ]。此外還有一些現象值得注意。

1. 古果攝一等字《通俗表》讀為一個韻母[uo]，如「河可」等。

2. 古蟹攝開口二等牙喉音《通俗表》讀[iai]，如「崖矮[jiai] 街解[tɕiai]」等。只有兩個字讀[ia]：「佳涯[tɕia]（涯又讀[tɕiai]）」。

3. 流攝一等韻《通俗表》讀[əu]（「母戊姆」變讀[mu]），三等韻讀[iu]（知章組字讀[əu]），三等唇音字分4個韻母：[fuəu]（浮蜉覆阜），[məu]（矛謀），[fu]（富負副婦），[iu]（彪謬）。「惟中間有寄音者，如周部之婆豐二母，呼法不同，以所有輕唇之字多係合口音，而此母字數最少，不能另為立部，故特為寄韻，要亦本同音類，非斷鶴續鳧也。」（論三十二部‧舉要）輕唇音[uəu]韻。字數很少，仍寄在周部。

4. 「所有輕唇之字多係合口音」，《通俗表》中凡輕唇音聲母字均為合口呼，如：「方[fuaŋ]、翻凡[fuɑn]、發法[fuaʔ]、縛[fuoʔ]、分粉奮[fuən]、風馮[fuŋ]、非肥[fui]」。輕唇音合口三等韻的韻頭[iw-]是漸次脫落的，由合口細音到合口呼到開口呼，經歷了三個階段，《通俗表》輕唇之字均記合口呼，對於正確認識輕唇音合口三等韻的歷史演化是有益的。

5. 《通俗表》合口一等桓（唇音）與開口二等山合流，「般班」、「潘攀」同音；合口一等桓（唇音外）與合口二等山刪混同，「官關」同音。

6. 莊組開口三等陽、知莊組開口二等江變讀合口洪音[uaŋ]，合口一等唐與合口三等陽合流讀[uɑŋ]。見組合口三等陽沒有演化成撮口呼[yɑŋ]，牙喉音聲母也沒有齶化。

7. 《通俗表》波部入聲韻主要來自開一鐸，合一鐸，開二覺（幫組、知莊組、影母）（見組齶化歸卻部），開一合、曷（牙喉音），合一末、合一德、合二陌麥。鐸、覺、合、曷諸韻主母音圓唇化的傾向顯著，潘氏將它們與合口韻混同，開一合曷（牙喉音）主母音不僅與原先相配的陽聲韻分離，也不與開口二等韻洽、狎、黠轄合流。這與漢語近代音的演化相一致。《通俗表》有幾個合口一等末韻（見組）字歸在花部[uaʔ]，如：「轄括聒」。

8. 《通俗表》將日母止攝開口三等韻「耳二」等排在遮部翁母欄內。遮部入聲韻主要來自開一德、開二陌麥以及開三職（莊組）、開三葉（章組）、開三緝（莊組）、開三薛（知章組）。開一德與開二陌麥合流是官話音的特點，在北音中開一德與開二陌麥合流體現的是讀書音，開一德與開二陌麥分流體現的是口語音。

9. 知部舒聲韻主要來自止攝開口三等韻（精組、知莊章組）以及開三祭（知章組）。《通俗表》知部只有駑𤞏𩢲鈔四母有入聲韻，鸞猱璨三母沒有配入聲韻。

10. 卻部只有入聲韻，沒有相應的陰聲韻。卻部含開三藥、合三藥（牙喉音），開二覺（牙喉音）（影母外），《通俗表》讀[ioʔ]。開三藥（知章組）仍讀細音與靴部並存，只有「削」歸靴部[yəʔ]，「握渥」歸波部[uoʔ]。[ioʔ]韻往前走，由於主母音圓唇化傾向顯著，[i-]被同化為[y]。在北音中[yoʔ]併入[yəʔ]，舒化為[yɛ]。

（三）聲調系統

《通俗表》以韻為綱設圖，上方橫列二十一字母，縱分五欄，分陰平、陽平、上聲、去聲、入聲，《正音通俗表摘要‧四呼表》也是上方橫排二十一字母，縱分陰陽上去入。入聲韻配陰聲韻，《通俗表》音系存在入聲韻和入聲調是確定的事實。

「古人音緩不煩改讀，故一字之音但有急讀緩讀而無所謂四聲。自梁沈約著為四聲切韻，始有平上去入之名，然是時雖有其書猶未盛行於世。至隋陸法言採集群書而著切韻，唐孫愐增損法言之書而為唐韻，四聲之學於是盛行，但凡音必有陰陽，故後世韻書於四聲均分別陰陽而為八聲，是較前古又加密矣。今以正音考之則平聲分陰陽而上去入三聲之陰陽又無甚區別，故近世韻書祇載五聲而不及八聲，蓋聲之遞變也（吾閩呼字尚有八聲但上聲之陰陽微混耳）。」（論源流‧五聲）

《正音通俗表摘要‧讀法‧五聲》：

「陰　陽　上　去　入」
（孚）（符）（府）（賦）（福）

（以上五字亦須熟讀，則無論何字均能衝口而得五聲）

凡例四：「通俗表中有移綴上去二聲者，如紙韻士是，虞韻戶怙各字，本屬上聲，今人讀之皆作去聲，故表中均移之去聲一類，以便俗呼，而仍存其部目俾知誤有由來。」

根據潘氏的描寫、考正，可知正音的聲調系統含陰平、陽平、上聲、去聲、入聲五個調位。從「平上去入」四聲到「陰陽上去入」五聲，其間「平分陰陽、濁上歸去」兩項變化已經完成，而去聲、入聲尚未分化。

二 潘氏的語音觀念

傳統音韻學發展到清代不僅音系分析描寫的方法漸趨細密，而且學者們的語音觀念也有了明顯的進步。瞭解潘逢禧分析描寫語音的方法及其觀念，對於正確認識漢語近代音具有重要意義。

潘氏語音觀念比較突出的有以下幾點：

（一）南北音異，正音既不同于南音也不同於北音

這是漢語近代音的重要特點之一，也是正確認識漢語近代音的關鍵，然而能正確認識這一特點的學者並不很多。《正音咀華》（1853）的作者莎彝尊曾有明確說明：「何為正音？答曰：遵依欽定《字典》、《音韻闡微》之字音即正音也。何為南音？答曰：古在江南省建都，即以江南省話為南音。何為北音？答曰：今在北燕建都，即以北京城話為北音。」（《正音咀華・十問》）

莎氏把正音與南北方音明確地區分開來了，但是表述上不夠完整。欽定《字典》、《音韻闡微》之字音只是清初正音，而不是清代後期的正音；南音、北音也一樣，都在不斷演化。否則後代何須編撰新的韻書。

「南音北音不特平仄有異同（北音無仄，分配平上去三聲），即發音收音亦不能劃一（如街字北讀嗟，南讀皆之類）」。（論三十二部　考正）「甚有同一字母而南北音迥然不同者（如中音三十六字母中見字北讀箭，南讀劍之類）。」（二十一字母）

潘氏不僅認為正音與南北方音同源異流，關係密切，而且還蘊含著語音不斷演變，正音當以時音（俗讀）為准的觀念。在潘氏看來，正音與南音、北音都是不同的系統，清代中後期的正音與清初《音韻闡微》之字音自然又有了一定變化。潘氏的認識比莎氏更勝一籌。

（二）入聲遞變，正音概從俗讀

入聲遞變，歷來韻書代有更改，潘氏認為正音也是不斷演化的，描寫正音的共時體系當以變化了的時音（俗讀）為准，不應一味固守先前的母音。潘氏所提「原音（母音）」並沒有做具體定義，根據他的意思《廣韻》音系（詩韻）當是清代正音的源頭，即原本之音。俗讀與母音相對，比如，「四支韻兒爾各字本屬伊部駕母」是母音，「今以通俗之故，概移遮部翁母」，是俗讀；紙韻士是虞韻戶怙各字本屬上聲（母音），今人讀之皆作去聲（俗讀）。貴婗醋讀舌面後音是母音，齲化讀舌面前音是俗讀。潘氏概從俗

讀以時音為准的觀念極為鮮明，而且貫徹到語音描寫的各個方面，對聲韻調系統中的實際狀況做了相當具體的解析。

（三）具有相當清晰的音位觀念

潘氏雖然沒有明確提出一套音位理論，但音位的觀念已較為清楚，從他分析描寫音系的實際情況看，一些基本方法的把握已經相當熟練。

潘氏把複韻母分為發音收音兩部分（單韻母謂直收本音），所用「收音」這個概念雖然不夠準確、貼切、但他已將韻母分成二音或三音，實際上已經切分到最小語音單位，並在此基礎上分析歸納出十個描寫正音韻母的基本語音單位（三個鼻輔音音位、七個母音音位）。清楚地認識到，「大凡人聲之收發不過數聲，推而廣之，交互而錯綜之則其變不窮。」（論源流・口法）

辨音總表：

鼻音：此穿鼻音，凡人從鼻出音，不外《通俗表》中翁酣二母。但認定翁母之鼻音即此音。[ŋ]

開1音：此開口第一音。《通俗表》中沙部之翁母即此音也。[a]

開2音：此開口第二音。《通俗表》中遮部之翁母即此音也。[ə]

開3音：此開口第三音。《通俗表》中波部讀字之尾音皆此音也。[o]

齶音：此抵齶音。出音與穿鼻同但必以舌抵上齶耳。按此辨甚微今已多有混者，姑識此以存飫羊之跡。[n]

齊1音：此齊齒第一音。按此音口法頗不易學。須仍做開1音而緊咬兩旁牝齒則得此音矣。故謂咬齒音。《通俗表》中知部之翁母是也。[ï]

齊2音：此齊齒第二音。與噫字同。《通俗表》中伊部之翁母即此音也。[i]

合音：此合口音。與烏字同。《通俗表》中鋪部之翁母即此音也。[u]

撮音：此撮口音。與紆字同。《通俗表》中須部之翁母即此音也。[y]

閉音：此閉口音。出音亦與穿鼻同，但讀字訖必闔唇耳。按此音近來多有缺者，故亦與鼻音音易混。[m]

「右總表十音，凡讀正音者發音收音皆不外此，各處鄉談互異多有出十音之外者，以非正音不錄。」（辨音總表）

並將以上十音當作注音符號給三十二部韻母注音，使得各個韻部的音值體現得更為具體。

「初學正音者當先讀韻目三十二字，但恐口法不精則讀之仍多不肖。茲於各部目條下標明發音收音，皆各部翁母陰平之聲。學者仔細辨明則由翁母而推之二十一母，無不衝口而出矣。」

請看下表：

邀部：齊2音、開1音、合音；君部：撮音、鼻音；登部：開2音、鼻音；高部：開1音、合音；山部：開1音、鼻音；川部：合音、開1音、鼻音；周部：開2音、合音；遮部：開2音；花部：合音、開1音；靴部：撮音、開2音；鋪部：合音；鴛部：撮音、開2音、鼻音；階部：齊2音、開1音、齊2音；煙部：齊1音、開2音、鼻音；波部：合音、開3音；昏部：合音、開2音、鼻音；秋部：齊2音、合音；沙部：開1音；嗟部：齊2音、開2音；哉部：開1音、齊2音；胸部：撮音、開3音、鼻音；中部：合音、鼻音；悲部：開2音、齊2音；相部：齊2音、開1音、鼻音；乖部：合音、開1音、齊2音；卻部：齊2音、開2音；知部：齊1音；伊部：齊2音；心部：齊2部、鼻音；須部：撮音；歸部：合音、齊2音；家部：齊2音、開1音

這與現代人用國際音標描寫記錄語音的方式一致。「譬如欲讀邀部之字，即將邀部下所注齊2音、開1音、合音三音連屬而急讀之則邀部翁母陰平之字，即此音矣。」（論三十二部　辨音）潘氏自造漢字以為注音符號，用來標音，比反切注音自然是進步多了。

再從音表的安排來看也是很有講究，比如，將見組齶化音歸「驕鈔姍」，「爾耳二」等寄在遮部翁母下，都體現了作者對於「互補分佈」原則的正確理解與把握。還有對穿鼻抵齶閉口三套陽聲韻的安排更是獨具匠心，將入聲韻歸在相應的陰聲韻部（不單獨設韻）也顯得經濟簡潔。

從潘氏對二十一母、三十二韻部，五聲的分析描寫來看，其思路是十分清晰的，他的音位理論幾乎是呼之欲出了。

近年來有的學者認為，近代漢語的正音材料（韻書、韻圖）都只是記音類而不是記音值的。其實不然，韻書以加注反切記音，近代韻圖以特定的聲韻調拼合關係體現音韻地位，處於特定位置的音節，雖無反切，其音自明。記錄特定時代音系的韻書、韻圖，不僅能區分音類也能體現具體音值，因為每個時代的語音都是具體的，可以言傳的。當然由於受漢字特點的限制（漢字不是拼音文字），後人閱讀先前的韻書、韻圖，根據其反切要準確瞭解前代語音系統自然會遇到一些困難，但不是不可能。因為語音是不斷演化的，人聲遞變，代有不同。後人認識古音還有一條路子，那就是師傳，口耳相受，一代代往下傳。可以彌補漢字反切注音的不足。誠如章太炎先生所說：「須知文字之學，口耳相受，不可間斷。設數百年來，字無人知，後人斷無能識之理。譬如『天地玄黃』，非經先生口授，何能明其音讀？先生受之于師，師又受之于師，如此數千年，口耳相受，故能認識，或有難識之字，字書具在。但明反切，即知其音。若未注反切，如何能識之哉？」（章太炎《國學講演錄》，華東師範大學出版社，1995，頁3-4）

潘氏分析歸納了正音韻母系統的十個音位，並給三十二韻目注音，這給初學者提供了便利，也給後人想要瞭解清代中後期正音者提供了便利。根據潘氏的描寫，我們還能說《通俗表》音系只表音類，不表音值嗎？

三 《通俗表》音系的性質

「是書論正音，非論音韻也。然不知音韻反切則正音不得而明，故集中先列音韻各表，為學正音者導闢源流，亦為論音學者探其門徑。」（凡例一）

有的學者根據潘氏「於北音取其七，南音取其三」的話論定其音系是南北混合的音系。實際上是誤解了作者的意思，作者所要強調的是古今南北音異，正音應當「概從俗讀」。

作者開章明義「是書論正音，非論音韻也。」《音韻闡微》實為音學淵海，但此後一百多年，正音、北音、南音又有了許多變化，例如《音韻闡微》的聲母系統保存疑母、微母，見組、精組均未顎化；唇音合口韻保持合口，輕唇音合口三等韻亦讀合口呼；知章組三等韻保持細音，知章組開口三等入聲韻尚未明確轉化為 ʮʔ，但合口三等韻已變讀合口呼；果攝一等韻保持開合對立；開口三等藥韻、牙喉音開口二等覺韻讀 [ioʔ] 等等，與後來的正音及南北方音均有未合。因此《正音通俗表》所論正音概從俗讀，它與母音、北音、南音均有不同。「爰取通俗表一冊並摘其源流大要，命及門錄之，先付於民。至母音及南北音各表尚容考索精詳，實未敢魯莽貽誤。」（《正音通俗表》〈序〉）潘逢禧不僅要記錄正音，還要考查、描寫母音、北音、南音，因為它們是既有聯繫又有區別的。「概從俗讀」蘊含著語音演化當以變化了的俗讀（時音）為准的觀念。至於潘氏欲將原音（原本之音）收之音韻表全書，並編制南北音各表以便參照對比（作者的態度是審慎認真的），無疑都是很有價值的，可惜未能問世。所謂於北音取其七，南音取其三的說法極為淺顯通俗，意在表明正音與南北方音關係密切，清代中後期的正音與北音相同的部分更多些。明清時期正音（官話音）變俗的傾向顯著，一直是跟著北音往前走的。大致說來，清代的正音與北音相比，陰聲韻、陽聲韻基本相同，但北音的入聲韻已經併入相應的陰聲韻，入聲派入三聲，而正音的入聲韻配陰聲韻，保留入聲。南音保存入聲韻、入聲調，與正音相近，但南音陰聲韻、陽聲韻與正音的差異較為顯著。正音的聲母系統與南北音的差異均不大，正音與北音的差異更小些。

所謂「概從俗讀」，潘氏在凡例和摘要中作了具體說明。

聲母方面的俗讀主要有：

1. 今舌上音已亡，皆並於正齒（知章莊組混同）

2. 疑、微、雲、以諸母逐漸消亡。

3. 見組（細音）顎化，移並「驪鈔珊」。

韻母方面的俗讀有：

「通俗表中有移易音紐者，如四支韻『兒爾』各字，本屬伊部駕母，今以通俗之故，概移遮部翁母，音紐全非，閱者諒之。」（凡例三）

「惟中間有寄音者如周部之娑酆二母，呼法不同，以所有輕唇之字多係合口音。」（論三十二部・舉要）輕唇音合口三等韻讀合口呼，重唇音合口韻大部分讀合口韻。在清代的北音中，無論重唇音、輕唇音的合口韻都已變讀開口韻。

「又如穿鼻抵齶閉口三音，雖多相混而實不無分別，故於登山川心四部，每字母皆分三格（第一格穿鼻，第二格抵齶，第三格閉口），煙部每字母皆分二格（第一格抵齶，第二格閉口），此皆略示齟齬之意，俾學者得以習明口法，仔細尋求。」（《論二十一字母・考正》）正音鹹攝併入山攝，深攝併入臻攝。與北音同。

聲調方面的俗讀主要是「平分陰陽、陽上歸去」。

「通俗表中有移綴上去二聲者，如紙韻士是虞韻戶怗各字，本屬上聲，今人讀之皆作去聲，故表中均移之去聲一類，以便俗呼。」（凡例四）

潘氏就《通俗表》音系中概從俗讀的現象作了說明，這些俗讀大體符合漢語近代音演化的規律，而音系的主體部分仍是延續清初《音韻闡微》音系而來。《通俗表》音系（聲韻調系統）同樣源自中古音系，二十一字母由三十六母演化而來。三十二部由詩韻三十部演化而來，陰陽上去入由平上去入演化而來。從《廣韻》音系到《音韻闡微》音系到《通俗表》音系，其間內在的演化脈絡是非常清晰的。

「欽定音韻闡微實為音學淵海」《通俗表》音系也可以認為是潘氏參照清初《音韻闡微》音系，並結合採納已經變化了的俗音而考定的時音（清代中後期的官話音系）。

《通俗表》音系與《音韻闡微》音系相比，只有一些小的差異：

（1）《音韻闡微》的知章組尚未完全轉為舌尖後音，《通俗表》也仍有小部分沒有轉化為舌尖後音。

（2）保留疑母、微母，《通俗表》的疑母、微母也還留點尾巴。

（3）見組、精組均未齶化，《通俗表》見組齶化。

（4）果攝一等韻保持開合對立：o---uo，《通俗表》合為 uo。

（5）唇音合口韻保持合口呼，《通俗表》已有部分變讀開口呼。

（6）知章組開口三等入聲韻尚未明確轉化為ʅʔ。

（7）日母止攝開口三等韻尚未分出 ɚ。

《通俗表》音系與稍後的《官話新約全書》音系（1888）相比，基本相同，差異不大：

（1）《官話新約全書》疑、微消失。

（2）知章組全部轉為舌尖後音。

（3）見精兩組聲母沒有齶化，只有「曉匣」（細音）記做 hs （擦音齶化）。

（4）日母止攝開口三等韻沒有單獨設韻，讀 r̃ [ʐ̩]。

（5）果攝開口一等、合口一等混同讀[o]。

（6）重唇音、輕唇音合口韻一律變讀開口韻，只有微母字變讀零聲母合口韻[v→w]。

（7）知章組三等韻全部變讀洪音。

《通俗表》音系與《李氏音鑒》所記北京音相比，差異較為顯著：

（1）《李氏音鑒》北京音「疑微雲以」併入影母。

（2）知章組與莊組合流，全部轉為舌尖後音。

（3）見精兩組均已齶化。

（4）重唇音、輕唇音合口韻一律變讀開口韻。

（5）牙喉音果攝一等韻保持開合對立。

而最大的區別還在於北京音入聲韻已經併入相應的陰聲韻，入聲韻、入聲已經消失。

《通俗表》音系與《音韻闡微》音系、《廣韻》音系之間縱向的內在聯繫顯著；與清代後期官話音相似度很高，它們之間的一些差異主要體現為作者對一些語音現象處於不同演化階段語音事實的取捨上，是歷時的差異；與北音的主要差別在於是否保存入聲韻、入聲調；與南音的差異也較為顯著，主要表現為南音陽聲韻中較為普遍的前後鼻音韻母的混同和陽聲韻弱化為鼻化韻。（《通俗表》音系與相關語音材料的比較，參見葉寶奎，2001）

根據我們的考查，看不出《通俗表》音系是潘氏人為地將北音和南音雜湊起來的混合音系，也看不出那些部分是虛構的，實際上當時的閩人潘逢禧也沒有這樣的本事，由閩人拼湊起來的正音會有人信嗎？為什麼《通俗表》音系與南北方音差異顯著，與清代其他材料所記錄的官話音具有那麼高的相似度？因為潘氏所記正音是通俗的正音，是吸納了俗讀的正音，即清代中後期的官話音。

參考文獻

潘逢禧　《正音通俗表》　逸香齋稿　1870年

呂朋林　《清代官話讀本研究》　《古籍整理研究學刊》　1986年3期

侯精一　《清人正音書三種》　《中國語文》　1980年1期

應裕康　《清代韻圖之研究》　政治大學中國文學研究所博士論文　1972年

岩田憲幸　《正音通俗表音系的特徵》　中國音韻學國際學術研討會（天津）論文
　　　　1994年

岩田憲幸　《正音通俗表的云母體系》　《龍穀紀要》　第15卷第2號　1994年

岩田憲幸　《正音通俗表的生母體系》　《龍穀紀要》　第16卷第1號　1994年

李新魁　《漢語等韻學》　北京市　中華書局　1983年

耿振生　《明清等韻學通論》　北京市　語文出版社　1992年

葉寶奎　《明清官話音系》　廈門市　廈門大學出版社　2001年

《漢英潮州方言字典》的音系
及其相關問題

張屏生

中山大學中國文學系教授

摘要

潮汕話是流行於廣東省東部,包括汕頭、潮州、澄海、饒平、南澳、揭陽、揭西、揭東、普寧、惠來、潮陽、陸豐、海豐等,以及惠東、豐順等縣的部分鄉鎮的一種重要方言。除此之外海南島部分地區、港澳和東南亞的部分華僑也有使用這種方言。由於潮汕話在形成上有比較複雜的時代和語言背景,所以現代潮汕話在語音、詞彙和語法上都表現了迥異於福建和台灣閩南話不同的內容,使我們在進行閩南話語音層次比較的時候,常會因為潮汕話所提供獨特的音韻內容,而突破研究思考的盲點。因此瑞典高本漢(1934:151)就曾說:「……汕頭音是現今中國方音中最古遠、最特殊的。」更可貴的是潮汕話在不同階段留下了可貴的語言文獻,其中 Josiah Goddard(高德)(1847)*A Chinese and English Vocabulary in the Tie-Chiu Dialect*(《漢英潮州方言字典》),全書二四八頁(正文有一七四頁,其餘為索引),是早期記錄潮汕話的重要辭書之一。本文首先通過「音節檢索表」的製作,歸納出《漢英》一書的音系;其次是整理潮汕話不同時期的潮汕話文獻,摘錄其中重要例字的音讀,做成〈潮汕音系重要例字音讀對照表〉(共七三二字),再進行歷史動態的全面探討,通過這些步驟來闡述兩個音變問題:

一、潮汕話聲母從十五音變成十八音的歷時語音變化。

二、潮汕話-n>-ŋ、-t >-k 的歷時語音變化。

關鍵詞:閩南話辭書、汕頭辭典、潮汕話、潮州話

一 前言

　　潮汕話是屬於閩南話次方言，[1]但是在語音、詞彙和語法上和福建地區的泉州、漳州、廈門等次方言有顯著的差異（見張屏生1992）。高本漢（1934：151）就提到：「……汕頭音是現今中國方音中最古遠最特殊的。」[2]所以他採用汕頭音作為方音比較的材料。潮汕話的辭書有傳統的十五音韻書，如下：

1. 張世珍（1913）《潮聲十五音》（本文簡稱《潮聲》）

2. 江夏懋亭氏（1915）《彙集雅俗通十五音──擊木知音》（本文簡稱《擊木》）

3. 肖雲屏（1926）《潮語十五音》（本文簡稱《潮音》）

4. 姚弗如（1934）《潮聲十七音新字彙合璧大全》（本文簡稱《大全》）

5. 蔣儒林（1937）《潮語十五音》（本文簡稱《潮語》）

6. 謝益顯（1965）《增三潮聲十五音》（本文簡稱《增三》）

7. 李新魁（1979）《新編潮汕方言十八音》（本文簡稱《新編》）

8. 周耀文（1999）《潮汕話韻彙》（本文簡稱《韻彙》）

9. 楊揚發（2001）《潮汕十八音字典》（本文簡稱《潮汕》）

另外西洋傳教士也在不同時期編纂了一些潮汕話辭書；如下：

1. Josiah Goddard（高德）（1847）《漢英潮州方言字典》（本文簡稱《漢英》）

2. Adele Marion Fielde（菲爾德）（1883）《汕頭方言音義辭典》（本文簡稱《汕頭》）

3. Rev.William Ashmore D.D（威廉‧耶士摩）（1884）《汕頭話口語語法基礎教程》（本文簡稱《基礎》）[3]

4. 無名氏《潮州白話創世紀》（1896）（本文簡稱《創世紀》）[4]

1　「潮汕話」也叫「潮州話」，但是「潮汕話」內部還有其他不同的次方言，其中也有潮州話，所以本文在敘述上統一以「潮汕話」作為方言的名稱，而「潮州話」是次方言的名稱。

2　高本漢（1934：151）提到「……那方音中，『熊』讀為 him，至為可貴，因為它還保存著這個上古音的－m。」所以他認為潮汕話是「現今中國方音中最古遠最特殊的」。但是「熊」在一般閩南話都唸「熊」him5，而且 Douglas, Carstairs（杜嘉德）的《廈英大辭典》在一八七三年就已經出版，高本漢因為「廈門近似汕頭」（見高本漢1970：542）便沒有把廈門當作比較的材料。其實筆者認為潮汕話最特殊的就是中古咸攝合口三等韻還保持 uam／p 的音節形式，例：凡 ham5、法 huap4，在台灣只有桃園縣新屋鄉的大牛椆閩南話還有這種唸法，這是和一般閩南話最不相同的地方。如果從辭書的質量來看，Douglas 顯然是要比 Gibson 要好，但是因為《廈英大辭典》沒有漢字，或許是這個原因高本漢在引據方言材料中選用 Gibson 的材料。

3　《基礎》的音系內容主要是參考林倫倫（2005）一文。

4　《潮州白話創世紀》是一本白話字《聖經》。

5. Bernhard Karlgren（高本漢）（1970）《中國音韻學研究》中汕頭部分的音系（以下簡稱《研究》）[5]

6. Sieele, John B. A.（施約翰）（1924）《潮正兩音字集》（本文簡稱《潮正》）[6]

這些不同歷史時期的潮汕話辭書所提供的音讀成為潮汕話歷時比較的寶貴語料。其中 Josiah Goddard（高德）在一八四七年所編纂《漢英》，是早期記錄潮汕話口語的重要辭書之一。因為澄海地區的口音是當時潮汕話「具有最廣泛代表性的口音」，所以也成為編纂潮話辭書的主體音系。[7] 本文首先通過「音節檢索表」的製作，歸納出《漢英》一書的音系；其次是整理潮汕話不同時期的潮汕話文獻，摘錄其中重要例字的音讀，做成〈潮汕音系重要例字音讀對照表〉（共七三二字），再進行歷史動態的全面探討，通過這些步驟來闡述兩個音變問題：

（一）潮汕話聲母從十五音變成十八音的歷時語音變化。

（二）潮汕話 -n>-ŋ、-t >-k 的歷時語音變化。

二　《漢英》的語音系統

（一）聲母

　　《漢英》一書的聲母，根據筆者的歸納如下：

5　高本漢《中國音韻學研究》中（頁543）提到的汕頭音就是參考 Gibson 的材料，所以筆者也將高本漢的材料注錄在比較材料中。根據吳守禮（1997：420）以及林倫倫（1998）的說明，可能是 Rev. John C. Gibson1886 "Sawtow Index-to the Syllabie Dictionary of Chinese by S.Wells Williams, and to the dictionary of the Vernacular of Amoy by Carstairs Douglas.《汕頭標準字音表》載於《威廉斯和道格拉斯字典的汕頭方言索引》)。高本漢的材料是以文讀系統來作為推斷的依據，不過在注解的地方，他也把白讀和文讀的對應規律顯示出來，大體而言，高本漢所收錄的汕頭語料和《潮正兩音字集》上面的記音非常相近，但也有不同的地方，在高書頁594「凡、泛」記成 huan，「梵」huan「法」huap，但是《潮正》「凡、泛」記 huam、「法」huap，而「梵」也記成 huan。顯示 uam 有異化的跡象。

6　《潮正》的出版是在一九二四，但是裏頭的序，署名日期是一九〇九。

7　本文所謂的「主體音系」是指辭書編纂作為定音的音韻系統。因為各地的方言都有次方言的差異，編纂辭書只能選擇一種標準來作為規範。這個標準就是該辭書的「主體音系」，而這個音系的內容應該是指「指在不同的次方言變體中使用頻率較高的音讀」。即使是「綜合音系」的情況，也會有主體音系的內容，像《廈英》、《台日》的主體音系，還是「廈門音」。

表一　《漢英》聲母表（括號內是《漢英》一書所使用的符號）

p 邊 （p）	pʰ 波 （p‵）	b 門	m 毛	
t 低 （t）	tʰ 他 （t‵）	l 柳	n 年	
ts 爭 （ch）	tsʰ 出 （chh）	dz 日 （j）		s 時
k 出 （k）	kʰ 氣 （k‵）	g 語 （g）	ŋ 雅 （ng）	
ɸ 英				h 喜 （h）

1. 《漢英》的聲母有十八個（含零聲母），b-、l-、g-和 m-、n-、ŋ-在和陽聲韻、入聲韻拼合的音節有對立。[8]這是潮汕話和一般閩南話聲母部分最大的不同點。

（二）韻母

　　《漢英》的韻母是由／a、o、e、i、ɨ、u／六個主要元音，／i、u／二個介音，／i、u、m、p、n、t、ŋ、k、ʔ／九個韻尾所構組，排列如下：

表二　《漢英》舒聲韻對照表（黑色部份是《漢英》的符號）

a 巴		ai 拜	au 包	ã 膽	ãi 奶	ãu 貌	am 貪	an 安	aŋ 江
a		**ai**	**au**	**ⁿa**	**ⁿai**	**ⁿau**	**am**	**an**	**ang**
o 刀		oi 雞	ou 土	õ 二	õi 閹	õu 虎	○		oŋ 中
ó		**oi**	**o**	**ⁿó**	**ⁿoi**	**ⁿo**			**ong**
e 西				ẽ 平					eŋ 英
e				**ⁿe**					**eng**
ɨ 豬								ɨn 斤	
ù								**ùn**	×

8　在入聲韻有出現b-/m-對立的音節只有「木」bak[8]、「目」mak[8]這個例子。

i 比 i		iu 收 iu	ĩ 天 ^{n}i	ĩu 朽 ^{n}iu	im 金 im	in 因 in	×	
ia 車 ia			iã 影 ^{n}ia	○	iam 鹽 iam	○	iaŋ 商 iang	
○			○				ioŋ 勇 iong	
ie 腰 ie		ieu 表 io	iẽ 薑 ^{n}ie	iẽu 裊 ^{n}io		ien 仙 ien		
u 珠 u	ui 歸 ui			ũi 美 ^{n}ui		un 文 un		
ua 誇 ua oa wa	uai 乖 wai		uã 寒 ^{n}ua ^{n}oa ^{n}wa	○	uam 凡 wam	uan 官 uan wan	uaŋ 闊 uaŋ waŋ	
ue 杯 ue			uẽ 糜 ^{n}ue					
			○ ×					
			ŋ 飯 ng					
10	4	4	9	3	4	4	7	6

表三　《漢英》促聲韻對照表

a? 鴨	○	au? 樂	○	○	○	ap 十	at 遏	ak 角
a*		au*				ap	at	ak
o? 薄	oi? 狹	○	ð? 膜	○	○			ok 福
ó*	oi*		ⁿó*					ok
e? 麥			ẽ? 脈					ek 色
e*			ⁿe*					ek
○							ɨt 乞	
							ʉt	
i? 篾		○	î? 乜		○	ip 入	it 筆	
i*			ⁿi*			ip	it	○
○			○			iap 粒	○	iak 約
						iap		iak
○			○					iok 足
								iok
ie? 藥							iet 別	
ie*							iet	
○				○			ut 骨	
							ut	
ua? 活			○	○		uap 法	uat 發	uak 郭
ua*							uat	uak
						wap	wat	wak

ueʔ 月			uẽʔ 物				
ue*			**ⁿue***				
			○				
			○				
7	**1**	**1**	**4**		**4**	**6**	**6**

1. 《漢英》的韻母有八十個；其中舒聲韻有五十一個，促聲韻有二十九個。
2. 舒聲韻中的 ãi、ãu、õ、iẽu 是因為 m-、n-、ŋ-之後的韻母也要記作鼻化所多出來的。[9]

（三）聲調

基本調類：《漢英》有八個基本調，先將有關記錄潮汕話聲調的資料羅列如下：

表四　潮汕話相關辭書聲調比較表（「>」是表示變調）

聲韻調名	陰平	陰上	陰去	陰入	陽平	陽上	陽去	陽入
傳統十五音調名	上平	上上	上去	上入	下平	下上	下去	下入
《漢英》調名	下平	上聲	上去	上入	上平	下去	去聲	下入
調 序[10]	第一聲	第二聲	第三聲	第四聲	第五聲	第六聲	第七聲	第八聲
	1	**2**	**3**	**4**	**5**	**6**	**7**	**8**
①《漢英》	唸	陷	霓	霈	陷	霖	韓	贏
	33	**53**	**21**	**2**	**454**	**35**	**22**	**5**
②《汕頭》	33	53	212	2	55	35	22	5
羅馬字調號		´	`		^	˘	-	^

9　有些材料基於 m-、n-、ŋ-之後的韻母會受到同化作用的影響而產生鼻化，所以在 m-、n-、ŋ-後面的韻母就不標鼻化。

10　以音節排序的閩南話辭書在舒聲韻部分的順序是　上平（陰平）、　上上（陰上）、　上去（陰去）、　下平（陽平）、　下上（陽上）　下去（陽去）；而入聲韻部分的順序是　上入（陰入）、下入（陽入）。

③《基礎》	33	53	211	2	55	35	22	5
羅馬字調號		╱	╲		^	v	-	╱
④《潮正》		╱	╲		^	~	-	'
⑤《創世紀》		╱	╲		^	~	-	'
⑥詹伯慧（潮州）	33 > 23	53 > 24	213>42 53	21>33 44	55 >213	35 >21	11 > 12	44 >21
⑦李永明（潮安）	33 > 33	53 > 24 35	213>31 53	2 >3 5	55 >13	35 >21	11 > 11	5 >2
⑧蔡俊明（揭陽）	33 > 33	53 > 24 35	213>42 53	2 >3 5	55 >21	35 >21	11 > 11	5 >2
⑨林倫倫（汕頭）	33 > 23	53 > 35	213>55	2 >5	55 >21	35 >21	11 > 12	5 >2
⑩張屏生（潮州）	33 > 33	53 > 13	112>53	3 >5	55 >13	35 >11	11 > 11	5 >3
⑪張屏生（潮陽）	33 > 33	53 > 21	21>55	3 >5	55 >33	213 >33	31 > 33	5 >3

表四中①、④、⑤只有調類，③是參考林倫倫（2005）。⑩、⑪是筆者調查的材料，《漢英》用是傳統的發圈方法標寫調類。

《漢英》調值是根據導言的描寫所擬（參見李如龍‧李竹青1994）。《漢英》有「①下平（上平）、②上聲（上上）、③上去（上去）、④上入（上入）、⑤下平（上平）、⑥下去（下上）、⑦去聲（下去）⑧下入」八個基本調，[11]調序也是依照閩南話傳統十五音辭書的安排。

三　《漢英》所反映的例時音變現象

（一）聲母十五音和十八音的差別

　　一般閩南話大都只有十五個聲母，但是潮汕話的 m-、n-、ŋ-和 b-、l-、g-在部分陽聲韻和入聲韻中有出現對立的情況，比其他閩南話次方言多出了 m-、n-、ŋ-三個聲母，所以必須要有十八音，才足以描寫潮汕話的聲母系統。但是對於潮汕話的聲母到底是演變中的殘餘或者是新變並沒有一致的看法；不過對於潮汕話的聲母到底是演變中的殘餘或者是新變，學界並沒有一致的看法；例如楊秀芳（1982：357）認為「我們懷疑這是因為潮州『鼻音聲母受口部元音影響而丟掉鼻音成分』的音變還沒有完成，所以才會有 b-、l-、g-和 m-、n-、ŋ-的對立」。另外董同龢（1967：7）說：「我們有理由相信，較早的閩南語應當只有 b-、l-、g-，而無 m-、n-、ŋ-，也沒有全帶鼻音的韻母，後

---

11 《漢英》對於調類的定名和學界所習知的方式有落差，括號內是學界習用的調類名稱。

來進一步是某些陽聲韻母變作全帶鼻音的韻母而影響 b-、l-、g-，使他們在這些韻母前變成 m-、n-、ŋ-。」這兩種看法是針對這兩套聲母和鼻化韻母、非鼻化韻母（不包含陽聲韻和入聲韻）拼合的互補情況來說的。早期的潮汕話韻書因為只有十五音，所以只能將 m-、n-、ŋ-和陽聲韻、入聲韻拼合的音節分別歸入 b-、l-、g-當中。如果我們從聲母去鼻化（de-nasalization）規律 [12] 的運作來看，似乎這個規律會受到鼻音和入聲韻尾的影響而中斷。弔詭的是如果中斷得很全面，也不會造成 m-、n-、ŋ-和 b-、l-、g-的對立，例如「木」、「目」中古音的音韻地位都是一樣的，如果是去鼻化，那麼「木」和「目」都應該唸 bak[8]，但是事實上卻是「木」唸 bak[8]，而「目」唸 mak[8]。我們的困難在於為什麼「目」不會和一般閩南話一樣都唸成 bak[8]呢？筆者在整理這些有對立的例字當中，發現有部分例字在《漢英》出現 n-、l-有自由變讀的情形（見〈表二〉·例4—20），《潮正》也有這種情形，但是數量明顯減少（只有例4—7），高本漢的材料全部唸成 l-。而後來的潮汕話大部分只剩下 n-一種音讀。這不得不讓我們懷疑這是「b-、l-、g-聲母受到陽聲韻鼻音韻尾 [13]的鼻化向左擴散而使聲母變成了 m-、n-、ŋ-。[14]但是這樣解釋也會面臨一個同樣的困境，如果「鼻音韻尾向左擴散而使非鼻音聲母變為鼻音聲母」這個音變很徹底的話，[15]那也不會有 m-、n-、ŋ-和 b-、l-、g-對立的情況。這種現象或許可以用「詞彙擴散」（lexical diffusion）變化中「殘餘的例外」（residue）來解釋。

下面例字是反映《漢英》在一些陽聲韻當中，b-、l-、g-和 m-、n-、ŋ-有對立的情形。（表中的各本辭書的簡稱，請參閱本文「前言」。表中標音採用國際音標，聲調是標調類，用1、2、3、4、5、6、7、8表示陰平、陰上、陰去、陰入、陽平、陽上、陽去、陽入。《研究》是不標聲調的，也沒有-ʔ記號，本文暫時用「*」標示。「×」是表示該本辭書沒有收錄到表中的例字。《研究》沒有聲調符號）

---

12 就是指「中古鼻音聲母受到非鼻化韻母的影響而失去鼻音成分」的情況。

13 除了鼻音韻尾的音節會有 b-、l-、g-變成 m-、n-、ŋ-的情況之外，入聲韻尾也有類似的情況。所以在潮州話裏頭，鼻音韻尾和入聲韻尾都有使聲母b-、l-、g-變成m-、n-、ŋ-的例子。

14 筆者這個看法是從調查美濃客家話得到的啟發。在美濃的客家話當中，有些原本唸 l- 聲母的字音（如「蘭、籠、冷」），在某些鼻音韻尾中，讀為 n-；但是我們並沒有發現原本是唸 n-，而變讀為 l-的例子，潮州話也是這種情形。這樣思考的大前提是得先認定中古的鼻音聲母已經先完成了去鼻化的規律運作，否則存古和新變又會糾結在一起。

15 換句話說就是 b-、l-、g-只要和陽聲韻尾、入聲韻尾的韻尾拼合，會和鼻化韻拼合的情況一樣，全部變成 m-、n-、ŋ-。

表五　潮汕話相關辭書 b/m、l/n、g/ŋ音節對立對照表

相 關 文 獻	漢英	汕頭	潮正	研究	擊木	潮語	增三	潮州方言	新編	廈門
1 木，明通合一屋入	bak^8	bak^8	bak^8	bak	bak^8	bak^8	bak^8	bak^8	bak^8	bak^8
2 目，明通合三屋入	mak^8	mak^8	mak^8	mak	bak^8	bak^8	mak^8	mak^8	mak^8	bak^8
3 蜜，明臻開三質入	bit^8 mit^8	bit^8	bit^8 mit^8	bit	bit^8	bit^8	bit^8	bek^8	bik^8	bit^8
4 南，泥咸開一覃平	lam^5 nam^5	lam^5	lam^5 nam^5	×	lam^5	lam^5	nam^5	nam^5	nam^5	lam^5
5 男，泥咸開一覃平	lam^5 nam^5	lam^5	lam^5 nam^5	lam	lam^5	lam^5	nam^5	nam^5	nam^5	lam^5
6 覽，來咸開一敢上	lam^2 nam^2	lam^2	lam^2 nam^2	lam	lam^2	lam^2	nam^2	nam^2	nam^2	lam^2
7 攬，來咸開一敢上	lam^2 nam^2	lam^2	lam^2 nam^2	lam	lam^2	lam^2	nam^2	nam^2	nam^2	lam^2
8 欖，來咸開一敢上	lam^2 nam^2	lam^2 ×	lam^2 ×	lam	lam^2	lam^2	nam^2	nam^2	nam^2	lam^2
9 藍，來咸開一談平	lam^5 nam^5	lam^5 ×	lam^5 ×	lam	lam^5	lam^5	nam^5	nam^5	nam^5	lam^5
10 籃，來咸開一談平	lam^5 nam^5	×	lam^5 ×	lam	lam^5	lam^5	nam^5	nam^5	nam^5	lam^5
11 蘭，來山開一寒平	lan^5 nan^5	laq^5 ×	lan^5 ×	lan	lan^5	laŋ^5	lan^5	laŋ^5	laŋ^5	lan^5
12 攔，來山開一寒平	lan^5 nan^5	×	lan^5 ×	×	lan^5		lan^5	laŋ^5		
13 欄，來山開一寒平	lan^5 nan^5	laq^5 ×	lan^5 ×	×	lan^5	laŋ^5	lan^5	laŋ^5	laŋ^5	lan^5
14 鱗，來臻開三真平	lan^5 nan^5	×	lan^5 ×	×	lan^5	laŋ^5	lan^5	laŋ^5	laŋ^5	lan^5
15 零，來梗開四青平	lan^5 nan^5	laq^5	lan^5	×	lan^5	laŋ^5	×	laŋ^5	laŋ^5	lan^5
16 難，泥山開一寒平	lan^5 nan^5	laq^5 ×	lan^5 ×	lan	lan^5	laŋ^5	nan^5	naŋ^5	naŋ^5	lan^5
17 林，來深開三侵平	lim^5 nim^5	lim^5 ×	lim^5 ×	×	lim^5	lim^5	lim^5	lim^5	lim^5	lim^5
18 淋，來深開三侵平	lim^5 nim^5	lim^5 ×	lim^5 ×	×	lim^5	lim^5	lim^5	lim^5	lim^5	lim^5

相 關 文 獻	漢英	汕頭	潮正	研究	擊木	潮語	增三	潮州方言	新編	廈門
19 霖，來深開三侵平	lim⁵ nim⁵	lim⁵ ×	lim⁵ ×	×	lim⁵	lim⁵	lim⁵	lim⁵	lim⁵	lim⁵
20 臨，來深開三侵平	lim⁵ nim⁵	lim⁵ ×	lim⁵ ×	×	lim⁵	lam⁵	lim⁵	lim⁵	lim⁵	lim⁵
21 能，泥曾開一登平	neŋ⁵	leŋ⁵	×	lɛŋ	leŋ⁵	leŋ⁵	neŋ⁵	neŋ⁵	neŋ⁵	liŋ⁵
22 龍，來通合三鍾平	leŋ⁵	leŋ⁵	leŋ⁵	lɛŋ	leŋ⁵	leŋ⁵	leŋ⁵	leŋ⁵	leŋ⁵	liŋ⁵
23 力，來曾開三職入	lek⁵	lek⁵	lek⁵	lɛk	lek⁸	lek⁸	lek⁸	lek⁸	lek⁸	lik⁸
24 肉，日通合三屋入	nek⁸	nek⁸	nek⁸	×	lek⁸	lek⁸	nek⁸	nek⁸	nek⁸	hik⁸
25 玉，疑通合三燭入	gek⁸	gek⁸	gek⁸	×	gek⁸	gek⁸	gek⁸	gek⁸	×	gik⁸
26 獄，疑通合三燭入	gek⁸	gek⁸	gek⁸	×	gek⁸	gek⁸	gek⁸	gek⁸	gek⁸	gek⁸
27 逆，疑梗開三陌入	ŋek⁸	×	ŋek⁸	ŋɛk	ŋek⁸	gek⁸	ŋek⁸	ŋek⁸	ŋek⁸	gik⁸
28 吟，疑深開三侵平	ŋim⁵	ŋim⁵	ŋim⁵	ŋim	×	gim⁵	ŋim⁵	ŋim⁵	ŋim⁵	gim⁵
29 銀，疑臻開三真平	ŋin⁵	ŋin⁵	ŋin⁵	ŋin	gin⁵	giŋ⁵	ŋin⁵	ŋeŋ⁵	ŋiŋ⁵	gun⁵
30 驗，疑咸開三豔去	ŋiam⁷	ŋiam⁷	ŋiam⁷	ŋiam	giam⁷		ŋiam⁷	ŋiam⁷	ŋiam⁷	giam⁷
31 迎，疑梗開三庚平	ŋeŋ⁵	ŋeŋ⁵	ŋeŋ⁵	×	geŋ⁵	geŋ⁵	ŋeŋ⁵	ŋeŋ⁵	ŋeŋ⁵	giŋ⁵
32 五，疑遇合一姥上	ŋõu⁶	ŋõu⁶	ŋõu⁶	×	gou⁶	gou⁶	ŋõu⁶	ŋõu⁶	ŋõu⁶	gɔ⁷
33 元，疑山合三元平	ŋuan⁵	ŋuan⁵	ŋuan⁵	ŋuan	guan⁵	guaŋ⁵	ŋuan⁵	ŋuan⁵	ŋuaŋ⁵	guan⁵
34 願，疑山合三願去	ŋuan⁶	ŋuan⁶	ŋuan⁶	×	guan⁶	guaŋ⁶	ŋuan⁶	ŋuaŋ⁶	ŋuaŋ⁶	guan⁷

上述例字，我們發現《漢英》在和以 a 起頭的陽聲韻拼合的音節，出現兩讀的情況比較多，這是因為開口度大的元音比較容易鼻化，[16]而韻母的鼻化又會引起聲母的鼻化。

（二）鼻音韻尾 -n/-t 變成 -ŋ/-k

如果排比《漢英》、《汕頭》和《潮正》的相關例字，我們會發現一個很有趣的現象，那就是-n/t 的變化，我們先將-n/t 的相關韻母摘出，共有五組，如下：

① an/at、② in/it、③ ien/iet、④ un/ut、⑤ uan/uat

我們發現《漢英》這五組例字都是唸 -n/t 的。但是到了《汕頭》就會發現① an/at 的大部分例字都唸成 aŋ/ak；如下：

paŋ1「班瘢」、paŋ5「便」。pʰaŋ1「襻」、pʰaŋ3「盼」。taŋ1「丹單」、taŋ2「等」。tʰaŋ1「攤」、tʰaŋ2「坦毯」、tʰaŋ3「嘆聽」。laŋ5「欄難蘭鱗」。tsaŋ7「贈」。tsʰaŋ2「鏟」、tsʰaŋ5「田」。saŋ2「產瘠」。kaŋ1「艱間」、kaŋ2「諫」。kʰaŋ3「看」、kʰaŋ5

---

16 像台灣人就會把國語的「他、它、她、牠」唸 [tʰã⁵⁵]，而不會唸作[tʰa⁵⁵]。

「刊」。haŋ2「罕」。haŋ3「漢」、haŋ5「寒」。aŋ1「安鵪」、aŋ3「宴按」。bak8「密」。tak8「達值」。tsak4「節」、tsak8「實」。sak4「虱塞薩」。kak4「結」。

保持 an 的唸法只剩下 ŋan^{1}昂、ŋan^{2}眼垛箭~孔，城牆上射箭的孔、ŋan^3（淬）~水，將東西投入水中以降溫掐用力捏。ŋan^{5}言音義寒（冷）天時~，天氣冷、ŋan^{5}雁。

其他②③④⑤仍然唸 -n/t。但是這些在《汕頭》an/at > aŋ/ak 的例字，在《潮正》中都一致唸 an/at 了。如果從時間的先後來看，《漢英》（1847）和《汕頭》（1883）的變化是比較合理，但是《潮正》（1909）又變回-n/t，就令人費解。筆者認為《潮正》一書兼有教習「正音」的用途，換句話說，這是一本讓熟習潮汕話的人學習當時的「正音」的學習手冊，[17]從「在中國海內，欲通音語以達上下者，則惟正音為妙諦也」（參見《潮正》序言）這句話來看，「正音」就是當時通行的「官話」，正音中 -n 和 -ŋ 是有區別的，所以《潮正》既然要有讓人學習「正音」，那自然是要把-n/-t 和-ŋ/-k 分得很清楚，如果不這樣理解，那麼潮汕話的歷時音變將變得不可理解。[18]

從現在的潮州次方言的語音現象來看，潮安雖然沒有-n/-t 韻尾，但是有些語音現象仍然反映著中古-n/-t 和-ŋ/-k 的差別；如 ieŋ/iek（中古收-n/-t）和 iaŋ/iak（中古收-ŋ/-k）、ueŋ/uek（中古收-n/-t）和 uaŋ/uak（中古收-ŋ/-k）的對比。因此李新魁（1993）說：「……看來潮安[-n]尾的消變，恐怕比其他地方要遲，其[-n>-ŋ]是比較晚近才出現的現象。」這個晚近的時間從不同時期的辭書來看，應該就在一八四七年到一八八三年之間。

（三）uam/uap 的變化

這兩個韻母的常用例字只有「凡范犯範、法」而已，[19]但是這兩個韻母很重要，這兩個韻母的例字主要是出現在中古音咸攝合口。從《漢語方音字彙》上面的語料來看，只有潮州還保存這樣的韻母。不過在董同龢（1960）揭陽部分和林倫倫、陳小楓（1996）的汕頭部分的語料都已變成 uaŋ/uak。有趣的是在《擊木》中除了「范」記成 huan^6 以外，其他例字就沒有放進來；而《潮語》是把這些例字擺到 uaŋ/uak 韻裏頭。這是因為在漳州韻書當中並沒有 uam/uap 這種韻母，所以無法容納這些例字，這些例字只好被擺到 uaŋ/uak 韻中。如果不這樣看，那現在潮汕話的 uam/uap 反倒是後起的現象，從《漢英》、《汕頭》、《潮正》有 uam/uap，到了《擊木》就消失了，然後《潮語》

---

17 類似潘逢禧（1870）《正音通俗表》、黃紹武（1915）《閩音正讀表》。

18 謝益顯（1965）也有-n/t 韻尾，陽聲韻多了 an、in、ən、ian、un、uan，入聲韻多了 at、it、iat、ut、uat。《增三》頁19提到：「當年編著這部書的動機，係以幫助普及潮人識字運動，而以響應政府統一國語運動的推行為主。」所以本文認為《潮正》、《增三》這些-n/t 韻不是當時語音的實際現象。

19 編纂辭書是有規範作用的，所以只要是在口語中出現的常用詞，都應該收錄，不應該看到收字較少的韻，就否認它的存在把它刪除。

卻變成 uaŋ/uak，到了《增三》、《新編》又回頭演變成 uam/uap，這樣顯然是矛盾重重。請參看底下的例字：

表六　相關辭書 uam/ uap 比較表

相 關 文 獻	漢英	汕頭	潮正	研究	擊木	潮語	增三	潮州方言	新編	廈門
1 凡，奉咸合三凡平	huam⁵	huam⁵	huam⁵	huan	×	huaŋ⁵	huam⁵	huam⁵	huam⁵	huan⁵
2 犯，奉咸合三范上	huam⁶	huam⁶	huam⁶	×	×	huaŋ⁵	huam⁵	huam⁵	huam⁵	huan⁵
3 范，奉咸合三范上	huam⁶	×	huam⁶	×	huan⁶	huaŋ⁵	huam⁵	huam⁵	huam⁵	huan⁵
4 範，奉咸合三范上	huam⁶	huam⁶	huam⁶	×	×	huaŋ⁵	huam⁵	huam⁵	huam⁵	huan⁵
5 法，非咸合三乏入	huap⁴	huap⁴	huap⁴	huap	×	huak⁴	huap⁴	huap⁴	huap⁴	huat
6 乏，奉咸合三乏入	huat⁸	huat⁸	huat⁸	huat	huat	huak⁸	huak⁸	×	huap⁴	huat⁸ hat⁸

四　《漢英》編纂的相關問題

（一）《漢英》的/a/分別用了 A′、a、á 三個符號；如下：

　　1. A′：A′、A′h、A′i、A′k、A′m、A′n、A′ng、A′p、A′t、A′u（和零聲母拼合的音節）。

　　2. a：ia、iah、ⁿia、iam、iap、iang、iak、ua、uah、ⁿua、uai、uan、uat、uam、uap、uang、uak、ue、ueh、ⁿue、ⁿueh。
　　　ai、au、（非零聲母拼合的音節）

　　3. á：á、ⁿá、ák、ám、án、áng、áp、át。（非零聲母拼合的音節）
　　　事實上 A′、a、á 並不對立，音位上可以處理成/a/。

（二）《漢英》的 ua 韻有三個變體，分別是 ua、oa、wa；如下：

　　1. 拼 p、pʰ-、b-、m-、n-、l-、ts-、tsʰ-、s-、z-、g-、φ 的是 ua。

　　2. 拼 t-、tʰ-是 oa。

　　3. 拼 k-、kʰ-、h-的是 wa。

（三）《漢英》把/o/記成/ó/，把/ou/記成/o/，但是如果和別的音素共組韻母的時候又寫成 o，例如 oi，這時候就不能將它轉成 oui。很容易讓閱讀者搞混。

（四）《漢英》的/ɯ/這個元音各家審音不同，詹伯慧、林倫倫記/ɯ/，李永明記/ɤ/，董同龢、蔡俊明記/ə/，《漢語方音字匯》記/ʅ/；根據筆者二〇〇九年調查潮汕話的審音，音值接近[ə]，但是不同的發音人音值不同，有的接近[ə]。

（五）關於 iou 韻這個韻，筆者曾詢問李永明先生（一九九三年十二月在香港中文大學），他的發音接近[ɰei]，但是音位化之後，有的歸到 ieu（如李永明），有的歸到 iəu

（如詹伯慧）。《漢英》記成 io，這是不得已的做法。《潮正》、《研究》記成 iau 韻，所以這兩本書的音系和《漢英》還是不一樣的。《潮汕》的 iõu 韻是和 m-、n-、ŋ-拼合所多出來的。《汕頭》的/io/、/ioⁿ/就比較費解，因為《汕頭》的/o/，轉寫成國際音標是/ou/，所以/io/、/ioⁿ/就要分別轉成/iou/、/iõu/。[20]

（六）/e/這個韻在《漢英》有兩套寫法，分別是 e（ng）、ǝŋ（ⁿng），其中 e 只和 h-、φ—相拼。/ǝŋ/則和其餘的聲母相拼，所以理論上是可以合併為一個韻母。《增三》的「秧」韻和「扛」韻；《新編》、《潮汕》、《韻彙》的「秧」韻和「恩」韻的互補的情況和《漢英》相同。

（七）「間」韻是一個很不容易處理的韻，因為裏頭有一個「看」字，這是潮汕話很重要的一個詞彙，一般寫作「睇」，在潮汕各次方言都唸 tʰõi²，沒有 tʰai²的唸法，所以這個韻只能擬成 õi。而這個韻裏面大部分的例字像「蓮、棟、肩、間、揀，繭、蓋、冇、眼、間、千、笘、薑、還、莧」等字恰好是《彙音妙悟》「橂」韻的例字，這個韻在洪惟仁（1988）的擬成 ai 韻，現代的部分同安腔閩南話還是保持 ai 韻的唸法，在潮州地區的揭陽和潮陽這些例字都唸 ai 韻，在潮安地區唸 õi 韻。從這裏也可以透顯出這些韻書的編輯者心中仍然存有一種「潮汕話標準音」的想法，所以在有次方言差的韻母音讀當中，編纂者會選擇大眾所認定的「潮汕話標準音」。[21]

五 小結

通過我們的整理歸納，《漢英》的音系反映了幾個重要的特點：

（一）潮汕話必須得要十八音，而從十五音擴增到十八音是因為「b-、l-、g-聲母受到陽聲韻鼻音韻尾的鼻化向左擴散而使聲母變成了 m-、n-、ŋ-」。

（二）《漢英》還有-n/t 韻尾，如 an/t、ɨn/t、in/t、un/t、ien/iet、uan/uat。雖然潮汕地區-n/t 大部分已經合併到-ŋ/k，但是仍有少數地區還能區分。

（三）咸攝合口三等還保持 uam/uap 的音讀形式。

（四）「文獻所反映的現象，不一定是當時語言的實際現象」，這是在解讀文獻時必須建立的觀念，否則「十五音到十八音」、「-n/t」>「-ŋ/k」的歷時音變會出現一些不可理解的現象。

李榮（1987）說：「方言研究以實地調查為本。方言的歷史比較研究如有文獻印證，猶如腳踏實地，早期方言韻書的重要性就在乎此。」《漢英》是潮汕話早期有標音

---

20 這個情形和戴爾（1838）《福建漳州方言詞彙》的情形是一樣的。

21 像潮陽話在潮州人心目中的印象是「潮陽個音『壞』」、「潮州九縣，縣縣有語，獨獨潮陽無語」，所以潮陽話的口音就不會被選為辭書編纂的主體音系。

的羅馬字文獻，是研究潮汕話歷時音變的重要參考文獻。通過潮汕話不同時期的辭書比較，以及田野調查語料的配合分析，將有助於瞭解潮汕話的歷時音變。

參考文獻

王永鑫　〈肖雲屏《潮語十五音》評介〉　第三屆國際閩方言研討會論文　香港　香港中文大學及文學系・中國文化研究所吳多泰中國語文中心　1993年

江夏懋亭氏　《彙集雅俗通十五音》（擊木知音）　1915年

北京大學中國語言文學系語言學教研室　《漢語方言字匯》　北京市　語文出版社　2008年　第1版第3刷

周耀文　《潮汕話韻彙》　北京市　中國社會科學出版社　1999年　第1版第1刷

洪惟仁　〈從閩南語輔音的鼻化、去鼻化看漢語成音節類型〉　第五屆國際暨第十四屆全國聲韻學學術研討會論文　新竹師範學院　1996年

吳守禮　《福客方言綜志——閩台方言史資料研究叢刊：12》　作者刊行　1997年

李　榮　〈渡江書十五音序〉　《渡江書十五音》　東京都　東京外國語大學亞非言語文化研究所　1987年

李新魁　〈二百年前的潮州音〉　第三屆國際閩方言研討會論文　香港　香港中文大學及文學系・中國文化研究所吳多泰中國語文中心　1993年

李新魁　《新編潮汕方言十八音》　廣東市　廣東人民出版社　1979年　第1版第1刷

李如龍、李竹青　〈潮州方言語音的演變〉　收錄於鄭良樹主編：《潮州學國際研討會論文集》　廣州市　暨南大學出版社　1994年　頁181-194

林倫倫　〈關於潮汕方言字典及編寫方言字典的一些字典〉　《汕頭大學學報》（人文科學版）　第11卷4期　1995年　頁80-88

林倫倫　〈汕頭市話芻議〉　《汕頭大學學報》（人文科學版）　第13卷1期　1997年　頁88-94

林倫倫　〈從《汕頭話口語語法基礎教程》看120年前的潮州方言音系〉　《語言科學》　第4卷2期　2005年　頁74-80

林倫倫、陳小楓　《廣東閩方言語音研究》　汕頭市　汕頭大學出版社　1996年　第1版第1刷

姚弗如　《潮聲十七音新字彙合璧大全》　1934年　本書由林倫倫先生二〇〇九年十二月印贈，謹此致謝

陳偉武　〈潮汕話鼻化韻概述〉　第二屆國際閩方言研討會論文　1989年

張世珍　《潮聲十五音》　1907年

張盛裕　〈潮陽方言古全濁聲母今送氣與否的探討〉　第三屆國際閩方言研討會論文香港　香港中文大學及文學系・中國文化研究所吳多泰中國語文中心　1993年

張屏生　《潮陽話和其他閩南話的比較》　文化大學中國文學研究所碩士論文　1992年

張屏生　〈潮正兩音字集音系初探〉　收錄於鄭良樹主編：《潮州學國際研討會論文集》　廣州市　暨南大學出版社　1994A　頁195-222

張屏生　〈潮陽話和閩南地區部分次方言的語音比較〉　《中國學術年刊》　第15期　1994B　頁311-374

張屏生　〈潮陽話和潮州內部部分次方言的語音比較〉　收錄於曹逢甫、蔡美慧編：《第一屆台灣語言國際研討會論文選集》　1995年　頁575-605

張屏生　《汕頭方言音義辭典・領頭字同音字表》（自印本）　2008年

莊金鳳　《「汕頭方言辭典」音韻研究》　臺灣大學中國文學研究所碩士論文　2005年

程俊源　〈台灣閩南話聲母去鼻化之詞彙擴散現象〉　收錄於《教育部獎勵和語方言研究著作得獎作品論文集》　1998年

楊揚發　《潮汕十八音字典》　汕頭市　汕頭大學出版社　2001年　第1版第1刷

楊秀芳　《閩南語文白系統的研究》　臺灣大學中國文學研究所博士論文　1982年

董同龢　《四個閩南方言》　《歷史語言研究所集刊》30本　臺北市　中央研究院　1959年

蔣儒林　《潮語十五音》　上海市　大江東書局　香港　南光書局再版　1937年

蔡俊明　《潮州方言詞彙》　香港　中文大學中國文化研究所吳多泰中國語文中心　1991年

謝秀嵐　《彙集雅俗通十五音》　版本甚多，有會文堂本、慶芳書局影印本，俱不知刊年　收入《閩南語經典辭書彙編》　第二冊　1818年

謝益顯　《增三潮聲十五音》　香港　著者出版　1965年

羅常培　〈漢語方言研究小史〉　收錄於中國科學語言研究所編：《羅常培語言學論文選集》　北京市　中華書局　1963年　第1版第1刷

Ashmore, William.（威廉・耶士摩）　*Primary Lessons in Swatow Grammar.* Swatow: English Presbyterian Mission Press.（《汕頭話口語語法基礎教程》）　1884年　本書由林倫倫二〇〇九年十一月印贈，謹此致謝

Douglas, Carstairs（杜嘉德）　*Chinese-English Dictionary of the Vernacular or Spoken Language of Amoy, with the Principal Variation of Chang-Chew and Chin-Chew Dialects.* London: Glasgow。俗名《廈英大辭典》　1873年　臺北市　古亭書局印

Fielde, Adele Marion（菲爾德）　*A Pronouncing and Defining Dictionary of the Swatow Dialect, Arranged According to Syllables and Tones*（《汕頭方言音義辭典》）　1883年　本書由杜建坊先生二〇〇八年一月印贈，謹此致謝

Gibson, John Campbell（汲約翰）　*A Swatow Index to the Syllabic Dictionary of Chinese by S. Wells Williams and to the Dictionary of the Vernacular of Amoy by Carstairs Douglas.*（《汕頭標準字音表》載於《威廉斯和道格拉斯字典的汕頭方言索引》）　1886年　高本漢《中國音韻學研究》中（頁543）提到的汕頭音可能就是參考這本書。　本書由杜建坊先生二〇一三年一月印贈，謹此致謝

Giles, Herbert Allen（翟理士）　*Handbook of the Swatow Dialect: With A Vocabulary.* Published with the assistance of the Straits' Government　上海出版　1877年　本書由廣州中山大學莊初昇提供電子版，謹此致謝

Goddard, Josiah（高德）　*A Chinese and English Vocabulary, in the Tie-Chiu Dialect*　（《漢英潮州方言字典》）　上海市　American Presbyterian Mission 出版　1883年 第2版　第1版是在曼谷發行　1847年

Karlgren, Bernhard（高本漢）著　賀昌羣譯　*A Study of Chinese Linguistics*《中國語言學研究》　上海市　商務印書館　1934年初版

Karlgren, Bernhard（高本漢）著　趙元任、羅常培、李方桂合譯　*Etudes sur la phonologie chinoise*　《中國音韻學研究》　1936年　臺北市　商務印書館　1970年台三版

Lechler, Rudolf , Samuel Wells Williams, & William Duffus（卓威廉）　*English-Chinese Vocabulary of the Vernacular or Spoken Language of Swatow*（汕頭話英漢詞典）　1883年　Swatow: English Presbyterian Mission Press.

Sieele, John（施約翰）　*The Swatou Syllabary with Mandarin Pronunciation.* Swatow: English Presbyterian Mission Press（《潮州閩南語字典》，又名《潮正兩音字集》）　上海市　英國長老教會　1924年

附錄一　《漢英潮州方言字典》音節檢索

韻母			a			aʔ	a'		aʔ		ã			×	ⁿa		□	
IPA	漢英	八音	上平	上	上去	上入	下平	下去	去	下入	上平	上	上去	上入	下平	下去	去	下入
			喩	隱	霓	需	鴉	靂	鋅	贏	喩	隱	鋅	需	鴉	靂	霓	贏
p	p	邊	118	118	119			119										
pʰ	p'	波				119		119										
b	b	文																
m	m'	文											103					
t	t	地				148				148	149	149	149			149		
tʰ	t'	他	148			149				148								
n	n	**柳**											109		109			
l	l	柳	91							91								
ts	ch	曾	5	5	5	5		5										
tsʰ	ch'	出	5	5	5													
s	s	時	132								132							
dz	j	入																
k	k	求	62	63	63	63		63			63	63	63					
kʰ	k'	去	63	63	63													
g	g	語																
ŋ	ng	**語**																
h	h	喜								34								
φ	a'	英	1	1		1												

1. 表中數字為頁碼。

2. 這個表的用途有三個：

（1）音標對照，因為這個表提供了國際音標和傳統辭書的對照，即使沒有學過傳統十五音三字反切法的人也可以尋音找到。

（2）方便使用者查找，例如：想要知道《潮正》的「巴」在書中的哪一頁，我們就可以找到 pa1 這個音節，在頁171。

（3）歸納音系，根據這個檢索表我們就可以知道《潮正》的聲韻調系統。還有看出聲韻拼合的關係。

《老子》字義舉證

陳錫勇

中國文化大學中國文學系教授

摘要

　　學者之解《老子》，或有說之而不明者，是惑於字義之不清，如「上」之當釋作「尚」；「失」之當釋作「敗」；「神」當釋作「申」；「一」當解作「道之動」；「言」當解作「政令」；「玄」當解作「幽遠」。上德，是謂尚德，而學者誤以上德、下德說之。失德，是謂敗德，而學者誤以失去了德說之。「德」既無上下之分，亦未嘗失去，猶「道」、「德」、「仁」、「義」、「禮」並在，是為政者敗之乃所倡者愈下。「谷」本作「浴」，是謂谷水延申不絕，故曰「谷神不死」，王弼注緣詞生訓，而學者多誤從之，老子以「道」生萬物，並無鬼神之說。「一」為「道之動」，是「一生二，二生三」之混而稱之，忽恍恍忽而實有，學者或以「道」說之，是不解「天下之物生於有，有生於無」，「有」、「無」之不同也。「言」為政令，蔣錫昌有說，「玄」為幽遠，許慎有說，學者或以「言說」、或以「玄」即道解之，是歧解也。今舉以上六例以為本論文，以明《老子》本義。

關鍵詞：《老子》、郭店《老子》、帛書《老子》

一　前言

　　《老子》曰：「吾言甚易知也，甚易行也；而人莫之能知也，而莫之能行也。」雖曰「易行」，而歷代侯王能尚德者幾希矣，雖曰「易知」，而歷來學者歧解《老》者甚眾矣。老子者，楚人也，名聃，周守藏室之史也，太史公如此說，而後人妄衍世系、妄衍生籍，又據通行本《老子》以說老子生平，既誣老子，又誣太史公，妄曰《老子》作者為太史儋，《老子》成書在戰國，在《莊子》之後，說之而謬。

　　《史記》〈仲尼弟子列傳〉曰：「孔子之所嚴事，於周則老子，於衛蘧伯玉，於齊晏平仲，於楚老萊子，於鄭子產。」而昭公二十年子產卒，仲尼聞之曰：「古之遺愛也。」其時孔子年三十，是則以上諸人並長於孔子，皆春秋時人也。老子見周之衰，退隱以授徒為生，《老子》二卷為教材，其為語錄體，猶《論語》之為教學之教本也。而葛洪以來妄說「關令尹喜」者，謬甚。

　　《老子》自王弼注以來多有歧解，如「谷神不死」，注曰：「谷神，谷中央無者也。無形無影，無逆無違，……。」此緣詞生訓，是不知「谷」本作「浴」，「神」、「申」通假，此謂谷水之延申不絕，猶道之生生不絕也。如「重為輕根」，注曰：「凡物，輕不能載重，小不能鎮大。」此亦歧解，是不知「重」乃「重車」，輜重車也；「輕」乃「輕車」，兵車也，爭戰者重車為兵車之根本。而學者或據王注以說，說之而謬矣。

　　段玉裁曰：「不先正底本，則多誣古人；不斷其立說之是非，則多誤今人。」《老子》曰「萬乘之王」，而今本訛作「萬乘之主」；《老子》曰「滌除玄鑒」，而今本訛作「滌除玄覽」，此底本訛誤，老子不如是說也。《老子》曰「上德不德」，是謂尚德不得，而王弼注、河上公注並誤，然今人或多據誤注為說；《老子》曰「其鬼不神」，是謂其鬼崇之人、之事不得申張，而王弼注、河上公注並誤，然今人或多據誤注為說。為決嫌疑，定是非，略舉六例，以明《老子》本義。

二　舉證

（一）「上」，當釋作「尚」

　　第三十八章曰：「上德不德，是以有德；下德不失德，是以無德。上德無為而無不為也。上仁為之而無以為也，上義為之而又以為也，上禮為之而莫之應也。」凡所引「上」字並當釋作「尚」，尚德說乃周之得天下以來之通說，而「德」、「得」同音通假，此謂尚德不得，是以有德；以德為下、有求於外得，是以無德。尚德者尊道而行故

無為，是能無偏頗而全為也。尚仁者敗德而為之，拘於親疏而無從為，尚義者敗德而為之，拘於利害而為之又為，尚禮者敗德而為之，以貴賤分之，攘臂相向，是亂之首也。凡「上德」即「尚德」；「上仁」即「尚仁」、「上義」即「尚義」、「上禮」即「尚禮」，故曰：「失道而後德，失德而後仁，失仁而後義，失義而後禮。」並就一體而言，是王弼以來歧解，緣詞生訓，用「上德之人」、「下德之人」說之，以為「德」分上下，而不能解「仁」、「義」、「禮」之「下仁」、「下義」、「下禮」何在？是歧解也，河上公注因之而以「太古無名號之君，號謐之君」妄言之，是不知「上」當釋作「尚」而誤解也。

《老子》原為上下篇，第三十八章當為篇首，既云「尚德無為」故後文省「尚德」二字，如第五十七章引聖人之言曰：「我無事而民自富，我無為而民自化，我好靜而民自正，我欲不欲而民自樸。」是謂我尚德無事而民自福，我尚德無為而民自化，我尚德好靜而民自定，我尚德寡欲而民自樸，據此可知老子主「尚德」，而學者或以為老子主張「無為」，是以偏概全也。老子尊道尚德，既有道可尊，故順道之動而無事、無為也，故曰「尚德無為而無不為也」。

（二）失，當釋作「敗」

第六十四章曰：「為之者敗之，執之者失之。」二句並列，是「失」猶「敗」也，失之言佚也，敗之言壞也，此謂尚仁為之、尚義為之、尚禮為之者敗德；執親疏、利害、貴賤者失德，是佚忘其德，壞德而尚仁、尚義、尚禮也。故第三十八章曰：「失道而後德，失德而後仁，失仁而後義，尚義而後禮。」是謂不能尊道故尚德，不能尚德，敗德而尚仁，敗仁而尚義、敗義而尚禮。是道德仁義禮俱在，老子尊道尚德故無為，而智者為之，或尚仁、尚義、尚禮，唯使乎智者不敢、不為而已。凡不能無為而為之者，是敗德、失德者也。

「道」未嘗「失」，猶「道」未嘗「廢」，第十八章曰：「大道廢，安有仁義。」是謂不能崇尚「道德」，於是標舉「仁義」，此就「尊道尚德」混而言之。《老子》曰：「尚德不得，是以有德，下德不失得，是以無德。」以「德」為下，而尚仁、尚義、尚禮為之者是敗德、失德者也。學者或以「失」字說之，曰：「失去了道然後才有德，失去了德然後才有仁，失去了仁然後才有義，失去了義然後才有禮。」以釋第三十八章語，釋之而不然。而曰：「大道廢棄，才有所謂仁義。」以釋第十八章語，並不然也。是為政者敗德故尚仁、尚義、尚禮而為之，故曰：「為之者敗之，執之者失之。」「失」當釋作「敗」也。

（三）神，當釋作「申」

第六十章曰：「以道蒞天下，其鬼不神。非其鬼不神也，其神不傷人也。」帛書《老子》甲本或作「申」，中山王壺、鼎銘文多以「神」借作「申」，此謂為政者以道蒞天下，其鬼祟之人、之事不得申張，即或申張亦不足以傷人。唯使乎智者不敢、不為而已，故曰：「聖人亦不傷也。」若第六章曰：「谷神不死，是謂玄牝。」「神」亦當釋作「申」。「谷」，本作「浴」，是以谷水延申不絕，喻「道」之生生不已，而王弼注誤、河上公注並謬。老子尊道尚德，以為道生萬物，道在上帝之先，其理性如此，焉有鬼神之說，是學者見「鬼、神」二字而緣詞生訓也，如第六章解曰：「太空的元神不死而永生，這就是微妙的母姓。」如第六十章解曰：「以道君臨天下，天下的鬼魅不興妖作怪了。不是鬼魅不興妖作怪，而是興妖作怪也不會傷人。」是歧解也，《老子》中「神」，當釋作「申」，唯第三十九章：「神得一以靈，……神不已靈將恐歇。」「神」是謂「神巫」，此謂神巫順道之動故靈驗，否則恐歇止而不靈矣，是唯此章「神」作「神巫」解，正與巫靈相應也。

（四）「一」，當釋作「道之動」

「道」，無名、無形，「道之動」，無名、無形而實有。「道」，不可名、言，故字之曰「道」，道之動實有而視之不見、聽之不聞、撫之不得，忽恍恍忽，就空間則曰「大」、「逝」、「遠」、「返」，《老子》曰：「返也者，道之動也。」就時間則曰「一」、「二」、「三」，《老子》曰：「道生一，一生二，二生三，三生萬物。」道之物，忽恍恍忽，混而言之曰「一」，其上不皦，其下不昧，是道不可名故曰「不皦」，萬物可名，故曰「不昧」，是以《老子》曰：「天下之物生於有，有生於無。」道之動實有而實生萬物，萬物負陰而抱陽，沖氣以為和，是二氣相沖和而定形，故《老子》曰：「道生之而德畜之，物形之而器成之。」天、地皆物，有名可形，故第三十九章曰：「天得一以清，地得一以寧，……天不已清將恐裂，地不已寧將恐廢。」是天、地當順道之動，否則恐裂、廢也。第二十三章曰：「天地而不能久，又況於人乎！」此謂天、地且不能長久，又何況人為之政令乎。夫唯道善始且善成，若天、地皆萬物之一，而侯王居天地之間，固當尊道而法天、法地，尚德無為、不以政令為教，故《老子》曰：「道大、天大、地大，王亦大，國中有四大，王居一焉。人法地，地法天，天法道，道法自然。」是得一者，順道之動，順其自然也，尚德者不有、不恃、不宰，尊道尚德，成事遂功而百官曰我自然也，故曰：「侯王得一以為天下正。」是謂侯王順道之動，順乎自然可以定天下。「一」，當釋作「道之動」也。

王弼注第十章曰：「一，人之真也。」第二十二章曰：「一，少之極也。」第三十九章曰：「一，數之始而物之極也。」王注歧解，而學者或從而解義，解之而謬。或以「一」就是「道」說之，而不能解《老子》第十四章曰：「一者，其上不皦，其下不昧。」其上「道」也，其下「物」也，《老子》曰：「道生一，一生二，二生三，三生萬物。」又曰：「天下之物生於有，有生於無。」「道」，無名、無形故曰「無」；一生二、二生三，混成而實有，故曰「有」，視之不見、聽之不聞、撫之不得，混而為「一」，實生萬物，是道之動也，故曰「返也者，道之動也」，是「大、逝、遠、返」，「一生二，二生三」皆道之動也，唯或就空間言之，或就時間說之而相異也，其實並同。今乃以「一」為「道」，是誤解也。

（五）「言」，當釋作「政令」

蔣錫昌《老子校詁》於第五十六章按曰：

> 二章，「行不言之教」；五章，「多言數窮，不如守中」；四十三章，「不言之教，無為之益，天下希及之」，是「言」乃政教號令，非言語之意也。「知者」，謂知道之君；「不言」，謂行不言之教，無為之政也。

「言」，為「政令」，蔣說是也。唯第五章帛書本作「多聞數窮」，而本章作「知之者不言，言之者不知」，是謂知尚德者不以政令，以政令者不知尚德。除所舉例證外，並有第十七章：「猶乎！其貴言也。」第十九章：「三言以為文。」第二十三章：「希言、自然。」第六十二章：「美言可以市。」第七十三章：「不言而善應。」第八十一章：「信言不美，美言不信。」諸「言」字並當作「政令」解，「不言之教」，是謂為政者尊道不以政令為教；「無為之益」，是謂為政而尚德無為而無不為之益也。「三言以為文」，是謂為政而敗德者舉「絕智棄辨」、「絕仁棄義」、「絕巧棄利」三項政令以為文飾，文飾之不足則命令之，又附囑之，此敗德者之所為，故老子誡之曰：「視素保樸，少私寡欲。」蓋美言不信，信言不美，美言可以市也，為政者當順自然，尚德而希言、貴言也。

王弼注「知者不言」曰：「因自然也。」尚可，注「言者不知」曰：「造事端也。」是歧解也。而於「希言自然」注曰：「無味不足聽之言，乃是自然之至言也。」是亦誤解，此老子誡為政者尚德順自然，勿以政令為教，政令之行猶飄風驟雨，不終朝、不終日，何為此人為之政令，即或天地尚且不能長久，是當尊道尚德法自然也。學者或以「言說」解之，解曰：「了解的，不談論；談論的，不了解。」以解「知者不言，言者不知」；解曰：「少說話，才合乎自己如此的狀態。」以解「希言自然」，此誤解也。且《老子》原文當據郭店楚簡甲編作「知之者不言，言之者不知」，「希言、自然」。《老子》中凡「聖人之言云」、「吾言甚易知也」、「夫言有宗」諸「言」字，固當以「言說」

解之，而第三十五章「道之出言」，則此「言」乃「焉」之借，謂道之出焉，猶道之動也。范應元所見王弼注本《老子》作「道之出言」，而河上公注本作「道之出口」，是「言」壞而為「口」，是證河上公注本在王弼注本之後，而今通行本作「道之出口」，是證今通行本非王弼注本原文也。

（六）「玄」，當釋作「幽遠」

　　第一章曰：「玄之又玄，眾妙之門。」此謂「道」不可名、不可言，無名、無形，幽遠至極，故曰「玄」；「道之動」，視之不見，聽之不聞，撫之不得，無名、無形而實有，亦幽遠至極。二者皆體「道」之門徑，唯其幽遠，故曰「玄之又玄」。第六章：「谷神不死，是謂玄牝。玄牝之門，是謂天地之根。」是以谷水延申不絕，以喻道之生生不已。道之生萬物，生生不已，是天、地之根本，天、地並由此出，故曰「道大、天大、地大」。第十章曰：「生之畜之，生而不有，長而不宰也，是謂玄德。」第五十一章曰：「道生之、畜之、長之、育之、亭之、毒之、養之、覆之，生而不有，為而不恃、長而不宰，是謂玄德。」是謂道生萬物而不有、不恃、不宰，是所謂深德者也，故尚德者當尊道，尚德無為而不有、不恃、不宰，順乎自然也。而智者倘能塞其穴、閉其門，和其光、同其塵，挫其銳、解其紛，不拘於親疏、利害、貴賤，是可以玄同於尚德者，「玄同」乃「玄同於德」之省略語，此謂深同於尚德者，故曰「德為天下貴」、亦省「德」字，此第五十六章與第三十八章、第十七、十八章並為老子之尚德說。

　　「是謂玄同」，王弼無注，而通行本「挫其銳、解其紛」句誤在「和其光、同其塵」句上，當據郭店楚簡《老子》、帛書本《老子》改。王弼注誤，而學者或據誤本為說，是不知「塞穴」、「閉門」謂「天官」、「天君」之私，凡尚仁者塞其天官之私、閉其天君之私，是可以不拘於親疏，是能玄同於尚德者。「和光」、「同塵」是謂去其自是、自宜，同於塵俗之素樸，凡尚義者去其光彩，回歸素樸，是可以不拘於利害，是能玄同於尚德者。「挫銳」、「解紛」是謂減省法物之供養　，減省禮交之繁複，凡尚禮者以忠信而不以法物、禮儀為重，是可以不拘於貴賤，是能玄同於尚德者，故德為天下貴。然學者或不明其細，不知底本訛誤，以訛傳謬而緣詞生訓者多有。老子曰：「吾言甚易知也，甚易行也。」而唐以來「重玄」為說，說之而謬，《老子》無此說，「玄」，當解作「深遠」也。

三　結語

　　《老子》曰：「道恒無名。」而第三十七章郭店簡訛作「道恒無為」，通行本更訛衍作「道常無為而無不為」，道生萬物，生之畜之、長之育之，何嘗無為，是聖人尊道尚

德，既有道之動可遵行，故無為，故曰「輔萬物之自然而不敢為」，諺曰：「輔車相依，脣亡齒寒。」是依順萬物之自然，而不敢妄為也，故曰：「侯王如能守之，而萬物，將自化。」是謂侯王如能守道之動，如萬物之順道之動，民將自化也。今通行本奪一「而」字，侯王之守道與否，固不及於萬物，是民自化也，見第五十七章可知。道生萬物，萬物乃共名，天、地乃萬物之一，是別名，人居天地之間，是亦別名，故第三十九章曰：「天得一以清、地得一以寧。」而通行本妄衍「萬物得一以生」，是共名、別名相混，即以河上公注猶曰：「致，誠也。謂下五事也。」是萬物是共名，天地是別名，故曰：「道大、天大、地大、王亦大。」侯王當法道、法天、法地，順乎自然，故曰：「尚德無為而無不為也。」

道生萬物，生而不有，為而不恃，長而不宰，故侯王當尚德尊道，不有、不恃、不宰，故曰：「尚德不得，是以有德。」敗德者則華誇道而尚仁、尚義、尚禮為之，為之而敗之，執之而失之，是敗德、失德者也。老子主尚德，凡以智治邦者是敗德者，以不智治邦者是邦之德也。善建德者不拔，善保德者不奪，以身之德貴於天下，是可以託天下、寄天下，蓋大邦、小邦唯畜民而已、功遂身退，天之道也。

《老子》通行本衍訛多有，學者或據以為說，說之則誤釋不免，為求其真，故舉《老子》字義六例以論證之，是為本論文也。

參考文獻

王卡點校　《老子道德經河上公章句》　北京市　中華書局　1993年

陳錫勇　《老子釋疑》　臺北市　國家出版社　2012年

樓宇烈　《王弼集校釋》　臺北市　華正書局　1992年

蔣錫昌　《老子校詁》　臺北市　明倫出版社　1971年

瀧川資言　《史記會注考證》　臺北市　宏業書局　1972年

韻讀與解讀
——讀《楚辭章句·漁父》韻文注札記

黃耀堃

香港中文大學新亞書院

摘要

陳新雄老師講授聲韻學時，提醒諸生時刻注意古人文章聲律。謹按陳老師的教導，分析《楚辭章句》〈漁父〉的韻文注。發現其中韻文注不單有文學、音樂的功能，還對作品整體，從語氣的停頓、句逗，以至篇章結構，起著解讀的功能。這種正文、注釋之間的文本互涉，又以用韻作為引導，僅見於中國古典文學批評，甚至可說是楚辭學的一個特色。本文又以用韻分析韓愈的作品，發現韓愈有意模仿《楚辭章句》的韻文注。

關鍵詞：《楚辭章句》、王逸、韓愈、《史記》、小南一郎

一 楔子

有韻與無韻是一個二元對立的概念，中國文學之中有不少二元對立的概念，比如說古文和時文、駢體和散體之類，以及格律之有無。作品又因韻的有無，分成韻文與非韻文。然而，一般人視為「無韻」的部份是否真的沒有用韻，或者這些「無韻」的部份又是否與聲律無干，問題極為複雜。這些固有的二元對立的概念，在古典文學批評之中行之甚久，可惜現代的批評方法又難以釐清。更麻煩的是，這些概念又互相纏繞滲透。單就有韻與無韻這對概念而言，不單纏繞在古文和時文、駢體和散體這些概念之中，最特別的是還滲透在正文和注釋的文本互涉之中，明顯的例子是《楚辭章句》（下簡稱《章句》）之中的韻文注，所謂韻文注指以一定形式的韻文來作注，相對於沒有押韻的散文注釋而言。[1]現在一般人論到《章句》的韻文注，都引用《四庫全書總目提要》（下稱《四庫提要》）的說法：

> ……逸注雖不甚詳核，而去古未遠，多傳先儒之訓詁。……〈抽思〉以下諸篇，註中往往隔句用韻，如「哀憤結縟，慮煩冤也；哀悲太息，損肺肝也；心中詰屈，如連環也」之類，不一而足。蓋仿《周易象傳》之體，亦足以考證漢人之韻。而吳棫以來談古韻者，皆未徵引，是尤宜表而出之矣。[2]

李大明（1949-）批評《四庫提要》的說法「甚為疏略」（李大明 1997：356）。[3]至於聞一多（1899-1946）認為《章句》「……有隱括句義，自鑄新詞，大都為四言韻語者，此王氏自創之變體」（聞一多 1993：187），「王氏自創之變體」即指韻文注創自王逸（89？-158？），這個說法可能是針對《四庫提要》認為韻文注傳自先儒。

陳澧（1810-1882）《東塾讀書記》最早把《章句》的韻文注連同《爾雅》及其郭璞（276-324）注，以至《周易》王弼（226-249）注中有韻的部份一起討論，認為《爾

---

1 參閱業師小南一郎（KOMINAMI Ichirou，1942-）〈王逸「楚辭章句」と楚辭文藝の伝承〉，那裏對《章句》中的注釋形式有詳細說明（小南一郎 2003：301-326）。按：該文曾兩度翻譯成中文，全譯本題為〈王逸《楚辭章句》研究──漢代章句學的一個面向〉，後來廖棟樑（1948-）〈出位之詩──王逸《楚辭章句》的韻體釋文〉（廖棟樑 2008：369），以及施盈佑（1976-）〈再探王逸《楚辭章句》之注釋型態〉（施盈佑 2009：35），大致依從小南一郎對《章句》韻文注的分類。

2 影印文淵閣四庫全書本，第4冊，頁3。

3 李大明認為此段《四庫提要》有三個錯誤：「一是不能說『〈抽思〉以下諸篇注中』用韻」；「二是不能說『往往隔句用韻』，……王逸注是連句韻，不是隔句韻」；「三是王逸注韻句很複雜」（李大明 1997：356-357）。按：《四庫提要》依四字一句的方式分句，而〈抽思〉的韻文注多為八字一韻，因此就成了隔句韻。

雅》中有韻的部份：「此必是一篇古人文字而取入《爾雅》也」。[4]不過周大璞（1909-
1993）不大同意陳澧的說法，認為：「……《爾雅》中這一段是否取古人文字，雖難斷
言，但是它繼承了古代字書用韻的傳統，則是無可懷疑的，後來郭璞注《爾雅》承襲了
這個傳統，在對這一段的注解中，也盡可能地採用韻語」（周大璞 1984：121），只把韻
文注視之為字書用韻的傳統。段玉裁（1735-1815）也注意到《說文解字》的說解有
韻，[5]並認為有些韻語是許慎（58？-147？）有意為之（段玉裁 1981：784）。[6]就《說
文解字》而言，說解有韻，只是偶一為之，並不是個「傳統」，有些韻語卻是他故意做
出來，沿古和創新兩個方面都有。然而，《章句》既不是字書，內容也不盡是說解字
詞，因此《章句》的韻文注似乎與《爾雅》並不能相提並論，甚至跟郭璞注、王弼注作
比較也有點勉強。

業師小南一郎詳細討論了《章句》的韻文注，他認為「散文注釋是出於王逸之手，
而韻文注釋則是王逸保留前人古本之注文」（施盈佑 2009：34），廖棟樑更認為「我們
又不宜全然推翻《四庫全書總目提要》和小南一郎等人的宏觀見解」（廖棟樑 2003：
71）。然而又有人反對這個說法，[7]因此《章句》的韻文注，似乎還有探討的空間。

二　韻文注的來源及其文學音樂功能

否定王逸韻文注是保留前人古本的人，在討論時似乎忽略了一些資料，首先是韻文
注之中有避秦諱。拙稿〈《老子道德經河上公章句》音韻文字札記〉曾討論了「貞臣」
這個詞語，〈惜往日〉的韻文注有用「忠」組成的語詞，包括「忠良、忠正、忠節」，用
來注釋「貞臣」，拙稿指出：「正文和章句的底本都有寫作『正臣』的部份，但兩者分別
流傳並經過避秦諱的階段，於是分別以『貞』和『忠（中）』來代替諱字」，拙稿更比較
〈七諫‧沈江〉，證明〈惜往日〉正文和注經過秦諱的階段（黃耀堃 2004：216-218）。
既然出於先秦，則純為漢人的傳統或者為漢人推廣解讀《楚辭》之說（施盈佑 2009：
44），不攻而破。

此外，大部份學者沒有注意《章句》的散文注釋和「解題」裏面夾雜韻文注（小南
一郎2003：313），[8]如〈離騷〉、[9]〈九歌〉、[10]〈天問〉、[11]〈惜誦〉，[12]〈懷沙〉、[13]〈橘

4　《東塾讀讀記》卷十一（《續修四庫全書》本，第1160冊，頁603）。按：王弼注《老子》也有韻
　　語，特別是《老子指略》（王弼 1980：195-199）。

5　《說文解字注》十篇上「魤」（段玉裁 1981：478）；十一篇下「龍」（段玉裁 1981：582）。

6　又參閱十四篇下「亥」字注（段玉裁 1981：752）。

7　〈再探王逸《楚辭章句》之注釋型態〉認為：「此種分判方式，雖然可以解決《章句》中出現不同
　　注釋型態之問題，然而卻非楚辭研究者皆可認同之定論」（施盈佑 2009：34）。

8　按：小南一郎也有注意到散文注釋中夾雜韻文注，他舉〈離騷〉注中「度、數、誨」押韻（小南一
　　郎 2003：319），但例子有誤，「度」屬魚部或鐸部，「數」屬屋部或侯部（漢代入魚部），「誨」屬

頌〉、[14]〈招魂〉、[15]〈大招〉，[16]這幾篇同屬《章句》中早期作品。[17]因此可能是王逸編訂注釋時無意中把前人的韻文注吸收進去。為甚麼一般人沒有注意到〈離騷〉、〈天

之部，「度、數」可算作通押，但「誨」似乎不入韻。又按：本文主要參考「漢字古今音資料庫」（網址：http://xiaoxue.iis.sinica.edu.tw/ccr/）的「先秦／王力系統」和兩漢的古韻分部，並參考趙彤（1973-）《戰國楚方言音系》的附錄一〈「屈宋莊」及郭店楚簡《老子》、《語叢四》韻譜〉（趙彤 2006：129-149）。

9　〈離騷〉的解題：「……故善鳥香草，以配忠貞；惡禽臭物，以比讒佞；靈脩美人，以媲於君；宓妃佚女，以譬賢臣。……」（洪興祖 1983：2-3），「貞、佞」屬耕部；「人、臣」屬真部，「君」屬文部，真文合韻。

10　〈九歌·雲中君〉：「蹇將憺兮壽宮」，注：「……歆饗酒食，憺然安樂，無有去意也」（洪興祖 1983：58），「食」屬職部，「意」屬之部，職之合韻；「與日月兮齊光」，注：「……雲藏而日月明，故言齊光也」（同上），「明、光」屬陽部；「龍駕兮帝服」，注：「……兼衣青黃五采之色，與五帝同服也」（同上），「色、服」屬職部；「聊翱遊兮周章」，注：「言雲神居無常處，動則翱翔，周流往來，且遊戲也」（同上），「處、戲」屬魚部（漢字古今音資料庫中「先秦/王力系統」將「戲」歸魚部，西漢歸歌部）；「靈皇皇兮既降」，注「言雲神來下，其貌皇皇，而美有光明也」（同上），「皇、明」屬陽部；「猋遠舉兮雲中」，注：「……猋然遠舉，復還其處也」（同上），「舉、處」屬魚部。按：原文是連續的幾句。

11　〈天問〉的解題：「……及古賢聖怪物行事。周流罷倦，休息其下，仰見圖畫，因書其壁，何而問之，以渫憤懣，舒瀉愁思……」（洪興祖 1983：85），「事、之、思」屬之部，而「下」屬魚部，之魚合韻。

12　〈惜誦〉：「羌眾人之所仇」，注：「言在位之臣，營私為家，己獨先君後身，其義相反，故為眾人所仇怨」（洪興祖 1983：122-123），「臣、身」屬真部，「反、怨」屬元部，真元合韻；「曰君可思而不可恃」，注：「言君誠可思念，為竭忠謀，顧不可怙恃，能實任己與不也」（洪興祖 1983：124），「謀、恃、不」屬之部。

13　〈懷沙〉：「孔靜幽默」，注：「……言江南山高澤深，視之冥冥，野甚清淨，漠無人聲」（洪興祖 1983：141），「冥、淨、聲」屬耕部；「大人所盛」，注：「言人質性敦厚，心志正直，行無過失，則大人君子所盛美也」（洪興祖 1983：142），「直、失」屬質部，「美」屬脂部，質脂合韻。

14　〈橘頌〉：「青黃雜糅，文章爛兮」，注：「言橘葉青，其實黃，雜糅俱盛，爛然而明。以言己敏達道德，亦爛然有文章也」（洪興祖 1983：154），「青、盛」屬耕部，「黃、明、章」屬陽部，耕陽合韻；「精色內白，類可任兮」，注：「……言橘實赤黃，其色精明，……」（洪興祖 1983：154），「黃、明」屬陽部。按：原文是連續的幾句。

15　〈招魂〉：「何為四方些」注：「……夫人須魂而生，魂待人而榮。二者別離，命則賈零也」（洪興祖 1983：198），「生、榮、零」屬耕部；「長人千仞，惟魂是索些」注：「……言東方有長人之國，其高千仞，主求人魂而食之也」（洪興祖 1983：199），「國、食」屬職部；「流金鑠石些」，注：「……言東方有扶桑之木，十日並在其上，以次更行，其熱酷烈，金石堅剛，皆為銷釋也」（洪興祖 1983：199），「上、行、剛」屬陽部。

16　〈大招〉：「螭龍並流，上下悠悠只」，注：「……復有螭龍神獸，隨流上下，並行遊戲，其狀悠悠，可畏懼也」（洪興祖 1983：216），「獸、悠」屬幽部，「下、戲、懼」屬魚部（「戲」在西漢屬歌部，東漢屬支部），幽魚合韻；「白皓膠只」，注：「……冬則凝凍，皓然正白，回錯膠戾，與天相薄也」（同上），「白、薄」屬鐸部。

17　劉永濟（1887-1966）〈屈賦釋詞〉的〈釋句例〉運用襲用〈離騷〉和〈九辯〉的句子這個方法，證明這兩篇成篇較早（劉永濟 1983：441-444）。聞一多也從因襲的角度，證明〈九章〉出於漢以前（聞一多 1993：641）。

問〉、〈招魂〉等這些所謂屈宋的作品中韻文注呢？直接來說就是很少人願意花氣力把章句逐一按古音學的角度來加以分析。

拙稿〈論楚辭與萬葉集的反歌〉曾討論到〈抽思〉的韻文注，指出〈抽思〉「亂曰」以前的注釋都用韻，而「亂辭」的大部份沒有韻，[18]而且「亂辭」的部份大致可以跟前文對應，而「道思作頌，聊以自救兮。憂心不遂，斯言誰告兮」可能就是「解題」的韻語。因此，推論〈抽思〉的「亂辭」可能由兩個部份組成，一是其他部份的韻文注，一是「解題」（黃耀堃 2001：71）。

如果上述的說法成立的話，《章句》的韻文注可能源於先秦，既不是王逸首創，更不是他一個人做出來。韻文注與正文的文本互涉非常密切，這又可以作怎樣解釋的呢？拙稿〈論楚辭與萬葉集的反歌〉提出這些韻文注並不是客觀的注釋，而是重新創作，甚至可以說是一種相和的形式，與其說是注釋，不如說是隔代的回應。拙稿提出韻文注跟音樂上「卡農」（canon）或者「對位」（counterpoint）的形式相類（黃耀堃 2001：68-69）。後來廖棟樑認為：

> ⋯⋯王逸徘徊於學術理性與審美感性之間，既有散體釋文的「論」體，欲又被「論」之體而以「詩」的方式言說，二者迴環互補（廖棟樑 2003：399-400）。

仍然把韻文注的功能放在「詩」的文學批評。除了音樂和文學的功能之外，韻文注還有甚麼功能呢？

三 〈漁父〉的韻文注

現在看看〈漁父〉。〈漁父〉和〈懷沙〉是最早出現在傳世文獻中的楚辭作品，《章句》的文本往往跟《史記》有不同，拙稿〈從《史記》論〈懷沙〉的文本與韻讀〉提出《史記》中〈懷沙〉的文本差異，可能保留了一些原始狀態（黃耀堃 2011：187）。可惜《史記‧屈原賈生列傳》只是「節錄」了〈漁父〉的一部份，所謂「節錄」指〈屈原賈生列傳〉沒有引錄見於現存的《章句》的〈漁父〉全文，即「漁父莞爾而笑」以下未見於〈屈原賈生列傳〉，而且《史記》只把〈漁父〉這篇作品當作敘事的一部份，沒有處理成一個獨立的篇章（司馬遷 1959：2486），跟〈懷沙〉不同。王力（1900-1986）曾據《史記》的異文，把《章句》的「而蒙世俗之塵埃乎」改為「而蒙世之溫蠖乎」，更動了〈漁父〉的韻腳（王力 1980：63），後經湯炳正（1910-1998）、黃靈庚（1945-）

---

[18] 按：〈抽思〉「亂辭」的章句並非完全無韻，只不過沒有格式整齊的韻文注，如「超回志度，行隱進兮」的注：「⋯⋯隱行忠信，日以進也」（洪興祖 1983：140），「信、進」同為真部；又如「煩冤瞀容，實沛徂兮」的注「言己憂愁思念煩冤，容貌憒亂，誠欲隨水沛然，而流去也」（洪興祖 1983：141），「冤、亂、然」同為元部。

等再加補充考訂（黃靈庚 2007：1914）。現在把〈漁父〉其中一段列成表格：

《史記》的正文	韻部	《章句》的正文	韻部	王逸章句	韻部
漁父曰	月	漁父曰	月	隱士言也	元
夫聖人者不凝滯於物	物	聖人不凝滯於物	物	不困辱其身也	真
而能與世推移	歌	而能與世推移	（歌）	隨俗方圓	元
舉世混濁	屋	世人皆濁	屋	人貪婪也	侵
何不隨其流	幽	何不淈其泥	脂	同其風也	侵
而揚其波	歌	而揚其波	（歌）	與沈浮也	幽
眾人皆醉	物	眾人皆醉	物	巧佞曲也	屋
何不餔其糟	幽	何不餔其糟	幽	從其俗也	屋
而啜其醨	歌	而歠其醨	（歌）	食其祿也	屋
何故懷瑾握瑜	侯	何故深思高舉	魚	獨行忠直	質
而自令見放為	歌	自令放為	（歌）	遠在他域	職

為了配合韻文注，《史記》的文本中句子的切分略加調整。各句末字都標以韻部（「也」字除外），加上括號的韻部表示王力《楚辭韻讀》（下稱《韻讀》）所標示的韻腳。

（一）〈漁父〉的異文跟韻文注的關係

先看看異文，「夫聖人者不凝滯於物」跟「聖人不凝滯於物」沒有很大的差異，《史記》的標點本在「者」下加逗；而《章句》在「物」下才有韻文注，表示不讀斷。相反在「漁父曰」有韻文注，明顯是作一句，相對於「曰子非三閭大夫與」、「屈原曰舉世皆濁」、「屈原曰吾聞之」、「歌曰滄浪之水清兮」，這幾組句子「曰」字後面都沒有韻文注，因此可見韻文注存在與否，不單是起了一種語氣停頓標示的作用，還有特別標示作用。韻文注似乎是要強調這一段的「漁父曰」，突出漁父對世間的疑問。[19]《史記》的「者」字，可能是司馬遷（前145？-前86？）或傳抄者加上去，強行做成語氣停頓，進一步散文化。同樣〈漁父〉最後一句「遂去不復與言」，一般標點成：「遂去，不復與言」，看作兩句；不過「去」下沒有韻文注，因此是個連動短語句，突出了漁父遽然離去而主角楞楞立在澤畔的情景。

以韻文注切分語詞的情況，也出現在《章句》的其他地方，如現代的標點往往把

---

19 按：其他幾句「曰」後沒有韻文注，因此這些「曰」連同「曰」的主語，可能只是對話的提示。

〈九辯〉標點成很長的句子，《韻讀》把開始兩韻標作：「悲哉秋之為氣也，蕭瑟兮草木搖落而變衰。憭慄兮若在遠行，登山臨水兮送將歸」（王力 1980：64）；然而按韻文注的有無，標點則為：「悲哉秋之為氣也，蕭瑟兮，草木搖落，而變衰。憭慄兮，若在遠行，登山臨水兮，送將歸」。〈九辯〉這兩韻之間的字數，在《章句》中可以算做比較多，韻文注似乎起了節奏切分的作用（有關〈九辯〉的問題，擬在另文討論）。

　　《史記》的「何不隨其流」和「何故懷瑾握瑜」，而《章句》作「何不淈其泥」和「何故深思高舉」，如果論意義而言，似乎《章句》為勝。不過如果結合文本和韻文注，則有討論餘地。首先「何不淈其泥」的「泥」是脂部字，而「何不隨其流」的「流」是幽部字，表面上來看這兩句不是韻腳，因此古韻的歸屬似乎沒有多大意義。不過，下面「何不餔其糟」的「糟」也是幽部，而且「何不隨其流」和「何不餔其糟」句式相同，令人懷疑是否有句中韻，如果是句中韻的話，那麼作「何不隨其流」較為合宜。而這一句的韻文注是「同其風也」，似乎是對「隨其流」的闡釋，因此《史記》更接近原本。至於「何故懷瑾握瑜」或作「何故深思高舉」，「瑜」是侯部而「舉」是魚部，在漢代侯、魚兩部合流，沒有多大的分別，不過由於「懷瑾握瑜」見於〈懷沙〉，[20]因此一般傾向依從《章句》作「何故深思高舉」。然而黃靈庚根據這一句的韻文注「獨行忠直」，說：「……瑾、瑜，並美玉名，喻忠直之行。……若作『深思高舉』，無『忠直』義」，而認為「舊作『懷瑾握瑜』」（黃靈庚 2007：1909）。從這兩個句子的分析，可以得出一個推論，就是韻文注所注的並不是注「淈其泥」和「深思高舉」，而是注釋（或者說是回應）《史記》所傳的文本，這可以作為韻文注並不可能完全由王逸編撰出來的一個旁證，而是來自劉向（前77-前6）以前的本子，甚至是更早的本子。

（二）韻文注與〈漁父〉的篇章解讀

　　上面表格所列的一段韻文注中只有「與沈浮也」一句不入韻，疑當作「與浮沈也」，「沈」屬侵部字，與上面兩句韻文注押韻。「浮沈」這個語詞，並不見於《章句》。《章句》裏面只有「沈浮」，不過這個語詞集中出現在〈九歎‧憂苦〉的章句裏（洪興祖 1983：301-302）。[21]如果作「浮沈」的話，這一段韻文注可以劃出四個部份，雖然這四部份大致就是《韻讀》所分四個韻句，不過如果仔細再加區分，又可以分出兩個類別。小南一郎把韻文注稱為 I 式，而散文注稱為 II 式，I 式又分成兩類：Ia 和 Ib。Ia 類是指兩句共八言的韻文注，最末為韻腳和「也」字，如果是連成一句的話，倒數第五字

---

20 〈懷沙〉：「懷瑾握瑜兮，窮不知所示」（洪興祖 1983：43）。

21 按：「浮沈」一詞見於《爾雅》〈釋天〉：「祭川曰浮沈」（《爾雅注疏》卷六。頁200），與《章句》不同；《史記》〈袁盎晁錯列傳〉：「袁盎病免居家，與閭里浮沈，相隨行，鬬雞走狗」（司馬遷 1959：2744），其中「浮沈」之意與〈漁父〉韻文注相同。

多作「而」或「之」；Ib 類是指一句四言的，末為韻腳和「也」字（小南一郎 2003：305-306）。〈漁父〉的韻文注基本上是 Ib。

無論如何，如果仔細分析起來，「漁父曰」這一段，並不是完全符合 I 式的句式。「不困辱其身也」、「隨俗方圓」、「獨行忠直」、「遠在他域」這幾句，都不合小南一郎的分類（小南一郎 2003：313）。雖然不排除傳抄的訛誤，但這些格外的韻文注在這一段中所佔的比例很高，因此可能跟韻文注的編者或者是後世傳抄者的想法有關。首先把這一段按韻文注重加裁切：

A. 漁父曰（入聲）：

　　聖人不凝滯於物（入聲），　　　　　　　　　而能與世推移（歌部）。

B. 世人皆濁（入聲），　　　何不隨其流（幽部）？

　　　　　　　　　　　　　　　　　　　　　而揚其波（歌部）。

C. 眾人皆醉（入聲），　　　何不餔其糟（幽部）？

　　　　　　　　　　　　　　　　　　　　　而歠其醨（歌部）。

D.　　　　　　　　　　何故懷瑾握瑜（侯部）？

　　　　　　　　　　　　　　　　　　　　自令放為（歌部）。

正文除了依《韻讀》切分出四個歌部的韻腳之外，按韻文注還可以切分兩組隱含的韻腳，第一組是入聲混押，第二組是幽侯（魚）合韻。B.和 C.的句式和押韻相近，而韻文注的形式也是標準的 Ib 類；A.和 D.的韻文注多不是 Ib 類。A.、B.、C.三句所說到人的三個類別：聖人、世人和眾人，一般來說「世人」和「眾人」的意義沒有很大的區分。然而這樣劃分，正是《楚辭》的特徵，在〈離騷〉裏面的人物有很多類別，但當女嬃責備主角時，以「眾」和「世」並舉：「眾不可戶說兮，孰云察余之中情。世並舉而好朋兮，夫何煢獨而不予聽」，而作者回應說：「依前聖以節中兮，喟憑心而歷茲」（洪興祖 1983：20），〈離騷〉把「眾（人）」、「世（人）」與「聖（人）」分別開來。〈漁父〉可以說依着〈離騷〉的思維模式，[22]當然〈離騷〉的「聖人」跟〈漁父〉所指的不一樣，〈離騷〉指的是主角追慕的「聖人」，而〈漁父〉是希望主角成為「不凝滯於物，而能與世推移」的聖人。而 D.的「何故懷瑾握瑜」正是反諷在〈懷沙〉裏自稱「懷瑾握瑜」的主角。韻文注以不同的形式巧妙地把「聖人」和主角相連起，而把「世人」和「眾人」分別開來，表現出《楚辭》的主題思維。因此蔣天樞（1903-1988）〈論《楚辭章句》〉所謂「倘非依傍全部正文，直不知所謂」（蔣天樞 1982：216），正從反面說明

---

22 按：除思維模式之外，還有對話體。《楚辭概論》曾經從問答體來分析〈漁父〉（游國恩 1928：201-202），其實〈離騷〉中女嬃「申申其詈予」一段（洪興祖 1983：20），也是一段對話，正開〈漁父〉之先河。

韻文注跟解讀正文的關係。[23]

〈漁父〉的韻文注和異文對比之下，發現韻文注不單是對作品的回應和對位，而是對作品整體，從語氣的停頓、句逗，以至篇章結構，起着解讀的功能。這種正文、注釋之間的文本互涉，又以用韻作為引導，竊以為這僅見於中國古典文學批評，甚至是楚辭學的一個特色。

四　贅語：韓愈與韻文注

二十多年前，陳新雄老師來講聲韻學，耀堃有幸旁聽，老師說到蘇軾（1037-1101）把聲韻的知識運用到詩句裏頭去，提醒諸生時刻注意古人文章聲律用韻。[24]自此之後，無論讀到有韻之文還是無韻的作品，耀堃不時用音韻學的常識來加以分析，教誨終身受益。

研究《章句》的韻文注時，記起陳老師的教導，讀韓愈（786-824）的作品時也如此，竟發現韓愈可能模仿韻文注，他的〈潮州祭神文〉（其二）開始的部份：

> 稻既穗矣，而雨不得熟以穫也；蠶起且眠矣，而雨不得老以簇也。歲且盡矣，稻不可以復種，而蠶不可以復育也。……（閻琦 2004：上482）

有些句子跟《章句》的 Ia 類韻文注非常相似。特別值得注意的是有句中韻的出現，如「眠（先韻）、盡（軫韻）」（平上通押）。[25]因此，「而雨不得熟以穫也」、「而雨不得老以簇也」、「稻不可以復種，而蠶不可以復育也」，好像是「稻既穗矣」、「蠶起且眠矣」、「歲且盡矣」的韻文注。到了文章接近結束：

> ……充上之須，脫刑辟也。選牲為酒，以報靈德也。吹擊管鼓，侑香潔也。拜庭跪坐，如法式也。……（閻琦 2004：上482）

「須（虞韻）、鼓（姥韻）」平上通押，「辟（昔韻）、潔（屑韻）」和「德（德韻）、式（職韻）」遙韻，雙數句好像是單數句的注釋，而雙數句和單數句又各自押韻，就跟〈漁父〉的正文和章句形式極為相似。韓愈似乎是在模仿《章句》之中的韻文注，因此韻文注的「發現權」可能是韓愈，而不是《四庫提要》的纂修官。

二〇一四年九月二十二日前夕初稿

---

23 聞一多雖然說〈抽思〉的韻文注：「……故《注》與正文間，不能字櫛句比，一一印合」，然而聞一多舉「何毒藥之謇謇兮」的韻文注為例，以韻文注校正此句「毒藥」當為「獨樂」之誤（聞一多 1993：187），正說明韻文注與正文的解讀關係密切。

24 按：後來陳老師將有關部份寫在〈聲韻學的效用〉之中（陳新雄 2010：259-272）。

25 本文所用中古音，依澤存堂本《廣韻》分韻，不另注出。

參考文獻

傳統文獻

王　弼　《王弼集校釋》　北京市　中華書局　1980 年

永　瑢（1744-1790）、紀昀（1724-1805）等　《四庫全書總目提要》　《影印文淵閣
　　　　四庫全書》　第 4 冊　臺北市　商務印書館影印　1986 年

洪興祖（1090-1155）　《楚辭補注》　北京市　中華書局　1983 年

郭璞注　《爾雅注疏》　北京市　北京大學出版社　2000 年

陳　澧　《東塾讀讀記》　《續修四庫全書》本　第 1160 冊　1995 年

閻琦校注　《韓昌黎文集注釋》　西安市　三秦出版社　2004 年

近人論著

小南一郎　〈王逸「楚辞章句」と楚辞文藝の伝承〉　《楚辞とその注釈者たち》　京
　　　　都　朋友書店　2003 年　頁 299-369　（原題：〈王逸楚辞章句をめぐっ
　　　　て──漢代の章句学の一側面〉）

王　力　《楚辭韻讀》　上海市　上海古籍出版社，1980 年

李大明　〈《四庫全書總目・楚辭》考證〉　《楚辭文獻學史論考》　成都市　巴蜀書
　　　　社　1997 年　頁 340-395

周大璞　《訓詁學要略》（第 2 版）　武漢市　湖北人民出版社　1984 年

施盈佑　〈再探王逸《楚辭章句》之注釋型態〉　《淡江人文社會學刊》　第 38 期
　　　　2009 年　頁 29-50

游國恩　《楚辭概論》　《國學小叢書》本　上海市　商務印書館　1928 年

黃耀堃　〈論楚辭與萬葉集的反歌〉　《輔仁國文學報》　第 17 期　2001 年　頁 55-
　　　　76

黃耀堃　〈《老子道德經河上公章句》音韻文字札記〉　《黃耀堃語言學論文集》　南
　　　　京市　鳳凰出版社　2004 年　頁 195-222

黃耀堃　〈從《史記》論〈懷沙〉的文本與韻讀〉　《中國楚辭學》第 16 輯　北京市
　　　　學苑出版社　2011 年　頁 177-188

黃靈庚　《楚辭章句疏證》　北京市　中華書局　2007 年

廖棟樑　〈出位之詩──王逸《楚辭章句》的韻體釋文〉　《古代《楚辭》學的建構》
　　　　臺北市　里仁書局　2008 年　頁 365-415

聞一多　《聞一多全集》第五冊　武漢市　湖北教育出版社　1993 年

趙　彤　《戰國楚方言音系》　北京市　中國戲劇出版社　2006 年

劉永濟　《屈賦音注詳解》　上海市　上海古籍出版社　1983 年

蔣天樞　〈論《楚辭章句》〉　《楚辭論文集》　西安市　陝西人民出版社　1982 年
　　　　頁 213-227

《大唐西域記》多音節詞探析

陳弘昌

玄奘大學中國語文學系

摘要

　　本論文乃補充拙著《《大唐西域記》詞彙研究》之不足而作。本多音詞探討了三十六個三音詞及二十個四音詞，先從《大唐西域記》摘錄詞語之用例，列出其出處，以北京中華書局版季羨林校注本為據，標出其卷數與頁數，以便於查核。次簡釋其意，務求簡要，不求引經據典。最後據其構詞方式，析其類別，並且約略統計各類出現頻率。其中三音節詞以2＋1式的構詞最多，四音節以2＋2式的構詞最多，而兩者之特點為多與外來語有關，或為譯音詞、或為意譯外語之詞彙，可見多音詞的發展與外來語之關係密切。

關鍵詞：《大唐西域記》詞彙、多音詞、三音詞、四音詞、音譯詞

一 前言

　　好幾年前曾做過《大唐西域記》詞彙構詞分析，當時因為時間限制，對多音詞的分析草草帶過，一直想加以補充，卻因瑣事繁多，未能實踐，現在藉由此次紀念恩師陳伯元八秩冥誕出版論文集的機緣，重做《大唐西域記》多音詞探析。希望對《大唐西域記》詞彙構詞分析能更完整呈現。

二 三音節詞釋義

　　多音詞是指由三個以上的音節構成的詞彙，一般指三個或四個音節的詞，五個音節以上的詞都是音譯詞或專有名詞，數量很少。[1]而三音節詞顧名思義當然是由三個音節構成的詞語。或簡稱三音詞，以下先探討三音節詞，以文字來看，由三個漢字結合而成的詞語就是三音節詞。殷商時代漢語詞彙系統本質上是單音節的，春秋戰國時，複音詞漸多，兩漢時漢語雙音詞更多，到了唐代以雙音詞為主的詞彙系統已經確立起來，漢語雙音化使得漢語表義能單一明確。

　　《大唐西域記》中詞彙以雙音詞最多，然而三音詞也有相當數目。三音詞在古漢語中都是用於描寫事物態貌，如滔滔然、方菲菲。或表示人名、官稱，如左丘明、左師公。東漢以後，佛典日多，三音詞也有新面貌，數目也多。[2]《大唐西域記》的三音詞有許多音譯詞。與外來語有很大的關係，以下先作其構詞分析。

三 三音節詞構造說明

　　三音節詞之分析可以分層來分析，依音節〈漢字〉之間的關係有四種結構：

　　甲、1＋2式：即前面單獨一個字，再結合後面兩個緊密結合的字，形成前一後二的結構，如「佛跳牆」、「單音節」等。按概念分，有六類：（1）一般人物名。（2）一般事物名。（3）建築、處所名。（4）人物專稱。（5）官職、爵位名。（6）著作名。其中有一些由數詞構成。如「八功德」、「八解脫」、「三寶階」、「六神通」。

　　乙、2＋1式：即前兩個字結合緊密，後面再接另一個字，形成前二後一的結構。也可以按概念分，有六類：（1）一般人物名。（2）一般事物名。（3）建築、處所名。（4）

1　見竺家寧：《漢語詞彙學》（臺北市：五南圖書公司，1999年），頁153。

2　見陳弘昌：《《大唐西域記》詞彙研究》（臺北市：文津出版社，2007年），頁136。

人物專稱。（5）官職、爵位名。（6）著作名等。[3]二一結構中的前兩個字，佛典語詞裡多是偏正式、或述賓式，少見聯合式。如「惟識論」、「火光定」、「化地部」、色界天、「法密部」、「宿命通」、「智願力」、「無上法」「無生果」、「無間獄」、「善法堂」、「菩提樹」、「飲光部」。

丙、三字連式：構成詞的三個字意義不相涉，但取其音，三字不能分開。大多是音譯詞，以人名、物名為多，如「阿羅漢」、「阿末羅」、「布剌拏」、「至那你」、「昭怙釐」、「毗奈耶」、「必芻尼」、「佛地羅」、「婆羅門」、「摩那婆」、「窣堵波」。[4]

佛典中用來構成三字連的字很多，大致有兩類：一類是常見字，如：門、丘、沙、須等，一類是冷僻字，如：揵、陀、疊、薩等。音譯詞基本上用這兩類字來呈現，這可以避免讀者按照漢語固有的詞義邏輯望文生義，產生誤解。所以最初音譯詞的用字，其字的「形」越無理據，就越能識別，用「易識」和「難認」兩類極端的字互相結合來翻譯外來語，使音譯詞一見可知，這是先人的智慧，讓人讚嘆。

丁、三字分式：由三個意思相同或相近的字組合在一起，共同表達一個相同或相近的意思其結合關係並不緊密，分開可以單獨表意。這種三字分式，佛典很多。依照單字詞性可分為實詞結合與虛詞結合兩類。實詞結合者如：念思想、愁怖惱、謹誦讀、見聞知、困苦厄、憂悲惱、信樂喜、思惟念等。虛詞結合者如：皆悉遍、悉皆都等。三字分式構成的三音詞實詞結合遠多於虛詞結合。

許多外來語的譯音詞為三音節詞，對漢語三音節詞的發展產生了影響。

四　《大唐西域記》三音詞探析

《大唐西域記》的三音詞除去人名、地名、國名等專有名詞外，約有五十個上下，以下摘錄其三音詞，加以探析，先列出詞條，次列《大唐西域記》中之用例，後加註北京中華書局出版、季羨林等校注本的卷數及頁數，以便查考。接著解釋其意義，最後分析其詞構。

1. 八功德

　　用例：七山七海，環峙環列。山間海水，據八功德。（1卷38頁用1／38代表，下同。）

　　詞義：即八種優良的屬性：澄靜、清泠、甘美、輕軟、潤澤、安和、除飢渴、長養諸根。

　　結構分析：屬1＋2主從結構，八是修飾語，說明功德的種類，第二層結構「功德」

3　見陳弘昌：《《大唐西域記》詞彙研究》（臺北市：文津出版社，2007年），頁136。

4　見陳弘昌：《《大唐西域記》詞彙研究》（臺北市：文津出版社，2007年），頁137。

是名詞加名詞的並列結構，原為聯合式的合義複詞，由功與德兩個詞素以平行關係組合而成，兩詞素作用相等，彼此不相屬。現在前面加上「八」修飾，成為1＋2主從結構的三音詞。

2. 八解脫

用例：我若不通三藏理，不斷三界欲，得六神通，具八解脫，終不以脅而至於席！（2／246）

詞義：謂依八種定力而捨卻對色與無色的貪欲，又作八背捨、八惟無、八惟務。

結構分析：屬1＋2主從結構，八是修飾語，說明解脫的種類，第二層結構「解脫」是動詞加動詞的並列結構，為聯合式的合義複詞，由解與脫兩個詞素以平行關係組合而成，兩詞素作用相等，彼此不相屬。現在前面加上「八」修飾，成為1＋2主從結構的三音詞。

3. 三菩提

用例：淨飯王第一夫人今產太子，當證三菩提，圓明一切智。（6／511）

詞義：為音譯詞，意譯為正等覺或等正覺。即斷煩惱障而證涅槃的一切種智和斷所知障而知諸法的一切種智。是具有最高智慧，覺悟而成正道之謂。

結構分析：是梵文的音譯，sam 譯為三，意為正等非序數的三，常招誤解，不可不辨，bodhi 譯音為菩提。意為覺、智、道。sambodhi 即譯為三菩提。為三字連的三音詞。

4. 三寶階

用例：伽藍大垣內有三寶階，南北列，東面下，是如來自三十三天降還也。（4/419）

詞義：傳說佛自天下降時，天帝釋縱神力所建的三道寶階。中階是黃金鑄成的，左階是水晶的，右階是白銀的。

結構分析：屬1＋2主從結構，三是修飾語，說明主體詞寶階的數目，第二層結構「寶階」也是主從結構，原為組合式的合義複詞，由寶修飾主語階，兩個詞素有主從關係，一正一附，現在前面再加上「三」修飾，成為1＋2主從結構的三音詞。

5. 大眾部

用例：律儀傳訓有五部焉：一、法密部，二、化地部，三、飲光部，四、說一切有部，五、大眾部。（3／270）

詞義：和上座部並列為早期佛教的兩大部派，約形成於西元前四世紀。

結構分析：屬2＋1主從結構，大眾是修飾語，說明主體詞「部」的屬性，第二層結構「大眾」是並列結構，為聯合式的合義複詞，兩個詞素關係是同義並列，用來說明「部」的類別，成為2＋1主從結構的三音詞。

6. 凡夫僧

用例：時有五百羅漢僧、五百凡夫僧。（3／329）

詞義：指未證聖果的僧人。

結構分析：屬2＋1主從結構，凡夫是修飾語，說明主體詞「僧」的性質，第二層結構「凡夫」也是主從結構，為偏正式的合義複詞，兩個詞素關係是一正一附，用來修飾「僧」，成為2＋1主從結構的三音詞。

7. 化地部

用例：律儀傳訓有五部焉：一、法密部，二、化地部，三、飲光部，四、說一切有部，五、大眾部。（3／270）

詞義：小乘佛教部派之一。由上座部的一切有部演變而成。

結構分析：屬2＋1主從結構，化地是修飾語，說明主體詞「部」的種屬，第二層結構「化地」是動賓結構，為梵文的譯義複詞，兩個詞素前一個是動詞，後一個是賓詞，這種動賓式結構的複詞在詞彙的發展是較晚的，佛典中多有此種結構之複詞，「化地」用來說明「部」的類別，成為2＋1主從結構的三音詞。

8. 六神通

用例：我若不通三藏理，不斷三界欲，得六神通，具八解脫，終不以脅而至於席！（2／245）

詞義：指六種超人間而自由無礙之力，即神境通、天眼通、天耳通、他心通、宿命通、漏盡通。

結構分析：屬1＋2主從結構，六是修飾語，說明主體詞神通的數目，第二層結構「神通」也是主從結構，原為組合式的合義複詞，由神修飾主語通，兩個詞素有主從關係，一正一附，現在前面再加上「三」修飾，成為1＋2主從結構的三音詞。

9. 火光定

用例：即昇虛空，入火光定，身出煙焰，而入寂滅。（3／345）

詞義：佛教修習的第四禪定，即自焚。

結構分析：屬2＋1主從結構，火光是修飾語，說明主體詞「定」的性質，第二層結構「火光」也是主從結構，為偏正式的合義複詞，兩個詞素關係是一正一附，用來修飾「定」，成為2＋1主從結構的三音詞。

10. 月六齋

用例：每歲三長及月六齋，僧徒相競，率其同好，赍持供具，多營奇玩，隨其所宗，而致像設。（1／119）

詞義：指每月八、十四、十五、二十三、二十九、三十這六天持齋。

結構分析：屬三字分式結構的三音詞。

11. 四神足

用例：其得四神足者，能住壽一劫。（7／593）

詞義：神足為梵文的譯意，也稱如意足。此指由於四種禪定而獲得的神通。

結構分析：屬1＋2主從結構，四是修飾語，說明主體詞神足的數目，第二層結構
「神足」也是主從結構，原為組合式的合義複詞，由神修飾主語足，兩
個詞素有主從關係，一正一附，現在前面再加上「三」修飾，成為1＋2
主從結構的三音詞。

12. 正量部

用例：僧徒千餘人，習學小乘正量部法。（4／413）

詞義：小乘佛教部派之一，佛逝世後三百年，從一切有部中分出犢子部，又從犢子
部中分出四個部派，正量部是其中之一。他把一切事物分為過去、現在、未
來、無為、不可說這「五藏」，承認有生死輪迴的主體。

結構分析：屬2＋1主從結構，正量是修飾語，說明主體詞部的類屬，第二層結構
「正量」也是主從結構，原為組合式的合義複詞，由正修飾主語量，兩
個詞素有主從關係，一正一附，修飾「部」，成為2＋1主從結構的三音
詞

13. 成正覺

用例：初，如來成正覺已，上升天宮，為母說法。（5／467）

詞義：佛教徒以洞明真諦，達到大徹大悟的境界為正覺，成正覺即成佛。佛是具最
高智慧，覺悟而成正道者。

結構分析：屬1＋2動賓結構。正覺即佛，為名詞，是賓語，成是動詞。正覺原為梵
語的譯意，兩個詞素聯合起來表達佛的特質，為形容詞加形容詞型的並
列式合義複詞。成正覺三個詞素表達成佛的概念。

14. 色界天

用例：梵王與色界天侍右。（6／519）

詞義：指色界諸神。色界，佛教指有形質的世界，共有四禪十八天。

結構分析：屬2＋1主從結構，色界是修飾語，說明主體詞天的類屬，第二層結構
「色界」也是主從結構，原為組合式的合義複詞，由色修飾主語界，兩
個詞素有主從關係，一正一附，修飾「天」，成為2＋1主從結構的三音
詞。

15. 法密部

用例：律儀傳訓有五部焉：一、法密部，二、化地部，三、飲光部，四、說一切有
部，五、大眾部。（3／270）

詞義：小乘佛教部派之一，由上座部的說一切有部分裂出的化地部分化而成。

結構分析：屬2＋1主從結構，法密是修飾語，說明主體詞部的類屬，第二層結構「法密」也是主從結構，原為組合式的合義複詞，由法修飾主語密，兩個詞素有主從關係，一正一附，修飾「部」，成為2＋1主從結構的三音詞。

16. 非想定

用例：彼鬱頭藍子者，證非想定，堪受妙法。（7／575）

詞義：即「非想非非想處」的禪定。是無色界天的第四天，三界的最高點，不是一般思維可以了解的境界。他指這一層天的定心已進入至靜極妙、清靜無為的狀態。

結構分析：屬2＋1主從結構，非想是修飾語，說明主體詞定的狀況，第二層結構「非想」是動賓結構，為合義複詞，修飾「定」，成為2＋1主從結構的三音詞。

17. 惟識論

用例：世親菩薩嘗住此中作惟識論，破斥小乘，難諸外道。（5／471）

詞義：梵文佛學著作之意譯，又名《惟識二十頌》。主張萬法唯識。以第八識為根本。

結構分析：屬2＋1主從結構，惟識是修飾語，說明主體詞「論」的主旨，第二層結構「惟識」也是主從結構，為合義複詞，修飾「論」，成為2＋1主從結構的三音詞。

18. 婆羅門

用例：時彼龍王深懷震懼，變作老婆羅門，叩王象而諫。（1／149）

詞義：梵文的音譯詞，譯意為淨行、淨志。為印度四種姓之一，事奉大梵天而修淨行的祭司。

結構分析：屬三字連的音譯詞。三個字各取其音不用其義，三字相連而不能分。

19. 智願力

用例：將證寂滅，入邊際定，發智願力，留此袈裟。（1／133）

詞義：佛教指破除迷信，證實真理的識力。

結構分析：屬2＋1主從結構，智願是修飾語，說明主體詞「力」的類別，第二層結構「智願」也是主從結構，為合義複詞，修飾「論」，成為2＋1主從結構的三音詞。

20. 無上法

用例：我於曠劫勤修苦行，為諸眾生求無上法。（9／709）

詞義：佛教認為一切法無過於涅槃，故稱涅槃為無上法。

結構分析：屬2＋1主從結構，無上是修飾語，修飾主體詞法，第二層結構「無上」
　　　　　是動賓結構，無為動詞，上作賓詞，義為最高。是合義複詞，修飾
　　　　　「法」，成為2＋1主從結構的三音詞。

21. 無生果

用例：陳那曰：「吾入定觀察，欲釋深經，心期正覺，非願無生果也。」（10／
　　　839）

詞義：即無生智果，指斷盡一切煩惱，不來生三界的無餘涅槃。是小乘佛教修習所
　　　能達到的最高境界。

結構分析：屬2＋1主從結構，無生是修飾語，修飾主體詞果，第二層結構「無生」
　　　　　是動賓結構，無為動詞，生作賓詞，義為不再落入輪迴，生於來世。是
　　　　　合義複詞，修飾「果」，成為2＋1主從結構的三音詞。

22. 無間獄

用例：熾焰飆發，焚輕舟，墜王身，入無間獄，備受諸苦。（4／363）

詞義：地獄的最下層，無間是梵音阿鼻旨、阿鼻的譯意，指受苦無間斷。

結構分析：屬2＋1主從結構，無間是修飾語，修飾主體詞獄，第二層結構「無間」
　　　　　是動賓結構，無為動詞，間作賓詞，義為沒有間斷。是合義複詞，修飾
　　　　　「獄」，成為2＋1主從結構的三音詞，表示永無脫離苦痛可能的監獄。

23. 欲界天

用例：帝釋與欲界天侍左，梵王與色界天侍右。（6／519）

詞義：指欲界諸神。欲界，佛教指具有淫欲和貪欲的有情世界。

結構分析：屬2＋1主從結構，欲界是修飾語，說明主體詞天的類屬，第二層結構
　　　　　「欲界」也是主從結構，原為組合式的合義複詞，由欲修飾主語界，兩
　　　　　個詞素有主從關係，一正一附，修飾「天」，成為2＋1主從結構的三音
　　　　　詞。

24. 善法堂

用例：昔如來起自勝林，上升天宮，居善法堂，為母說法。（4／418）

詞義：傳說中天帝釋的講堂。

結構分析：屬2＋1主從結構，善法是修飾語，說明主體詞堂的性質，第二層結構
　　　　　「善法」也是主從結構，原為組合式的合義複詞，由善修飾主語法，兩
　　　　　個詞素有主從關係，一正一附，修飾「堂」，成為2＋1主從結構的三音
　　　　　詞。

25. 菩提樹

用例：昔者如來初證佛果，起菩提樹。（1／124）

詞義：菩提的意思為「覺」，相傳釋迦牟尼在卑鉢羅樹下證得菩提（悟道），故將卑

鉢羅樹稱作菩提樹，樹為常綠喬木，葉為卵形，莖幹黃白色，樹子可作念珠。

結構分析：屬2＋1主從結構，菩提是譯音詞，作修飾詞，說明樹的類別。整個詞為加漢語類名的音譯詞。

26. 窣堵波

用例：諸窣堵波及佛尊像，多神異，有靈鑒。（1／104）

詞義：佛塔的音譯詞。又譯為浮屠、浮圖、塔婆、藪斗波、私鍮簸等譯稱。

結構分析：屬三字連的音譯詞。

27. 僧伽胝

用例：如來以僧伽胝方疊布下，次下鬱多羅僧，次僧卻崎，又覆鉢，豎錫杖。（1／122）

詞義：又譯作「僧伽梨」、「僧伽致」、是比丘（出家後受過具足戒的男僧）的「三衣」之中最大的一件。由許多布條縫合而成，又稱雜碎衣，比丘凡入五宮、乞食、說法時必須穿著。

結構分析：屬三字連的音譯詞。

28. 僧卻崎

用例：如來以僧伽胝方疊布下，次下鬱多羅僧，次僧卻崎，又覆鉢，豎錫杖。（1／122）

詞義：又譯作「僧褐支」、「僧腳欹迦」、是比丘之衣，譯意為覆膊衣、掩腋衣，為長方形衣片。

結構分析：屬三字連的音譯詞。

29. 摩沓婆

用例：初，此山中有外道摩沓婆者，祖僧佉知法而習道焉。（8／653）

詞義：是婆羅門正宗之一數術派的博學者，言極空有，名高前輩，德重當時，與南印度德慧菩薩論學六日，嘔血而死。

結構分析：屬三字連的人名音譯詞。

30. 飲光部

用例：律儀傳訓有五部焉：一、法密部，二、化地部，三、飲光部，四、說一切有部，五、大眾部。（3／270）

詞義：由上座部的說一切有部分出，為小乘佛教的部派之一。

結構分析：屬2＋1主從結構，飲光是修飾語，說明主體詞「部」的屬性，第二層結構「飲光」是動補結構，為合義複詞，用來說明「部」的類別，成為2＋1主從結構的三音詞。

31. 瞿波羅

用例：東岸石壁有大洞穴，瞿波羅龍之所居也。（2／226）

詞義：譯音詞，意為牧牛人，此處指前世為牧牛人發惡願轉世為惡龍之龍名。

結構分析：屬三字連的音譯詞。

32. 轉法輪

用例：精舍之中有鍮石佛像，量等如來身，作轉法輪勢。（7／562）

詞義：比喻講說佛教教義，輪，梵文 cakra 的意譯，指一種形狀像車輪的武器此處比喻佛說之法。

結構分析：屬1＋2動賓結構，轉是動詞，作述語。述說如何轉動「法輪」的情況，也就是如何說法論道，第二層結構「法輪」是主從結構，為合義複詞，前一詞素法修飾輪，兩個詞素關係是一主一輔，合起來作為轉的對象，成為1＋2動賓結構的三音詞。

33. 蘊界處

用例：鄰此不遠有窣堵波，是如來顯暢真宗說蘊界處之所也。（2／225）

詞義：指五蘊、十八界、十二處。三者合稱「三科」，是佛教的基本思想之一，它主張人身是五蘊（指色、受、想、行、識）結合而成，沒有恆常實在的自體。十八界包括六根（指人身的六種感官：眼、耳、鼻、舌、身、意）、六境（指六根的對象即色、聲、香、味、觸、法）、六識（即通過六根所得的六種知覺），十二處指六根和六境。佛教教誡學徒從這三方面觀察人及其所面對的世界，破「我執」之謬，立「無我」之理。此三者略稱蘊藉處。

結構分析：屬三字分的並列節縮詞。

34. 廣百論

用例：有故伽藍，是提婆菩薩作《廣百論》挫小乘，伏外道處。（5／461）

詞義：提婆菩薩作，是大乘佛教中觀宗的重要論著。

結構分析：屬2＋1主從結構，廣百是修飾語，說明主體詞「論」的性質，第二層結構「廣百」是並列結構，為聯合式的合義複詞，兩個詞素關係是同義並列，用來說明「論」的性質，成為2＋1主從結構的三音詞。

35. 贍部洲

用例：無憂王信根貞固，三以贍部洲施佛、法、僧。（1／38）

詞義：佛教所說四大部洲之一。「贍部」是音譯詞，梵文 jambu，樹名，傳說此洲以此樹得名，在蘇迷盧山南鹹海中，印度即在此洲之上。贍部洲又譯作琰浮洲，閻浮提等。

結構分析：屬2＋1主從結構，贍部，是修飾語，說明主體詞「洲」的所屬，第二層結構「贍部」是音譯詞，用來當作「洲」的名稱，成為2＋1主從結構譯音加漢語類名的三音詞。

36. 贍部樹

  用例：迴駕窣堵波東，有贍部樹，枝葉雖凋，枯株尚在。（6／532）

  詞義：「贍部」是音譯詞，譯自巴利文、梵文之 jambu，樹名，又譯作琰浮、琰浮、染部。遍生於印度的一種落葉喬木，葉對生，端尖，葉落即出，四、五月間開小花再結果，其果味酸甜。

  結構分析：屬2＋1主從結構，贍部，是修飾語，說明主體詞「樹」，第二層結構「贍部」是音譯詞，用來當作「樹」的名稱，成為2＋1主從結構譯音加漢語類名的三音詞。

在所列的三十六個三音詞中，屬於1＋2式構詞的有七個，佔百分之十九，屬於2＋1式構詞的有二十個，佔百分之五十六，屬於三字連式構詞的有七個，佔百分之十九，屬於三字分式構詞的有二個，佔百分之六，可見2＋1式的構詞最多，幾乎佔絕大多數。而屬於1＋2式構詞及三字連式的都有七個，各佔百分之十九，合為百分之三十八，最少的是三字分式的只佔百分之六不到。2＋1式構詞大多是譯音詞，後一字是總類名，可見三音詞的發展和外來語有密切相關。

五　四音詞釋義及構詞分析

四音節詞指的是由四個漢字構成的語詞，一般的四音節詞大都是成語，而有一些是四字格，有些是詞組固著後形成的語詞。其結構有2＋2式、1＋3式、3＋1式、四字分式、四字連式等五種，後兩者大都是音譯詞。以下是《大唐西域記》的四音詞，每一詞語先列出其用例，後加註北京中華書局出版、季羨林等校注本的卷數及頁數，以便查考。次釋其義，後作構詞分析。

1. 一切種智

  用例：如來十力無畏，一切種智，人、天宗仰，聖賢遵奉。（6／494）

  詞義：與一切智、道種智共稱為佛教三智，一切種智能以一種之智知曉一切諸佛的道法和一切眾生的種種因緣。是佛的智慧。

  結構分析：屬3＋1式結構，有三層結構，第一層一切為主從結構，表總括，一切只能修飾名詞，修飾可以分類的事物，而包含此事物所有的全部，一修飾切。第二層一切種是一切眾生的種種因緣的節縮詞，其結構為並列式，而第三層一切種智為主從結構，以一切種修飾智。

2. 十二因緣

  用例：是時阿羅漢說十二因緣，凡厥聞法，莫不悲耿，以所持器，成其瀝淚。（3／312）

  詞義：梵文的譯意，又稱十二緣起。為佛教基本教義之一，講述的是三世輪迴的基

本理論。生命的一次輪迴含十二個層次，而互為因果，配合過去現在未來三
世在其中生死輪迴，永無終期，佛教修習目標在擺脫十二因緣的束縛，跳出
三世輪迴的範圍，達到涅槃。

結構分析：屬2＋2式結構，第一層為主從結構，用十二說明主語因緣的數目，十二
是數字，由數詞組合而成，因緣是並列式的詞聯。

3. 入邊際定

用例：將證寂滅，入邊際定，發智願力，留此袈裟。（1／135）

詞義：指悟得宇宙萬物的道理而心體寂靜，定於一事。

結構分析：屬1＋3式結構，第一層為動賓結構，用入說明進入主語邊際定的情況，
第二層邊際定是主從結構，由並列式詞聯的邊際修飾主語定。

4. 三十三天

用例：伽藍大垣內有三寶階，南北列，東面下，是如來自三十三天降還也。（4／
419）

詞義：即印度傳說中的天堂，又稱忉利天，中央為帝釋所居，稱為帝釋天，四方有
四峰，各峰有八天，合稱三十三天。

結構分析：屬3＋1式結構，第一層為主從結構，用三十三說明主語天的數目，三十
三天是數字，由數詞組合而成，是並列式的詞聯。

5. 大乘法教

用例：僧徒六千餘人並多習學大乘法教。（1／136）

詞義：一世紀左右形成的佛教派別。自稱能運載無量眾生，從生死大河的此岸達到
菩提涅槃的彼岸，成就佛果，宣傳的是大慈大悲，普渡眾生。

結構分析：屬3＋1式結構，第一、二層皆為主從結構，用大乘法說明主語教的特
性，大乘為梵文的譯意，指的是能普渡眾生的教派，有其法門主張，以
大乘為修飾語，修飾法。

6. 大悲世尊

用例：大悲世尊隨機利見，化功以畢，入寂滅樂。（7／611）

詞義：指釋迦牟尼，因它有廣大的慈悲心，因而被稱為大悲。

結構分析：屬2＋2式結構，第一層為主從結構，用大悲修飾主語世尊，第二層大悲
為主從結構，而世尊則為主謂結構。

7. 五分法身

用例：崇建五窣堵波，製奇諸處，靈異間起，以表如來五分法身（8／639）

詞義：佛教認為五種功德成就了佛身，即戒身、定身、慧身、解脫身、和解脫知見
身，即從抑制肉體的、精神的欲望，逐漸達到所謂「解悟」的境地。

結構分析：屬2＋2式結構，第一層為主從結構，用五分修飾主語法身，五分是五種

功德，屬主從結構，法身也是主從結構。

8. 五戒十善

用例：時二長者……最初得聞五戒十善也。（1／124）

詞義：五戒指不殺生、不偷盜、不邪淫、不妄語、不飲酒。不犯十惡就是十善。十惡指殺生、偷盜、邪淫、妄語、兩舌、惡口、綺語、貪欲、瞋恚、邪見。

結構分析：屬2＋2式結構，第一層為五戒和十善並列的結構，第二層結構兩個詞彙都是主從結構。

9. 四事供養

用例：國王、大臣、士、庶、豪右四事供養，久而彌敬。（1／65）

詞義：即供給飲食、衣服、臥具、醫藥。

結構分析：屬2＋2式結構，第一層為主謂結構，第二層四事為主從結構，四是數字，由數詞限制事的數目。供養是並列式的詞聯。

10. 四辯無礙

用例：大阿羅漢者四辯無礙，三明具足。（3／311）

詞義：指能詮解教法、注解教法的義理、通達各種語言，對眾生說教能根據眾生領悟的不同而順應辯說，使聽者信解無礙。

結構分析：屬2＋2式結構，第一層為主謂結構，用四辯說明主語無礙的狀況，第二層為主從結構四辯是四種無礙的方式即「法無礙、義無礙、辭無礙、和樂說無礙」。用四修飾辯。無礙則是動補結構。

11. 示教利喜

用例：如來既成正覺，稱天人師，其母摩耶自天宮降於此處，世尊隨機示教利喜。（8/689）

詞義：如來開悟眾生的方法。示，指示善惡。教，教言，使人捨惡行善。利，說法引導，令得大利益。喜，讚美其所作善行，而使其歡喜。

結構分析：屬四字分式結構。四字都可作動詞用。

12. 坐雨安居

用例：故印度僧徒依佛聖教作雨安居。（2／173）

詞義：印度五月十六日到七月十五日為雨季，佛教徒在這期間禪定靜坐叫坐雨安居

結構分析：屬1＋3式結構，第一層為動補結構，第二層雨安居為主從結構。

13. 具結縛者

用例：王乃具懷，白諸僧曰：「證聖果者住，具結縛者還。」（3／336）

詞義：指具有煩惱的人。結縛，煩惱如牢獄束縛著人，故稱結縛。

結構分析：屬1＋3式結構，第一層為動補結構，具是動詞說明結縛者的窘況，第二層結縛者是主從結構，由並列式詞聯的結縛修飾主語者。

14. 結加趺坐

用例：見精舍內佛像儼然，結加趺坐。（8／677）

詞義：即將足背放在腿上的端坐姿勢。凡交結左右足背放在左右腿上的稱作「金加座」，也就是結加趺坐，將左右一足背放在左右一腿上的坐法，叫半加坐。

結構分析：屬2＋2式結構，第一層為並列結構，第二層為動補和主從結構。結加是動補結構。趺坐是主從結構。

15. 修發通定

用例：德光既不遂心，便起恚恨，修發通定，我慢未除，不證道果。（4／398）

詞義：指修習發願能獲得神通的禪定。

結構分析：屬2＋2式結構，第一層為動補結構。用修發說明達成主語通定的狀況，第二層為並列和主從結構。通定為主從結構。修發則為並列結構。

16. 素呾纜藏

用例：是五百賢聖先造十萬頌《鄔波第鑠論》，釋《素呾纜藏》。（3／337）

詞義：素呾纜為梵文 sutra 的音譯，意譯為經。藏為經典總集。此為佛說經典的總集。

結構分析：屬3＋1式結構，第一層為主從式結構，由音譯詞素呾纜為藏的名稱。素呾纜為三字連的音譯詞。

17. 說出世部

用例：僧徒數千人宗學小乘說出世部。（1／130）

詞義：梵文的譯意，佛教部派之一，認為世間法都是虛妄的，假有的，唯有出世之法即涅槃等精神境界才是真實。

結構分析：屬3＋1式結構，第一層結構為主從結構，「說出世」是主語「部」的名稱，是附屬的。它在第二層結構是動補結構。

18. 獻土之因

用例：因為廣說獻土之因，如來懸記興建之功。（8／631）

詞義：獻土之因緣。傳說無憂王小時候曾以一把沙土施捨給佛，因了這個果報，他後來作了國王。

結構分析：屬詞組。它有兩個概念，即施捨（獻）與原因，有了施捨沙土的前因，才有後來當國王的果報。

19. 鬱多羅僧

用例：如來以僧伽胝方疊布下，次下鬱多羅僧，次僧卻崎，又覆鉢，豎錫杖。（1/124）

詞義：為比丘三衣之一，為梵文的譯音詞，意譯為上衣。

結構分析：屬四字連譯音詞。

20. 彌沙塞部

　　用例：無著菩薩……從彌沙塞部出家修學，頃之回信大乘。（5／455）

　　詞義：梵文之音譯，意譯為化地、正地等。是小乘佛教上座部部派之一。

　　結構分析：屬3＋1式結構，第一層為主從式結構。以彌沙塞為部派的名稱，第二層
　　　　　　　彌沙塞是三字連詞。

　　約略統計所列的二十個四音詞，以2＋2式最多，有九個，佔百分之四十五，3＋1式
有六個次之，佔百分之三十。1＋3式有三個，只佔百分之十五。其餘各只有一例，佔百
分之五而已，四音詞大多是音譯或意譯的外來詞。

六　結語

　　《大唐西域記》的多音詞有許多國名、地名、人名，及物名，我作《大唐西域記》
詞彙研究已將之表列[5]，故未加論及，而五音節以上詞彙多是音譯詞加總名的構造，極
少數的詞可拆為複音詞加以分析。本文限於篇幅，不加討論。

　　從以上三、四音詞的探析，可見《大唐西域記》的詞彙特色是多音詞頗多，特別是
音譯詞特多，音譯詞具有描寫語言學的作用，可為中古和近代詞語演變的考釋提供佐
證。本文對詞構的分析應仍有一些尚待討論斟酌之處。尚祈方家不吝指教，至為感激。

5　見陳弘昌：《《大唐西域記》詞彙研究》（臺北市：文津出版社，2007年），頁43-72。

參考文獻

〔唐〕玄奘、辯機著　季羨林等校注　《大唐西域記》　北京市　中華書局　2000年

陳飛、凡評註譯　《新譯大唐西域記》　臺北市　三民書局　1998年

竺家寧　《漢語詞彙學》　臺北市　五南圖書公司　1999年

陳弘昌　《《大唐西域記》詞彙研究》　臺北市　文津出版社　2007年

梁曉虹　《佛教詞語的構造與漢語詞彙的發展》　杭州大學博士論文　1994年

朱慶之　《佛典與中古漢語詞彙研究》　臺北市　文津出版社　1992年

羅願及其爾雅翼

莊雅州

元智大學中國語文學系兼任教授

摘要

在宋代《雅》學著作中，《爾雅翼》成就最高，流傳最廣，有其過人之處，值得探討。本論文共分五節，論述羅願及其《爾雅翼》。除前言，結論外，首先介紹羅願之生平事蹟，其次臚列《爾雅翼》之成書及其版本，最後分析《爾雅翼》之內容體例，計得十一項，即：標舉詞目、分析字詞、追溯物名、考辨名實、區分品種、描述性狀、引用書證、旁採異聞、闡發意旨、評騭得失、付諸闕如。至於羅書特色及其疏失之討論，限於篇幅，請俟諸異日。

關鍵詞：羅願、爾雅翼、名物、訓詁

一 前言

宋代是理學盛行的時代，正如鄭樵（1103-1162）《通志》〈昆蟲草木略〉〈序〉所說：「學者操窮理盡性之說，以虛無為宗，實學置而不問。」[1]能在舉世罕為之際，像鄭氏那樣，既寫了《通志》〈昆蟲草木略〉、《爾雅注》，又寫了許多實學著作，可說非有獨特的識見、堅忍的毅力不可。其實，在當時如寫《爾雅義疏》的邢昺（932-1010）、寫《埤雅》、《爾雅新義》的陸佃（1042-1101）、寫《爾雅翼》的羅願（1136-1185）也都屬於這類人物。而其中又以羅願的《爾雅翼》成就最高，流傳最廣，此乃世所公認。然則其人其書一定皆有過人之處，值得探討，而要探討宋代《爾雅》學，亦不能不自羅願《爾雅翼》始，此為本論文寫作之緣由。

二 羅願的生平

羅願，字端良，號存齋，宋徽州歙縣（今安徽歙縣）人。生於南宋高宗紹興六年丙辰（1136），孝宗乾道二年丙戌（1166）登進士，旋任贛州（今江西贛縣）通判，淳熙中遷南劍州（今福建南平）知事，淳熙十一年甲辰（1184）為鄂州（今湖北武昌）知州，有治績，次年乙巳（1185）卒，年四十九歲，世稱羅鄂州。為南宋名臣羅汝楫之子，傳附於《宋史》〈羅汝楫傳〉後。汝楫曾參岳飛冤獄，傳末謂「（願）以父故，不敢入岳飛廟。一日，自念吾政善，姑往祠之。甫拜，遽卒于像前，人疑岳之憾不釋云。」[2]此一記載，頗富傳奇色彩，是否可信，值得存疑。

傳稱願「博學好古，法秦漢為詞章，高雅精鍊，朱熹特重之。」方回（1227-1306年）《爾雅翼》〈跋〉也說：

> 南渡後，文章有先秦西漢風，惟羅鄂州一人。甫七歲，已能為〈青草賦〉，以壽其先尚書。少長，落筆萬言。既冠，乃數月不妄下一語，其精思如此。[3]

可見其髫年穎異，好學深思，故夙有文名。所著除《爾雅翼》外，有《鄂州小集》，已

1 鄭樵：《通志》（臺北市：臺灣商務印書館，《十通》本，1987年臺一版），頁865。

2 脫脫，《宋史》（臺北市：藝文印書館，據乾隆武英殿刊本景印《二十五史》本，1965年），卷380，頁4712。

3 羅願撰，石雲孫校點：《爾雅翼》（合肥市：黃山書社，2013年），附錄頁379。該書除校點前言、羅願自序、王應麟序、三十二卷本文暨音釋、校記外，附錄方回、洪焱祖、顧璘跋、都穆、李化龍序、《四庫全書總目提要》、《宋史》〈羅願傳〉。本論文凡引用陸書原文及所附資料概以此本為準，僅隨文注明頁碼。

佚。另有撰於淳熙二年（1175）的《新安志》行於世。[4]

三 爾雅翼之成書

羅願著作中以《爾雅翼》聲名最著。該書仿《爾雅》而作，《爾雅》是中國第一部按照詞義系統和事物分類編纂的詞典，高居先秦兩漢四大語言文字學名著之首，不僅影響了其他三部名著——《方言》、《說文解字》、《釋名》，其本身也成為後世爭相增補、模仿、注解及研究的對象，這些以《爾雅》為中心的著作即是所謂「雅學」。漢代以後，《雅》學逐漸成形，厥後波瀾日益壯闊。宋代學術以言心言性的理學為主流，但考據見長的《雅》學著作，如邢昺的《爾雅義疏》、陸佃的《埤雅》、《爾雅新義》、鄭樵的《爾雅注》，都有名於時，其他如孫奭（962-1033）《爾雅釋文》、王雱（1044-1075）《爾雅注》、王柏（1197-1274）《大爾雅》、王應麟（1223-1296）《爾雅奇字音義》、無名氏《本草爾雅》、何剡《酒爾雅》、劉溫潤《羌爾雅》、無名氏《番爾雅》、趙汝楳《易爾雅》、宋咸《小爾雅注》、無名氏《互注爾雅貫類》、無名氏《爾雅發題》、無名氏《爾雅兼義》、潘翼《爾雅釋》等也不絕如縷。[5]正如明代王學鼎盛，而楊慎（1488-1559）、焦竑（1541-1620）等的實學異軍突起一樣，顯示歷代的學術雖有主流、支流之分，基本上還是多元發展的。

在宋代的《雅》學著作中，羅願的《爾雅翼》是相當凸出的一本。其內容主要在分類考釋草木鳥獸蟲魚，正如羅願〈自序〉所言：「此書之成，為《雅》羽翰。」希望「千世之下，與《雅》並行。」（頁5）其書名之取義，與《易傳》十篇之稱十翼，用意相同。《爾雅》一書十九篇，前三篇為一般語詞的訓詁，中九篇為社會、器物、天文、地理方面的訓釋，末七篇則為植物、動物方面的解釋。《爾雅翼》〈自序〉：「《爾雅》為資，略其訓詁、山川、星辰。研究動植，不為因循。」（頁4）足見其書只列釋草、木、鳥、獸、蟲、魚六門，與《爾雅》相較，缺一〈釋畜〉，其實，〈釋畜〉中的相關內容，《爾雅翼》多已採入〈釋獸〉、〈釋鳥〉之中。《爾雅》〈釋草〉等七篇簡要解釋生物的名稱、生態、用途等，共有植物三三〇種，動物三四〇種。《爾雅翼》並非依傍《爾雅》，亦步亦趨作注，而是仿效《爾雅》考釋草木鳥獸蟲魚，共得植物一八〇種、動物二三八種，且進而「名原其始，物徵其族，肖其形色象貌之倫，極其性情功用之備。」（《爾雅翼》〈李化龍序〉，附錄頁383）兩書之關係及異同，由此可見。

在舉世崇尚心性之談，略於名物之辨的宋代，羅願所以要發憤著述《爾雅翼》，據

---

4 脫脫，《宋史》（臺北市：藝文印書館，據乾隆武英殿刊本景印《二十五史》本，1965年），卷380，頁4712。《宋史》本傳謂《鄂州小集》七卷，洪焱祖《爾雅翼·王應麟序注》著錄五卷，並謂「僅文之什一」（頁17）

5 竇秀艷：《中國雅學史》（濟南市：齊魯書社，2004年），頁144-203。

其〈自序〉：

> 萬物異名，始著於篇，先師說之，義多不鮮。由古學廢絕，說者無所旁緣。…物亦固有難識，不可泛觀。惡莠亂苗，豫章須七年，非好古博雅，身履藪澤，孰能究宣？野人能別之，不能見於傳。至謂鴟女匠，魚罟為荃。六駁以為馬，不可駕牽，謂芍藥無香，說芳草者，初不識蕙與蘭。羅子疾之，乃探其原因。（頁3-4）

足見名物難識，古學廢絕，後世之說又多謬亂，與格物致知之古訓相去甚遠。不僅生活上有所不便，閱讀古書亦有困難。羅願剛好有特殊興趣，也了解其重要性，所以才立志撰述本書。在舉世罕為之際，他具有此種特識，誠屬難得。

撰述的過程中，羅願傾注了大量的心血與時間，他旁徵博引，採用了宋以前典籍二五〇種以上，做為其論述的資料與根據，王應麟序稱其「囊括百家，抉廋摘瑕。」（頁16）誠非虛語。這些典籍，不乏後世亡佚之書，如緯書、許慎《淮南子注》、孫愐《唐韻》、王安石《字說》等，在今日看來，都具有保存文獻，輯佚古書的價值。此外，他還特別重視目驗，正如〈自序〉所說：「有不解者，謀及芻蕘，農圃以為師，釣弋則親。用相參伍，必得其真。」（頁4）這是相當符合科學實證精神與古來名物學研究傳統的。同時，他還採取了為數不少的里諺俗說，以「里語云」、「俗說」、「舊說」、「傳言」、「土人曰」的方式穿插於全書之中，在八百多年前，他已能採用田野調查的方法，委實難能可貴。

羅願〈自序〉云：「惟宋十一世，淳熙改元，羅子次《爾雅翼》，定著五萬餘言。」（頁1）方回〈跋〉也說：

> 宋興二百一十五年，淳熙甲午，新安存齋羅公次《爾雅翼》成，又九十六年，咸淳庚午，浚儀王侯應麟為守，始刊布之。……《爾雅翼》者，序見《小集》，世未見其書。回訪求得公之故從孫裳手抄副本三十二卷，侯躬自校讎，雖廋闋隱說，具能知所自來，可謂後世子雲矣！（附錄頁379）

可見其書殺青於南宋孝宗淳熙元年（1174），願時年三十九歲，正當盛年，而未嘗付梓，到了九十六年後，王應麟任徽州郡守時，得方回之助，始親自校讎刊行，時為南宋度宗咸熙六年（1270），離南宋滅亡已不到十年了。全書據王應麟〈序〉（頁6）及方回〈跋〉（頁374），俱為三十二卷，明陳第（1541-1617）《世善堂藏書目錄》、焦竑《國史經籍志》以降書目及歷代刻本並同，[6] 惟《宋史》〈羅汝楫傳〉載二十卷，可能是傳鈔錯誤。至於羅願〈自序〉謂全書「定著五萬餘言」（頁1）都穆〈序〉則云：「總十萬餘言」

6　陳第：《世善堂藏書目錄》（臺北市：新文豐出版公司，《叢書集成新編》本，1986年），冊2，頁54。焦竑：《國史經籍志》，《叢書集成新編》本，冊1，頁627。

（頁382），以今本厚達三七八頁衡之，都穆之說為是，〈自序〉所言，如非就初稿而言，顯然也是傳鈔之誤。

《爾雅翼》初刊於宋末，五十年後，版逸不存，徽州郡守朱霽訪求墨本，節費重刊，因難字頗多，使洪胡焱祖（1262-？）詳加音釋，附於各卷之末，而羅願〈自序〉、王應麟〈序〉一併作注，訛舛亦一併訂正，時為元仁宗延祐七年（1320）。厥後有明正德十四年（1519）羅文殊重刻宋本、明萬曆間姚大受校補刻本、明天啓刻，崇禎六年（1633）重修本、明嘉靖、隆慶間畢效欽刻《五雅》本、明萬曆十六年（1588）瑞桃堂刻畢氏《五雅》本、清乾隆三十年（1765）《四庫全書》本、清摛藻堂《四庫全書薈要》本，清嘉慶十年（1805）張氏昭曠閣刊《學津討源叢書》本、清光緒十年（1884）洪氏晦木齋重刻本。[7] 近代則有一九三五年商務印書館《叢書集成初編》據《學津討源》本重排本、一九八六年新文豐出版公司《叢書集成新編》本，而以石雲樵據《叢書集成》本、《五雅》本、《學津討源》本參校的校點本最為精善，該書一九九一年由黃山書社出版，二〇一三年修訂再版。

《爾雅翼》版本眾多，流傳甚廣，這當然是其本身具有許多優點，才能經得起時間的考驗。《爾雅翼》刊行不久後，陳櫟（1251-1334）即認為其書牽引失當，刪削為《爾雅翼節本》，《四庫全書·總目提要》評云：

> 願書成於淳熙元年甲午，朱子《詩集傳》作於淳熙四年丁酉，在願書後三年，而櫟乃執續出新說繩願所引據之古義，尤屬拘墟。今願書流傳不朽，而櫟之節本片字無存，則其曲肆詆諆，無人肯信而傳之，略可見矣！（附錄頁385）

陳氏節本失傳已久，得失如何，難得其詳，但《四庫總目》評《爾雅翼》：「考據精博而體例謹嚴，在陸佃《埤雅》之上。」（附錄頁385）其說屢為世人稱引，堪為定論。羅書自元、明以來，無論辭書、《雅》學、《詩經》學、名物學之論著徵引其說者更僕難數，其蔚為《雅》學名著，已是人盡皆知了。

四　爾雅翼內容體例

《爾雅翼》全書三十二卷，卷一至八為〈釋草〉，共一二〇條；卷九至十二為〈釋木〉，共六十條；卷十三至十七為〈釋鳥〉，共五十八條；卷十八至二十三為〈釋獸〉，共八十五條；[8] 卷二十四至二十七為〈釋蟲〉，共四十條；卷二十八至三十二為〈釋

7　朱祖延：《爾雅詁林敘錄》（武漢市：湖北教育出版社，1998年），頁57。又，汪中文：《爾雅著述考》（臺北市：國立編譯館，2003年），頁167。

8　洪焱祖〈跋〉謂：「〈釋獸〉凡七十四名。」（附錄頁381）與傳本不合，可能是手民誤植。

魚〉，共五十五條，全書凡四一八條。其次第與《爾雅》草、木、蟲、魚、鳥、獸、畜有所出入，而與陸璣《毛詩草木鳥獸蟲魚疏》完全吻合，可能是以陸疏這本中國首部生物學專書為取法的楷模吧？至於各條內容的取捨、形式的編排，並沒有自訂體例，也沒有嚴格遵循的準繩，但是通觀全書，還是可以發現有幾個重點是羅氏所念念不忘的。夏廣興嘗謂《爾雅翼》中的詞條一般由詞目、釋義、書證、字形、案語等五項組成，[9]以予觀之，可推衍為十一項，或許較能一窺《爾雅翼》之大觀。

（一）標舉詞目

《爾雅翼》先依草木鳥獸蟲魚分為三十二卷，各卷再臚舉物名為詞目，如卷一有黍、稷、稻、粱、麥、麰、麻、菽、秬、秠、苽十一種，其中黍、稷、麥、菽、麻、稻為六穀，麰為大麥，粱為稷之良種，秬、秠為黍之異種，苽米饑歲可以當糧，是皆為民之主食，故類聚冠於全書之首。又如卷十，梅、杏、桃、李、櫻桃、棗、栗、楂、梨、橘、柚、橙、柿、樗、柀十五種，皆屬木本果樹。再如卷二十有鹿、麋、麖、麈、麠、麝、麢、猴、猨、玃、猭、蜼十二種，除麢為羚羊外，大抵可分為麋鹿、猿猴兩類，亦物以類聚之意，其次第皆與《爾雅》迥然不同，但顯然更有條理。

（二）分析字詞

每個詞目，羅願都會有簡要的釋義，如：

> 檉，河柳。郭璞以為河旁赤莖小楊也。（頁114）
> 豻，胡地之野犬也（似而小）。或云狐犬，謂狐與犬合所生也。（頁237）

這些解釋，或取之典籍，或自出機軸，可以讓讀者對該名物有基本的認識。此外，《爾雅翼》有時也會分析字形或標注讀音，如：

> 羆：熊羆之屬冬藏者，燒其所食之物於穴外，以誘出之，故熊羆皆从火，羆又加罔也。（頁235）
> 羖：羖為角音，又為古音，《詩》以「羖」與「語」協韻是也。……牯乃牡之名，羖音同於牯，而稱為羊之牡（頁282）

謂熊羆从火，與《說文》：「熊从能，炎省聲。」「羆：从熊、罷省聲。」有所不同。[10]

9　夏廣興：〈羅願和他的爾雅翼〉，《辭書研究》1997年5期，頁120。
10　許慎撰，段玉裁注：《說文解字注》（臺北市：洪葉文化出版公司，2005年增訂一版三刷），頁484。

凡《說文》形聲，羅氏常以會意說之，蓋受王安石（1021-1086）《字說》、陸佃《埤雅》之影響，此為當時小學界之習氣。殺音古，合於《廣韻》，[11]但音角，則不知何所據而云然，可能是羅氏以為「其角為用最大。」（頁282）的緣故吧！

（三）追溯物名

分析字詞除釋義、析形、注音之外，有時也用來交代名物得名的原因，李化龍《爾雅翼》〈序〉說：「物原其始」（附錄頁383）即指此而言，如：

> 馬之為性，畏新出之灰，駒遇者輒死，石礦之灰，亦能令馬落駒。刈藍以染也，燒灰也，暴布也，三者皆有出灰之氣，今而禁之者，蓋為馬歟？……藍於草中獨有禁，故字從監。（頁46）

> 鵜，水鳥，今之鵜鶘。形似鶚而極大，喙長尺餘，直而廣口，中正赤，領下胡大如數升囊，好群飛，若水澤中有魚，便共抒水，滿其胡而棄之，水盡魚見，乃共食之，故一名鴮鸅。鴮鸅，猶洿澤也。洿，抒水也。又戽斗，亦抒水器也。鴮、洿、戽三字同音，其義一也。（頁204）

> 蓎，戎葵。……凡草木從戎者，本皆自遠國來，古人謹而志之。今戎葵，一名蜀葵，則自蜀來也。如胡豆謂之戎叔，亦自胡中來。戎者，胡、蜀之總名耳。其來之始，今不復知，蜀、羌、髳，自商時已通中國矣！（頁103）

> 雀之字通於爵，古作 𤰔 ，飲器以為名，象爵之形，中有鬯酒，又持之也。所以飲器象爵者，取其鳴節節足足也。（頁179）

藍，《說文》「從艸，監聲。」（頁25）。凡《說文》形聲之字，羅氏幾皆以會意釋之，而探其得名之故，在全書中屢見不鮮，有些固然言之成理，有些則難免牽強附會。鴮、洿、戽三字同音，皆有抒水之義，鵜鶘抒水取魚，取義於此。此例較近於因聲求義，但為數至鮮，與因聲求義之胚胎－聲訓亦缺乏血緣關係，因為在《爾雅翼》中完全未曾引用東漢劉熙《釋名》。至謂「凡草木從戎者，本皆自遠國來」，猶近世之草木冠以「洋」、「番」、「西」多來自域外一般，確有其理。又謂飲器爵之得名，取雀之鳴聲節節足足，則本之《說文》（頁220），亦可信從。

本論文凡引用《說文》皆依此本，僅注明頁碼。

11 陳彭年編，余迺永校注：《互注校正宋本廣韻》（臺北市：里仁書局，2010年），頁266。

（四）考辨名實

考辨名實為名物學研究的首要之務，但名實常有古今、雅俗之異，令人混淆不清。羅願對此也深有體悟，嘗云：「夫鳥獸草木之類，特為難窮。其形之相似者，雖山澤之人，朝夕從事，有不能別；其名之相亂者，雖博物君子，習於風雅，有不能周。」（頁121，六駁條）故《爾雅翼》對名實之考辨亦特別用心，如：

> 六駁，木名，其皮青白駁犖，遠而望之，似六駁之獸，因以為名，其木則梓榆也。（頁121）

> 《爾雅》為蒿，《說文》為子蒿，《太史公書》為秭鴂，〈高唐賦〉為秭歸。《禽經》為子規，徐廣為子雋，字雖異而名同也。亦曰望帝、亦曰杜宇、亦曰杜鵑、亦曰周燕、亦曰買鵑，名異而實同也。（頁172）

〈釋木〉六駁為梓榆，〈釋獸〉六駁為食虎豹之獸（頁220），此同名而異實。杜鵑有十一種異名，實同為一物，此異名而同實。羅氏皆旁徵博引，區別甚明。亦有二物二名，而世人混為一談者，《爾雅翼》亦竭力加以釐清，如：

> 女蘿，兔絲其實二物也，然皆附木上。〈釋草〉云：「唐蒙，女蘿。女蘿，兔絲。」郭曰：「別四名。」則是謂一物矣。《廣雅》云：「女蘿，松蘿也。菟丘，菟絲也。」則是兩物。……今女蘿正青，而細長無雜蔓，故〈山鬼〉章云：「被薜荔兮帶女蘿。」蘿青而長如帶也，何與兔絲事？然兩者皆附木，或當有時相蔓。（頁27-28）

女蘿，兔絲，《爾雅》、《詩毛傳》，朱子《詩集傳》以為一物。《爾雅翼》據陸璣《詩疏》、《廣雅》以為二物，其說為後人所宗。[12]

（五）區分品種

今日生物學將動、植物分成界、門、綱、目、科、屬六個層次，同一科屬還可因大小、性別、形狀、產地、功用等細分許多品種。李化龍〈序〉說《爾雅翼》「物徵其族」

12 如徐鼎撰，王承略點校解說：《毛詩名物圖說》（北京市：清華大學出版社，2006年），頁243。岡元鳳撰，王承略點校解說：《毛詩名物圖考》（濟南市：山東畫報出版社，2002年），頁75。吳厚炎：《詩經草木匯考》（貴陽市：貴州人民出版社，1992年），頁148。
潘富俊：《詩經植物圖鑑》（臺北市：貓頭鷹出版社，2001年，初版九刷），頁81、255。

（附錄頁383）即是指此而言。上文提及《爾雅翼》各卷之中儘量做到物以類聚，可能是科屬以上的整合；而此處各詞目之內的品種，則應是科屬以下的細分。例如：

> 蓼類甚多，有紫蓼、赤蓼、青蓼、馬蓼、水蓼、香蓼、木蓼等。紫、赤二蓼，葉小狹而厚。青、香二蓼，葉相似。馬、水二蓼，葉俱闊大，上有黑點。諸蓼花皆紅白，子赤黑。木蓼，一名天蓼，蔓生，葉如柘；花黃白，子皮青滑，其最大者名蘢，已見別章中。（頁93）

> 牛之名色，特牛謂之牻，牛父謂之特，子謂之犢。吳人謂犢曰㹀，牛羊無子謂之犞，二歲謂之牭，三歲謂之犙，四歲謂之牭，騬牛謂之犗，純色謂之牷，駁謂之犖，白黑雜毛謂之牻悰，黃白色謂之牰。駁如星謂之牸，黃牛虎文謂之㹊，黃牛黑唇謂之犉，白脊謂之犅，又謂之犃，長脊謂之犩，白牛謂之㹀。（頁269）

蓼類甚多，所舉七種，皆詳其異同，分類之細，為前此所罕見。牛依大小、年歲、毛色之不同，亦各有名目，大抵暗用《說文》之說，可以廣異聞。牛之一物所以如此細分，主要是因為古代為農業社會，牛為重要生產工具之故。今日時代丕變，這些詞彙大多已成為歷史陳迹了。

（六）描述性狀

名物有品種、形狀、習性、性別、大小、色味、生產過程、產地、用途……之殊，在沒有照明技術，甚至罕用圖繪的古代，如何使用文字加以具體描述，使讀者有較明確的印象，就顯得非常重要了。宋以前的名物專書，通常以簡單字句略加詮釋，能如陸璣《毛詩草木鳥獸蟲魚疏》之仔細描繪者蓋不數數遘，在這方面，羅書則有過之而無不及，例如：

> 鯪鯉，四足，以鼉而短小，狀如獺，遍身鱗甲，居土穴中。蓋獸之類，非魚之屬也。特其鱗若鯉，故謂之鯪鯉。又謂之鯪豸，野人又謂之穿山甲，以其尾大，能穿穴故也。能陸能水，出岸開鱗甲，不動如死，令蟻得入，蟻滿便閉甲。入水開之，蟻皆浮出，因接而食之，故能治蟻瘻。〈吳都賦〉曰：「陵鯉若獸。」其字從陵，以其居陸也。（頁256-257）

> 鱟，形如惠文，亦如便面。惠文者，秦漢以來武冠也。……便面，古扇也。……大抵鱟色青黑十二足，足長五、六寸，悉在腹下。舊說過海輒相負於背，高尺餘，如帆乘風遊行。今鱟背上自有骨，高七、八寸，如石珊瑚者，俗呼為鱟帆。又其眾如簿柶，名鱟簿。大率鱟善候風，故其音如候也。其相負則雌常負雄，雖

風濤終不解，故號鶼媚。失雄則不能獨活，漁者取之，必得其雙。（頁367）

羅願對鯪鯉（穿山甲）、鶼的形狀、習性、用途等都作了詳細而生動的描述，甚至還說明其得名之故及異稱之由來，比較類似生物的異同。熟悉該物者讀之，往往不禁會心一笑，陌生的讀者也會因其生花妙筆，對鯪鯉之裝死食蟻、鶼之相負悠遊，留下鮮明的印象。李化龍〈序〉所謂「肖其形色相貌之倫，極其性情功用之備。」（附錄頁383）即指此而言。

（七）引用書證

書證是引用文獻資料，用來證明言之有據，語不空發，是一種實事求是的表現，如段玉裁之注《說文》，引書二二六種，王念孫之疏證《廣雅》，引書二九一種，其《讀書雜志》，其子引之的《經義述聞》，引書更在三百種以上，此在乾嘉學者固不足為奇，但《爾雅翼》旁徵博引，除經、子、史（包括漢唐眾多箋注）、小學外，旁及緯書、神話、傳說、俚語、諺語、古詩、掌故以及宋玉賦、杜甫詩、韓愈文、曹植曰、徐鍇曰、宋子京曰等等，竟然也不下二五〇種，[13]就一個宋代學者而言，就十分難能可貴了。只要打開其書任何一條，不難發現，引書都在五、六種以上，如芸字引〈成公綏賦〉、沈括、《老子》、《易卦》、《淮南子》、〈洛陽宮殿簿〉、〈晉宮閣銘〉、〈離騷〉（頁35），螳字引〈夏小正〉、《易林》、《抱朴子》、《關尹子》、《禮記·學記》、《國語·晉語》（頁323）。據筆者初步統計，其書引用最多者為《詩經》（包含《毛詩》、三家詩、《毛傳鄭箋》），超過三百次，《爾雅》（包括古注、郭注邢疏），超過二百次。其餘分別為《淮南子》（包括許慎、高誘注）一四〇次，《楚辭》八十七次、《本草》（包括陶隱居弘景《集注》等）八十五次、《漢晉賦》八十二次、《禮記》六十三次、《周禮》五十七次、《說文》五十五次、《山海經》五十四次、《莊子》三十八次、《緯書》三十七次、《逸周書》三十四次、《古今注》三十二次、陸璣《詩疏》三十次、《管子》二十四次、《禽經》二十三次、《左傳》二十次。雖難免失之繁冗、堆砌、炫博，但博極群書，內容十分充實，則是無可疑的。

（八）旁採異聞

除引用載籍，從不同角度對名物反覆考釋外，羅氏更蒐集大量史實、神話、傳說等，來說明各種動植物的源流變遷，及相關的遺聞佚事，例如：

---

13 石雲孫：〈校點前言〉，頁7，夏廣興：〈羅願和他的爾雅翼〉，《辭書研究》1997年5期，頁122。

《唐律》：取鯉魚，即宜放，號赤鯶公，賣者杖六十。以國氏李，諱其同音也。故用魚符，蓋取象於鯉。至武后革李氏，則代之以龜。（頁331）

裴瑜注《爾雅》，言鶬，麋鴰，是九頭鳥，今謂之鬼車鳥。秦中天陰，有時作聲，聲如力車鳴，或云是水雞過。說者曰：此鳥昔有十頭，能吸人魂氣，為天狗齧去其一，至今滴血不止。遇其夜過，或滴汙物上者，以為不祥，人家皆滅燭呼犬以去之。然按夫子與子夏所見，稱奇鶬九首，當是今九頭鳥。但九首者既稱奇鶬，則非常鶬可知也，不當以解麋鴰。（頁206）

引《唐律》說李唐禁賣鯉魚。又據民間傳說以說奇鶬九頭，雖間涉怪力亂神，卻可以添加趣味，增廣見聞，此為羅書一大特色。

（九）闡發意旨

《爾雅》本為解經而作，解《詩》者尤多，郭璞《爾雅》〈序〉云：「夫《爾雅》者，所以通訓詁之指歸，敘詩人之興詠，總絕代之離詞，辨同實而殊號者也。誠九流之津涉，六藝之鈐鍵，學覽者之潭奧，摛翰者之華苑也。」[14]其意在此。《爾雅翼》既是仿雅之作，宋代又是特別崇尚義理的時代，羅書中透過草木鳥獸蟲魚闡發古書之意、詩人之旨者，自然較一般雅學書為多，例如：

〈中古有蓷〉之詩，一章「暵其乾矣」，二章「暵其脩矣」，三章「暵其濕矣」，此燒薙行水之序也。鄭氏解「季夏之月燒薙行水」，以為薙，謂迫地芟草也。……每變愈甚，此所以興夫日以衰薄者也。……雖然，草之遇此者多矣，而獨言夫蓷者，蓋蓷一名益母，曾子見之而悲，詩人之託此，亦其窮而反本。〈氓〉之詩，色衰相棄，則嘆兄弟之不知，〈竹竿〉適異國而不見答，則嘆父母之相遠，此所以獨感於益母歟！（頁102-103）

又女贄用榛者，《左傳》曰：「女贄不過榛栗棗脩，以告虔也」，稱「告虔」者，榛有臻至之義，栗有戰栗之義，棗有早作之義，脩有脩飾之義，皆以其名告己處虔恭也。（頁113）

〈中古有蓷〉之詩所以興日以衰薄，獨言益母者，窮而反本之意，由物性以闡發《詩》旨，頗見用心。言反贄之禮，榛栗棗脩，各有其寓意，對解讀古籍亦有所助益。洪焱祖〈跋〉云：「今觀此《翼》，明《詩》之義者一百二十章，明《三禮》之義者一百四十章

---

14 郭璞：《爾雅郭注》（臺北市：新興書局，1973年），頁1。

有奇。他如《易象》、《春秋傳》間亦因有發明。」（附錄頁381）羅書之重視闡發詩文之意旨者由此可見。

（十）評騭得失

羅書博引書證，旁採異聞，彼此詳略互補，固然使內容顯得十分充實，但也常有相互牴牾，令人難以適從之處。此時如何擇善而從，或折衷至當，或獨排眾議，就考驗作者的功力了，例如：

> 麇，麇身牛尾，一角。《春秋》之書麟，亦曰有麇而角者耳。蓋古之所謂麇者止於此。是以其物可得而有，而其性能避患，不妄食集，故其遊於郊藪也，則以為萬物得其性。太平之驗，是不亦簡易而自然乎！至其後世論麇者始曰：馬足，黃色，圓蹄，五角。角端有肉，有翼能飛，含仁懷義，音中律呂，行步中規，折還中矩，遊必擇土，詳而後處，不履生蟲，不折生草，不群居，不旅行，不犯陷穽，不罹罘罔，牡鳴曰遊聖，牝鳴曰歸和，夏鳴曰扶幼，秋鳴曰養綏。嗚呼！何取於麇之備也。若是則閱千歲而不得麇，蓋無怪矣。夫麇，野物也。其為牲又善門，〈釋獸〉載之，蓋若麇麚麋鹿之屬焉，不之異也。（頁213）

> （崔豹《古今注》）其言促織如急織，洛緯如紡緯，是矣。但蟋蟀與促織是一物，莎雞與洛緯是一物，不當合而言之爾。《詩》稱「六月莎雞振羽」，以至「九月在戶，十月蟋蟀入我牀下」，一章而別言莎雞與蟋蟀，可知其非一物也。蓋二蟲皆似機杼之聲，可以趣婦功，故易以紊亂。（頁301）

麟，世傳為仁獸，居四靈之一，羅氏以為見於《爾雅》者，蓋若麇鹿之屬，後世形象乃歷代傳說層累所形成，此與近代顧頡剛（1893-1980）古史層累造成說相近，而時代則相去七百餘年。莎雞即紡織娘，屬螽斯科，蟋蟀即中華大蟋蟀，屬蟋蟀科。[15]崔豹《古今注》不能明辨，羅願據《詩》〈豳風〉〈七月〉駁之，所言良是。

（十一）付諸闕如

《爾雅翼》〈自序〉：「不強所不知，義無不安。」（頁5）蓋生也有涯，知也無涯，宇宙萬事萬物，人之所不知者，不知凡幾，若強不知以為知，於義反而不安。是以其書付諸闕如者，比比皆是，如：

---

15 高明乾、佟玉華、劉坤：《詩經動物解詁》（北京市：中華書局，2005年），頁176、141。

〈釋器〉云:「象謂之鵠,角謂之觷,犀謂之劊,玉謂之雕。」取四鳥之名,不知其故。(頁182)

今蛇死目皆閉,惟蘄州者目開,若生舒、蘄兩界間者,則一開一閉,以理之不可曉者,故人以此為驗云。(頁373)

《爾雅》〈釋器〉以四種鳥名講各種不同材料的加工,如果拘執於字面,自然百思不得其解。但若跳脫文字的迷障,從叚借的角度去探討它,就不難豁然以解了。郝懿行(1755-1823)《爾雅義疏》認為鵠無正體,《釋文》作鶷,《廣雅》作鵠,皆可視為本字,觷之本字為斝,劊之本字為厝,雕之本字為琱,[16]其說怡然理順,可以解羅氏之惑。漢學、宋學各有其長短,純就語言文字學而言,的確是漢學的強項。至於舒、蘄之間,死蛇之眼一開一閉,除非是道聽塗說,否則真的是理之不可曉者。羅書之中,注明「其說未聞」、「不知其故」、「此理之不可曉者」、「不知何物」、「莫知其說」、「未知其審」、「莫知孰是」、「未敢臆也」、「姑兩存之」,「當待識者斷之」、「當待識者詳之」等語者,不下數十,此亦慎重其事的表現。

五 結論

綜觀上述論述可以發現:

(一)羅願生值崇尚理學的南宋,基於本身對名物之學的特殊興趣,也深深體會格致之學對現實生活及研究古書的重要性,故發憤仿效《爾雅》撰述《爾雅翼》,在舉世罕為之際,具有此種特識,誠屬難得。

(二)羅願在《爾雅翼》一書所傾注的心力是十分驚人的。他不但博極群書,引用了二五〇種以上的典籍,作為其論述的資料與根據,而且有不少資料是出自目驗,謀及芻薪,或深入民間,調查里諺,所以其考釋特為精詳,內容十分充實。其實事求是,無徵不信的精神,與漢學家相較,亦不遑多讓。因而在宋代《雅》學之中顯得卓爾不群,即使置之歷代《雅》學著作中,亦有其重要地位。

(三)《爾雅翼》傳世不朽,不僅在其考據精博,內容充實,也在其體例嚴謹,行文美妙。觀其內容體例,可分為:標舉詞目、分析字詞、追溯物名、考辨名實、區分品種、描述性狀、引用書證、旁採異聞、闡發意旨、評騭得失、付諸闕如。這些項目雖然未必每一詞條都具備,其出現也無一定順序,但卻都是構成全書內容之重要架構,也是其書成就斐然的重要因素。

---

16 郝懿行:《爾雅義疏》(臺北市:中華書局,家刻足本校刊《四部備要》本,1966年),卷中之二,頁11。

（四）如果進一步檢視《爾雅翼》，可以發現它具有資料豐富、論述詳細、文辭高雅、重視調查、講求實用等特色，但也難免體例不純、引文失真、分類欠妥、判斷失準、牽強附會等缺失。由於篇幅所限，在此無法多談，留待將來另外為文暢論。

參考文獻

傳統文獻

岡元鳳撰　王承略校點解說　《毛詩品物圖考》　濟南市　山東畫報出版社　2002年

脫　脫　《宋史》　臺北市　藝文印書館　據乾隆武英殿刊本景印《二十五史》本　1965年

徐鼎撰　王承略校點解說　《毛詩名物圖說》　北京市　清華大學出版社　2006年

郝懿行　《爾雅義疏》　臺北市　中華書局　家刻足本刊印《四部備要》本　1966年

許慎撰　段玉裁注　《說文解字注》　臺北市　洪葉文化出版公司　2005年

郭　璞　《爾雅郭注》　臺北市　新興書局　1973年

陳彭年撰　余迺永校注　《互注校正宋本廣韻》　臺北市　里仁書局　2010年

陳　第　《世善堂藏書目錄》　臺北市　新文豐出版公司　《叢書集成新編》本　1986年

焦　竑　《國史經籍志》　臺北市　新文豐出版公司　《叢書集成新編》本　1986年

鄭　樵　《通志》　臺北市　臺灣商務印書館　《十通》本　1987年台一版。

羅願撰　石雲孫校點　《爾雅翼》　合肥市　黃山書社　2013年

近人論著

朱祖延　《爾雅詁林敘錄》　武漢市　湖北教育出版社　1998年

汪中文　《爾雅著述考》　臺北市　國立編譯館　2003年

吳厚炎　《詩經草木匯考》　貴陽市　貴州人民出版社　1992年

高明乾、佟玉華、劉坤　《詩經動物解詁》　北京市　中華書局　2005年

夏廣興　〈羅願和他的爾雅翼〉　《辭書研究》　1997年5期　頁117-125

潘富俊　《詩經植物圖鑑》　臺北市　貓頭鷹出版社　2001年

竇秀豔　《中國雅學史》　濟南市　齊魯書社　2004年

黃侃的訓詁理論

——兩種類型訓詁

沈壹農

臺灣師範大學華語文學科

摘要

黃侃對於訓詁有所謂「本有之訓詁與後起之訓詁」「獨立之訓詁與隸屬之訓詁」「說字之訓詁與解文之訓詁」以及「小學之訓詁與經學之訓詁」等區別。本文是將這些區別，總結出兩種類型訓詁：第一類型訓詁與第二類型訓詁。

第一類型訓詁，其對象語言是某一典籍文章之語言文字，目的在幫助讀者進行文意的知解，方法是隨文釋義，性質上屬於一種技術性的、實用性的工作。第二類型訓詁，其對象語言大抵為單獨存在之靜態的字詞，目的在探求字形結構之本義及聲音之語源義，以建立形、音、義所存在的系統性關係。方法是綜合釋義，性質上偏重語義的探求，理論性重於實用性、技術性。

黃侃將訓詁學定義為「真正之訓詁學，即以語言解釋語言，初無時地之限域，且論其法式，明其義例，以求語言文字之系統與根源。」很明顯的黃侃是傾向第二類型訓詁。

關鍵詞：黃侃、訓詁學、訓詁理論、訓詁類型

一 前言

　　蘄春黃侃[1]在學術上的成就涵蓋經、史、子、集，尤其是語言文字方面，對於近現代學術界頗有深遠影響，有「清代學術殿軍」[2]「乾嘉以來小學的集大成」及「傳統語言文字學的成承前起後人」[3]等稱譽。並與其師章炳麟並稱「章黃」。

　　至於黃侃在訓詁學方面的成就，有許多第一。據說是第一個將「訓詁」與「學」連在一起者（一說為章炳麟），也是第一個在大學教授「訓詁學」課程者，更重要的他更是第一個初步建立訓詁學理論體系者，他對於訓詁學的一些觀點確有其真知灼見之處。至今八十年來，漢語訓詁學界仍深受其影響。

二 黃侃對於訓詁學理論的言論

　　黃侃有關訓詁學方面的著作，依黃建中《黃季剛先生著作分類錄》[4]所列舉凡四十八目，大半未經出版刊行。從該目錄觀察，黃侃的著作除《訓詁講詞》外，有序跋雜文、有文獻整理（包括圈點、校記），以及語詞的疏釋、蒐輯等，並未有關於訓詁學理論之專著。

　　黃侃對於訓詁學的思考，並未手著成書而刊行，主要是在中央大學等校講說訓詁學而傳授學生，後來才由其學生記錄、整理而公諸於世。首先發表黃侃講授訓詁學之筆記者為 潘師重規先生，潘先生於民國二十四年十二月之《制言半月刊》第七期發表了〈訓詁述略〉一文，潘先生於文後記說：

> 右，《訓詁述略》，先師黃君所講授而規筆述者也。戊辰之春，師始來南雍，第一講即為訓詁學。茲取舊記，略加比次，揭諸《制言》，冀同門諸友，各出所聞，俾師音旨無有遺墜。是區區之意也。乙亥十一月廿三日。　重規謹識。[5]

　　其中戊辰為一九二八年，乙亥為一九三五年，乙亥年九月黃侃逝世，同年十一月潘先生即發表此一《訓詁述略》。《訓詁述略》其內容如下：

一、訓詁之意義
二、訓詁之方式

1　黃侃，自季剛，湖北蘄春人，生於清光緒十二年（1886），卒於民國二十四年（1935）。
2　見葛本儀主編：《實用中國語言學辭典》，頁389。
3　見陸宗達：《我所見到的黃季剛先生》，《訓詁研究》第一輯，頁34。
4　見《中國海峽兩岸黃侃學術研討會論文集》，頁4-5。
5　見潘重規：〈訓詁述略〉，《制言半月刊》第7期（1935年12月），頁711-719。

三、求訓詁之次序

四、聲訓

五、聲訓之分類

六、現存完整切用十種小學根柢書

這個筆記題為「述略」，可知是一簡略綱要式的筆記。

其次，有黃焯[6]手抄的《訓詁講詞》，分為兩個部分：《訓詁述略》及《十種小學根柢書》。《訓詁述略》共十一目，內容如下：

a. 訓詁之意義

b. 訓詁之方式

c. 本有之訓詁與後起之訓詁

d. 獨立之訓詁與隸屬之訓詁

e. 義訓與聲訓

f. 說字之訓詁與解經之訓詁不同

g. 《說文》之訓詁必與形相帖切

h. 以聲韻求訓詁之根源

i. 求訓詁之次序

j. 聲訓

k. 聲訓分類

黃焯所記比潘先生多出了：

c. 本有之訓詁與後起之訓詁

d. 獨立之訓詁與隸屬之訓詁

f. 說字之訓詁與解經之訓詁不同

g.《說文》之訓詁必與形相帖切

h. 以聲韻求訓詁之根源

以及 e 中多了義訓。其中 c、d、f、g 是對訓詁性質的剖析與分類，h 是訓詁學定義的落實方法，e 多了義訓，當然是為了對顯聲訓（i.另有聲訓）。

後來，黃焯更進一步整理師說，將黃侃有關小學部分的講義內容，編述成《文字、聲韻、訓詁筆記》，著作上標為「黃侃述，黃焯編」（臺灣版則標為「黃季剛先生口述，黃焯筆記編輯」），其中《訓詁筆記》分為卷上、卷下兩卷，卷下即論述十種小學根柢書中有關訓詁之五種，即《爾雅》、《小爾雅》、《方言》、《釋名》、《廣雅》等；卷上自《聲訓舉例》以下為抄輯包括黃侃在內的前人言論而成。《聲訓舉例》（含）以上共十二目比較有理論性之陳述，十二目如下：

---

6 黃焯（1902-1984）字耀先，為師黃侃之侄。

1. 訓詁概述
2. 訓詁定義及訓詁名稱
3. 訓詁學成立之原因
4. 訓詁構成之方式
5. 本有之訓詁與後起之訓詁
6. 獨立之訓詁與隸屬之訓詁
7. 義訓與聲訓
8. 說字之訓詁與解文之訓詁不同
9. 《說文》之訓詁必與形相帖切
10. 以聲韻求訓詁之根源
11. 求訓詁之次序
12. 聲訓舉例

這十二目中較黃焯先前所記之《訓詁述略》，多了

1. 訓詁概述
3. 訓詁學成立之原因

而少了

j. 聲訓

大概和「7.義訓與聲訓」重複而刪去，另外「f. 說字之訓詁與解經之訓詁不同」改為「8. 說字之訓詁與解文之訓詁不同」。其他標目或有文字上的出入，但不影響內容。這十二目較諸 潘先生所記為多且詳細，內文文字上則偶有出入。本文論述自是以《文字、聲韻、訓詁筆記》[7]中所記之十二目為主，必要時參考 潘先生所記。

三 黃侃對於訓詁的對立性區別

在黃焯《訓詁筆記》中有三目是關於訓詁的對立性區別

本有之訓詁與後起之訓詁
獨立之訓詁與隸屬之訓詁
說字之訓詁與解文之訓詁不同

標示了三種關於訓詁的對立性區別：「本有之訓詁與後起之訓詁」「獨立之訓詁與隸屬之訓詁」「說字之訓詁與解文之訓詁」，另外在《說字之訓詁與解文之訓詁不同》中則提及「小學（家）之訓詁」與「經學（家）之訓詁」。因此共有四組對立性區別。「說字之訓

---

7 以後引用或提及此書，簡稱《筆記》或《訓詁筆記》。

詁與解文之訓詁」與「小學（家）之訓詁」與「經學（家）之訓詁」在同段文字中敘述，應是屬於同一事而就不同角度的說法。

這四個訓詁的對立性區別，性質上實際都是屬於訓詁行為的區別。黃侃以四個不同的分別方式，各區分了兩種型態的訓詁。

一、依訓詁的對象語言為本義或引申義，而分為「本有之訓詁」與「後起之訓詁」。

二、依訓詁行為與典籍文章之關係，而分為「獨立之訓詁」與「隸屬之訓詁」。

三、依所釋義對象之廣狹，分為「說字之訓詁」與「解文之訓詁」。

四、依學術性格之差異，而分別了「小學之訓詁」與「經學之訓詁」。

以下根據這四個分別方式，逐一討論。

四 「本有之訓詁」與「後起之訓詁」

黃侃說：

> 不明本有訓詁，不能說字；不知後起訓詁，則不能解文章而觀文為說，如《說文》正篆是文字，說解是文章，文字求其本，說解求其明。文字是倉頡時所造，說解是漢人言語。如以倉頡時之語言解倉頡時之文字，則無異於以閩、粵之語言解閩、粵之語言，而欲使兩湖之人共曉也。[8]

想要讓兩湖之人知曉閩、粵的語言，自然應使用兩湖人所習知的語言來說解；想要讓漢人知曉倉頡時的語言（實際上指的是文字），也應該使用漢人的語言（黃侃所說的「語言」，實際是就語言的意義而說）。原因是倉頡和兩漢時的語言各成系統（語義系統），各自就自己的語言系統去使用文字符號，表達各自的意義，如同閩粵人與兩湖人也有各自的語言系統一樣，二者雖使用了共同的文字符號，但意義未必相同，倉頡時人使用該符號有其意義，而兩漢人同樣使用該符號則往往另有意義。那麼如果漢人從事訓詁者，自然應當以漢人的語言認知系統去知解該文字符號，並以漢人的語言（意義）訓詁該文字符號。此時符號與訓詁語言（包括各個文字及全體）之意義同為漢人語言，同為漢人語言系統之意義。然而文字符號本身之架構所呈現出來的，則是倉頡時之語言（意義），所以意義為倉頡時所有，訓詁語言所呈現出之意義也是倉頡時所有，只不過是用漢人可認知之語言而已。因此所謂「本有之訓詁」是說訓詁所得之意義為倉頡時所本有的；至於「後起之訓詁」自然是指訓詁所得之意義為倉頡以後所產生之意義。

在黃侃所使用的語言中，「訓詁」一詞有時相當於「意義」，因此黃侃說：

> 本義不可施於文章，而文字不引申，則不足於文章之用，故引申、假借以生，後

---

8 見黃焯：《筆記》，頁188。。

起訓詁為輾轉訓釋而來，而為引申義。[9]

這不但說明了何以要有後起之訓詁，同時所謂「後起訓詁為輾轉訓釋而來，而為引申義」，其意即後起之「意義」為輾轉訓釋（因為使用後起義而產生的訓釋及後起訓詁）而來，此即為引申義。黃侃又說：

> 不知本有之義，不知文字之由來；不知後起之義，不知所以應用於文字之道；不知有本有與後起之說，臨文訓詁定多窒礙也。[10]

這裡所說的「臨文訓詁」含二事而說，一是指從事實際訓詁工作者之臨文訓詁（一般而言是指專業者），一是指閱讀者臨文閱讀知解文章語言。對於文字必須了解其字形結構之本義與應用中之引申義有所不同，才能對文字有確切的知解與訓詁。

五 「獨立之訓詁」與「隸屬之訓詁」

獨立與隸屬是就訓詁行為與典籍文章之關係而說。直接針對某一典籍文章中之語言從事訓詁工作，即為隸屬之訓詁，否則即為獨立之訓詁。黃侃說：

> 《說文》之訓詁乃獨立之訓詁，《爾雅》乃隸屬之訓詁，獨立之訓詁雖與文章所用不相應可也。如許君曾注《淮南子》（《淮南子》注中有許慎注，清・陶方綺讀《蘇魏公頌集》始知之），文義、字義多與《說文》不相應，可知許君對獨立之訓詁與隸屬之訓詁有別也。如：若，《爾雅》訓「善也。順也。」《說文》則訓「擇菜也。从艸、右。右，手也。一曰杜若，香艸。」。可知《說文》說解不與六經相應。而《說文》必如是解者，不說「擇」，無以說「右」字；不說「菜」，無以說「艸」字，又「杜若，香艸。」，雖不足以解名從右之故，而可以說明從艸之義，此則為獨立之訓詁也。《爾雅》則不然，《爾雅》於義界與義源往往不分。如初、胎二字皆訓始，初與始乃義訓，聲與義不相應。而胎與始則實為一字（始者，女之初，謂女人裏第一胎。胎、始語同），其聲音固有密切之關係也。[11]

獨立之訓詁是就文字符號本身之結構訓詁其意義，並且追求聲與義的相應，而不涉及典籍文章中之實際用法。此一文字符號所呈現之意義，未必是典籍文章語言的用義。隸屬之訓詁則是就典籍文章中實際運用該文字之義義所做的訓詁，用本義則說本義，用引申義則說其個別之引申義，全依典籍文章所用者為依準。如所舉「若」字之訓詁，《爾雅》只依經典而訓作「善也。順也。」（《爾雅》一書為蒐羅、編輯經典之訓詁而成

9　黃焯：《筆記》，頁188。

10　黃焯：《筆記》，頁189。

11　黃焯：《筆記》，頁189-190。

書），至於說文則必須依其「从艸、右」之字形結構而釋為「擇菜」，「擇」與「菜」這兩個義素，前者來自於「从右」，「右」即手；「菜」義素來自於「从艸」，菜為艸之屬類。即使是一曰義的「杜若，香艸。」也是跟字形的「从艸」相應。陸宗達、王寧以為：

> 「隸屬之訓詁」即「隨文釋義」，也就是講詞在一定的語言環境中的具體意義。[12]

此說誠是。但認為

> 「獨立之訓詁」即「綜合釋義」，是講詞的概括意義的。[13]

這純然是由「隨文釋義」相對而說，但黃侃「獨立之訓詁」的原意自仍就文字本義而說。「獨立」指獨立於典籍文章之外，就文字各自之結構而為訓詁；「隸屬」則是隸屬於典籍文章，就典籍文章中各別用義而為訓詁，並不一定涉及文字結構。「綜合釋義」是綜和所有該字之意義，而解釋其概括義，但獨立之訓詁則純就其字形結構而說。陸宗達、王寧之說恐不符黃侃原意。然而黃侃也確有綜合釋義之觀念，只是並不以之與隸屬之訓詁相對而說。

六　「說字之訓詁」與「解文之訓詁」

這是依所釋義對象之廣狹所做的區別，分為「說字之訓詁」與「解文之訓詁」。「說字之訓詁」針對個別文字，或文字與文字之間的系統性關係所做的闡述與分析的工作；「解文之訓詁」是為了幫助讀者知解典籍文章的文意所做的解讀工作。續建下結論述。

七　「小學之訓詁」與「經學之訓詁」

三、四實同一事而就不同角度而說，「小學之訓詁」與「說字之訓詁」為同一事；「經學之訓詁」與「解文之訓詁」為同一事。此亦一併論述。黃侃說：

> 小學家之訓詁與經學家之訓詁不同。蓋小學家之說字，往往將一切義包括無遺。而經學家之解文，則只能取字義之一部分。如「悉」，《說文》訓「詳盡也」，而常語云「知悉」不能說「知盡」。「懿」訓「專久而美」（懿，从壹，恣省聲。恣者，美也。），而稱「懿德」即無「專久」之意。是知小學之訓詁貴圓，而經學之訓詁貴專。經學訓詁雖有時亦取其通，必須依師說輾轉求通，不可因猝難明曉，而輒以形聲相通假之說率為改易也。[14]

---

12 陸宗達、王寧：《訓詁學方法論》，頁4。又見《訓詁與訓詁學》，頁7。
13 陸宗達、王寧：《訓詁學方法論》，頁4。又見《訓詁與訓詁學》，頁7。
14 黃焯：《筆記》，頁192。

又說：

> 小學之訓詁貴圓，而經學之訓詁貴專，蓋一則可因文義之連綴而曲暢旁通，一則
> 宜依文立義而法有專守故爾。[15]

「小學、說字之訓詁」與「經學、解文之訓詁」二者之差異是：前者「往往將一切義包括無遺」，而後者則是「只能取字義之一部分」。於是前者之意義範疇較廣，而後者則較狹。因此在方法上二者也有不同，前者是「貴圓」，而後者則是「貴專」。「圓」是指「曲暢旁通」，而「專」是指「專守師法」。二者差異之原因是：「一（指前者）則可因文義之連綴而曲暢旁通，一（指後者）則宜依文立義而法有專守故爾。」所謂「文義之連綴」指的是歸納所有典籍文章中的用法，所以訓詁時必須「曲暢旁通」——擴大概念的外延，照應每一個文義——即如前面所說的「將一切義包括無遺」（此處所說的「一切義」是指一切義素。），至於「依文立義」是依照特定單一的典籍文章來從事訓詁，尤其對經學而言，必須謹遵師門，執守一經的訓詁。這個差異的原因用現代學術語言來說的話，即前者是根據普遍的文本來釋義，而後者則依據單一的文本來釋義。亦即前者為綜合釋義（黃侃並未論及羅列義項之事），後者則是隨文釋義。

「小學、說字之訓詁」對象是獨立、靜態存在的文字，因此訓詁其意義應求周延（即所謂「貴圓」），必須歸納（即黃侃所說的「連綴」）所有用義，盡可能將所有義素包攬無遺。至於「經學、解文之訓詁」則就文字使用中，在該文句中實際所呈現之意義而訓釋，這個意義可能只限於該文句中所表現者，並不一定適用於其他文句。以是「小學、說字之訓詁」所釋之義較「廣而圓」，而「經學、解文之訓詁」則較「狹而專」。如黃侃所舉「悉」「懿」二字之例，其中依《說文》釋「悉」為「詳盡」，則「悉」有兩個義素：「詳」與「盡」，常語所說的「知悉」，只限於「詳」這個義素，而無「盡」這個義素，所以「知悉」不能說成「知盡」。「懿」依《說文》訓釋，至少有「專久」和「美」兩個義素，而「懿德」之「懿」只有「美」這個義素，並不包含「專久」的義素。《說文》由於是屬於「小學、說字之訓詁」所以包含的義素較廣，一般的用義則可能只是一部分義素而已。

其次，黃侃將經學與小學對立起來，一方面固然揭示了小學之脫離經學而獨立，不過更主要的是在呈現二者的訓詁行為，因為學術性格的不同而有所差異。其實此處的經學，宜視為一切傳注，也就是一切隨文釋義類典籍的代表，而小學視同今日之語言文字學。原因是前者（經學之訓詁）是依附於一特定的文本（典籍文章）所從事的訓詁行為，除了受該文本之語境限制外，還需考慮：作者、典籍作品之性質與內容、思想、風格，以及時代背景等諸多複雜因素。而後者（小學之訓詁）並無特定之本為對象，也就是盡可能適用於普遍性之文本（包括有形、具體的典籍作品，也包括其他任何形式的語言表現），實際上也就是「直接」以語言（以文字與聲音為符號）為對象的訓詁行為，

---

15 黃焯：《筆記》，頁219。

因此較能「純粹的」去處理語言問題，而較不涉及作者、典及作品之性質與內容、思想、風格，以及時代背景等各種問題。

八　兩種類型訓詁

以上黃侃以四個不同的分別方式，各自區分的兩種不同型態的訓詁，實則可以總括為兩種類型的訓詁。後起之訓詁、隸屬之訓詁、解文之訓詁、經學之訓詁屬於同一類型，為方便說，估稱之為第一類型訓詁；本有之訓詁、獨立之訓詁、說字之訓詁、小學之訓詁屬於同一類型，估稱之為第二類型訓詁。如圖示：

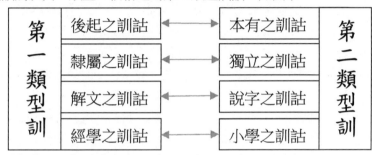

這兩種類型訓詁的差異，可以從對象語言、目的、性質、方法等幾個角度來觀察。表列如下：

	對象語言	**目的**	**性質**	**方法**
第一類型訓詁	對象語言為某一典籍文章之語言文字，亦即被使用中之動態語言。語言長度可能是字或詞、或句、或句群、甚至段、篇、全書等。	目的在幫助讀者進行文意的知解，通讀某一典籍文章。	性質上屬於一種技術性的、實用性的，即利用各種知識（包括歷史背景、文物考古與實證、版本校勘等等）疏通文章。	方法是隨文釋義，著重的是如何讓閱讀該典籍文章的讀者知曉文意，也就是重視呈現該典籍文章意義之方法。
第二類型訓詁	對象語言並不一定是某一典籍文章之語言文字，大抵為單獨存在之靜態語言，其語言長度大多為字詞。	目的在探求字形結構之本義及聲音之語源義，以建立形、音、義所存在的系統性關係。	性質上偏重語義的探求，理論性重於實用性、技術性。	方法是綜合釋義，著重重的是要能包容詞語的所有義素。是一種系統性的思考與研究

如果從訓詁史來觀察的話，大概傳注類點即屬於第一類型訓詁，至於《爾雅》《說文》《釋名》《方言》等訓詁專書則屬於第二類型訓詁。《爾雅》著重於同義詞的系連與分類，《說文》著重分析字形之本義，《釋名》著重探求聲音之語源義，《方言》則表現詞匯的地理差異，都屬於探索語義之書，故為第二類型訓詁。換言之，這兩種類型訓詁在訓詁隆盛的漢代便已並行發展，黃侃則是根據歷史的事實，做了一些細部的對比而顯

現其差異。不過需要說明的是：對於一些纂集類的訓詁書（現代字、詞典，以及具相關性格之古代專書，如《經籍纂詁》等），這類書籍只是搜輯古代典籍的訓詁，編集起來，既不是為了解說某一典籍文章而設，也不一定探求形，音，義之本源，因此應排除在這兩種類型訓詁之外（如將此類書成為一類，則訓詁便可分為三種類型。）

這兩種類型訓詁，其界線也並非截然劃分的。從字詞的動態義和靜態義來說，靜態義其實來自動態義，也就是概括動態義而來。其次，從事第一類型訓詁其基礎實來自第二類型訓詁之成果，亦即可以從第二類型訓詁之成果得到資糧，以從事第一類型訓詁，因此這兩種類型訓詁其實是互相供需的。從事實上看：傳注類著作往往引《說文》《爾雅》等書以說解典籍文章之義，而一些研究《說文》《爾雅》之學者，也往往搜羅典籍文章之用例及其傳注之訓詁成果以證成《說文》《爾雅》等書，可見得二者是互有需求的。

傳統訓詁學者，長久以來一直未劃清語義的解釋和語義的探求為二事，而將此二事都歸屬於「訓詁」一詞之下[16]，此二事有其同，也有其異。從兩種類型訓詁來看的話，第一類型訓詁是從事語義的解釋工作，這是「訓詁」的一般常義；而第二類訓詁與其說是在解釋語義，毋寧說是在「探求」語義。一個完整的訓詁活動，應該包含索義及釋義兩個工作階段，但第二類型訓詁既不從事典籍文章的說解，當然就偏重索義的工作，而從事典籍文章說解之學者，固然也要索義，但往往只是順著典籍文章之語言去了解，需要用到系統性之意義時，則或借助其他學者之研究成果。於是這不免形成了分工的趨勢，因此這兩種類型訓詁雖說是「兩種類型」，論其實，或可以說是一種工作流程的「分工」。長久以來我們的訓詁學者一直並未察覺這兩種類型訓詁的存在，直到黃侃表出了兩者的一些差異，並且貫徹在他的訓詁思想中，再加上近代西方語言學的影響，終使訓詁學有了分岔，這兩種類型訓詁也逐漸突顯出來了。

九　結論

黃侃之所以區分兩種類型，與他對訓詁學的定義有關。對於訓詁與訓詁學黃侃有一段清楚而明確的定義：

> 詁者，故也，即本來之謂：訓者，順也，即引申之謂。「訓詁」者，用語言解釋語言之謂。若以此地之語釋彼地之語，或以今時之語釋昔時之語，雖屬訓詁之所有事，而非構成之原理。真正之「訓詁學」，即以語言解釋語言，初無時地之限域，且論其法式，明其義例，以求語言文字之系統與根源是也。

則所謂「訓詁學」應是所謂「構成之原理」，亦即訓詁是一種語言的「解釋」工作，而訓詁學則是「解釋」所以成立的原理。「論其法式，明其義例」是說要研究訓詁的方法及條例。「以求語言文字之系統與根源」則是黃侃訓詁學定義的核心，意謂訓詁學的目的在求得語言文字之「系統與根源」。

---

16 這不免涉及「訓詁」一詞的定義問題，需再進一步檢討了。

黃季剛黃耀先叔姪對學術研究文獻資料撰述與整理的貢獻[1]

陳金木

慈濟大學東方語文學系教授

摘要

　　章黃學派繼承清代漢學的傳統，開創以厚植小學根基，以通經學、史學、哲學、文學等四部之學。黃季剛先生親炙太炎先生，尤擅長小學、經學與文學。自許「年五十，當著書」，惜方五十未及撰述即逝世，留下三萬冊藏書，及以購借書與點抄評書為中心的《黃侃日記》（起1913年6月20日，迄1935年10月7日）一生的閱讀記錄。其姪黃耀先先生前半生伴讀隨侍在側，後半生整理先生批校四部典籍時，所施校語與箋識，編輯出版季剛先生的遺著。使後繼的研究者可以經由黃季剛先生撰述的學術研究宏著《黃侃日記》，與經由黃耀先先生迻錄整理的黃季剛先生遺著，以窺探黃季剛先生學術文獻的閱讀歷程。對創作者而言，作品創作完成，他的創作任務已經結束。閱讀者在完成閱讀時，究竟會閱讀出何種意義，也都存在於閱讀者複雜的腦部活動中。

關鍵詞：《黃侃日記》、黃侃（季剛）、黃焯（耀先）、閱讀

1　本文曾以〈從《黃侃日記》看黃季剛先生對經學典籍的閱讀〉發表於二〇〇九年七月十三至十四日國立中央研究院中國文哲研究所主辦「變動時代的經學和經學家（1912-1949）第五次學術研討會」後，參酌論文討論人與與會學者提問，對論文題目與內容多做修訂。今為紀念先師陳伯元教授，故徵得中研院文哲所經學研究室同意，將稿件轉投《陳伯元教授八秩冥誕紀念論文集》，因中文稿件限定一萬字，因此再就論文修訂刪減，以符合規定。

一　緒論──閱讀歷程的完成

閱讀、思考、寫作是學術研究的歷程。「閱讀」的範圍是非常是無限寬廣的，[2]更是極其複雜的過程。即以古德曼（Ken Goodman）所著《談閱讀》（On Reading）一書為例：全書八章，即分別探討：閱讀是什麼、語言是什麼、語言如何操作、熟練的閱讀如何運作、發展中的閱讀如何運作、書寫語言如何運作、閱讀歷程：循環與策略、學習與教導閱讀與書寫等這八個重要議題。[3]閱讀是以幾何式的進展來累積增加的；每種閱讀都是建立在先前的閱讀的基礎之上[4]。思考[5]與寫作[6]亦復如此！

閱讀、思考、寫作同樣也是文學創作的歷程，二〇〇九年，中國時報「閱讀，創作人生系列講座」，企畫每月邀請一位當代華文作家，引領進入他們的閱讀地圖，遊歷撼動人心的經典風景、探索靈感思路的地基，還有層層疊疊累積而成的創作人生。並宣稱的：「每當我們翻開一本書，便如同掉進創作者編織的世界中，書中的角色、論點甚至創作者本人，在此與我們建立了一種關係，展開一段對話。但當讀者同時是創作者時，他們筆下創造的世界與腦中曾經遊歷的閱讀世界，將是如何錯綜複雜、耐人尋味。」[7]。

2　阿爾維托・曼古埃爾（Alberto Manguel）稱：「閱讀書頁上的字母只是它的諸多面相之一。天文學家閱讀一張不復存在的星辰圖；日本的建築師閱讀準備蓋房子的土地，以保護它免受邪惡勢力侵襲；動物學家閱讀森林中動物的臭跡；玩紙牌者閱讀夥伴的手勢，以打出獲勝之牌；舞者閱讀編舞者的記號法，而觀眾則閱讀舞者在舞台上的動作；織者閱讀一張待編織的地毯錯綜複雜的設計圖；……這一切閱讀都和書本的讀者共享辨讀與翻譯符號的技巧。」詳見阿爾維托・曼古埃爾（Alberto Manguel）著，吳昌杰譯：《閱讀地圖：一部人類閱讀的歷史》（臺北市：臺灣商務印書館，1999年6月），頁6-7。

3　見古德曼（Ken Goodman）著，洪月女譯：《談閱讀》（On Reading）（臺北市：心理出版社，1998年11月）。

4　阿爾維托・曼古埃爾（Alberto Manguel）說道：「閱讀是累積式的，以幾何的進展來增加；每種閱讀都是建立在先前所讀的基礎之上。」，見阿爾維托・曼古埃爾（Alberto Manguel）著，吳昌杰譯：《閱讀地圖：一部人類閱讀的歷史》（臺北市：臺灣商務印書館，1999年6月），頁25。

5　羅伯特・史登堡（Robert j.Sternberg）發展「思考三元論」，他認為思考應該包括以下三個層次：分析性思考（涵蓋分析、判斷、評估、比較、對照，還有檢視等能力）、創意性思考（涵蓋創新、發現、創造、想像，還有假設等能力）、實用性思考（涵蓋實踐、使用、運用還有實現等能力）。詳見羅伯特・史登堡（Robert j.Sternberg）、路易絲・史皮爾史渥林（Louise Spear-Swerling）著，李弘善譯：《思考教學》（Teaching for Thinking）（臺北市：遠流出版公司，2000年8月），頁11。

6　寫作有三個歷程：計畫、轉譯、回顧。「計畫」它包括文章組織的發展和內容訊息的產出。「轉譯」，它涉及將意念轉換為文字。「回顧」，它包括偵察錯誤和修正錯誤。詳見梅伊爾（Richard E.Mayer）著，林清山譯：《教育心理學──認知取向》（Educational Psychology）（臺北市：源流出版公司），頁388。

7　此為中國時報「閱讀，創作人生系列講座」的一段宣傳文字。六月份的主題人物為郝譽翔，寫下：「閱讀是一種出走，而台灣太小，世界太大，除非文字，否則光憑雙腳怎麼樣也走不到。我震懾於

　　筆者於二〇〇三年七月，購得黃季剛先生《黃侃日記》之後，即展開長時間持續的閱讀歷程。二〇〇八年七月，從「學術的長河、重疊的身影、資料的拼圖、清晰的圖像、治經的可能」等五個側面，以《黃侃日記》為主要文本，探討黃季剛先生的治經學法。[8]論文撰寫與發表完之後，筆者聚焦於探討黃季剛黃耀先叔姪探論學術研究文獻資料的撰述與整理。是以又重讀[9]《黃侃日記》與擴大閱讀黃焯（耀先）整理迻錄出版的黃季剛先生學術文獻資料，以探論黃季剛先生一生的閱讀。

二　《黃侃日記》為黃季剛先生學術研究文獻的珍貴紀錄

　　日記是記主用文字逐日紀錄自身的行事、見聞與感受的一種體裁。日記的內容，記主當日所做、所思的事情和感受，包括天氣、讀書、著述、通信、購物、交遊，對時政、社會風氣、他人的看法，以及自我的反省等等，也就是說記主面對的自己的內心世界，以一種自我交流的形式，不為發表而進行的創作活動。清代的士人把寫日記當作日課，嚴格要求，堅持不懈，形成風尚。晚清三大日記家：翁同龢的《翁文恭公日記》、李慈銘的《越縵堂日記》、王闓運的《湘綺樓日記》等，都是記主四、五十年的持續撰寫。

　　黃季剛先生早年加入同盟會，鼓吹革命，但是在民國三年（1914，先生二十九歲）之後[10]，遂不欲與政事，即以教學[11]、讀書、批閱、箋識、著述為務。民國二十四年（1935）十月六日半夜，身體大不適，七日晨起，大吐血之際，仍伏案將《唐文粹補

那些以筆駕馭多元文化、出入時空旅行的作家，而他們才是現代真正的博物學家，滿足我求知的好奇和渴望。他們的文字編織成了一張無邊無際的時空巨網，而在這網中，我們很小，但同時也可以很大很大。我彷彿是一個越獄的囚犯，以文字剪開冰冷的鐵柵，在私下無人的夜晚翻越邊境，偷渡過戒備森嚴的檢查崗哨。而這將是一場生命中最華麗的冒險犯難，和死者進行秘密的對話。我再也想不出比這更刺激有趣的事物了，我讀，我寫，我存在，我越界，我逃亡，在世界破碎的鏡像之中，在一條無終點也無起點的道路上。」http://blog.eslite.com/mainstore_events/archives/347瀏覽日期：2009年7月2日

8　此篇論文於二〇〇八年七月十七至十八日（四、五），在國立中央研究院中國文哲研究所經學研究室主辦的「變動時代的經學和經學家（1912-1949）第三次學術討論會」中發表。

9　要對「重讀」下個定義，那是「再一次的閱讀」。這樣可能寓含著個人的閱讀經驗的回憶與分享，也可能寓含著對上次閱讀所得，在「辯證與否定」上的論述。前者是主觀的、個人的、不可重複驗證的、無法觀測的。純粹是一己經驗、經歷的抒發與分享。後者是經過「辯證與否定」的論述，是客觀的、可以類推至他人的、可以重複驗證的、可以觀測的。

10　黃季剛先生在此一段時間歷經孫中山讓位袁世凱、宋教仁被刺、張勳復辟、章太炎被幽禁等諸多事件之後，即以「繫承父師之業，將欲繼絕學，存國故，植邦本，固種性。」遂不欲與政事，而專心著述。

11　民國三年，季剛先生應北京大學教授之聘，入京講授文字、詞章及中國文學史；自此之後歷任北京大學、武昌高等師範學校、武昌師範大學、山西大學、中華大學、中國大學、北京師範大學、東北大學、中央大學、金陵大學等校教授，先後長達二十年之久。

編》最後兩卷圈點完畢,適時訂購的《宛委別藏》寄到,又取《桐江集》五冊披覽一過。隔日,醫治無效,與世長辭,享年五十歲[12]。

　　黃季剛先生曾對弟子陸宗達說:「記日記是很好的方法,既可留下心得,又能鍛鍊手筆。」[13],他的夫人黃菊英也說:「季剛勤學苦思的讀書精神是驚人的,他每日清晨五時開始看書,從不間斷,晚上堅持寫日記、作札記,直到十一二點鐘。他看書時,又是圈點,又是批語,真是孜孜不倦,」[14]。《黃侃日記》兼具著記事備忘、工作、志感抒情、戰難與學術考據的功能[15]。它是記主內心世界最真實的記錄。也記載者當時客觀的事實,更保留了各種閱讀過程中學思的大量線索,吳永坤在《黃侃日記》的〈附記之後〉,總結《黃侃日記》的內容是以訪書、訂書、購書、理書、借書與還書、翻書、點書、鈔書、評書、講書、寫書為中心。[16]

　　民國二十四年(1935),黃季剛先生逝世之後,他所撰寫的日記原稿大部分毀於對日抗戰,少部分由其女婿潘重規先生攜帶來台灣,日記的迻錄本仍然在他的家族與學生當中流傳著。潘先生在民國六十六年(1977),將其出版,公諸於世;[17]黃季剛先生的

---

12 詳見黃焯:〈黃季剛先生年譜〉,收錄於黃侃、黃焯撰:《蘄春黃氏文存》(武漢市:武漢大學出版社,1993年3月),頁122-209。

13 黃侃:《黃侃文存:黃侃日記》(南京市:江蘇教育出版社,2001年8月),陸宗達:〈序〉,頁3。

14 黃菊英:〈我的丈夫──國學大師黃季剛〉,收錄於張暉編:《量守廬學記續編:黃侃的生平與學術》(北京市:生活‧讀書‧新知三聯書店,2006年11月),頁16-17。

15 學術考據的日記,不是普通生活的記錄,而是主要記錄作者每天獲取的新思想、新知識和新觀點。

16 吳永坤並稱:「所用字體除了行楷之外,還使用篆書、說文體、古今字、通假字。內容還包括大量的人名、地名、書名的異稱與縮稱,古今典籍的錯綜出現,時事歷史的記載。增添了點校的困難,尤其是日記在稿本傳鈔過程中出現的衍脫偽誤,真如『校書如掃落葉』一般」。詳見吳永坤:〈附記之後〉,收錄於黃侃:《黃侃文存:黃侃日記》(南京市:江蘇教育出版社,2001年8月),頁1156-1157。

17 現在保存下來的日記手稿為其女婿潘石禪先生所攜帶來臺灣的《六祝齋日記》一冊、《閱嚴輯全文日記》一冊、《散頁日記》五十三紙(潘重規:《黃季剛先生手寫日記》(臺北始:臺灣學生書局,1977年),此書所輯黃季剛先生的日記共有四個部分《六祝齋日記》一冊(起於一九二二年壬戌正月初九至二十一日)、《閱嚴輯全文日記》一冊(起於一九二八年戊辰三月二十九日至五月二十九日)、《散頁日記》五十三紙(一九三〇年庚午正月十四日至二月初四日六紙、一九三二年壬申十月二十六日至十一月二十六日六紙、一九三五年乙亥二月五日至三月八日九紙、三月二十五日至四月二十八日十紙、五月五日至七月十四日二十二紙。),另有潘先生迻錄的《潘迻錄書眉日記》一冊(起於一九二九年己巳九月二十三日至十二月初十日)。程千帆:〈黃先生遺著目錄補〉稱「先師日記,大部毀於抗日戰爭中,手稿存者,為此而已,彌足珍貴。黃目(按指黃焯:〈黃季剛先生遺著目錄〉)亦著錄傳抄本日記若干冊(按指:《癸丑日記》、《仰山堂日記》、《楚秀庵日記》、《六祝齋日記》、《感鞠廬日記》、《京居日記》、《戊辰日記》、《己巳日記》、《寄勤閒室日記》、《避寇日記》、《壬申日記》、《癸酉日記》、《甲戌日記》、《乙亥日記》)與此相較,似無復重。當可合輯出版,亦先生之碎金也。」(收錄於黃季剛先生誕生一百週年和逝世五十週年紀念委員會編:《量守廬學記:黃侃的生平與學術》(北京市:生活‧讀書‧新知三聯書店,1985年8月),頁217。

在大陸的學生及再傳弟子也集議推舉唐文、許惟賢、王慶元、吳永坤整理先生日記迻錄稿[18]，於一九八六年完成，因故延遲至二〇〇一年八月，《黃侃日記》[19]才由江蘇教育出版社出版。

綜觀黃季剛先生的日記，以現存者觀之，始於一九一三年六月二十日所撰寫的《癸丑日記》記載著「五月十六日（新六月二十日，金曜）雨。是日自斜橋餘慶里十號移居法租界打鐵濱路明德里三弄底。」[20]。終筆於《量守盧日記》乙亥年九月十日丙辰（國曆為一九三五年十月七日）「十日丙辰，晴，燠（氣候殊常）。晨起，吐瀉皆作黑色涎塊，乃昨遇毒也。困甚。家人喧訴，更煩人心。」[21]。日記的撰寫，前後橫跨二十二個年頭，其中以一九二八年五月十八日以後，被完整的保存下來，分別稱為「《閱嚴輯全文日記》、《戊辰日記》、《己巳治事記》、《讀大戴禮記日記》、《讀尚書大傳日記》、《讀韓詩外傳日記》、《讀春秋繁露日記》、《讀白虎通疏證日記》、《讀通緯日記》、《讀國語日記》、《讀山海經日記》、《讀穆天子傳日記》、《讀汲冢周書日記》、《讀戰國策日記》、《讀司馬法日記》、《讀古籀拾遺日記》、《讀古籀餘論日記》、《寄勤閒室日記》[22]、《避寇日

---

18 《癸丑日記》、《六祝齋日記》（卷二一部份、卷三至卷五全部）由唐文負責。《乙丑日記》、《京居日記》《乙卯日記》、《戊辰日記》、《讀專書日記》（兩種）、《日記附錄》（十三種）由許惟賢負責。《己巳治事記》、《讀專書日記》（十四種）由慶元負責。《楚秀庵日記》、《六祝齋日記》（卷一、卷二一部份）、《感鞠盧日記》、《寄勤閒室日記》、《避寇日記》、《量守盧日記》由吳永坤負責。詳見黃侃：《黃侃文存：黃侃日記》（南京市：江蘇教育出版社，2001年8月），吳永坤：〈附記之後〉，頁1157。

19 二〇〇七年七月，北京中華書局出版《黃侃文集》，內有《黃侃日記》上中下三冊。署名「中華書局編輯部」在〈黃侃文集出版說明〉稱：「今黃侃先生哲嗣黃廷祖在武漢大學人文科學基金資助下，組織人力對先生著述進行全面整理，比勘先生手稿，並查閱所引典籍，主持編輯《黃侃文集》，參與工作的有武漢大學文學院研究生和國學班學生。歷時六年，現已告竣。」。這兩本《黃侃日記》是目前整理出來最完整的版本。然兩相比勘，中華書局本雖在版面的編排上，於單數頁的右側邊加註「〇〇〇日記」字樣，雙數頁的左側邊加註該日記撰寫的「年月」（民國〇〇年〇〇月至〇〇年〇〇月）的字樣。也根據黃焯所撰〈黃季剛年譜〉，補入民國八年四月日記，稱「殘葉日記（己未四月），但是卻將江蘇教育出版社《黃侃日記》所收錄由黃焯所撰寫的〈黃季剛年譜〉一文，全數刪除。更重要的是中華書局本的《黃侃日記》，將江蘇教育出版社的《黃侃日記》整理者以及校稿者，在整理日記時所記錄下來的「校勘案語」時，逕改日記本文，不注出案語（即將整理者的「校勘案語」全數刪除），甚至偶有誤改的情形。凡此行徑，一則略人之美。二則不符文獻學校勘的規範。三則有失《黃侃日記》的原貌。因此，本篇論文所據的文本，仍然採用較符合《黃侃日記》原貌，且符合學術規範，由江蘇教育出版社所出版的《黃侃文存：黃侃日記》。

20 據江蘇教育出版社本的《黃侃日記》，其記時是以農曆在前，年用干支紀元，日則有用干支有不用者，其後用刮號注出國曆日期，並附記星期（前用日本記星期的金曜、土曜、日曜、火曜、水曜、木曜。後用「禮拜〇」、「星期〇」的方式不等）。此處「癸丑五月十六日是農曆。國曆是一九一三年六月二十日」。詳見黃侃：《黃侃文存：黃侃日記》（南京市：江蘇教育出版社，2001年8月），頁1。

21 黃侃：《黃侃文存：黃侃日記》（南京市：江蘇教育出版社，2001年8月），頁1092。

22 黃季剛先生自一九三〇年一月十日開始的日記稱「寄勤閒室日記」，到了一九三二年二月一日開始，又改為「避寇日記」，記載到當年的五月二十九日為止，五月三十日開始，又改回來「寄勤閒

記》、《量守盧日記》[23]。這整整將近七年五個月的日記，佔其總日記的將近四分之三（百分之七十四點五四），而且是連續性的日記記載，在如果把《黃侃日記》當成一片「拼圖」來說，黃季剛先生最後七八年間的學術閱讀生命的這一個「區塊」，無疑是較為完整的。

即以季剛先生對《周禮》的閱讀為例：《楚秀庵日記》與《六祝齋日記》卷一記錄了先生農曆民國十年十月至十二月[24]的閱讀記事。十月十七日[25]「閱《周禮·地官下》」，二十六日「夜閱《周禮·地官下》，續數月前之功也。」[26]，二十八日「臥閱《周禮·春官》」，三十日「閱《周禮》三卷（〈春官上〉）」；十二月朔日[27]「閱《周禮》」，三日「下午端坐書室，閱《周禮》至夜，竟〈夏官序官〉」四日「閱《周禮·夏官》，訖『掌蓄』」，六日「閱《周官》，訖『隸僕』」，七日「閱《周官》訖『家司馬』，已三時半矣」，八日「閱《周禮·秋官·序官》，規識《周禮·秋官上》，訖『貉隸』」，九日「閱《周官》訖『伊耆氏』，已三時，遂眠」，十日「閱〈考工記〉，訖『瓬人』」十一日「夜十時許，規識〈考工記〉竟。」[28]，《周禮》分〈天官〉、〈地官〉、〈春官〉、〈夏官〉、〈秋官〉、〈考工記〉等六個部分，《黃侃日記》雖然因為保存的關係，缺少了〈天官〉以及〈地官上〉的閱讀記錄，但由《黃侃日記》〈六祝齋日記〉「（民國十年農曆十二月）八日」日記的記載，可知黃季剛先生在清德宗光緒三十二年（丙午年，西元1906年），二十一歲，造訪鄭奠家，見得原為周介藩所有的商務印書館印行的《十三經》白文，以其便於行旅中攜帶閱讀，於是「攜以歸」，推估從民國五年開始，以六年的時間，在閱讀時點斷經文的文句、校正經文的訛誤。《周禮》是最後閱讀的一本經書[29]。

室日記」，一直到一九三四年二月十四日才以「量守盧日記」稱之，一直寫到過世的前一天為止。

23 詳見黃侃：《黃侃文存：黃侃日記》（南京市：江蘇教育出版社，2001年8月），頁279-1092，共有814頁。

24 換算為國曆則為民國十年十一月至十一年一月。

25 季剛先生的日記以干支標誌年份與日期，另有以「土曜、日曜、火曜、水曜、木曜、金曜」以記星期一至日者。整理者則又以括號「（　　）」註明國曆者，此即註明「新十六日　水曜」。見黃侃：《黃侃文存：黃侃日記》（南京市：江蘇教育出版社，2001年8月），頁27。

26 根據《黃侃日記》的記載，在十月十七日至十一月二十六日這將近四十天的時間中，季剛先生主要閱讀的書籍為《續資治通鑑》、《繕大乘起信論》、《漢書》、《瑜珈師地論》、《十三經音略》、《史記》、《金石例》、《墓銘舉例》、《金石原例》、《漢石例》、《金石綜例》、《解深密經》、《閱微草堂筆記》等書。詳見黃侃：《黃侃文存：黃侃日記》（南京市：江蘇教育出版社，2001年8月），頁20-35。

27 此即十二月一日。

28 黃侃：《黃侃文存：黃侃日記》（南京市：江蘇教育出版社，2001年8月），頁27-41。

29 《黃侃日記·六祝齋日記》紀錄的全文如下：「（十一日　日曜丙午）夜十時許，規識〈考工記〉竟。丙午之冬，鄭奠居松公府夾道，余詣其寓，見有商務印書館印《十三經》白文，編為一厚冊，喜其便于行篋，因攜以歸。其書周介藩物，介藩以風疾死，書輾轉歸奠。予既點讀《注》、《疏》，因以墨校是本訛字，且斷句豆，將以授二兒。然其書但據阮刻《十三經》為本，未遑斠覆，且有新訛。中間行旅憂虞，疾疢忘忽，因循六載，始獲畢功（不依原次，故《周禮》居後）。夫離經辨

這本《十三經》白文批校本，也就是黃焯所說的「初校本」。[30]而季剛先生又於民國十五年至十九年，前後四年間，再次的持另一本的《十三經》白文進行批校，隔兩年，又改正了一遍。[31]

　　吳永坤在《黃侃日記》的〈附記之後〉，總結《黃侃日記》的內容是以訪書、訂書、購書、理書、借書與還書、翻書、點書、鈔書、評書、講書、寫書為中心。[32]由此可知《黃侃日記》是閱讀者黃季剛先生一生的閱讀記錄。

三　黃耀先先生對黃季剛先生學術研究文獻資料整理的貢獻

　　黃焯[33]十九歲至武昌謁見季剛先生之後，從此跟隨先生讀書治學[34]。民國二十八年（1938）以後，即一輩子在武漢大學任教職。黃焯先生從季剛先生一九三五年過世之後，到黃焯先生一九八五年去世為止的五十年期間。主要的工作在整理季剛先生的著

志，童蒙之事，然且如此之難，況于熟之、解之、疏之、證之乎？國文且廢，何有於經！是書也，或能永置巾箱，待皓首而致窮經之譽；或且藏之家巷、遺後嗣，以當滿籝之詒；或札爛又脫，以飼蟲魚；或為人藏弃而實書壁。皆未可知也。冬爐夏簟，有時可忘；病榻寒縈，努力自策。聊書數語，用志辛勤（其書加墨及綠者，皆余之筆；朱筆則未識誰為）。」見黃侃：《黃侃文存：黃侃日記》（南京市：江蘇教育出版社，2001年8月），頁41。

30　詳見黃焯：〈前言〉，收錄於黃侃：《黃侃手批白文十三經》（上海市：上海古籍出版社，1983年1月）頁5。

31　上海古籍出版社出版的《黃侃手批白文十三經》，《周易》前面有先生篆書寫道：「歲在壬申夏四月八日甲戌昴中溫全經訖，以避寇，寄至京師鄭陽門外長巷四條胡同三十七號宅，蘄黃侃季剛」，見黃侃：《黃侃手批白文十三經》（上海市：上海古籍出版社，1983年1月）〈目次〉之後，《周易》之前。

32　吳永坤並稱：「所用字體除了行楷之外，還使用篆書、說文體、古今字、通假字。內容還包括大量的人名、地名、書名的異稱與縮稱，古今典籍的錯綜出現，時事歷史的記載。增添了點校的困難，尤其是日記在稿本傳鈔過程中出現的衍脫偽誤，真如『校書如掃落葉』一般」詳見吳永坤〈附記之後〉，收錄於黃侃：《黃侃文存：黃侃日記》（南京市：江蘇教育出版社，2001年8月），頁1156-1157。

33　黃焯，生於清德宗光緒二十八年（西元1902年，季剛先生十七歲），七歲喪父，備受從兄侵侮，十九歲至武昌謁見季剛先生，試令作文二篇，以為可教，從此跟隨先生讀書治學。民國二十八年（1939）以後，即一輩子在武漢大學任教職。黃焯先生從季剛先生一九三五年過世之後，到黃焯先生一九八五年去世為止的五十年期間。他的工作重心有二項。第一項是承繼師門經學志業，獨鍾《經典釋文》《毛詩》，完成《經典釋文彙校》、《毛詩鄭箋評議》、《詩疏評議》等專著，另外《黃焯文集》有學術論文篇十篇。《蘄春黃氏文存》亦有《黃焯雙井文抄》二十三篇。

34　黃焯〈自述〉記錄道：「我從叔父受學，次第是先教《困學紀聞》、《日知錄》等書，以便窺見治學途徑，繼受文字聲韻學大要。黃以周謂學問文章皆宜以章句為始基，研究章句即為研究小學。焯於是始治《毛詩》、《詩經》和《三禮》、《左傳》、《爾雅》，五經都有聯繫，故同時閱讀《三禮》等書先叔父又說：『研治《詩經》萬不可違背《毛傳》，《毛傳》並為一切經學根本。』」，詳見黃焯撰、丁忱編次：《黃焯文集》（武漢市：湖北教育出版社，1989年11月），頁267-268。

作。[35]以黃季剛先生一生致力於四部典籍的批閱,將所作的校語、所得的箋識,一一書寫在書頁上,稱:「季剛先生『生平點校之書達數千卷,其施箋識者亦達數百卷。』」但在季剛先生往生之後,因為抗戰的關係,藏書多所散佚,「點校十三經注疏裁存六七冊,二十四史僅存十餘冊,唯幸手校說文、爾雅、文選諸書及詩文詞稿尚存。」[36]因而集中精力,先後將先生手批《說文解字》[37]、《白文十三經》[38]、交付出版社出版;更整理先生在批校時,所施校語與箋識,迻錄編輯而成《量守廬群書箋識》[39]、《說文箋識四種》[40];更整理季剛先生對於小學的研究,編次成《文字聲韻訓詁筆記》[41];亦彙整季剛先生的文章,編成《蘄春黃氏文存》[42]。且擬編《黃侃論學雜著續編》[43]。陸宗達稱:「耀先(黃焯之字)的後半生,大部分精力放在整理和出版季剛先生的遺著上。這是一項工作量極大又十分繁雜的工作,因為季剛先生一生中批注校點的資料太多了,而他自己又未及寫出系統的論著而早逝。整理這部分學術遺產,要不失季剛先生的原意,

---

35 黃季剛先生以時人輕率著述付梓,自許五十歲後當著書,然五十歲時卻齎志而歿,生前已出版或出刊著作,散見各刊物,徐復、黃焯、程千帆等蒐集而成書目(徐復有〈黃季剛先生遺著篇目舉要初稿〉、黃焯有〈黃季剛先生遺著目錄〉、程千帆有〈黃先生遺著目錄補〉,此三篇目錄,俱見於黃季剛先生誕生一百週年和逝世五十週年紀念委員會編:《量守廬學記:黃侃的生平與學術》(北京市:生活・讀書・新知三聯書店,1985年8月),頁183-218。)

36 見黃侃箋識、黃焯編次:〈前言〉,《量守廬群書箋識》(武漢市:武漢大學出版社,1985年6月),頁1。

37 黃侃:《黃侃手批說文解字》:(上海市:上海古籍出版社,1987年7月)內有黃焯所撰〈弁言〉、序例」。見頁1-3;1-6。

38 此《十三經白文本》乃輾轉自北京歷史博物館求得。黃侃:《黃侃手批白文十三經》:(上海市:上海古籍出版社,1983年1月;北京市:中華書局,2006年)內有黃焯所撰〈前言〉、〈符識說明〉,頁1-5、1-7。

39 《量守廬群書箋識》共得〈經傳釋詞箋識〉、〈尚書孔傳參正箋識〉、〈爾雅疏證箋識〉、〈說文解字斠詮箋識〉、〈說文外編箋識〉、〈說文釋例箋識〉、〈經籍舊音辨證箋識〉、〈通俗編箋識〉、〈韻府鈎沈箋識〉、〈校訂陳氏初學編音學箋識〉、〈史記訂補箋識〉、〈李義山詩偶評〉等十三種,其中前十一種皆為經學典籍的閱讀箋識。詳見黃侃箋識、黃焯編次:《量守廬群書箋識》(武漢市:武漢大學出版社,1985年6月)

40 《說文箋識四種》為黃焯從季剛先生在大徐本《說文解字》上約十萬字的「識語」與講課的筆記整理迻錄出來的,內容有《說文同文》、《字通》、《說文段注小箋》、《說文新附考原》等四種。詳見黃侃箋識、黃焯編次:《說文箋識四種》(上海市:上海古籍出版社,1983年4月),其末附有黃焯論文四篇:〈篆文中多古文說〉、〈形聲字借聲說〉、〈說文異義形同舉證〉、〈說文形聲字有相反為義說〉,見頁357-372。

41 黃季剛先生口述、黃焯筆記編輯:《文字聲韻訓詁筆記》(臺北市:木鐸出版社,1983年9月)。

42 黃侃、黃焯著:《蘄春黃氏文存》(武昌市:武漢大學出版社,1993年3月)共收錄先生《黃侃量守廬文選鈔》四十篇文章。

43 黃季剛先生逝世後,中央大學出刊的《文藝叢刊》二卷三期、三卷一期為黃先生遺書專號,刊登其遺著十九種,上海中華書局重刊而刪其目一種,改題《黃侃論著雜著》。黃焯擬收入《黃侃論著雜著》及專著、詩文集以外的學術論文,編成《黃侃論著雜著續編》,然未見出版。

又能有益於今日之學者，整理者需有深厚的功底和百倍的勤奇，燿先在這方面是做出成績的。」[44]。

　　根據黃燿隨侍的觀察，黃季剛先生治學精勤，三十歲以後，即將精力薈萃於經傳注疏與《說文解字》，「誦群精義疏及《四史》皆十餘過。」，親見先生所讀《十三經注疏》本，「朱墨重沓，或塗乙至不可識，有所得即箋識其端。」今日僅存六七冊。先生以民國三年商務印書館鉛印本的《白文十三經》進行句讀的圈點，並勘誤補闕，其於異文及舊讀有異之處，均用符識表明，，並毛筆書寫《手批白文十三經提要》，對批校體力有所說明，刊於書首。《黃侃日記》〈六祝齋日記〉「（民國十年農曆十二月）八日」日記的記載，先生於民國五年至十年，先批校「初校本」，十九年冬，復閱改正。[45]民國七十二年，上海古籍出版社影印得自北京歷史博物館者，為另一個手批本，批校時間約在民國十五年至十九年間進行，民國二十一年又改正一遍。[46]以黃燿解析先生在批閱時所施加的四十餘種「符識」，可以得知先生批閱的精勤與用心。以全書整體而言，所做的工作有十種：斷句、分段、文句的空格與不空格、段落之間的文句相連是否相連、單字旁加註四聲、標記經文的異文、標記經文楷書與篆書古本與今本的差異、標記經文的訛誤與衍文與書寫正確文字于書眉、據別本補經文文字於書眉。另外十三經的各經亦各有個別的「符識」。即以《尚書》而言，即有標記今文與古文用字的不同、從今文分出與偽古文尚書的篇名不加圈、偽古文斷句捨圈用點、偽古文於句旁加點者表其文句有來歷、採阮元校勘記、山井鼎考文、敦煌寫本、日本寫本、原本玉篇等等書籍以為校勘者，用朱色標記於經文之左等等。即使在批閱《論語》時，亦於句旁加連「、」者表經文「重出」、字旁加「△」者表「異文」。[47]

四　結論──撰述的完成是閱讀的開始

　　黃季剛先生即在與章太炎、劉師培師友論學，上溯俞樾、王念孫王引之父子之學，承繼清代由顧炎武所開啟，戴震集其成的這條清代漢學的學術長河，以其五十年的生命，開展了無限學術生命的旅程。章太炎在〈黃季剛墓志銘〉最後以「微回也無以胥附，微由也無以禦侮。繫上聖猶恃其人兮，況余之瓌腐？嗟五十始知命兮，竟絕命於中

---

44 陸宗達：〈《黃燿文集》序〉，收錄於黃燿撰、丁忱編次：《黃燿文集》（武漢市：湖北教育出版社，1989年11月），頁1。

45 詳細情形已見本篇論文第二部份「一生的閱讀」的論述，以及註解30的引證。

46 先生於民國五年至十年另有一「初校本」，。詳見黃燿所撰〈前言〉，頁1-5。收錄於黃侃：《黃侃手批白文十三經》（上海市：上海古籍出版社，1983年1月；北京市：中華書局，2006年）。

47 詳見黃燿所撰〈符識說明〉，頁1-9。收錄於黃侃：《黃侃手批白文十三經》：（上海市：上海古籍出版社，1983年1月；北京市：中華書局，2006年）。

身。見險徵而舉翮兮，幸猶免於逋播之民。」[48]。章氏將季剛先生比喻為孔聖門人中的
顏回、子路，既能繼承又能捍衛師說，嘆惜其聖年驟逝，志業未成。其實，以黃季剛先
生而言，他的閱讀已經在閱讀與批閱中完成，寫作非必須。對讀者而言，閱讀的歷程是
閱讀者腦細胞的一連串複雜的活動。批閱僅能呈現批閱者在閱讀過程當下思考片段的紀
錄。論著才是代表論述者的議題、論證與論述的完整過程。學者的學術性格有早慧與晚
熟的不同類型，「五十歲以後開始著述」，代表著學術深厚的奠基、勤學深思、刻苦自
期，堅持持續的努力，等到學問圓熟，能「究天人之際、通古今之變、成一家之言」之
後，才敢著書立說。這也是一種艱苦自持的另一種學術性格。追隨者雖然無緣看到黃季
剛先生五十歲以後的系統論著，但是一樣可以經由《黃侃日記》與黃季剛先生已經出版
的出版的批閱圖書，仔細揣摩黃焯的解說，好學深思者一樣可以窺探黃季剛先生對學術
文獻的閱讀歷程。以創作者而言，作品創作完成，他的創作任務已經結束。閱讀者在完
成閱讀時，究竟會閱讀出何種意義，也都存在於閱讀者複雜的腦部活動中。「重讀」的
意義在於增進與評估自我對於成長的認知與世界的瞭解[49]。

---

48 章太炎：〈黃季剛墓志銘〉，收錄於上海人民出版社編：《章太炎全集》（第五冊：《太炎文錄續編》，
　　1985年2月），頁261。
49 阿爾維托・曼古埃爾（Alberto Manguel）引述維吉尼亞・伍爾夫（Virginia Woolf）的話「每年重讀
　　《哈姆雷特》（Hamlet）時都將觀感寫下。」「這實際上便是記錄自己的傳記，因為一旦我們對生命
　　所知更多時，莎士比亞就會進一步的評論我們對世界的理解。」詳見阿爾維托・曼古埃爾（Alberto
　　Manguel）著，吳昌杰譯：《閱讀地圖：一部人類閱讀的歷史》（臺北市：臺灣商務印書館，1999年6
　　月），頁11。

從「播田」到「佈塍」：
試探「播」與「布」字義與詞義的交叉分流

姚榮松

臺灣師範大學臺灣語文學系退休教授

摘要

　　本文針對國語（普通話）「插秧」一詞，在閩南語的書寫方式，探討「播田」與「佈塍」兩個詞形的關係，口語音「佈塍」（pòo-tshân）傳統書寫均以「播田」行之，兩者並非文白異讀，且其中古來源不同，播為補過切（果攝）因 pò，佈為博故切（遇攝），音 pòo。臺灣閩南語表現為漳腔有別，泉腔則有匯流之趨勢，或 pò／pòo 為自由變體。然從構詞、意義的發展，臺灣閩南語「佈田」一詞，與傳統漢語的「播田」，並非同一語位，長期以來，因習用漢字「播田」而導致某些地區因「播」與「佈」音讀合流，導致播種與插秧不分。本文從「播」與「布」的音義發展，檢視「佈田」一詞的詞化與構詞理據，均與「播田」有異，說明用字的誤區，導致「佈塍」被「播田」掩蓋，主要在於雙音詞的動詞語素具有義近而平行交叉分流的演化所致。

關鍵詞：臺灣閩南語、播田、佈塍、字源、詞源、字形的誤區

一 漢字形體的誤區

漢字形體是為漢語量身訂做的外衣（語言形式），有時光鮮亮麗，各別身分；有時則西裝兼和服，搭配地方師傅的手藝，頗具地域色彩。長期以來，我們在多語的環境中長大，主要的本國語文教育只有單一的國語文教育，人們所習用的詞語即是國語詞彙。詞有定字，都是語文專家規範的成果，文字代表語言的形式外衣，但是漢字形體的規範，卻有賴字源與詞源的考訂，有時我們習以為常，用了錯誤的字，由於積非成是，連語文專家也改正不了，這是漢字形體的第一個誤區。

比方說從前的國中數學課本，談到機率問題，常舉「骰子」為例，教師說的是「色子」（色音ㄕㄞˇ），課本上寫的是「骰子」。這就形成言文不一致，二〇〇〇年《新編國語日報辭典》是這樣處理的：

> 骰　音ㄕㄞˇ「骰子」（也寫「色子」）是一種賭具。用牛骨……。讀音　ㄊㄡˊ。

把非「漢字本音」的ㄕㄞˇ視同語音來處理，把本音ㄊㄡˊ視為讀音，這本身已誤解語音與讀音的關係。教育部《重修國語辭典》則收有「骰子」直接音ㄊㄡˊ，但在解釋字義後，卻指出：

> 此詞常混用「色子」一詞之音。

在「色子」（ㄕㄞˇ ㄗ˙）一條下，則註明「一種遊戲或賭博用的骨製器具」，見「骰子」條。《重修國語辭典》兼收色子和骰子兩種詞形，其音各異，但現代漢語的標準語，只能唸ㄕㄞˇ ㄗ˙不能唸ㄊㄡˊ ㄗ˙，骰子見於書面語或南方方言，如傳統臺灣農村春節期間，人們常玩「骰子」遊戲，莊家有一種賭具由一顆穿有短軸的骰子，莊家用兩個指尖拈軸打轉後，用小碗盤覆蓋，俟轉動停止，玩者可下注，莊家喊停止，即掀盤理賠猜中者。閩南語把這種骰子叫做「輦（或輪）骰仔」（lián tâu á），因此骰子一詞可做方言詞處理，相應的工具書在官話或國語，正確的音形皆是「色子」。

從這個例子可知，漢語的同義詞各具語源，音字有別，往往為了標準化或通語化保存一形一音，就容易形成這種「音字不協」的兩音兩形。一般人習焉不察，形成漢字詞語的迷思。

本文想針對普通話的「插秧」一詞，閩南語書面語寫成「播田」，其音義皆不合口語 pòo-tshân[pò tsˊân]，從字源考量，其漢字形體當作「佈塍」，塍 tshân 與田 tiân 並非文白異讀，而是異源詞。不過，「塍」字並非閩南語 tshân 的本字，充其量只是個借形字。本文將從「播」與「布」音義的發展，檢視漢字詞彙化與構詞法的關係，並說明「播田」掩蓋「佈塍」的主要原因，在於動詞語素具有義近而平行交叉，使人習焉不察。

二　關於「播田」音義的爭論

　　教育部《臺灣閩南語常用辭典》是目前官方提供本土語言教學的電子辭典之一，由前「國語推行委員會」完成，二〇一四年六月以前尚有一個維護小組，接受各界意見，並定期開會，檢討用字，定期公佈修訂推薦漢字。二〇一二年十一月十九日國語會委由三人定稿小組，討論到「播田」一詞改為「佈塍」，以符合閩南語詞義專指「插秧」的詞形取代現行「播田」的寫法，有些方言辭典如潮州方言，已使用「佈田」，可見小組的決議，並非沒有憑據，但部分委員則持反對意見，因此從三月二十七日起，在國語會的電子信箱中，引起諸多討論篇什。如洪惟仁、盧廣誠、董忠司、蕭藤村等人，洪與盧皆認為播與佈音、義均有差異，不宜以「播田」代替「佈田」一詞，董與蕭則認為「播田」一詞，有些地區音讀如「佈田」，實為正常音讀，兩者並無區隔必要，應先確認「佈田」之不必要。因為爭論焦點如果放在臺灣閩南語規範漢字的必要性，站在傳統習用之約定俗成原則，使用「播田」，已為各本詞典韻書之共識，確實未必須要為追求字源，而把可能是閩南方言本字的「佈塍」一形，拿來替代大家已習用的舊形，徒增教學上的成本，何況共識未形成之前，也不必改動。但是從追求字源與詞源或構詞理據來說，這個議題是一個正本清源的漢字字源學問題，求得真象，才是語言研究的目的。

　　先看教育部有關「播田」用字改做「佈田」的說明，定稿小組成員之一的盧廣誠二〇一三年三月二十七日上午九點四十九分的 po 文如下：

> 各位委員大家好：
> 有關「播田」用字該做「佈田」，我簡單做一個說明：
> 有民眾反映講：辭典「播田」有 pò-tshân 的標音是錯誤的，這個詞愛講做 pòo-tshân。經過調查，發現有做過稿的人，攏干焦講 pòo-tshân，無人講是 pò-tshân。若看文獻，發現杜嘉德的辭典，干焦收 pòo-tshân，無收 pò-tshân。對甘為霖的字典開始，因為用「播田」做 pòo-tshân 的用字，這個詞才開始有 pò-tshân 的音讀。文字是語言的記錄，文字一定愛會當反映語言正確的發音。因為採用「播」，會造成 pò-tshân 佮 pòo-tshân 兩種發音的困擾，閣再講，華語「播種」是台語的「掖種」，台語的 pòo-tshân 是華語的「插秧」。照「插秧」的意思來看，是將掖種以後檵甲實實的秧仔「分佈」去較闊的田裏，所以決定欲改用音、義攏袂造成誤解的「佈田」，以免因為寫做「播田」，害人讀做 pò-tshân。

一個小時不到，就出現了蕭藤村委員的 po 文，他並不同意小組的決議。蕭委員於二〇一三年三月二十七日上午十點四十四分寫道：

各位委員逐家好：

我佇嘉義拜一瞑有一班「臺灣話講予伊惦氣」的課，有三十外人來上課，現場用意思佮情形，無用文字佮聲明調查，結果有作穡底的人16个講「pò-tshân」，漳州方言韻書《彙集雅俗通十五音》，明明就有「pò」，若用「佈田」，就是消滅「pò-tshân」的講法。若用「播田」，隨在人講「pòo-tshân」，抑是講「pò-tshân」，敢毋好？田野調查有調查著就算有，調查無著的，敢會使算無？

蕭藤村在前一日（2013年3月26日11：45 Asia／Taipei）已提出意見及建議，他寫道：

有關「佈田」，是因為遮的理由修改：

1.音讀較合，音系嘛較整齊。

2.華語的「播」是「播種」，台語的 pòo 是「插秧」，所以無全款的概念用無全字嘛是好。

理由傷勉強，家己想家己著（tioh）。我建議：「播田 pòo-tshân/pò-tshân」請看下面的資料：

漳州方言韻書《彙集雅俗通十五音》卷三:

七三：「播，種也，布也，棄也，遷也。」屬佇高上去聲告字韻「pò」，無佇沽上去聲固字韻「pòo」。

《甘字典》（按此為甘為霖牧師1913年《廈門音新字典》的簡稱）：

Po 播

iātsíng-tsí, iā-tsíng, sì-kùe iā; suànn-suànn; tû-khì; jī-sīnn, pòo-tshân, thuân-pōo, póo-iông.「掖種子，掖種，四界掖；散散；除去；字姓，播田，傳播，播揚」p.552

Poo 播

iā-tsíng,sì-kùe-iā; suànn-suànn; tû-khì, jī-sìnn, pòo-tshân, thuân-pòo, pòo-iông.「掖種，四界掖；散散；除去；字姓，播田，傳播，播揚」p553

《臺灣閩南語辭典》：

播＋po3,poo3

一、種植。例：播稻 po3/poo3tiu7

二、傳報。例：廣播 kong2po3/poo3.廣播電臺 kong2po3/poo3tian7tai5

傳播公司 thuan5po3/poo3 kong1 si1.

（按以下列六個詞目：播田、播春、播音、播送、播田夫、播稻仔，「播」字均兩讀並列 po3／poo3。據作者董忠司表示這是以府城台南為基礎的語料，但不符台灣多數方言的事實，播田，播田夫，播稻仔應以 poo3為通行腔，播音與播送，應以 po3為通行腔，才有盧廣誠提出的問題與困擾。）

經過初步討論，引出兩篇專文，即洪惟仁〈有關「播」與「佈」的差異〉及董忠司〈關於「播田」的音義〉（2013.03.30），洪文除強調「播」與「佈」音義有別，沒有合流的理由，如果中古果攝上聲過韻「補過切」的「播」字要與遇攝去聲暮韻「博故切」的「佈」字合流或由 po3變入 poo3，為何其他果攝字並未有此現象，照董氏的描述，台南「播」字不論廣播或播田均 po3／poo3兩讀並存，為何不是合流，照董、蕭二人的語言調查，應該出現其他果攝字與遇攝字均有同一現象，才是語言變遷的規律，否則難以自圓其說。

董忠司則指出：

> 「播」字音溢出漢語中古音的對應規律而讀為 poo3音，是一個事實，應該承認。這個讀法可能已經影響了全閩南，我們看到《閩南方言大詞典》《閩南方言常用小詞典》（按作者周長楫）所收寫為「播膣（田）」讀為 poo5-3「53」tshan2「35」的詞條，廈門、泉州、漳州沒有不同讀法，查陳正統《閩南話漳腔辭典》「播」字不收 po3音，而讀為 poo3（按陳氏的標音系統 po3 寫做 bo5，poo3寫做boo5）注釋有「廣播」、「傳播」、「播膣（田）」、「春播」、「播遷」，另收「播荳仔」等詞條，可見「播」字讀為「poo3」音，已經拓展到漳州地去了。臺灣這「播」字「po3,poo3」兩音，不止現代台南市還有所發現，1913年的甘為霖《廈門音新字典》明白把「播」字列出「po3」「poo3」兩詞條，釋義舉詞例幾乎相同。

按董氏所指甘為霖「廈典」兩音詞例全同，已見上引蕭文。董文要證明的只是這種現象在一八四七年打馬字《廈門音的字典》已出現。所以不只是台南或台灣地區有此音變。並未回答為何這種音變為何只限於「播」這個字。

洪惟仁認為「播」和「佈」在語源上的差異是：

> 「播」的意義在「播種」，因此漢語只有「播種」（直接受詞是「種」tsíng）一詞，不論華語或台語都不說「播田」。但「播」的意義既然是「播種」，當然要把種子散佈在田裏，因此《說文》解釋說「一曰布也」（這裏的布是動詞，後來別作「佈」）。但「佈」義的重點在「散佈」「遍佈」，直接指出把種子散佈在田裏的意思，所以動詞「佈」的補語是田，所以不說「佈種」。所以「播種」和「佈田」的意思很相近，但一為及物動詞，一為不及物動詞（松案：當指播與佈的及物性，而非指播種與佈田的屬性）。
>
> 閩南語「播種」說「抔種」iā-tsíng；把種子散佈在田裏叫做「佈田」，是基於動詞詞性的不同。
>
> 不過問題的焦點在音讀是「播」音「補過切」，字在果攝，漳音只能唸成 pò，泉

音 pòo，但台灣偏漳，pò 比 pòo 通行，依照文白對應規律，白讀只能唸成 puà，不能念成 pòo。

「佈」音「博故切」，只能唸成 pòo，文白讀都不能唸成 pò 或 puà，也就是說意義上「播」和「佈」雖然有相通之處，但是音讀上沒有通融的餘地，也就是說 pòo-tshân 的本字是「佈田」，不是「播田」。

洪惟仁這個論證，充分體現詞彙溯源的重要，不從源頭上找出音義的差異，祇在已經混同為一的詞形上打轉，視「播」字變成今日的 pò／pòo 兩音共存是整個閩南語的趨勢，並沒有解決「音字系統性」的問題，祇有從字源與詞源兩方面進行詞義與構詞的合理性，才能衝破我們前文所說的漢字的誤區，以下我們先從詞彙史來追溯播與佈（布）的異同。

三 「播田」一詞溯源及其流變

根據《漢語大詞典》，「播田」兩字連用首見於西漢董仲舒《春秋繁露》〈三代改制質文〉：

后稷長於邰土，播田五穀。

南朝梁元帝〈言志賦〉也有：

聞夏王之鑄鼎，重農皇之播田。

「播田」後面可接「五穀」，也可以不接。若接「五穀」，則不限於「插秧」，所以上文的「播田」語義不等同於閩南語的「播田」，而泛指種植。當然也可以認為閩南語的「播田」是古漢語語義的縮小或語用的窄化。這是不是意味「播」的本義就是播種，後來泛指播百穀或五穀，加了「田」以後即泛指種植或耕作。「播田」的及物化，其實是一種語法的「併入現象」（參湯廷池1990），播田可視為述賓結構，不過「田」這個詞素更像是處所補語，真正的及物賓語是五穀，這個時候，處於補語地位的「田」可以被當「賓語」看待而併入為「播田」一詞，然又再接賓語即是再度及物化。類似的現代漢語例子如：「起草」一詞，「草」本指草稿，是述賓式，已帶賓語就是不及物，但草字被併入為新的動詞的一個詞素，它又可以及物化，再帶賓語，如「起草法案」，代表「草稿」的「草」，當初也可如「播田」的「田」一樣，視為述補關係，意謂在草稿上起一些條文。至於閩南人用「播田」專指插秧，是否就是取義「播散，分布」秧苗的種作方式，就分布行列而言，《現代漢語詞典》（1996、2008商務版）正有「點播」與「條播」兩個詞條，試摘錄於下：

　　點播（頁281）diǎnbō　播種的一種方式，每隔一定距離挖一小坑，放入種子，也叫點種（diǎnzhòng）。

　　條播（頁1251）tiáobō　播種的一種方式，把種子均勻地播成長條，行與行之間保持一定距離。

　　這兩個詞彙，應為北方漢語，非關稻作；閩南語水稻的種植，須兩道手續，先是「煔種」（iā-tsíng，俗作掖種），再行「佈田」（pòo-tshân），也作播田或播秧仔，或作播稻仔。台灣多數人唸 pòo-tshân，在語意上播田與佈田完全是相同的，因為第二道程序不再是對種子（如上面的點播或條播），而是對已培育成的秧苗去進行田中佈置，或布列，因此用「佈」字語意更為貼切，《廣韻》「佈，佈偏也。」（去聲暮韻　博故切，頁369）

　　另外還有三個文獻寫作「布（佈）田」的例子：

　　1. 蔣儒林編《潮語十五音》（香港陳湘記書局發行），卷二孤部邊字下欄

　　（陰去）：佈　編也，如俗佈田、佈廣蔽也。

　　　　　　　拀　拀田、拀種。（頁16）

　　2. 張曉山編《新潮汕字典》（普通話潮州話對照）（廣東人民出版社，2009年，頁211），播音 bua^3（波蛙^3）簸，收兩義項：（1）撒種：條播，點播，加寬播幅（把壟放寬）。（2）傳揚，傳布：播音，廣播，頁323，布〔佈〕音 bou^3（波烏^3）補^3。另注文讀 bu^3（波污^3）富，收五個義項，另外下列由布構成的雙音詞收有「布田」（bou^3 cang^5）訓插秧。

　　按：此例可見潮語播音簸（bua^3）和布（佈）音 bou^3（同補），正反映古音果攝與遇攝的對立，並無混同跡象。所以撒種雖然也用「播」（音同簸），但插秧卻只能用「布田」（音同補 bou^3），這是從比較方言的角度找到閩南語「布田」不同於「播田」的音讀證據。

　　3. 許寶華、富田一郎主編《漢語方言大辭典》（北京市：中華書局，1996年）也兼收播田與布田兩詞。分別如下：

　　〔播田〕（頁7040，該書第三卷）

　　〈動〉插秧。閩語。福建廈門〔pɔ^{21} tshan^{24}〕、福州〔puɔ^{213} tshɛiŋ^{53}〕、古田〔puo^{21} tshein^{33}〕、福清〔puo^{44} tsheŋ^{44}〕、寧德〔pu^{35} tsheŋ^{11}〕。廣東中山隆都〔puɔ$^{11～55}$ tshɛiŋ^{33}〕。

　　〔布田〕（頁1139，該書第一卷）

　　〈動〉插秧。閩語。福建仙游〔pou^{42} lɛŋ^{24}〕、莆田〔pou^{11} lɛŋ^{13}〕。廣東汕頭〔pou$^{213-55}$ tshan^{53}〕，揭陽〔pou$^{213-53}$ tshaŋ^{55}〕

　　4. 張振興《台灣閩南語方言記略》（福建人民出版社，1983；台灣文史哲出版社有

台印本。台版頁113，佈 pɔ˩佈脿，插秧。）

由此可見，閩語文獻中，早已有「布田」之使用，即使如《潮語十五音》祇用「佈田」，不見「播田」，因插秧不唸作播 pua³，廈門方言也祇有「pɔ²¹」田一讀，並未兼讀「pɔ²¹」。

洪惟仁指出「播田」音 póo 起于泉腔的文讀，利用李如龍《福建縣市方言志12種》（福建教育出版社，2001）屬于泉音系統的南安市與晉江市兩個方言志的同音字表〔布佈怖播布哺〕均同音 pɔ〔南安市 pɔ³¹，晉江市 pɔ⁴¹〕僅調值有別。換言之，播布之合流，是「播」po 併入「布」poo 這是泉腔的趨勢，廈門已完成。並不是文讀現象。至於台灣的漳腔（或說內埔腔）多半保持播 po 與布 poo 的對立一如潮州，這應是存古的現象，鄙人出身雲林斗南鄉下，從小參與大人的挴秧仔、播田、割稻，後來只會唸 pòo tshân，不曾聽到村人把「播田」唸為 pò tshân。所以比較認同從字源上認定閩南語的「佈田」確實與讀為「播田」的漢語具有不同概念。

四　播與布（佈）的字源與詞源

就播與布（佈）的音義來看，本來是絕然不同的兩個字，但從早期「種作」義專用播字，到近人書寫「播田（pòo-tshân）一詞，卻是播田、布（佈）田兩字並存，這反映的可能狀況是某些方言播與布（佈）的音讀對立，並不能替代，或者播與布（佈）合流，播有 pò 與 pòo 兩讀，或播、布合流為 pòo 一讀，因此播、布兩字有了「交替」，以上三種情況，可能均是存在的事實，那麼必須扣緊詞義以溯源，「播／布（佈）田」若專指「插秧」，而非泛稱播種、做田，寫成「布（佈）田」卻是合乎「布」字詞義的演變而不單純是語音的混同。

（一）播與布字源有別，引申交會

依段注本《說文解字》：「播，種也，從手番聲，一曰布也，敊，古文播。」段注在「種也」下，引堯典曰：「播時五穀。」但在「一曰布也」下，引《周禮・瞽矇》注曰：「播謂發揚其音。」這是鄭玄對於《周禮・春官宗伯》禮官之一職「瞽矇」：「掌播鼗、柷、敔、塤、簫、管、絃、歌」的播字的注釋，可見許慎說文用「一曰」以存異說或別義，播訓種是本義，因其形、義相符。故「一曰布也」，則指樂音之播揚，兩者雖指涉不同，其字同屬「播」字，故「一曰布」可視為「播」之引申義，由種子之「撒播」引申為樂音之「散布」。由此也可看到《說文》本義為「枲織也，從巾父聲」的「布」字，也能引申為動詞散布、布揚之義。播與布的意義交會，雖然不是平行的引申，但是漢代指稱語言的布告、樂聲的播散，已由另一個常用詞「布」來承擔。關於布

字的引申，《說文七下巾部》「布」字下段注也指出：

> 其艸曰枲，……屋下治之曰麻。緝而績之曰綫、曰縷、曰纑。織而成之曰
> 布。……古者無今之木綿布，但有麻布及葛布而已。引伸之凡散之曰布。取義於
> 可卷舒也。

此外漢代以下訓詁家，亦多將「播」訓為「布」，今據宗福邦等主編《故訓匯纂》（商務印書館，2003）播字下的59條故訓（頁934-935）中，列出與「布」相關的條目（含編序碼）共有以下六條（其中第七條包含自漢迄清的古今注家十多人）。

（5）播，謂布種也。《書·大誥》「其子乃弗肯播」孔穎達疏。又《漢書·百官公卿表》「播百穀」顏師古注。

（7）播，布也。《書·堯典》「播時百穀」孔安國傳。《益稷》「墍稷播」蔡沈集傳。

《國語·晉語三》「必播於外」韋昭注；《鄭語》「周棄能播殖百穀疏」韋昭注。

《墨子·天志中》「播賦百事」孫詒讓《閒詁》引畢云；《備城門》「播以射衛」孫詒讓《閒詁》引《說文》。

《孟子·滕文公上》：「其始播百穀」朱熹集註。

《淮南子·原道》：「神農之播穀也」高誘注。

《史記·夏本紀》：「北播為九河」張守節正義。

《大戴禮記·五帝德》：「時播百穀草木」王聘珍解詁。

《禮記·禮運》：「播樂以安之」孔穎達疏。

《禮記·禮器》：「有撤而播也」孔穎達疏。

《漢書·食貨誌上》：「而播種於畎中」顏師古注。（本條以下略）

（8）播者，布也。《書·盤庚》：「王播告之」孫星衍今古文注疏引《廣雅》。

《康誥》：「百工播」孫星衍今古文注疏引《說文》。康誥「乃別播敷造」孫星衍今古文注疏引《說文》。

（9）以播為布。布者，遍也。《書·泰誓中》：「播棄犁老」孔安國傳。「布棄不禮敬」孔穎達疏。

（10）播，布也，散也。《儀禮·士虞禮》：「播餘于篚」胡培翬正義引胡氏承珙云。

（11）播是分散之義，故為布也。《書·舜典》：「播時百穀」孔安國傳。播，布也。（孔穎達疏）

以上諸條均以「布」訓「播」之分散義，注疏家包括（漢）孔安國、韋昭、高誘，（唐）張守節、孔穎達、顏師古，（宋）蔡沈、朱熹，（清）孫詒讓、畢沅、王聘珍、孫星衍、胡培翬等人。由此可見，布字在這些訓詁家眼中已成為播散的同義詞。而其「始作甬者」實出於許慎的「一曰布也」，段注專以「發揚其音」為別義，後代學者卻混淆

了播種和播音（一曰布也）的分別，《說文》一曰必非同義，段注的區別「播與布」的語境應是有據而云然，或者看到注疏家的混淆，刻意指出兩者之區別。

我們再分析同書（《故訓匯纂》）中的「布」字（頁662-663），凡列故訓115條，1-9均釋布帛，以由於《說文》訓枲織，《廣韻》訓布帛為代表。11為瀑布，12-26釋為幣、錢、刀布、泉布，均指錢幣。引申為財貨、賦也（27-31）

32-33為布告，34-37為陳列，猶敷也（38-39），38-45訓溥也，徧也，展也，班也，散也，施也。而以《廣雅·釋詁三》「布，散也」，《集韻·莫韻》：「布，散也」為代表。段氏注說文，亦以為布可卷舒，故引申為散布。47訓分布（玄應音義·卷五·布施條），祭星曰布（《爾雅·釋天》）；以布構詞者，如布衣（65-71），布（衰）（ㄘㄨㄟ）即衰（ㄕㄨㄞ）（76-77），布穀（83-92），布護（92-104）等，其中布訓溥，訓徧，訓展，訓散也，施也，均為段氏「布」的引申義說。許威漢·陳秋祥《漢字古今義合解》（上海教育出版社，2000）指出：

> 今「布」是棉、麻等織物的統稱，布又可組成各種合成詞，如棉布、麻布、紗布等，並由「布」的長而可卷舒義，引申為散布、分布等，泛用又有宣布、發布、公布、布告以及布置、布局等意思。

據王朝忠（2006）《漢字形義演釋字典》的字義發展圖示如下：

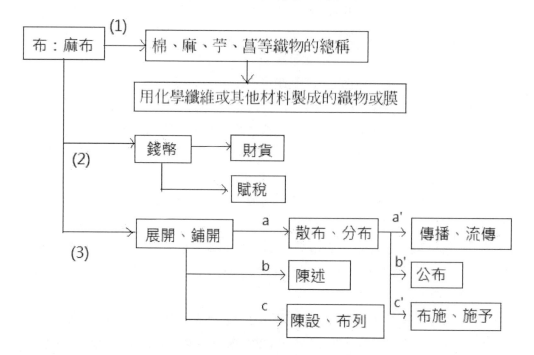

上表我們加上（1）（2）（3）的標示，俾便說明：

（1）說文的本義，布是初級織物的總稱，與帛（絲織品）相對。

（2）布、幣雙聲，以布為錢幣猶以貝為貨幣，均出于以物易物之世代，進而引申
為財貨或賦稅。

（3）布的「展開」、「鋪開」義實據段氏指出的可捲舒的屬性引申後世布匹均捲成
一長軸，欲張開裁剪，才攤開全幅或部分。因此其次第引申的脈絡為：

a 層，由鋪開，引申為散布、分布義

b 層，由展開，引申出陳述義。

c 層，由展鋪，引申出陳設義、布列義。

其中 a 的散布、分布義，再引申出 aˊ、bˊ、cˊ 抽象義的詞義。

其中 cˊ 的布施義具及物化，有施予之內容。

（4）我判斷閩南語「布田」、「佈田」應取義于 3a 分布義及 3c 布列義。

以下，我試圖根據《漢語大字典》（湖北辭書、四川辭書出版社，1988，第二卷，頁
1960-1961），「播」的十二個義項，演釋為如下的字義發展圖示：

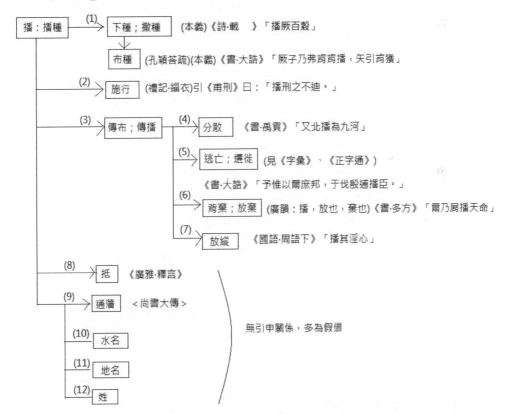

由上圖可見「播」字的字義，由動詞播種，引申為施行，傳布，傳播義，基本與「布」
字平行，（4）以下由「分散」義引申出逃亡，遷徙（如播遷台灣），背棄、放棄、放
縱，卻向負面義發展，這是與「布」不同的發展。至（8）～（12）明顯與本義引申相
遠，專名姓氏朱駿聲所謂「託名標幟字」，蓋多假借。

我們由這兩組字義發展，看到有平行，有交會，其起源（字源）是不同的，即布≠播。布是名詞，播是動詞，但名、動同詞，是上古漢語單音詞常見的衍生、孳乳手段，布貨為錢幣仍屬名物，故置於（2），錢幣是流通的，它與布的卷舒義完全相接，漁化就向「舒」的方向拓展，於是展開、鋪陳、散布、布列、布置陳述、布告、流傳、布施就一路展開，所以成為「播」的近義詞。但也有它獨特的用法，還保留在早期北京話，例如：

> 布菜（1937國語辭典，商務）：席間以菜敬人之謂。（又見高、傅《北京話詞典》2013）按此出紅樓四十一回。
>
> 布讓（《北京話詞典》，中華書局，2013）：主動勸客人吃喝、遞送、攙挾食物。[例]說話時，已擺了果茶上來，熙鳳親自布讓。（紅26）此又見紅樓夢第三回。

據許少峰（1997）《近代漢語詞典》兼收布菜、布讓，並云：「布讓即『布菜』」，另收「布送」，意為「挾菜往嘴裡送」，見《綠野仙蹤》第七二回。又收有「哺菜 bù càier」，也解為布菜，例見《金瓶梅詞話》五一回。由此可見明清之際，官話方言中即保留了「布菜」作為挾菜敬客的基本用法。證明布義的演變，從未間斷。相當的情形，播字由播種引申為施行、播音、傳布、播放、就往「散」的方向發展，這就是（4）至（7）義項中分散、逃亡、遷徙、背棄、放棄、放縱等義，例子多見於尚書、下至列國史記《國語》。負面詞義發展，終結了其繼續引申的空間。

《現代漢語詞典》（商務印書館，2008，第五版）共收有三個義項（（1）傳播、傳揚（2）播種（3）〈書〉遷移、流亡。）及十一個雙音詞：播報、播發、播放、播溝、播弄、播撒、播送、播音、播映、播種$_1$（zhǒng）、播種$_2$（zhòng）。

《現代漢語詞典》對於「布」的名動進行字素的區別，因此收為兩個字頭：

> 布^{1}bù（1）名：用棉麻等織成的，（2）古代的一種錢幣，（3）名：姓。
>
> 布^2（佈）bù（1）宣告；宣布，（2）〔動〕：散布；分布，（3）〔動〕布置。

底下共有二十九個雙音詞，除（外來語）布丁、布爾喬亞、布爾什維克、布拉吉、布朗族、布依族等六個詞之外，其餘二十三個詞均與布$_1$／布$_2$（佈）兩字下的義項相關。是見布$_2$的構詞力，遠遠超過「播」字。

（二）播與布的詞源探索

有關漢語的詞源研究，起於東漢劉熙之《釋名》下迄清末民初張炳麟《文始》是傳說研究之結束。民國以來，右文說之遺緒，仍微波盪漾，梁啟超、楊樹達、沈兼士皆有專論，自高本漢構擬上古音，詞源研究走入新階段，向歷史比較之方向靠攏。日人藤堂

明保，國內王力先生《同源字典》（1982）樹立一塊里程碑。但各家所收同源詞族及同源字並不盡相同。本文不擬細論諸家異同，近三十年來各種同源詞族的專書又復不勝縷舉，本文擬據二〇一〇年八月中華書局出版之齊沖天、齊小平編著《漢語音義字典》（上、下）所作廣義詞族（或字族）方式，說明播與布兩詞在詞族中的歸屬。

齊氏此著共歸結752個語源詞，由他們派生出了八千多個派生詞，平均每個語源詞派生出了十一個派生詞，形成一個詞族，共得七五二個詞族。由原書詞族之排列順序，本文將先介紹「布」字族再介紹「播」字族。

1 布 歸屬於齊氏第38族父字族（頁77-82）

父字族的收字：父、斧、釜、甫、峬、尃、傅、補、輔、酺、
賻、捕、逋、痛、匍、哺、餔、晡、簠、布、
佈、柿、怖、圃、浦、鋪、蒲、醭、脯、鵏、
普、譜、鯆、潽、敷、薂、黼、搏、膊、髆、
縛、鎛、薄、簿、欂、磚、饙、博、簿。　　凡49字

本字族的綜述如下：

「綜上所述，從父的詞族聲母上幫（非）、滂（敷）、並（奉）。韻部有魚，鐸，音義從父而字讀成鐸部，都直接間接帶有迫着之義，無一例外，文字上，鐸部皆從尃，但從尃的，也有魚部字。如果我們把這魚，鐸之差，單純地看做是語音的演變，看做陰、陽、入之間的對轉，那麼就有三個不知：一不知同一詞族中魚部字與鐸部字之間存在著什麼樣的語言差別；二不知這種語義差別的由來是什麼；三不知把同語源詞之間的相同和差異做比較和辨析，如捕與搏、脯與膊的比較。

如果承認這裡的鐸部字兼有迫着、急迫之義，就是承認這部分詞兼有從父和從迫兩部分音義，就是承認一個詞的聲和韻是可以分割的，我們要努力去辨識其間的分割與結合。這裡的鐸字部兼有迫着之義，是從歷代的訓詁史料中綜合而得的。……」（《漢語音義字典》上冊，頁82）

總結父族，作者把焦點放在本字族之音韻詮釋魚、鐸兩部，卻祇提鐸部字的迫着義，而省略了魚部字大量從父聲（包括甫聲字），以下試就父和布、佈三字，摘錄本字典的分析。

父 fù 並（奉）母魚部。《說文》對它的篆形分析是「從又舉杖」，即右手舉著一根或長或短的杖，隸變成現在的字形。現在看到的古文字字形與父字派生的音義，都說明這個解釋是非常準確的。父作名詞，指右手舉杖的人，可以是舉杖的英雄、武士，也可以指舉杖的長者。父母的父就是後一意義引申的。前一意義如《左傳》就有幾位的名字叫父。……用作男子美稱，如說古公亶父，姜尚稱作尚父。

布 bù 幫母魚部。《說文》：「枲織也。從巾父聲。」即麻、葛等的織物，統稱布。……布的篆形，巾字的上部是一個父字。到隸、楷就全都省作又字了。……布是舒卷鋪陳之物，故其音義從父，它由傳布、分布、散布引申指具體的布匹。布的一項古義是指錢幣，它也是廣為傳布之物，一度曾將布匹作為錢幣來兌用、交換，故錢幣就叫布。……

早期的布字，主要是宣布、陳述、鋪開、散布等動詞義。如《史記》的用例：「事已布告諸侯」、「宣布詔令治民」、「布德施惠」、「布政不均」。當他們這樣「布告天下」的時候，背後往往站有從又舉杖的人吧？所以布字從父。現在幾乎沒有人用布字起名字，漢代的英布（黥布）、三國時的呂布，都是驍勇大將，他們的名字與他們的才能是很相配的。布在現代用作發布、散布之義，如說發布消息、散布謠言，又說布置工作、布局合理，是作全面安排的意思。布雷就是布置和掩埋地雷。

佈 bù 《廣韻》：「布遍也。」《集韻》：「遍也。」佈是布的後起分化字，兩字的區別，佈是遍布、滿布、密布。布告後作佈告，《史記》還沒有佈字。今簡化字將佈、布二字合為布。

　　從詞族的觀點，把「父」字當詞根，從父聲的布字，就由舉仗義來作為布告的可能源頭，但是從字源上，形符的「巾」應該是布的字義來源，其聲源反而是當了動詞的附加義，這兩種差異，形成字源與詞源的矛盾，現階段我們僅從齊氏所歸的詞族來看語源，當然只是「一家之言」，僅供參考。

2 播　歸屬齊氏第 744 族八字族（頁 1057-1068）

　　八字族收字：八、扒、趴（等五字）。市、芾、沛、肺（等八字）。孛、浡、勃（等十一字）。匹、分、份、盆（等二十三字）。岸、半、畔（等十六字）。別、剅、片 班、斑、瘢、癍、辨、辯、辦（等五字）。采、番、播（等十三字）。桼、卷、卷（等二十八字）。蟠。凡 118 字。

　　按八字族多達 118 字，為節省篇幅，僅列出字根及兩個諧聲字代表，同聲字數在括弧內，作者的總結性意見似乎寄在末字「蟠」之下，我們以下舉八、播、蟠三字本字典釋義，以說明本詞族的精義：

　　八 ba 幫母質部。分開，大多作動詞。《說文》：「別也。象分別相背之形。」即一左一右的動作。在先民的觀念中，八的數是一個可分割的數。它可以幾次作平分。八是一個涵義深刻的數。

　　播 bo 幫母歌部。《說文》：「種也。一曰布也。從手，番聲。」即傳播、散布，亦

即獸蹄鳥迹之道，交於中國。由獸足之播，到種子之播，是從狩獵到農業。到大工業時代，傳播學更是一門重要學問。《尚書》共十二個播字，如播種、播百谷，是就農業說的。《盤庚上》「王播告之修」，孔傳：「王布告人以所修之政。」又有播天命之類，便是政治上的傳播。《詩經》的五個播字一律用於「播厥百谷」。《易經》沒有播字，《禮記‧禮運》有「播五行於四時」，是很虛的用法，孔穎達疏：「播謂播散五行金、木、水、火、土之氣於春夏秋冬之四時也。」播有陰、陽兩讀，一方面它與陽聲的藩、番等字通，《尚書大傳‧洪範五行傳》鄭玄注：「播，讀曰藩。」另一方面它與陰聲的簸（歌部）字通假，播種往往是要搖動的，從而有搖動、播棄、逃亡等義。《尚書‧泰誓》：「商王受力行無度，播棄黎老，昵比罪人，淫酗肆虐。」這是用的簸義。「顛簸」可作顛播。所以，播的陰聲是由簸、播二字之間作音義的假借而來的。這樣，播的音義就是從番又從簸。

還有一個從番而讀歌部的字，即鄱字，鄱陽湖因鄱陽山得名，鄱陽山居鄱江之陽，鄱江古稱番水，番字沒有歌部的讀音，那麼它本是讀元部的，後來為什麼讀歌部，待考。

蟠 pán 並母元部。《廣雅‧釋詁一》：「曲也。」即盤曲，《淮南子‧本經》「蟠龍連組」，高誘注：「蟠龍詰屈相連文錯，如織組文也。」但是只有從釆之字讀見系聲母者方有卷曲之義，從番之字讀幫系聲母者皆為分別、隔離或翻覆之義，今蟠字讀幫系聲母卻要作屈曲之義，是何道理？據《辭源》：蟠龍，可作盤龍；蟠道，可作盤道；蟠拿，盤曲作攫拿狀，也可作盤拿；蟠據，同盤據。又蟠縈，盤曲旋繞；蟠婉，盤曲貌。而蘇州的盤門，據唐代陸廣微《吳地記》：「盤門古作蟠門。」《現代漢語詞典》也說盤曲就是蟠曲。但是誰也沒有說蟠與盤兩字相通，或兩字可互相假借，只有《同源字典》說：「在屈曲的意義上，蟠、盤、縈實同一詞。」盤為並母元部字，蟠、盤二字同音。那麼，在屈曲的音義上同源，在別的意義上就不同源了嗎？屈曲是兩字的中心語義，這裡有共同的音義，就是可靠的了，之後可以有不同的發展。《史記》蟠字四見，盤字十七見，但用於盤庚專名者十四見，作為一般語詞用的三見：一說杯盤狼藉，一說盤石，一說其山盤紆。蟠字則不同：兩次說蟠木，是相傳東海中神人所居之地，一說「求之於白蛇蟠杆林中者」，一說「禮樂之極乎天而蟠乎地」。蟠字帶有神秘色彩。蟠字從蟲從釆，找到了一個與盤同音之字番，就是要指那些神蟲們。蟠字的產生，就是應這種需要來的。天宮中有蟠桃，在即使是人間的蟠桃也沒有人寫作盤桃。所以，盤、蟠二字，字形完全不同，卻有共同的語源，更有不同的發展途徑。蟠的音義從盤又從釆。

由於本族聲符包括八、布、孛、分、半、別、班、辡、釆（番）、巻等十個，其中巻（音卷）聲字為見系，其他均為脣音系，其中頗不尋常，又見系的卷聲字衍生二十八字，是各聲母之冠，作者就番聲有分別、隔離或翻覆之義，其中蟠龍之蟠，獨有卷曲之義，似與卷聲有語源上之聯繫，因此在此討論，亦見不同聲類之間似有平行的詞族存在，其中如何連成一族，超越諧聲之原則，提出耐人尋味的詞群，其實是相當值得深入討論。播的播種、傳播，散布義，也跟布字的動詞義有了交叉。

所以「說文」訓「播，種也」又加上「一曰布也。」可見從音義上，播與布各有詞源之根據，本非同源，其後布字和播字平行發展，字源上似有交叉，語源上，又各有歸屬。這就證明近代播、布之音義糾葛其來有自。論者只因播之本意與種植有關，即執著於「布田」沒有存在之價值，殊不知布字自古已具動詞義，在詞義上又與播不相重疊，獨自發展成更細緻的「佈田」，在語源上，找不到依據，在字源上，卻找到平行交叉的發展。

五 結語

本文重點不在證明播田的本字如何，祇是從語義和文獻出發，說明漢字的是非，不能有感情因素，用什麼字書寫與字源真相是兩回事，有時我們認同許多「訓用字」，只不過為了省事或者服從習慣法則，不要讓書面語擺盪。有時又發現漢字的最大誤區在於人們偏愛某字到了無法放棄之地步，所以連國語會閩南語諸位審查委員，都難免不能忘情於被晾在一邊的某字，所以就有定字「反盤」的事件層出不窮。我們認為個人的認知，可以繼續從學者的態度去堅持和捍衛，但不必認為某個詞用了一個罕僻的字就天下大亂，這種情緒語言有時祇說明自己身陷漢字的牢籠太深，無法自拔。所以反復思考，祇好把漢字的體式比為一個人的「穿著」似乎有點不夠嚴肅，但實情不過如此。

本文考察了「播田」一詞的形式與流變，作為通語，它與種植相關，其後衍變出「點播」、「條播」等播種方式，但南方的稻作區，則播種之後，尚有「插秧」的分疏之作。漢語稱為「插秧」，閩南語曰「佈田」，仍沿用「播田」二字，但詞根已非「播」字。由於播與佈，音義有別。「佈田」一詞實際是構詞之創新，基本上是有別於古漢語「播田」的詞義。但因作為遍布，散置，布置之「佈」字，是古漢語「布」字的衍生字。文獻顯示早期的「布」除了當名詞外（布帛、貨幣），其動詞功能早已活躍。因此，《說文》訓播為「種也」又加「一曰布也」，既取其播種之專名，又取其散布，遍植之通義，兼顧字源與詞源。由於字義上播的引申義與布的動詞義有交叉，但詞源上，兩個概念各有所承。在音義相近的習用下，「布塍」一詞長期為書面語「播田」所掩蓋，因此，迄今無法正本清源寫成「佈塍」。本文釐清了這個漢字書寫的誤區。

參考文獻

教育部國語會主編　《臺灣閩南語常用詞辭典》　教育部電子辭典　總編輯姚榮松　2008年

漢語大詞典編輯委員會等　《漢語大詞典》　上海市　漢語大詞典出版社　1990年12月第一版

許寶華、宮田一郎合編　《漢語方言大詞典》（復旦大學與東京外大合編）　北京市　中華書局　1992年

李格非主編　《漢語大字典》（簡編本）　成都市　四川辭書出版社　武漢市　湖北辭書出版社　1996年

王　力　《同源字典》北京市　商務印書館　1987年

甘為霖（W. Campbell）編著　《廈門音新字典》　臺南市　臺灣教會公報社　1913年初版　臺南市　人光出版社　1997年十九版

周長輯　《閩南方言大詞典》　福州市　福建人民出版社　2001年

董忠司總編輯　《臺灣閩南語詞典》　臺北市　國立編譯館主編、五南圖書公司印行　2000年

現代漢語編纂處　《現代漢語詞典》　北京市　商務印書館　2008年

國語日報出版中心主編　《新編國語日報詞典》　臺北市　國語日報出版社　2000年

宗福邦等主編　《故訓匯纂》　北京市　商務印書館　2000年

齊沖天、齊小孚編著　《漢語音義字典》（上下）　北京市　中華書局　2010年

教育部國語會主編　《重修國語詞典》　教育部電子辭典

陳正統主編　《閩南話漳腔辭典》　北京市　中華書局　2007年

許威漢等主編　《漢字古今義合解》　上海市　上海教育出版社　2002年

張志毅等著　《詞匯語義字》　北京市　商務印書館　2001年

王朝忠　《漢字形義演釋字典》　成都市　四川辭書出版社　2006年

日本出版《中國語雜誌》（1938-1943）：
漢語語法研究專輯[*]

李無未

廈門大學中國語言文學系教授兼系主任

摘要

六角恒廣《中國語教本類集成》第九集第三卷有選擇地影印了十五種與中國語研究相關的在日本出版的雜誌。這些中國語雜誌涉及到的內容比較複雜，有綜合性的，也有專題性的。與語法研究相關的內容刊載有的比較集中，有的則分散，以單篇文章的形式討論，多限於一個很小的語法範疇問題。野村瑞峰的《文法參考書》是一篇評述現代日本漢語語法研究重要著作的文章，具有明顯的時效性，是我們今天學者瞭解日本現代漢語語法史不可多得的文獻之一。《中國語文法研究號》專門討論漢語文法諸問題，有所謂中國語文法「宏觀」的理論問題；也有中國語文法「中觀」的詞法、句法問題；更有中國語文法「微觀」的一個或幾個個別詞的意義和用法問題。此外，就是對已經發表的中日兩國有關中國語文法著作主要文獻進行清理，以便讀者對中國語文法發展脈絡有一個概括的瞭解。提出了許多有價值的見解，對我們今天研究漢語語法也是值得借鑒的，這確實是值得我們很好地思考的。

關鍵詞：中國語、日本雜誌《文法參考書》、《中國語文法研究號》、文法理論問題

---

* 國家社會科學基金重大項目（12&ZD178）成果之一。

一 六角恒廣《中國語教本類集成》影印日本出版中國語雜誌

（一）六角恒廣《中國語教本類集成》日本出版中國語雜誌

六角恒廣《中國語教本類集成》第九集第三卷（不二出版，1997年11月）有選擇地影印了日本一九三八到一九四三年之間出版的十五種與中國語研究相關的雜誌[1]，引起了我們的注意，感到這些都是研究日本漢語學史的重要文獻。這十五種雜誌是：

1. 《中國語研究》，第1號，天理外國語學校昆侖會，1938年12月。
2. 《中國及中國語》，創刊號，第1卷第1號。大阪外國語學校中國研究會，寶文館，1939年2月。
3. 《中國語與時文》，創刊號，第1卷第1號。奧平定世編，開隆堂，1939年7月。
4. 《中國語雜誌》，創刊號，第1卷第1號，石橋鎮雄編，螢雪書院，1940年12月。
5. 《中國語月刊》，第1卷第1號，守屋紀美雄編，帝國書院，1944年3月。
6. 《中國語》臨時增刊《實務會話號》，藤井嘉作編輯，東京外語學院出版部，1937年8月。
7. 《中國語》臨時增刊《實物翻譯號》，藤井嘉作編輯，東京外語學院出版部，1938年5月。
8. 《中國語文法研究號》，臨時增刊，藤井嘉作編輯，東京外語學院出版部，1940年12月。
9. 《中國語雜誌》，第1卷第4號《中國語學習法號》，石橋鎮雄編輯，螢雪書院，1941年4月。
10. 《中國語雜誌》，第1卷第9號《軍用語特輯號》，宮原民平主持，石橋鎮雄編輯，螢雪書院，1941年9月。
11. 《中國語雜誌》，第2卷第4號《中國語基本號》，宮原民平主持，藤原嘉治編輯，螢雪書院，1942年4月。
12. 《中國語雜誌》，第2卷第10號《參考書特輯號》，宮原民平主持，藤原嘉治編輯，螢雪書院，1942年10月。
13. 《中國語雜誌》，第3卷第2號《中國語受驗和學習法》，宮原民平主持，藤原嘉治編輯，螢雪書院，1943年2月。
14. 《中國語雜誌》，第3卷第4號《初步基礎中國語特輯號》，宮原民平主持，藤原嘉治

編輯，帝國書院，1943年4月。

15.《中國語雜誌》，第3卷第5號《文檢中國語受驗指針》，宮原民平主持，藤原嘉治編
輯，帝國書院，1943年4月。

（二）日本出版中國語雜誌刊載內容性質

這些日本出版的中國語雜誌涉及到的內容比較複雜，有綜合性的，也有專題性的，
需要作一番說明。

1 日本出版中國語雜誌涉及綜合性內容

（1）《中國語研究》第一號，其目錄為：中國鐵道論、北滿農業苦力狀況、文壇人去
往何處、對中國語教授私見、漢詩平仄和北京聲音、助動詞研究、把和ㄓ雜談、
滿洲土語集、外來語集錄、揭示集錄、從北京語所見廣東語的發音、上海語音概
略、南京音考、蒙古人素描。

（2）《中國及中國語》創刊號目錄為：中國時文研究、由古文所見現代中國時文、排
除時文訓讀法、論中國衰弱之緣由、對譯：祖母告訴我的故事、泣蟲小僧、新京
漫語、書架、中國語會話入門、初級時文講義、注音符號解說、冀望初學者。

（3）《中國語與時文》創刊號目錄為：發音方法、中國語學習方法、初等會話：訪
問、作文研究：猿和蟹、土語研究：花會、電文寫作方法、日本軍佈告文、時文
研究：飯店簡章、蒙古語會話。

（4）《中國語雜誌》創刊號目錄為：入門篇、會話篇、文法篇、作文手冊、注音符號
解說、軍用中國語一般、中國略字之話、滿洲方言。

（5）《中國語月刊》第一卷第一號目錄為：君子慎獨、中國文學現象和實在、會話：
春雨、兵對中國語一步前進、中國語文法體系的新構想、小說：酒、白話詩、名
作題解：海上花列傳、會話發音學習法和參考書、時文尺牘參考書、中國語和日
本。

2 日本出版中國語雜誌涉及到專題性內容

（1）《中國語》臨時增刊《實務會話號》目錄為：實業會話，比如商標登錄的問答；
通信事物的會話，比如通信、返還、閱覽正寫、特殊配送等；普通官吏實用會
話；官吏社交會話；法律會話，比如刑事事件法庭問答；財政會話，比如稅關內
容；官吏事務會話，比如主任會議模樣；高等官界會話，比如赴任、轉任、辭任
問候並應答。附錄：現代模範中國語演說；第一回滿洲國政府語學檢定考試。

（2）《中國語》臨時增刊《實物翻譯號》目錄為：滿洲國名士問候狀、和文報紙電報

漢（滿）譯、銀行用文漢（滿）譯範例、公司用文翻譯方法、軍事佈告文漢（滿）譯、滿洲國訴訟關係用語、請願書翻譯法、陳述文翻譯法等。

（3）《中國語文法研究號》，臨時增刊目錄為：主要有新體制和中國語文法、中國文法諸問題等。後面詳談。

（4）《中國語雜誌》第一卷第四號《中國語學習法號》目錄為：有竹內好寫的《中國的國語運動》，土屋申一等《中國語會話入門部》，比如會話篇、文法篇、作文詞典、注音符號解說、滿洲方言等；魚返善雄等《中國語文語入門部》，比如中國新聞紀事解說、中國公文解釋、商業檔講義等；《特設入門講座》，比如福建語會話、廣東語會話、蒙古語會話、馬來語會話等。

（5）《中國語雜誌》，第一卷第九號《軍用語特輯號》目錄為：有《播音摘錄》，專設《中國語會話入門部》，比如會話篇、口語文法篇、作文字典等；遠藤章三郎等《中國語文語入門部》，比如中國報紙閱讀方法、中國書翰文詞典、公文解釋等；《特設入門講座》，比如福建語會話、廣東語會話、蒙古語會話、馬來語會話等。但在後半部分，設有《軍用單詞會話特輯》，比如軍隊佈告、行軍、治療、偵察、輸送、宿營、巡查、步哨、訊問等內容。

（6）《中國語雜誌》第二卷第四號《中國語基本號》目錄為：清朝以前小說戲曲作者、會話篇、陣中會話、暗誦文、簡易實用會話、滿洲方言、作文詞典、常用單詞和應用。翻譯孫文《大亞洲主義》等。也有《特設入門講座》。但《特輯基本中國語》是特色，主要有：標點符號解說、中國語發音符號、口語基本構文和練習、中國語聲調、中國語特質、疑問文的基本形態、公文用語解說等。

（7）《中國語雜誌》第二卷第十號《參考書特輯號，附錄中國語學文獻總目錄》目錄為：前大半部分還有《特設入門講座》等，但後半部分是《參考書特輯》，有：中國語學一般參考書、辭典參考書、中國語發音參考書、會話參考書、時文尺牘公文參考書、文法參考書、中國語作文學習法和參考書、讀白話古典參考書、現代中國文學參考書、文檢中國語應考參考書、現代中國研究參考書、蒙古和蒙古語參考書。附錄是《中國語學文獻總目錄》

（8）《中國語雜誌》，第三卷第二號《中國語受驗和學習法》目錄為：有《中國語言的發達》，特輯《中國語受驗和學習法》內容為：中國語學學習法、中國語考試、中國語考試獎勵問題、應考者心得。其他還有白話讀物，並《特設入門講座》。文法：助詞翻譯法、和文華譯研究等。

（9）《中國語雜誌》，第三卷第四號《初步基礎中國語特輯號》目錄為：注音符號的發音、滿洲國的電影、初級常用會話、農業會話、陪伴詞（量詞）的形體性、助詞翻譯法等。

（10）《中國語雜誌》，第三卷第五號《文檢中國語受驗指標》目錄為：前有竹田複

《中國語的表現力》、《注音符號的發音》，以及《農業會話》內容之外，主要是《文檢中國語受驗指針》：文檢中國語受驗記、合格的體驗、志願者的心得、教員檢定規程、問題和解答等。

以上是對六角恒廣《中國語教本類集成》第九集第三卷基本內容的介紹。從中可以看到，在一九三八年到一九四三年之間在日本出版的中國語雜誌的基本面貌。這些雜誌所涉及到的內容是十分廣泛的，形勢多樣化，已經構成了一個十分完整的日本中國語傳播體系。

二　《中國語教本類集成》收錄日本出版中國語雜誌與漢語語法研究問題

在《中國語教本類集成》第九集第三卷所收錄的在日本出版中國語雜誌中，與語法研究相關的內容刊載有的比較集中，有的則分散，以單篇文章的形式討論，多限於一個很小的語法範疇問題。

1. 《中國語研究》第一號，平岩房次郎《助動詞研究──關於可能》（頁18-29），有十二頁（原文四十八頁）之多，可謂細緻入微。

作者認為，中國語助動詞有十二類，表示可能意義的助動詞有兩個系統：動作的可能；狀態的可能。表示動作可能的助動詞還有四類：A.會、不會；B.可以、不可以；C.得、不得；D.能、不能。四類之下，比如會、不會，再細分，和動作練習有關；與達到了動作結果有關。表示動作狀態可能的助動詞還有二十三類：得、不得；得起、不起；得動、不動；得著、不著；得了、不了；得到、不到；得及、不及；得過、不過；得開、不開；得上、不上；得下、不下；得住、不住；得來、不來；得去、不去；得起來、不起來；得上來、不上來；得上去、不上去；得下來、不下來；得下去、不下去；得過來、不過來；得過去、不過去；得出來、不出來；得出去、不出去。

孫元章《把和ヲ雜談》（頁29-30），比較了日語表示客語的ヲ和中國語表示客語「把」的異同。但比較結果，可以認為，日語ヲ，在表示客語時，是非有不可的，而中國語「把」卻不必非用不可。比如日語「戶を開けて」，是命令語，譯為漢語時就有「開開門」和「把門打開」兩種。中國語「把」字慣用的語例有五種：把+客語+動詞+了，你快把飯吃了；把+客語+重疊動詞，你把桌子搽搽；把+客語+動詞+助動詞，把眼鏡兒摘下來；把+客語+動詞+副詞或副詞節，把像放大；把+客語+動詞+補語，把禿子當作和尚。

2. 《中國語雜誌》創刊號《中國語會話入門部》有土屋明治寫的「文法篇」（頁78-79）連載。本講以黎錦熙《國語文法》為基礎，加上個人的意見而成。本講涉及到名詞、代名詞、量詞和句的成分內容。關於名詞，作者在「附注」稱，英語等語言

把名詞分為普通名詞、物質名詞等類別,這是必要的。中國語沒有因名詞之數而發生動詞性的變化,更沒有麻煩的冠詞問題,所以,沒有必要分類。關於代名詞,作者認為,人稱代名詞你,中國南北應用廣泛,而您,在北京有更認真地意味。他,人類和動物沒有「性」區別共用。女性用「她」。無性以及動物用「牠」,北京用「偺們」來和我們區別。指示代名詞,注意和疑問代名詞相區別。關於量詞,作者認為,日語稱為陪伴詞,使用在口語中更多。有很多量詞,與所使用的名詞相混,比如一塊地、兩塊肉、一塊手巾;兩把刀、一把扇子;還有「個」「條」的替換使用,比如三盞(個)燈、三頂(個)帽子等。如何使用,都存在著非常細微的差別。

3. 《中國語月刊》,第一卷第一號《中國語會話入門部》刊載了實藤惠秀《中國語文法體系的新構想》一文(頁106-107)。

實藤惠秀在文章中談了三個問題:一是文法是什麼。認為,文法是解剖圖,是建築的設計圖。二是日本文法、中國文法、英語文法。中國文法很像英語文法。中國語結構和英語結構一樣,目的語接在動詞之下,和日本語文法不同。高本漢《中國語和中國文》認為,中國語敬語發達。引用了一段有名的文字:「我走進你的貴室裡,坐在你的貴梁下面,當時我輕忽的驚動了你的貴鼠,貴鼠逃走了,翻倒你的貴油瓶,跌在我的敝衣上,為了這個緣故,所以,我在你的尊前,現出這種鄙夷可笑的態度來了。」日本人無論如何不會理解「不」的語法位置。日本人學習中國語文法,主要是參照英國人ヂャイルス的著作,最近把中國人黎錦熙的文法學著作當做金科玉律。三是愉快的文法。黎錦熙《國語文法》分析「下雨」結構,認為,下,是自動詞,位於主語之上,是個例外。實藤惠秀不同意這個觀點,認為,下,是他動詞,雨,是下的目的語。黎錦熙與日本人、歐洲人的分析截然不同。由此,日本人和歐洲人理解的中國文法是不完整的。

4. 《中國語雜誌》第一卷第四號刊載土屋明治《文法篇》(頁183)。這是《文法篇》的第四講。「他動詞的目的格」,介詞「把」引出雙格動詞的直接目的格,比如:我把三張紙送給你。「雙格動詞的目的格省略」,比如:我給你,是直接目的格省略;我給你這個,是間接目的格省略。「間接目的格和副格」,間接目的格,佔據著同樣的位置,限制副詞附加語的修飾成分部分,比如:我給他一張桌子。給,限制在他的範圍。關於「副格」,又成為副位。是附加語。比如:我的帽子。帽子就是副位。「不能省略介詞的副格」,比如:拿木頭蓋房子、用紙包書。拿、用就不能省略。「能省略介詞的副格」,比如:我每天早起掃屋子。表示時間的名詞「每天」之前,介詞省略。

5. 《中國語雜誌》,第三卷第二號《中國語受驗和學習法》「文法:助詞翻譯法」(頁363)。比如進行日漢翻譯時,如何處理助詞問題,提出一些原則,比如:把限定動作作為物件目標,表現體言,能否正確翻譯,決定于動詞的位置,要符合漢語的語

序習慣。像「電車ニ乘ル」，就不能翻譯為：「電車坐」而只能翻譯為「坐電車」。

6. 《中國語雜誌》，第三卷第四號《初步基礎中國語特輯號》載中國人郭明坤《陪伴詞（量詞）的形體性、助詞翻譯法》一文（頁377-378）。量詞依據物體形體的表像而使用；容器形體輪廓的表像來使用；結合物體的數形態來判斷；大自然的變異，和人的感情關係判斷；動作的形象化，比如有形化和無形化，以及視覺的影像來運用，如此，對量詞才有正確的把握。

三　野村瑞峰《文法參考書》評介日本出版的現代漢語語法研究著作

《中國語雜誌》第二卷第十號《參考書特輯號，附錄中國語學文獻總目錄》。其中有野村瑞峰的《文法參考書》（頁322-333）一文。這是一篇評述日本出版的現代漢語語法研究著作的重要文獻。

野村瑞峰提到的第一部語法著作就是編譯黎錦熙《新著國語文法》的著作井田啟勝《華語文法教程》（開隆堂發行，1942年4月）。野村瑞峰稱讚道，《華語文法教程》是日本讀者學習《新著國語文法》最為有用的著作。《華語文法教程》翻譯《新著國語文法》，採用意譯方法，還對引例加以說明，對日本人理解原文很有幫助，是研究黎氏文法的階梯。還有，武田甯信《現代中國語講座》（1939）「文法篇」忠實黎氏文法原文。宮越健太郎則在《中國語》雜誌刊載了武田寧信譯文。

大阪外國語學校中國研究會翻譯黎氏文法，稱為《黎氏中國語文法》。野村瑞峰說，《黎氏中國語文法》並沒有採取將品詞論和文章（句法）論對立的文法研究態度。而是有意識地擺正兩者的關係。這一點，讓習慣於將兩者加以區別的日本文法學者也感到很意外。十分注意考慮這個問題，基於黎錦熙和周有光語法理論的是香阪順一。香阪順一《中國語文法詳解》（タイムス社出版，1941年6月）將品詞論和文章論分開論述。尤其是在品詞論和文章論之外，分別採用的名稱就叫詞論、句論。而且，詞論借鑒黎錦熙，句論借鑒周有光，由兩者互補而形成自身漢語語法理論體系。

與以上諸書一樣，以黎氏文法為底本，走上另外一條路的是宮越健太郎《華語文法提要》，一九四一年六月由外語學院出版部發行[2]。因為一般漢語文法書過於詳盡繁瑣，無論是初學者還是具有中等程度的人，很難咀嚼消化。《華語文法提要》留意於此，依靠好學者自身努力，設定一些文法問題供學者思考。針對學習漢語語法的一些問題，反復做練習，應用正確的文法知識，在進行華文日譯、日文華譯過程中，訂正錯誤，確認正確的文法標準。

2　宮越健太郎：《華語文法提要》（東京：外語學院出版部發行，1941年6月）。

依據黎氏文法而區分詞論、句論，簡約明瞭的是俞煥鬥的《中國語基礎文法》（見牛島德次著，甄嶽剛編譯，楊學軍校訂《日本漢語語法研究史》，北京語言學院出版社，一九九三年。牛島德次稱：俞煥鬥著《作文文法指導合編》，商務印書館，民國二十九年（1940），香阪順一譯《支那基礎文法》外語學院出版部.昭和十六年（1941））。讀黎氏文法之後，應該閱讀本書，幫助理解原文。

黎錦熙著，內藤堯佳譯《中國語構成法》（外語學院出版部，1941年8月）句論成為論述主體，是黎氏文法的重要入門書[3]。中級以上程度中國語學習者，欲瞭解中國語文法的特性，就要閱讀文章（句法）論，肯定會裨益良多。理解文章（句法）構成是學習中國語的基礎，對正確寫文章也有重要的參考價值。在「附錄」裡，列有《品詞別文法表》，這是一個中國語文法一覽表，初學者可以據此從整體上把握文法脈絡和體系。黎氏文法以一流的中國語文法之眼，目光敏銳，分析細緻入微，但對於初學者來說，要想通過這一點點內容就去把握黎氏文法理論全貌是很困難的，而這個表恰恰能夠彌補不足。尤其是舉例部分，沒有例文，就不能掌握用法，譯者也是出於這個考慮的。野村瑞峰比較黎氏《新著國語文法》和《中國語構成法》二者的關係，認為，猶如魚和水的關係，誰也離不開誰。

熊野正平《現代中國語法入門》（三省堂，1942）和倉石武四郎《中國語法入門》（弘文堂，1939年5月）。野村瑞峰說，前者比後者學術內涵程度要高，黎氏《中國語構成法》全部囊括其中。後者之作和從前的中國語文法書大相異趣。編寫時，留意于中國語文法用語、說明序列、學習者的難易等；而在備課時，把中國語文法的名稱術語都一一加以說明，使學習者在不知不覺之中理解了中國語語法。編寫練習題，重在日漢語互譯，注意文法的理論和實際的結合，把對文法的理解和應用作為主要著眼點。比這更為詳細的是倉石武四郎《中國語語法篇》，《中國語語法篇》和《中國語法入門》由弘文堂一起出版。

面向日本人學中國語，並由三省堂出版的是王化、魚返善雄合著的《雙譯華日譯法讀本》（1941年1月），以及魚返善雄獨著的《華語基礎讀本》（1941年1月）。前者以文章之型式為主，對各品詞的用法簡明扼要的加以說明。對動詞之時的說明非常詳細。把中國語翻譯成日本語，就十分注意調整日語和中國語語序之間的對應關係。翻譯時考慮到品詞的對等作用。如此，初學者明白曉暢，隨心所欲。

宮島吉敏《中國語小文典》（大學書林印行，1936年）對有、沒有；是、不是的用法，以及的和得動作，乃至於上、下、來、去、上來、下來、起來活用等問題進行了說明。著者是宮島大八的兒子，在北京學習中國語的時間很長，具有豐富的中國語文法知識和應用經驗，尤其是對品詞在文章中的表現和作用，了然於心。對中國語文法具體運

---

3 黎錦熙著，內藤堯佳譯：《中國語構成法》（東京：外語學院出版部，1941年8月）。

用情況加以整理，很有說服力。

吳主惠《華語文法研究》（文求堂，1939年）[4]，由發音篇和品詞篇構成。在品詞篇中，例文都注上發音。這本中國語文法書主張，把詞彙分為說的詞兒和寫的詞兒。說的詞兒裡有發音法的法則。對寫的詞兒，按照各自的品詞規則，說明與文法表現的直接關係。吳主惠和倉石武四郎著書，把書中例句注上發音符號作為文法書的一個項目，就是體現有正確的發音才能表達正確的思想觀念。憑藉正確的中國語文法，掌握解明中國語思想表現的途徑和方式。研究中國語應該以表現法為主，注意品詞表現法之力，這明顯傾向於動詞形容詞的作用。品詞在句中有多少活動的情況，在句篇中並沒有說起。品詞名稱和類別等，都是由黎氏文法理論演化而來。特別是助詞前置和分佈於句末問題，前者配以介詞，後者成為助詞。把連詞稱為接續詞，魚返善雄和杉武夫持相同的意見。

何盛三《北京官話文法》（太平洋書房，1928年），獨創術語和用語，從形式到內容盡力構想各品詞類別。《北京官話文法》和杉武夫《春陽堂中國語講座》（春陽堂，1929年10月至12月）語法理論一脈相承，擁有眾多的初中級讀者群。

杉武夫《春陽堂中國語講座》和宮島吉敏《中國語小文典》在副詞、助字、語尾助字研究思路非常近似。把介詞看作是前置詞，這和魚返善雄觀點相同。另立助動詞類，與黎氏文法明顯不一樣。很顯然，這個春陽堂中國語講座》文法篇，僅僅是品詞論之見，沒有文章論之見。文求堂發行的《最新中國語講座》（1932年），則增加了文章論內容。

米田祐太郎《中國語文法研究》（大阪屋號書店，1922年）和宮錦舒《最新言文一致中國語文典》（文求堂，1912年）等在日本出版的中國語文法書，受傳統觀點束縛，理論上顯得舊一點兒，也可以備一說。

歐美人中國語語法著述。在歐美人中國語文典中，用日本語譯的可以舉奧平定世譯注的《簡易中國語文典》一書，由ザイデル所作。歐美人認為，中國語語法體系沒有冠詞，有動詞形容詞變化，複數形式也很少。以語幹為中心，以格為主，探討品詞，把歐美人品詞位次理論簡要說明，是典型的以文章（句法）論為中心的意識，品詞部分理論，成為雞肋之論。

比較特殊的是，處於明治之際青柳篤恒《中國語助詞用法》（文求堂，1902年）對助詞用法的說明，其觀點，今天仍然可取。不用說，以品詞文法之眼而論，《中國語助詞用法》還見不到「品詞」理論的蹤跡，但對初學者來說，只要知道中國語文字意義和用法，並能夠靈活理解，也就足夠了。

對動字專門進行研究的，如張廷彥《中國語動字用法》（文求堂，190）。在張廷彥研究基礎上，彙集更多語彙的（二〇八個），是中谷鹿二《華語助字活用》（善鄰社），

4　吳主惠：《華語文法研究》（東京：文求堂，1939年）。

以及朝重春海翻譯的《白話虛字用法》（外語學院出版部）。

注重中國語會話的讀本，是宮原民平、土屋中一《語法並用中國語教程》（文求堂）。其他，涉及到中國語語法內容的是長穀川《中國語作文教科書》（文求堂）和矢野藤助《新中國語作文》（文求堂）。

野村瑞峰《文法參考書》以當時人眼光評介日本現代漢語語法著作，具有明顯的時效性，是我們今天學者瞭解日本現代漢語語法學史不可多得的重要文獻之一。

四　《中國語文法研究號》專門討論漢語文法諸問題

（一）由宮越健太郎主持的《中國語文法研究號》臨時增刊，藤井嘉作編輯，東京外語學院出版部出版，一九四〇年十二月（頁153-175）[5]。主要目錄是：1. 宮越健太郎《新體制和中國語文法》；2. 杉武夫《中國文法諸問題》；3. 香阪順一《中國語文法再吟味》；4. 杉武夫《關於單數助動詞「上」「下」並二重助動詞「上來」「上去」以及「下來」「下去」若干考察》；5. 藤木敦實《「就」的用法》；6. 香阪順一《關於「來」》；7. 杉武夫《中止助詞「了」的意義和用法》；8. 田中清一郎《關於「在」》；9. 田村龍雄《與白話有關的接尾詞「子」「兒」「頭」》；10. 杉武夫《形容詞的構文法則》；11. 麻喜正吾《中國語強意表現的諸形式》；12. 鐘鐘江信光《中國語文法的時制》；13. 福代惟男《單句的構成》；14. 杉武夫等《文法余談》，即八則短文；15. 編輯部《主要的文法書》。

其作者，除了宮越健太郎、香阪順一、鐘鐘江信光、福代惟男等是是日本一般社會學校教師之外，其餘都是日本軍事院校教師。

（二）就《中國語文法研究號》專門討論文法的具體問題來看，借用王士元《演化語言學的演化》（《當代語言學》2011年第1期）「宏觀、中觀、微觀」術語[6]，有所謂中國語文法「宏觀」的理論問題；也有中國語文法「中觀」的詞法、句法問題；更有中國語文法「微觀」的一個或幾個個別詞的意義和用法問題。此外，就是對已經發表的中日兩國有關中國語文法著作主要文獻進行清理，以便讀者對中國語文法發展脈絡有一個概括的瞭解。

第一、中國語文法「宏觀」理論問題，不過，宏觀之中有時也蘊藏著微觀理論問題。

1. 宮越健太郎《新體制和中國語文法》。宮越健太郎對新體制一詞進行了解釋，不是單純指為了克服所謂唯一「時難」而採取的一時之政策，而是指面向日本國體獨自個性理想的戰略，因而具有無限發展道路和空間，並且盡力適應急劇變化而來的時代潮

5　宮越健太郎主持《中國語文法研究號》臨時增刊，藤井嘉作編輯，東京外語學院出版部出版，1940年12月，頁153-175

6　王士元：〈演化語言學的演化〉，《當代語言學》2011年第1期。

流。說白了，這就是為日本侵略中國戰爭服務而制定的中國語語法學習規劃和策略。

宮越健太郎強調，需要省察的是，貫徹新體制和中國語學界究竟有什麼關係呢？教授中國語要持有一個正確的態度，以中國語為中心，不允許左顧右盼，具有把握中國語發展趨勢的真正姿態。

以中國語為研究物件，站在分析和綜合的立場觀察，完全可以究明中國語全貌，從而把握中國語本質。

所謂對中國語進行分析性的研究，就是要求在文字、音韻、語法等方面達到「知己（日語）知彼（中國語）」程度和水準，由語彙、語態、語義等形式和內容、形態和意義等兩個方面通過辭書的形式表現，進而漸次徹底化。至於中國語語法學——中國語文法的研究現狀是，日本中國語學界，其基礎性工作未能達到充分的程度，這是很遺憾的。

比如對中國語文法的研究，要區別每一種詞類及其相關組織結構的研究。前者是品詞論，後者是文章論（句法論）。前者是靜態研究，要面對的是描寫和分析；後者是動態的研究，更是進行綜合和解釋性的研究。

宮越健太郎認為，在學習中國語文法的過程中，鼓勵學習者一定要反復熟讀黎錦熙的《新著國語文法》。這本書是黎錦熙在北京師範大學教授教育部國語講習會當講師時苦心思考的結晶，它幾乎網羅了中國語文法所有的理論和實際問題。學習者可以以《新著國語文法》為基礎，最開始閱讀時要抓住本書大體的要點，然後再對細節更深入的挖掘探討。而且，對黎氏文法術語，包括詞類名稱一一清理明白。宮越健太郎曾在北京聽過黎錦熙以本書作講義的授課，還與黎錦熙多次交換過意見，自信自己的黎氏文法造詣很深，所以，才敢於提出這樣的學習方法來。

在研究中國語文法時，要充分認識「詞類連書」問題的重要性。所謂「詞類連書」，就是為表示一個完整的觀念，分離語詞，對由二字以上構成的語詞進行連寫的主張。換言之，把一個詞語分離後，加以連綴書寫，進而方便研究文法，以便求其特徵的方法。比如：把「我有一本書」分割成「我 有 一本 書」，找出各個詞在句中的句法關係。

2. 杉武夫《中國文法諸問題》。杉武夫提出了十五個漢語語法問題，供讀者思考：

（1）動詞的表達趨勢是什麼？這是就「你去問一問」中的「去」表達趨勢意義進行的討論。杉武夫認為，「去」暗示了說話者的思維、意欲、感情等。「你去問一問」和「你問一問去」相比較，依據詞語的配置、語音的強弱、抑揚、延長等語言形式，顯著表現語言活動主觀性特徵，用趨勢去簡單解讀是不合適的。

（2）動詞為何有「複合」形式？「等一等」，依據人稱生髮意義變化，即是「我試一試」「我們試一試」。「你看一看」和日語「汝一看を見よ」，前者表示自己的裁量，後者稱為命令形。「一看」不一定看作名詞，是所說的動詞狀名詞。「一」有副詞意義，「看」動詞重複，是為了強調。

（3）中國語文法界的傾向。杉武夫認為，文法學界「品詞論」研究是個熱點，但一直停留在幼稚的初始狀態。原來，所謂品詞論，詞語的語法分析研究成為焦點，即依據範疇確定詞語的文法性質，不外是以究明語法運用狀態為基礎。中國語學界新的語法研究運行體制是，已經提倡轉向文章論（句法）的研究。文章論（句法）實際上是確定詞語如何發揮存在意義作用的部門。研究的是詞語運用的結果。中國語「品詞論」研究正在迅速終結，而中國語句法研究正在快速崛起。

（4）確定「這個」「那個」是冠詞對嗎？一些學者認為，中國語沒有冠詞是一個顯著的特徵。主語和目的語的位置存在著一定的法則，知道這個位置依據什麼來確定或者不確定，屬於一般的文法常識。像指示形容詞「這個」「那個」意義嚴密，特別是在關係節中作為定冠詞發揮了重要的作用。在「你戴的那個帽子太大」、「你騎的那匹馬瘸了」句中，「那個、那」就是如此。中國語不僅存在定冠詞，還有不定冠詞「一個」。不用說，這是因為沒有表示「性」和「格」的變化。「一個」起到了如同英語不定冠詞作用，「一」屢屢被省略。「我有個事」、「他寫個字」、「他騎個驢」中的「個」就是如此。如果把這裡的「個」看作是省略了「一」數觀念的話，那就好似一種「皮相之見」。

（5）句子的二重主語。「甲和乙打網球」，「甲和乙」就是二重主語。「腦袋疼」，看作是「我腦袋疼」。「我不腦袋疼」與「私は頭が痛まぬ」一樣。嚴格來說，所謂二重主語，不過是把主語和動詞的具有的「節」合在一起。「你心好」，「好」，是「心」的動詞述語。「心好」，是「你」的述部節，所以，不能把「你」作為「心」的所有格。

（6）「俺們」表示全部概括式是淺近的謬誤嗎？黎錦熙文法「俺們」用一個公式表示意義：我們＋他們＝我們；我們＋你們＝俺們。學術界沒有人表示不同意見。一般人認為，「我們」「俺們」的區別點就在於是否「排他」。是否受排他的觀念支配，不需要公式來表示。例如，在這裡有甲乙丙丁戊五個人，甲提議：「我們看電影兒去吧！」「我們」的用法就不能不是認可。同時，甲提議：「俺們看電影兒去吧！」甲的觀念中排斥五人之外的其他人，強調的是存在的結果。又，甲提議「我們上公園去罷」的時候，甲對乙丙說話，還有排斥丁戊的意味。所以，「俺們」表示的不一定是全部概括式，很可能是部分概括。

（7）「能」的先天的能力。「會」和「能」都不一定是表示可能的助動詞，而且，「會」沒有表示本能的「能夠、得到」能力，後天的練習、習得、習慣、經驗等，意味著存在正確的「通念」，是出生具有的能力。但「會」意味著後天的可能被定義化，把表現先天的能力的「能」淡化。把「你能回來麼」的「能」不僅表示先天的能力，而且，具有表示一般能力的可能性。

（8）「不在家」和「沒在家」。「不在家」的「不」表示否定，但存在著意志意義，包

含了外出者的意念強度，即那個人因為有事出去，現在不在家。「沒在家」，「沒」沒有意志行動，外出不在家，無論去哪兒都不明確。

（9）中國語和省略法。「這個桌子不乾淨」、「他的法子不合適」，在「桌子」、「法子」之後省略了述語「是」。這裡不是說一般聽者僅憑藉文脈、經驗，以及一般的語法知識而就能很容易修訂補充那個省略部分的，而是要根據中國語實際會話中必須運用慣用法省略的方式。「哪兒去」、「哪兒啊」，是「上哪兒去」的意思。杉武夫稱，他在北京屢屢聽到，是最為淺近的例子。中國語省略法出於習慣，出現很多省略形式，因為是用簡潔的語法手段表現的，十分注意強調文意的表達方式。

（10）文法研究法。劉復《中國文法通論》強調，文法研究，一定要使用歸納和實證、記載和解釋、歷史的、普遍的研究法。英語文法現今立足於科學考察客觀的語言事實，這是伴隨著比較語言學、歷史語言學發展而帶來的必然結果。對中國語文法，如果抱有這個研究態度，是不是可以能夠做如下的分類呢？一是記述現代中國語所呈現的現象規律，根據中國人現實話語或者書寫狀態加以研究。依從中國人自然的規則習慣理解，這就是所謂記述文法。二是基於語言事實，究明中國語從過去到今天發展過程的記錄，這就被稱為歷史文法。三是進行中國語和其他語言的現象比較研究，是決定語言關係性質程度的比較方法。無論如何，以上的三種方法是語言學的研究，教給人們使用更為正確的口頭話語表達方式和正確的書寫規則，是一種規範的方法。這也是一種以對客觀事實的把握為基礎，並以實用為主的文法。

（11）形容詞和接頭辭。在中國語中稱為接頭語的極多，但其中引人注目的是，具有強烈表現形容詞意義的接頭語使用情況。比如「精」。「精」，貫穿於內部的是微妙的、細緻的，優美之意。如「完全」之意，在句子中用為補足語，可以斷定是接頭語。精濕，全部都濕了；精瘦，非常瘦；精細，非常細；精薄，非常薄。「死」，死了，是徹頭徹尾的接頭辭。死沉，鉛一樣的重；死懶，非常懶惰；死緊，非常地緊；死擰，非常地執拗。這等「精」「死」，作為強化形容詞意義的接頭辭，很好地完成了自己的使命。

（12）確定和不確定的兩主語。在中國語中有他動詞句，即以目的語句主語的確定不確定而發出的行為動作，處於動詞之前位置。比如「我摘帽子」、「他切肉」、「馬拉車」、「孩子關門」等。「我摘帽子」、「他切肉」的主語是確定主語；「馬拉車」、「孩子關門」是不是確定主語，就需要根據一定的條件加以判斷。比如加一個不定冠詞「一個」就充分顯示了主語的不確定性。「一匹馬拉車」、「一個孩子關門」，就是如此。在自動詞句中同樣有確定和不確定主語。「兵來到了」、「賊跑了」、「汽車過去了」，確定主語放在了自動詞的前邊。與之相反，伴隨著自動詞主語不確定情況，主語附在動詞之後，按時制，用不定冠詞或者一個複數「些

個」表示，即「來了兵」、「跑了賊」、「過去個汽車」、「來客了」、「走了三個學生」，證明了這個法則就是手段。在主語之前，把主語作為確定之語，放置「這個」「那個」。如此情況下，主語絕對不能置於動詞之後，一定置於動詞之前，「這個人來了」。但如果主語「這麼個」不確定，主語附在動詞之後，比如「來了這麼個人」。

（13）所說「下雨」問題。主語的不確定性，英語伴隨非人稱動詞 it 使用而加以表現。中國語表現主語的不確定性，是在前項和同樣動詞之後設置主語。這是中國語為何沒有和英語相當的 it 標記的原因。「刮大風」、「起暴土了」、「下雨」、「下雹子」、「下霜了」、「開凍了」。「下雨」，一般人認為是「天下雨」的省略。天，是主語。杉武夫不同意這個說法，如果省略「天下雨」的話，中國人也是偶爾說，但肯定用助動詞「要」一詞，是個例外，不是共通的語法現象。

（14）「開了門」和「門開了」。主語就在動詞之後，表示事物的狀態或行為。比如「開了門」，強調門正開著，因為主語不確定，而「門開了」，確定了主語。

（15）複合動詞「給」。複合動詞「給」，與其他的複合動詞有相關的共通點，插入過去時助動詞「了」「過」，複合動詞不能從本動詞分離出來，即不能把「辦成了」當作「辦了成」。同樣，不能把「賞給他了」當作「賞了給他」。複合動詞根據「不」使用情況可以從本動詞分離出來，「給」就不可能，這也是和其他的動詞不同的地方，比如：不說「我借不給你」，就是如此。

3. 麻喜正吾《中國語強意表現的諸形式》（頁165-166）。大塚高信《英文法論考》有「強意的表現諸形式」一節。麻喜正吾借此語法理論研究中國語的強意表現形式。語言活動的主觀性是根據語言的選擇、語言的配置、語音的強弱、抑揚、延長、停止等其他語言形式加以表現的。語言主觀性表現之一就在於強意，即著力表現比較顯著的表層語言現象。這裡把它稱之為強意表現法。

（1）正在說話時，用重讀表現強意的語詞，即把語詞字音的四聲發音加重表示。比如：「我看書」，重音放在「我」的上聲一讀上。

（2）用倒裝法強意表現。倒裝法又叫倒置法，與「正置法」相對。主語先行於述語，賓語補足語位於述語的後方。形容詞在名詞之前，副詞位於動詞形容詞及其他副詞之前，就是中國語語序，這就叫作「正置法」。與之相對，述語先行於主語，賓語補足語先行於述語，改變了語序，這就叫作「倒置法」。「倒置法」把後出的觀念語提前，喚起注意，獲得了強意表現的實際效果。比如為了強意表現述語，把它提前到了主語之前的位置。比如：「他來了嗎？」變成「來了嗎，他？」「這鐵橋的工程可了不得！」變成：「可了不得，這鐵橋的工程！」比如為了強意表現賓語，把它提前到了句首的位置。比如：「我已經看完了這本書」變成「這本書我已經看完了。」為了強意表現副詞，把它提前到了句首的位置。比如：「我

明天不能去」變成「明天我不能去」。

（3）賓語副詞用法的強意表現。在動詞之前位置有副詞，佔據了賓語的位置，冠以介詞「把」，比如：「你拿這個去吧」變成「你把這個拿去吧！」

（4）強意表現強勢助詞。強勢助詞有「是」「倒」「可」等。比如：「你是要那個？」「拿倒沒有什麼。」「那可不行」。井上《中國語辭典》說；「把事物特別指定，並為區別而使用的助詞。」就是強意表現主語的做法。

杉武夫等《文法余談》短文中有《教室文法》短文。在初等中國語學習過程中，最盛行的是暗記主義和理解主義。如何對它們再行分配和調和？在實際教學中，一定要盡心抓住問題的關鍵點。比如：「連……也……」，是接續詞,在教科書中一定要講清楚它的程度性,但字義的說明也是必須的。「也」在怎樣的情況下居於主格之後，比如：「我也會一點兒。」更有「連」與主語的關係，比如：「連俺也不知道」，在主語之前。如果「連」和目的語有關係，並置於主語之後。比如：「他連一個字也不認識」，「連」把目的語置於動詞之前，使用了強勢法就非常值得注意。

第二、中國語文法「中觀」詞法、句法問題。

1. 香阪順一《中國語文法再吟味》有《關於副詞》的文章。中國語副詞放在被修飾語的前面，即副詞作為修飾詞在動詞形容詞或者副詞之前，比如：「你太糊塗。」「用功」之動詞，「很」就是其修飾作用的副詞。也有同字重疊的形式，比如好好的。複合詞兩文字疊用的，比如詳詳細細、明明白白。後置的副詞分類為：表示一般程度的副詞，比如：「多吃一點兒」；與時間有關的副詞，比如：「我想一天了」。；由「的」或「得」引出的表示程度的副詞，比如：「那天太陽熱得發狂了」。

2. 杉武夫《形容詞的構文（句）法則》。黎錦熙文法有關形容詞構句方面內容主要是：形容詞用為述語；形容詞用為補足語。杉武夫在此基礎上，提出了在形容語句中作為修飾語而使用的形容詞問題，比如：「滿滿的一瓶子」。用為名詞的形容詞，比如：「這個花兒，有紅的、有藍的」，條件是，在形容詞後面附加上「的」。用為「數部」的形容詞。有動詞、名詞、副詞述部三類。動詞述部，比如：「你還年輕」；名詞述部，比如：「這樣的毛筆不是好的」。副詞述部，比如：「你寫好，你辦妥當」。

3. 鐘江信光《中國語文法的時制》。文章篇幅很長，主要內容是：第一章，中國語文法的時制。（1）動詞的時制。動詞的時制依據什麼來表現？比如：「我去了」，用助動詞「了」表現過去時。（2）相同的動詞過去時，在助動詞之外，有依據「時的副詞」表現法。比如：「我去了」是過去時，而「我要去了」，表現未來時。（3）述語是形容詞情況。比如：「人多」，過去、現在、未來同型。

第二章，時制法的實質。（1）現在形。由動詞、形容詞原形構成的現在形。比如：「我上學校去」（自動詞）、「他把窗戶打開」（他動詞）、「你有自來水筆嗎」（同動詞）、「那個人漂亮」（形容詞）。現在進行形。助動詞「著」附在動詞之後，句尾用助詞

「哪」。比如:「他喝著啤酒哪!」副詞的現代形。像現在、如今、這會兒、這個時候、這早晚等。「這早晚兒你做著什麼呢?」現在的否定形。比如:「今天我不上學校去。」(2)過去形。內動詞、外動詞過去形,助動詞「了」、「的」、「過」標記。比如:「他出去了」、「他成了博士」、「他在銀行裡存了一萬塊錢」、「我是昨天到的」、「我到中國去過一趟了」。過去的否定形,比如:「他沒上那兒去了」。(3)未來形。中國語未來形的表時法:保持原形法、未來助動詞或動詞之法、未來時副詞之法。未來助動詞,比如:要、想、想要、願意等。未來時副詞,比如:就、這就、快、將、將來、後來、以後、等會兒、明天、改天等。未來完了形,比如:「我見了她就替您說」、「明日天氣好了,我們就一塊兒去吧!」(4)不定時形。保持原形法、不定時副詞法。保持原形法和現在形是一樣的,而不定時副詞法,比如:「我常去」、「他老不在家」。用常、時常、時不常、平常、永遠、慢慢、快快、忽然、有時候、好好兒等。

4. 福代惟男《單句的構成》。福代惟男稱,本文以黎錦熙《國語文法》為基礎,參以己見。一是句子的主要成分(主語和述語)。(1)主語、述語的意義。表達一個完整的思想是句子,分為主體部和說明部,二者缺一不可。從語法學上講,把主體部分稱為主語,把說明語部分稱之為述語。這個主語和述語,是句子的主要成分,或者稱之為句子的基本成分。(2)主語和述語的構成。名詞、代名詞充任主語,而動詞往往充任述語。(3)述語(動詞)的種類。述語以動詞為中心,比如內動詞和外動詞。內動詞獨自說明主語的動作。而外動詞則表示動作所涉及的物件和目的,比如:「他開門」。從客觀的角度觀察,內動詞和外動詞的差別在於:內動詞動作是主語自身發出的,不涉及到其他的事物。而外動詞,因為持有動詞本來的意思,提起動作的物件、目的的詞,是動作波及的影響結果。物品送受的外動詞雙賓語,有直接賓語和間接賓語或者正賓語和次賓語之分。比如:「我送給她一封信」(主語+外動詞+次賓語+正賓語)。但又可以轉換為:「我把一封信送給她」(主語+把正賓語+外動詞+次賓語)。還有同動詞和補足語問題。在動詞之中,不表現主語的動作,而是說明主語的狀態、性質、種類、所屬等,不是從靜的概念出發。比如:「馬是牲口」、「這匹馬是我的」、「馬像騾子」。構成一種「主語+同動詞+補足語」的形式。

二是句子的連帶成分(賓語和補足語)。(1)不完全內動詞和補足語。內動詞是自然的,說明主語的動作,不需要借助別的詞來說明。但是,在內動詞中,接受別的詞幫助的話,是不能充分表達意思的。比如:「他變了」、「那個人成了」,「變了什麼」、「成了什麼」並不明確。所以,屬於不完全內動詞句。如果加上補足語就明確了,比如:「他成了先生」、「蛾兒變蝴蝶」。(2)補足語和賓語的不同。「主語+外動詞+賓語」同一形式,即是「補足語、賓語、實體詞」,一句品詞加以表現。兩者成了「實體詞——動詞——實體詞」,賓語和補足語之間,如何區別還是個疑問。這個補足語和主語是同一物,主語和補足語之間沒有相對關係,相反,賓語和主語是異體,處置動詞,受到影

響，和主語相對關係一點有所不同。（3）伴隨著賓語補語種種。一是在表示人事交涉外動詞（教、請、讓、勸、吩咐、教授），即表示請托、使令、勸告的人（賓語）之外，提起請托、使令、勸告之事（補足語）。其構成：主語+外動詞+賓語+補足語。二是表示名義的認定、稱呼、更改的外動詞（改、認、當、叫、化、任命、歡迎、推舉）。這種外動詞影響賓語，賓語發生了變化。表示這種變化的就是補足語。其構成：主語+外動詞+賓語+補足語。三是表示感情的外動詞（愛、恨、贊成、佩服、笑、罵）。其構成：外動詞+賓語+補足語。

三是句子的附加成分。（1）附加成分的意義。構成句子成分，除了主要成分和連帶成分之外，還有句子的修飾成分。主要有：名詞、代名詞，即修飾限制實體詞的形容詞；修飾限制動詞、形容詞，以及副詞自體的副詞；（2）形容詞附加語。形容詞附加語的功能就是修飾限制句中實體詞的一切。比如：「一位勇敢的（形容詞附加語）青年（主語）救了（述語）他的（形容詞附加語）小孩子（賓語）」。而「許多很認真的學生非常熱心的念書」句，形容詞附加語更為複雜化。

杉武夫等《文法余談》短文中有杉武夫《對曲折的疑問》（頁173）和麻喜正吾《詞的複性》（頁173）兩文。在《對曲折的疑問》中，杉武夫稱，有人說，和歐洲語言相比，中國語最大的特色之一就是缺乏曲折變化標誌，即沒有格、性、數、人稱、時制等的變化。但杉武夫認為，中國語語句的配置，助詞或前置詞也類似形態的這些東西。中國語存在著語尾的變化，比如：「我」，有主格的「我、我們」；所有格的「我的、我們的」；與格的「給我、給我們」；目的格的「把我、把我們」，就是如此。

麻喜正吾《詞的複性》。他舉例，比如「可是」，作為轉折連詞，和「但是」相同，就是日語「然而（併し）」意思。比如：「鐵本來不是貴金屬，可是，他的用途，比金銀還廣些。」「可是」就是「然而（併し）」。但「他固然沒有特長，可是人很誠實。」卻是讓步句。這就是詞的複性，也可以稱作詞的雙重性特徵。

第三、中國語文法「微觀」個別詞的意義和用法問題

1. 杉武夫《關於單數助動詞「上」「下」並二重助動詞「上來」「上去」以及「下來」「下去」若干考察》（頁159）。單數助動詞「上」「下」，有「上去、攀登」「下去、下山」等意思。由助動詞而表現行為。比如「上」，表現上的方向，還有接合、結合、添加，或者一致行動的意思。而「下」，附加於主動詞，或者移轉、省略、向下方運動。把握單數動詞全部主動詞行動概念，就要添加詞素，比如：「趕上、寫上、添上、關上、對上、加上、發下、坐下、剩下、住下、買下、躺下」等。特別面向對方，或離開兩個動作，加上「來」「去」，構成二重助動詞「上來」、「上去」、「下來」、「下去」。單數助動詞「上」「下」加終止助動詞「了」，和二重助動詞加終止助動詞「了」大不一樣，比如：「我把錢湊上了」和「我拽上孩子來了（我把孩子拽上來了）」。後者可以拆開「上來」使用。

2. 藤木敦實《「就」的用法》（頁159-160）。他認為，「就」有五種用法：（1）副詞用法。按黎氏《國語文法》，時間副詞。其未來形一般是，比如：「你就走嗎？」「先生，我這就去。」其他，就手兒、就便、早就、就是、不是……就是、只要……就，等。（2）同動詞用法。比如：「美國首都華盛頓就是第一任大總統華盛頓的名字」。（3）接續詞用法。連接語和語、句和句、文和文、節和節，表示彼此相互聯絡關係的。（4）動詞用法。比如：「功成名就」、「已然就緒」。（5）助詞用法。「這個比那個結實一點兒就是了。」

3. 香阪順一《關於「來」》（頁160）。（1）用動詞「來」之意，比如：「他來了」、「他進來了」。後者是和其他詞結合，表示了明確的動詞指向性。（2）賓語倒置而用「來」，比如：「我手拿鞭子將你來打。」（3）表示不定數。「我們的學校有三百來個學生」。（4）和「著」結合，鄙視過去的繼續。比如：「我們吃飯來著。」（5）助詞「來」。比如：「何苦來。」（6）表示時事態經過。「天是越來越冷了，祥子似乎未覺到」（《駱駝祥子》）、「他越來越討厭老師的扁臉」（同上）。（7）發語詞。比如：「來……練習一個。」

4. 杉武夫《中止助詞「了」的意義和用法》（頁161）。（1）附于文尾明確表示請求、要求、阻止、禁止、制止、命令等意義。比如：「千萬別去了」。（2）對預定預期的事實幫助明確語氣意義的。比如：「我要告辭了。」（3）附在直接形容詞表示形容詞動詞化的。比如：「他的病好了。」（4）披露判斷、判定、決等語氣，兼有幫助切合文尾意思。比如：「您的衣服太肥了。」（5）置於述部之後，「多」之下表示制定、判定、斷定之意。比如：「您的表慢多了。」（6）在副詞修飾形容詞句中，附在文之末尾，表示決定、斷定、指定之意。比如：「那太遠了。」（7）在文尾，附於「來」的動詞之前，表示柔和敬虔親愛的感情之意。比如：「我知道了。」（8）附在文的末尾表示現在完了之意，補充語調。比如：「吃了飯了。」（9）具有幫助條件、假設的語氣。比如：「若是過了期就無效了。」

5. 田中清一郎《關於「在」》。分為 AB 兩組進行說明。

A 組：一、甲： 我（在紙上）寫字。 乙：我寫字（在紙上）。
　　　二、甲： 我（在門口）立。 乙：我立（在門口）。
　　　三、甲： 我（在草地上）坐。 乙：我坐（在草地上）。
　　　四、甲： 我（在牆上）題詩。 乙：我題詩（在牆上）。

田中清一郎認為，這四組中的甲乙兩組，無論做怎樣的判斷，在表達上都是講得通的。

B 組：一、甲： 我（在書房裡）寫字。 乙：我寫字（在書房裡）。
　　　二、甲： 我（在門口）看來來往往的人。 乙：我看來來往往的人（在門口）。
　　　三、甲： 我（在草地上）跳舞。 乙：我跳舞（在草地上）。
　　　四、甲： 我（在園裡）打圈子。 乙：我打圈子（在園裡）。

　　但田中清一郎認為，這四組中的甲乙兩組，無論做怎樣的判斷，在表達上，乙組都是講不通的。為何如此？作者舉劉複《中國文法通論》的說法，問題出在有的句子屬於C（第三式）的性質，即通過是否可以變換成「把」字句來判定。比如：我寫字（在紙上）──我把字寫（在紙上）；我題詩（在牆上）──我把詩題（在牆上）。但其他的句子就不行，這是由「在」的第三性質決定的。運用變換分析方法句式歧義現象一目了然。

　　6. 田村龍雄《與白話有關的接尾詞「子」「兒」「頭」》。接尾詞「子」「兒」「頭」區別，主要有：（1）單純詞情況。附在單獨名詞之後，比如：鋪子、牌子、木頭、舌頭等；轉來名詞之後。比如附在動詞、形容詞、副詞之後。刷子、說頭、笑頭、矮子、呆子、前頭、後頭等。（2）複合詞情況。名詞+名詞的，火筷子、樹林子、時候兒、女孩兒。形容詞+名詞的，小刀子、小孩兒、老頭兒。動詞+名詞的，耳挖子、牙刷子、取燈兒、煙捲兒。

　　杉武夫等《文法余談》短文中有《「頭」的觀念》（頁173）和《「可」的看法》（頁173），也是屬於討論具體詞的詞性和語法功能的。

　　第四、列出中國語文法著作主要文獻目錄，以中國和日本為主。編輯部選擇了具有代表性的中國日本出版的語法著作36部，並將它們的主要章節列舉出來，加以介紹。這可以看作是當時日本學者心目中最為重要的漢語語法研究著作，代表了他們對當時中國漢語語法研究學術進展基本情況的主觀認識。

　　1. 列出中國出版的中國語文法著作二十五部。對每一部著作的章節目錄全部加以介紹，我們在這裡省略章節目錄內容。（1）陳竣介《白話文文法綱要》，商務印書館，1920年8月。（2）江山李直《語體文法》，中華書局，1920年8月。（3）王應偉《實用國語文法》，商務印書館，1920年10月。（4）楊樹達《中國語法綱要》，商務印書館，1920年11月。（5）馬繼楨《國語典》，泰東圖書局，1920年12月。（6）孫俍工《中國語法講義》，上海亞東圖書館，1921年5月。（7）戴渭清《國語虛字用法》，商務印書館，1920年11月。（8）後覺《國語法》，中華書局，1923年7月。（9）黎錦熙《新著國語文法》，商務印書館，1924年2月。（10）黎錦熙《國語文法綱要六講》，中華書局，1925年2月。（11）鄒昌熾《國語文法概要》，商務印書館，1928年11月。（12）鄒昌熾《國語文法嚮導》，上海世界書局，1929年9月。（13）汪震《國語文法》，北平文化學社，1930年7月。（14）黃潔如《文法與作文》，開明書店，1930年8月。（15）劉複《中國文法講話》，北新書局，1932年11月。（16）宋文翰《虛字使用法》，中華書局，1935年6月。（17）孫怒潮、宋文翰《國文法表解》，中華書局，1935年10月。（18）黎明《國語文法》，中華書局，1936年6月。（19）楊伯峻《中國文法語文通解》，商務印書館，1936年7月。（20）周善培《言文一致虛字使用法》，上海作者書社，1938年5月。（21）譚正璧《國語文法與國文文法》，中華書局，1938年10月。（22）許地山《語體文法大綱》，中華書局，出版時間不詳。（23）爾呆《國語文法講義》，中華書局，出版時間不詳。

（24）易作霖《國語文法四講》，中華書局，出版時間不詳。（25）蔡曉舟《國語組織法》，中華書局，出版時間不詳。

2. 日本出版的中國語文法著作十一部。（1）張儒珍著（筆者注：還有美國人高第丕），大槻文彥解《中國文典》，1877年出版。（2）張廷彥（中國人）《官話文法》，文求堂，1906年2月。（3）宮錦舒（中國人）《最新言文一致中國語文典》，文求堂，1912年10月。（4）米田祐太郎《中國語文法研究》，大阪屋號書店，1922年3月。（5）何盛三《北京官話文法》，太平洋書房，1928年10月。（6）杉武夫《最新中國語講座第三、第四卷文法篇》，文求堂，1929年10月。（7）杉武夫《春陽堂中國語講座第二卷文法篇》，春陽堂，1932年9月。（8）奧平定世《ザイテル簡易中國語文典》，尚文堂，1933年6月。（9）宮越健太郎《中國語講座文法及作文篇》，外語學院出版部，1934年1月。（10）倉石武四郎《中國語語法篇》，弘文堂書房，1938年9月。（11）倉石武四郎《中國語語法入門》，弘文堂書房，1925年5月。

五　餘論

六角恒廣《中國語教本類集成》第九集第三卷（1997）有選擇地影印了十五種與中國語研究相關的在日本出版的雜誌，給我們提供了當時日本學者對漢語語法學研究的許多資訊，文獻十分珍貴。通過我們的介紹，可以看出，當時日本學者研究漢語語法學，確實具有一些顯著特點的。

（一）日本學者普及中國語語法知識，在方式上，雖然以學校教師教學和學者著述讀物供讀者閱讀為主，但十分重視中國語雜誌的擴散和傳播作用，這就使得中國語語法教學從教室走向社會，面向實際，效果是突出的。

（二）在日本出版的中國語雜誌中，所刊載的文章，中國語語法教學當然是很重要的內容，但有關中國語其他方面的教學內容也涉及比較廣泛，比如中國語語音、中國語詞彙、中國語會話、中國語語體等，重視多種語言要素教學的結合，是很突出的一個特點。

（三）日本中國語雜誌刊載的中國語語法內容十分繁雜。我們以宏觀、中觀、微觀進行分類敘述，可以看出，體系十分完整，涉及到的學科內涵十分寬廣。

（四）日本學者十分重視來自中國的漢語語法研究的資訊傳遞，與當時中國學者漢語語法理論大量傳入日本，並引起日本學者重大反響有關。比如黎錦熙的《新著國語文法》和《國語文法綱要六講》，成為日本學者每次論及中國語語法問題必須涉及到的著作。他們又十分重視對《新著國語文法》等著作翻譯工作，而且，這些翻譯著作大多成為日本人學習中國語語法的必讀教科書。這說明，黎錦熙、王力等中國學者漢語語語法理論體系在日本的影響是巨大的，佔據了當時日本中國語語法教學理論的主導地位。中

國其他學者的語法著作，比如劉複等，影響也不可低估。在研究中國漢語語法學史和日本漢語語法學史時，這是必須引起我們重視，並值得我們積極思考的問題。

（五）日本學者雖然以黎錦熙等漢語語法理論體系為基準，但也十分注意與日語、英語等語法進行比較，從比較中，突出漢語語語法的特點，這是與中國學者研究漢語語法有所不同的地方。

（六）日本中國語雜誌所反映的漢語語法研究情況表明，日本學者所採用的研究中國語語法具體方式，也具有十分鮮明的時代特點，比如對句式的分析，有的就採用變換句式的方式，效果十分顯著。對具體的中國語每一個詞的用法，分析也很細緻，意義和形式兼顧，比較到位，有許多結論是可信的。

（七）但因為當時日本中國語教學帶有明顯的「軍事侵略色彩」，籠罩著十分明顯的戰爭陰影。一些語法學家「軍用」背景很深，其教學「為侵華戰爭服務」的基本動機一目了然，在研究時，需要我們時刻注意，這是必須認真對待的。

儘管如此，我們還是認為，日本出版的中國語雜誌刊載的研究中國語語法內容是十分重要的，最起碼是對日本學者對現代漢語語法研究歷史的一種有益回顧，尤其是在出版的雜誌中如此集中「專號」討論語法問題，更說明，中國語教學中的許多漢語語法問題曾引起了日本學者的廣泛注意，以中國學者的研究為基點，進一步思考，由此，他們提出了許多有價值的見解，這對我們今天研究漢語語法也是值得借鑒的。

參考文獻

六角恒廣　《中國語教本類集成》　東京　不二出版　第9集第3卷　1997年11月

宮越健太郎　《華語文法提要》　東京　外語學院出版部發行　1941年6月

黎錦熙著　內藤堯佳譯　《中國語構成法》　東京　外語學院出版部　1941年8月

吳主惠　《華語文法研究》　東京　文求堂　1939年

宮越健太郎主持《中國語文法研究號》臨時增刊　藤井嘉作編輯　東京外語學院出版部
　　　　出版　1940年12月　頁153-175

王士元　〈演化語言學的演化〉　《當代語言學》　2011年1期

枚乘〈七發〉之療癒書寫

高秋鳳

臺灣師範大學國文系

摘要

枚乘〈七發〉不僅在體製上首創辭賦七體，而且在主題上亦開辭賦療癒書寫之先。今人或謂之為「心理治療的嚆矢」，或謂之為「古代心理咨詢驗案」、「古代心理療癒法的典範」，皆指出〈七發〉於療癒書寫之重要性。但於〈七發〉所揭櫫之七事，何者具有療效，學者頗有不同意見，或謂七者皆具療效，或謂「六反一正」、「五反二正」等。本文在前人論述基礎上，主要從言說治療角度，並參考古代典籍及今人相關著作，分別自〈七發〉篇名與療癒之關係、〈七發〉首序的療癒書寫、〈七發〉七事療效異說及〈七發〉七事皆有療效四端，論〈七發〉之療癒書寫。

關鍵詞：枚乘、〈七發〉、辭賦、療癒書寫

一　前言

枚乘〈七發〉敘述吳客問疾，向楚太子陳說悲音、美食、至駿、游覽、畋獵、觀濤、資略者之論[1]七事，而使楚太子霍然病已。然前人多以為此為虛詞濫說，並未注意其是否有療癒之效。清趙翼〈接西庄書知目疾已霍然〉云：「〈七發〉能起病，一檄可癒風」，似已認識到〈七發〉之療效。近人特別注意〈七發〉療效，且產生一定影響，應是毛澤東。[2]毛澤東於一九五九年八月十六日發表〈關於枚乘〈七發〉〉，要人讀〈七發〉治病。[3]其後，文學界、中醫界、心理學界，皆提及〈七發〉之療效。葉舒憲於《文學與治療》導論〈文學治療的原理及實踐〉：云：「枚乘的〈七發〉應看作是通過開啟冥想之門來引導患者分泌腦內嗎啡，從而實現自然治癒的上古文學典型案例。[4]」其他如：魯灣〈心理治療的嚆矢：三讀〈七發〉〉[5]、陳永前〈〈七發〉：古代心理咨詢的驗案〉[6]、曾祥實、劉曉林〈〈七發〉：古代「心理療法」的典範〉[7]、曾珺〈〈七發〉：治療驕奢淫逸的一劑良藥〉[8]等，從篇題即可知道對〈七發〉療效的肯定。近年來，受中醫界、心理學界影響及文學研究有關言說治療、敘事治療的探討，〈七發〉之療癒書寫更引起辭賦研究者的關注。本文於前人論述基礎上，分別從〈七發〉篇名與療癒之關係、〈七發〉首序的療癒書寫、〈七發〉七事療效異說及〈七發〉七事皆有療效四端，論〈七發〉之療癒書寫。

二　〈七發〉篇名與療癒之關係

〈七發〉何以用「七發」命篇？劉勰《文心雕龍》〈雜文〉云：「枚乘摛豔，首制〈七發〉，腴辭雲構，誇麗風駭。蓋七竅所發，發乎嗜欲，始邪末正，所以戒膏粱之子

1　第七事前人多稱為「要言妙道」，但據〈七發〉本文觀之，「要言妙道」包含七事，詳見後文論述。

2　毛澤東號召讀〈七發〉。毛澤東鑑於「開國不久，國事日隆，不少人陶醉於紙醉金迷、歌聲舞影之中」，因此在一次高層幹部會議上發出警告：「有些人在生病呀！病得很厲害，不是打針吃藥能夠治好它，請讀一讀兩千多年前一位大文學家枚乘的文章——〈七發〉。」頓時，全國形成了〈七發〉熱。（參見中文百科在線）。

3　陳晉：〈騷體有民主色彩——毛澤東讀《楚辭》及枚乘〈七發〉〉，《知識博覽·文史天地》2008年9月號。

4　葉舒憲：《文學與治療》（北京市：社會科學文獻出版社，1999年）。

5　魯灣：〈心理治療的嚆矢：三讀〈七發〉〉，《科學養生》2005年8月號。

6　陳永前：〈〈七發〉：古代心理咨詢的驗案〉，《家庭中醫藥》2007年2月號。

7　曾祥實、劉曉林：〈〈七發〉：古代「心理療法」的典範〉，《湖南科技學院學報》第28卷5期（2007年5月）。

8　曾珺：〈〈七發〉：治療驕奢淫逸的一劑良藥〉，《品味經典》2008年5期。

也。[9]」《文選》李善注則言:「〈七發〉者,說七事以起發太子也,猶《楚辭·七諫》之流。[10]」一般以為李善說較確,然二人其實是解釋不同對象。李善是解釋篇名為何叫「七發」,劉勰是說明為什麼要說七事。枚乘何以把篇名叫〈七發〉?因「說七事以起發太子也」。但何以說七事,而不說五事、六事、八事、九事?劉勰以為「蓋七竅所發,發乎嗜欲,始邪末正,所以戒膏粱之子也。」《文選五臣注》張銑則言:「七者,少陽之數,欲發陽明於君也。」〈七發〉為什麼要說七事?前人有不同看法[11]。但據文本觀之:吳客說楚太子「久耽安樂,日夜無極。邪氣襲逆,中若結轖。紛屯澹淡,嘘唏煩醒。惕惕怵怵,臥不得瞑。虛中重聽,惡聞人聲。精神越渫,百病咸生。聰明眩曜,悅怒不平。[12]」這是因為生理疾病而造成心理疾病,這就與七情有關。《禮記·禮運》以為人有「喜怒哀懼愛惡欲」七情,中醫據《黃帝內經》則謂人有「喜怒憂思悲恐驚」七情。楚太子情思鬱結(中若結轖),「紛屯澹淡……悅怒不平。」這是因為七情不諧而導致身心問題。再者,所謂「邪氣襲逆」及「縱耳目之欲,恣支體之安」造成「膚色靡曼,四支委隨,筋骨挺解,血脈淫濯,手足墮窳」諸症狀,那就與耳目口鼻七竅有關。綜上所述,〈七發〉所以說七事,而不說五事、六事、八事、九事,或許與七情、七竅關係密切。既然如此,則枚乘命篇〈七發〉,已暗示其與療癒之關係。

三 〈七發〉首序的療癒書寫

〈七發〉第一段自「楚太子有疾」至「『可以要言妙道說而去也。不欲聞之乎?』太子曰:『僕願聞之。』」這是序,為全文敘事之緣起。透過吳客探問楚太子病情,揭示太子之病根在於享樂過度、縱慾不已,從而指出:只有聽君子談論「要言妙道」,才能療癒其病。本段以「楚太子有疾,而吳客往問之」開篇,點出治療者及治療對象。接著運用主客問對,既描述患者病狀,也分析病狀形成原因,並指出療癒方式。

客因稱曰:「今時天下安寧……太子豈有是乎?」這段話指出「久耽安樂,日夜無極」,是楚太子生病原因。其病狀為「邪氣襲逆,中若結轖……悅怒不平。」如不進行治療(久執不廢),其後果則是「大命乃傾」。

客曰:「今夫貴人之子……雖令扁鵲治內,巫咸治外,尚何及哉!」這段話不但擴大病患範圍,對患者病狀的描述及病狀形成原因的分析更詳細具體。患者從楚太子擴及到貴人之子。這貴人之子,自然包括楚太子。前段話言楚太子病因,只說「久耽安樂,

---

9 周振甫:《文心雕龍注釋——附今譯》(臺北市:里仁書局,1984年),頁256。

10 李善注:《文選》(臺北市:五南圖書出版公司,1991年),卷34,下冊,頁865。

11 參見蔣曉光:〈交聘之禮與〈七發〉的章法及承傳〉,《中國韻文學刊》第26卷1期(2012年1月)。

12 本論文〈七發〉原文引自費振剛、仇仲謙、劉南平:《全漢賦校注》(廣東市:廣東教育出版社,2005年)。

日夜無極」，本段則先指出生病三大原因：「宮居而閨處」、「飲食則溫淳甘膬，腥醲肥厚」、「衣裳則雜遝曼煖，燂爍熱暑」。用現在的話說，就是住得舒服、吃得肥美、穿得暖和。也就是講究食、衣、住，又老是「宅」在家裡，不能接觸大自然。如此「縱耳目之欲，恣支體之安」，再加上「出輿入輦」、「洞房清宮」、「皓齒娥眉」、「甘脆肥膿」[13]，自然會造成各種身心疾病。因此本段於病狀之描述，先言「雖有金石之堅，猶將銷鑠而挺解也，況其在筋骨之間乎哉」，繼言「傷血脈之和」，又言「蹙痿之機」，更具體指出「今太子膚色靡曼……手足墮窳。」而如此病狀「所從來者至深遠，淹滯永久而不廢，雖令扁鵲治內，巫咸治外，尚何及哉！」

如此病因，如此病狀，如何療癒？枚乘于本段末先言：「今如太子之病者，獨宜世之君子，博見強識，承間語事，變度易意，常無離側，以為羽翼。淹沈之樂，浩唐之心，遁佚之志，其奚由至哉！」又言：「今太子之病，可無藥石針刺灸療而已，可以要言妙道說而去也。不欲聞之乎？」所謂「獨宜世之君子……常無離側」，而「可以要言妙道說而去」，指出療癒之道正是透過言說。

四 〈七發〉七事療效異說

劉勰《文心雕龍》〈雜文〉言〈七發〉「蓋七竅所發，發乎嗜欲，始邪末正，所以戒膏粱之子也。」《文選五臣注》張銑則言：「第一首是序，中六是所諫，不欲犯其顏，末一首始陳正道以干之。」不管劉勰的「始邪末正」，還是張銑的「中六是所諫……末一首始陳正道以干之」，都是認為〈七發〉所說七事，只有第七事才是正道，才是所勸；前六事則是邪道，是所諫。此說雖然影響深遠，但近人頗有質疑者，如龔克昌曾言：「如果真的是日常生活的養尊處優，放縱腐化而引起的疾病」，那麼優美哀傷動聽的音樂，緊張雄壯的校獵，驚心動魄的波濤，「不是正可以修身養性、強健體魄？」[14]如據文本及中醫、心理學角度來看，前六事也可能有療癒效果，因此七事療效，可以有六反一正、五反二正、四反三正、一反六正、七者皆正五種異說：

（一）六反一正

前文已言及劉勰、張銑都主張〈七發〉七事為六反一正。由於受到漢代散體大賦多「勸百諷一」、「虛詞濫說」影響，辭賦研究者較多認同此說。如：郭建勛〈「七」體的

---

13 「甘脆肥膿」前文已提及。
14 龔克昌：《中國辭賦研究·散賦作家枚乘》（濟南市：山東大學出版社，2003年），頁306-307。

形成發展及其文體特徵〉以為七事一文而「六過一是」。[15]趙逵夫〈〈七發〉與枚乘生平新探〉則言：第七事未詳論即匆匆結束乃刻意安排，其實「大辯不言」是理解關鍵，亦顯示與前六事的本質區別。[16]既然第七事與前六事有本質區別，則或亦贊同此說。王德華〈雖始之以淫佚，而終之以居正——《文選》「七體」文解讀〉則言：鋪陳六事作用，是要突出「要言妙道」的治療效果。段段鋪陳，加以不同程度的否定，六事合起來，又共同起到突出「要言妙道」的作用，此「六過一是」模式，要言妙道之功能，雖顯得突兀，但作者諷諫用意卻非常明顯。[17]

（二）五反二正

據〈七發〉原文觀之：除第七事外，楚太子於悲音、美食、至駿、游覽、觀濤五事都只回答：「僕病，未能也」。唯有在畋獵一事，雖仍回答：「僕病，未能也」，「然陽氣見於眉宇之間，侵淫而上，幾滿大宅。」且在吳客推而進之曰：「冥火薄天……獻之公門」一段話後，太子曰：「善，願復聞之。」而在吳客又曰：「未既……能強起而游乎」這段話後，太子曰：「僕甚願從，直恐為諸大夫累耳。」然而有起色矣。既然太子聽了後有起色，則此段言說畋獵一事，自然產生了治療效果。如此則應有五反二正一說。

（三）四反三正

〈七發〉原文於悲音、美食、至駿、游覽四事，楚太子都只回答：「僕病，未能也」，至畋獵一事則已有起色。至第六事觀濤雖仍回答：「僕病，未能也」，然因前一事已有起色，且觀濤第一次對話，吳客言：「於是澡概胸中，灑練五藏，澹澉手足，頮濯髮齒。揄棄恬怠，輸寫淟濁，分決狐疑，發皇耳目。當是之時，雖有淹病滯疾，猶將伸傴起躄，發瞽披聾而觀望之也。況直眇小煩懣，醒醲病酒之徒哉！故曰發蒙解惑，不足以言也。」而太子則曰：「善」，且進一步問：「然則濤何氣哉？」因此亦有以為後三事皆有療癒效果，此則主四反三正說。

---

15 郭建勛：〈「七」體的形成發展及其文體特徵〉，原載《北京大學學報》，後收入《辭賦文體研究》（北京市：中華書局，2007年）。

16 趙逵夫：〈〈七發〉與枚乘生平新探〉，《西北師大學報》（社會科學版）1990年1期。

17 王德華：〈雖始之以淫佚，而終之以居正——《文選》「七體」文解讀〉，《古典文學知識》2012年第5、6期。

（四）一反六正

馬積高《賦史》云：

> 〈七發〉全篇的構思與戰國遊士的說辭相似，不過枚乘把遊士說辭常用的誘導方
> 法擴展了。在講了上述一段話猛喝一聲之後，他就開始進行誘導了：先從貴族子
> 弟已經熟悉，但不大尋常的感官享樂說起，逐漸提高到健康、新奇的程度，至觀
> 潮而達到極點，以振奮太子的情緒，然後才引導其超脫感官享受去追求更高級的
> 精神享受。除奇味一段頗難與「溫淳甘膬，腥膿肥厚」相區別，似屬贅疣之外，
> 其他各段都頗精彩，尤以觀濤寫得最出色。[18]

馬氏此段話並未明確說出主張「一反六正」，但除質疑奇味一段為贅疣外，於其他五事
皆認為是用來「振奮太子的情緒」，可見亦肯定其療效。

（五）七者皆正

郭維森、許結《中國辭賦發展史》云：

> 〈七發〉正文，以音樂、飲食、車馬、游宴、田獵、觀濤、談論等七件事啟發太
> 子。對於此七事的誇張的描寫，亦即所謂「要言妙道」，這是文章中寫明了的。
> 或以為七事中頗多奢侈享受，正是序文批判的，因此前六事不能算作要言妙道。
> 其實描寫七事，「胅辭雲構，誇麗風駭」，極說辭之美，由此可見其博見強識、承
> 間語事之能為。說此七事目的在於「變度易意」，而非鼓吹享樂。所以說，關於
> 七事的言說皆所謂用以啟發太子的「要言妙道」，亦即辭賦之妙用。[19]

此段話已明確指出：「七事的言說皆所謂用以啟發太子的『要言妙道』」。

曾祥實、劉曉林〈〈七發〉：古代「心理療法」的典範〉以為要言妙道含六事，文中
並說明六事之療效。[20]楊德貴〈漢初游士最後的精神期待——淺談枚乘〈七發〉的諷勸
問題〉則以《漢書》〈王褒傳〉記載王褒誦讀作品平復太子之疾為例，說明無論「誦讀
奇文」還是「自造」，都必須有療救精神空虛的作用，所以諷勸的內容不可少。因此認

---

18 馬積高：《賦史》（上海市：上海古籍出版社，1987年），頁64。

19 郭維森、許結：《中國辭賦發展史》（南京市：江蘇教育出版社，1996年），頁93。

20 曾祥實、劉曉林：〈〈七發〉：古代「心理療法」的典範〉，《湖南科技學院學報》第28卷5期（2007年
5月）。

為〈七發〉中六事目的在引起興趣，振奮精神，應為「勸」詞範圍。[21]魏鴻雁〈黃老養生思想與漢代散體大賦的形成〉以為：前六方面是「要言妙道」的基礎和鋪墊，「要言妙道」是前六方面的深化。[22]既然說前六方面是「要言妙道」的基礎和鋪墊，則亦主張七者皆正。

五　〈七發〉七事皆有療效

　　〈七發〉七事之療效，究竟是六反一正、五反二正、四反三正、一反六正，還是七者皆正？此可就言說治療、文章布局、文本字句及悲音、美食、至駿、游覽、校獵、觀濤六事有無療效論之：

（一）就言說治療言

　　《漢書》〈王褒傳〉載：「太子體不安……（王褒）朝夕諷讀奇文及所自造作，疾平復乃歸。」可見誦讀奇文可治病。今日之醫學研究也證明讀詩歌有益身心健康，外國也有朗誦《愛的深化》治癒抑鬱症的趣事。[23]吳國隆〈詩療之妙〉特別指出：精神憂鬱症應採用文字優美具豐富想像力的詩治療。[24]枚乘〈七發〉雖是賦而非詩，但它具有詩歌的押韻和節奏，而且漢代的辭賦本就是誦讀文學，透過作者本人抑揚頓挫急緩有致的朗誦，更能激勵患者。再加上〈七發〉「文字優美具豐富想像力」的特色更超越一般詩歌。

　　現代心理治療中有「言語疏導療法」。所謂言語疏導療法「是運用語言作為媒介，在與病人診療交往過程中產生良好影響，對患者的病理心理進行疏導，給以幫助、啟發、教育的一種心理療法，要求在患者不同的病情階段，通過簡明、靈活、親切、適當、合理的語言，激勵和鼓舞患者自我領悟。」[25]其實中國早在《黃帝內經》就已有這種疏導療法的相關記載。《黃帝內經》〈素問〉：「精神不進，志意不治，故病不可癒。」[26]《靈樞經》〈師傳〉：「告之以其敗，語之以其善，導之以其所便，開之以其所苦。」[27]車文博主編《心理治療指南》云：

---

21 楊德貴：〈漢初游士最後的精神期待——淺談枚乘〈七發〉的諷勸問題〉，《名作欣賞》2007年5期。

22 魏鴻雁：〈黃老養生思想與漢代散體大賦的形成〉，《文學遺產》2012年1期。

23 黃炳麟：〈詩書療疾〉，《祝您健康》1994年9期，頁44-45。

24 吳國隆：〈詩療之妙〉，《開心老年》2007年9期，頁48-49。

25 車文博主編：《心理治療指南》（長春市：吉林人民出版社，1990年），頁793。

26 見《黃帝內經‧素問‧湯液醪醴論》（臺北市：臺灣商務印書館，《四部叢刊》上海涵芬樓景印明顧氏翻宋本），卷4，頁6。

27 見《靈樞經》〈師傳〉（臺北市：臺灣商務印書館，《四部叢刊》上海涵芬樓藏明趙府居敬堂刊本），卷6，頁2。

這裡「告」、「語」、「開」、「導」，即突出了以言語的方式及疏導的途徑。「告之以其敗」，即告訴病人疾病的成因，可能之危害與禁忌。「語之以其善」，即指出治療疾病的正確途徑，鼓勵病人與疾病作鬥爭的信心。「導之以其便」，即誘導病人根據具體情況，創造治病的條件和方法。「開之以其苦」，即開導病人，排除精神上的苦悶，使其情態舒暢。[28]

上述說明文字不是與〈七發〉非常契合嗎？由此可知，古人很早就知道言語是心理治療的重要手段。蔡英俊〈言說治療：枚乘〈七發〉與一場思想勸誘的遊戲〉說：「言說治療，既是言說病痛沈溺的原因及其可能的對治方案，但也同時是在言說的過程中獲得治療的可能。」[29]既然是「在言說的過程中獲得治療的可能」，則〈七發〉七事不管對患者是否有療效，但在治病者的主觀意圖是希望患者獲得治療效果的。再者，〈七發〉描寫最精采的部分是回答楚太子「然則濤何氣哉」之問的一段。然而吳客此段精采言說卻是載籍不記，而是聞之於其師。換言之，吳客是轉述其師之言說。

（二）就文章布局言

錢鍾書《管窺編》云：「枚乘命篇，實類〈招魂〉、〈大招〉，移招魂之法，施於療疾，又改平鋪而為層進耳。[30]」就文章布局言，錢氏已看出前六事與第七事的關係不是反正而是層進。既是層進，則不管其對患者有無療效，第七事為正，則前六事也是正。也就是說第七事有療效，則前六事也應有療效。

趙燕平〈傳一代文風定一體風格——枚乘〈七發〉賞析〉：從音樂、飲食入手，未走出宮廷、靜態，借音樂感染力，使其能提起精神聆聽。音樂、飲食二事，重在喚起體味和感知，隨著至駿，走出宮廷，承上啟下，由靜態開始轉向動態，用意是引導走出宮居狹隘視野，改變生活方式，陶冶較為健康的觀賞趣味。車馬之後，從遊觀至觀濤，視野由近及遠，「既登景夷之臺」後，登高騁目，領會大自然壯闊。田獵可驅散懶惰，觀濤有「發蒙解惑」之功。最後，推出要言妙道，但未充分展示，十分簡潔，但卻有力，正是文章妙處，由靜至動，由內而外，由近及遠。[31]此文分析七事乃由靜至動，由內而外，由近及遠，一步步誘發患者改變生活方式。由此可知，雖然吳客言說悲音、美食、至駿、游覽四事，楚太子的回應是：「僕病，未能也」，但沒有前四事的舖墊，也就沒有之後的有起色。

---

28 車文博主編：《心理治療指南》（長春市：吉林人民出版社，1990年），頁831。

29 蔡英俊：〈言說治療：枚乘〈七發〉與一場思想勸誘的遊戲〉，收入劉苑如編：《遊觀：作為身體技藝的中古文學與宗教》（臺北市：中央研究院中國文哲研究所，2010年）。

30 見錢鍾書：《管窺編》第二冊「楚辭洪興祖補注一八則」（蘭馨室書齋，1979年），頁637。

31 詳見：趙燕平：〈傳一代文風定一體風格——枚乘〈七發〉賞析〉，《職大學報》2000年1期。

（三）就文本字句言

郭維森、許結《中國辭賦發展史》云：

〈七發〉正文，以音樂、飲食、車馬、游宴、田獵、觀濤、談論等七件事啟發太子。對於此七事的誇張的描寫，亦即所謂「要言妙道」，這是文章中寫明了的。[32]

此指出〈七發〉正文已寫明七事皆「要言妙道」，但未分析。以下引文本說明：

第一段在吳客描述楚太子病狀及分析病因後，指出：

「今如太子之病者，獨宜世之君子，博見強識，承間語事，變度易意，常無離側，以為羽翼。淹沈之樂，浩唐之心，遁佚之志，其奚由至哉！」太子曰：「諾。病已，請事此言。」客曰：「今太子之病，可無藥石針刺灸療而已，可以要言妙道說而去也。不欲聞之乎？」太子曰：「僕願聞之。」

既然吳客自己說太子之病「可以要言妙道說而去也」，而太子也表示「僕願聞之」，那如果接下來的言說不是屬於要言妙道，則與前文文意不合。再者，太子之病要「世之君子，博見強識，承間語事，變度易意，常無離側」，則就不只是第七事的簡略數語。第三，吳客於遊覽一段言：「既登景夷之臺……離辭連類。」此廣博之樂，仍要「博辯之士，原本山川，極命草木，比物屬事，離辭連類。」可見此事仍屬要言妙道範疇。第四，觀濤一段，吳客提及觀水力之所到已有如下之效：「澡概胸中，灑練五藏，澹澉手足，頮濯髮齒。揄棄恬怠，輸寫淟濁，分決狐疑，發皇耳目。當是之時，雖有淹病滯疾，猶將伸傴起躄，發瞽披聾而觀望之也。況直眇小煩懣，醒醲病酒之徒哉！故曰發蒙解惑，不足以言也。」第五，在講完前六事後，吳客說：

將為太子奏方術之士有資略者，若莊周魏牟楊朱墨翟便蜎詹何之倫，使之論天下之釋微，理萬物之是非。孔老覽觀，孟子持籌而筭之，萬不失一。此亦天下要言妙道也，太子豈欲聞之乎？

所謂「此亦天下要言妙道也」，用一「亦」字，不也表示前六事是要言妙道？

（四）就有無療效言

吳客向楚太子陳說之第七事及畋獵一事，從文本即可知具有療效。至於悲音、美

---

32 郭維森、許結：《中國辭賦發展史》（南京市：江蘇教育出版社，1996年），頁93。

食、至駿、游覽、觀濤五事是否有療癒效果，則必須再進一步說明。

就悲音言：〈七發〉首序分析楚太子患病原因，與音樂有關者，僅「縱耳目之欲」一句。《老子》第十二章雖有「五音令人耳聾」之說，孔子雖有「鄭衛之聲淫」的批評，但儒家重視禮樂教化，孔子也非常欣賞雅樂。余江〈〈七發〉——音樂賦的濫觴〉指出：音樂之道最遲從春秋開始即被視為人倫之道。列音樂為其他六事之首，與要言妙道（指第七事）形成前後夾擊，突出重點。[33]在西方，於西元前一世紀，阿斯克勒匹亞底斯已提出音樂療法。[34]車文博《心理治療指南》：

> 音樂療法（music therapy）是利用音樂作為治療某些疾病的一種輔助手段。音樂治療在我國及西方醫學中早有記載。如祖國醫學中提出運用五音（宮、商、角、徵、羽）代表五行（土、金、木、火、水），並與人體的臟象功能相聯繫，可以調整人體的機能。
>
> 音樂可以對人的生理和心理狀態產生一系列影響。近年來，國內外有關研究表明，樂曲不同的節奏、旋律、音調和音色，對人體能起到興奮、抑制、鎮痛等不同作用。[35]

〈七發〉第一事描述音樂，而特別強調至悲之音。吳客認為悲哀的音樂應能激起「邪氣襲逆，中若結轖」且「虛中重聽，惡聞人聲，精神越渫」的楚太子的真情、真心。

就美食言：〈七發〉言及貴人之子「飲食則溫淳甘膬，腥醲肥厚」，並言「甘脆肥膿，命曰腐腸之藥」。馬積高《賦史》云：「除奇味一段頗難與『溫淳甘膬，腥膿肥厚』相區別，似屬贅疣之外，其他各段都頗精彩，尤以觀濤寫得最出色。」

但觀美食一段，實與「甘脆肥膿」有別。「菜以筍蒲」、「冒以山膚」，在肉類食物中加入山蔬野菜，可以去肥膿。「楚苗之食，安胡之飰，摶之不解，一啜而散」，是容易消化的主食。正如曾祥實、劉曉林所言：品嚐奇味，不是勸膏粱厚味，而是列舉食中珍品，激起食慾，也是精神療法。以清淡為主，飯要易消化，魚與紫蘇同煮，開胃順氣，主食以清粥為主，符合傳統醫理。[36]

就至駿言：悲音、美食二事，多於室內。車馬奔馳，則已走出室外。且「爭千里之逐」，可使精神緊張，體魄也得到鍛鍊。今日馬術訓練，也是很好的運動。現代醫學證明適當運動有益健康，運動能增強心肺功能、脾胃活動，也能健腎安神，怡神養性。「國外把通過體育運動鍛鍊而獲得精神疏泄的方法叫作『運動性疏泄』（activity

---

33 余江：〈〈七發〉——音樂賦的濫觴〉，《青海社會科學》2001年3期。

34 車文博主編：《心理治療指南》（長春市：吉林人民出版社，1990年），頁2。

35 車文博主編：《心理治療指南》（長春市：吉林人民出版社，1990年），頁742。

36 詳見：曾祥實、劉曉林：〈〈七發〉：古代「心理療法」的典範〉，《湖南科技學院學報》第28卷5期（2007年5月）。

catharsis）。」[37]楚太子「宮居而閨處。內有保母，外有傅父，欲交無所」，加以「出輿入輦，命曰蹶痿之機」，因此「膚色靡曼，四支委隨，筋骨挺解，血脈淫濯，手足墮窳」。這樣的症狀，吳客認為透過至駿「爭千里之逐」，應有一定的療效。

就游覽言：旅遊登覽可以增廣見聞，開闊胸襟。〈七發〉「既登景夷之臺，南望荊山，北望汝海，左江右湖，其樂無有」，寫出登高望遠之樂。這對整日「宮居而閨處」的楚太子可以說是一帖好藥方。走出深宮，觀賞大自然中的各種動植物，可以消除抑鬱，放鬆精神。再者，「使博辯之士，原本山川，極命草木，比物屬事，離辭連類」，則可增廣見聞。現代心理治療中，有所謂「園藝療法」。「園藝療法」即是利用園林環境中的言語、活動和和各種儀式的一種心理治療方法。其目的在於使患者在情感、態度、行為等方面產生一些有益的變化。[38]〈七發〉游覽一事，療效類似「園藝療法」。

就觀濤言：前文於「就文本字句言」提到〈七發〉於觀水力之所到，已言及觀濤之療效。而此段後半轉述其師形容濤之為何氣，可謂驚心動魄。劉斯翰認為：「迄今為止，也沒有誰在描寫潮水上超過枚乘」，枚乘之寫潮水，是文藝創作「不可逾越的高峰」。[39]梁曉東〈枚乘〈七發〉中的「心理疏導法」探析〉認為：鋪陳觀濤，讓太子知道大自然壯麗奇妙，從而在心理上產生融入奇麗自然界且樂於逍遙身心的想法。[40]

綜上所述，可知〈七發〉七事就言說者立場，皆屬要言妙道，皆希望對患者能有療效。當然有無療效，會有治療者主觀意圖與患者客觀效果間的矛盾。再者，從〈七發〉所陳七事中，可見不少非現實中實有之人、事、物。由此可知，這確實是一場言說治療，是透過言語力量，激發、勸誘患者自行慧悟道理，所以心理學界認為是想像暢懷治療。車文博主編《心理治療指南》於「想像暢懷治療」條下云：

> 想像暢懷治療：即由醫生通過心理病機分析後，以精闢的道理、暢快的詞語，使遠慕情懷，慧悟道理。如〈七發〉即是一支心理治療的美妙暢想曲，它進行了七層說理，由近到遠，從音樂、飲食、車馬、遊覽、打獵、風光，直至理解人生哲理，用生動的語言，激發患者充分的想像力，從而矯正其本能欲望的過度，增強意識層而抑制本能欲望。[41]

但即使〈七發〉是想像暢懷治療，也是需要「以精闢的道理、暢快的詞語，使遠慕情懷，慧悟道理」，仍然是透過言說療癒。

---

37 車文博主編：《心理治療指南》（長春市：吉林人民出版社，1990年），頁92。

38 車文博主編：《心理治療指南》（長春市：吉林人民出版社，1990年），頁753。

39 劉斯翰：《漢賦：唯美文學之潮》（廣州市：廣州文化出版社，1989年），頁50。

40 梁曉東：〈枚乘〈七發〉中的「心理疏導法」探析〉，《甘肅廣播電視大學學報》第22卷4期（2012年12月）。

41 車文博主編：《心理治療指南》（長春市：吉林人民出版社，1990年），頁846

六　結語

　　耳目口鼻七竅容易受邪氣侵襲，讓人身體生病，而「喜怒憂思悲恐驚」七情如不能協調，則易使心理產生問題。〈七發〉所以特意安排七事啟發楚太子，而以「七發」命篇，或與七竅、七情有關。如是則就〈七發〉篇名觀之，已與療癒相關。其次，〈七發〉首段序，透過吳客問疾，描述楚太子病況，指出楚太子致病原因，更揭示療癒之道。故而從〈七發〉首序觀之，其與療癒關係密切。再者，前人於〈七發〉七事之療效，雖有六反一正、五反二正、四反三正、一反六正、七者皆正之異說，但這些異說正是針對七事何者有療效的探討。最後，本文據言說治療、文章布局、文本字句及諸事有無療效四端，論證〈七發〉七事皆有療效。要而言之，〈七發〉的確與療癒書寫關係密切，它是第一篇書寫療癒的賦篇。其有關療癒之書寫，在今日對生活優渥的達官貴人、富賈巨商及不愛與人交往、不願走出戶外的宅男宅女仍有警醒作用。而其發揮豐富想像力，透過言說的治療方式，也可提供今日醫學參考。

參考文獻

傳統文獻

《黃帝內經》〈素問〉　臺北市　臺灣商務印書館　《四部叢刊》上海涵芬樓景印明顧
　　氏翻宋本

《靈樞經》　臺北市　臺灣商務印書館　《四部叢刊》上海涵芬樓藏明趙府居敬堂刊本

費振剛、仇仲謙、劉南平　《全漢賦校注》　廣東市　廣東教育出版社　2005年

李善注　《文選》　臺北市　五南圖書出版公司　1991年

周振甫　《文心雕龍注釋——附今譯》　臺北市　里仁書局　1984年

近人論著

錢鍾書　《管窺編》第二冊「楚辭洪興祖補注一八則」　蘭馨室書齋　1979年

馬積高　《賦史》　上海市　上海古籍出版社　1987年

劉斯翰　《漢賦：唯美文學之潮》　廣州市　廣州文化出版社　1989年

車文博主編　《心理治療指南》　長春市　吉林人民出版社　1990年

郭維森、許結　《中國辭賦發展史》　南京市　江蘇教育出版社　1996年

葉舒憲　《文學與治療》　北京市　社會科學文獻出版社　1999年

龔克昌　《中國辭賦研究‧散賦作家枚乘》　濟南市　山東大學出版社　2003年

郭建勛　《辭賦文體研究》　北京市　中華書局　2007年

趙逵夫　〈〈七發〉與枚乘生平新探〉　《西北師大學報》（社會科學版）　1990年1期

黃炳麟　〈詩書療疾〉　《祝您健康》　1994年9期

趙燕平　〈傳一代文風定一體風格—枚乘〈七發〉賞析〉　《職大學報》　2000年1期

余　江　〈〈七發〉——音樂賦的濫觴〉　《青海社會科學》　2001年3期

魯　灣　〈心理治療的嚆矢：三讀〈七發〉〉　《科學養生》　2005年8月號

陳永前　〈〈七發〉：古代心理咨詢的驗案〉　《家庭中醫藥》　2007年2月號

曾祥實、劉曉林　〈〈七發〉：古代「心理療法」的典範〉　《湖南科技學院學報》　第
　　28卷5期　2007年5月

楊德貴　〈漢初游士最後的精神期待——淺談枚乘〈七發〉的諷勸問題〉　《名作欣
　　賞》　2007年5期

吳國隆　〈詩療之妙〉　《開心老年》　2007年9期

曾　珺　〈〈七發〉：治療驕奢淫逸的一劑良藥〉　《品味經典》　2008年5期

陳　晉　〈騷體有民主色彩——毛澤東讀《楚辭》及枚乘〈七發〉〉　《知識博覽‧文
　　史天地》　2008年9月號

蔡英俊　〈言說治療：枚乘〈七發〉與一場思想勸誘的遊戲〉　收入劉苑如編《遊觀：作為身體技藝的中古文學與宗教》　臺北市　中央研究院中國文哲研究所　2010年

蔣曉光　〈交聘之禮與〈七發〉的章法及承傳〉　《中國韻文學刊》　第26卷1期　2012年1月

魏鴻雁　〈黃老養生思想與漢代散體大賦的形成〉　《文學遺產》　2012年1期

王德華　〈雖始之以淫侈，而終之以居正──《文選》「七體」文解讀〉　《古典文學知識》　2012年第5、6期

梁曉東　〈枚乘〈七發〉中的「心理疏導法」探析〉　《甘肅廣播電視大學學報》　第22卷4期　2012年12月

永明體與唐代近體詩格律的若干問題研究[*]

施向東

南開大學漢語言文化學院教授

詩歌作為一種藝術性的文體，自然有它不同於其他文體的特殊本質。詩歌這種文體的特殊本質就是它的格律，詩歌就是一種有格律的語篇。詩歌都是有格律的[1]。詩歌的格律就是充分運用語言本身的音樂性來造成詩句、詩篇的節奏、押韻、韻律方面的美感，達到餘音繞梁、撼動人心、強化記憶的效果。唐代近體詩是漢語格律詩中最有代表性的一種，自它形成以來，就不僅深受文人士大夫的喜愛，而且廣泛流傳於民間，一千數百年以來綿延不絕，至今仍然具有頑強的生命力。

對於永明體與唐代近體詩格律的探討，自唐以來一直沒有間斷。王力先生《漢語詩律學》[2]在對前代詩律理論繼承總結的基礎上作了詳盡的分析描寫。俞敏先生敏感地指出了六朝文人以「聲病」說為代表永明體的詩律理論與唐代近體詩格律的重大區別[3]。最近以來，許多學者都在探討從永明體到唐代格律詩演變的過程[4]，提出了許多新的見解。其重點都圍繞著漢語四聲在詩句中的分佈規則上。

但是，對於永明體與唐代近體詩格律的區別和演變中還有一些問題，之前的論著都沒有能夠深入討論。比如，詩律為什麼首倡於齊梁諸子？永明諸君詩作與諸「病」的關係如何？「平頭、上尾、蜂腰、鶴膝」與唐律的關係如何？唐代近體詩格律為什麼生命力那麼強大？這些問題我們都曾經深入地思考過。本文集中討論與四聲、平仄相關的格律問題，將自己粗略的見解發表出來，就教於知音君子。

---

[*] 謹以此文表達對陳伯元先生的無盡懷念。

[1] 見施向東：《詩詞格律初階》（天津市：天津大學出版社，2001年），頁1-7。

[2] 王力：《漢語詩律學》（上海市：上海教育出版社，1978年）。

[3] 俞敏：〈永明運動的表裏〉，見俞敏：《中國語文學論文選》（東京：光生館，1984年）。

[4] 如何偉棠（1986，1987，2005）、丁功誼（2002）、金光（2006）、葉黛瑩（2007）、黃震雲 高薇（2012）、高薇（2012）等。

一　詩律首倡於齊梁諸子是巧合嗎

　　眾所周知，漢語的平上去入四聲，是南朝齊梁時沈約等人首先唱響的。而首先講究「四聲八病」、提倡「齊梁體」的也正是這一批人。這裏頭到底有沒有內在的聯繫呢？或者說，這只是一種偶然的巧合？我們認為，發現漢語四聲和提倡聲律這兩件事發生在同一批人身上絕非巧合。傳統文士重視和熱愛詩歌，對這種美文的精益求精孜孜不倦，一旦發現了四聲這種韻律現象，就毫不猶豫地拿它作為利器來改革詩歌創作，恰恰是一種歷史的必然。

　　四聲是中古漢語平上去入四個聲調的合稱。在漢語的音節中聲調雖然也具有區別意義的音位功能，但是它跟輔音、母音不同，他不是音質性的音位，而是超乎各個音質音位之上的聲音高低升降平坡曲直的韻律音位，或者稱為調位。聲調的發現使詩人們看到了漢語本身的音樂美。而調節四聲在詩句、詩篇中的分佈，就可以使詩歌更加悅耳動聽，朗朗上口，大大增加它的美感。

　　《詩經》〈大雅〉〈棫樸〉說：「追琢其章，金玉其相。」《論語》〈雍也〉說：「質勝文則野，文勝質則史，文質彬彬，然後君子。」都強調了形式美的重要性。先秦詩人如果知道漢語中有聲調這個東西，他們一定不會放過它，一定也會像沈約諸君一樣拿它來大做文章的。然而我們在先秦文獻中沒有看到任何有關記載或者哪怕一絲一毫的跡象。兩漢文學諸大家，於文章竭盡修飾美化之能事，但是我們也沒有發現任何一個人談過這件事情。這也就是說，上古時代誰也沒有發現漢語有聲調這回事。進一步的問題就是：上古時代漢語到底有沒有聲調？如果沒有，那麼當然不可能會有人「發現」；如果有，那麼上古詩人真的那麼遲鈍，一直視而不見聽而不聞，要把四聲的發現權讓給幾百年後的沈約，讓他可以大言不慚地誇口。《梁書》〈沈約傳〉說：「（約）撰四聲譜，以為在昔詞人，累千載而不寤，而獨得胸衿，窮其妙旨，自謂入神之作。」這是非常不合邏輯的。因此我們的結論是，上古漢語還沒有產生韻律音位意義上的聲調。

　　關於上古時候漢語音節到底有沒有聲調的問題，清儒以下，眾說紛紜[5]。現代學者有的主張有四聲，有的主張沒有，也有的主張有二聲、三聲、五聲，各不相同[6]。主張上古漢語有聲調的理由，主要是在《詩經》等上古韻文中似乎存在跟後世一樣「四聲分用」的傾向。筆者讚成鄭張尚芳的觀點，認為上古詩文押韻「四聲分用」只是表像，實際上是根據音節的四類（或五類）不同的音節韻尾來實現的，跟後世「四聲分用」實際

5　如顧炎武主張「四聲一貫」；江有誥、王念孫認為「古人實有四聲」，但與後世四聲不同；段玉裁主張「古無去聲」；孔廣森主張「古無入聲」，等等。

6　如李方桂主張古有四聲，鄭張尚芳則認為上古沒有聲調；黃侃主張古只有平入二聲，王國維認為古有五聲，王力晚年主張古無去聲，等等。

上並不相同[7]。陳伯元先生在其巨著《古音研究》中論聲調之起源，則持「長短母音與韻尾共同決定說」[8]，雖未明言上古漢語有沒有韻律性質的聲調，但是明確地主張了中古四聲來源於上古音節中不同類的音質性成分的意見。漢以後那些將音節區別為四五類的音質性韻尾逐漸消失，取而代之地產生了韻律性的聲調。正如段玉裁所說，「洎乎魏晉……四聲大備。」（《六書音均表》一）

因為魏晉時代四聲才大備，所以「盛為文章」的齊梁時代的文人才發現四聲就合乎情理和邏輯。由於沈約他們發現的四聲是韻律性的調位，因此，順理成章地被利用來調節詩歌的韻律。

韻律性聲調的產生，使漢語本身的音樂性大大增強，詩歌脫離音樂，直接口吟，獲得了條件。

中國上古時候的詩歌是合樂的。《尚書》〈堯典〉說：「詩言志，歌永言。」《毛詩》〈大序〉說：「詩者，志之所之也。在心為志，發言為詩。情動於中而形於言，言之不足，故嗟歎之；嗟歎之不足，故永歌之；永歌之不足，不知手之舞之，足之蹈之也。」《詩經》〈魏風〉〈園有桃〉「心之憂矣，我歌且謠」毛傳：「曲合樂曰歌，徒歌曰謠。」合樂的詩可以依靠音樂的旋律而流傳於人口。《詩經》《楚辭》都是可以唱的，漢樂府，顧名思義也是配樂的詩歌。誠如鍾嶸《詩品》〈下〉所說：「古者詩頌，皆被之金竹，故非調五音，無以諧會。」魏晉以後，才有詩歌脫離音樂的現象。劉勰《文心雕龍》〈樂府〉說：「子建士衡，咸有佳篇，並無詔伶人，故事謝絲管。俗稱乖調，蓋未思也。」因此，在兩漢以前的文獻中，我們找不到「吟詩」的說法，卻有「歌詩」及類似的說法。但是，唐以後卻大量存在「吟詩」、「吟……詩」的說法。北京大學 CCL 古漢語語料庫檢索「吟$9詩」（即「吟詩」及「吟」與「詩」之間相隔九字以內的所有表達，如「吟古詩、吟謝朓之詩、吟杜甫題諸葛亮詩」等等）得一二八〇條結果，除東漢王充《論衡》1例外，均見於六朝之後。吟詩，就是充分利用漢語聲調產生之後富於音樂性的特性，在脫離音樂伴奏的情況下運用語言本身的音樂性的表達方式。

因此，詩律首倡於齊梁諸子不是偶然的巧合，恰恰相反，這是漢語語音系統發展到產生韻律性的聲調這一階段的必然結果。

二　永明體詩律中與聲調有關的四病分析

談到「永明體」，一般都會聯想到「四聲八病」。「四聲」即平上去入，八病是「平頭、上尾、蜂腰、鶴膝、大韻、小韻、旁紐、正紐」。

7　施向東：《略論上古音研究中的幾個問題》，《渤海大學學報》（哲學社會科學版）2012年第6期。

8　陳新雄：《古音研究》（臺北市：五南圖書出版公司，1977年），頁767。

李延壽《南史》〈陸厥傳〉「齊永明九年，詔百官舉士。同郡司徒左西曹掾顧暠之表薦厥，州舉秀才。時盛為文章，吳興沈約、陳郡謝朓、琅邪王融，以氣類相推轂。汝南周顒善識聲韻，約等文皆用宮商，將平上去入四聲，以此制韻，有平頭、上尾、蜂腰、鶴膝，五字之中，音韻悉異，兩句之內，角徵不同，不可增減。世呼為永明體。沈約《宋書》〈謝靈運傳〉後又論其事。」

沈約《宋書》〈謝靈運傳論〉：「夫五色相宣，八音協暢，由乎玄黃律呂，各適物宜；欲使宮羽相變，低昂互節。若前有浮聲，則後須切響。一簡之內，音韻盡殊；兩句之中，輕重悉異。妙達此旨，始可言文。」

這裏「八病」只有「平頭、上尾、蜂腰、鶴膝」四病，都是跟聲調有關的。跟聲母韻母重遝有關的「大韻、小韻、旁紐、正紐」都沒有出現。較早提到這後面的四病的是釋空海的《文鏡秘府論》。該書西卷「文二十八種病」中前八病就是這八者。當然齊梁諸君也不是不重視聲韻母的講究，俞敏〈永明運動的表裏〉一文以沈約所作五言詩為例分析了詩中用字在聲、韻、調，指出沈約「追求的理想境界是一種極端的錯綜美」[9]。關於聲母韻母的問題不是本文要探討的，這裏姑置勿論。我們著重分析與聲調有關的「平頭、上尾、蜂腰、鶴膝」四病。從上述《宋書》《南史》的話來看，永明諸子強調的是聲調之「異」：「欲使宮羽相變，低昂互節。若前有浮聲，則後須切響。一簡之內，音韻盡殊；兩句之中，輕重悉異。」「五字之中，音韻悉異，兩句之內，角徵不同。」諸「病」所忌，也是詩句中某處與某處聲調相同。忌避「平頭」，就是一聯中兩句開頭聲調要「異」；忌避「上尾」，就是一聯中兩句末尾聲調要「異」；忌避「蜂腰」，就是把五字一句分成兩字、三字兩節，每節的末字要「異」；忌避「鶴膝」，就是相鄰兩聯的出句末尾要「異」。「異」就是變化，就是錯綜，通過求異，實現錯綜變化，展現音韻之美。

我們也以沈約的詩作為例來分析永明詩人是如何運用四聲的。沈約詩取《文選》所收的十三首沈詩，作為對比，也取受到沈約讚賞、被認為其韻律「闇與理合」的曹植、王粲、孫楚、王瓚的作品[10]來一起分析。（詳細的逐字分析請參見附錄）

---

9 俞敏：〈永明運動的表裡〉，見《俞敏語言學論文集》（北京市：商務印書館，1999年）。

10 沈約：《宋書》〈謝靈運傳論〉：「先士茂制，諷高歷賞。子建函京之作，仲宣霸岸之篇，子荊零雨之章，正長朔風之句，並直舉胸情，非傍詩史，正以音律調韻，取高前式。自騷人以來，此秘未睹。至於高言妙句，音韻天成，皆闇與理合，匪由思至。」

詩作	句數／聯數	犯蜂腰句	犯平頭聯	犯上尾聯	犯鶴膝句	句式重複
1應詔樂遊苑餞呂僧珍詩	20/10	1-1[11]	3-0[12]	0[13]	0[14]	2[15]
2別范安成詩	8/4	2-0	1-0	0	0	2
3鍾山詩應西陽王教	40/20	7-3	4-4	0	1	2*2　3*1[16]
4宿東園	20/10	8-1	5-2	0	0	2*1　4*1
5遊沈道士館	28/14	6-2	5-3	0	1	2
6早發定山	14/7	3-2	1-2	0	0	0
7新安江水至清淺深見底貽京邑遊好	14/7	3-4	2-1	0	1	0
8和謝宣城	20/10	5-2	4-2	0	3	0
9應王中丞思遠詠月	10/5	3-3	2-3	0	0	0
10冬節後至丞相第詣庶子車中作	10/5	3-0	3-0	0	0	0
11學省愁臥	12/6	1-2	4-2	0	0	2
12詠湖中鴈詩	10/5	1-0	2-1	1	0	0
13三月三日率爾成篇	24/12	4-7	4-4	0	0	2
曹植　贈丁儀王粲詩	18/9	4-5	6-0	3	4	2
王粲　七哀詩	38/19	14-13	11-5	7	5	2
孫楚　征西官屬送於陟陽候作詩	20/10	8-7	2-1	1	6	0
王瓚　雜詩	12/6	1-5	3-1	2	1	2

　　從上表可以看出，沈約詩確實講究聲律，病犯甚尠。十三首詩共二三〇句，一一五聯，犯蜂腰者，按二四同調與二五同調分別為四十七句（占百分之二十）和二十七句（百分之十二）；犯平頭者，按一六同調與二七同調分別為四十聯（占百分之三十五）和二十四聯（占百分之二十一）；犯上尾者僅一聯（不足百分之一）；犯鶴膝者六處（占百分之五）。王應麟《困學紀聞》卷十引《詩苑類格》沈約曰：「詩病有八：平頭、上尾、蜂腰、鶴膝、大韻、小韻、旁紐、正紐，唯上尾、鶴膝最忌，餘病亦通。」按諸本

---

11 蜂腰之病，指一句五字中第二字與第五字（或說第二字與第四字）不得同聲調。這裡列兩個數字，左邊是二、四字同調的句數，右邊是二、五字同調的句數。下同。

12 平頭之病，指一聯中第一、二字與第六、七字不得同聲調（尤其是二、七字）。這裡列兩個數字，左邊是一、六字同調的聯數，右邊是二、七字同調的聯數。下同。

13 上尾之病，指一聯中第五字與第十字不得同聲調。

14 鶴膝之病，指相鄰兩聯中第五字不得同聲調。

15 這個數字表示整首詩中聲調格式相同的句子數。本詩「忘已用堯心、待此未抽簪」同用「去上去平平」的句式。下仿此。

16 本詩有兩個句式各用兩次，一個句式複用三次。下仿此。

表的統計，若合符節。沈約的十三首詩二三〇句中，只有十三句的四聲格式在本詩中是重複的，約占全部詩句的百分之五，也從總體上體現了音韻的錯綜變化。再看曹植等四人的數據，四首詩共八十八句，四十四聯，犯蜂腰者，按二四同調與二五同調計分別為二十七句（占百分之三十一）和三十句（百分之三十四）；犯平頭者，按一六同調與二七同調分別計為二十二聯（占百分之五十）和七聯（占百分之十六）；犯上尾者十三聯（百分之三十）；犯鶴膝者十六處（占百分之三十六）。兩相對比，自覺協調四聲的沈約與「闇與理合」的詩人作品，其聲律上的進步確實不可以道裡計。

平頭之病，謂五言詩句第一字與第六字、第二字與第七字，即一聯中上句與下句開頭兩字不能同聲調。但是於二、七兩字最嚴。《文鏡秘府論》西卷「文二十八種病」論平頭雲：「或曰……上句第一字與下句第一字，同平聲不為病，同上去入聲一字即病，若上句第二字與下句第二字同聲，無問平上去入，皆是巨病。此而或犯，未曰知音。」沈約所犯平頭，上下句第一字同聲者占百分之三十五（其中同平聲者二十九例，占百分之二十五），第二字同聲者僅百分之二十一，確證了「或曰」的說法。這個現象的實質，就是因為第二字是五言詩句第一節奏的末尾，聲調必須分明，不得含混。這一點足證永明諸君已經明白五言詩句在第二字上有重要的節奏點，用四聲協調音律，這個位置絕對是關鍵。下面幾個病犯的有關論述也反復證明瞭這一點。

蜂腰之病，謂五言詩句第二字與第五字不能同聲調。「文二十八種病」談到蜂腰時引述說：「沈氏雲，五言之中，分為兩句，上二下三。凡至句末，並須要殺。」東按，「要殺」即「要煞」，謂關鍵處，節奏點。一句中兩個小句之末不能同聲調，正如一聯中兩個五言句末不能同聲調（按即上尾之病）一樣。故「文二十八種病」引述劉氏雲：「此是一句之中上尾。」沈約所犯蜂腰，二、五字同聲調者僅百分之十二，可謂嚴謹。但是「文二十八種病」談到蜂腰時又說：「又第二字與第四字同聲，亦不能善。此雖世無的目，而甚於蜂腰。」這似乎是說，五言詩句第四字是比第五字更關鍵的節奏點。但是，沈約所犯二、四字同聲的句子要占到總數的百分之二十，遠遠高於二、五字同聲調的比例。可見齊梁諸君並沒有把第四字看成比第五字更關鍵的節奏點。而二四字異調，恰恰是唐代近體詩的嚴格規定。二四字異調和二五字異調可以說是永明體詩律與唐律的主要區別之一。《文鏡秘府論》所引，反映了這一變化的漸進與過渡。

上尾之病，謂五言詩一聯中兩句末字不能同聲調。沈約十三首詩一一五聯中犯上尾者僅1例，可見此條規則之嚴。忌避上尾和忌避平頭、蜂腰相結合，就可以造就一聯內的兩句在節奏點上聲調的對仗，比如

　　×平××上，（二五字異調，不犯蜂腰）
　　×去××平。（二五字異調，不犯蜂腰；以去對平，不犯平頭；以平對上，不犯上尾。很好的對仗）

這為後來唐律的形成開闢了道路。但是由於永明體詩律要調節的聲調是平上去入四元對立而不像唐律那樣平仄兩元對立的，因此即使把諸病的忌避結合起來，其所形成的對仗仍然可能與唐律的對仗風馬牛不相及，如：

> ×入××上，（二五字異調，不犯蜂腰）
>
> ×平××去。（二五字異調，不犯蜂腰；以平對入，不犯平頭；以去對上，不犯上尾。按唐律不算對仗）

這種尷尬，只有在將四聲兩元化之後才能避免。這也是永明律與唐律的主要區別之一。

鶴膝之病，謂相鄰兩聯中第五字不得同聲調。這樣可以造成聯與聯之間的錯綜，使詩篇聲律格式多樣化，避免沉悶的簡單重複。沈約所犯僅佔百分之五，亦可見永明詩人的追求所向。將鶴膝與其餘諸病的忌避結合起來，有可能造成聯與聯之間「粘」的關聯，如：

> ×平××上，×去××平。
>
> ×去××入，×上××平。

這與後來唐律「粘對」的形式頗為相似。但是由於永明律的聲調四元對立，因而其所形成的聲調格式不一定能夠造成聯與聯的「粘」，如：

> ×平××上，×去××平。
>
> ×平××去，×上××平。

沈約十三首詩中重複使用的聲調格式共有八種：

> 平平平上入×2次；　　平上平平去×2次；
>
> 平上去平平×4次；　　去上平平去×2次；
>
> 去上去平平×2次；　　平平上平去×7次；
>
> 平平去平上×2次；　　上去平平平×2次；

這些受詩人青睞的聲調格式，不僅符合永明律（二五異聲），而且從①式至⑤式都符合唐代律句的標準，⑥-⑦式是王力所謂「準律句」。只有⑧式是非律句。這也恐怕不是用「偶然」所能解釋的。

三　永明律的哪些東西被唐律改變了

永明律變為唐律的第一個顯著特點是四聲對立變為平仄對立。

《老子》所謂「五色令人目盲，五音令人耳聾」，誠不誣也。平上去入四聲作為四

個變量，造成的錯綜變化極其繁瑣。聲律的諸變量必須簡約，而要做到這一點，四聲必須兩元化。唐人做到了這一點。俞敏〈永明運動的表裏〉認為沈約已經將四聲兩元化了：「他並不反對錯綜地用平上去入。但是他注重的不在這裏。他把四聲分出兩類：『浮聲』跟『切響』。《文心雕龍》〈聲律〉說：『凡聲有飛沉，響有動靜……沉則響發而斷，飛則聲颺不還。』從這裏看，劉的『飛』＝沈的『浮』，劉的『沉』＝沈的『切』。劉給『沉』『切』下的定義是『響發而斷』，一看就知道這是指入聲說的。他給『飛』下的定義是『聲颺不還』，這當然指平上去說。」[17]我們仔細分析沈約的詩作，固然有錯雜使用入聲跟非入聲（舒聲）的傾向，但是恐怕還不能說已經「分兩類了」。他的詩句有很多不含入聲，甚至有整聯不含入聲的，如「函輞方解帶，巉武稍披襟……將陪告成禮，待此未抽簪」（應詔樂遊苑餞呂僧珍詩）；「翠鳳翔淮海，衿帶繞神坰……勢隨九疑高，氣與三山壯……南瞻儲胥觀，西望昆明池……於焉仰鑣駕，歲暮以為期」（鍾山詩應西陽王教）等等。即使有入聲的句子，也不一定在忌避聲病時用來形成與平上去聲的對立，如「賓階綠錢滿，客位紫苔生」（冬節後至丞相第詣庶子車中作）一聯，避「平頭」以「階」對「位」是平對去，避「上尾」以「滿」對「生」是上對平，避「蜂腰」以「階」對「滿」、以「位」對「生」是平對上、去對平，都不是以舒聲和入聲相對。因此我們認為四聲兩元化在永明體中並沒有實現，到唐代以上去入為仄聲，以與平聲相對，才實現了四聲的兩元化。

　　第二個改變是，以有限的平仄句式代替了複雜繁瑣、幾近無限的四聲組合。誠如上文我們引俞敏〈永明運動的表裏〉一文指出的，沈約「追求的理想境界是一種極端的錯綜美」。但是，聲律真正要達到美的境界，就不能一味地追求錯綜變化。真美在於動和靜的平衡，重複和變化的和諧。唐代近體詩格律將平仄的錯綜和重複結合起來，造成有規律的平仄組合，使詩句中平仄有規律地重現和交替，詩篇中有限的句式同樣有規律地交替和重現，避免了音律上「往而不復」的破碎感，形成變化循環、可以期待的抑揚頓挫之美。唐代近體詩五言律句只有四種格式（以及少數變式），句內聲調的基本規則就是「重繼之以變，變繼之以重」，比如「仄仄平平仄，平平仄仄平」，一旦確定首字聲調，第二字便重複之，第三字改變之，第四字再重複之，第五字再改變之；「仄平平仄仄，平仄仄平平」，一旦確定首字聲調，第二字便改變之，第三字重複之，第四字再改變之，第五字再重複之。規則簡單而明確。句間的規則是「對繼之以黏，黏繼之以對」。「對」就是變化，「黏」就是重複。如首句平起（看第二字，如仄平平仄仄，），次句必以仄起對（平仄仄平平），第三句必以仄起黏（仄仄平平仄），第四句再以平起對（平平仄仄平），絕句之律如此。律詩則循環一遍。繼續循環往復，便成長律。首句仄起者亦可類推（仄仄平平仄，平平仄仄平。仄平平仄仄，平仄仄平平。）這樣，詩律便

---

17 俞敏：〈永明運動的表裏〉，見《俞敏語言學論文集》（北京市：商務印書館，1999年）。

成為簡單明快，人人可以掌握的規則，不再是少數人獨得胸襟的絕學了。

第三個改變是從永明體忌二五字同聲改變為唐律的忌二四字同聲。唐代近體詩五言句當然也有與永明體一樣二、五異聲的，但同時也不違反二、四異聲的唐律，因為近體詩律句有兩種句式四、五字同平仄。比如杜甫：

雷霆—空霹靂，雲雨—竟虛無。（熱 三首 之一）
　　平　　仄　仄　　平

但是唐律更嚴於二、四異聲的規則，這不但是韻律上的大變化，而且是節奏的切分的新進步。上文已經談到，永明體所謂的「蜂腰」病，忌一句中第二、第五字同聲調，本質上是將五言句分為前二後三兩個節奏單位，二、五字正是關鍵的節奏點。五言詩句的後三字，所謂「三字尾」，整體上被視為一個節奏單位。而近體詩要求五言句二四異聲，無疑是將其節奏切分為2-2-1，也就是三字尾被細分為兩個更小的節奏單位，而第四字作為一個節奏單位的末字，自然被要求與第二字異聲。比如杜甫：

輟棹—青楓—浦，雙楓—舊已—摧。（雙楓浦）
　仄　　平　仄　平　　仄　平　（以下為簡省起見，以下劃線　表示平聲，　表示仄聲）

西歷—青羌—阪，南留—白帝—城。（戲作俳諧體遣悶三首 之二）

眾所周知，中古以下，漢語的韻律詞以雙音節為標準模式，三音節的單位一般要切分為一個雙音節韻律詞加一個單音詞。唐代詩律將五言句第四字定為節奏點，這種改變是對於漢語韻律的整體適應。但是我們知道，三音節單位的切分，可以是2+1，也可以是1+2。因此五言詩句的自然節奏，可能是2-2-1，也可能是2-1-2。假如是後者，那麼二、四異聲的意義或作用下降，理想的似乎是前移的節奏點的第三字與第二字異聲。恰好，近體詩有兩種拗句，「平平仄平仄、仄仄平仄仄」，其二、四字平仄相同，不能構成對比，而二、三字平仄相反，恰能構成對比，與2-1-2的節奏也正好合拍。因此詩人便用此種拗句格式於2-1-2節奏的詩句中。「仄仄平仄仄」格式的詩句，比如杜甫：

肘後—符—應驗（寄張十二山人彪三十韻）
酒醒—思—臥簟（陪鄭廣文遊何將軍山林 十首 之六）

而「平平仄平仄」的格式用得更多。杜甫用此種平仄格式絕大多數對應2-1-2節奏的詩句，例外甚少。如《錢注杜詩》卷九共八十二首近體詩，除七言八首，五言共七十四首，檢得「平平仄平仄」（或「仄平仄平仄」）格式的句子有三十二句，只有兩句可分析為2-2-1式節奏：

君王—自—神武（投贈哥舒開府二十韻）　　防身—二—長劍（投贈哥舒開府二十韻）

野亭—遍—湖水、暫遊—阻—詞伯（暫如臨邑至嶓山湖亭奉懷李員外率爾成興）

相邀—愧—泥濘（對雨書懷走邀許十一簿公）　　驍騰—有—如此（房兵曹胡馬詩）

何當—擊—凡鳥（畫鷹）　　　　　　　　　　李侯—有—佳句（與李十二白同尋范十隱居）

二儀—積—風雨（臨邑舍弟書至）　　　　　　宋公—舊—池館（過宋員外之問舊莊）

淹留—問—耆老（過宋員外之問舊莊）　　　　因君—問—消息（送蔡希曾都尉還隴右）

清新—庾—開府（春日憶李白）　　　　　　　老夫—怕—趨走（官定後戲贈）

聞君—已—朱綬（寄高三十五書記）　　　　　平生—為—幽興（陪鄭廣文遊何將軍山林十首 之一）

綈衣—掛—蘿薛（陪鄭廣文遊何將軍山林十首之九）　祗應—與—朋好（陪鄭廣文遊何將軍山林 十首 之十）

看君—用—幽意（重過何氏 五首 之四）　　　蹉跎—暮—容色（重過何氏 五首 之五）

誰能—更—拘束（杜位宅守歲）　　　　　　　翰林—遍—華蓋（贈翰林張四學士）

湯年—旱—頗甚（白水明府舅宅喜雨）　　　　儻歸—免—相失（遣興）

封侯—意—疏闊（故武衛將軍挽歌三首 之一）　無由—睹—雄略（故武衛將軍挽歌三首 之三）

何時—倚—虛幌（月夜）　　　　　　　　　　遙憐—小—兒女（月夜）

無家—對—寒食（一百五日夜對月）　　　　　仳離—放—紅蕊（一百五日夜對月）

*何時—一尊—酒（春日憶李白）

*徒懷—貢公—喜（承沈八丈東美除膳部員外阻雨未遂馳賀奉寄此詩）

前賢討論近體詩平仄格律，多未及此，不能清楚地充分地揭示詩句節奏與平仄的關係。故不避繁冗，揭櫫如上。願有識之士措意焉。

第四，永明律的「平頭、上尾」之病，唐律繼承下來了，但亦有所側重和變化。「平頭」之病忌一六字同聲、二七字同聲，而唐律嚴於二七同聲之忌，對一六同聲之忌則較寬，充分體現了近體詩格律詩對句節奏點上平仄的重視。這一點與上述唐律對二四異聲的重視是一致的。「上尾」之病忌出句和對句末字同聲，而唐律對詩篇首句的限制較寬。五言律詩有首句入韻的，自然須與對句末字同聲才能押韻。

第五，「鶴膝」之病，在永明體是很嚴格的，已見上述。但是在近體詩卻沒有嚴格的規定。因為近體詩出句末字只要是仄聲就合律（首句入韻者例外）。有些詩人——如杜甫——很講究出句末字在上去入聲中變換，但是也有的人完全不在意。比如：

杜甫　〈春望〉	張喬　〈書邊事〉
國破山河在（上），城春草木深。	調角斷清秋（平），征人倚戍樓。
感時花濺淚（去），恨別鳥驚心。	春風對青塚（上），白日落梁州。
烽火連三月（入），家書抵萬金。	大漠無兵阻（上），窮邊有客遊。
白頭搔更短（上），渾欲不勝簪。	蕃情如此水（上），長願向春流。

第六，永明律的「平頭、上尾」之病關注了一聯之內兩句的關係，是唐律「對」的規則的先聲，但是它沒有明確規定出句與對句應該如何去「對」；只有「鶴膝」之病關注到了聯與聯的關係，但是也未明確規定聯與聯之間應該如何連接。因此永明體是有「病」而無「格」的。而唐律的「黏對」規則明確嚴格地規定了近體詩四種律句在聯內兩句要平仄相對，聯間兩句要平仄相黏（以第二字為準）。這就使近體詩有「律」有「格」，平仄格式定型化了。有「病」無「格」，使人只知兢兢於避免病犯而不知應該如何；有「律」有「格」，則使人知所遵循。近體詩格律的生命力就在於此。

四 近體詩平仄格律的實質

唐代形成的近體詩格律，對唐詩繁榮起了巨大的作用，施及後世，綿延千餘年。近體詩格律的奧秘究竟在哪裏呢？答案就在於，近體詩平仄格律符合漢語內在的韻律規則[18]。

我們知道，世界上以各種語言寫成的詩歌都講究格律。古代的梵語、希臘語、拉丁語，近代的法語、英語、俄語等等，都有各自的詩律。西洋語言有的有輕重音，有的有長短音，可以在音步中造成輕重或長短的對立，使詩句形成有規律的抑揚頓挫，產生音樂性的美感。漢語的聲調的性質，就是音高對時間的函數。不同的聲調，就是聲音的不同的高低升降延宕頓挫的分類。漢語聲調在詩歌中的作用，與西洋語言的輕重音、長短音有異曲同工之妙。西洋詩的輕重對立和長短對立為什麼都可以作為詩律的構成元素呢？因為它們都可以造成音步中不同成員音量的對立。兩個音節若是音長相等，重音音節的音量一定大於輕音音節；兩個音節若是輕重相同，長音音節的音量一定大於短音音節。因此，音量的對比，就是音步中形成韻律的基礎。漢語聲調若以平上去入四聲各自為單元形成四元結構，無法與韻律所要求的兩元對立相協調，因此以四聲為基礎的永明律顯得瑣碎叢脞，不能勝任建構漢語詩律的重擔。

俞敏指出的沈約和劉勰設想的入聲和舒聲兩元化的聲調結構，是不是能夠承擔建構漢語詩律的重任呢？顯然是不能的。俞敏〈永明運動的表裏〉指出了其中一個原因：入聲字數太少，與舒聲字數不成比例。這確是一個原因，但是更實質性的原因是，入聲的韻律性質在四聲中不是唯一的！因為漢語入聲音節結構特點是帶有塞音韻尾，發音短促，「響發而斷」，確實具有「短」的特點。但是上聲同樣是一個短促的聲調。在梵漢對音中，譯經僧總是拿上聲字去對譯梵文的短母音：

---

18 施向東：〈格律與韻律〉，見《文學和語言的介面研究》（天津市：南開大學出版社，2008年）。

梵文	अ a	आ ā	इ i	ई ī	उ u	ऊ ū
玄應　一切經音義	哀烏可反	阿	壹	伊	塢烏古反	烏
不空譯　文殊問經字母品	阿上	阿引去	伊上	伊引去	塢上	汙引
空海　悉曇釋義	阿上聲呼	阿去聲長呼	伊上聲	伊去聲長引	塢上聲	汙長聲
慧琳　一切經音義	榎阿可反	啊阿箇反阿字去聲兼引	瞖伊以反伊字上聲	縊伊異反伊字去聲兼引	塢烏古反或作鄔亦通	汙塢固反引聲

尤其是玄應的對音，入聲的「壹」對短 i，相當於其餘諸家的「伊上」「瞖伊以反伊字上」，也與本人對短 a 的「哀烏可反」和對短 u 的「塢烏古反」相應，最為發人深思。上聲與入聲雖然在塞音尾的有無上具有音質性的不同，但是在發音短促上具有韻律性的一致。因此在詩歌韻律上拿入聲與包括上聲之內的舒聲構成兩元對立是行不通的。

而近體詩以平聲與仄聲（包括上去入聲）構成兩元對立，是唐人天才的發明，是對漢語四聲的韻律特性的極妙運用。我曾在《玄奘譯著中的梵漢對音和唐初中原方音》一文中根據玄奘譯音構擬唐代中原方音四聲的調值，平聲為高平長調，上聲為中昇短調，去聲為低長調，入聲為中降短調。平聲對仄聲，就是高調對低調，長調對短調。[19] 因此，唐代近體詩的平仄格律，跟西洋的輕重律、長短律本質上是相同的。

進一步思考的結果，我們發現，如果將音高和時長結合起來考察，那麼平仄的對比就是音量的對比。

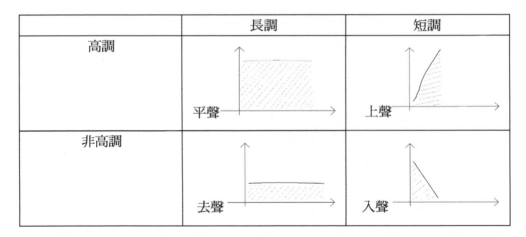

如圖，各聲調曲線下斜線區域就是其音量大小的示意圖。很明顯，高平長調的平聲，其音量明顯地在各聲調中佔有優勢。這樣，平仄的格律就有效地調節了詩句中音步間的強弱對比。近體詩要求押平聲韻，要求每一詩句中保持一定數量的平聲音節，要求有拗則救等等規定，就非常好理解了。

---

19 施向東：《玄奘譯著中的梵漢對音和唐初中原方音》，《語言研究》1983年第1期。

參考文獻

丁功誼 《從永明體到近體——徐陵詩歌聲律考》 桂林市 廣西師範大學碩士論文 2002年

高　薇 〈以「永明體」與「沈宋體」論析漢語格律詩的發展學理論〉 2012年

何偉棠 《永明體到近體》 廣州市 廣東高等教育出版社 1994年初版 2005年11月 增訂再版

何偉棠 〈永明體向律體衍變過程中的四聲二元化問題〉 《韓山師專學報》（社會科學版） 1986年7月

何偉棠 〈永明體向律體衍變過程中的四聲二元化問題（續）〉 《韓山師專學報》（社會科學版） 1987年2月

黃震雲、高薇 〈「永明體」到「沈宋體」的聲律演變〉 《樂府學輯刊》 2012年4月

金　光 〈論唐近體律詩對永明體的改進〉 《南華大學學報》（社會科學版） 2006年8月

施向東 〈格律與韻律〉 《文學和語言的介面研究》 天津市 南開大學出版社 2008年

施向東 〈略論上古音研究中的幾個問題〉 《渤海大學學報》（哲學社會科學版） 2012年第6期

施向東 《詩詞格律初階》 天津市 天津大學出版社 2001年 頁1-7

施向東 〈玄奘譯著中的梵漢對音和唐初中原方音〉 《語言研究》 1983年第1期

王　力 《漢語詩律學》 上海市 上海教育出版社 1978年

葉黛瑩 〈初唐律體形成的幾點考察〉 《中國韻文學刊》 2007年12月

俞　敏 〈永明運動的表裏〉 《中國語文學論文選》 東京 光生館 1984年

附錄

《文選》所見沈約詩十三首及沈約讚譽為
「闇與理合」的曹植等四人詩四首的聲律分析

1〈應詔樂遊苑餞呂僧珍詩〉一首　　　　（蜂腰 1-1/20;）（平頭 3-0/10）（上尾 0）　　（鶴膝 0）

丹浦非樂戰，負重切君臨。　　　　　　　　平上平入去，上去入平平

我皇秉至德，忘己用堯心。　　　　　　　　上平上去入　去上去平平

潛茲區宇內，魚鳥失飛沉。　　　　　　　　上平平上去，平上入平平

推轂二嶸岨，揚斾九河陰。　　　　　　　　平入去平上，平去上平平　平頭

超乘盡三屬，選士皆百金。　　　　　　　　平去去平入　上上平入平

戎車出細柳，餞席樽上林。　　　　　　　　平平入去上　去入平去平

命師誅後服，授律緩前禽。　　　　　　　　去平平去入　去入上平平　平頭

函輟方解帶，崧武稍披襟。　　　　　　　　平平平上去　平上平平平　平頭

伐罪芒山曲，弔民伊水潯。　　　　　　　　入去平平入　去平平上平

將陪告成禮，待此未抽簪。　　　　　　　　平平去平上　去上去平平

　　　　　　　　　　　　　　（去上去平平　句式重見兩次）

2〈別范安成詩〉一首　　　　　　　　　（蜂腰 2-0/8）（平頭 1-0/4）　（上尾 0）　　（鶴膝 0）

生平少年日，分手易前期。　　　　　　　　平平去平入　平上去平平　平頭

及爾同衰暮，非復別離時。　　　　　　　　入上平平去　平入入平平

勿言一樽酒，明日難重持。　　　　　　　　入平入平上　平入平去平

夢中不識路，何以慰相思。　　　　　　　　去平入入去　平上去平平

　　　　　　　　　　　　　　（平上去平平　句式重見兩次）

3〈鍾山詩應西陽王教〉一首　　　　　蜂腰（7-3/40）　（平頭 4-4/20）　（上尾 0）　　（鶴膝 1）

靈山紀地德，地險資嶽靈。　　　　　　　　平平去去入　去上平入平

終南表秦觀，少室邇王城。　　　　　　　　平平上平去　去入上平平

翠鳳翔淮海，衿帶繞神坰。　　　　　　　　去去平平上　平去去平平　平頭

北阜何其峻，林薄杳蔥青。　　　　　　　　上去平平去　平入上平平

發地多奇嶺，幹雲非一狀。　　　　　　　　入去平平上　平平平入去

合遝共隱天，參差互相望。　　　　　　　　入入去上平　平平去平去

鬱律構丹巘，崚嶒起青嶂。　　　　　　　　入入去平上　平平上平去

勢隨九疑高，氣與三山壯。　　　　　　　　去平上平平　去上平平去　平頭

即事既多美，臨眺殊復奇。　　　　　　　　入去去平上　平去平入平　平頭

南瞻儲胥觀，西望昆明池。	平平上去去	平去平平平	平頭
山中鹹可悅，賞逐四時移。	<u>平平平上入</u>	上入去平平	
春光發隴首，秋風生桂枝。	平平入上上	平平平去平	平頭
多值息心侶，結架山之足。	平入入平上	入去平平入	鶴膝
八解鳴潤流，四禪隱巖曲。	入上平去平	去平上平入	
窈冥終不見，蕭條無所欲。	上平平入去	<u>平平平上入</u>	平頭
所願從之遊，寸心於此足。	<u>上去平平平</u>	去平平上入	
君王挺逸趣，羽斾臨崇基。	平平上入去	<u>上去平平平</u>	
白雲隨玉趾，青霞雜桂旗。	入平平入上	平平入去平	平頭
淹留訪五藥，顧步佇二芝。	平平上上入	去去去去平	
於焉仰鑣駕，歲暮以為期。	<u>平平上平去</u>	去去上平平	

（平平平上入 句式重見兩次；平平上
平去 句式重見三次；上去平平平 句
式重見兩次）

4〈宿東園〉一首　　　　　　　（蜂腰 8-1/20）（平頭 5-2/10）（上尾 0）（鶴膝 0）

陳王鬪雞道，安仁采樵路。	平平去平上	<u>平平上平去</u>	平頭
東郊豈異昔，聊可閒餘步。	平平上去入	<u>平上平平去</u>	平頭
野徑既盤紆，荒阡亦交互。	上去去平平	平平入平去	
槿籬疏復密，荊扉新且故。	上平平入入	平平平上去	平頭
樹頂鳴風飈，草根積霜露。	去上平平平	上平入平去	
驚麏去不息，征鳥時相顧。	平平去入入	<u>平上平平去</u>	平頭
茅棟嘯愁鴟，平岡走寒兔。	平去平平平	<u>平平上平去</u>	平頭
夕陰帶曾阜，長煙引輕素。	入平去平上	<u>平平上平去</u>	平頭
飛光忽我遒，寧止歲雲暮。	平平入上平	去上去平去	
若　西山藥，頹齡儻能度。	入上平平入	<u>平平上平去</u>	

（平平上平去 句式重見四次；平上平平去 句
式重見兩次）

5〈遊沈道士館〉一首　　　　　（蜂腰 6-2/28）（平頭 5-3/14）（上尾 0）（鶴膝 1）

秦皇禦宇宙，漢帝恢武功。	平平去上去	去去平上平	
懽娛人事盡，情性猶未充。	平平平去上	平平平去平	平頭
銳意三山上，託慕九霄中。	去去平平去	入去上平平	平頭
既表祈年觀，復立望仙宮。	<u>去上平平去</u>	入入去平平	鶴膝
寧為心好道，直由意無窮。	去去平去上	入平去平平	
曰餘知止足，是願不湏豐。	入平平上入	去去入平平	

遇可淹留處，便欲息微躬。　　　<u>去上平平去</u>　去入入平平　　平頭

山嶂遠重疊，竹樹近蒙籠。　　　平去上平入　入去去上平　　平頭

開衿濯寒水，解帶臨清風。　　　平平入平上　上去平平

所累非外物，為念在玄空。　　　上去平去入　去去去平平　　平頭

朋來握石髓，賓至駕輕鴻。　　　平平入入上　平去去平平　　平頭

都令人逈絕，惟使雲路通。　　　平去平去入　平上平去平　　平頭

一舉陵倒景，無事適華嵩。　　　入上平去上　平去入平平

寄言賞心客，歲暮爾來同。　　　去平上平入　去去上平平　　平頭

　　　　　　　　　　　　　　　　　　（去上平平去 句式重見兩次）

6〈早發定山〉一首　　　　（蜂腰 3-2/14）　（平頭 1-2/7）　（上尾 0）　（鶴膝 0）

夙齡愛遠壑，晚涖見奇山。　　　入平去上入　上入去平平

標峰綵虹外，置嶺白雲間。　　　平平上平去　去上入平平

傾壁忽斜豎，絕頂復孤圓。　　　平入入平上　入上入平平

歸海流漫漫，出浦水濺濺。　　　平上平去去　入上上平平　　平頭

野棠開未落，山櫻發欲然。　　　上平平去入　平平入平平　　平頭

忘歸屬蘭杜，懷祿寄芳荃。　　　去平入平上　平入去平平

眷言採三秀，徘徊望九仙。　　　去平上平去　平平去上平　　平頭

　　　　　　　　　　　　　　　　　　（無重複句式）

7〈新安江水至清淺深見底貽京邑遊好〉一首　（蜂腰 3-4/14）　（平頭 2-1/7）　（上尾 0）　（鶴膝 1）

眷言訪舟客，茲川信可珍。　　　去平上平入　平平去上平　　平頭

洞徹隨深淺，皎鏡無冬春。　　　去入平平上　上去平平

千仞寫喬樹，百丈見遊鱗。　　　平去上平去　入上去平平

滄浪有時濁，清濟涸無津。　　　平平上平入　平上入平平　　平頭

豈若乘斯去，俯映石磷磷。　　　上入平平去　上去入平平　　平頭

紛吾隔囂滓，寧假濯衣巾。　　　平平入平上　去上入平平

願以潺湲水，霑君纓上塵。　　　去上平平上　平平平上平　　　　鶴膝

　　　　　　　　　　　　　　　　　　（無重複句式）

8〈和謝宣城〉一首　　　　（蜂腰 5-2/20）　（平頭 4-2/10）　（上尾 0）　（鶴膝 3）

王喬飛鳧舄，東方金馬門。　　　平平平平入　平平平上平　　平頭

從宦非宦侶，避世不避喧。　　　平去平去上　去去入去平　　平頭

揆餘發皇覽，短翮厭飛翻。　　　上平入平上　上入上平平　　平頭　　鶴膝

晨趨朝建禮，晚沐臥郊園。　　　平平平去上　上入去平平　　　　　鶴膝

賓至下塵榻，憂來命綠樽。　　　平去去平入　平平去入平　　平頭

昔賢侔時雨，今守馥蘭蓀。　　　入平平平上　平上入平平

神交疲夢寐，路遠隔思存。　平平平去去　去上入平平

牽拙謬東氾，浮惰及西崏。　平入去平去　平去入平平　平頭　鶴膝

顧循良菲薄，何以儷璵璠。　去平平上入　平上去平平

將隨渤澥去，刷羽汎清源。　平平入去去　入上去平平

（無重複句式）

9〈應王中丞思遠詠月〉一首　（蜂腰 3-3/10）（平頭 2-3/5）（上尾 0）（鶴膝 0）

月華臨靜夜，夜靜滅氛埃。　入平平去去　去去入平平

方暉竟戶入，圓影隙中來。　平平去去入　平上入平平　平頭

高樓切思婦，西園遊上才。　平平入平上　平平平上平　平頭

網軒映珠綴，應門照綠苔。　上平去平去　去平去入平　平頭

洞房殊未曉，清光信悠哉。　去平平去上　平平去平平　平頭

（無重複句式）

10〈冬節後至丞相第詣庶子車中作〉一首　（蜂腰 3-0/10）（平頭 3-0/5）（上尾 0）（鶴膝 0）

廉公失權勢，門館有虛盈。　平平入平去　平上上平平　平頭

貴賤猶如此，況乃曲池平。　去去平平上　去上入平平　平頭

高車塵未滅，珠履故餘聲。　平平平去入　平上去平平　平頭

賓階綠錢滿，客位紫苔生。　平平入平上　入去上平平

誰當九原上，鬱鬱望佳城。　平平上平去　入入去平平

（無重複句式）

11〈學省愁臥〉一首　（1-2/12）（平頭 4-2/6）（上尾 0）（鶴膝 0）

秋風吹廣陌，蕭瑟入南闈。　平平平上入　平入入平平　平頭

愁人掩軒臥，高牕時動扉。　平平上平去　平平平去平　平頭

虛館清陰滿，神宇曖微微。　平上平平上　平上去平平　平頭

網蟲垂戶織，夕鳥傍櫊飛。　上平平去入　入上去平平

纓珮空為忝，江海事多違。　平去平平上　平上去平平　平頭

山中有桂樹，歲暮可言歸。　平平上去去　去去上平平

（平上去平平 句式重見兩次）

12〈詠湖中鴈詩〉一首　（蜂腰 1-0/10）（平頭 2-1/5）（上尾 1）（鶴膝 0）

白水滿春塘，旅鴈每迴翔。　入上上平平　上去上平平　上尾

唼流牽弱藻，斂翮帶餘霜。　入平平入上　上入去平平

羣浮動輕浪，單汎逐孤光。　平平去平去　平去入平平　平頭

懸飛竟不下，亂起未成行。　平平去入上　去上去平平

刷羽同搖漾，一舉還故鄉。　入上平平去　入上平去平　平頭

（無重複句式）

13〈三月三日率爾成篇〉一首　　　　　（蜂腰 4-7/24）　（平頭 4-4/12）　（上尾 0）　（鶴膝 1）

麗日屬元巳，年芳具在斯。	去入入平上	平平去去平		
開花已匝樹，流嚶復滿枝。	平平上入去	平平入上平	平頭	
洛陽繁華子，長安輕薄兒。	入平平平上	平平平入平	平頭	
東出千金堰，西臨鴈鶩陂。	平入平平去	平平去去平	平頭	
游絲映空轉，高楊拂地垂。	平平去平上	平平入地平	平頭	
綠幘文照曜，紫燕光陸離。	入入平去去	上去平入平		
清晨戲伊水，薄暮宿蘭池。	平平去平上	入去入平平		
象筵鳴寶瑟，金瓶汎羽巵。	去平平上入	平平去上平	平頭	
寧憶春蠶起，日暮桑欲萎。	去入平平上	入去平入平		
長袂屢以拂，彫胡方自炊。	平去上上入	平平平去平	平頭	
愛而不可見，宿昔減容儀。	去平入上去	入入上平平		
且當忘情去，歎息獨何為。	上平去平去	去入入平平		鶴膝

（平平去平上 句式重見兩次）

曹植　〈贈丁儀王粲詩〉　　　（蜂腰 4-5/18）（平頭 6-0/9）（上尾 3/9）（鶴膝 4/9）

從軍度函穀，驅馬過西京。	平平去平入	平上去平平	平頭		
山岑高無極，涇渭揚濁清。	平平平平入	平去平入平	平頭		鶴膝
壯哉帝王居，佳麗殊百城。	去平去平平	平去平入平		上尾	
員闕出浮雲，承露概泰清。	平入入平平	平去去去平	平頭	上尾	鶴膝
皇佐揚天惠，四海無交兵。	平去平平去	去上平平平			
權家雖愛勝，全國為令名。	平平平去去	平入去平平	平頭		鶴膝
君子在末位，不能歌德聲。	平上去入去	入平平入平			鶴膝
丁生怨在朝，王子歡自營。	平平去去平	平上平去平	平頭	上尾	
歡怨非貞則，中和誠可經。	平去平平入	平平平上平	平頭		

（平去平入平 句式重見兩次）

王粲　〈七哀詩〉　　　（蜂腰 14-13/38）（平頭 11-5/19）（上尾 7/19）（鶴膝 5/19）

西京亂無象，豺虎方遘患。	平平去平上	平上平去去	平頭		
復棄中國去，遠身適荊蠻。	入去平入去	上平入平平			
親戚對我悲，朋友相追攀。	平入去上平	平上平平平	平頭	上尾	
出門無所見，白骨蔽平原。	入平平上去	入入去平平	平頭		
路有飢婦人，抱子棄草間。	去上平上平	上上去上平	平頭	上尾	
顧聞號泣聲，揮涕獨不還。	去平平入平	平去入入平		上尾	鶴膝
未知身死處，何能兩相完。	去平平上去	平平上平平	平頭		

詩句	平仄（上五）	平仄（下五）			
驅馬棄之去，不忍聽此言。	平上去平去	入上去上平	平頭		鶴膝
南登霸陵岸，迴首望長安。	平平去平去	平上去平平	平頭		鶴膝
悟彼下泉人，喟然傷心肝。	去上去平平	去平平平平	平頭	上尾	
荊蠻非我鄉，何為久滯淫。	平平平上平	平去上去平	平頭	上尾	
方舟溯大江，日暮愁我心。	平平去去平	入去平上平		上尾	鶴膝
山岡有餘映，巖阿增重陰。	平平上平去	平平平平平	平頭		
狐狸馳赴穴，飛鳥翔故林。	平平平去入	平上平平平	平頭		
流波激清響，猴猿臨岸吟。	平平入平上	平平平去平	平頭		
迅風拂裳袂，白露霑衣衿。	去平入平去	入去平平平			
獨夜不能寐，攝衣起撫琴。	入去入平去	入平上上平	平頭		鶴膝
絲桐感人情，為我發悲音。	<u>平平上平平</u>	去上入平平		上尾	
羈旅無終極，憂思壯難任。	平上平平入	平平去平平	平頭		

（平平上平平 句式重見兩次）

孫楚 〈征西官屬送於陟陽候作詩〉一首 （蜂腰 8-7/20）（平頭 2-1/10）（上尾 1/10）（鶴膝 6/10）

晨風飄岐路，零雨被秋草。	平平平平去	平上上平上	平頭		
傾城遠追送，餞我千里道。	平平上平去	去上平上上			鶴膝
三命皆有極，呫嗟安可保。	平去平上入	入平平上上			
莫大於殤子，彭聃猶為夭。	入去平平上	平平平平上		上尾	
吉凶如糾纆，憂喜相紛繞。	入平平上入	平上平平上			
天地為我爐，萬物一何小。	平去平上平	去入入平上			鶴膝
達人垂大觀，誠此苦不早。	入平平去平	去上上入上			鶴膝
乖離即長衢，惆悵盈懷抱。	平平入平平	平去平平上	平頭		鶴膝
孰能察其心，鑒之以蒼昊。	入平入平平	去平上平上	平頭		鶴膝
齊契在今朝，守之與偕老。	平去去平平	上平上平上			鶴膝

（無重見句式）

王瓚 〈雜詩〉 （蜂腰 1-5/12）（平頭 3-1/6）（上尾 2/6）（鶴膝 1/6）

朔風動秋草，邊馬有歸心。	入平去平上	平上上平平			
胡寧久分析，靡靡忽至今。	平去上平入	<u>平平入去平</u>	平頭		
王事離我志，殊隔過商參。	平去平上去	平入去平平	平頭		
昔往鵙鶹鳴，今來蟋蟀吟。	入上平平平	<u>平平入去平</u>		上尾	
人情懷舊鄉，客鳥思故林。	平平平去平	入上平去平		上尾	鶴膝
師涓久不奏，誰能宣我心。	平平上入去	平平平上平	平頭		

（平平入去平 句式重見兩次）

蘇軾詩文對儒家「道」的體認

江惜美

銘傳大學華語文教學學系教授兼系主任

摘要

蘇軾所處的時代，是儒學達到全面開展，且言論自由的時代。當時的理學盛行，講究「明心見性之學，天理人欲之辨」，使得一部分儒者，追求高蹈的理論，失去了在生活中實踐儒道的精神。蘇軾論道，重在日常生活中不斷實踐，且冷靜觀察，他認為保有客觀的態度，才能全面的認識現實。儒家所言的「禮樂仁義」，乃是針對人與人之間應有的應對進退，它並非空疏之學，也並非無稽之談。因此，孔孟之徒若空談性命之學，卻未能踐履，在蘇軾看來，都是脫離現實、無補於世的高論。蘇軾在詩文主張裡，也落實此一論點──有為而作，學以致道。他提出唯有不斷實踐，深入觀察，才能使詩文的創作臻於高妙。蘇軾一生創作不輟，以親身實踐來體現儒家的「道」，具體的掌握了創作不變的法則。蘇軾同時也主張「文如其人」，想要創作好的詩文，道德必須高尚，技巧必須創新，展現儒者「表裡如一，言行一致」的精神。本文旨在探究蘇軾如何在詩文創作中，實踐他對儒家「道」的認知，從而帶動北宋古文走向多元自由的道路，為後世樹立學道的真諦。

關鍵詞：蘇軾詩文、禮樂仁義、道與文、詩窮後工、文如其人

一 前言

　　兩漢儒學，重在訓詁文字、考據名物；唐代一派儒者，則整理經典、統一注疏。宋代倡導文治，學術昌盛，宋初儒學可大別為歐陽修、范仲淹為代表的「經世濟民」和周敦頤、張載、程顥、程頤為代表的「心性之學」[1]。蘇軾承繼歐陽修之學，因此反對理學家空談心性、異於先秦孔孟之內聖外王，且異於漢唐之訓詁注疏，而主張聚焦在生活中實踐儒道。

　　回顧蘇軾所處的時代，宋朝為了強化中央極權制度，確保社會的長治久安，所以重視倫理道德的推廣。他們在具體的措施上，一是尊崇儒家，二是講授儒家經典，三是大量印行儒家典籍。大力推廣的結果，「六經遺旨，孔、孟微言，復明於千載之後，天下學者誦而習之，以《論語》、《孟子》為門，《大學》、《中庸》為准，故其事父則孝，事君則忠，所謂道學者也。[2]」蘇軾踐履之道，即是在宋皇朝極力推動下，北宋士子共同的中心信念。

　　在宋代理學家一片「格物致知」聲中，蘇軾在儒家洗禮下，對於釋、老也頗有涉獵。先秦儒家認為「格物致知」是道德修為的途徑，但要如何達到發自內心，認識萬物之理，卻未明言。宋代理學家提出了「誦詩書」、「考古今」、「察物情」、「揆人事」的主張[3]，在蘇軾創作詩文時，也深受其影響。他的「學以致道」，即是誦詩書、考古今的體現，而他的「有為而作」即是察物情、揆人事之下的創作。他出入佛老，汲取禪宗「妙悟」與道家「自然」的特色，展現出詩文活潑多元的面貌，這也是理學家對他的一大啟發。

　　蘇軾在一生中，創作二七○○多首詩，三○○多闋詞，這些作品因其學問淵博，閱歷豐富，因而能以敏銳的心眼，洞察生活中的事物，不斷的開拓詩文素材，有著鮮明的個人風格。他的作品可以「真善美」三個字概括，「真」指的是性情的真，「善」指的是品格的善，「美」指的是藝術手法之美[4]。在他的創作生涯中，可說是不斷變化著主題，隨著他一生仕宦的起伏，「出新意於法度之中，寄妙理於豪放之外」[5]，展現了他「文如其人」的創作理念。

1　參見吳耀玉：《儒學探微——春秋至宋》（臺北市：新文豐出版公司，1991年7月初版），第四章「宋代儒學」，頁106。

2　參見真德秀：《西山真文忠公文集》，四部叢刊初編縮本。卷41。

3　劉天利：〈宋代理學詩派的形成與發展〉，《孔孟學報》（臺北市：中華民國孔孟學會，2013年9月出版），頁274。

4　石聲淮、唐玲玲：《東坡樂府編年箋注》（臺北市：華正書局，1993年3月一版），頁6。

5　郎曄：《經進東坡文集事略》（臺北市：世界書局，1975年1月再版），卷60，頁998。

二　儒家之「道」

　　若要論蘇軾如何實踐儒家之「道」，就必須探究儒家「道」之精義。孔子曾言：「參乎，吾道一以貫之！[6]」這裡所指的道，曾子解釋為「忠恕」二字。追溯其源頭，孔子的思想來自歷代聖哲之言行，並透過一己對現實的觀察，得出了以「仁」為中心的思想。孔子的仁道思想，源自於堯、舜、禹、湯、文、武、周公，《書經》記載：「欽明文思安安，允恭克讓，光被四表，格於上下[7]」，堯之仁德，出於自然，純然至善。又孟子云：「舜之居深山之中，與木石居，與鹿豕遊，其所以異於深山之野人也幾希！及其聞一善言，見一善行，若決江河，沛然莫之能御也。[8]」孔子祖述堯舜、憲章文武，標舉的正是「仁道」。

　　孔子曾讚美大禹：「菲飲食，而致孝乎鬼神；惡衣服，而致美乎黻冕；卑宮室，而盡力乎溝洫。禹，吾無間然矣！[9]」禹能拯黎民於苦難，奮不顧身，孔子認為他有大仁。湯則以仁伐不仁，施行仁政，受到孟子的讚揚。孟子云：「湯一征，自葛始，東面而征西夷怨，南面而征北狄怨，曰：『奚為後我？』民望之，若大旱之望雲霓也。」禹、湯以「人溺己溺，人飢己飢」的精神，實行仁政，是孔孟之徒效法的對象。

　　繼大禹、商湯之後，孟子曾言：「文王視民如傷，望道而未之見。武王不泄邇、不忘遠。周公思兼三王，以施四事，其有不合者，仰而思之，夜以繼日；幸而得之，坐以待旦。[10]」文王為政以仁，敬老慈幼，禮賢下士，施行德治；武王對於近臣，非但不侮慢，且欽敬之；對於遠臣，則長愛之而不忘之，因此可以使四方之臣歸服。周公主政，「承禹之好善言、惡旨酒，湯執中立、賢無方，文王視民如傷，望道而未之見，武王不泄邇、不忘遠」此四事為己任，奠立了德治的四大基柱。孔子即是體認了堯舜之道、文武之仁，以「仁道」建立了儒家的中心思想。

　　除此之外，孔子也承受先哲智慧的影響，認為身為儒者應有「以天下為己任」的積極態度。他解釋「仁」這個字為「愛人」，且以「舉直錯諸枉，能使枉者直」說明。子夏言「舜有天下，選於眾，舉皋陶，不仁者遠矣；湯有天下，選於眾，舉伊尹，不仁者遠矣。[11]」皋陶、伊尹俱是賢相，勇於任事、敢於承擔，在孔子看來，即是有仁德之

6　朱熹：《四書章句集注》（臺北市：大安出版社，2008年9月一版），〈論語集注〉卷二，頁96。

7　蔡沉注：《書經集注》（臺北市：新陸書局，1975年），引自「堯典」。

8　趙岐注、孫奭疏：《孟子注疏》（臺北市：藝文印書館，1981年1月出版），引自《十三經注疏》。

9　何晏集解、邢昺疏：《論語注疏》（臺北市：藝文印書館，1981年1月出版），引自《十三經注疏》。

10　趙岐注、孫奭疏：《孟子注疏》（臺北市：藝文印書館，1981年1月出版），引自《十三經注疏》〈離婁〉上。

11　何晏集解、邢昺疏：《論語注疏》（臺北市：藝文印書館，1981年1月出版），引自《十三經注疏》〈顏淵〉。

心，值得敬佩。太公望言「仁之所在，天下歸之」、「恃德者昌，恃力者亡」，周公「兼夷狄、驅猛獸而百姓寧」、竭智盡忠、制禮作樂，力行仁政，孔子深自嘆服，嘗言：「甚矣！吾衰也，久矣，吾不復夢見周公矣！[12]」他們或以德服人，或以仁征不仁，最終都要使百姓安居樂業，養生送死無憾。其餘如管仲、子產，俱是孔子所謂愛人的仁者[13]。孔子從這些先哲身上，學到了為政者有仁德之心，自然會惠愛百姓、視民如傷。

孟子深諳孔子之仁道，自言承繼堯、舜、禹、湯、文、武、周公、孔子，身處亂世，聖王不作，諸侯放恣，處士橫議，因此欲正人心、息邪說、距詖行、放邪辭。孟子曾言：「三代之得天下也以仁，其失天下也以不仁。國之所以廢興存亡者亦然。[14]」他除了標舉仁之外，也提倡「義」字。他說：「生，亦我所欲也；義，亦我所欲也，二者不可得兼，舍生而取義者也。[15]」又說：「仁，人之安宅也；義，人之正路也。[16]」爾後儒者，俱仁義並稱，奠定了儒家的道統觀，同時也開啟了後世的文統說。

先秦兩漢是我國古代文學批評的萌芽階段，諸子百家的論著中，有不少文學主張，受到儒家的影響，也深深的影響著後來文學的發展。孔子思想不但注重道德修養，而且強調詩文的教化。他對君子的定義是「文質彬彬，然後君子。[17]」肯定了詩有興、觀、群、怨，可多識於鳥獸草木之名的功能。孟子則提出「以意逆志」、「知人論世」、「養氣知言」等主張，對文學的創作本體有深刻的指引。荀子提出了「明道」、「徵聖」、「宗經」，強調詩文對社會教化功能。這三位儒家的代表人，指出了文學的特色與功能，使得漢代儒學得以發展。

漢初，大力提倡黃老思想，到了漢武帝「罷黜百家，獨尊儒術」，使儒家思想得到了正統的地位。當時，人們統稱學術為「學」或「文學」，而稱文學作品為「文」或「文章」，這使得作品和學術論著漸漸走上分途的道路。漢代學者繼承了先秦儒家的論點，標舉《詩》的教化作用，強調培養道德，「詩」要能「發乎情，止乎禮」，具有「主文譎諫」的功能。因此，詩教「溫柔敦厚」說，也應運而生，在詩的形式上要求委婉含蓄，在詩的內容上要求「美刺比興」，成為漢詩的特色。

---

12 何晏集解、邢昺疏：《論語注疏》（臺北市：藝文印書館，1981年1月出版），引自《十三經注疏》〈述而〉。

13 子曰：「桓公九合諸侯，不以兵車，管仲之力也，如其仁！如其仁！」又，子產不毀鄉校，子曰：「以是觀之，人謂子產不仁，吾不信也。」

14 趙岐注、孫奭疏：《孟子注疏》（臺北市：藝文印書館，1981年1月出版），引自《十三經注疏》。孟子言：「仁也者，人也。合而言之，道也。」此說可相互補充。

15 趙岐注、孫奭疏：《孟子注疏》（臺北市：藝文印書館，1981年1月出版），引自《十三經注疏》〈告子〉上。

16 趙岐注、孫奭疏：《孟子注疏》（臺北市：藝文印書館，1981年1月出版），引自《十三經注疏》。孟子此章勉人應居仁由義，不可自暴自棄，否則不能有所作為。

17 何晏集解、邢昺疏：《論語注疏》（臺北市：藝文印書館，1981年1月出版），引自《十三經注疏》〈雍也〉。

揚雄是西漢儒家學派的代表,他主張文學要「明道」、「徵聖」、「宗經」,上繼孟子、荀子,下開劉勰、韓愈等文學主張。在當時,以儒家經典來評價文學作品,合於經典為優,不合者為劣,使得文學「依經立論」蔚為風潮。屈原實現了儒者「危言以存國,殺身以成仁」的精神;司馬遷「不虛美、不隱惡」,發憤著書,褒貶善惡,同樣是儒家精神的體現,他們也是道統的繼承者。東漢陰陽五行之說,瀰漫學界,王充極力斥其虛妄,強調文章內容應獨創,反對因襲模擬,且應有益於世道人心,對於後世儒者也具有啟迪之功[18]。

魏晉南北朝是我國純文學發展最盛的時期,此時,「事出於沉思,義歸乎翰藻」是為文的標準。他們重視的是文學形式要「綺縠紛披,宮徵靡曼」,務使「脣吻遒會,情靈搖蕩」,這當然是有違儒家傳統思想與教化,因此儒學一度衰微。一直到唐朝陳子昂提出「興寄」乃詩的真生命,韓愈提倡古文,主張「以文為教」,儒家的「道」才恢復其正統的地位。

韓愈力主「聖人之道不用文則已,用則必尚其能者。能者非他,能自樹立,不因循者是也。[19]」他把「道」明確地解釋為正統的儒家的治人修己之道,同時,韓愈不遺餘力地甚至冒著生命危險抵排異端,攘斥佛老,以捍衛儒家的正統地位[20]。韓愈在〈原道〉一文,說明了他所遵循的「道」:「吾所謂道也,非向所謂老與佛之道也。堯以是傳之舜,舜以是傳之禹,禹是以傳之湯,湯以是傳之文武周公,文武周公傳之孔子,孔子傳之孟軻;軻之死,不得其傳焉。[21]」由此觀之,韓愈以儒家信徒自居,且一心一意要傳揚儒家之道,將文道合一,確立了「道」在文學的地位。

宋初古文運動,主張明道與宗唐,唐人主文以貫道,宋人主文以載道[22]。韓愈言有道而能文,歐陽修則言充道以為文。歐陽修曾言:「學者當師經,師經必先求其意,意得則心定,心定則道純,道純則充於中者實,中充實則發為文者輝光,施於事者果毅。[23]」欲文章輝光,必須充實內在,充實內在無如學道,因此他又說:「君子之所學也。言以載事,而文以飾言。事信言文,乃能表現於後世。《詩》、《書》、《易》、《春秋》,皆善載事而尤文者,故其傳尤遠。[24]」此一說法,也深深的影響蘇軾。蘇軾言:「道可致而不可求。」進言之,何謂「致」,孔子曰:「百工居肆以成其事者,君子學以

---

18 劉大杰:《中國文學批評史》(臺北市:文匯堂,1985年11月出版)。

19 司馬伯校注:〈答劉正夫書〉,《韓昌黎文集》(臺北市:華正書局,1986年10月初版),頁121-122。

20 石東升:〈韓愈、柳宗元古文理論極其異同辨析〉,網址(http://wenku.baidu.com/view/c5b82708a8956bec0975e389.html?re=view),搜尋日期:2014年10月12日。

21 司馬伯校注:〈原道〉,《韓昌黎文集》(臺北市:華正書局,1986年10月初版),頁10。

22 文史哲出版社:《中國文學批評史》(臺北:文史哲出版社,1982年9月再版)。

23 歐陽修:〈答祖擇之書〉,《歐陽修全集》(北京市:中華書局,2009年1月第2刷),卷69,頁1010。

24 歐陽修:〈答祖擇之書〉,《歐陽修全集》(北京市:中華書局,2009年1月第2刷),卷67。

致其道，莫之求而自至，斯以為致也。[25]」蘇軾主學以致道，此一理念與歐陽修無異，他們所謂的道，也就是孔、孟以降，韓愈所傳之道。

三　蘇軾詩文之「道」

蘇軾起於宋仁宗朝，恰巧是宋代詩文運動大力開展之時。宋代文壇在此時以「經事致用」為文學創作和文學理論的主流，一反宋初粉飾太平、君臣唱和的虛靡文風。仁宗朝以策論代替詩賦取士，大大改變了宋初粉飾雕琢的詩文創作，而造成了古文的抬頭。策論重在敘事議論，除通經明道之外，還需了解現實的政治社會。當時主導文壇的，正是拔擢蘇軾的歐陽修。蘇軾在歐陽修所倡導的古文理論下，不但深自折服，且身體力行，實踐其古文理論。

五代以來柔弱的文風，一直是宋人急欲改革的。歷經范仲淹的標舉改革，蘇舜欽、歐陽修以時事入文，主張以敘事為主，力求道以致文。蘇軾曾言：「宋興七十餘年，民不知兵，富而教之，至天聖、景祐極矣，而詩文終有愧於古，士亦因陋守舊，論卑而氣弱。自歐陽子出，天下爭自濯磨，以通經學古為高，以救時行道為賢，以犯言納諫為忠。至嘉祐末，號稱多士，歐陽子之功為多。[26]」可知當時對於通經學古、救時行道的重視。當然，文學創作須「有為而作」也就不在話下了！

對於文學創作的看法，蘇軾認為是「舉凡耳目之所接，雜然有觸於胸中，而發於詠嘆。」因此他提及「凡昔之為文者，非能為之為工，乃不能不為之為工也。」蓋情發乎中，形之於言，聖人有所不能自已而作也」[27]。他尤其贊同有為而作之文，他讚美鳧繹先生文集，說「先生之詩文，皆有為而作，精悍確苦，言必中當世之過，鑿鑿乎如五穀必可以療飢，斷斷乎如藥石必可以伐病。其游談以為高，枝詞以為觀美者，先生無一言焉。[28]」蘇軾為文，也常以此做為標準。蘇軾循父親蘇洵「大究六經、百家之說，以考質古今治亂成敗，出處聖賢窮達之際，得其粹精，涵畜充溢」[29]之說，創作詩文一以合於時用，俾補當世為度。

蘇軾以孔孟之徒自許，在提到道術一詞時，曾言：「自漢以來，道術不出於孔氏，而亂天下者多矣。晉以老莊亡，梁以佛亡，莫或正之，五百年後而後得韓愈，學者以愈配孟子，蓋庶幾焉。愈之後三百餘年而後得歐陽子，其學推韓愈、孟子，以達於孔氏，

25 郎曄：《經進東坡文集事略》（臺北市：世界書局，1975年1月再版），卷57，頁931-932。

26 郎曄：《經進東坡文集事略》（臺北市：世界書局，1975年1月再版），卷56，頁905。

27 郎曄：《經進東坡文集事略》（臺北市：世界書局，1975年1月再版），卷56，頁922。

28 郎曄：《經進東坡文集事略》（臺北市：世界書局，1975年1月再版），卷56，頁911。

29 歐陽修：〈故霸州文安縣主簿蘇君墓誌銘〉，《歐陽修全集》（北京市：中華書局，2009年1月第2刷），卷35，頁512。

蓋禮樂仁義之實，以合於大道。[30]」在蘇軾心中，歐陽修是繼韓愈之後，能闡明道術的人，而自己所承繼的，即是此一脈相承的「道」。

他將文與道之間用「學」串聯起來，而言「北方之勇者，問於沒人，而求其所以沒，以其言而試之河，未有不溺者也。故凡不學而務求於道，皆北方之學沒者也。[31]」唯有透過學文以致道，才能闡明儒家之道，使道術傳揚於當世。在蘇看來，學者不必以文章自名，若能忠義在心，自然斐然成章。他舉諸葛亮為例，云：「諸葛孔明不以文章自名，而開物成務之姿，綜練名實之意，自見於言語。[32]」不唯如此，他在〈范文正公集敘〉裡，也讚美范仲淹：「其於仁義禮樂，忠信孝悌，蓋如飢渴之於飲食，欲須臾忘而不可得。如火之熱，如水之濕，蓋其天性有不得不然者，雖弄翰戲語，率然而作，必歸於此。[33]」篇末並引孔子「有德者必有言」，進言之：「非有言也，德之發於口者也。」學者若能行孔孟之道，自然有言，自然成文。

他主張學道以為文，而文只要「辭達」即可。〈答謝民師書〉言：「孔子曰：『言之不文，行而不遠。』又曰『辭達而已矣。』夫言止於達意，即疑若不文，是大不然。求物之妙，如繫風捕影，能使事物了然於心者，蓋千萬人而不一遇也，而況能使了然於口與手者乎？是之謂辭達。辭至於能達，則文不可勝用矣！[34]」

所以蘇軾為文，首重學道，次重辭達，他認為若要文章寫得好，捨此二端末由。

至於為詩亦然。他在〈王定國詩敘〉裡言：「古今詩人眾矣，而杜子美為首，豈非以流落飢寒，終身不用，而一飯未嘗忘君也歟！」杜甫詩所以寫得好，乃因感傷時事，情不忘君，在蘇軾眼中，杜甫深得孔孟忠義精髓，因此詩作自然感動人心。同時，他也曾李杜並提，而言：「李太白、杜子美，以英瑋絕世之姿，凌跨百代，古今詩人盡廢。[35]」在當時，李杜優劣是眾人爭論不休得議題，蘇軾此言一出，李杜齊名遂為定論。

至於其他詩人，他也詳述在〈書黃子思詩集後〉，而言：「蘇李之天成，曹劉之自得，陶謝之超然，蓋亦至矣！」他欣賞的詩人，似乎都具備「辭達」的特色，展現出一己的詩風。他還提到：「李杜之後，詩人繼作，雖間有遠韻，而才不逮意，獨韋應物、柳宗元，發纖濃於簡古，寄至味於澹泊，非餘子所及也。[36]」這又進一步的提出了為詩必須力求「深遠閒淡」。

蘇軾在作詩、為文之際，除了本乎詩文應有教化的基本信念外，其實對於詩與文的

30 郎曄：《經進東坡文集事略》（臺北市：世界書局，1975年1月再版），卷56，頁905。
31 郎曄：《經進東坡文集事略》（臺北市：世界書局，1975年1月再版），卷57，頁932。
32 郎曄：《經進東坡文集事略》（臺北市：世界書局，1975年1月再版），卷57。
33 郎曄：《經進東坡文集事略》（臺北市：世界書局，1975年1月再版），卷56，頁908。
34 郎曄：《經進東坡文集事略》（臺北市：世界書局，1975年1月再版），卷46，頁780。
35 郎曄：《經進東坡文集事略》（臺北市：世界書局，1975年1月再版），卷60，頁999。
36 郎曄：《經進東坡文集事略》（臺北市：世界書局，1975年1月再版），卷60，頁999。

創作標準是有分野的。創作古文時，他重視的是心中有禮樂仁義，自然有言，不必文而自能文；創作詩什時，他重視的是率意而造，筆淡意遠。《六一詩話》載梅聖俞曰：「詩家雖率意，而造語亦難。若意新語工，得前人未道也，斯為善也。必能狀難寫之景，如在目前；含不盡之意，見於言外，然後為至矣！[37]」蘇軾對於「意新語工」深有體會，他曾言「精能之至，反造疏淡」，即是此意。

《竹坡詩話》言蘇軾嘗有書與其姪云：「大凡為文當使氣象崢嶸，五色絢爛，漸老漸熟，乃造平淡。[38]」這裡所指，也可是作詩之法。蘇軾為文，常行於所當行，止於不能不止，認為有德者自能有言，故學者平日應累積才學，才德兼備，文章自盛。至於作詩，則力主「詩窮而後工」，這裡的工，即是意新語工，此意與「讀書破萬卷，下筆如有神」有異曲同工之妙。

文學史上常以蘇軾寄方外人士之詩，言蘇軾詩有禪味，說他的詩風近於議論，而論詩卻與嚴羽尚禪悟相近，這實在是誤解蘇軾的立場。如〈送參寥詩〉：「欲令詩語妙，無厭空且靜，靜故了群動，空故納萬境。閱世走人間，觀身臥雲嶺。鹹酸雜眾好，中有至味永。詩法不相妨，此語常更請。」然觀此詩末二句，談到「詩法不相妨」，可見全詩乃言詩、禪之間不妨相參，所述對象乃是參寥。其實，蘇軾自言「出新意於法度之中，寄妙理於豪放之外[39]」這兩句話，適足以說明他作詩的主張。

詩要做到出新意、寄妙理，必須能點石成金、化腐朽為神奇。蘇軾曾說「街談市語，皆可入詩，但要人鎔化耳。[40]」如何方能鎔化呢？《彥周詩話》載蘇軾〈送安惇落第詩〉云：「故書不厭百回讀，熟讀深思子自知。」可見詩文之法無他，潛心研閱，用心苦讀，待腹有詩書，自能推陳出新。因此，蘇軾教人作詩，要「熟讀毛詩、〈國風〉與《離騷》，曲折盡在是矣。[41]」也就可以理解了。

由以上論述得知：蘇軾對於詩與文兩者，中心思想仍是一致的，那即是「有為而作，文以致道」。至於若遇到寫詩的對象不同，他也會因對方的身分做轉換，彼此唱和，展現才學。然而，蘇軾是如何在詩文中實踐儒家的道呢？

四 蘇軾詩文對道的實踐

蘇軾在〈上韓太尉書〉中，提到孔子所言的君子之道，而言：「古之君子，剛毅正直，而守之以寬。忠恕仁厚，而發之以義。故其在朝廷，則士大夫皆自洗濯磨淬，戮力

---

37 何文煥編訂：《歷代詩話・六一詩話》（臺北市：藝文印書館，1983年6月4版），頁158。
38 何文煥編訂：《歷代詩話・六一詩話》（臺北市：藝文印書館，1983年6月4版），頁202。
39 郎曄：《經進東坡文集事略》（臺北市：世界書局，1975年1月再版），卷60，頁998。
40 同何文煥編訂：《歷代詩話・六一詩話》（臺北市：藝文印書館，1983年6月4版），頁206。
41 同何文煥編訂：《歷代詩話・六一詩話》（臺北市：藝文印書館，1983年6月4版），頁227。

於王事，而不敢為非常可怪之行，此三代王政之所由興也。[42]」此即是蘇軾一生仕宦所秉持的儒家思想。蘇軾自二十四歲為官，至六十五歲致仕，四十年間，對儒家思想的實踐未嘗改變。他死守善道，情不忘君，「用之則行，舍之則藏」，完全是儒家教化的表現，體現在詩文中，仍是此一特色的展現。

蘇軾論文，既言文以致道，又以「辭達」乃為文的根基，因此往往不假雕琢，自言「長於草野，不學時文，詞語甚樸，無所藻飾。[43]」他所私下欽慕的，是陸宣公奏議。在〈答俞括書〉，他說明平日如何實踐「文以致道」之法，而云：「家有宣公奏議善本，頃侍講讀，繕寫奏御，區區之忠，自謂庶幾於孟軻之敬王，且欲舉天下家藏此方，人挾此術，以待世之病者，此仁人君子至情也[44]。」這是在他提及「辭達」之後的一段論述。可見若要做到辭達，需反覆熟讀陸宣公奏議，如此必能使文詞大進。蘇軾不但親自繕寫，而且勉人亦能效此，因為能合乎「濟世之實用」。

除此之外，他力主學以致道，因此，提出了「博觀而約取，如富人之築大第，儲其材用，既足，而後成之，然後為得[45]。」在〈篔簹谷偃竹記〉一文中，蘇軾提到文與可教他畫竹，必須「先得成竹於胸中，執筆熟視，乃見其所欲畫者，即起從之，振筆直遂，以追其所見，如兔起鶻落，少縱則逝。[46]」但蘇軾心識其然，而不能然，內外不一，心手不相應，蘇軾將它歸因於「不學之過」。因此，它也提出「仔細觀察，親身體驗」的重要，並身體力行。

他在〈傳神記〉裡，寫「傳神之難在目」，可謂一語中的。他說「傳神與相一道，欲得其神之天，法當於陰中察之。[47]」凡人情義理、書畫物情，仔細體察，都能得其精髓。因此他在寫詩時，也善用此理。《彥周詩話》言「寫生之句，取其形似，故詞多迂弱。趙昌畫黃蜀葵，東坡作詩云：『檀心紫成暈，翠葉森有芒』，揣摸刻骨，造語狀麗，後世莫及。[48]」此即是肯定蘇軾不但提出「仔細觀察」的重要，且親自創作，以印證其理論。

至於詩在道的親身體驗，則見於蘇軾的「詩窮後工說」。這句話本出於歐陽修的〈梅聖俞詩集序〉：「世謂詩人少達而多窮，夫豈然哉？蓋世所傳詩者，多出於古窮人之辭也，……蓋愈窮則愈工。然則非詩之能窮人，殆窮者而後工也。[49]」蘇軾在〈答錢濟明書〉之一，也提到「知詩人窮而後工」。顯然也認同此一說法。他在〈答陳師仲書〉

---

42 郎曄：《經進東坡文集事略》（臺北市：世界書局，1975年1月再版），卷42，頁735。

43 郎曄：《經進東坡文集事略》（臺北市：世界書局，1975年1月再版），卷41，頁717。

44 郎曄：《經進東坡文集事略》（臺北市：世界書局，1975年1月再版），卷47，頁798。

45 郎曄：《經進東坡文集事略》（臺北市：世界書局，1975年1月再版），卷47，頁799。

46 郎曄：《經進東坡文集事略》（臺北市：世界書局，1975年1月再版），卷49，頁813。

47 郎曄：《經進東坡文集事略》（臺北市：世界書局，1975年1月再版），卷53，頁858。

48 何文煥編訂：《歷代詩話·彥周詩話》（臺北市：藝文印書館，1983年6月4版），頁226。

49 歐陽修：〈梅聖俞詩集序〉，《歐陽修全集》（北京市：中華書局，2009年1月第2刷），卷43，頁611。

提到：「詩能窮人，所從來尚矣，而於軾特甚。[50]」又說：「至於文人，其窮也固宜。勞心以耗神，盛氣以忤物，未老而先衰，無惡而得罪，鮮不以文也。[51]」因此，在蘇軾心中，死生窮達，皆是天意，詩文窮而後工，亦自然之理。不唯如此，且他親身體驗後，更加深此一信念。

《東坡志林》曾記載：「頃歲孫莘老識歐陽文忠公，嘗乘間以文字問之，云：『無它術，唯勤讀書而多為之，自工。世人患作文字少，又懶讀書，每一篇出，即求過人，如此少有至者。疵病不必待人指擿，多作自能見之。』此公以其嘗試者告人，故尤有味。[52]」蘇軾記此事，且牢記此法，因此以讀書做為積學儲寶的途徑，且終身奉行。

蘇軾作詩之法，自言效法前人。他在作詩頌時云：「字字覓奇險，節節累枝葉。咬嚼三十年，轉更無相涉。」創新來自於實學，實學之後自能創新，這是他為學作文一貫的體會。他又說：「衝口出常言，法度法前軌。人言非妙處，妙處在於是。[53]」效法前人為詩的法則，不斷的琢磨其意，在為文作詩時自能得其妙旨。他在〈次舊韻贈清涼長老〉詩中說：「安心有道顏常好，遇物無情句法新[54]」，也充分說明對詩歌創作的實際做法。

蘇軾既以孔孟、韓愈為效法的對象，當然對文品與詩品之間的關係，也有獨到的見解。他屢次在詩文中，提到為人與文章的關係。在〈上梅直講書〉裡，說道「讀其文詞，想見其為人[55]」，〈樂全先生文集敘〉裡，他提到張方平「自少出仕，至老而歸，未嘗以言徇物，以色假人。雖對人主，必同而後言。毀譽不動，得喪若一，真孔子所謂大臣以道事君者。」而後提到他的詩文「皆清遠雄麗，讀者可以想見其為人。[56]」像這樣的言論，屢見於蘇軾的文章中，如〈王定國詩集敘〉言其嶺外詩「清平豐融，藹然有治世之音，其言與志得道行者無異。[57]」在在說明他「文如其人」的理念。

因為蘇軾有這樣的體認，因此他在〈潮州韓文公廟碑〉中，極力的讚美韓愈「文起八代之衰，道濟天下之溺，忠犯人主之怒，而勇奪三軍之帥[58]」，讚美其文與道，如出一轍，故能血食百世。他也認為歐陽修「其學推韓愈孟子，以達於孔氏，蓋禮樂仁義之實，以合於大道。」言其「論大道似韓愈，論事似陸贄，記事似司馬遷，詩賦似李白。[59]」

---

50 郎曄：《經進東坡文集事略》（臺北市：世界書局，1975年1月再版），卷45，頁775。

51 郎曄：《經進東坡文集事略》（臺北市：世界書局，1975年1月再版），卷56，頁918。

52 蘇軾著，劉文忠評注：《東坡志林》（北京市：中華書局，2014年5月第六刷），頁43。

53 何文煥編訂：《歷代詩話‧六一詩話》（臺北市：藝文印書館，1983年6月4版），頁202。

54 王文誥、馮應榴輯注：《蘇軾詩集》（臺北市：學海出版社，1983年1月初版），卷45，頁2456。

55 郎曄：《經進東坡文集事略》（臺北市：世界書局，1975年1月再版），卷41，頁720。

56 郎曄：《經進東坡文集事略》（臺北市：世界書局，1975年1月再版），卷56，頁909-910。

57 郎曄：《經進東坡文集事略》（臺北市：世界書局，1975年1月再版），卷56，頁916。

58 郎曄：《經進東坡文集事略》（臺北市：世界書局，1975年1月再版），卷55，頁878。

59 郎曄：《經進東坡文集事略》（臺北市：世界書局，1975年1月再版），卷56，頁904。

歐陽修提倡禮樂仁義，其文有道，是故受到蘇軾的贊譽。

綜論上述，蘇軾詩文中的道，是為文的根本，一個君子能修養德性，倡行仁義，文章自然具有可讀性。然要達到「辭達」的標準，卻不能不從「學習」入手，「讀書千遍，其意自現」，蘇軾一生手不釋卷，勤於學習，以至於為文如萬斛泉源，不絕於口。他也相信「詩窮而後工」，因此面對無情打擊時，他體察物情，化為詩文，而能有千古名篇，例如〈六月二十夜渡海〉：「雲散月明誰點綴？天容海色本澄清。[60]」他始終相信「文如其人」，因而在為他人寫詩集敘時，總先提及為人的風格，方才提及其人詩風。文與道，對他而言一樣重要，他既重視文章的內容，也重視詩文的形式，無怪乎能做到觀察入微，推陳出新。

五 結語

本文探討蘇軾所言之道，係得自於堯舜禹湯、文武周公、孔子孟子、韓愈歐公的儒家之道。它是宋代士子的中心思想，也是宋代文人的文章內涵。在蘇軾看來，學以致道，養天地之正氣，倡禮樂與仁義，充實內在，則所言自然合乎道。他所認為的道，不是空談理論的性命之學，不是二程夫子的「文以載道」，而是透過日常生活觀察的體物之道。「凡物皆有可觀焉，苟有可觀，皆有可樂。[61]」他將文章內容設定在多學多寫，自然如精金美玉，使人百讀不厭。

從另一方面而言，他也重視文章的形式鍛鍊，「胸有成竹」是創作的泉源。效法前賢的創作方式，反覆的練習，且不斷的修改自己的作品，就能使詩文「越老越熟」、「氣象崢嶸，五色絢爛」。他在〈題沈君琴〉詩言：「若言琴上有琴聲，放在匣中何不鳴？若言聲在指頭上，何不於君指上聽？[62]」恰巧說明了文章的形式與內容同等的重要。只有學問，卻無法達意，那是文學形式的琢磨功夫不到。他要人從生活事物中體察物情、描摹形神，形之於文字自然可以動人。這樣的文學主張，在宋代一片文以載道的聲浪中，是饒富創見的。

蘇軾不但提出自己詩文創作的體會，更親自以創作實踐自己的理論。觀其一生，雖偶在失意時，參禪學佛、遁入老莊，但始終不忘情於家國，思以所學報效朝廷。他以儒家思想處世，「用之則行，舍之則藏」，此一理念貫串他的詩文中。以他的天縱英才，率爾為文，自有可觀，然他深信「詩文窮而後工」的道理，終生創作不輟，體物入微，形神兼備，因此往往能「意在言外」、「意新語工」。觀其所為文，「常行於所當行，止於不

---

60 王文誥、馮應榴輯注：《蘇軾詩集》（臺北市：學海出版社，1983年1月初版），卷45，頁2366

61 郎曄：《經進東坡文集事略》（臺北市：世界書局，1975年1月再版），卷50，頁829。

62 王文誥、馮應榴輯注：《蘇軾詩集》（臺北市：學海出版社，1983年1月初版），卷45，頁2535。

能不止」，議論英爽，琅琅上口；觀其所為詩，則氣勢豪放，邁往無餘，也充分展現其才學，可見其創作理論是可以踐履的。

趙翼《甌北詩話》言：「以文為詩，自昌黎始，至東坡益大放厥詞，別開生面，成一代之大觀。今試平心讀之，大概才思橫溢，觸處生春，胸中書卷繁富，又足以供其左旋右抽，無不如志。其尤不可及者，天生健筆一枝，爽如哀黎，快如并剪，有必達之隱，無難顯之情，此所以繼李、杜後一大家也。[63]」經本文探究，蘇軾詩文所以無不如志，在於出入經史，遍及諸子，是以才思過人，信手拈來，皆有可觀。至於何以天生健筆一枝，實乃熟讀古人詩，體察物理人情所致。吾人若欲從事詩文創作，舍學莫由！

蘇軾「文如其人」說，也給我們一個很重要的啟示：我們想要寫出好文章，就先成為一個有德的君子。平日的修為、讀書，缺一不可，那是文章內容佳、文筆好的基本功。若我們不能創作，那一定是「不學」之過，君子欲建立功業，立德立言，就從「善學」開始。

---

63 趙翼：《甌北詩話》（臺北市：木鐸出版社，1982年4月初版），頁56。

參考文獻

何晏集解、邢昺疏　《論語注疏》　臺北市　藝文印書館　1981年1月出版

趙岐注、孫奭疏　《孟子注疏》　臺北市　藝文印書館　1981年1月出版

真德秀　《西山真文忠公文集》　四部叢刊初編縮本

蔡沉注　《書經集注》　臺北市　新陸書局　1975年出版

歐陽修　《歐陽修全集》　〈答祖擇之書〉　北京市　中華書局　2009年1月第2刷

司馬伯校注　《韓昌黎文集》　臺北市　華正書局　1986年10月初版

朱　熹　《四書章句集注》　臺北市　大安出版社　2008年9月一版

郎　曄　《經進東坡文集事略》　臺北市　世界書局　1975年1月再版

何文煥編訂　《歷代詩話‧六一詩話》　臺北市　藝文印書館　1983年6月4版

何文煥編訂　《歷代詩話‧竹坡詩話》　臺北市　藝文印書館　1983年6月4版

何文煥編訂　《歷代詩話‧彥周詩話》　臺北市　藝文印書館　1983年6月4版

蘇軾著　劉文忠評注　《東坡志林》　北京市　中華書局　2014年5月第六刷

王文誥、馮應榴輯注　《蘇軾詩集》　臺北市　學海出版社　1983年1月初版

趙　翼　《甌北詩話》　臺北市　木鐸出版社　1982年4月初版

劉大杰　《中國文學批評史》　臺北市　文匯堂　1985年11月出版

文史哲出版社　《中國文學批評史》　臺北市　文史哲出版社　1982年9月再版

吳耀玉　《儒學探微——春秋至宋》　臺北市　新文豐出版公司　1991年7月初版

石聲淮、唐玲玲　《東坡樂府編年箋注》　臺北市　華正書局　1993年3月一版

劉天利　〈宋代理學詩派的形成與發展〉　《孔孟學報》　臺北市　中華民國孔孟學會　2013年9月出版

石東升　〈韓愈、柳宗元古文理論極其異同辨析〉
網址 http://wenku.baidu.com/view/c5b82708a8956bec0975e389.html?re=view
搜尋日期：2014年10月12日

論臺灣賦篇通變創新之修辭特色

崔成宗

淡江大學中國文學學系教授

摘要

　　由簡宗梧教授、許俊雅教授主編的《全臺賦校訂》，其所收錄的臺灣先賢賦篇，頗多創新的思維與修辭。臺灣先賢所撰賦篇，像這樣充滿創新思維與修辭的例子，為數甚多，只要細翫其作，自然可知。例如：魏清德〈新店賦〉，以駢賦仿擬蘇軾的散文賦〈前赤壁賦〉；古先〈某大出殯賦〉仿擬杜牧的〈阿房宮賦〉而寓嘲諷時俗之思；曹敬〈擬鮑明遠舞鶴賦〉，許廷崙、郭夢松〈團扇賦〉，都摹擬前修之作而翻出新意。劉勰《文心雕龍》〈通變〉有言：「憑情以會通，負氣以適變。采如宛虹之奮鬐，光若長離之振翼，乃穎脫之文矣。……變則堪久，通則不乏。」[1]臺灣賦篇之作者繼承前賢之文學、賦學傳統，而自運巧心，妙賦新義，卓有可觀，正是「憑情以會通，負氣而適變」，「變則堪久，通則不乏」理論的具體實踐。茲針對《全臺賦校訂》所收錄之臺灣賦篇，具備通變創新之修辭特色者，分為「翻案作賦，創新文思」、「仿擬仿諷，創新賦格」、「巧運修辭，曲呈文心」三類，各陳相關賦篇，以見其修辭之特色。

關鍵詞：臺灣賦篇、通變、創新、修辭

---

1 劉勰著，周振甫注釋：《文心雕龍注釋》（臺北市：里仁書局，1984年），頁570-571。

一　前言

　　由簡宗梧教授、許俊雅教授主編的《全臺賦校訂》，其所收錄的臺灣先賢賦篇，頗多創新的思維與修辭。例如卓肇昌（？-？）的〈三山賦〉，「巧運雙關之修辭，明寫三山，實謂臺灣，不即不離，含蓄蘊藉，筆致空靈而高華，當屬頌美臺灣賦篇之創格」[2]。再如曹敬（1817-1859）的〈蘭亭修禊賦〉，「以《尚書‧洛誥》周公經營洛邑之氣象；與《論語‧先進》曾點『浴乎沂，風乎舞雩，詠而歸』，人欲盡去，天理流行之境界，比擬王羲之『蘭亭修禊』、『曲水流觴』之雅集，而體現宏闊高遠之精神」[3]，從而賦與〈蘭亭集敘〉以嶄新之詮釋。可謂善於鎔鑄經典事類，而通變創新之作。再如洪繻（1967-1929）的〈九十九峰賦〉，巧用博喻修辭手法，從每一面向、每一角度，摹寫九十九峰的朝暉夕陰，氣象萬千，這樣靈動多姿、意象新穎的博喻，在文學史上、修辭學史上，也不多見，實屬卓絕[4]。臺灣先賢所撰賦篇，像這樣充滿創新思維與修辭的例子，為數甚多，只要細翫其作，自然可知。劉勰（465？-532？）《文心雕龍》〈通變〉有言：「憑情以會通，負氣而適變。采如宛虹之奮鬐，光若長離之振翼，乃穎脫之文矣。……變則堪久，通則不乏，望今制奇，參古定法。」[5]臺灣賦篇之作者繼承前賢之文學、賦學傳統，而自運巧心，妙賦新義，卓有可觀，正是「憑情以會通，負氣以適變」，「變則堪久，通則不乏」理論的具體實踐。茲針對《全臺賦校訂》所收錄之臺灣賦篇，具備通變創新之修辭特色者，分為「翻案作賦，創新文思」、「仿擬仿諷，創新賦格」、「巧運修辭，曲呈文心」三類，各陳相關賦篇，以見其修辭之特色。

二　翻案作賦，創新文思

　　《全臺賦校定》收錄曹敬〈擬鮑明遠舞鶴賦〉。此賦摹擬鮑照〈舞鶴賦〉，復能針對鮑照原作，翻案創新。鮑照，字明遠，生年不詳，約卒於宋明帝泰始二年（466），年約五十三。梁昭明太子蕭統（501-531）《文選》卷十四收錄鮑照〈舞鶴賦〉。茲節錄鮑照、曹敬之作，以為論述之資：

2　簡宗梧、許俊雅主編，李時銘、陳姿蓉校訂，崔成宗解題：〈卓肇昌‧三山賦‧解題〉，《全臺賦校訂》（臺南市：國立臺灣文學館，2014年），頁67。

3　崔成宗：〈蘭亭修禊賦‧解題〉，《全臺賦校訂‧曹敬‧蘭亭修禊賦》（臺南市：國立臺灣文學館，2014年），頁167。

4　崔成宗：〈臺灣先賢洪棄生賦研究〉，《東亞人文學》（大邱廣域市：東亞人文學會，2006年6月），頁269。

5　劉勰著，范文瀾注：《文心雕龍注》（北京市：人民文學出版社，1958）年，頁521。

散幽經以驗物，偉胎化之仙秦。鍾浮曠之藻質，抱清迴之明心。指蓬壺而番翰，望崑閬而揚音。匝日域以迴鶩，窮天步而高尋……唳清響於丹墀，舞飛容於金閣。始連軒以鳳蹌，終宛轉而龍躍。躑躅徘徊，振迅騰摧。驚身蓬集，矯翅雪飛。……逸翮後塵，翱翥先路。指會規翔，臨岐矩步。態有遺妍，貌無停趣……眾變繁姿，參差洊密。風去雨還，不可談悉。既散魂而盪目，迷不知其所之。忽星離而雲罷，整神容而自持。仰天居之崇絕，更惆悵以驚思。……守馴養於千齡，結長悲於萬里。（鮑照〈舞鶴賦〉）[6]

夫所稱禽中仙客者，則是鶴而已矣。華蓋樓遲，芝田寄託。或飲啄於江皋，時迴翔乎林壑。飛去隨機，舞來自樂。態有餘妍，形無束縛。此其形容皎皎，難狀風神之灑落也。……方其未舞也，骨格瘦如，羽毛綽有。琴畔夢醒，松間立久……無何雲收層漢，露冷橫塘。孤山煙曉，縱嶺月涼。思掠乎蓬山之表，欲遊於雲水之鄉。翼乍舒而乍斂，勢將翱而將翔。時則未見其起舞也，然且四顧而徬徨。於是鶴聲一一，舞態姍姍。凌空取勢，振翮高摶。雪羽摩霄，追風逐電；霜毛映日，百轉千盤。兩風難合，花草團欒。儼驚心而動魄兮，任其舞九霄而汗漫。健翮高翔，仙姿甚寡。乍嘹唳於九皋，旋翩翻乎四野。乘機奮發，孤騫則聽其所之；作勢盤旋，一瞥而飄然去也……誠難方物，亦覺寡儔。不同飛燕，絕異鳴鳩。比雞靡類，擬鴉不侔。勝驚鴻之戲海，笑孤鶩之隨流。但見其盡態極妍，連軒兮霞舉；誰同其循聲按節，飄忽兮雲浮。既而飛迴林外，遠下雲邊。閑梳素羽，少曲老拳。露睛碧翠，砂頂朱鮮。……是蓋為品甚高，適情則喜。忽集忽翔，或飛或止。莫不隨其性之騁馳，莫不任其情以縱弛。漫笑骨癯形瘦，難窮雲路千層；請看羽滿毛豐，度得鵬程萬里。（曹敬〈擬鮑明遠舞鶴賦〉）[7]

鮑照〈舞鶴賦〉首先摹寫白鶴「鍾浮曠之藻質，抱清迴之明心」之姿儀特質，「匝日域以迴鶩，窮天步而高尋」之精神氣勢。接著敘寫舞鶴「唳清響於丹墀，舞飛容於金閣。始連軒以鳳蹌，終宛轉而龍躍……逸翮後塵，翱翥先路。指會規翔，臨岐矩步。態有遺妍，貌無停趣……眾變繁姿，參差洊密」之舞姿。歸餘於終，則以「守馴養於千齡，結長悲於萬里」深致歎惋，且寄託才士見羈，不得自由揮灑其才學之悲。

曹敬〈擬鮑明遠舞鶴賦〉對於白鶴之「飛去隨機，舞來自樂。態有餘妍，形無束縛」，瀟灑自得之仙姿；以及未舞時「骨骼瘦如，羽毛綽有」，「傍碧砌而修翎，望青霄而翹首」之閑曠高逸；鶴舞之「凌空取勢，振翮高摶。雪羽摩霄，追風逐電；霜毛映

6 蕭統編，李善注：〈鮑照・舞鶴賦〉，《文選》（臺北市：正中書局，1971年），卷14，頁8-10。

7 簡宗梧、許俊雅主編，李時銘、陳姿蓉校訂，崔成宗解題：〈曹敬・擬鮑明遠舞鶴賦〉，《全臺賦校訂》（臺南市：國立臺灣文學館，2014年），頁184-185。

日，百轉千盤」；「盡態極妍，連軒霞舉」；以及舞罷之「閑梳素羽，少曲老拳。露晴碧翠，砂頂朱鮮」，「倍覺欲仙」之形象，莫不精摹細繪，委曲詳盡以呈其丰采神韻。至於篇末，則點出此鶴「隨其性之騁馳」，「任其情以縱弛」之瀟灑自得，推崇其「羽滿毛豐，度得鵬程萬里」，而與鮑照〈舞鶴賦〉寄託才士之悲的思維大異其趣。這是仿擬前賢之作，運用逆向思考，翻案創新之傑作。

《全臺賦校訂》還收錄許廷崙（？-？）〈團扇賦〉、郭夢松（？-？）〈團扇賦〉。這兩篇〈團扇賦〉都是仿擬班婕妤（BC48-AD2）〈怨歌行〉，而能推陳出新之作。茲將班婕妤〈怨歌行〉，以及許廷崙、郭夢松的〈團扇賦〉迻錄於後：

> 新裂齊紈素，鮮潔如霜雪。裁為合歡扇，團團似明月。出入君懷袖，動搖微風發。常恐秋節至，涼飆奪炎熱。棄捐篋笥中，恩情中道絕。（班婕妤〈怨歌行〉）[8]

> 火星暮流，洞房早秋。落花寂寂，啼鳥幽幽。清影如慰，佳期不留。覩團扇之緘篋，獨長吟以寫愁。記昔齊紈甫擘，並剪交飛。託君子之懷袖，憐良工之杼機。鑒迴環之如一，循宛轉以相依。竝合歡而作錦，非間色以為衣。曇彩畫之灩灩，招馨香之微微。方以一日不離，千春無棄。晝陪撲蝶之游，夜豫放螢之戲。薄倖何來，涼風忽至。苟昭質之未虧，又何憂乎終置。（許廷崙〈團扇賦〉）[9]

> 扇光皎潔，扇影團圓。攜來暑月，卻盡炎天。琉璃窗外，玳瑁闌邊。風生習習，月映娟娟。裁異方珪，織成尺素。薄取金蟬，高擎玉兔。名士身懷，美人面護。婕妤詩題，〈桃葉〉曲度。誰其贈之，繫情紈素。七寶晶瑩，著手涼生。揮同塵尾，搖近簾旌。製殊六角，雅似五明。悠悠永晝，拂拂深更。半牀簟冷，四壁塵清。曾幾何時，涼颸奪熱。玉篋塵封，銀鉤影折。單竹誰思，同心枉結。一握誰貽，三秋賦別。棄捐何道，冷煖如斯。幾多抱憾，彌切相思。試看今日，轉念舊時。招涼高閣，避暑清池。一輪明月，長以為期。（郭夢松〈團扇賦〉）[10]

許廷崙之〈團扇賦〉自洞房早秋，團扇藏於篋笥之中起筆，敘寫秋扇見捐之惆悵情懷。接著，追憶團扇初成，而為君子所珍愛的情景。此一團扇，取材於精細的齊紈，而由良工所精製。時時刻刻宛轉相依於君子之懷袖中。君子一扇在手，可以撲蝶，可以放螢，幾乎是手不離扇，扇常相伴。然而，秋涼忽至，不復須扇，於是團扇見捐，而藏於篋笥，無由再陪伴君子。但是轉念一想：「苟昭質之未虧，又何憂乎終置。」團扇精潔

---

8 逯欽立：〈班婕妤・怨歌行〉，《先秦漢魏晉南北朝詩》（臺北市：木鐸出版社，1983），頁116-117。

9 簡宗梧、許俊雅主編，李時銘、陳姿蓉校訂，崔成宗解題：〈許廷崙・團扇賦〉，《全臺賦校訂》（臺南市：國立臺灣文學館，2014年），頁121。

10 簡宗梧、許俊雅主編，李時銘、陳姿蓉校訂，崔成宗解題：〈郭夢松・團扇賦〉，《全臺賦校訂》（臺南市：國立臺灣文學館，2014年），頁129。

之美質若能常保，那麼或許將有再伴君子的機緣，又何必憂愁呢？許廷崙以「苟昭質之未虧，又何憂乎終置」，翻出一層意思，持較班婕妤〈怨歌行〉，實有創意。

郭夢松〈團扇賦〉除了仿擬班婕妤〈怨歌行〉之外，又增添了歌詠團扇的典故，而且在篇末還發揮「一輪明月，長以為期」的新意，較之許廷崙「苟昭質之未虧，又何憂乎終置」的思維，再進一層，更為開朗樂觀。此賦分五段，第一段說明團扇光澤皎潔，能生風涼而消暑熱。第二段敘寫團扇之製作講究與造形優美，古來名士、美人莫不寶愛。第三段謂團扇能「著手涼生」，具「五明扇」「求賢自輔」之意義。五明扇為帝王儀仗之掌扇。崔豹《古今注》載：「五明扇，舜所作也……求賢人以自輔。」第四段致慨於涼秋既至，而團扇見捐，「玉篋塵封」，「同心枉結」之冷落際遇。末段自「試看今日，轉念舊時」設想，說明團扇雖三秋見捐，而來年夏季復有見重之機緣。「幾多抱憾，彌切相思」，「一輪明月，長以為期」云云，翻卻班婕妤〈怨歌行〉「棄捐篋笥中，恩情中道絕」悲涼絕忘之舊案，而另生開朗之情境與願景，可謂符合《文心雕龍》〈通變〉「憑情以會通，負氣以適變」的通變之道。

三 仿擬訪諷，創新賦格

仿擬，是指模仿古人作品之形式、結構，而與原作維妙維肖的作品。仿諷，則指創作時模仿古人作品之形式、結構，至於其題材、內涵，則另具機杼，而寓嘲諷意味之作。[11]臺灣賦篇仿擬之作，或以駢賦仿擬前修之散文賦，如魏清德（1886-1964）〈新店賦〉；或以仿諷手法仿擬前修之作而寄寓詼諧嘲諷之思者，如古先（？-？）〈某大出殯賦〉之師法杜牧（803-852）〈阿房宮賦〉。上述作品之中，〈新店賦〉屬跨文體之仿擬，深具創新之意；而〈某大出殯賦〉則以幽默詼諧之文辭，諷諭時俗，導正奢靡無度的喪葬之風，可謂謔而不虐之作。

（一）跨越文體，仿擬新格

擬古之作，或可溯源於陸機（261-303）〈擬古詩十二首〉[12]，《文選》卷三十、三十一除選錄陸機之作以外，還收錄陶潛（365？-427）〈擬古詩〉一首、謝靈運（385-433）〈擬鄴中詠〉八首、鮑照（？-466？）〈擬古詩〉三首、江淹〈雜體詩〉三十首等[13]，

---

11 參見沈謙：《修辭學》（臺北市：國立空中大學，1995年），頁152。

12 鍾嶸：〈古詩〉，《詩品》（臺北市：中央研究院中國文哲研究所，1992年）。謂：「陸機所擬（古詩）十四首，文溫以麗，意悲而遠。」《文選》只錄十二首，蓋亡佚二首矣。

13 蕭統編，李善注：《文選》（臺北市：正中書局，1971年），卷30、31。

此外，唐代韋應物（737-796）也有〈擬古詩〉十二首[14]。大抵皆以五言古詩仿擬五言古詩。跨越文體的仿擬之作，較為少見。林文月有《擬古》散文集，頗多跨越文體的仿擬散文，或以散文擬散文，或以散文擬日本小說，或以語體散文擬文言散文等[15]，開展散文創作的許多創新思維與文格文風。臺灣賦篇也有跨越文體的仿擬之作，如魏清德〈新店賦〉，以駢賦仿擬蘇軾的散文賦〈前赤壁賦〉即屬此類作品。茲析述魏清德〈新店賦〉，以見其通變創新之思。

〈新店賦〉發表於一九二三年三月之《臺灣時報》，其寫作時間則為一九二二年壬戌，上距蘇軾（1036-1101）撰寫〈赤壁賦〉之年代——宋神宗元豐五年（1082），凡八百四十一年。作者敘寫與友人冒雨同遊臺北新店，飲宴於溪畔之對話與情懷。全文分十二段。第三段「歲在壬戌，孟秋既望。江流有聲，野渡新漲。顧瞻徘徊，遼廓昭曠。魏子潤菴與客，冒雨遊於潭水之上。蓋欲修東坡赤壁之故事也」[16]云云，蓋仿自〈前赤壁賦〉之「壬戌之秋，七月既望，蘇子與客泛舟遊於赤壁之下。清風徐來，水波不興」[17]云云。

魏清德〈新店賦〉第四段至第七段，藉著「騁雄辯」之客，暢發議論：

> 昔在魏武，虎視鴟張。臨江百萬，跋扈飛揚。短歌橫槊，慨當以慷。……藐藐爾之吳會，豈眼中復有所謂周郎者乎。
>
> 然而周郎，丁家國之危疑，奮神威於一決。不共戴天，誓師喋血。仗我君之英明，藉東風之餘烈。一炬功成，千秋不滅。迄今過赤壁之戰場，又復弔沈沙之戟折。
>
> 降至有宋，誕生東坡。扁舟赤壁，良夜嘯歌。作為遊賦，才贍文多。望美人之不見，託情愫於微波。識夫水之與月，道玄理而不磨。之二子者，其武功文事，豈不冠絕千古。惟是物換星移，萍飄梗聚。曾日月之幾何，亦同歸乎塵土。
>
> 況吾與子，以樗櫟之庸才，際紅羊之劫後。武徒羨周郎之偉勳，而文不及蘇子之賦乎。詎得日以新店一夕之清遊，妄後先而比偶。……生無表見，而沒又安能不朽者哉。（魏清德〈新店賦〉）

此四段即仿自蘇軾〈赤壁賦〉「『月明星稀，烏鵲南飛』此非曹孟德之詩乎……況吾與子，漁樵於江渚之上，侶魚蝦而友麋鹿……託遺響於悲風」[18]云云。魏清德仿擬蘇軾之

---

14 韋應物著，陶敏、王友勝校注：《韋應物集校注》（上海市：上海古籍出版社，2011年），頁6-22。

15 林文月：《擬古》（臺北市：洪範書店，1993年）。

16 簡宗梧、許俊雅主編，李時銘、陳姿蓉校訂，崔成宗解題：〈魏清德·新店賦〉，《全臺賦校訂》（臺南市：國立臺灣文學館，2014年），頁410-411。

17 蘇軾：〈赤壁賦〉，《蘇東坡全集》（臺北市：河洛圖書出版社，1975年），頁268。

18 蘇軾：〈赤壁賦〉，《蘇東坡全集》（臺北市：河洛圖書出版社，1975年），頁268。

餘，又對周瑜「一炬功成，千秋不滅」之勳業；以及蘇軾「識夫水之與月，道玄理而不磨」之哲思，深致推崇嚮往之情。然後仿擬蘇軾的口吻，寫道：「魏子潤庵，危坐正襟曰」：

> 諒哉客言，自古有命，於今亦然。我生不才，有命在天。顧登壇而為將，統百萬之雄兵。懼父書之徒讀，蹈趙括以無成。
>
> 願立朝而為相，佐陰陽之燮理。懼美錦之學製，或貽譏乎青史。願致富而為商，腰十萬以纏緡。懼貨殖之不中，類東施之效顰。願著作而等身，冀立言於永久。懼此間之措大，或遂取而覆瓿。考所願之未達，徒契契以縈懷。仰先哲之芳躅，實無緣而攀階。
>
> 於是遯跡韜光，槃阿容與。狎忘機之海鷗，笑飢鳶於腐鼠。援天道之循環，指乾坤為逆旅。則信乎素位而行，雖貧賤亦無入而不得其所。斯固大丈夫不得志於時者之所為，而知命樂天者，則惟吾與汝。且夫人生天地間，往往歎古人之不作，想其事而讀遺書。是故訪子雲之亭，拜諸葛之廬。豈不以其人之可慕，將頑興懦立，聞風而起余者乎。
>
> 若謂其即夜郎自大，抗禮分庭。則何異於日月之已出，而爝火不息其熒熒。將山雞之舞鏡，而遂妄為鸞鳳之分形。則誠非吾人之本意也。（魏清德〈新店賦〉）

這四段除了摹擬蘇軾之外，其中「願立朝而為相，佐陰陽之燮理……考所願之未達，徒契契以縈懷。仰先哲之芳躅，實無緣而攀階。」還仿擬陶潛〈閑情賦〉鋪陳「十願」之筆法。陶潛〈閑情賦〉云：

> 願在衣而為領，承華首之餘芳。悲羅襟之宵離，怨秋夜之未央。願在裳而為帶，束窈窕之纖身。嗟溫涼之異氣，或脫故而服新。願在髮而為澤，刷玄鬢於頹肩。悲佳人之屢沐，從白水以枯煎。願在眉而為黛，隨瞻視以閒揚，悲脂粉之尚鮮，或取毀於華妝……願在木而為桐，作膝上之鳴琴。悲樂極以哀來，終推我而輟音。考所願而必違，徒契契以苦心。擁勞情於罔訴，步容與於南林。[19]

陶潛之〈閑情賦‧序〉自稱此賦「將以抑流宕之邪心，諒有助於諷諫」，因而鋪陳「十願」。魏清德則就願立朝而為相、願致富而為商、願著作而等身三事，仿擬〈閑情賦〉之句式，而致慨於「考所願之未達，徒契契以縈懷。仰先哲之芳躅，實無緣而攀階。」通變於前修之名篇，而自具機杼，自陳新意。至於〈新店賦〉之末段，則摹擬〈赤壁賦〉的結尾，並融會〈後赤壁賦〉的內容：

---

19 陶潛著，陶澍注：〈閑情賦〉，《靖節先生集》（臺北市，華正書局，1975年），卷5，頁7。

> 客喜而笑，引漁更歡。雲情雨意，夜氣漫漫。乃相與再約乎十月之望，携酒與
> 魚，重遊於新店之溪端。（魏清德〈新店賦〉）

蘇軾〈後赤壁賦〉云：「是歲十月之望，步自雪堂，將歸於臨皋。二客從予過黃泥之
坂，霜露既降，木葉盡脫……於是攜魚與酒，復遊於赤壁之下。」[20]「十月之望」，「攜
魚與酒」，「重遊於……之……」，則〈新店賦〉仿擬〈後赤壁賦〉之痕跡，宛然可覩。
《全臺賦校訂》評此賦：「本文之布局，雖仿擬〈前赤壁賦〉，然以駢賦出之，則與蘇軾
之散文賦異趣，此蓋作者仿擬古賢而復能別具匠心者也。細翫「遯跡韜光，槃阿容與。
狎忘機之海鷗，笑飢鳶於腐鼠」云云，亦可覘知當時文士迫於日人之箝制，有志難伸，
惟韜光養晦，隱遯忘機，冀全其節之苦衷矣。」[21]

（二）仿擬名作，而寓嘲諷

臺灣賦篇中亦有仿擬前修名作，而寓嘲諷之意的作品。如古先〈某大出殯賦〉，仿
擬唐代杜牧〈阿房宮賦〉，而嘲諷舊時殯葬奢靡之風。〈某大出殯賦〉刊載於一九三五年
一月二十六日、二十九日發行之《三六九小報》第四一四、四一五號第二版〈開心文
苑〉專欄。[22]

此賦首段：「拈香畢。喪主息。式場徹。靈柩出。延綿一二三里，路行為絕。路關
西向而北折，乃走南門。二列進行，不緩不急」云云；仿自〈阿房宮賦〉之「六王畢。
四海一。蜀山兀。阿房出。覆壓三百餘里，隔離天日。驪山北構而西折，直走咸陽。二
川溶溶，流入宮牆」[23]。

次段：「五步一監，十步一督。挺胸昂頭，眉聳眼惡。各顧陣勢，鈎心鬥角。盤盤
焉，囷囷焉，矗不知其幾十陣落」云云；仿自〈阿房宮賦〉之「五步一樓，十步一閣。
廊腰縵迴，簷牙高啄。各抱地勢，鈎心鬥角。盤盤焉，囷囷焉，蜂房水渦，矗不知乎幾
千萬落」。

第三段：「長幡飄波，未雲何龍。弔旗檳扛，不霽何虹。高低冥迷，不知西東。洋
樂喧響，陣列融融。八陣悠吹，哭聲悽悽。一陣之內，一部之間，而悲哀不齊」云云；
仿自〈阿房宮賦〉之「長橋臥波，未雲何龍。複道行空，不霽何虹，高低冥迷，不知西
東。歌臺暖響，春光融融。舞殿冷袖，風雨淒淒。一日之內，一宮之間，而氣候不齊」。

---

20 蘇軾：〈赤壁賦〉，《蘇東坡全集》（臺北市：河落圖書出版社，1975年），頁268-269。

21 崔成宗：〈新店賦・解題〉，《全臺賦校訂・魏德清・新店賦》（臺南市：國立臺灣文學館，2014
  年），頁410。

22 崔成宗：〈某大出殯賦・解題〉，《全臺賦校訂・古先・某大出殯賦》（臺南市：國立臺灣文學館，
  2014年），頁441。

23 董誥等編：〈杜牧・阿房宮賦〉，《全唐文》（北京市：中華書局，1983年），卷748，頁1-2。

　　至於第八段:「古今之遺典,東西之流傳。新舊之花樣,幾日幾人。考究講論,造積如山。一旦盡其所有,移送山間。紙糊布製,金紙銀紙,一並燒棄。喪主視之,亦不甚惜」云云;則仿自〈阿房宮賦〉之「燕趙之收藏,韓魏之經營,齊楚之精英。幾世幾年,剽掠其人,倚疊如山。一旦不能有,輸來其間。鼎鐺玉石,金塊珠礫,棄擲邐迤。秦人視之,亦不甚惜」。

　　第九段:「嗟呼,同一人之死也,富者愛紛奢,人亦知其家。奈何得之盡錙銖,用之如泥沙。使助喪之人,多於南門外之車夫;架軸之竹,多於銀行會社之女工;弔旗弔軸,多於草地店仔之賣品;送喪弔客,多於監獄之犯人;樂隊嘔啞,多於市人之言語。使欲過不得過之人,不敢怒而欣羨」云云;此段「多於南門外之車夫」、「多於銀行會社之女工」、「多於草地店仔之賣品」、「多於監獄之犯人」、「多於市人之言語」等五組排比句,蓋仿自〈阿房宮賦〉之「嗟呼,一人之心,千萬人之心也。秦愛紛奢,人亦念其家。奈何取之盡錙銖,用之如泥沙。使負棟之柱,多於南畝之農夫;架梁之椽,多於機上之工女;釘頭磷磷,多於在庾之粟粒;瓦縫參差,多於周身之帛縷;直欄橫檻,多於九土之城郭;管絃嘔啞,多於市人之言語。使天下之人,不敢言而敢怒」。

　　第十段「嗚呼!大出殯者,喪事也,非慶事也。助喪人者,朋友也,非喪門人也。使喪主無多朋友,則不得大出殯。朋友復不為之考究設備,則雇土工無人,喪主何得而大出殯哉?喪主不暇盡哀,使室人哀之,而自顧大出殯事。室人哀之而不盡禮,而亦顧自發落喪事,則大出殯者非喪事也」云云;蓋仿自〈阿房宮賦〉之末段:

> 嗚呼!滅六國者,六國也,非秦也。族秦者,秦也,非天下也。嗟夫!使六國各愛其人,則足以拒秦。秦復愛六國之人,則遞三世可至萬世而為君,誰得而族滅也?秦人不暇自哀,而後人哀之。後人哀之,而不鑑之,亦使後人而復哀後人也。[24]

本文刻意仿擬唐代杜牧〈阿房宮賦〉之布局、句式、辭氣等,亦步亦趨,以開展全文。仿擬〈阿房宮賦〉此一膾炙人口之歷史評論、名篇偉作,而寓嘲諷時俗,匡正世風之旨。滑稽詼諧,令人為之莞爾。

　　《全臺賦校訂》憑此賦:「作者以細膩之筆墨,實錄大出殯之景象。『挺胸昂頭,眉聳眼惡。各顧陣勢,鉤心鬥角』,狀其行列也;『長旛飄波』,『弔旗槓扛』,狀其旛旗也;『洋樂喧響』,『八陣悠吹』,狀其中、西之樂隊,前後相續也。若夫弔花環、焚淨香,弔軸、弔旗之設置,弔詩、弔聯之張掛,舉凡與出殯相關之『古今遺典,東西流傳』,皆無所遺漏,而極盡其奢侈鋪張之能事。《論語・八佾》所載孔子之言:『喪,與其易也,寧戚』之旨,則全然不知也。作者於是針對富者之出殯送喪,痛斥:『大出殯

24 董誥等編:〈杜牧・阿房宮賦〉,《全唐文》(北京市:中華書局,1983年),卷748,頁2。

者非喪事也。」其鍼砭流俗之憤慨,實溢於言表也。」[25]至於「五步一監,十步一督。挺胸昂頭,眉聳眼惡。各顧陣勢,鉤心鬥角」寫送葬之行列;「洋樂喧響,陣列融融。八陣悠吹,哭聲悽悽。一陣之內,一部之間,而悲哀不齊」寫樂隊之排場;「古今之遺典,東西之流傳。新舊之花樣,幾日幾人」寫禮儀之雜亂;「送喪弔客,多於監獄之犯人;樂隊嘔啞,多於市人之言語」寫弔客、哀樂之不倫不類,尤其凸顯嘲諷之意味。古先此賦,非但於臺灣賦篇獨樹一格,抑且於古今仿諷之作品中,深具特色。《文心雕龍・通變》云:「變則堪久,通則不乏。」蓋此之謂也。

四 巧運修辭,曲呈文心

　　《全臺賦校訂》所收錄之賦篇,其巧運修辭,曲呈文心之作品,為數甚多,更僕難數。如洪繻(1866-1926)〈九十九峯賦〉、曹敬〈纔了蠶桑又種秧賦〉與〈霜葉賦〉、陶醉(?-?)〈假唱曲□(悽)落喉賦〉即屬此類賦作。茲列舉其尤具特色之修辭,以資隅反。

> 其為狀也,……或連或斷,或仰或臨。或奔若獸,或逸若禽。或俯若僂,或立若喑。或赤若髇,或黑若黔。或背若相去,或向若相尋。或禿若露頂,或莊若整襟。或端若執笏,或踞若獻琛。或崨若扶鼎,或兩若對斟。或怒若赴鬥,或愁若行吟。日出若負曝,雲停若就陰。海澄若對鏡,雨作若承霖。九老若同宴,十朋若斷金。六逸若蘭谷,七友若竹林。或若老翁攜杖,或若童子抱琴。或若高人散髮,或若朝士脫簪。或參與伍,或耦為儕。或三成眾,或駟相偕。或寢若虎兒,或蹲若熊豾。又為龍拏雨,又為豹隱霾。又為蓮花六朵,傍有三五蓮娃。為之歷而數之,知九十九之變幻,峯峯俱佳。金莖不足方其聳峙,玉笋豈能喻其遙排。(洪繻〈九十九峯賦〉)[26]
>
> 南陌北陌,前村後村。執力田詔,執務農敦。執東皐往,執南畝奔。執披星出,執負日暄。執歌田祖,執祝稻孫。執勸耕穫,執灌田園。執歌雨足,執種雲根。千家畦畛,一畝犁翻。恐因秉耒,或廢繅盆。(曹敬〈纔了蠶桑又種秧賦〉)[27]

25 崔成宗:〈某大出殯賦・解題〉,《全臺賦校訂・古先・某大出殯賦》(臺南市:國立臺灣文學館,2014年),頁441。

26 簡宗梧、許俊雅主編,李時銘、陳姿蓉校訂,崔成宗解題:〈洪繻・九十九　賦〉,《全臺賦校訂》(臺南市:國立臺灣文學館,2014年),頁325。

27 簡宗梧、許俊雅主編,李時銘、陳姿蓉校訂,崔成宗解題:〈曹敬・纔了蠶桑又種秧賦〉,《全臺賦校訂》(臺南市:國立臺灣文學館,2014年),頁191。

霜華歲晚，霜信秋初。霜風吹女，霜月愁余。霜痕渲染，霜鬢蕭疎。

霜天歷亂，霜雪凌虛。凝霜杜若，隕霜林於。霜入柏松，岩阿凋謝；

霜菱草木，黃落歖歔。（曹敬〈霜葉賦〉第四段）

著樹霜飛，空林葉墜。楓葉流丹，桐葉失翠。亂葉飄空，一葉委地。

木葉驚波，溝葉題淚。抱葉悲吟，剪葉封賜。竹葉醁綠，朱戶三千；

桃葉歌紅，雕欄十二。當落葉時，勵嚴霜志。（曹敬〈霜葉賦〉第五段）[28]

事都是假，曲何必真。歌者藐藐，聽者津津。……客有告余曰：「此輩善展風神者也。」……當其乞食喉高，歌仔戲盛。唱念咿咿，班名靜靜。高低不辨，效狗肉和尚之諷經；南北交加，疑大破布班之鬥勝。更有聲嘶破鑼，嘴兼羯鼓。合唱蓮花之歌，小變蕃薯之調。滿口假京腔，烏裡胡塗。幾句生蕃話，嘰哩嘓嚕。伸喉挽領，擺架等正港之先生；拌耳搖頭，撲拍遜戲館之豬母。誠一時沒字之碑，為千古盲詞之祖。（陶醉〈假唱曲 慘落喉賦〉）[29]

　　第一例屬洪繻〈九十九峯賦〉尤為警策之段落。九十九峯位於臺灣南投，其形勢有如玉筍排空，氣象崢嶸，而且各抱地勢，造形奇特。洪繻運用「奔獸」、「逸禽」、「赤髯」、「黑黔」、「露頂」、「整襟」、「執笏」、「獻琛」、「扶鼎」、「對尌」、「赴鬥」、「行吟」、「負曝」、「就陰」、「對鏡」、「承霖」、「九老同宴」、「十朋斷金」、「蘭谷」、「竹林」、「老翁攜杖」、「童子抱琴」、「高人散髮」、「朝士脫簪」、「虎兕」、「熊豻」、「龍挐雨」、「豹隱霾」等一連串豐贍的喻依，來形容九十九峯多元而奇特的造形。意象新穎，筆墨靈動，駭人心目，動人魂魄。在文學史和修辭學史上誠屬罕見。至於句子的結構多元、句式的奇偶交織，又是隨文辭、隨意象而調整變化，真是淋漓盡致，令人歎為觀止。再者，博喻之中，復有鑲嵌：「九老若同宴，十朋若斷金。六逸若蘭谷，七友若竹林」，句中「九老」、「十朋」、「六逸」、「七友」，以數字巧妙鑲嵌於文句之中，使得靈變之文句，變中求變，這就是洪繻賦作修辭創新的特色。

　　第二例屬曹敬〈繰了蠶桑又種秧賦〉的第二段。此賦首段云：「維時麥秋氣暖，槐夏風涼」，麥以孟夏而熟，故麥秋即孟夏四月。而槐樹則於孟夏開花。因此本文旨在敘寫陰曆四月，蠶功既已完成，農家又復忙於各種農事。「南陌北陌，前村後村。孰力田詔，孰務農敦。……孰歌雨足，孰種雲根」，運用類字修辭手法，實錄農村忙迫緊湊之生涯。一則曰：「南陌北陌，前村後村」，可見農村處處忙碌。再則曰：「孰力田詔，孰務農敦。孰東皋往，孰南畝奔」，可見農家人人忙碌。三則曰：「孰披星出，孰負日暄」，

---

28 簡宗梧、許俊雅主編，李時銘、陳姿蓉校訂，崔成宗解題：〈曹敬‧霜葉賦〉，《全臺賦校訂》（臺南市：國立臺灣文學館，2014年），頁197。

29 簡宗梧、許俊雅主編，李時銘、陳姿蓉校訂，崔成宗解題：〈陶醉‧假唱曲□（慘）落喉賦〉，《全臺賦校訂》（臺南市：國立臺灣文學館，2014年），頁439。

可見農人從早到晚，整天忙碌。四則曰：「孰勸耕穡，孰灌田園」，可見農人分工合作，忙碌無比。五則曰：「孰歌雨足，孰種雲根」，則是雨中、山地，亦可見農人之忙碌。曹敬善用類字修辭，將陰曆四月農村之中、緊湊繁忙的生產活動，寫得歷歷如在目前。

第三例屬曹敬〈霜葉賦〉第四段、第五段。「霜華歲晚……黃落欹歔」一段，連用十二個「霜」字，以「霜華」、「霜信」、「霜風」、「霜月」、「霜痕」、「霜鬢」、「霜天」、「霜雪」、「凝霜」、「隕霜」等意象，摹寫秋日經霜之情景與物色，寫得霜氣彌天蓋地，秋意無窮無邊。「著樹霜飛……勵嚴霜志」一段，則連用十二個「葉」字，寫出「葉墜」、「楓葉」、「桐葉」、「亂葉」、「木葉」、「溝葉」、「竹葉」、「桃葉」、「一葉委地」之秋葉秋景，以及「抱葉悲吟」、「剪葉封賜」之或枯或榮；「竹葉醅綠」、「桃葉歌紅」之怡然自適。作者巧妙活用類字之修辭，有如繪畫著色，層層渲染，使得秋霜、秋葉之意象，深厚鮮明，誠然深具修辭之創意。

第四例為陶醉〈假唱曲悵落喉賦〉，作者運用飛白修辭手法，將「展風神」、「乞食喉」、「正港」、「諸母」等方言俗語，鎔鑄於駢偶的文辭中，產生幽默詼諧的趣味，從而嘲諷當時演唱流行俗曲之嘔啞嘲哳，難以入耳。黃老師慶萱《修辭學》論「飛白」修辭嘗言；「方言的使用，對懂得此種方言的人，有一種親切感；對不懂此種方言的人，有一種新奇感。」[30]吾人閱讀陶醉所撰〈假唱曲悵落喉賦〉，正是覺得有新奇感、親切感，還有一種新鮮感。

五　結語

《全臺賦校訂》所收賦篇，駢賦、律賦，為數甚多，其對偶、用典，方法多元；其字法、句法、章法、篇法，具創新之思維，呈雅麗之風格者，亦隨文可見，不可僂指而算。其有同一題目，不同之作者，所撰賦篇，各具機杼，各擅勝場者。如許廷崙、郭夢松之〈團扇賦〉。亦有同一題目，同一作者，一寫再寫，而所賦內容，各異其趣者。如曹敬有兩篇〈濠上觀魚賦〉，洪繻有兩篇〈鯤化鵬賦〉、兩篇〈寒梅著花未賦〉、兩篇〈西螺柑賦〉、兩篇〈李白春夜宴桃花園賦〉、四篇〈春柳賦〉等。凡此賦作，皆意新語工，而多有充滿創意之修辭，深具啟迪後學之意義。限於篇幅，無法逐一詳論。本文僅擇《全臺賦校訂》所收錄之賦篇，依「翻案作賦，創新文思」、「仿擬仿諷，創新賦格」、「巧運修辭，曲呈文心」等三類，就其修辭手法較為特殊之作品，各陳數例，說明臺灣賦篇之修辭之特色。本文各節，析述臺灣賦篇之修辭，得出結論，發現所陳例證，皆具通變創新之精彩，而能與劉勰《文心雕龍・通變》所謂「憑情以會通，負氣以適變」，「變則堪久，通則不乏」之理論相證相彰。若復能細讀《全臺賦補遺》一書，當可尋得更為豐富之修辭典範，而獲啟發。吾人研閱臺灣賦篇，實應三致意焉。

---

30 黃慶萱：《修辭學》（臺北市：三民書局，1975年），頁138。

參考文獻

傳統文獻（依作者姓氏筆畫排列）

韋應物著　陶敏、王友勝校注　《韋應物集校注》　上海市　上海古籍出版社　2011年

陶潛著　陶澍注　〈閑情賦〉　《靖節先生集》　臺北市　華正書局　1975年

董誥等編　《全唐文》　北京市　中華書局　1983年

劉勰著　范文瀾注　《文心雕龍注》　北京市　人民文學出版社　1958年

鍾嶸著　王叔岷箋證　《鍾嶸詩品箋證稿》　臺北市　中央研究院中國文哲研究所　1992年

蕭統編　李善注　《文選》　臺北市　正中書局　1971年

近人論著（依作者姓氏筆畫排列）

沈謙著　《修辭學》　臺北市　國立空中大學　1995年

林文月著　《擬古》　臺北市　洪範書店　1993年

逯欽立編校　《先秦漢魏晉南北朝詩》　臺北市　木鐸出版社　1983年

黃慶萱著　《修辭學》　臺北市　三民書局　1975年

簡宗梧、許俊雅主編　李時銘、陳姿蓉校訂　崔成宗解題　《全臺賦校訂》　臺南市　臺灣文學館　2014年

簡宗梧、許俊雅主編　《全臺賦補遺》　臺南市　臺灣文學館　2014年

單篇論文

崔成宗撰　〈臺灣先賢洪棄生賦研究〉　《東亞人文學》　大邱廣域市　東亞人文學會　2006年

編後記

　　陳新雄教授（1935.03-2012.07），字伯元，是享譽海內外的著名語言文字學家及傑出古音學家，臺灣師範大學國文研究所第七位國家文學博士，國文系名譽教授。師承黃季剛在臺灣的三位弟子：潘重規（石禪）、林尹（景伊）、高明（仲華），並以傳承章黃學術為己任，發揚師道，並有創新，裁成後進，推動學術發展，為學界所推重。

　　伯元先生講學上庠四十年，遍及臺灣知名院校，治學謹嚴，好學不倦，專著鴻論二十餘種；學術藝文，大小篇章，積三百餘篇。歷任中華民國聲韻學會、中國文字學會、中國訓詁學會、中國經學研究會理事長，推動兩岸學術交流，影響深遠。並曾講學美國、香港、北京等地，所到輒有詩詞唱和，唐作藩先生稱其「詩人氣質、學者生涯」，相當貼切。

　　先生一生，英氣自豪，直道而行，傳揚師道，退而不休。不幸於二〇一二年七月三十一日因肝腫瘤病逝於美國馬里蘭州家中，春秋七十八，其骨灰樹葬於臺北市木柵區富德公墓。今年（2015）三月適逢先生八十冥誕，弟子為緬懷先生春風之化，自二〇一四年五月由弟子林慶勳等多人共同籌組《陳伯元教授八秩冥誕紀念論文集》籌備小組，議決於二〇一五年三月二十一日假臺灣師範大學舉行新書發表會，後經同仁建議，擴大舉辦「紀念陳新雄教授八秩誕辰論文發表暨著作展示會」。小組自去年五月展開徵稿及八月開始約稿兩階段作業，獲得海內外語言文字學界的迴響，經過將近七個月的努力，共獲得伯元師弟子，再傳弟子及臺、港、大陸、日、韓學者同行的論文及懷念詩文兩類文字六十篇，並委由本人承擔主要編輯任務。

　　本論文集排版方式，粗分為三大類：1.題辭、詩詞、懷念文；2.論學、述微、申說；3.紀念論文。其中第二類主要為弟子對伯元師學術之闡發，鄭張尚芳及臼田真佐子兩位教授，或回答伯元師生前之質詢或推闡先生古音學，性質相近，故列於系列之首。郭錫良、魯國堯、王開府、曾榮汾等諸作，屬於通論之類，故置於第三類起頭，其餘大抵依音韻、訓詁、文學次序。音韻篇章最多，又以上古音、中古音、近代音為序編次。至於論文集之命名，籌備小組最初以「陳伯元教授八秩冥誕紀念論文集」名義發函集稿，編輯委員會最後作了調整，改為《陳新雄教授八秩誕辰紀念論文集》，以本名代替字號，方便書籍檢索，以誕辰代替冥誕，以示先生長駐我心，未嘗有兩界之隔，孺慕之思，長長久久。

籌備期間為統合意見，陳師母葉詠琍老師專程自美國返臺，與籌備同仁餐敘，了解籌備進度並指導活動方式，返美後並提供編輯所需照片，給籌備小組莫大鼓勵。本論文集之完成，首先要感謝海內外同行師友的不吝賜稿。尤其感謝平山久雄、鄭張尚芳、魯國堯、何大安、施向東、劉廣和、馬重奇、葉寶奎、丁鋒、臼田真佐子、李無未、喬全生、劉曉南、馮蒸、張樹錚、王為民、黃耀堃、張渭毅、周祖庠等即時回函，給了我們定心丸。孫玉文十月來台出席周法高先生百誕研討會，也同意及時賜稿。唐作藩、郭錫良、聶振弢三位先生，或頒題辭、或撰論文、或寫長律，使論文集增色不少。八十八高齡的爽秋夫子，不但為封面題字，並為論文集寫序，加上題辭；丁邦新院士，遠在美國亦為論文集作序，表彰伯元師的道德文章，令人感佩。郭乃禎教授帶領的國文系同學，也協助本人聯絡集稿，其中胡雨章同學出力尤多。更要感激國文系鍾宗憲主任與師大總圖柯皓仁館長，由於他們的合辦這項會議，使籌備小組雖人力單薄，仍完成了不可能的任務，以此告慰伯元先生在天之靈，相信伯元夫子當能拈鬚首肯我們的努力。

本論文集之完成，經籌備委員四次籌備會議，柯淑齡、曾榮汾、金周生、郭乃禎四位委員從不缺席的協助，遠在日本客座講學的林慶勳大師兄，也經常來函查詢籌備之情況，提供編輯意見，並代表同門撰寫序文。何昆益、錢拓、叢培凱三位年輕學者在春節期間分擔全書的校對工作，備極辛勞，都是幕後的功臣。

最後謹向給本集撰稿的所有作者，參加研討會的各界好友及襄助本書出版的萬卷樓圖書公司，特別是張晏瑞副總編輯及邱詩倫編輯等，致以衷心的感謝。

陳新雄教授八秩誕辰紀念論文集編輯委員會

（姚榮松代撰）

學術論文集叢書 1500003

陳新雄教授八秩誕辰紀念論文集

主　　編　陳新雄教授八秩誕辰紀念論文集
　　　　　編輯委員會
責任編輯　邱詩倫

發 行 人　陳滿銘
總 經 理　梁錦興
總 編 輯　陳滿銘
副總編輯　張晏瑞
編 輯 所　萬卷樓圖書股份有限公司
排　　版　林曉敏
印　　刷　百通科技股份有限公司
封面設計　耶麗米工作室

發　　行　萬卷樓圖書股份有限公司
　　　　　地址　臺北市羅斯福路二段 41 號 6
　　　　　　　　樓之 3
　　　　　電話　(02)23216565
　　　　　傳真　(02)23218698
　　　　　電郵　SERVICE@WANJUAN.COM.TW
大陸經銷　廈門外圖臺灣書店有限公司
　　　　　電郵　JKB188@188.COM

ISBN 978-957-739-943-4

2016 年 2 月再版二刷
2015 年 6 月再版
2015 年 3 月初版
定價：新臺幣 1000 元

如何購買本書：

1. 劃撥購書，請透過以下郵政劃撥帳號：
　　帳號：15624015
　　戶名：萬卷樓圖書股份有限公司

2. 轉帳購書，請透過以下帳戶
　　合作金庫銀行　古亭分行
　　戶名：萬卷樓圖書股份有限公司
　　帳號：0877717092596

3. 網路購書，請透過萬卷樓網站
　　網址　WWW.WANJUAN.COM.TW

大量購書，請直接聯繫我們，將有專人為
您服務。客服：(02)23216565 分機 10

如有缺頁、破損或裝訂錯誤，請寄回更換

國家圖書館出版品預行編目資料

陳新雄教授八秩誕辰紀念論文集/陳新雄教授
八秩誕辰紀念論文集編輯委員會主編
　-- 再版.-- 臺北市：萬卷樓, 2015.06
　　面；　　公分.
ISBN 978-957-739-943-4(平裝)
1.陳新雄　2.臺灣傳記　3.文集

783.3886　　　　　　　　　　　104010444